단단한 일본어 한자의 벽을 단숨에 격파할
해커스일본어 **200% 활용법!**

 단어·예문 MP3

해커스일본어(japan.Hackers.com) 접속 후 로그인 ▶
상단의 [교재/MP3 → MP3/자료]를 클릭하세요.

· **상용한자 암기장**[PDF]
· **쓰기 연습장**[PDF]
· **복습 퀴즈&추가 문제**[PDF]
· **모바일용 암기 카드**[PDF]

해커스일본어(japan.Hackers.com) 접속 후 로그인 ▶
상단의 [교재/MP3 → MP3/자료]를 클릭하세요.

해커스일본어 [MP3/자료]
바로가기 ▲

 일본어 문법/어휘 무료 동영상강의

해커스일본어(japan.Hackers.com) 접속 ▶
[무료강의/자료] ▶ [무료강의]를 클릭하세요.

해커스일본어 [무료강의]
바로가기 ▲

**상용한자
암기 영상**

해커스일본어 [유튜브]
바로가기 ▲

일본어 문자/어휘 실력을 더 빠르게 완성하고 싶다면?
일본어 교육 1위 해커스와 인강으로 만나요!

해커스일본어 단과/종합 인강 **30%** 할인쿠폰

8DE9-5D8D-K404-0000
* 쿠폰 유효기간: 쿠폰 등록 후 30일

[이용 방법]
해커스일본어 사이트(japan.Hackers.com) 접속 후 로그인 ▶
메인 우측 하단 [쿠폰&수강권 등록]에서 쿠폰번호 등록 후 강의 결제 시 사용 가능

* 본 쿠폰은 ID당 1회에 한해 등록 가능합니다.
* 이 외 쿠폰과 관련된 문의는 해커스 고객센터(02-537-5000)로 연락 바랍니다.

쿠폰 등록 바로가기 ▶

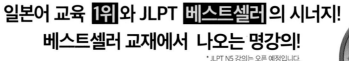

해커스
일본어 상용한자 2136

해커스 어학연구소

목차

셋째 마당 · 고급 한자 JLPT N1에 나오는 한자

🎧 해커스만의 특별한 무료 학습 자료

• 주제별 MP3 ｜ • 일차별 상용한자 추가 문제 PDF ｜ • 일차별 상용한자 암기장 PDF ｜
• 모바일용 상용한자 암기 카드 PDF ｜ • 한자 쓰기 연습장 PDF ｜ • 상용한자 암기 동영상 (유튜브 「해커스 일본어」 채널)

MP3와 학습 자료는 해커스일본어 사이트(japan.Hackers.com)에서 무료로 다운받으실 수 있습니다.

해커스 교재만의 구성과 특징

① 번호　② JLPT 급수　③ 체크 박스　④ 우리말 이름　⑤ 일본어 발음　⑥ 단어　　　⑦ 기출표시　⑧ 예문

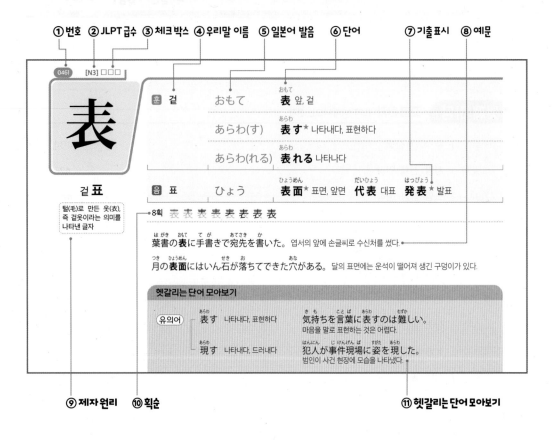

⑨ 제자 원리　　⑩ 획순　　　　　　　　　　　　　　　　　　　⑪ 헷갈리는 단어 모아보기

① 번호	1번부터 2136번까지의 한자 번호입니다. 자신이 지금 한자를 몇 개째 공부하고 있는지 알 수 있습니다.
② JLPT 급수	표제 한자의 수준에 해당하는 JLPT 급수입니다. 응시하려고 하는 급수의 한자를 우선적으로 학습할 수 있습니다.
③ 체크 박스	모르는 한자, 잘 외워지지 않는 한자를 체크하고 집중 학습할 수 있습니다.
④ 우리말 이름	표제 한자의 우리말 이름입니다.
⑤ 일본어 발음	표제 한자에 해당하는 일본어 발음입니다. 자주 쓰이는 발음 순으로 수록하여 중요한 발음부터 학습할 수 있습니다.
⑥ 단어	해당 발음으로 읽는 단어를 일상에서 자주 쓰이는 순으로 수록하여 중요한 단어부터 학습할 수 있습니다.
⑦ 기출 표시	JLPT/JPT 기출 단어에는 별도의 표시를 하여, 집중적으로 JLPT/JPT 시험 대비를 할 수 있습니다.
⑧ 예문	JLPT/JPT 출제 경향을 반영한 예문, 일상생활에서 자주 사용하는 예문을 수록하였습니다.
⑨ 제자 원리	해당 한자가 어떤 원리로 만들어진 것인지 수록하여 한자의 모양이나 구조를 이해하며 암기할 수 있습니다.
⑩ 획순	표제 한자의 총획과 획순을 수록하였습니다.
⑪ 헷갈리는 단어 모아보기	동음이의어, 유의어와 같은 헷갈리기 쉬운 한자 단어를 모아 차이를 비교하였습니다.

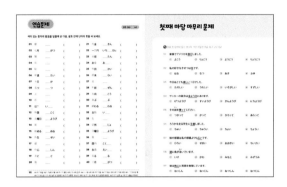

연습문제, 마당 마무리 문제

'연습문제'를 통해 매일매일 학습한 내용을 잘 외웠는지 확인해 볼 수 있도록 하였으며, 마당 마지막의 '마당 마무리 문제'에는 JLPT의 한자읽기와 표기 문제, JPT의 파트5 문제와 동일한 형태의 문제를 수록하여 실제 시험에 대비할 수 있도록 하였습니다.

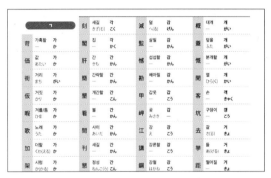

가나다순으로 바로 찾는 상용한자 2136

각 한자를 우리말 음독 기준으로 가나다순으로 정렬하여 해당 한자가 수록된 페이지를 쉽게 찾을 수 있도록 하였습니다. 또한, 해당 한자의 일본어 발음도 함께 수록하여 한자가 수록된 페이지로 가지 않고도 일본어 발음을 확인할 수 있습니다.

◆ 추가 학습 자료

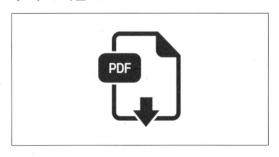

각종 PDF 추가 학습 자료

해커스일본어 사이트(japan.Hackers.com)에서 무료로 제공하는 <일차별 상용한자 추가 문제 PDF>, <일차별 상용한자 암기장 PDF>, <모바일용 상용한자 암기 카드 PDF>, <한자 쓰기 연습장 PDF>와 같은 다양한 PDF 추가 학습 자료로 한자 암기를 더욱 강화할 수 있습니다.

주제별 MP3

각 일차의 주제별로 한자의 우리말 이름과 일본어 발음, 한자의 단어와 예문까지 들으면서 학습할 수 있는 MP3를 제공합니다. MP3는 다운로드는 물론 교재의 QR코드를 스캔해 스트리밍으로 들을 수도 있습니다.

일본어 한자, 이것만은 알고 시작하자!

 일본어 상용한자란?

상용한자란 일본의 문부과학성이 지정한 법령·공용문서·신문·잡지·방송 등 일반 사회생활에서 사용하는 현대 일본 한자의 기준이 되는 2136자의 한자를 의미합니다.

 일본어 한자의 두 가지 읽는 방식 훈독과 음독

일본어 한자는 훈독과 음독 두 가지 방식으로 읽을 수 있습니다. 순수 일본어 발음에서 유래한 훈독은 한자의 훈, 즉 뜻을 읽는 방식입니다. 반면, 중국어 한자의 발음에서 유래한 음독은 한자의 음, 즉 소리를 읽는 방식입니다. 한자에 따라서는 훈독이나 음독 중 하나가 없기도 하고 훈독이나 음독이 여러 개이기도 하다는 점을 알아 둡시다.

한자	우리말		일본어
手	손 (뜻)	훈독	て (손을 가리키는 순수 일본어 발음)
	수 (소리)	음독	しゅ (手의 중국어 한자 발음 shǒu)
雨	비 (뜻)	훈독	あめ (비를 가리키는 순수 일본어 발음)
	우 (소리)	음독	う (雨의 중국어 한자 발음 yǔ)

일본어의 발음 변화

일본어는 앞이나 뒤에 오는 한자의 발음에 따라 발음이 변하기도 합니다. 이렇게 발음이 변하는 단어들을 학습할 때는 헷갈리지 않도록 입으로 여러 번 읽으면서 발음을 정확히 익히도록 합시다.

① **촉음화** : 앞 한자의 발음이 き·く·ち·つ로 끝날 때, 뒤에 오는 한자의 발음이 か·さ·た·は행으로 시작하면 き·く·ち·つ가 촉음으로 변하는 것.

き·く + か행	が<u>く</u>(学) + <u>こ</u>う(校) = がっこう(学校, 학교)
ち·つ + か·さ·た행	い<u>ち</u>(一) + <u>か</u>い(回) = いっかい(一回, 일 회)
ち·つ + は행	しゅ<u>つ</u>(出) + <u>は</u>つ(発)= しゅっぱつ(出発, 출발) * ち·つ 뒤에 は행이 오는 경우에는 は행이 반탁음으로 변함.

② **연탁** : 앞 한자의 발음에 영향을 받아 뒤 한자의 첫 발음이 탁음으로 변하는 것.
て(手) + <u>か</u>み(紙) = て<u>が</u>み(手紙, 편지)
よ(夜) + <u>そ</u>ら(空) = よ<u>ぞ</u>ら(夜空, 밤하늘)

③ **연성** : 뒤 한자의 발음이 あ·や·わ행으로 시작할 때 앞 한자의 발음이 ん·ち·つ로 끝나면 あ·や·わ행이 な·ま·た행으로 변하는 것.
は<u>ん</u>(反) + <u>お</u>う(応) = はん<u>の</u>う(反応, 반응)
い<u>ん</u>(因) + <u>え</u>ん(縁) = いん<u>ね</u>ん(因縁, 인연)

💡 오독을 방지하는 오쿠리가나

한자 入(들 입)은 일본어로 はいる(들어가다)로도 いれる(넣다)로도 읽을 수 있습니다. 따라서 둘 중 어느 것으로 읽어야 하는지 헷갈릴 수 있기 때문에 일부 글자를 한자 뒤로 보내 入る, 入れる와 같이 표기합니다. 이렇게 한자 뒤로 보낸 글자(る, れる)를 오쿠리가나(送り仮名)라고 합니다.

오쿠리가나는 품사별로 다음과 같은 규칙을 따릅니다.

동사	1그룹 동사	활용 어미 한 개를 오쿠리가나로 함. 休む(쉬다), 学ぶ(배우다) * 단, 오독의 우려가 있을 때는 어미 앞 한 개까지 오쿠리가나로 함. 下げる(내리다) - 下がる(내려가다)
	2그룹 동사	(い단/え단)る를 오쿠리가나로 함. 見る(보다), 降りる(내리다), 食べる(먹다)
	3그룹 동사	来る(오다) * 같은 3그룹 동사인 する(하다)는 한자로 쓰지 않음.
い형용사		활용 어미 い 또는 종지형이 しい인 경우 しい를 오쿠리가나로 함. 早い(빠르다), 正しい(옳다)
형용사		어간의 か, やか, らか를 오쿠리가나로 함. 静か(조용함), 和やか(화목함), 朗らか(명랑함)
부사		마지막 음절 한 개를 오쿠리가나로 함. 必ず(반드시), 予め(미리)

💡 한자 쓰기의 기본 자획과 획순

자획은 한자를 구성하는 점과 선, 즉, 획을 말하며, 기본적으로 위에서 아래, 왼쪽에서 오른쪽 방향으로 그립니다. 획순과 함께 자획의 방향을 지키면 한자를 더 바르고 예쁘게 쓸 수 있습니다.

획순은 한자의 자획을 쓰는 순서를 말하는데, 보통 아래와 같은 규칙을 따릅니다. 이 규칙을 알고 있으면 처음 보는 한자라도 쉽게 획순을 파악하고 기억할 수 있지만, 규칙과 다른 경우도 여럿 있으므로 주의합시다.

(획순의 규칙)

① 위에서 아래로 쓴다.
　三 三 三

② 왼쪽에서 오른쪽으로 쓴다.
　川 川 川

③ 가로획과 세로획이 교차할 때는 가로획부터 쓴다.
　十 十

④ 좌우 대칭인 모양일 때는 가운데부터 쓴다.
　小 小 小

⑤ 감싸는 모양일 때는 바깥 부분부터 쓰되, 닫는 획은 제일 마지막에 쓴다.
　回 回 回 回 回 回

⑥ 획이 대각선으로 교차할 때는 왼쪽부터 쓴다.
　人 人　　　　父 父 父 父

⑦ 글자 전체를 관통하는 획은 마지막에 쓴다.
　中 中 中 中　　　女 女 女

⑧ 가로획과 왼쪽 대각선획이 교차할 때는 짧은 획부터 쓴다.
　*가로획이 짧은 경우
　左 左 左 左 左　　　友 友 友 友
　*왼쪽 대각선획이 짧은 경우
　右 右 右 右 右　　　有 有 有 有 有 有

암기 강화 30일 학습 플랜

◆ 스스로 공부할 날짜를 쓰고, 계획에 맞춰 공부해 봅시다.

메인 학습	
반복 학습	

[1일] 월 일	[2일] 월 일	[3일] 월 일	[4일] 월 일	[5일] 월 일
[첫째 마당] 01일차	02일차	03일차	04일차	05일차
	01일차	02일차	03일차	04일차
[6일] 월 일	**[7일] 월 일**	**[8일] 월 일**	**[9일] 월 일**	**[10일] 월 일**
06일차	[둘째 마당] 07일차	08일차	09일차	10일차
05일차	06일차 +첫째 마당 마무리 문제	07일차	08일차	09일차
[11일] 월 일	**[12일] 월 일**	**[13일] 월 일**	**[14일] 월 일**	**[15일] 월 일**
11일차	12일차	13일차	14일차	15일차
10일차	11일차	12일차	13일차	14일차
[16일] 월 일	**[17일] 월 일**	**[18일] 월 일**	**[19일] 월 일**	**[20일] 월 일**
16일차	17일차	18일차	[셋째 마당] 19일차	20일차
15일차	16일차	17일차	18일차 +둘째 마당 마무리 문제	19일차
[21일] 월 일	**[22일] 월 일**	**[23일] 월 일**	**[24일] 월 일**	**[25일] 월 일**
21일차	22일차	23일차	24일차	25일차
20일차	21일차	22일차	23일차	24일차
[26일] 월 일	**[27일] 월 일**	**[28일] 월 일**	**[29일] 월 일**	**[30일] 월 일**
26일차	27일차	28일차	29일차	30일차
25일차	26일차	27일차	28일차	29-30일차 +셋째 마당 마무리 문제

일본어 상용한자 학습법

① 처음부터 확실하게! 메인 학습

- 주제별 MP3를 활용하여 각 일차의 첫 번째 한자부터 맨 마지막 한자까지 듣고 따라 읽습니다.
- 각 한자의 훈독과 훈독 단어, 음독과 음독 단어, 예문을 세 번씩 다시 읽으며 집중 학습합니다.
- 한자의 획순에 따라 각 한자를 직접 쓰면서 한자의 모양을 익힙니다.
- 연습문제를 풀고 틀린 한자를 복습합니다.

② 잊지 않고 완벽하게! 반복 학습

- 주제별 MP3를 활용하여 각 일차의 첫 번째 한자부터 맨 마지막 한자까지 듣고 따라 읽습니다. 이때 잘 익혀지지 않은 한자에 표시를 해 둡니다.
- 잘 익혀지지 않은 한자의 훈독/음독과 단어를 두세 번 소리내어 읽습니다.
- 잘 익혀지지 않은 한자를 5회 이상 쓰면서 훈독/음독을 발음합니다.
- 각 마당을 끝낼 때마다 마당 마무리 문제를 풀고, 틀린 문제에 포함된 한자를 한 번 더 복습합니다.

학습자들이 궁금해 하는 상용한자 학습 관련 질문 BEST 3

1. 한자가 잘 안 외워지고 겨우 외워도 금방 까먹어요. 어떻게 해야 기억이 잘 날까요?

단어와 예문으로 한자를 익히고 직접 손으로 쓰면 한자를 기억하기 쉽습니다.

한자의 뜻이 잘 살아있는 단어와 예문을 통해 학습하면 한자의 뜻과 발음을 더 잘 기억할 수 있습니다. 이때, 해커스일본어 홈페이지에서 무료로 제공하는 MP3를 활용하면 더 효과적으로 한자를 암기할 수 있고 듣기 실력도 향상시킬 수 있습니다.

또한, 한자를 직접 손으로 쓰면서 익히면 눈으로 보기만 하며 익히는 것보다 한자의 모양을 더 잘 기억할 수 있습니다.

☞ 주제별 MP3 무료 다운로드 : [해커스일본어(japan.Hackers.com) 접속] → [교재/MP3] → [MP3/자료]

2. 한자 하나에 훈독/음독이 너무 많아요. 전부 외워야 하나요?

기본적으로는 모두 외워야 하지만, 자주 쓰이는 것을 위주로 먼저 외우면 좀 더 효율적으로 학습할 수 있습니다.

일본어 한자는 단어에 따라 발음이 달라지기 때문에 기본적으로는 모든 훈독/음독을 익힐 필요가 있습니다.

다만, 여러 개의 훈독/음독 중에서도 일상적으로 더 자주 쓰이는 것을 먼저 외우면 좀 더 효율적으로 학습할 수 있습니다. 따라서 본 교재는 한 한자에 여러 개의 훈독이나 음독이 있는 경우, 자주 쓰이는 순서대로 수록하였습니다. 해커스일본어 홈페이지에서 무료로 제공하는 <일차별 상용한자 암기장 PDF>를 활용하면 각 한자의 대표적인 발음만 모아 효율적이고 간편하게 학습할 수 있습니다.

☞ <일차별 상용한자 암기장 PDF> 무료 다운로드: [해커스일본어(japan.Hackers.com) 접속] → [교재/MP3] → [MP3/자료]

3. 한자를 읽을 줄은 아는데 쓰지는 못하겠어요. 꼭 쓸 줄 알아야 하나요?

어떤 목적으로, 어느 정도의 수준을 목표로 일본어를 학습하느냐에 따라 다릅니다.

JLPT/JPT 등 쓰기 문제가 없는 일본어 시험을 준비하고 있거나 책이나 뉴스 기사 읽기, SNS 및 메시지 읽고 보내기 등 간단한 일상 생활이 가능한 정도의 일본어 실력을 갖추는 것을 목표로 한다면, 한자 쓰기보다는 한자의 뜻과 훈독/음독을 정확히 아는 것에 중점을 두고 학습하는 편이 좋습니다.

일본어도 역시,
1위 해커스
japan.Hackers.com

첫째 마당

초급 한자

JLPT N5·N4에
나오는 한자

첫째 마당에는 초급 한자 408자가 수록되어 있습니다.
수, 자연, 사람 등의 주제와 관련된 JLPT N5·N4에 나오는 한자를
단어와 함께 학습해 봅시다.

수·시간·위치

수

★은 JLPT/JPT 기출 단어입니다.

0001 [N5] □□□

한 일

나무 막대기를 1개 나열한 모양을 본뜬 글자

훈 한	ひと	一言 한마디 말　一息 한숨 돌림　一筋 한 줄기, 외곬
	ひと(つ)	一つ★ 한 개
음 일	いち	一月 1월　一年 한 해, 1년　一日★ 하루　一度★ 한 번
	いつ	同一 동일　統一 통일　一回 1회　一般 일반

1획 一

これは一つでいくらですか。이것은 한 개에 얼마입니까?

一月は新しい一年の始まりだ。1월은 새로운 한 해의 시작이다.

0002 [N5] □□□

두 이

나무 막대기를 2개 나열한 모양을 본뜬 글자

훈 두	ふた	二重 쌍꺼풀
	ふた(つ)	二つ 두 개
음 이	に	二月 2월　二回 2회　二度★ 두 번　二等分★ 이등분

2획 二 二

これを二つください。이것을 두 개 주세요.

あの二人は二月に結婚する。저 두 사람은 2월에 결혼한다.

0003 [N4] □□□

三

석 삼

나무 막대기를 3개 나
열한 모양을 본뜬 글자

훈 석	み	三日 3일　三日月 초승달
	みっ(つ)	三つ★ 세 개
	み(つ)	三つ子 세쌍둥이
음 삼	さん	三月 3월　三人 세 사람　三角形★ 삼각형

3획 三 三 三

このチョコ、三つ食べてもいい?　이 초콜릿, 세 개 먹어도 돼?

桜がさく三月になった。　벚꽃이 피는 3월이 됐다.

0004 [N5] □□□

四

넉 사

훈 넉	よ	四日 4일　四人 네 사람　四時 네 시　四年 4년
	よっ(つ)	四つ 네 개, 넷
	よ(つ)	四つ角 네 모퉁이, 사거리
	よん	四回 네 번　四歳 네 살
음 사	し	四月 4월　四季 사계　四角 사각

5획 四 四 四 四 四

葉が四つあるクローバーを見つけた。　잎이 네 개 있는 클로버를 발견했다.

日本は四月に新しい学期が始まる。　일본은 4월에 새로운 학기가 시작된다.

0005 [N5] □□□

五

다섯 오

훈 다섯	いつ	五日 5일
	いつ(つ)	五つ 다섯 개
음 오	ご	五月 5월　五人 다섯 명　五分★ 5분　五年 5년

4획 五 五 五 五

財布に百円玉を五つ入れた。　지갑에 백 엔짜리 동전을 다섯 개 넣었다.

五月五日は「こどもの日」だ。　5월 5일은 '어린이날'이다.

六

여섯 **육**

훈 여섯	む	^{むつきめ}**六月目** 육 개월째
	むい	^{むいか}**六日** 6일
	むっ(つ)	^{むっ}**六つ** 여섯 개
	む(つ)	^{むぎ}**六つ切り** 육 등분
음 육	ろく	^{ろくがつ}**六月** 6월 ^{ろくにん}**六人** 여섯 명 ^{ろくじ}**六時** 여섯 시 ^{ろっぽん}**六本**★ 여섯 자루

4획 六 六 六 六

^きケーキを切って^{むっ}**六つ**に^わ分けた。 케이크를 잘라서 여섯 개로 나누었다.
^{ろくがつ}**六月**になって^{あめ}雨の^ひ日が^{おお}多くなった。 6월이 되어 비 오는 날이 많아졌다.

七

일곱 **칠**

훈 일곱	なな	^{ななせんえん}**七千円**★ 7천 엔
	なな(つ)	^{なな}**七つ** 일곱 개
	なの	^{なのか}**七日** 7일
음 칠	しち	^{しちがつ}**七月** 7월 ^{しちにん}**七人** 일곱 명 ^{しちじ}**七時** 일곱 시

2획 七 七

^{いちど}一度に^{なな}**七つ**の^{あじ}味が^{たの}楽しめるセットです。 한 번에 일곱 개의 맛을 즐길 수 있는 세트입니다.
^{しちがつまつ}**七月**末から^{なつやす}夏休みだ。 7월 말부터 여름 방학이다.

八

여덟 **팔**

훈 여덟	や	^{やおや}**八百屋** 채소 가게
	やっ(つ)	^{やっ}**八つ** 여덟 개
	や(つ)	^{やあ}**八つ当たり** (아무에게나) 무턱대고 분풀이함
	よう	^{ようか}**八日** 8일
음 팔	はち	^{はちがつ}**八月** 8월 ^{はちにん}**八人** 여덟 명 ^{はっぽう}**八方** 팔방, 여기저기

2획 八 八

ボールを^{やっ}**八つ**^も持って^き来てください。 공을 여덟 개 가져와 주세요.
^{はちがつ}**八月**に^{りょこう}旅行に^い行きませんか。 8월에 여행을 가지 않겠습니까?

훈 아홉	ここの	**九日** 9일　**九重** 아홉 겹	
	ここの(つ)	**九つ** 아홉 개	
음 구	く	**九月** 9월　**九時** 아홉 시	
	きゅう	**九人** 아홉 명　**九万円** 9만 엔	

아홉 **구**

2획　九 九

たなに**九つ**のグラスが並んでいる。 선반에 아홉 개의 유리컵이 늘어서 있다.

九月九日は私の誕生日だ。 9월 9일은 내 생일이다.

훈 열	とお	**十** 열, 열 살　**十日** 10일	
	と	**十重** 열 겹, 몇 중	
음 십	じゅう	**十月** 10월　**十人** 열 명　**十分** 충분　**十個** 10개	
	じっ	**十分** 십분　**十回** 10회	

열 **십**

2획　十 十

来月の**十日**にテストを受ける。 다음 달 10일에 시험을 친다.

十月に学園祭が行われる。 10월에 학교 축제가 진행된다.

훈 일백	―	
음 백	ひゃく	**百年** 백 년　**百人** 백 명　**百個** 백 개　**百貨店** 백화점

일백 **백**

6획　百 百 百 百 百 百

あの家は**百年**も前に建てられたそうだ。 저 집은 백 년도 전에 지어졌다고 한다.

かごにあめが**百個**入っています。 바구니에 사탕이 백 개 들어 있습니다.

훈	일천	ち	千草 갖가지 풀	千切る 잘라 떼다, 잘게 찢다
음	천	せん	千年 천 년 千円★ 천 엔	千差万別 천차만별

3획 千 千 千

일천 **천**

庭に千草が生えている。 정원에 갖가지 풀이 자라 있다.

千年も生きている木を見た。 천 년이나 살아 있는 나무를 봤다.

훈	일만	―			
음	만	まん	万 만 一万円★ 일만 엔	万一 만일	万年筆★ 만년필
		ばん	万能 만능	万国 만국, 세계의 모든 나라	万歳 만세

3획 万 万 万

일만 **만**

夕食に一万円も使ってしまった。 저녁 식사에 일만 엔이나 쓰고 말았다.

お金は万能ではないと思う。 돈은 만능이 아니라고 생각한다.

시간

훈	때	とき	時★ 시간, 때	時々 때때로	
음	시	じ	時間★ 시간 時代★ 시대	時給★ 시급	当時 당시

10획 時 時 時 時 時 時 時 時 時 時

때 **시**

時が経つのが速いです。 시간이 지나는 게 빠릅니다.

たまには一人でゆっくりする時間がほしい。 가끔은 혼자서 느긋하게 있을 시간을 갖고 싶다.

0015 [N5] ☐☐☐

間

사이 간

문(門)과 해(日)를 합쳐 빛이 문틈 사이로 들어옴을 나타낸 글자

훈 사이	あいだ	間★ 동안, 사이　間柄 사이, 관계
	ま	間 사이, 간격　間違う★ 잘못되다, 틀리다　客間 응접실, 객실
음 간	かん	間隔★ 간격　時間 시간　中間 중간　空間 공간
	けん	世間 세간　人間★ 인간

12획 間 間 間 間 間 門 門 門 門 間 間 間

夏休みの間、ずっと海外を旅行していた。 여름방학 동안, 줄곧 해외를 여행하고 있었다.

このバスは15分間隔で運行している。 이 버스는 15분 간격으로 운행하고 있다.

0016 [N5] ☐☐☐

分

나눌 분

팔(八)과 칼(刀)을 합쳐 사물이 반으로 나누어진 것을 나타낸 글자

훈 나눌	わ(ける)	分ける 나누다, 가르다　引き分け 무승부
	わ(かる)	分かる★ 알다
	わ(かれる)	分かれる 갈라지다
	わ(かつ)	分かつ 나누다, 떼어 놓다　分かち合う 서로 나누어 가지다
음 분	ぶん	分担 분담　分解 분해　十分★ 충분　気分★ 기분
	ふん	分別 분별, 변별
	ぶ	大分 상당히　五分五分 우열이 없음

4획 分 分 分 分

生物は動物と植物に分けられる。 생물은 동물과 식물로 나뉜다.

じゃ、分担して部屋を片付けよう。 그럼, 분담해서 방을 정리하자.

0017 [N4] ☐☐☐

朝

아침 조

| 훈 아침 | あさ | 朝★ 아침　毎朝★ 매일 아침　朝寝坊★ 늦잠 |
| 음 조 | ちょう | 朝食★ 조식　早朝★ 조조, 이른 아침　朝刊 조간, 조간 신문 |

12획 朝 朝 朝 朝 朝 朝 朝 朝 朝 朝 朝 朝

朝の空気が気持ちよかった。 아침 공기가 기분이 좋았다.

朝食にパン二つとりんご一つを食べた。 조식으로 빵 두 개와 사과 하나를 먹었다.

午

낮 **오**

훈	낮	—			
음	오	ご	**午前**★ 오전　**午後**★ 오후　**正午** 정오		

4획　午 午 午 午

今日は**午前**に授業がある。 오늘은 오전에 수업이 있다.

午前中は少し寒かったが、**午後**からは暖かくなった。 오전 중에는 조금 추웠지만, 오후부터는 따뜻해졌다.

昼

낮 **주**

훈	낮	ひる	**昼**★ 낮　**昼寝**★ 낮잠　**昼ご飯**★ 점심밥　**昼休み**★ 점심시간			
음	주	ちゅう	**昼食**★ 점심 식사　**昼夜** 주야, 낮과 밤　**白昼** 백주, 대낮			

9획　昼 昼 昼 昼 昼 昼 昼 昼 昼

明日は**昼**から雨になるそうだ。 내일은 낮부터 비가 온다고 한다.

昼食に食べた牛丼はとてもおいしかった。 점심 식사로 먹은 규동은 정말 맛있었다.

夕

저녁 **석**

훈	저녁	ゆう	**夕食**★ 저녁 식사　**夕方**★ 해질녘　**夕日** 석양		
음	석	せき	**今夕** 오늘 저녁　**一朝一夕** 일조일석, 짧은 시일		

3획　夕 夕 夕

夕食はオムライスにしませんか。 저녁 식사는 오므라이스로 하지 않겠습니까?

今夕は祭りに行くつもりだ。 오늘 저녁은 축제에 갈 생각이다.

夜

밤 **야**

훈	밤	よる	**夜**★ 밤　**夜昼** 밤낮, 늘			
		よ	**夜中** 한밤중　**夜風** 밤바람			
음	야	や	**今夜**★ 오늘 밤　**昨夜**★ 어젯밤　**夜景**★ 야경　**深夜** 심야			

8획　夜 夜 夜 夜 夜 夜 夜 夜

友達と話しながら**夜**を過ごした。 친구와 이야기하며 밤을 보냈다.

疲れたから**今夜**は早く寝よう。 지쳤으니까 오늘 밤은 빨리 자자.

0022 [N4] □□□

晩

늦을 **만**

훈 늦을	—				
음 만	ばん	晩★ 밤	晩ご飯★ 저녁 식사	今晩★ 오늘 밤	晩年 만년

12획 晩 晩 晩 晩 晩 晩 晩 晩 晩 晩 晩 晩

プロジェクト会議は朝から晩まで続いた。 프로젝트 회의는 아침부터 밤까지 계속됐다.

今日の晩ご飯は焼き魚と煮物です。 오늘 저녁 식사는 생선구이와 조림입니다.

0023 [N5] □□□

月

달 **월**

초승달 모양을 본뜬 글자

훈 달	つき	月 달, 달빛	月見 달 구경	月日 월일, 세월
음 월	げつ	月曜日★ 월요일	今月★ 이번 달	来月★ 다음 달
	がつ	九月 9월	正月★ 정월, 설	

4획 月 月 月 月

いっしょに月を見に行きませんか。 같이 달을 보러 가지 않을래요?

月曜日はなんだかやる気が出ない。 월요일은 어쩐지 의욕이 생기지 않는다.

0024 [N5] □□□

火

불 **화**

불길이 솟아오르는 모양을 본뜬 글자

훈 불	ひ	火★ 불	火花 불티	炭火 숯불	花火 불꽃놀이
	ほ	火影 불빛, 불빛에 비치는 그림자			
음 화	か	火曜日★ 화요일	火事★ 화재	消火器★ 소화기	

4획 火 火 火 火

ガスストーブに火をつけた。 가스 스토브에 불을 붙였다.

火曜日は家族と外食をする。 화요일은 가족과 외식을 한다.

0025 [N5] ☐☐☐

훈 물	みず	水[★] 물	水色 옥색	水浴び 물을 뒤집어 씀

(furigana) みず / みずいろ / みずあ

음 수	すい	水曜日[★] 수요일	水道[★] 수도	水泳[★] 수영

(furigana) すいようび / すいどう / すいえい

4획 水 水 水 水

물 **수**

시냇물 위로 비가 내리고 있는 모양을 본뜬 글자

冷たい水が飲みたい。 시원한 물이 마시고 싶다.

今週の水曜日は何の予定もありません。 이번 주 수요일은 아무 예정도 없습니다.

0026 [N5] ☐☐☐

훈 나무	き	木[★] 나무	庭木[★] 정원수	並木 가로수

(furigana) き / にわき / なみき

	こ	木陰 나무 그늘	木の葉 나뭇잎

(furigana) こかげ / こ は

음 목	もく	木曜日[★] 목요일	木材[★] 목재	木造 목조

(furigana) もくようび / もくざい / もくぞう

	ぼく	大木 큰 나무	土木 토목

(furigana) たいぼく / どぼく

4획 木 木 木 木

나무 **목**

땅에 뿌리를 내리고 가지를 뻗은 나무 모양을 본뜬 글자

木の下でお弁当を食べた。 나무 아래에서 도시락을 먹었다.

来週の木曜日から二学期が始まる。 다음 주 목요일부터 2학기가 시작된다.

0027 [N5] ☐☐☐

훈 쇠	かね	お金[★] 돈	金持ち 부자	針金 철사

(furigana) かね / かねも / はりがね

	かな	金物 철물	金具 쇠 장식	金縛り 꼼짝 못하게 묶음

(furigana) かなもの / かなぐ / かなしば

음 금	きん	金曜日[★] 금요일	金属 금속	料金[★] 요금	現金[★] 현금

(furigana) きんようび / きんぞく / りょうきん / げんきん

	こん	金色 금빛	黄金 황금

(furigana) こんじき / おうごん

8획 金 金 金 金 金 金 金 金

쇠 **금**

열기가 빠져나가는 굴뚝과 불을 피우는 가마 모양을 본뜬 글자

友達にお金を借りた。 친구에게 돈을 빌렸다.

金曜日にはよく飲み会をする。 금요일에는 자주 회식을 한다.

0028 [N5] □□□

土

흙 土

평평한 땅 위에 흙덩어리가 뭉쳐져 있는 모양을 본뜬 글자

훈 흙	つち	土* 흙, 땅 土ぼこり 흙먼지
음 토	ど	土曜日* 토요일 土木 토목 国土 국토 粘土 점토
	と	土地* 토지

3획 土 十 土

土からミミズが出てきた。 흙에서 지렁이가 나왔다.
土曜日はアルバイトがあって忙しい。 토요일은 아르바이트가 있어서 바쁘다.

0029 [N5] □□□

日

날 일

태양 모양을 본뜬 글자

훈 날	ひ	日 날, 날씨 朝日 아침 해 日帰り 당일치기
	か	三日 3일 十日 10일
음 일	にち	日曜日 일요일 毎日* 매일 日時 일시
	じつ	平日 평일 休日 휴일 翌日* 다음날 後日* 후일

4획 日 日 日 日

今日はいい日になりそうだ。 오늘은 좋은 날이 될 것 같다.
日曜日だけはゆっくり休みたい。 일요일만큼은 푹 쉬고 싶다.

0030 [N5] □□□

週

주일 주

훈 주일	—	
음 주	しゅう	今週* 이번 주 来週* 다음 주 毎週* 매주

11획 週 週 週 週 週 週 週 周 週 週 週

今週の週末は花見に行く予定だ。 이번 주 주말은 꽃구경하러 갈 예정이다.
来週から日本語学校に通うことになった。 다음 주부터 일본어 학교에 다니게 되었다.

曜

빛날/일주일 **요**

훈	빛날/일주일	―		
음	요	よう	曜日★ 요일　何曜日 무슨 요일　日曜日 일요일	

18획 曜 曜 曜 曜 曜 曜 曜 曜 曜 曜 曜 曜 曜 曜 曜 曜 曜 曜

ごみ出しの**曜日**は必ず守ってください。 쓰레기 배출 요일은 반드시 지켜 주세요.
今日は**何曜日**だったっけ。 오늘 무슨 요일이었지?

春

봄 **춘**

훈	봄	はる	春★ 봄　春めく 봄다워지다		
음	춘	しゅん	春分 춘분　立春 입춘　青春 청춘　春季 춘계		

9획 春 春 春 春 春 春 春 春 春

春になると聞きたくなる歌がある。 봄이 되면 듣고 싶어지는 노래가 있다.
春分は昼と夜の長さが同じになる日のことだ。 춘분은 낮과 밤의 길이가 같아지는 날을 말한다.

夏

여름 **하**

훈	여름	なつ	夏★ 여름　夏休み★ 여름 방학　真夏 한여름　夏服 하복	
음	하	か	初夏 초여름　夏季 하계	
		げ	夏至 하지	

10획 夏 夏 夏 夏 夏 夏 夏 夏 夏 夏

私は**夏**になるとほぼ毎日スイカを食べる。 나는 여름이 되면 거의 매일 수박을 먹는다.
5月から6月初めのころを**初夏**という。 5월부터 6월 초 무렵을 초여름이라고 한다.

0034 [N4] ☐☐☐

秋

가을 **추**

벼(禾)와 불(火)이 합
쳐져서 곡식이 익어가
는 것을 나타낸 글자

훈	가을	あき	**秋**★ 가을　**秋祭り**★ 가을 축제　**秋風** 가을 바람	
음	추	しゅう	**秋分** 추분　**立秋** 입추　**中秋** 중추, 한가위　**秋季** 추계	

9획　秋 秋 秋 秋 秋 秋 秋 秋 秋

秋になると木の葉が赤く色づき始めた。 가을이 되자 나뭇잎이 붉게 물들기 시작했다.

秋分の日には先祖のお墓参りに行きます。 추분날에는 선조의 성묘를 갑니다.

0035 [N4] ☐☐☐

冬

겨울 **동**

훈	겨울	ふゆ	**冬**★ 겨울　**冬休み** 겨울 방학　**真冬** 한겨울　**冬服** 동복
음	동	とう	**冬眠** 동면　**冬季** 동계　**冬至**★ 동지

5획　冬 冬 冬 冬 冬

毎年**冬**には家族でスキーに行く。 매년 겨울에는 가족끼리 스키 타러 간다.

冬になるとクマは**冬眠**に入る。 겨울이 되면 곰은 동면에 들어간다.

0036 [N5] ☐☐☐

去

갈 **거**

훈	갈	さ(る)	**去る** 떠나다, 때가 지나가다
음	거	きょ	**去年**★ 작년　**除去** 제거　**退去** 퇴거　**消去** 소거
		こ	**過去**★ 과거

5획　去 去 去 去 去

母国を**去って**もう10年以上経った。 모국을 떠난 지 벌써 10년 이상 지났다.

去年 妹 が中学校に入学した。 작년에 여동생이 중학교에 입학했다.

첫째 마당 | 초급 한자 해커스 일본어 상용한자 2136

0037 [N5] ☐☐☐

今

이제 **금**

훈	이제	いま	今* 지금　今更 이제 와서, 새삼스럽게
음	금	こん	今回* 이번　今度* 이번, 이 다음　今後 이후, 차후
		きん	古今 고금, 예전과 지금

4획 今 今 今 今

今の生活に満足しています。 지금의 생활에 만족하고 있습니다.
今回のミスは大目に見よう。 이번 실수는 너그러이 봐주자.

0038 [N5] ☐☐☐

先

먼저 **선**

훈	먼저	さき	先 먼저, 앞　先立つ 앞서다, 앞장서다
음	선	せん	先生* 선생님　先週* 지난주　先輩* 선배　先方 상대편

6획 先 先 先 先 先 先

今日は用事があるので先に失礼します。 오늘은 볼일이 있어서 먼저 실례하겠습니다.
授業中、手をあげて先生に質問した。 수업 중, 손을 들어 선생님에게 질문했다.

0039 [N4] ☐☐☐

早

이를 **조**

훈	이를	はや(い)	早い* 빠르다, 이르다　早寝* 일찍 잠　素早い 재빠르다
		はや(まる)	早まる 빨라지다
		はや(める)	早める 예정보다 이르게 하다　早めに* 빨리, 일찌감치
음	조	そう	早退* 조퇴　早期 조기　早朝 조조　早々に 부랴부랴
		さっ	早速* 즉시　早急* 조급

6획 早 早 早 早 早 早

ぐずぐずしていないで早く起きなさい。 꾸물대지 말고 빨리 일어나세요.
頭が痛くて学校を早退した。 머리가 아파서 학교를 조퇴했다.

0040 [N4] ☐☐☐

将

장차 **장**

훈	장차	—			
음	장	しょう	**将来**[★] 장래, 미래 しょうらい	**主将** 주장, 팀 대표 しゅしょう	**将棋**[★] 장기 しょうぎ

10획 将 将 将 将 将 将 将 将 将 将

将来は田舎で小さなカフェを開きたい。 장래에는 시골에서 작은 카페를 열고 싶다.
しょうらい　いなか　ちい　　　　　　　　ひら

彼は**主将**としてチームを引っ張ってくれた。 그는 주장으로서 팀을 이끌어 주었다.
かれ　しゅしょう　　　　　　　　　ひ　ば

0041 [N5] ☐☐☐

年

해 **년(연)**

벼(禾)와 사람(人)을 합쳐한 해 수확을 마친 사람을 나타낸 글자

훈	해	とし	**年**[★] 해, 나이 とし	**年上** 손윗사람 としうえ	**年寄り** 늙은이 としよ	**年子** 연년생 としご
음	년(연)	ねん	**来年**[★] 내년 らいねん	**去年**[★] 작년 きょねん	**年末** 연말 ねんまつ	**年代** 연대 ねんだい

6획 年 年 年 年 年 年

今年もいい**年**になりますように。 올해도 좋은 해가 되길 바랍니다.
ことし　　　　　とし

私は**来年**で二十歳になります。 저는 내년에 스무 살이 됩니다.
わたし　らいねん　はたち

0042 [N5] ☐☐☐

代

대신할 **대**

훈	대신할	か(わる)	**代わる** 대신하다 か	**代わり**[★] 대리, 대용 か	
		か(える)	**代える** 대신하게 하다 か		
		よ	**代** 시대 よ		
		しろ	**代** 재료 しろ	**代物** 상품, 물건 しろもの	
음	대	だい	**代金**[★] 대금 だいきん	**代理** 대리 だいり	**現代** 현대 げんだい	**世代** 세대 せだい
		たい	**交代**[★] 교대 こうたい	**代謝** 대사, 물질대사 たいしゃ		

5획 代 代 代 代 代

父に**代わって**兄が家計を支えている。 아버지를 대신해서 형이 가계를 지탱하고 있다.
ちち　か　　　　あに　かけい　ささ

代金は今月末までに払ってください。 대금은 이달 말까지 지불해 주세요.
だいきん　こんげつまつ　　　はら

0043 [N5] ☐☐☐

左

원 좌

손(又)과 공구(工)를 합쳐 왼손으로 공구를 쥠을 나타낸 글자

훈	왼	ひだり	左 * 왼쪽	左側 좌측	左手 왼손	左利き 왼손잡이
음	좌	さ	左折 좌회전	左派 좌파		

5획 左 左 左 左 左

コンビニの**左**に交番があります。 편의점 왼쪽에 파출소가 있습니다.

ここでは**左折**ができません。 여기서는 좌회전을 할 수 없습니다.

0044 [N5] ☐☐☐

右

오른쪽 우

손(又)과 입(口)을 합쳐 오른손으로 밥을 먹음을 나타낸 글자

훈	오른쪽	みぎ	右 * 오른쪽	右側 우측	右手 오른손	右利き 오른손잡이
음	우	う	右折 * 우회전	右派 우파		
		ゆう	左右 좌우			

5획 右 右 右 右 右

右に見える山が「富士山」です。 오른쪽에 보이는 산이 '후지산'입니다.

次の角を**右折**してください。 다음 모퉁이에서 우회전해 주세요.

0045 [N5] ☐☐☐

前

앞 전

훈	앞	まえ	前 * 앞	名前 * 이름	前向き 정면을 향함
음	전	ぜん	以前 * 이전	午前 * 오전	前半 전반

9획 前 前 前 前 前 前 前 前 前

いくらつらくても、**前**に進まなければならない。 아무리 힘들어도, 앞으로 나아가지 않으면 안 된다.

営業時間は**以前**と同じです。 영업시간은 이전과 같습니다.

後

뒤 **후**

훈 뒤				
	あと	あと **後**★ 후, 뒤, 다음	あとあじ **後味** 뒷맛	あとまわ **後回し** 뒤로 미룸
	うし(ろ)	うし **後ろ**★ 뒤, 뒤쪽		
	のち	のち **後** 뒤, 미래		
	おく(れる)	おく **後れる** 뒤떨어지다	き おく **気後れ** 기가 죽음	

음 후					
	ご	ぜんご **前後**★ 전후	ご ご **午後**★ 오후	さい ご **最後**★ 최후	ご じつ **後日**★ 후일
	こう	こうかい **後悔** 후회	こうはん **後半** 후반	こうはい **後輩** 후배	こうぞく **後続** 후속

9획 後 後 後 後 後 後 後 後 後

しょく じ　　あと　　 は
食事の**後**はすぐ歯をみがきましょう。 식사 후에는 바로 이를 닦읍시다.

ご じゅっさいぜん ご　　 じょせい　 こうばん　 たず
五十歳**前後**の女性が交番を訪ねてきた。 50세 전후의 여성이 파출소를 방문해 왔다.

上

윗 **상**

하늘을 가리키는 모양을 본뜬 글자

훈 윗				
	うえ	うえ **上**★ 위, 겉	み うえ **身の上** 일신의 처지, 운명	
	うわ	うわ ぎ **上着**★ 겉옷		
	かみ	かみ **上** 위, 높은 곳, 앞부분	かわかみ **川上** 강의 상류	
	あ(げる)	あ **上げる**★ 올리다, 얹다	う あ **売り上げ** 매상	
	あ(がる)	あ **上がる** 오르다, 높아지다	あ **上がり** 오름, 오름세	
	のぼ(る)	のぼ **上る** 올라가다, 뜨다	のぼ **上り** 올라감, 오르막	
	のぼ(せる)	のぼ **上せる** 올리다, 상경시키다		
	のぼ(す)	のぼ **上す** 올리다, (지위를) 끌어올리다		

음 상					
	じょう	い じょう **以上**★ 이상	ち じょう **地上** 지상	じょうしょう **上昇** 상승	じょうじゅん **上旬** 상순
	しょう	しんしょう **身上** 신상, 특징			

3획 上 上 上

うえ
テーブルの**上**にボールペンがある。 테이블 위에 볼펜이 있다.

かれ　 おも　　い じょう　 りょうり　 じょうず
彼は思った**以上**に料理が**上手**だった。 그는 생각한 것 이상으로 요리를 잘했다.

中

가운데 중

군 진영 중앙에 깃발을
꽂아 놓은 모양을 본
뜬 글자

훈 가운데	なか	中* 안, 가운데　真ん中* 한가운데　夜中 한밤중
음 중	ちゅう	中心 중심　途中* 도중　中央 중앙　中古* 중고
	じゅう	一日中 하루 종일

4획　中 中 中 中

引き出しの中にタオルを入れた。 서랍 안에 수건을 넣었다.
月は地球を中心に回っている。 달은 지구를 중심으로 돌고 있다.

下

아래 하

땅을 가리키는 모양을
본뜬 글자

훈 아래	した	下* 아래, 안쪽
	しも	下 아래, 낮은 곳, 뒷부분
	もと	下 아래, 슬하　足下 발밑
	さ(げる)	下げる* 내리다, 늘어뜨리다
	さ(がる)	下がる 내려가다, 떨어지다, 물러서다
	くだ(る)	下る (명령, 판정 등이) 내려지다, 하사되다
	くだ(す)	下す (명령, 판정 등을) 내리다, 하사하다
	くだ(さる)	下さる 주시다
	お(ろす)	下ろす (아래로) 내려놓다
	お(りる)	下りる* (아래로) 내려오다, (탈것에서) 내리다, 그만두다
음 하	か	以下 이하　地下 지하　落下 낙하　下降 하강, 하락
	げ	下車 하차　上下 상하　下水 하수

3획　下 下 下

エレベーターに乗って下に下りた。 엘리베이터를 타고 아래로 내려왔다.
気温が 0 度以下に下がった。 기온이 0도 이하로 내려갔다.

0050 [N5] □□□

内

안 **내**

훈	안	うち	**内**★ 안, 내부	**内側**★ 안쪽	**内気** 내성적임, 소심함
음	내	ない	**国内**★ 국내	**内部**★ 내부	**内容**★ 내용	**室内**★ 실내
		だい	**参内** 입궐			

4획 内 内 内 内

カップの**内側**をきれいに洗った。 컵 안쪽을 깨끗하게 씻었다.

わが社の商品は**国内**で生産しております。 우리 회사의 상품은 국내에서 생산하고 있습니다.

0051 [N5] □□□

外

바깥 **외**

훈	바깥	そと	**外**★ 밖, 바깥	**外側**★ 바깥쪽
		ほか	**外** 다른 것, (어느 범위) 밖	**その外** 그 외, 그 밖에
		はず(す)	**外す** 떼어내다	**踏み外す** 잘못 밟다, 헛디디다
		はず(れる)	**外れる** 빠지다, 벗겨지다	
음	외	がい	**外国**★ 외국	**外出**★ 외출	**海外**★ 해외	**除外** 제외
		げ	**外科** 외과			

5획 外 外 外 外 外

家の中とちがって**外**はとても寒い。 집 안과 달리 밖은 무척 춥다.

私は**外国**に一度も行ったことがない。 나는 외국에 한 번도 가 본 적이 없다.

0052 [N5] □□□

東

동녘 **동**

훈	동녘	ひがし	**東**★ 동쪽, 동	**東側**★ 동쪽	**東口** 동쪽 출입구
음	동	とう	**東洋** 동양	**東北**★ 동북	**東部** 동부	**東京**★ 도쿄

8획 東 東 東 東 東 東 東 東

私は東京の中でも**東**のほうに住んでいる。 나는 도쿄 안에서도 동쪽에 살고 있다.

東洋では紅茶より緑茶をよく飲んだ。 동양에서는 홍차보다 녹차를 자주 마셨다.

西

서녘 **서**

훈	서녘	にし	<small>にし</small> 西* 서쪽, 서	<small>にしがわ</small> 西側 서쪽	<small>にしぐち</small> 西口 서쪽 출입구	<small>にしび</small> 西日 석양
음	서	せい	<small>せい ぶ</small> 西部 서부	<small>せいれき</small> 西暦 서력, 서기		
		さい	<small>かんさい</small> 関西* 관서 (지방)	<small>とうざい</small> 東西 동서		

6획 西 西 西 西 西 西

<small>たいよう ひがし のぼ にし しず</small>
太陽は東から昇り西に沈む。 태양은 동쪽에서 떠서 서쪽으로 진다.

<small>とう ぶ せい ぶ えい ご</small>
アメリカの東部と西部の英語はかなりちがう。 미국의 동부와 서부의 영어는 상당히 다르다.

南

남녘 **남**

훈	남녘	みなみ	<small>みなみ</small> 南* 남쪽, 남	<small>みなみがわ</small> 南側 남쪽	<small>みなみ む</small> 南向き 남향	
음	남	なん	<small>なんぼく</small> 南北 남북	<small>なん ぶ</small> 南部 남부	<small>なんたん</small> 南端 남단, 남쪽 끝	<small>なんきょく</small> 南極 남극
		な	<small>な む</small> 南無 나무 (부처에게 돌아가 의지함)			

9획 南 南 南 南 南 南 南 南 南

<small>ふね みなみ む すす</small>
その船は南に向かって進んだ。 그 배는 남쪽을 향해 나아갔다.

<small>はたけ なんぼく なが ひろ</small>
畑が南北に長く広がっている。 밭이 남북으로 길게 펼쳐져 있다.

北

북녘 **북**

훈	북녘	きた	<small>きた</small> 北* 북쪽, 북	<small>きたがわ</small> 北側* 북쪽	<small>きたかぜ</small> 北風 북풍	<small>きたはんきゅう</small> 北半球 북반구
음	북	ほく	<small>ほく ぶ</small> 北部 북부	<small>ほっきょく</small> 北極 북극	<small>とうざいなんぼく</small> 東西南北 동서남북	

5획 北 北 北 北 北

<small>きた つめ かぜ</small>
北から冷たい風がふいてきた。 북쪽에서 차가운 바람이 불어 왔다.

<small>ほく ぶ み</small>
カナダの北部ではオーロラが見られる。 캐나다 북부에서는 오로라를 볼 수 있다.

方

모/방위 **방**

소가 쟁기를 끄는 모양 을 본뜬 글자

훈	모/방위	かた	<small>かた</small> 方* 분, 쪽	<small>み かた</small> 味方 내 편, 아군	<small>ゆうがた</small> 夕方* 저녁때	
음	방	ほう	<small>ほうこう</small> 方向* 방향	<small>かたほう</small> 片方* 한쪽	<small>ほうほう</small> 方法 방법	<small>ち ほう</small> 地方 지방

4획 方 方 方 方

<small>かい ぎ にってい ほか かた つた</small>
会議の日程を他の方にも伝えてください。 회의 일정을 다른 분에게도 전달해 주세요.

<small>わたし まった はんたい ほうこう む</small>
私たちは全く反対の方向に向かっていた。 우리는 완전히 반대 방향으로 향하고 있었다.

始

처음/비로소 시

훈 처음/ 비로소	はじ(める)	始める★ 시작하다　始め 시작, 기원
	はじ(まる)	始まる★ 시작되다　始まり 시작, 시초
음 시	し	開始★ 개시　年始 연시, 연초　原始 원시

8획 始 始 始 始 始 始 始 始

息子は小学生のときにサッカーを始めた。 아들은 초등학생일 때 축구를 시작했다.

イベント開始の日付はまだ未定です。 이벤트 개시 날짜는 아직 미정입니다.

終

마칠 종

겨울(冬)과 실(糸)을 합쳐 겨울이 되어 한 해를 매듭지은 것을 나타낸 글자

훈 마칠	お(わる)	終わる★ 끝나다　終わり★ 끝
	お(える)	終える★ 끝마치다
음 종	しゅう	終日 온종일　最終★ 최종　終了★ 종료　終点 종점

11획 終 終 終 終 終 終 終 終 終 終

授業が終わってからコンビニに寄った。 수업이 끝나고 나서 편의점에 들렀다.

せっかくの休みだから終日家で休んだ。 모처럼의 휴일이라서 온종일 집에서 쉬었다.

次

버금 차

훈 버금	つ(ぐ)	次ぐ 뒤잇다　相次ぐ 잇따르다　次いで 뒤이어
	つぎ	次★ 다음　次に 다음에　次々と★ 차례차례로
음 차	じ	次男 차남　次回 다음 회　目次 목차　次元 차원
	し	次第★ 순서　次第に★ 점점, 차츰

6획 次 次 次 次 次 次

昨年に次ぎ、今年もブックフェアに参加する。 작년에 뒤이어, 올해도 도서 전시회에 참가한다.

来年の春に次男が生まれる予定だ。 내년 봄에 차남이 태어날 예정이다.

0060 [N5] ☐☐☐

並

나란할 병

두 사람이 가로로 늘
어선 모양을 본뜬 글자

훈 나란할	なら(ぶ)	並ぶ★ 늘어서다, 한 줄로 서다　並び 늘어선 모양, 유례
	なら(べる)	並べる★ 늘어놓다, 나란히 하다
	なら(びに)	並びに 및
	なみ	並木 가로수　足並 보조, 발걸음　月並 평범함
음 병	へい	並行★ 나란히 감, 병행　並列 병렬　並立 병립, 양립

8획 並 並 並 並 並 並 並 並

この周辺には有名なレストランが並んでいる。 이 주변에는 유명한 레스토랑이 늘어서 있다.
二人の選手が並行して走っている。 두 명의 선수가 나란히 달리고 있다.

0061 [N4] ☐☐☐

遠

멀 원

훈 멀	とお(い)	遠い★ 멀다　遠ざかる 멀어지다　遠回り 멀리 돌아감
음 원	えん	永遠★ 영원　敬遠 경원, 경원시함　遠慮★ 사양, 겸손
	おん	久遠 구원, 영원

13획 遠 遠 遠 遠 遠 遠 遠 遠 遠 遠 遠 遠 遠

どこか遠い国に行ってみたい。 어딘가 먼 나라에 가보고 싶다.
永遠の若さを手に入れたい。 영원한 젊음을 손에 넣고 싶다.

0062 [N5] ☐☐☐

近

가까울 근

| 훈 가까울 | ちか(い) | 近い★ 가깝다　近づく 다가가다　近道 지름길 |
| 음 근 | きん | 近所★ 근처, 이웃　接近★ 접근　最近★ 최근　近代 근대 |

7획 近 近 近 近 近 近 近

会社からもう少し近いところに住みたい。 회사에서 조금 더 가까운 곳에 살고 싶다.
近所に新しいパン屋ができた。 근처에 새로운 빵집이 생겼다.

맞은 개수: /40

색이 있는 한자의 발음을 밑줄에 쓴 다음, 괄호 안에 단어의 뜻을 써 보세요.

01	朝	_____	( )
02	七月	_____がつ	( )
03	分ける	_____ける	( )
04	年	_____	( )
05	秋	_____	( )
06	早退	_____たい	( )
07	十日	_____か	( )
08	五つ	_____つ	( )
09	時	_____	( )
10	右	_____	( )
11	以下	い_____	( )
12	外国	_____こく	( )
13	火曜日	_____ようび	( )
14	南	_____	( )
15	始める	_____める	( )
16	先生	_____せい	( )
17	昼	_____	( )
18	中心	_____しん	( )
19	次ぐ	_____ぐ	( )
20	西	_____	( )

21	代金	_____きん	( )
22	一万円	いち_____えん	( )
23	間隔	_____かく	( )
24	お金	お_____	( )
25	今回	_____かい	( )
26	将来	_____らい	( )
27	北	_____	( )
28	午前	_____ぜん	( )
29	方向	_____こう	( )
30	並ぶ	_____ぶ	( )
31	終わる	_____わる	( )
32	以前	い_____	( )
33	左	_____	( )
34	近所	_____じょ	( )
35	日曜日	_____ようび	( )
36	夜	_____	( )
37	国内	こく_____	( )
38	永遠	えい_____	( )
39	去る	_____る	( )
40	三月	_____がつ	( )

첫째 마당   초급 한자   해커스 일본어 상용한자 2136

정답   01 あさ 아침 02 しちがつ 7월 03 わける 나누다, 가르다 04 とし 해, 나이 05 あき 가을 06 そうたい 조퇴 07 とおか 10일 08 いつつ 다섯 개
09 とき 때, 시간 10 みぎ 오른쪽 11 いか 이하 12 がいこく 외국 13 かようび 화요일 14 みなみ 남쪽, 남 15 はじめる 시작하다 16 せんせい 선생님
17 ひる 낮 18 ちゅうしん 중심 19 つぐ 뒤잇다 20 にし 서쪽, 서 21 だいきん 대금 22 いちまんえん 일만 엔 23 かんかく 간격 24 おかね 돈
25 こんかい 이번 26 しょうらい 장래, 미래 27 きた 북쪽, 북 28 ごぜん 오전 29 ほうこう 방향 30 ならぶ 늘어서다, 한 줄로 서다 31 おわる 끝나다
32 いぜん 이전 33 ひだり 왼쪽 34 きんじょ 근처, 이웃 35 にちようび 일요일 36 よる 밤 37 こくない 국내 38 えいえん 영원
39 さる 떠나다, 때가 지나가다 40 さんがつ 3월

자연·정도·상태

자연

★은 JLPT/JPT 기출 단어입니다.

0063 [N5] □□□

空

빌/하늘 **공**

훈 빌/하늘	そら	空★ 하늘　空色 하늘색　青空 푸른 하늘
	から	空 빔, 허공　空っぽ 텅 빔
	あ(く)	空く 비다　空き巣 빈 둥지, 빈집　空き缶 빈 깡통
	あ(ける)	空ける 비우다
음 공	くう	空席★ 공석　空間 공간　空港★ 공항

8획 空空空空空空空空

空がオレンジ色にそまった。 하늘이 오렌지색으로 물들었다.
今日は会議室に空席が多い。 오늘은 회의실에 공석이 많다.

0064 [N5] □□□

天

하늘 **천**

사람(大) 머리 위에 하늘이 있는 모양을 본 뜬 글자

훈 하늘	あま	天の川 은하수　天下り 강림
	あめ	天地 하늘과 땅, 전세계, 우주
음 천	てん	天気★ 날씨　雨天 우천　天地 천지　天国 천국

4획 天天天天

テレビで見た天の川はとてもうつくしかった。 텔레비전에서 본 은하수는 무척 아름다웠다.
天気がいいから外へ出かけよう。 날씨가 좋으니까 밖으로 나가자.

風

바람 **풍**

훈	바람	かぜ	**風**★ 바람　**そよ風** 산들바람		
		かざ	**風上** 바람이 불어오는 쪽　**風車** 풍차, 바람개비		
음	풍	ふう	**台風** 태풍　**強風** 강풍　**風力** 풍력　**風習**★ 풍습
		ふ	**風情** 풍정, 운치　**風呂**★ 목욕		

9획 風 風 風 風 風 風 風 風 風

窓から涼しい**風**が入ってきた。 창문에서 시원한 바람이 들어왔다.

町は**台風**で大きな被害を受けた。 마을은 태풍으로 큰 피해를 입었다.

雨

비 **우**

하늘에서 물방울이 떨어지는 모양을 본뜬 글자

훈	비	あめ	**雨**★ 비　**大雨**★ 큰비		
		あま	**雨雲** 비구름　**雨水** 빗물　**雨具** 우비		
음	우	う	**豪雨** 호우　**梅雨** 장마　**雨量** 우량, 강수량　**降雨** 강우

8획 雨 雨 雨 雨 雨 雨 雨 雨

雨の日はあまり出かけたくない。 비 오는 날은 그다지 나가고 싶지 않다.

ゲリラ**豪雨**の発生が増えている。 게릴라 호우의 발생이 늘고 있다.

雲

구름 **운**

훈	구름	くも	**雲**★ 구름　**雨雲** 비구름	
음	운	うん	**雲海** 운해, 구름바다　**積乱雲** 적란운　**雷雲** 소나기 구름

12획 雲 雲 雲 雲 雲 雲 雲 雲 雲 雲 雲 雲

くじらの形をした**雲**が浮かんでいた。 고래 모양을 한 구름이 떠 있었다.

飛行機の中で**雲海**を見下ろした。 비행기 안에서 운해를 내려다 보았다.

첫째 마당 · 초급 한자 · 해커스 일본어 상용한자 2136

雪

눈 설

| 훈 | 눈 | ゆき | 雪★ 눈 | 大雪 대설 | 雪だるま 눈사람 | 初雪 첫눈 |
| 음 | 설 | せつ | 雪原 설원 | 積雪 적설 | 除雪 제설 | 降雪 강설 |

11획 雪 雪 雪 雪 雪 雪 雪 雪 雪 雪 雪

庭に積もった雪で雪だるまを作った。 마당에 쌓인 눈으로 눈사람을 만들었다.
雪原の上に誰かの足あとが残っている。 설원 위에 누군가의 발자국이 남아 있다.

寒

찰 한

| 훈 | 찰 | さむ(い) | 寒い★ 춥다 | 寒気 추운 기운, 오한 | 寒がる 추워하다 |
| 음 | 한 | かん | 寒波 한파 | 寒気 한기 | 悪寒 오한 |

12획 寒 寒 寒 寒 寒 寒 寒 寒 寒 寒 寒 寒

今年は平年より寒い冬になりそうです。 올해는 평년보다 추운 겨울이 될 것 같습니다.
日本列島は記録的な寒波におそわれた。 일본 열도는 기록적인 한파에 뒤덮였다.

乾

마를 건

훈	마를	かわ(く)	乾く★ 마르다, 건조하다		
		かわ(かす)	乾かす★ 말리다		
음	건	かん	乾燥★ 건조	乾杯★ 건배	乾電池★ 건전지

11획 乾 乾 乾 乾 乾 乾 乾 乾 乾 乾 乾

洗濯物が乾いていたら取り込んでおいて。 세탁물이 말라 있으면 거두어 놔줘.
冬は手の乾燥がひどくて困る。 겨울에는 손 건조가 심해서 곤란하다.

地

땅 지

훈	땅	—				
음	지	ち	土地★ 토지	地下★ 지하	地球★ 지구	地図 지도
		じ	地面 지면	地震★ 지진	地元 그 고장, 본고장	

6획 地 地 地 地 地 地

土地を買うか家を買うか悩んでいる。 토지를 살지 집을 살지 고민하고 있다.
昨日の地震で地面が割れた。 어제의 지진으로 지면이 갈라졌다.

0072 [N5] ☐☐☐

山

메 **산**

우뚝 솟아 있는 세 개
의 산봉우리 모양을 본
뜬 글자

훈	메	やま	山* 산　山道* 산길　山登り 등산
음	산	さん	富士山 후지산　山脈 산맥
		ざん	高山 고산, 높은 산　火山 화산

3획　山 山 山

山は下りるときがとくに危ない。 산은 내려올 때 특히 위험하다.

いつか富士山に登ってみたい。 언젠가 후지산에 올라가 보고 싶다.

0073 [N4] ☐☐☐

林

수풀 **림(임)**

나무(木) 두 개를 합쳐
나무가 많아 빽빽한 것
을 나타낸 글자

| 훈 | 수풀 | はやし | 林* 숲, 수풀　松林 송림, 솔밭 |
| 음 | 림(임) | りん | 山林 산림　林業 임업 |

8획　林 林 林 林 林 林 林 林

学校のうらに林がある。 학교 뒤에 숲이 있다.

近くの山林で火災が発生した。 근처 산림에서 화재가 발생했다.

0074 [N4] ☐☐☐

森

수풀 **삼**

나무(木) 세 개를 합쳐
나무가 무성한 것을 나
타낸 글자

| 훈 | 수풀 | もり | 森* 숲 |
| 음 | 삼 | しん | 森林 삼림, 숲　森閑 고요함 |

12획　森 森 森 森 森 森 森 森 森 森 森 森

私は森でキャンプするのが好きだ。 나는 숲에서 캠핑하는 것을 좋아한다.

森林を守るために何ができるだろう。 삼림을 지키기 위해서 무엇을 할 수 있을까?

0075 [N4] ☐☐☐

野

들 **야**

| 훈 | 들 | の | 野 들　野花 들꽃　野原* 들판　野放し 방목, 방임 |
| 음 | 야 | や | 野外 야외　野菜* 야채　分野* 분야　野性 야성 |

11획　野 野 野 野 野 野 野 野 野 野 野

道ばたに名前も知らない野花がさいている。 길가에 이름도 모르는 들꽃이 피어 있다.

音楽フェスティバルの多くは野外で開かれる。 음악 페스티벌의 대부분은 야외에서 열린다.

0076 [N4] ☐☐☐

石

돌 석

산기슭 옆에 떨어진 돌 덩이 모양을 본뜬 글자

훈 돌	いし	石* 돌	小石 작은 돌	石段 돌계단	
음 석	せき	岩石 암석	化石 화석	宝石 보석	石像 석상
	しゃく	磁石 자석			
	こく	石高 쌀의 수확량			

5획 石 石 石 石 石

子供が川に石を投げた。 아이가 강에 돌을 던졌다.

地下の岩石がとけてマグマになる。 지하의 암석이 녹아서 마그마가 된다.

0077 [N4] ☐☐☐

花

꽃 화

훈 꽃	はな	花* 꽃	花束* 꽃다발	花見 꽃구경, 벚꽃놀이	
음 화	か	花瓶* 꽃병	花壇* 화단, 꽃밭	花粉 꽃가루	花弁 꽃잎

7획 花 花 花 花 花 花 花

いとこの卒業式に花を買って行った。 사촌의 졸업식에 꽃을 사 갔다.

もらった花を花瓶に生けた。 받은 꽃을 꽃병에 꽂았다.

0078 [N4] ☐☐☐

景

볕 경

훈 볕	―				
음 경	けい	風景* 풍경	夜景* 야경	背景* 배경	景気* 경기

12획 景 景 景 景 景 景 景 景 景 景 景 景

美しい風景を見ると写真に残したくなる。 아름다운 풍경을 보면 사진으로 남기고 싶어진다.

展望台から見た夜景はとてもきれいだった。 전망대에서 본 야경은 정말 예뻤다.

0079 [N5] ☐☐☐

川

내 천

시냇물이 흐르는 모양을 본뜬 글자

훈 내	かわ	川* 강, 하천	川岸 강가, 강기슭	小川 작은 시내
음 천	せん	河川 하천	山川 산천	

3획 川 川 川

昨日川で水遊びをした。 어제 강에서 물놀이를 했다.

東から西へ河川が流れている。 동쪽에서 서쪽으로 하천이 흐르고 있다.

0080	[N4] ☐☐☐

훈	못	いけ	池* 연못　ため池 저수지, 용수지　古池 오래된 연못
음	지	ち	貯水池 저수지　電池 전지, 건전지

6획　池池池池池池

못 지

カエルが池で泳いでいる。 개구리가 연못에서 헤엄치고 있다.

大雨で貯水池の水があふれた。 큰비로 저수지의 물이 넘쳤다.

0081	[N4] ☐☐☐

훈	호수	みずうみ	湖* 호수, 호
음	호	こ	湖水 호수, 호수 물　淡水湖 담수호　江湖 강호, 세상

12획　湖湖湖湖湖湖湖湖湖湖湖湖

호수 호

日本でもっとも大きい湖はびわ湖である。 일본에서 가장 큰 호수는 비와호이다.

湖の多くは淡水湖だ。 호수의 대부분은 담수호이다.

0082	[N5] ☐☐☐

훈	바다	うみ	海* 바다　海辺* 해변　海開き 해수욕장 개장
음	해	かい	海水浴 해수욕　海岸* 해안　海外* 해외　航海 항해

9획　海海海海海海海海海

바다 해

息子は服を着たまま海に飛び込んだ。 아들은 옷을 입은 채 바다에 뛰어들었다.

夏だから海水浴に行こう。 여름이니 해수욕하러 가자.

0083	[N4] ☐☐☐

훈	큰 바다	―	
음	양	よう	太平洋 태평양　西洋 서양　海洋 해양　洋風 서양풍

9획　洋洋洋洋洋洋洋洋洋

큰 바다 양

自分の船で太平洋を渡るのが父の夢だ。 자신의 배로 태평양을 건너는 것이 아버지의 꿈이다.

日本は昔から西洋と交流があった。 일본은 옛날부터 서양과 교류가 있었다.

0084 [N4] ☐☐☐

훈	얼음	こおり	氷 ★ 얼음　かき氷 빙수
		ひ	氷雨 우박, 진눈깨비
음	빙	ひょう	氷山 빙산　氷点 빙점　氷河 빙하

얼음 **빙**

평평했던 물(水)이 얼면서 부풀어 오른 모양을 본뜬 글자

5획　氷 氷 氷 氷 氷

氷が解けてコーヒーの味が薄くなった。 얼음이 녹아서 커피의 맛이 연해졌다.

君が知っているのは氷山の一角に過ぎない。 네가 알고 있는 것은 빙산의 일각에 지나지 않는다.

0085 [N5] ☐☐☐

| 훈 | 개 | いぬ | 犬 ★ 개　子犬 강아지　野良犬 들개 |
| 음 | 견 | けん | 愛犬 반려견, 애견　犬歯 송곳니　名犬 명견 |

개 **견**

4획　犬 犬 犬 犬

小さな犬を飼っています。 작은 개를 기르고 있습니다.

愛犬を連れて散歩に行った。 반려견을 데리고 산책하러 갔다.

0086 [N4] ☐☐☐

| 훈 | 소 | うし | 牛 소 |
| 음 | 우 | ぎゅう | 牛乳 우유　牛肉 쇠고기　闘牛 투우, 소싸움 |

소 **우**

뿔이 있는 소의 얼굴 모양을 본뜬 글자

4획　牛 牛 牛 牛

実家は牛を育てる牧場である。 본가는 소를 기르는 목장이다.

牛乳は子供の成長に役立つ。 우유는 아이의 성장에 도움이 된다.

0087 [N5] ☐☐☐

훈	물고기	さかな	魚 ★ 물고기, 생선　魚屋 생선 가게　煮魚 조린 생선
		うお	魚 생선, 어류　魚市場 어시장
음	어	ぎょ	金魚 금붕어　魚類 어류　鮮魚 신선한 물고기

물고기 **어**

물고기의 주둥이와 지느러미 모양을 본뜬 글자

11획　魚 魚 魚 魚 魚 魚 魚 魚 魚 魚 魚

今日は友達と一緒に魚を釣りに行く。 오늘은 친구와 함께 물고기를 잡으러 간다.

あざやかな赤色の金魚が好きです。 선명한 빨간색인 금붕어가 좋습니다.

훈 새	とり	鳥★ 새 小鳥★ 작은 새 鳥かご 새장
음 조	ちょう	鳥類 조류 野鳥 들새 一石二鳥 일석이조

11획 鳥鳥鳥鳥鳥鳥鳥鳥鳥鳥鳥

0088 [N4] □□□

새 조

鳥の鳴き声で目が覚めた。 새의 울음소리에 잠이 깼다.

彼は鳥類にかかわる研究をしている。 그는 조류에 관한 연구를 하고 있다.

0089 [N5] □□□

훈 고양이	ねこ	猫★ 고양이
음 묘	びょう	愛猫 반려묘, 애묘

11획 猫猫猫猫猫猫猫猫猫猫猫

고양이 묘

猫は魚が好きだと言われている。 고양이는 생선을 좋아한다고 일컬어진다.

あそこの黒い猫が私の愛猫です。 저쪽의 검은 고양이가 제 반려묘입니다.

정도

0090 [N5] □□□

大

훈 클	おお	大型 대형 大通り 넓은 길, 큰 거리
	おお(きい)	大きい★ 크다 大きな 큰 大きさ 크기
	おお(いに)	大いに 대단히, 매우
음 대	だい	拡大 확대 大小 대소 大胆 대담
	たい	大した 대단한 大抵★ 대강, 대부분 大衆 대중

3획 大大大

클 대

양팔을 크게 벌리고 있는 사람 모양을 본 뜬 글자

もっと大きいサイズはありませんか。 더 큰 사이즈는 없습니까?

写真をよく見ようと画面を拡大した。 사진을 잘 보려고 화면을 확대했다.

0091 [N5] □□□

작을 **小**

훈 작을	ちい(さい)	小さい★ 작다　小さな 작은
	こ	小鳥★ 작은 새　小型 소형　小切手 수표　小包 소포
	お	小川 작은 시내
음 소	しょう	小学生 초등학생　小説★ 소설　縮小 축소

3획　小 小 小

彼は体が**小さい**が力は強い。 그는 몸이 작지만 힘은 세다.
小学生がランドセルを背負っている。 초등학생이 책가방을 메고 있다.

0092 [N5] □□□

많을 **多**

| 훈 많을 | おお(い) | 多い★ 많다 |
| 음 다 | た | 多数 다수　多量★ 대량　多様 다양　多分 많음, 아마 |

6획　多 多 多 多 多 多

週末の遊園地はいつも人が**多い**。 주말의 유원지는 언제나 사람이 많다.
事故で**多数**の乗客がけがをした。 사고로 다수의 승객이 다쳤다.

0093 [N5] □□□

적을 **少**

훈 적을	すく(ない)	少ない★ 적다
	すこ(し)	少し★ 조금, 약간
음 소	しょう	減少★ 감소　多少★ 다소, 좀　少年 소년

4획　少 少 少 少

今月はいつもより支出が**少ない**。 이번 달은 여느 때보다 지출이 적다.
地方の人口は年々**減少**している。 지방의 인구는 해마다 감소하고 있다.

0094 [N5] □□□

古

예 **고**

훈 예	ふる(い)	**古い**★ 오래되다　**古本屋**★ 헌책방　**古びる** 낡다	
	ふる(す)	**使い古す** 오랫동안 써서 낡아지다	
음 고	こ	**古代** 고대　**中古**★ 중고　**古典** 고전　**考古学** 고고학	

5획 古 古 古 古 古

古い家をリフォームすることにした。 오래된 집을 리모델링하기로 했다.

姉は古代の文字に興味を持っている。 언니는 고대의 문자에 흥미를 가지고 있다.

0095 [N5] □□□

新

새 **신**

훈 새	あたら(しい)	**新しい**★ 새롭다　**新しさ** 새로움	
	あら(た)	**新ただ** 새롭다, 새로 시작하다	
	にい	**新妻** 새댁	
음 신	しん	**最新**★ 최신　**新聞**★ 신문　**新鮮**★ 신선, 싱싱함	

13획 新 新 新 新 新 新 新 新 新 新 新 新 新

新しいアイデアを思い付いた。 새로운 아이디어가 생각났다.

妹は最新のスマホを買った。 여동생은 최신 스마트폰을 샀다.

0096 [N4] □□□

軽

가벼울 **경**

훈 가벼울	かる(い)	**軽い**★ 가볍다　**手軽だ**★ 손쉽다　**気軽** 가볍게 행동함	
	かろ(やか)	**軽やかだ** 가뿐하다	
음 경	けい	**軽傷**★ 경상　**軽快** 경쾌　**軽率** 경솔　**軽視** 경시	

12획 軽 軽 軽 軽 軽 軽 軽 軽 軽 軽 軽

新しいノートパソコンは軽くて持ち運びに便利だ。 새 노트북은 가벼워서 들고 다니기에 편리하다.

火災により二人が軽傷を負った。 화재로 인해 두 명이 경상을 입었다.

重

무거울 중

등에 무거운 짐을 지고 있는 사람 모양을 본 뜬 글자

훈 무거울	おも(い)	重い★ 무겁다　重さ 무게　重たい 묵직하다
	かさ(ねる)	重ねる★ 포개다　重ね着 옷을 여러 벌 껴입음
	かさ(なる)	重なる 포개지다
	え	一重 외겹　二重 두 겹　八重桜 겹벚꽃
음 중	じゅう	重大★ 중대　重量 중량　二重 이중　体重 체중
	ちょう	慎重★ 신중　貴重★ 귀중　尊重 존중

9획 重 重 重 重 重 重 重 重 重

最近体が重く感じられる。 최근 몸이 무겁게 느껴진다.

人手不足の解決が重大な課題となっている。 일손 부족 해결이 중대한 과제가 되고 있다.

速

빠를 속

훈 빠를	はや(い)	速い★ 빠르다　速さ★ 빠르기, 속도
	はや(める)	速める 빠르게 하다
	はや(まる)	速まる 빨라지다
	すみ(やか)	速やかだ 신속하다, 조속하다
음 속	そく	速度 속도　時速★ 시속　速力 속력　早速★ 즉시

10획 速 速 速 速 束 束 束 速 速 速

彼は学校で一番足が速い。 그는 학교에서 가장 발이 빠르다.

カーブでは速度を落としてください。 커브에서는 속도를 떨어트려 주세요.

헷갈리는 단어 모아보기

유의어
- 速い (동작·속도가) 빠르다 　　あの選手は足が速い。 저 선수는 발이 빠르다.
- 早い (시간적으로) 빠르다 　　兄は起きるのが早い。 형은 일어나는 것이 빠르다.

速いと早いは 모두 '빠르다'라는 뜻이다. 速い는 동작과 속도에 관련해서 사용하고, 早い는 시간과 관련해서 사용한다.

0099 [N4] ☐☐☐

遅

늦을 지

훈 늦을	おく(れる)	遅れる* 늦다 乗り遅れる* 탈것을 놓치다
	おく(らす)	遅らす 늦추다
	おそ(い)	遅い* 느리다, 늦다 遅咲き 철 늦게 핌
음 지	ち	遅刻* 지각 遅延 지연

12획 遅 遅 遅 遅 遅 遅 遅 遅 遅 遅 遅 遅

試験時間に遅れないようにしてください。 시험 시간에 늦지 않도록 해 주세요.

入社してから一度も遅刻したことがない。 입사하고 나서 한 번도 지각한 적이 없다.

0100 [N4] ☐☐☐

熱

더울 열

| 훈 더울 | あつ(い) | 熱い* 뜨겁다 熱さ 뜨거움 |
| 음 열 | ねつ | 熱* 열 熱湯 끓는 물, 열탕 熱心* 열심 熱中* 열중 |

15획 熱 熱 熱 熱 熱 熱 熱 熱 熱 熱 熱 熱 熱 熱 熱

たこ焼きが熱くて舌をやけどした。 다코야키가 뜨거워서 혀를 데였다.

熱が下がってよかった。 열이 내려서 다행이다.

0101 [N4] ☐☐☐

冷

찰 랭(냉)

얼음(冫)과 명령(令)을
합쳐 군주가 차갑게 명
령을 내리는 것을 나타
낸 글자

훈 찰	つめ(たい)	冷たい* 차갑다 冷たさ 차가움
	ひ(える)	冷える* 차가워지다, 식다
	ひ(や)	冷ややかだ 냉랭하다 冷や汗 식은땀
	ひ(やす)	冷やす 차게 하다, 식겁하다
	ひ(やかす)	冷やかす 놀리다 冷やかし 놀림
	さ(める)	冷める* 식다
	さ(ます)	冷ます 식히다
음 랭(냉)	れい	冷凍* 냉동 冷静* 냉정 冷淡 냉담 冷却 냉각

7획 冷 冷 冷 冷 冷 冷 冷

冬でも冷たいコーヒーを好む人が多い。 겨울에도 차가운 커피를 선호하는 사람이 많다.

冷凍のピザを電子レンジで温めた。 냉동 피자를 전자레인지로 데웠다.

0102 [N5] ☐☐☐

高

높을 고

높게 지어진 누각의 모양을 본뜬 글자

훈 높을	たか(い)	高い★ 높다, 비싸다	高ぶる 흥분하다, 뽐내다
	たか	売上高 매상고, 판매액	
	たか(まる)	高まる 높아지다	高まり 고조
	たか(める)	高める 높이다	
음 고	こう	最高 최고　高低 고저　高級 고급　高価★ 가가	

10획 高高高高高高高高高高

駅前に高いビルが並んでいる。 역 앞에 높은 빌딩이 늘어서 있다.

彼は若いとき、最高の野球選手だった。 그는 젊었을 때, 최고의 야구 선수였다.

0103 [N5] ☐☐☐

深

깊을 심

물(氵)과 깊음(罙)을 합쳐 물이 깊다는 것을 나타낸 글자

훈 깊을	ふか(い)	深い★ 깊다　深入り 깊이 들어감　欲深い 욕심이 많다	
	ふか(まる)	深まる 깊어지다	
	ふか(める)	深める★ 깊게 하다	
음 심	しん	深刻★ 심각　深夜 심야　水深 수심　深海 심해	

11획 深深深深深深深深深深深

水深が深いので気をつけてください。 수심이 깊으니 조심해 주세요.

少子高齢化が深刻な社会問題となっている。 저출산 고령화가 심각한 사회 문제가 되고 있다.

0104 [N4] ☐☐☐

比

견줄 비

| 훈 견줄 | くら(べる) | 比べる★ 비하다, 견주다　背比べ 키 대보기 | |
| 음 비 | ひ | 比較★ 비교　対比 대비　比例★ 비례　比率 비율 | |

4획 比比比比

今年の夏は去年に比べて暑くないらしい。 올해 여름은 작년에 비해 덥지 않은 것 같다.

性能を比較して新しく買うパソコンを選んだ。 성능을 비교해 새로 살 컴퓨터를 골랐다.

0105	[N5] □□□			
훈 반	なか(ば)	^{なか}半ば 중간, 절반		
음 반	はん	^{はん}半 반 ^{はんぶん}半分★ 절반, 반쪽 ^{はんとし}半年★ 반년 ^{はんめん}半面 반면		

5획 半 半 半 半 半

반 반

팔(八)과 소(牛)를 합쳐 소를 해부하기 위해 반으로 가른 것을 나타낸 글자

^{はちがつ}八月の^{なか}半ばにカナダへ^い行くつもりだ。 8월 중간에 캐나다에 갈 작정이다.

^{さんじ}三時^{はん}半までに^{えき}駅の^{まえ}前に^{あつ}集まろう。 세시 반까지 역 앞으로 모이자.

0106	[N4] □□□		
훈 써	—		
음 이	い	^{いがい}以外★ 이외 ^{いない}以内★ 이내 ^{いじょう}以上★ 이상 ^{いご}以後 이후

5획 以 以 以 以 以

써 이

^{かんけいしゃ}関係者^{いがい}以外は^た立ち^い入り^{きんし}禁止です。 관계자 이외에는 출입 금지입니다.

7日^{いない}以内にご^{れんらく}連絡ください。 7일 이내에 연락 주세요.

0107	[N5] □□□		
훈 매양/자주	—		
음 매	まい	^{まいにち}毎日★ 매일 ^{まいつき}毎月★ 매월 ^{まいとし}毎年 매년 ^{まいど}毎度 매번

6획 毎 毎 毎 毎 毎 毎

매양/자주 매

^{まいにちこうえん}毎日公園でジョギングしている。 매일 공원에서 조깅하고 있다.

^{まいつき}毎月15^{にち}日に^{やちん}家賃を^{はら}払う。 매월 15일에 집세를 낸다.

0108	[N4] □□□		
훈 돌아올	まわ(る)	^{まわ}回る★ 돌다 ^{まわ}回り 둘레, 주변
	まわ(す)	^{まわ}回す★ 돌리다 ^{てまわ}手回し 손으로 돌림, 준비
음 회	かい	^{かいてん}回転 회전 ^{かいしゅう}回収 회수 ^{かいとう}回答 회답
	え	^{えこう}回向 회향 (공덕을 '돌리는' 것)

6획 回 回 回 回 回 回

돌아올 회

빙글빙글 회오리치는 모양을 본뜬 글자

^{かざぐるま}風車がくるくる^{まわ}回っている。 바람개비가 빙글빙글 돌고 있다.

^{かぞく}家族で^{かいてん}回転ずしを^た食べに^い行った。 가족끼리 회전 초밥을 먹으러 갔다.

割

벨 할

훈 벨	わ(る)	**割る**★ 깨다, 나누다
	わ(れる)	**割れる**★ 갈라지다　ひび**割れ** 금이 감, 균열
	わり	**割合**★ 비율　五**割** 5할　**割に** 생각한 것보다
	さ(く)	**割く** 가르다
음 할	かつ	**分割** 분할　**割愛** 할애

12획 割 割 割 割 割 割 割 割 割 割 割 割

皿を落として**割って**しまった。 접시를 떨어뜨려 깨 버렸다.

スマホ本体代を毎月**分割**して支払うことにした。 스마트폰 본체 대금을 매달 분할하여 지불하기로 했다.

約

맺을 약

| 훈 맺을 | — | |
| 음 약 | やく | **約束**★ 약속　**予約**★ 예약　**契約**★ 계약　**解約**★ 해약 |

9획 約 約 約 約 約 約 約 約 約

一緒にピクニックに行こうと娘と**約束**した。 함께 피크닉을 가자고 딸과 약속했다.

ようやく人気のレストランの**予約**が取れた。 간신히 인기 레스토랑의 예약을 잡을 수 있었다.

増

더할 증

훈 더할	ふ(える)	**増える**★ 늘다, 늘어나다
	ふ(やす)	**増やす**★ 늘리다, 불리다
	ま(す)	**増す** 더하다, 많아지다　水**増し** 물을 타서 양을 늘림
음 증	ぞう	**増加**★ 증가　**急増** 급증　**増減**★ 증감　**激増** 격증

14획 増 増 増 増 増 増 増 増 増 増 増 増 増

先月のライブをきっかけにファンが大きく**増えた**。 지난달의 라이브를 계기로 팬이 크게 늘었다.

一人暮らしの高齢者が年々**増加**している。 혼자 사는 고령자가 매년 증가하고 있다.

0112 [N4] ☐☐☐

当

마땅할 **당**

훈 마땅할	あ(たる)	**当たる**★ 맞다, 명중하다	**当たり前**★ 마땅함, 당연함
	あ(てる)	**当てる**★ 맞히다, 명중시키다	**当て** 목적, 희망, 의지
음 당	とう	**適当** 적당 **本当**★ 정말	**当然**★ 당연 **妥当** 타당

6획 当 当 当 当 当 当

野球のボールに**当たった**。 야구공에 맞았다.

にんじんを**適当**な大きさに切ってください。 당근을 적당한 크기로 잘라 주세요.

0113 [N4] ☐☐☐

度

법도 **도**

훈 법도	たび	**度** 때, 번 **この度**★ 이번, 금번	**度々** 번번이, 자주
음 도	ど	**制度**★ 제도 **一度**★ 한번	**限度** 한도 **度胸** 담력
	と	**法度** 법도, (무가 시대의) 법령, 금령	
	たく	**支度** 채비	

9획 度 度 度 度 度 度 度 度 度

この度は大変お世話になりました。 이번에는 대단히 신세를 졌습니다.

留学生の学費**制度**が新しく変わった。 유학생의 학비 제도가 새로이 바뀌었다.

0114 [N4] ☐☐☐

段

층계 **단**

| 훈 층계 | — | | |
| 음 단 | だん | **階段**★ 계단 **手段**★ 수단 | **値段**★ 가격 **普段**★ 평소 |

9획 段 段 段 段 段 段 段 段 段

駅西口の**階段**を上がるとすぐ銀行が見えます。 역 서쪽 출구의 계단을 올라가면 바로 은행이 보입니다.

コンテンツを違法な**手段**で入手するのは犯罪だ。 콘텐츠를 위법한 수단으로 입수하는 것은 범죄다.

0115 [N4] ☐☐☐

階

섬돌 **계**

| 훈 섬돌 | — | | |
| 음 계 | かい | **階**★ 층, 층계 **一階** 1층 | **段階**★ 단계 **階級** 계급 |

12획 階 階 階 階 階 階 階 階 階 階 階 階

改札は一つ上の**階**にあります。 개찰구는 하나 위 층에 있습니다.

プロジェクトはまだ企画の**段階**にあります。 프로젝트는 아직 기획 단계에 있습니다.

最

가장 **최**

훈	가장	もっと(も)	^{もっと}**最**も 가장, 제일

음	최	さい	^{さいきん}**最近**★ 최근　^{さいしょ}**最初**★ 최초　^{さいだい}**最大** 최대　^{さいしん}**最新**★ 최신

12획 最 最 最 最 最 最 最 最 最 最 最 最

^に日本人の^{けつえきがた}血液型は Ａ型が ^{もっと}最も ^{おお}多いそうだ。 일본인의 혈액형은 A형이 가장 많다고 한다.
^{あね}姉は^{さいきん}最近^{ふるほん}古本屋^{めぐ}巡りにはまっている。 언니는 최근 헌책방 순례에 빠져있다.

主

임금 **주**

등잔 접시 위에 불이 타고 있는 모양을 본뜬 글자

훈	임금	ぬし	^{ぬし}**主** 주인, 임자　^{かぶぬし}**株主** 주주　^{やぬし}**家主** 가주, 집주인
		おも	^{おも}**主に**★ 주로　^{おも}**主な** 주된

음	주	しゅ	^{しゅちょう}**主張**★ 주장　^{しゅじん}**主人**★ 주인　^{しゅふ}**主婦** 주부　^{しゅやく}**主役** 주역
		す	^{ほっす}**法主** 법주 (한 종파의 우두머리)　^{ぼうず}**坊主** 주지, 승려

5획 主 主 主 主 主

^{わら}笑い^{ごえ}声の^{ぬし}主は ^{いもうと}妹 だった。 웃음소리의 주인은 여동생이었다.
^{かれ}彼は^{じぶん}自分の^{しゅちょう}主張を^{つた}伝えた。 그는 자신의 주장을 전달했다.

真

참 **진**

훈	참	ま	^{まごころ}**真心** 진심, 정성　^{まじめ}**真面目**★ 성실함　^{まさき}**真っ先**★ 맨 앞

음	진	しん	^{しんけん}**真剣** 진지함　^{しんじつ}**真実** 진실　^{しんぎ}**真偽** 진위　^{しゃしん}**写真**★ 사진

10획 真 真 真 真 真 真 真 真 真 真

ホテルの^{しはいにん}支配人が^{まごころ}真心を^こ込めて^{むか}迎えてくれた。 호텔 지배인이 진심을 다해 맞이해 주었다.
^{けっこん}結婚について^{しんけん}真剣に^{かんが}考えてみた。 결혼에 대해 진지하게 생각해 봤다.

越

넘을 월

훈	넘을	こ(える)	こ ‌ **越える★** 넘다		
		こ(す)	こ ‌ **越す** 넘다, 넘어가다	ひ こ ‌ **引っ越す★** 이사하다	
음	월	えつ	ちょうえつ ‌ **超越** 초월	ゆうえつ ‌ **優越** 우월	たくえつ ‌ **卓越** 탁월
			えっきょう ‌ **越境** 월경		

12획 越 越 越 越 越 越 越 越 越 越 越 越

こ て い ‌
ボールがフェンスを**越えて**飛んで行った。 공이 펜스를 넘어 날아갔다.

なま み そうぞう ちょうえつ ‌
生で見たオーロラは想像を**超越**するほど美しかった。 ‌
실제로 본 오로라는 상상을 초월할 정도로 아름다웠다.

상태

有

있을 유

훈	있을	あ(る)	あ ‌ **有る** 있다, 얼마큼 되다	あな ‌ **有り無し** 있고 없음, 유무	
음	유	ゆう	しょゆう ‌ **所有★** 소유	とくゆう ‌ **特有** 특유	ゆうえき ‌ **有益** 유익
			ゆうめい ‌ **有名★** 유명		
		う	うむ ‌ **有無** 유무	みぞう ‌ **未曾有** 미증유	

6획 有 有 有 有 有 有

こども あいだ にんき あ ‌
このアニメは子供の間で人気が**有る**。 이 애니메이션은 어린이들 사이에서 인기가 있다.

かのじょ しょゆう ‌
彼女はマンションをいくつか**所有**している。 그녀는 맨션을 몇 개인가 소유하고 있다.

失

잃을 실

손에서 무언가 떨어지 ‌
는 모양을 본뜬 글자

훈	잃을	うしな(う)	うしな ‌ **失う** 잃다	み うしな ‌ **見失う** (시야에서) 놓치다, 잃다	
음	실	しつ	しつれん ‌ **失恋** 실연	しつぎょう ‌ **失業★** 실업	しつぼう ‌ **失望** 실망
			しょうしつ ‌ **消失** 소실		

5획 失 失 失 失 失

ともだち ずうずう ことば うしな ‌
友達の図々しさに言葉を**失った**。 친구의 뻔뻔스러움에 말을 잃었다.

まわ しつれん た なお ‌
周りからはげまされ**失恋**から立ち直ることができた。 ‌
주변에서 격려 받아 실연에서 다시 일어설 수 있었다.

合

합할 **合**

훈 합할	あ(う)	**合う**★ 합쳐지다, 맞다　**似合う**★ 어울리다　**試合**★ 시합
	あ(わす)	**合わす** 합치다, 맞추다
	あ(わせる)	**合わせる**★ 모으다, 맞추다　**問い合わせる**★ 문의하다
음 합	ごう	**集合** 집합　**合同**★ 합동　**合計** 합계　**結合** 결합
	がっ	**合併** 합병　**合宿** 합숙
	かっ	**合戦** 전투, 접전

6획 合 合 合 合 合 合

ここは二つの川が**合う**地点だ。 여기는 두 개의 강이 합쳐지는 지점이다.
先生が子供たちを**集合**させた。 선생님이 아이들을 집합시켰다.

消

사라질 **소**

물(氵)과 작다(肖)를 합쳐 물이 작게 부서져 사라지는 것을 나타낸 글자

훈 사라질	き(える)	**消える**★ 꺼지다, 사라지다
	け(す)	**消す**★ 끄다　**消しゴム**★ 지우개　**取り消す**★ 취소하다
음 소	しょう	**消費**★ 소비　**解消**★ 해소　**消化** 소화　**消滅** 소멸

10획 消 消 消 消 消 消 消 消 消 消

停電で急に電気が**消えて**真っ暗になった。 정전으로 갑자기 전기가 꺼져서 캄캄해졌다.
最近**消費**が大きく伸びた。 최근 소비가 크게 늘었다.

負

질 **부**

훈 질	ま(ける)	**負ける**★ 지다　**負け** 짐, 패배
	ま(かす)	**負かす** 지게 하다, 이기다
	お(う)	**負う** 업다, 입다　**負い目** 빚, 부담감　**背負う**★ 짊어지다
음 부	ふ	**負担**★ 부담　**負債**★ 부채　**負傷** 부상　**勝負**★ 승부

9획 負 負 負 負 負 負 負 負 負

私が応援するサッカーチームが**負けて**がっかりした。 내가 응원하는 축구 팀이 져서 실망했다.
会社が家賃の一部を**負担**してくれている。 회사가 집세의 일부를 부담해 주고 있다.

0125 [N4] ☐☐☐

敗

패할 패

훈	패할	やぶ(れる)	やぶ **敗れる**★ 패하다		
음	패	はい	しっぱい **失敗**★ 실패, 실수	しょうはい **勝敗** 승패	はいぼく **敗北** 패배	はいしゃ **敗者** 패자

11획 敗 敗 敗 敗 敗 敗 敗 敗 敗 敗 敗

てん　きょうそう　やぶ　おお　みせ　な
チェーン店との競争に**敗れて**多くの店が無くなった。 체인점과의 경쟁에 패해 많은 가게가 없어졌다.

こんかい　しっぱい　きょうくん　つぎ　せいこう
今回の**失敗**を教訓にして次こそは成功させよう。 이번 실패를 교훈 삼아 다음에야말로 성공시키자.

0126 [N4] ☐☐☐

危

위태할 위

훈	위태할	あぶ(ない)	あぶ **危ない**★ 위험하다	
		あや(うい)	あや **危うい** 위태롭다	あや **危うく** 하마터면
		あや(ぶむ)	あや **危ぶむ**★ 위태로워하다	
음	위	き	きき **危機** 위기	きけん **危険**★ 위험	きがい **危害** 위해

6획 危 危 危 危 危 危

あめ　ひ　じてんしゃ　の　あぶ
雨の日に自転車に乗るのは**危ない**。 비 오는 날에 자전거를 타는 것은 위험하다.

ちち　かいしゃ　そんぞく　きき
父の会社は存続の**危機**にある。 아버지의 회사는 존속의 위기에 있다.

0127 [N4] ☐☐☐

険

험할 험

훈	험할	けわ(しい)	けわ **険しい**★ 험하다, 험상궂다	けわ **険しさ** 험함		
음	험	けん	きけん **危険**★ 위험	ほけん **保険**★ 보험	ぼうけん **冒険** 모험	けんあく **険悪** 험악

11획 険 険 険 険 険 険 険 険 険 険 険

ほそ　けわ　やまみち　つづ
細くて**険しい**山道が続いています。 좁고 험한 산길이 계속되고 있습니다.

にんげん　か　きけん　しごと
ロボットが人間に代わって**危険**な仕事をしている。 로봇이 인간을 대신해서 위험한 일을 하고 있다.

0128 [N4] ☐☐☐

壞
무너질 괴

훈 무너질	こわ(す)	壊す★ 고장내다, 부수다
	こわ(れる)	壊れる★ 깨지다, 부서지다
음 괴	かい	破壊 파괴　崩壊 붕괴　壊滅 궤멸

16획 壊 壊 壊 壊 壊 壊 壊 壊 壊 壊 壊 壊 壊 壊 壊 壊

友達のゲーム機を壊してしまった。 친구의 게임기를 고장내고 말았다.

環境の破壊が大きな社会問題になっています。 환경 파괴가 큰 사회 문제가 되고 있습니다.

0129 [N4] ☐☐☐

残
남을 잔

훈 남을	のこ(る)	残る 남다　残り★ 남은 것, 나머지
	のこ(す)	残す★ 남기다　食べ残し 먹다 남은 것, 남긴 음식
음 잔	ざん	残高 잔고　残念★ 유감, 아쉬움　残業★ 잔업　残留 잔류

10획 残 残 残 残 残 残 残 残 残 残

小さいころに見た絵画が未だに記憶に残っている。 어릴 적에 봤던 그림이 아직도 기억에 남아있다.

口座に残高があるはずなのに決済できない。 계좌에 잔고가 있을 터인데 결제되지 않는다.

0130 [N4] ☐☐☐

親
친할 친

훈 친할	した(しい)	親しい★ 친하다, 가깝다　親しさ 친함
	した(しむ)	親しむ 친하게 지내다
	おや	親★ 부모　父親 부친　母親★ 모친　親子 부모와 자식
음 친	しん	親近感 친근감　親切★ 친절　両親★ 양친, 부모

16획 親 親 親 親 親 親 親 親 親 親 親 親 親 親 親 親

息子はクラスメートと親しく過ごしているようだ。
아들은 같은 반 친구와 친하게 지내고 있는 것 같다.

弟に似ている彼に親近感を感じる。 남동생과 닮아 있는 그에게 친근감을 느낀다.

0131 [N5] ☐☐☐

切

끊을 **절**
온통 **체**

훈	끊을/온통	き(る)	**切る**★ 자르다, 끊다　**締め切り**★ 마감
		き(れる)	**切れる** 끊어지다　**売り切れ**★ 품절
음	절/체	せつ	**切断** 절단　**親切**★ 친절　**大切**★ 소중
		さい	**一切** 일절, 일체

4획　切 切 切 切

これはステーキを**切る**ときに使うナイフだ。 이것은 스테이크를 자를 때 사용하는 나이프이다.

鉄のパイプを工具できれいに**切断**した。 쇠파이프를 공구로 깨끗하게 절단했다.

0132 [N4] ☐☐☐

丁

고무래/장정 **정**

훈	고무래/ 장정	—	
음	정	ちょう	**二丁目** 2가　**包丁**★ 식칼　**丁度** 꼭, 정확히
		てい	**丁寧**★ 신중함, 정중함　**丁字路** 삼거리, 정자로

2획　丁 丁

銀座**二丁目**はいつも人々でいっぱいだ。 긴자 2가는 언제나 사람들로 가득하다.

割れやすいものは**丁寧**に扱ってください。 깨지기 쉬운 물건은 신중하게 다뤄 주세요.

0133 [N4] ☐☐☐

寧

편안할 **녕(영)**

집(宀)과 마음(心), 그릇(皿), 식탁(丁)을 합쳐 풍족하여 안정적인 것을 나타낸 글자

| 훈 | 편안할 | — | |
| 음 | 녕(영) | ねい | **丁寧**★ 정중함, 신중함　**丁寧さ**★ 정중함　**安寧** 안녕 |

14획　寧 寧 寧 寧 寧 寧 寧 寧 寧 寧 寧 寧 寧 寧

お客様には**丁寧**に接するようにしている。 손님에게는 정중하게 대하도록 하고 있다.

社会の**安寧**を心から願っています。 사회의 안녕을 진심으로 바라고 있습니다.

厳

엄할 **엄**

훈 엄할	きび(しい)	<ruby>厳<rt>きび</rt></ruby>しい★ 엄하다 <ruby>厳<rt>きび</rt></ruby>しさ 엄함
	おごそ(か)	<ruby>厳<rt>おごそ</rt></ruby>かだ 엄숙하다
음 엄	げん	<ruby>厳正<rt>げんせい</rt></ruby>★ 엄정, 엄격 <ruby>厳重<rt>げんじゅう</rt></ruby>★ 엄중 <ruby>厳守<rt>げんしゅ</rt></ruby>★ 엄수 <ruby>厳格<rt>げんかく</rt></ruby> 엄격
	ごん	<ruby>荘厳<rt>そうごん</rt></ruby> 장엄

17획 厳 厳 厳 厳 厳 厳 厳 厳 厳 厳 厳 厳 厳 厳 厳 厳 厳

<ruby>祖母<rt>そぼ</rt></ruby>は<ruby>礼儀<rt>れいぎ</rt></ruby>にとても<ruby>厳<rt>きび</rt></ruby>しい<ruby>人<rt>ひと</rt></ruby>だ。 할머니는 예의에 아주 엄한 사람이다.

<ruby>問題<rt>もんだい</rt></ruby>を<ruby>起<rt>お</rt></ruby>こした<ruby>役員<rt>やくいん</rt></ruby>に<ruby>厳正<rt>げんせい</rt></ruby>な<ruby>処分<rt>しょぶん</rt></ruby>が<ruby>下<rt>くだ</rt></ruby>った。 문제를 일으킨 임원에게 엄정한 처분이 내려졌다.

礼

예절 **례(예)**

훈 예절	—	
음 례(예)	れい	<ruby>お礼<rt>れい</rt></ruby>★ 감사의 말, 사례 <ruby>礼儀<rt>れいぎ</rt></ruby>★ 예의 <ruby>失礼<rt>しつれい</rt></ruby>★ 실례
	らい	<ruby>礼賛<rt>らいさん</rt></ruby> 예찬

5획 礼 礼 礼 礼 礼

<ruby>卒業<rt>そつぎょう</rt></ruby>する<ruby>前<rt>まえ</rt></ruby>に<ruby>先生<rt>せんせい</rt></ruby>に<ruby>お礼<rt>れい</rt></ruby>を<ruby>言<rt>い</rt></ruby>いたい。 졸업하기 전에 선생님에게 감사의 말을 하고 싶다.

<ruby>彼女<rt>かのじょ</rt></ruby>の<ruby>礼儀<rt>れいぎ</rt></ruby><ruby>正<rt>ただ</rt></ruby>しい<ruby>姿<rt>すがた</rt></ruby>を<ruby>見<rt>み</rt></ruby>て<ruby>好印象<rt>こういんしょう</rt></ruby>を<ruby>持<rt>も</rt></ruby>った。 그녀의 예의 바른 모습을 보고 좋은 인상을 가졌다.

연습문제

색이 있는 한자의 발음을 밑줄에 쓴 다음, 괄호 안에 단어의 뜻을 써 보세요.

01 雪	＿＿＿	( )	21 森	＿＿＿	( )
02 土地	と＿＿＿	( )	22 多数	＿＿＿すう	( )
03 太平洋	たいへい＿＿＿	( )	23 割る	＿＿＿る	( )
04 少ない	＿＿＿ない	( )	24 犬	＿＿＿	( )
05 川	＿＿＿	( )	25 熱	＿＿＿	( )
06 氷	＿＿＿	( )	26 親しい	＿＿＿しい	( )
07 空席	＿＿＿せき	( )	27 猫	＿＿＿	( )
08 拡大	かく＿＿＿	( )	28 池	＿＿＿	( )
09 冷たい	＿＿＿たい	( )	29 回る	＿＿＿る	( )
10 比べる	＿＿＿べる	( )	30 毎日	＿＿＿にち	( )
11 負ける	＿＿＿ける	( )	31 真剣	＿＿＿けん	( )
12 消費	＿＿＿ひ	( )	32 壊す	＿＿＿す	( )
13 危険	き＿＿＿	( )	33 切断	＿＿＿だん	( )
14 丁寧	てい＿＿＿	( )	34 花	＿＿＿	( )
15 お礼	お＿＿＿	( )	35 台風	たい＿＿＿	( )
16 牛乳	＿＿＿にゅう	( )	36 新しい	＿＿＿しい	( )
17 最も	＿＿＿も	( )	37 小学生	＿＿＿がくせい	( )
18 集合	しゅう＿＿＿	( )	38 遅刻	＿＿＿こく	( )
19 階段	かい＿＿＿	( )	39 失恋	＿＿＿れん	( )
20 海	＿＿＿	( )	40 残る	＿＿＿る	( )

정답 01 ゆき 눈 02 とち 토지 03 たいへいよう 태평양 04 すくない 적다 05 かわ 강, 하천 06 こおり 얼음 07 くうせき 공석 08 かくだい 확대
09 つめたい 차갑다 10 くらべる 비하다, 견주다 11 まける 지다 12 しょうひ 소비 13 きけん 위험 14 ていねい 정중함, 신중함
15 おれい 감사의 말, 사례 16 ぎゅうにゅう 우유 17 もっとも 가장, 제일 18 しゅうごう 집합 19 かいだん 계단 20 うみ 바다 21 もり 숲
22 たすう 다수 23 わる 깨다, 나누다 24 いぬ 개 25 ねつ 열 26 したしい 친하다, 가깝다 27 ねこ 고양이 28 いけ 연못 29 まわる 돌다
30 まいにち 매일 31 しんけん 진지함 32 こわす 고장내다, 부수다 33 せつだん 절단 34 はな 꽃 35 たいふう 태풍 36 あたらしい 새롭다
37 しょうがくせい 초등학생 38 ちこく 지각 39 しつれん 실연 40 のこる 남다

사람·신체·움직임

MP3 바로듣기

사람

★은 JLPT/JPT 기출 단어입니다.

0136 [N5] □□□

人

사람 **인**

사람이 허리를 굽히고 서 있는 옆모습을 본 뜬 글자

훈	사람	ひと	人 ★ 사람　人手 남의 손, 남의 도움
음	인	にん	人間 ★ 인간　人形 인형　人情 인정
		じん	人生 인생　成人 성인　人員 인원　人道 인도, 도리

2획　人 人

あの**人**は何事にも熱心だ。저 사람은 무엇이든 열심이다.

人間は一人では生きることができない。인간은 혼자서는 살 수 없다.

0137 [N4] □□□

私

사사 **사**

훈	사사	わたし	私 ★ 나, 저.
		わたくし	私 저
음	사	し	公私 공과 사, 공사　私立 사립　私有 사유

7획　私 私 私 私 私 私 私

私の夢は警察官になることだ。나의 꿈은 경찰관이 되는 것이다.

今晩、**公私**ともに親しい上司とご飯に行く。오늘 밤, 공과 사 모두 친한 상사와 식사하러 간다.

0138 [N5] □□□

自

스스로 **자**

훈	스스로	みずか(ら)	自ら 스스로, 몸소
음	자	じ	自動 자동　自分 ★ 자기, 자신　自由 ★ 자유　各自 각자
		し	自然 자연

6획　自 自 自 自 自 自

成功するには**自ら**努力するべきだ。성공하려면 스스로 노력해야 한다.

次の動画が**自動**で再生されます。다음 영상이 자동으로 재생됩니다.

0139 [N5] ☐☐☐

男

사내 **남**

밭을 쟁기로 일구는 남자 모양을 본뜬 글자

훈	사내	おとこ	男 남자　男の人* 남자　男の子 남자아이
음	남	だん	男性* 남성　男子 남자　男女 남녀
		なん	長男 장남　美男美女 미남미녀

7획 男男男男男男男

三人の**男**が話し合っている。 세 명의 남자가 서로 이야기하고 있다.

会社に同じ年の**男性**が一人しかいない。 회사에 같은 나이의 남성이 한 명밖에 없다.

0140 [N5] ☐☐☐

女

여자 **녀(여)**

손을 모으고 앉아 있는 여자 모양을 본뜬 글자

훈	여자	おんな	女 여자　女の子 여자아이　女心 여심, 여자의 마음
		め	女神 여신　女々しい 연약하다, 기개가 없다
음	녀(여)	じょ	女性* 여성　女子 여자　少女 소녀
		にょ	天女 선녀, 여신
		にょう	女房 처, 아내

3획 女女女

男と**女**が手をつないでいる。 남자와 여자가 손을 잡고 있다.

このブランドは**女性**に人気がある。 이 브랜드는 여성에게 인기가 있다.

0141 [N5] ☐☐☐

子

아들 **자**

포대기에 싸여 있는 아이 모양을 본뜬 글자

훈	아들	こ	子 아이, 자식　子供* 아이, 어린이　子育て 육아
음	자	し	子孫 자손　男子 남자　女子 여자　帽子 모자
		す	様子* 모양, 상태, 모습　扇子 접부채, 쥘부채

3획 子子子

子供が公園で元気よく遊んでいる。 아이가 공원에서 활기차게 놀고 있다.

美しい山や海を**子孫**に残そう。 아름다운 산과 바다를 자손에게 남기자.

性

성품 성

마음(忄)과 태어나다(生)를 합쳐 타고난 심성을 나타낸 글자

훈	성품	—	
음	성	せい	**性質** 성질　**男性**★ 남성　**女性**★ 여성　**理性** 이성, 사고력
		しょう	**相性** 궁합, 상성　**本性** 본성　**根性** 근성

8획 性 性 性 性 性 性 性 性

しおは水に溶けやすい**性質**を持っています。 소금은 물에 녹기 쉬운 성질을 가지고 있습니다.

このソースはステーキと**相性**がいい。 이 소스는 스테이크와 궁합이 좋다.

彼

저 피

훈	저	かれ	**彼**★ 그　**彼ら**★ 그들　**彼氏** 남자친구
		かの	**彼女**★ 그녀, 여자친구
음	피	ひ	**彼岸** 춘분 기간, 추분 기간, 피안

8획 彼 彼 彼 彼 彼 彼 彼 彼

彼は将来が期待されている。 그는 장래가 기대되고 있다.

お**彼岸**に祖父のお墓参りに行った。 춘분 기간에 할아버지의 성묘를 하러 갔다.

相

서로 상

훈	서로	あい	**相手**★ 상대　**相方** 파트너　**相変わらず**★ 변함없이
음	상	そう	**相当**★ 상당, 상응　**相談**★ 상담　**相違**★ 상이　**相互**★ 상호
		しょう	**首相** 수상, 내각 최고 책임자　**外相** 외상, 외무부 장관

9획 相 相 相 相 相 相 相 相 相

彼に何を言われようが**相手**にしないで。 그에게 무슨 말을 듣든 상대하지 마.

努力に**相当**する結果が得られてうれしい。 노력에 상당하는 결과를 얻을 수 있어서 기쁘다.

0145 [N5] □□□

友

벗 **우**

친구끼리 서로 손을 맞
잡고 있는 모양을 본뜬
글자

| 훈 | 벗 | とも | 友 벗, 친구　　友達 친구 |
| 음 | 우 | ゆう | 友情 우정　友人★ 친구　親友 친우　友好 우호 |

4획　友 友 友 友

新しい**友達**ができてうれしい。 새로운 친구가 생겨서 기쁘다.

友情の印として彼女にブレスレットをプレゼントした。 우정의 증표로 그녀에게 팔찌를 선물했다.

0146 [N4] □□□

者

놈 **자**

| 훈 | 놈 | もの | 者 사람, 자　若者★ 젊은이, 청년　悪者 악인 |
| 음 | 자 | しゃ | 読者★ 독자　医者★ 의사　学者 학자　第三者 제삼자 |

8획　者 者 者 者 者 者 者 者

係の**者**をお呼びいたします。 담당인 사람을 부르겠습니다.

読者たちはその小説の続きを期待している。 독자들은 그 소설의 다음 편을 기대하고 있다.

0147 [N5] □□□

家

집 **가**

훈	집	いえ	家★ 집　家柄 집안, 가문
		や	家主 가주, 가장　大家 셋집 주인, 안채　借家 셋집, 빌린 집
음	가	か	家庭 가정, 집안　家族★ 가족　家具★ 가구　作家 작가
		け	本家 본가　家来 가신, 하인

10획　家 家 家 家 家 家 家 家 家 家

もっと広い**家**に引っ越したい。 더 넓은 집으로 이사하고 싶다.

彼は恵まれた**家庭**で育てられた。 그는 풍족한 가정에서 자랐다.

0148 [N4] □□□

族

겨레 **족**

| 훈 | 겨레 | — | |
| 음 | 족 | ぞく | 家族★ 가족　水族館★ 수족관　一族 일족　民族 민족 |

11획　族 族 族 族 族 族 族 族 族 族 族

実家で**家族**と一緒に暮らしています。 본가에서 가족과 함께 생활하고 있습니다.

水族館で巨大なサメを見た。 수족관에서 거대한 상어를 봤다.

父

아비 **부**

손(又)과 회초리(l)를
합쳐 자식을 훈계하는
아버지를 나타낸 글자

훈	아비	ちち	父* 아버지	父親 부친, 아버지	父の日 아버지의 날
음	부	ふ	祖父* 할아버지, 조부	父性 부성	

4획 父 父 父 父

父の料理はとてもおいしい。 아버지의 요리는 무척 맛있다.

祖父はやさしい人だった。 할아버지는 상냥한 사람이었다.

母

어미 **모**

훈	어미	はは	母* 어머니	母親 모친, 어머니	母の日 어머니의 날
음	모	ぼ	祖母* 할머니, 조모	母性 모성	父母 부모	母国 모국

5획 母 母 母 母 母

私の母は会社員です。 저의 어머니는 회사원입니다.

祖母と二人きりで旅行に行った。 할머니와 둘이서만 여행을 갔다.

兄

형 **형**

훈	형	あに	兄* 형, 오빠	兄嫁 형수	
음	형	きょう	兄弟* 형제		
		けい	兄姉 형과 누이	父兄 아버지와 형, 학부형	義兄 매형, 형부

5획 兄 兄 兄 兄 兄

今日は兄と一緒にプールに行く。 오늘은 형과 함께 수영장에 간다.

二人は兄弟なのに性格が全然ちがう。 두 사람은 형제인데도 성격이 전혀 다르다.

弟

아우 **제**

훈	아우	おとうと	弟* 남동생	
음	제	で	弟子 제자	
		てい	師弟 사제, 스승과 제자	弟妹 남동생과 여동생
		だい	兄弟* 형제	兄弟愛 형제애

7획 弟 弟 弟 弟 弟 弟 弟

弟は大学に通っている。 남동생은 대학에 다니고 있다.

彼女は有名な画家の弟子になった。 그녀는 유명한 화가의 제자가 되었다.

0153 [N4] ☐☐☐

姉

손윗누이 **자**

훈	손윗누이	あね	^{あね}姉* 언니, 누나 ^{あねうえ}姉上 누님	
음	자	し	^{しまい}姉妹 자매	

8획 姉 姉 姉 姉 姉 姉 姉 姉

^{か ぞく}^{なか}^{あね}^{いちばん}^{む くち}
家族の中で**姉**が一番無口だ。 가족 중에서 언니가 가장 말이 없다.

^{わたし}^{しまい}^{としご}
私たち**姉妹**は年子です。 우리들 자매는 연년생입니다.

0154 [N5] ☐☐☐

妹

누이 **매**

훈	누이	いもうと	^{いもうと}妹 * 여동생		
음	매	まい	^{しまい}姉妹 자매 ^{しまいこう}姉妹校 자매 학교 ^{ぎまい}義妹 의매, 시누이, 처제		

8획 妹 妹 妹 妹 妹 妹 妹 妹

^{いもうと}^{ちい}^{なか}^よ
妹とは小さいときから仲が良かった。 여동생과는 어릴 때부터 사이가 좋았다.

^{りょうこう}^{ことし}^{しまいこう}
両校は今年から**姉妹校**になった。 두 학교는 올해부터 자매 학교가 되었다.

0155 [N4] ☐☐☐

産

낳을 **산**

훈	낳을	う(む)	^う産む 낳다
		う(まれる)	^う産まれる* 태어나다, 출생하다
		うぶ	^{うぶごえ}産声 갓난아기의 첫 울음소리 ^{うぶげ}産毛 배냇머리, 솜털
음	산	さん	^{せいさん}生産* 생산 ^{さんぎょう}産業 산업 ^{しゅっさん}出産 출산 ^{めいさんぶつ}名産物* 명산물

11획 産 産 産 産 産 産 産 産 産 産 産

^か^{ねこ}^{こねこ}^{ひき}^う
飼い猫が子猫を5匹も**産んだ**。 키우는 고양이가 새끼 고양이를 5마리나 낳았다.

^{ちゅうごく}^{おく}^{こめ}^{せいさん}
中国は1億トンの米を**生産**している。 중국은 1억 톤의 쌀을 생산하고 있다.

헷갈리는 단어 모아보기

유의어 ┌ ^う産む   (아이, 새끼를) 낳다

          └ ^う生む   (물건, 상황, 아이, 새끼를) 낳다

^{あね}^{おんな}^こ^う
姉が女の子を産んだ。
언니가 여자아이를 낳았다.

^{とう し}^{り えき}^う
投資で利益を生む。 투자로 이익을 낳다.

^う^う
産むと生むは 모두 '낳다'라는 뜻이다. 産むは 아이, 새끼를 낳는 경우에만 사용하고, 生むは 물건,
상황, 아이, 새끼등 다양한 대상에 사용한다.

0156 [N5] ☐☐☐

生

날 생

땅 위로 새싹이 자라난
모양을 본뜬 글자

훈 날		
	う(まれる)	**生まれる**★ 태어나다　**生まれ** 탄생, 가문
	う(む)	**生む** 낳다, 만들어 내다
	い(きる)	**生きる** 살다, 생존하다
	い(かす)	**生かす** 살리다, 활용하다
	い(ける)	**生ける** 꽃꽂이하다, 심다, 살리다
	お(う)	**生い立ち** 성장, 성장 과정　**生い茂る** 무성하다, 우거지다
	は(える)	**生える** 나다　**芽生える** 싹트다, 움트다
	は(やす)	**生やす** 기르다, 자라게 하다
	き	**生地** 본성, 옷감
	なま	**生の野菜** 생야채　**生水** 생수　**生々しい** 생생하다
음 생	せい	**人生** 인생　**先生** 선생님　**生活**★ 생활　**発生** 발생
	しょう	**一生** 일생, 평생　**誕生日** 생일

5획 生 生 生 生 生

私は1988年、東京で**生**まれた。 나는 1988년, 도쿄에서 태어났다.

母は定年後、第二の**人生**を楽しんでいる。 엄마는 정년퇴직 후, 제2의 인생을 즐기고 있다.

0157 [N5] ☐☐☐

誕

낳을 탄

훈 낳을		—
음 탄	たん	**誕生** 탄생　**誕生日**★ (탄)생일　**生誕** 탄생, 출생

15획 誕 誕 誕 誕 誕 誕 誕 誕 誕 誕 誕 誕 誕 誕 誕

新しい命の**誕生**を祝ってください。 새로운 생명의 탄생을 축하해 주세요.

今年の**誕生日**は家族と過ごせなくて残念だ。 올해 생일은 가족과 보낼 수 없어서 아쉽다.

0158 [N4] ☐☐☐

死

죽을 **사**

고인과 그 앞에서 애도
하고 있는 사람 모양을
본뜬 글자

훈 죽을	し(ぬ)	死ぬ 죽다	死神 사신	死に絶える 멸종하다
음 사	し	生死 생사	必死* 필사	死亡 사망 病死 병사

6획 死 死 死 死 死 死

昨日から何も食べていないので死ぬほどお腹がすいた。
어제부터 아무것도 먹지 않아서 죽을만큼 배가 고프다.

交通事故で生死をさまよった経験がある。 교통사고로 생사를 헤맨 경험이 있다.

0159 [N4] ☐☐☐

結

맺을 **결**

훈 맺을	むす(ぶ)	結ぶ* 맺다	結び 맺음
	ゆ(う)	結う 빗다, 묶다	
	ゆ(わえる)	結わえる 매다	
음 결	けつ	完結* 완결 結果* 과과	結婚* 결혼 結論* 결론

12획 結 結 結 結 結 結 結 結 結 結 結 結

長年の努力がようやく実を結んだ。 긴 세월의 노력이 겨우 결실을 맺었다.

完結しているドラマを一気に見た。 완결되어 있는 드라마를 한 번에 봤다.

신체

0160 [N4] ☐☐☐

体

몸 **체**

훈 몸	からだ	体* 몸	体つき 몸매	
음 체	たい	身体 신체	体力* 체력 体格 체격	大体* 대략, 대개
	てい	体裁 외양, 외관		

7획 体 体 体 体 体 休 体

厳しい寒さで体が震える。 극심한 추위로 몸이 떨린다.

身体を動かすと気持ちがすっきりする。 신체를 움직이면 기분이 상쾌하다.

0161 [N5] ☐☐☐

훈 눈	め	目[★] 눈　目立つ[★] 눈에 띄다　結び目 매듭
	ま	目の当たり 눈앞　目深 (모자를) 깊이 눌러씀
음 목	もく	注目 주목　目的[★] 목적　項目 항목　目前 목전
	ぼく	面目 면목

눈 **목**

눈과 눈동자 모양을 본
뜬 글자

5획 目 目 目 目 目

彼女とふと目が合った。 그녀와 문득 눈이 마주쳤다.

みなさん、こちらに注目してください。 여러분, 이쪽에 주목해 주세요.

0162 [N5] ☐☐☐

훈 볼	み(る)	見る[★] 보다　見本[★] 견본, 본보기　下見 예비 조사
	み(える)	見える 보이다, 눈에 비치다
	み(せる)	見せる 보이다, 상대가 보도록 하다　顔見せ 첫선을 보임
음 견	けん	発見 발견　見学[★] 견학　意見[★] 의견　見地 견지, 관점

볼 **견**

눈(目)과 사람(儿)을 합
쳐 사람이 보는 것을 나
타낸 글자

7획 見 見 見 見 見 見 見

昨日は友達と一緒に映画を見に行った。 어제는 친구와 같이 영화를 보러 갔다.

だれも見たことない化石が発見された。 누구도 본 적 없는 화석이 발견되었다.

0163 [N5] ☐☐☐

| 훈 귀 | みみ | 耳[★] 귀　初耳 초문, 처음 듣는 일 |
| 음 이 | じ | 耳鼻科 이비인후과　中耳炎 중이염　耳目 이목 |

6획 耳 耳 耳 耳 耳

귀 **이**

귀와 귓바퀴, 귓불 모
양을 본뜬 글자

工事の音がうるさくて耳をふさいだ。 공사 소리가 시끄러워서 귀를 막았다.

耳が痛くて耳鼻科に行った。 귀가 아파서 이비인후과에 갔다.

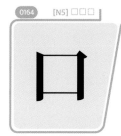

0164	[N5] ☐☐☐			
훈	입	くち	口* 입　口紅 립스틱　入り口* 입구　出口 출구	
음	구	く	口調 어조, 말투　口伝 구전　異口同音 이구동성	
		こう	人口* 인구　口述 구술	

입 **구**

사람이 입을 벌린 모양을 본뜬 글자

3획　口 口 口

口を大きく開けてあくびをした。 입을 크게 벌리고 하품을 했다.

彼はいつも優しい口調で話す。 그는 항상 상냥한 어조로 말한다.

0165	[N5] ☐☐☐			
훈	이	は	歯* 치아, 이빨　虫歯* 충치　奥歯 어금니　入れ歯 틀니	
음	치	し	歯科 치과　歯石 치석　歯列 치열　乳歯 유치, 젖니	

이 **치**

12획　歯 歯 歯 歯 歯 歯 歯 歯 歯 歯 歯 歯

子供の歯が生え変わり始めた。 아이의 이가 새로 나기 시작했다.

歯科は定期的に通ったほうがいい。 치과는 정기적으로 다니는 편이 좋다.

0166	[N4] ☐☐☐			
훈	얼굴	かお	顔* 얼굴　横顔 옆얼굴　顔色 안색	
음	안	がん	童顔 동안　顔面 안면, 얼굴　洗顔 세안, 세수	

얼굴 **안**

18획　顔 顔 顔 顔 顔 顔 顔 顔 顔 顔 顔 顔 顔 顔 顔 顔 顔 顔

目を覚ますため冷たい水で顔を洗った。 잠을 깨기 위해 차가운 물로 얼굴을 씻었다.

青山さんは童顔で年より若く見える。 아오야마 씨는 동안이어서 나이보다 젊어 보인다.

頭

머리 **두**

훈 머리	あたま	<ruby>頭<rt>あたま</rt></ruby>★ 머리　<ruby>頭金<rt>あたまきん</rt></ruby> 계약금
	かしら	<ruby>頭<rt>かしら</rt></ruby> 머리, 머리칼　<ruby>頭文字<rt>かしらもじ</rt></ruby> 머리글자, 이니셜
음 두	ず	<ruby>頭脳<rt>ずのう</rt></ruby> 두뇌　<ruby>頭痛<rt>ずつう</rt></ruby>★ 두통　<ruby>頭上<rt>ずじょう</rt></ruby> 머리 위
	とう	<ruby>頭部<rt>とうぶ</rt></ruby> 두부, 머리 부분　<ruby>先頭<rt>せんとう</rt></ruby> 선두　<ruby>年頭<rt>ねんとう</rt></ruby> 연초, 새해 첫머리
	と	<ruby>音頭<rt>おんど</rt></ruby> 선창함, 선도함

16획 頭 頭 頭 頭 頭 頭 頭 頭 頭 頭 頭 頭 頭 頭 頭 頭

たなに<ruby>頭<rt>あたま</rt></ruby>をぶつけてしまった。 선반에 머리를 부딪혀 버렸다.

この<ruby>子<rt>こ</rt></ruby>はすぐれた<ruby>頭脳<rt>ずのう</rt></ruby>を<ruby>持<rt>も</rt></ruby>っている。 이 아이는 뛰어난 두뇌를 가지고 있다.

手

손 **수**

사람의 손 모양을 본뜬 글자

훈 손	て	<ruby>手<rt>て</rt></ruby>★ 손, 손바닥　<ruby>手紙<rt>てがみ</rt></ruby>★ 편지　<ruby>苦手<rt>にがて</rt></ruby>★ 잘 못함　<ruby>素手<rt>すで</rt></ruby> 맨손
	た	<ruby>手綱<rt>たづな</rt></ruby> (말의) 고삐, 통제
음 수	しゅ	<ruby>拍手<rt>はくしゅ</rt></ruby> 박수　<ruby>選手<rt>せんしゅ</rt></ruby>★ 선수　<ruby>投手<rt>とうしゅ</rt></ruby> 투수　<ruby>手腕<rt>しゅわん</rt></ruby> 수완

4획 手 手 手 手

<ruby>食事<rt>しょくじ</rt></ruby>の<ruby>前<rt>まえ</rt></ruby>に<ruby>手<rt>て</rt></ruby>を<ruby>洗<rt>あら</rt></ruby>いましょう。 식사 전에 손을 씻읍시다.

<ruby>頑張<rt>がんば</rt></ruby>った<ruby>生徒<rt>せいと</rt></ruby>たちに<ruby>拍手<rt>はくしゅ</rt></ruby>を<ruby>送<rt>おく</rt></ruby>りたい。 열심히 한 학생들에게 박수를 보내고 싶다.

足

발 **족**

훈 발	あし	<ruby>足<rt>あし</rt></ruby>★ 발, 다리　<ruby>足音<rt>あしおと</rt></ruby> 발소리　<ruby>手足<rt>てあし</rt></ruby> 손발
	た(りる)	<ruby>足<rt>た</rt></ruby>りる★ 족하다, 충분하다
	た(る)	<ruby>舌足<rt>したた</rt></ruby>らず 혀가 짧음, 표현이나 설명이 충분치 못함
	た(す)	<ruby>足<rt>た</rt></ruby>す 더하다, 더 넣다
음 족	そく	<ruby>一足<rt>いっそく</rt></ruby> 한 켤레　<ruby>満足<rt>まんぞく</rt></ruby>★ 만족　<ruby>遠足<rt>えんそく</rt></ruby> 소풍

7획 足 足 足 足 足 足 足

たくさん<ruby>歩<rt>ある</rt></ruby>いて<ruby>足<rt>あし</rt></ruby>が<ruby>痛<rt>いた</rt></ruby>い。 많이 걸어서 발이 아프다.

プレゼントでくつを<ruby>一足<rt>いっそく</rt></ruby>もらった。 선물로 신발을 한 켤레 받았다.

0170 [N4] □□□

指

가리킬 **지**

훈	가리킬	さ(す)	指す★ 가리키다　　指図★ 지시
		ゆび	指★ 손가락, 발가락　　指先 손끝, 발끝　　指輪 반지
음	지	し	指定 지정　　指示★ 지시　　指導★ 지도　　指名 지명

9획 指 指 指 指 指 指 指 指 指

時計の針が12時を**指して**いる。 시곗바늘이 12시를 가리키고 있다.

全ての席は**指定**されております。 모든 자리는 지정되어 있습니다.

0171 [N4] □□□

力

힘 **력(역)**

훈	힘	ちから	力★ 힘　　力持ち 힘이 셈, 장사　　力仕事 육체 노동
음	력(역)	りょく	努力★ 노력　　協力★ 협력　　実力★ 실력　　能力★ 능력
		りき	力量 역량

2획 力 力

妹は小学生なのに私より**力**が強い。 여동생은 초등학생인데 나보다 힘이 세다.

プロジェクトを成功させるために**努力**している。 프로젝트를 성공시키기 위해 노력하고 있다.

0172 [N4] □□□

声

소리 **성**

훈	소리	こえ	声★ 소리, 목소리　　泣き声★ 우는 소리　　歌声 노랫소리
		こわ	声色 음색
음	성	せい	声援 성원　　音声 음성　　声楽 성악　　名声 명성, 명망
		しょう	大音声 우렁찬 목소리

7획 声 声 声 声 声 声 声

道の向こうに友達が見えて大きな**声**で呼んだ。 길 건너편에 친구가 보여서 큰 소리로 불렀다.

頑張っている人を見ると**声援**を送りたくなる。 열심히 하고 있는 사람을 보면 성원을 보내고 싶어진다.

0173 [N5] □□□

強

강할 **강**

훈 강할	つよ(い)	強い★ 강하다 　強がる 강한 체하다
	つよ(まる)	強まる 강해지다
	し(いる)	強いる 강요하다 　無理強い 억지로 권함, 강제
음 강	きょう	強力 강력 　強要 강요 　勉強★ 공부
	ごう	強引 억지로 함 　強情 고집, 고집이 셈 　強盗 강도

11획 強 強 強 強 強 強 強 強 強 強 強

風が**強**くて看板が飛んで行った。 바람이 강해서 간판이 날아갔다.

このバイクは**強力**なエンジンで有名だ。 이 오토바이는 강력한 엔진으로 유명하다.

0174 [N4] □□□

弱

약할 **약**

활시위(弓)가 흐물거리
듯이 약한 모양을 본
뜬 글자

훈 약할	よわ(い)	弱い★ 약하다 　弱気 마음이 약함, 나약함 　弱虫 겁쟁이
	よわ(る)	弱る 쇠약해지다, 곤란해지다
	よわ(まる)	弱まる 약해지다, 수그러지다
음 약	じゃく	弱点 약점 　弱小 약소 　強弱 강약

10획 弱 弱 弱 弱 弱 弱 弱 弱 弱 弱

私は幼いころから体が**弱**かった。 나는 어릴 때부터 몸이 약했다.

相手の**弱点**をにぎって利用するなんてずるい。 상대의 약점을 잡고 이용하다니 비겁하다.

0175 [N4] □□□

元

으뜸 **원**

훈 으뜸	もと	元★ 원래의 상태, 처음 　元々★ 본디부터 　根元 뿌리, 밑동
음 원	げん	根元 근원, 근본 　元気★ 기운, 활기참 　元素 원소
	がん	元祖 원조, 시조 　元日 1월 1일, 설날 　元来 원래

4획 元 元 元 元

崩れた生活リズムを**元**に戻した。 무너진 생활 리듬을 원래의 상태로 되돌렸다.

ストレスは病気の**根元**である。 스트레스는 병의 근원이다.

0176 [N5] □□□

気

기운 **기**

훈	기운	―			
음	기	き	**元気**★ 기운, 활기참	**気分**★ 기분, 분위기	**空気**★ 공기
		け	**気配** 기척, 낌새	**火の気** 화기, 불씨	

6획 気 気 気 気 気 気

元気を出してください。 기운 내 주세요.

後ろから人の**気配**を感じた。 뒤쪽에서 사람의 기척을 느꼈다.

0177 [N5] □□□

丈

어른 **장**

지팡이를 쥐고 있는 사람 모양을 본뜬 글자

훈	어른	たけ	**丈** 기장, 키	**背丈** 키, 신장	
음	장	じょう	**大丈夫**★ 괜찮음	**丈夫**★ 강건함	**頑丈**★ 튼튼함, 옹골참

3획 丈 丈 丈

新しく買ったズボンの**丈**が少し長かった。 새로 산 바지의 기장이 조금 길었다.

そんなに急がなくても**大丈夫**です。 그렇게 서두르지 않아도 괜찮습니다.

0178 [N5] □□□

夫

지아비 **부**

사람(大) 머리 위에 획을 하나 그어서, 비녀를 꽂은 성인 남자를 나타낸 글자

훈	지아비	おっと	**夫**★ 남편		
음	부	ふう	**工夫**★ 궁리	**夫婦**★ 부부	
		ふ	**夫妻** 부부	**農夫** 농부	

4획 夫 夫 夫 夫

夫が毎朝お弁当を作ってくれている。 남편이 매일 아침 도시락을 만들어 주고 있다.

いい写真をとるために構図を**工夫**した。 좋은 사진을 찍기 위해서 구도를 궁리했다.

0179 [N4] □□□

病

병 **병**

훈 병	やまい	**病** 병, 나쁜 버릇, 근심거리
	や(む)	**病む** 병들다, 앓다　**病み付き** 고질병
음 병	びょう	**看病** 간병　**病気**★ 질병, 병　**病院**★ 병원
	へい	**疾病** 질병

10획 病 病 病 病 病 病 病 病 病 病

心の**病**で体調を崩す場合もある。 마음의 병으로 건강을 해치는 경우도 있다.

娘と夜昼なしに家内の**看病**をした。 딸과 밤낮없이 집사람의 간병을 했다.

0180 [N4] □□□

医

의원 **의**

| 훈 의원 | — | |
| 음 의 | い | **医者**★ 의사　**医療**★ 의료　**医学** 의학　**医薬品** 의약품 |

7획 医 医 医 医 医 医 医

医者になるには勉強はもちろん体力も必要だ。 의사가 되려면 공부는 물론 체력도 필요하다.

病院は安全な**医療**を第一に考えるべきだ。 병원은 안전한 의료를 첫 번째로 생각해야 한다.

0181 [N4] □□□

治

다스릴 **치**

훈 다스릴	おさ(める)	**治める** 다스리다
	おさ(まる)	**治まる** 고요해지다, 안정되다
	なお(る)	**治る**★ 낫다, 치료되다
	なお(す)	**治す** 고치다, 치료하다
음 치	ち	**治療**★ 치료　**治癒**★ 치유　**自治** 자치　**統治** 통치
	じ	**政治**★ 정치　**退治** 퇴치

8획 治 治 治 治 治 治 治 治

君主が**治める**国がいくつかある。 군주가 다스리는 나라가 몇 개인가 있다.

虫歯の**治療**は早ければ早いほどいい。 충치 치료는 빠르면 빠를수록 좋다.

움직임

0182 [N4] ☐☐☐

動

움직일 **동**

무겁다(重)와 힘(力)을
합쳐 무거운 것을 힘을
써서 움직이는 것을 나
타낸 글자

훈 움직일	うご(く)	**動く*** 움직이다　**動き** 움직임
	うご(かす)	**動かす** 움직이게 하다
음 동	どう	**活動*** 활동　**感動*** 감동　**動作*** 동작　**動物*** 동물

11획 動 動 動 動 動 動 動 動 動 動 動

電池を取り替えたら時計の針が**動いた**。 전지를 갈아 끼웠더니 시곗바늘이 움직였다.

彼女は動物を守る市民団体で**活動**している。 그녀는 동물을 보호하는 시민 단체에서 활동하고 있다.

0183 [N4] ☐☐☐

作

지을 **작**

훈 지을	つく(る)	**作る*** 만들다　**作り方** 만드는 법　**手作り** 수제
음 작	さく	**作成** 작성　**作品*** 작품　**創作** 창작
	さ	**作業*** 작업　**作用** 작용　**動作** 동작

7획 作 作 作 作 作 作 作

自分でオムライスを**作って**食べた。 스스로 오므라이스를 만들어 먹었다.

会議で使う資料を**作成**してください。 회의에서 쓸 자료를 작성해 주세요.

0184 [N4] ☐☐☐

押

누를 **압**

훈 누를	お(す)	**押す*** 밀다　**押し寄せる*** 몰려들다, 밀어닥치다
	お(さえる)	**押さえる*** 억누르다　**押さえ** 누름
음 압	おう	**押印** 날인　**押収*** 압수

8획 押 押 押 押 押 押 押 押

このボタンを**押す**と水が出ます。 이 버튼을 누르면 물이 나옵니다.

書類の内容をご確認の上、**押印**をしてください。 서류 내용을 확인한 후에, 날인을 해 주세요.

첫째 마당 초급 한자 해커스 일본어 상용한자 2136

引

당길 인

훈 당길	ひ(く)	引く★ 당기다, 끌다	割り引く★ 할인하다	字引 옥편, 사전
	ひ(ける)	引ける 켕기다, 주눅들다		
음 인	いん	引用 인용	引力 인력	引退★ 은퇴 索引 색인

4획 引 引 引 引

掛け声に合わせて綱を引いた。 구호에 맞춰 밧줄을 당겼다.

格言を引用して説明することが好きだ。 격언을 인용하여 설명하는 것을 좋아한다.

開

열 개

문(門)과 평평하다(开)를 합쳐 문 사이로 평평한 빗장을 풀어 여는 것을 나타낸 글자

훈 열	ひら(く)	開く★ 열다, 열리다, 시작되다	開き戸 여닫이문
	ひら(ける)	開ける★ 열리다, 트이다	
	あ(く)	開く (가게 등이) 열리다	
	あ(ける)	開ける (가게 등을) 열다	開けたて 열고 닫음, 여닫음
음 개	かい	開店★ 개점 開始 개시	開発★ 개발 展開★ 전개

12획 開 開 開 開 門 門 門 門 門 閂 開 開

明後日学校で就職セミナーが開かれる。 모레 학교에서 취업 세미나가 열린다.

知り合いがレストランを開店したらしい。 지인이 레스토랑을 개점했다고 한다.

閉

닫을 폐

훈 닫을	し(める)	閉める★ 닫다	
	し(まる)	閉まる★ 닫히다	
	と(じる)	閉じる★ 닫다, 닫히다	閉じ込める 가두다
	と(ざす)	閉ざす 잠그다	
음 폐	へい	閉店★ 폐점 閉鎖★ 폐쇄	閉会 폐회 密閉★ 밀폐

11획 閉 閉 閉 閉 門 門 門 門 閉 閉 閉

暖房中のためドアを閉めてください。 난방 중이므로 문을 닫아 주세요.

駅前のパン屋がいつの間にか閉店していた。 역 앞의 빵집이 어느샌가 폐점해 있었다.

0188 [N4] ▢▢▢

立

설 립

땅 위에 사람이 양팔을 벌리고 서 있는 모양을 본뜬 글자

훈	설	た(つ)	立つ* 서다, 일어서다　立場* 입장　夕立 소나기
		た(てる)	立てる 세우다　立て札 팻말
음	립	りつ	起立 기립　独立* 독립　成立* 성립
		りゅう	建立 (절이나 사원 등의) 건립

5획　立 立 立 立 立

投手がマウンドに**立って**ボールを投げた。 투수가 마운드에 서서 공을 던졌다.
国歌を歌いますので全員ご**起立**ください。 국가를 부르겠으니 전원 자리에서 일어나 주세요.

0189 [N4] ▢▢▢

止

그칠 지

훈	그칠	と(まる)	止まる* 그치다, 서다　行き止まり 막다름
		と(める)	止める* 멈추다, 세우다　歯止め 브레이크, 제동
음	지	し	中止* 중지　禁止* 금지　防止* 방지　静止 정지

4획　止 止 止 止

しゃっくりが**止まら**なくて水を一杯飲んだ。 딸꾹질이 그치지 않아서 물을 한 잔 마셨다.
大雨で運動会が**中止**になった。 큰비로 운동회가 중지되었다.

0190 [N4] ▢▢▢

歩

걸을 보

훈	걸을	ある(く)	歩く* 걷다
		あゆ(む)	歩む 걸어가다　歩み 걸음, 경과
음	보	ほ	歩道* 보도, 인도　徒歩 도보　散歩* 산책　進歩* 진보
		ぶ	歩合 수수료, 비율
		ふ	歩 '졸(卒)'에 해당하는 일본 장기말

8획　歩 歩 歩 歩 歩 歩 歩 歩

家から駅までは**歩いて**5分しかかからない。 집에서 역까지는 걸어서 5분밖에 걸리지 않는다.
危ないですから**歩道**を歩いてください。 위험하므로 보도로 걸어 주세요.

0191 [N4] ☐☐☐

走

달릴 주

훈	달릴	はし(る)	**走る**★ 달리다　**先走る** 앞장서 달리다, 앞서 하다
음	주	そう	**走行**★ 주행　**競走** 경주　**滑走路**★ 활주로

7획　走 走 走 走 走 走 走

<ruby>授業<rt>じゅぎょう</rt></ruby>に<ruby>遅<rt>おく</rt></ruby>れないように<ruby>走<rt>はし</rt></ruby>った。 수업에 늦지 않도록 달렸다.

この<ruby>車<rt>くるま</rt></ruby>は１Lのガソリンで20㎞を<ruby>走行<rt>そうこう</rt></ruby>できる。 이 자동차는 1L의 가솔린으로 20km를 주행할 수 있다.

0192 [N5] ☐☐☐

出

날 출

식물이 땅 위로 돋아난 모양을 본뜬 글자

훈	날	で(る)	**出る**★ 나오다, 나가다, 나아가다　**遠出** 멀리 나감
		だ(す)	**出す**★ 내다, 내놓다
음	출	しゅつ	**外出** 외출　**出発**★ 출발　**出現** 출현　**出馬**★ 출마
		すい	**出納** 출납, 수입과 지출

5획　出 出 出 出 出

<ruby>今朝<rt>けさ</rt></ruby>はいつもより<ruby>早<rt>はや</rt></ruby>く<ruby>家<rt>いえ</rt></ruby>を<ruby>出<rt>で</rt></ruby>た。 오늘 아침은 평소보다 빨리 집을 나왔다.

<ruby>外出<rt>がいしゅつ</rt></ruby>するときは<ruby>必<rt>かなら</rt></ruby>ず<ruby>戸締<rt>とじま</rt></ruby>りをする。 외출할 때는 반드시 문단속을 한다.

0193 [N5] ☐☐☐

入

들 입

훈	들	はい(る)	**入る**★ 들어가다, 들어오다, 들다
		い(れる)	**入れる** 넣다　**入れ物** 용기, 그릇
		い(る)	**入り口**★ 입구　**気に入る** 마음에 들다
음	입	にゅう	**入院**★ 입원　**入学**★ 입학　**入場** 입장　**出入** 출입

2획　入 入

<ruby>弟<rt>おとうと</rt></ruby>はふとんに<ruby>入<rt>はい</rt></ruby>るとすぐ<ruby>寝<rt>ね</rt></ruby>てしまった。 남동생은 이불에 들어가자 바로 잠들어 버렸다.

<ruby>手術<rt>しゅじゅつ</rt></ruby>のために<ruby>入院<rt>にゅういん</rt></ruby>した。 수술을 위해 입원했다.

0194 [N5] ☐☐☐

来

올 래

훈 올	く(る)	^く来る* 오다
	きた(る)	^{きた}来る 다가오다, 오다
	きた(す)	^{きた}来す 초래하다
음 래	らい	^{らいねん}来年* 내년　^{らいしゅう}来週* 다음 주　^{みらい}未来* 미래　^{しょうらい}将来* 장래

7획　来 来 来 来 来 来 来

ぜひうちに遊びに**来て**ください。 꼭 우리 집에 놀러 와 주세요.
来年は海外の支社で働きたい。 내년에는 해외 지사에서 일하고 싶다.

0195 [N5] ☐☐☐

休

쉴 휴

사람이 나무에 기대어
쉬는 모양을 본뜬 글자

훈 쉴	やす(む)	^{やす}休む* 쉬다　^{やす}休み* 쉼, 휴식　^{なつやす}夏休み 여름 방학
	やす(まる)	^{やす}休まる 편안해지다
	やす(める)	^{やす}休める 쉬게 하다, 휴식시키다　^{きやす}気休め 일시적인 위안
음 휴	きゅう	^{きゅうじつ}休日* 휴일　^{れんきゅう}連休* 연휴　^{きゅうけい}休憩 휴게, 휴식　^{きゅうし}休止 중지

6획　休 休 休 休 休 休

^{ねつ}熱があって^{かいしゃ}会社を**休んだ**。 열이 있어서 회사를 쉬었다.
^{かじ}家事は**休日**にまとめてやる。 집안일은 휴일에 한데 모아서 한다.

0196 [N4] ☐☐☐

泳

헤엄칠 영

| 훈 헤엄칠 | およ(ぐ) | ^{およ}泳ぐ* 헤엄치다　^{およ}泳ぎ 헤엄, 수영　^{せおよ}背泳ぎ 배영 |
| 음 영 | えい | ^{すいえい}水泳* 수영　^{はいえい}背泳 배영　^{きょうえい}競泳 경영, 수영 경기 |

8획　泳 泳 泳 泳 泳 泳 泳 泳

^{きんぎょ}金魚が^{いけ}池の^{なか}中で**泳いで**いる。 금붕어가 연못 안에서 헤엄치고 있다.
^{にほん}日本の^{がっこう}学校では**水泳**の^{じゅぎょう}授業を^{おこな}行っている。 일본의 학교에서는 수영 수업을 시행하고 있다.

0197 [N4] ☐☐☐

旅

나그네 **려(여)**

훈	나그네	たび	たび 旅★ 여행, 유람	たびさき 旅先 행선지	たびびと 旅人 나그네, 여행자
음	려(여)	りょ	りょひ 旅費★ 여비　りょこう 旅行★ 여행	りょかん 旅館 여관	りょかくき 旅客機★ 여객기

10획 旅 旅 旅 旅 旅 旅 旅 旅 旅 旅

ひとり　　　　　たび
一人でゆったり旅をするのが好きだ。 혼자서 느긋하게 여행을 하는 것을 좋아한다.
そふ　りょひ　はんぶん だ
祖父が旅費を半分出してくれた。 할아버지가 여비를 절반 내 주었다.

0198 [N5] ☐☐☐

行

다닐 **행**

훈	다닐	い(く)	い 行く★ 가다	
		ゆ(く)	ゆ 行く 가다, 나아가다	ゆ すえ 行く末 장래, 미래
		おこな(う)	おこな 行う★ 행하다, 처리하다	おこな 行い 행실, 품행
음	행	こう	りょこう 旅行★ 여행　こうしん 行進 행진　こうどう 行動 행동　こうい 行為 행위
		ぎょう	しゅぎょう 修行 수행, 수련　ぎょうれつ 行列 행렬　ぎょうせい 行政 행정
		あん	あんぎゃ 行脚 (승려의) 도보 여행

6획 行 行 行 行 行 行

ついに待ちに待ったコンサートに行く。 드디어 기다리고 기다리던 콘서트에 간다.
だいがくせい　　　　　　　　　　　りょこう
大学生のころ、ヨーロッパを旅行したことがある。 대학생 때, 유럽을 여행한 적이 있다.

0199 [N5] ☐☐☐

遊

놀 **유**

훈	놀	あそ(ぶ)	あそ 遊ぶ★ 놀다	あそ 遊び 놀이	あそ にん 遊人 건달, 난봉꾼
음	유	ゆう	ゆうえんち 遊園地★ 유원지	ゆうぎ 遊戯 유희	ゆうぼく 遊牧 유목
		ゆ	ゆさん 遊山 산으로 놀러 다님, 유람		

12획 遊 遊 遊 旅 旅 旅 遊 遊 遊 遊 遊 遊

こども　　　　　　　　　　　　　あそ
子供たちがおままごとをして遊んでいる。 아이들이 소꿉놀이를 하며 놀고 있다.
ちい　ころ　　　おや ゆうえんち　で
小さい頃はよく親と遊園地に出かけたものだ。 어렸을 때는 자주 부모님과 유원지에 가곤 했다.

0200 [N4] ☐☐☐

準

준할 준

훈	준할	—				
음	준	じゅん	**基準** ★ 기준	**準備** ★ 준비	**標準** 표준	**水準** 수준

13획 準 準 準 準 準 準 準 準 準 準 準 準 準

評価には客観的な**基準**が必要だ。 평가에는 객관적인 기준이 필요하다.

息子が食事の**準備**を手伝ってくれた。 아들이 식사 준비를 도와주었다.

0201 [N4] ☐☐☐

備

갖출 비

훈	갖출	そな(える)	**備える** ★ 대비하다, 갖추다	**備え** 대비, 갖추는 것		
		そな(わる)	**備わる** 갖춰지다			
음	비	び	**設備** ★ 설비	**準備** ★ 준비	**予備** 예비	**不備** ★ 미비, 불비

12획 備 備 備 備 備 備 備 備 備 備 備 備

万が一の場合に**備えて**保険に加入した。 만일의 경우에 대비해서 보험에 가입했다.

このマンションには防災**設備**があるから安心だ。 이 맨션에는 방재 설비가 있어서 안심이다.

0202 [N4] ☐☐☐

進

나아갈 진

훈	나아갈	すす(む)	**進む** ★ 진행되다, 나아가다	**進み** 진행, 나아감		
		すす(める)	**進める** 진행하다, 나아가게 하다, 앞으로 움직이다			
음	진	しん	**進歩** ★ 진보	**推進** ★ 추진	**進学** 진학	**進級** 진급

11획 進 進 進 進 進 進 進 進 進 進 進

彼の歌手デビューの**準備**は着々と**進ん**でいる。 그의 가수 데뷔 준비는 착착 진행되고 있다.

医学の**進歩**で人の寿命が延びた。 의학의 진보로 사람의 수명이 늘어났다.

逃

달아날 **도**

훈 달아날	に(げる)	逃げる* 도망치다, 달아나다 夜逃げ 야반도주
	に(がす)	逃がす 놓아주다
	のが(す)	逃す 놓치다 見逃す* 못 보고 빠뜨리다, 묵인하다
	のが(れる)	逃れる* 달아나다, 벗어나다 一時逃れ 일시적 모면
음 도	とう	逃亡* 도망 逃走 도주 逃避 도피

9획 逃 逃 逃 逃 逃 逃 逃 逃 逃

逃げてばかりいては何も**解決**しません。 도망치기만 해서는 아무것도 해결되지 않습니다.
あの**事件**の**犯人**は**国外**に**逃亡**したらしい。 그 사건의 범인은 국외로 도망갔다고 한다.

選

가릴 **선**

| 훈 가릴 | えら(ぶ) | 選ぶ* 고르다 |
| 음 선 | せん | 選択* 선택 選手* 선수 選挙* 선거 当選 당선 |

15획 選 選 選 選 選 選 選 選 選 選 選 選 選 選

簡単なメモ**用**に**小**さいサイズのノートを**選**んだ。 간단한 메모용으로 작은 사이즈의 노트를 골랐다.
日本語の**勉強**を**始**めたのは**良**い**選択**だった。 일본어 공부를 시작한 것은 좋은 선택이었다.

연습문제

색이 있는 한자의 발음을 밑줄에 쓴 다음, 괄호 안에 단어의 뜻을 써 보세요.

01 男 _____ ( )
02 家 _____ ( )
03 注目 ちゅう_____ ( )
04 指す _____す ( )
05 強い _____い ( )
06 人 _____ ( )
07 泳ぐ _____ぐ ( )
08 備える _____える ( )
09 体 _____ ( )
10 休日 _____じつ ( )
11 選択 _____たく ( )
12 拍手 はく_____ ( )
13 旅行 りょ_____ ( )
14 力 _____ ( )
15 逃げる _____げる ( )
16 人生 じん_____ ( )
17 自動 _____どう ( )
18 結ぶ _____ぶ ( )
19 医者 _____しゃ ( )
20 歩く _____く ( )

21 誕生 _____じょう ( )
22 作成 _____せい ( )
23 口 _____ ( )
24 入院 _____いん ( )
25 進歩 _____ぽ ( )
26 遊園地 _____えんち ( )
27 女性 _____せい ( )
28 彼 _____ ( )
29 弟 _____ ( )
30 生産 せい_____ ( )
31 発見 はっ_____ ( )
32 耳 _____ ( )
33 相当 _____とう ( )
34 大丈夫 だい_____ぶ ( )
35 祖母 そ_____ ( )
36 動く _____く ( )
37 足 _____ ( )
38 子供 _____ども ( )
39 歯科 _____か ( )
40 出る _____る ( )

생활·생각·소통

MP3 바로 듣기

★은 JLPT/JPT 기출 단어입니다.

0205 [N4] ☐☐☐

住
살 **주**

훈 살	す(む)	**住む**★ 살다 **住み込み** 더부살이
	す(まう)	**住まう** 계속 살다; 거주하다 **住まい**★ 생활, 살이, 집
음 주	じゅう	**住宅**★ 주택 **住民** 주민 **住居** 주거 **住所**★ 주소

7획 住 住 住 住 住 住 住

アパートにルームメートと二人で**住んで**いる。 아파트에서 룸메이트와 둘이서 살고 있다.

子供ができて前より大きい**住宅**に引っ越した。 아이가 생겨서 전보다 큰 주택으로 이사했다.

0206 [N4] ☐☐☐

注
부을 **주**

| 훈 부을 | そそ(ぐ) | **注ぐ**★ 붓다, 쏟다 |
| 음 주 | ちゅう | **注意**★ 주의 **注文**★ 주문 **注入** 주입 **注射** 주사 |

8획 注 注 注 注 注 注 注 注

紙コップにティーバッグを入れてお湯を**注いだ**。 종이컵에 티백을 넣고 뜨거운 물을 부었다.

足元が滑りやすいのでご**注意**ください。 발밑이 미끄러지기 쉬우니 주의해 주세요.

0207 [N4] ☐☐☐

服
옷 **복**

| 훈 옷 | ― | |
| 음 복 | ふく | **制服**★ 교복, 제복 **服装**★ 복장 **衣服** 의복 **洋服** 양복 |

8획 服 服 服 服 服 服 服 服

西高は**制服**がかわいくて人気だ。 니시 고등학교는 교복이 예뻐서 인기다.

説明会には自由な**服装**で来てください。 설명회에는 자유로운 복장으로 와 주세요.

0208	[N4] □□□

| 훈 | 실 | いと | 糸★ 실　毛糸★ 털실　糸口★ 실마리　糸目 실낱, 실금 |
| 음 | 사 | し | 綿糸 무명실, 면사　蚕糸 명주실, 잠사 |

6획　糸 糸 糸 糸 糸 糸

실 **사**

실타래 모양을 본뜬 글자

ボタンをつけるため針に**糸**を通した。 단추를 달기 위해 바늘에 실을 꿰었다.

綿糸で作った服は肌ざわりがいい。 무명실로 만든 옷은 촉감이 좋다.

0209	[N5] □□□

훈	먹을	た(べる)	食べる★ 먹다　食べ物★ 음식물, 먹을 것
		く(う)	食う 먹다, 잡아먹다　食い物 음식, 이용물
		く(らう)	食らう 처먹다, 처마시다
음	식	しょく	食事★ 식사　食料品★ 식료품　食堂★ 식당
		じき	断食 단식

9획　食 食 食 食 食 食 食 食 食

먹을 **식**

음식이 담긴 식기의 모양을 본뜬 글자

日本で**食べ**たたこやきはとてもおいしかった。 일본에서 먹은 다코야키는 무척 맛있었다.

今から一緒に**食事**に行きませんか。 지금부터 같이 식사하러 가지 않겠습니까?

0210	[N5] □□□

| 훈 | 마실 | の(む) | 飲む★ 마시다　飲み物★ 마실 것　飲み会 회식 |
| 음 | 음 | いん | 飲料 음료　飲食 음식　飲酒 음주　試飲 시음 |

12획　飲 飲 飲 飲 飲 飲 飲 飲 飲 飲 飲 飲

마실 **음**

食後に温かいお茶を**飲む**と消化に良い。 식후에 따뜻한 차를 마시면 소화에 좋다.

食堂でノンアルコール**飲料**を頼んだ。 식당에서 무알코올 음료를 시켰다.

0211 [N4] ☐☐☐

室

집 **실**

훈 집	むろ	**室** 온실, 저장고, 굴	**室咲き** 온실에서 개화시킴	
음 실	しつ	**室内**★ 실내	**教室**★ 교실	**会議室**★ 회의실

9획 室室室室室室室室室

ほとんどのバラは**室咲き**だそうだ。 대부분의 장미는 온실에서 개화시킨다고 한다.

外が寒くて**室内**に入った。 밖이 추워서 실내로 들어왔다.

0212 [N5] ☐☐☐

窓

창 **창**

훈 창	まど	**窓**★ 창문	**窓口**★ 창구	**出窓** 내닫이창
음 창	そう	**車窓** 차창	**同窓会** 동창회	

11획 窓窓窓窓窓窓窓窓窓窓窓

窓を開けて部屋の換気を行った。 창문을 열어서 방의 환기를 했다.

新幹線の**車窓**から富士山が見える。 신칸센의 차창으로 후지산이 보인다.

0213 [N4] ☐☐☐

広

넓을 **광**

훈 넓을	ひろ(い)	**広い**★ 넓다	**広々と** 널찍하게	
	ひろ(がる)	**広がる** 넓어지다, 퍼지다, 펼쳐지다		
	ひろ(げる)	**広げる**★ 넓히다, 펴다		
	ひろ(まる)	**広まる** 넓어지다, 널리 퍼지다		
	ひろ(める)	**広める** 넓히다, 널리 알리다		
음 광	こう	**広大**★ 광대, 넓고 큼	**広義** 광의, 넓은 의미	**広告**★ 광고

5획 広広広広広

この店は駐車スペースが**広くて**いい。 이 가게는 주차 공간이 넓어서 좋다.

窓の向こうに**広大**な海が**広**がった。 창문 너머로 광대한 바다가 펼쳐졌다.

0214 [N4] □□□

起
일어날 **기**

훈 일어날	お(きる)	^お**起きる**★ 일어나다, 눈을 뜨다	^{はや お}**早起き** 일찍 일어남
	お(こる)	^お**起こる**★ 일어나다, 발생하다	
	お(こす)	^お**起こす**★ 일으키다	
음 기	き	^{きよう}**起用**★ 기용　^{ていき}**提起**★ 제기	^{きりつ}**起立** 기립　^{きしょう}**起床** 기상

10획　起 起 起 起 起 起 起 起 起 起

^{あさ} ^{じ まえ} ^お ^{じゅぎょう} ^{ま あ}
朝 7時前に**起きれ**ば授業に間に合う。 아침 7시 전에 일어나면 수업 시간에 맞출 수 있다.

^{ゆうめい} ^{きよう} ^{しんしょうひん つく}
有名デザイナーを**起用**して新商品を作った。 유명 디자이너를 기용하여 신상품을 만들었다.

0215 [N4] □□□

着
붙을 **착**

훈 붙을	き(る)	^き**着る**★ 입다　^{き もの}**着物** 기모노, 옷	^{うわ ぎ}**上着**★ 겉옷, 상의
	き(せる)	^き**着せる** 입히다	
	つ(く)	^つ**着く**★ 도착하다	^{ふな つ ば}**船着き場** 선착장
	つ(ける)	^つ**着ける** 갖다 붙이다	
음 착	ちゃく	^{とうちゃく}**到着** 도착　^{あいちゃく}**愛着**★ 애착	^{しゅうちゃく}**執着**★ 집착　^{ちゃくよう}**着用** 착용
	じゃく	^{む とんじゃく}**無頓着** 무관심, 무심함	

12획　着 着 着 着 着 着 着 着 着 着 着 着

^{に ほん} ^{じょせい} ^{せいじんしき} ^き
日本の女性は成人式にふりそでを**着る**。 일본 여성은 성인식에 소매가 긴 기모노를 입는다.

^{ひ こう き} ^{はね だ くうこう} ^{とうちゃく}
飛行機が羽田空港に**到着**した。 비행기가 하네다 공항에 도착했다.

0216 [N5] □□□

洗
씻을 **세**

훈 씻을	あら(う)	^{あら}**洗う**★ 씻다, 빨다
음 세	せん	^{せんたく}**洗濯**★ 세탁　^{せんがん}**洗顔** 세안　^{せんざい}**洗剤** 세제　^{せんれん}**洗練** 세련

9획　洗 洗 洗 洗 洗 洗 洗 洗 洗

^{えん じ} ^{て あら}
園児にはこまめに手を**洗わせ**ています。 원아에게는 자주 손을 씻게 하고 있습니다.

^{まいにちせんたく} ^{せんたくもの} ^{いっぽう}
毎日**洗濯**しても洗濯物がたまる一方だ。 매일 세탁해도 세탁물이 쌓이기만 한다.

첫째 마당
초급 한자
해커스 일본어 상용한자 2136

汚

더러울 **오**

물(氵)과 굽다(亏)를 합쳐 물길이 정체되어 오염된 것을 나타낸 글자

훈 더러울	きたな(い)	汚**い**★ 더럽다, 불결하다	汚**らしい** 더럽다, 추접스럽다
	よご(す)	汚**す** 더럽히다	口汚**し** 음식이 적어서 좀 부족함
	よご(れる)	汚**れる**★ 더러워지다	汚**れ** 오점, 더러움
	けが(す)	汚**す** 더럽히다, 모독하다	
	けが(れる)	汚**れる** 더러워지다, 더럽혀지다	汚**れ** 더러움, 불결
	けが(らわしい)	汚**らわしい** 더럽다, 추잡스럽다	
음 오	お	汚**染**★ 오염 汚**水** 오수 汚**物** 오물 汚**名** 오명	

6획 汚汚汚汚汚汚

部屋が汚くて一日中掃除した。 방이 더러워서 하루 종일 청소했다.

大気の汚染が進んでいます。 대기 오염이 진행되고 있습니다.

寝

잠잘 **침**

훈 잠잘	ね(る)	寝**る**★ 자다 昼寝★ 낮잠 寝**込む**★ 푹 잠들다	
	ね(かす)	寝**かす**★ 누이다, 재우다	
음 침	しん	寝**室** 침실 就寝 취침 寝**具** 침구	

13획 寝寝寝寝寝寝寝寝寝寝寝寝寝

寝る前に歯をみがいてスキンケアをする。 자기 전에 이를 닦고 스킨 케어를 한다.

寝室のインテリアは落ち着いた色にしたい。 침실 인테리어는 차분한 색으로 하고 싶다.

坊

동네 **방**

훈 동네	—	
음 방	ぼう	寝**坊**★ 늦잠 坊**主** 주지승, 꼬마녀석 赤ん坊 아기
	ぼっ	坊**ちゃん** 아드님, 도련님

7획 坊坊坊坊坊坊坊

寝坊しないようにアラームを5分間隔で設定した。 늦잠자지 않도록 알람을 5분 간격으로 설정했다.

坊ちゃん、本当に大きくなりましたね。 아드님, 진짜 많이 컸네요.

0220 [N4] ☐☐☐

훈 잘	ねむ(い)	眠い* 졸리다 眠たい 졸리다 眠気 졸음
	ねむ(る)	眠る* 자다 居眠り* 앉아 졺 眠り 잠
음 면	みん	睡眠 수면 不眠 불면

잘 면

10획 眠 眠 眠 眠 眠 眠 眠 眠 眠 眠

朝から眠くてコーヒーを飲んだ。 아침부터 졸려서 커피를 마셨다.

寝る前の10分運動で睡眠の質をアップさせよう。 자기 전 10분 운동으로 수면의 질을 높이자.

0221 [N4] ☐☐☐

| 훈 꿈 | ゆめ | 夢* 꿈 夢見る 꿈꾸다 初夢 새해 첫 꿈 |
| 음 몽 | む | 夢中* 열중함, 꿈속 悪夢 악몽 夢想 몽상 |

꿈 몽

13획 夢 夢 夢 夢 夢 夢 夢 夢 夢 夢 夢 夢 夢

怖い夢を見て目が覚めた。 무서운 꿈을 꿔서 깼다.

この頃テニスに夢中になっている。 요즘 테니스에 열중하고 있다.

0222 [N5] ☐☐☐

| 훈 모일 | やしろ | 社 신사, 신을 모신 곳 |
| 음 사 | しゃ | 社会 사회 社長* 사장 入社* 입사 社員* 사원 |

모일 사

7획 社 社 社 社 社 社 社

社に行っておみくじを引いた。 신사에 가서 길흉을 점치는 제비를 뽑았다.

社会に出ていろんなことを学んでいる。 사회에 나와서 다양한 것을 배우고 있다.

0223 [N5] ☐☐☐

훈 모일	あ(う)	会う* 만나다
음 회	かい	会社* 회사 大会* 대회 会員 회원 会話 회화, 대화
	え	会釈 가볍게 인사함 会得 터득, 깨우침

모일 회

6획 会 会 会 会 会 会

一年ぶりに友達と会う約束をした。 1년 만에 친구와 만날 약속을 했다.

会社に入社してから5年が経った。 회사에 입사하고 나서 5년이 지났다.

交

사귈 **교**

훈 사귈		
	まじ(わる)	**交わる**★ 교제하다, 교차하다　**交わり** 교제, 사귐
	まじ(える)	**交える** 섞다, 교차시키다
	ま(じる)	**交じる** 섞이다, 한데 섞여 들어가다
	ま(ざる)	**交ざる** 섞이다, 뒤섞이다
	ま(ぜる)	**交ぜる** 뒤섞다
	か(う)	**飛び交う** 난무하다, 어지럽게 날다
	か(わす)	**交わす** 주고받다, 교차하다
음 교	こう	**交流**★ 교류　**交通**★ 교통　**交換**★ 교환　**社交** 사교

6획　交 交 交 交 交 交

私は人と**交わる**のが苦手だ。 나는 다른 사람과 교제하는 것이 서투르다.

スポーツ大会を通して各国の**交流**が深まった。 스포츠 대회를 통해서 각국의 교류가 깊어졌다.

集

모을 **집**

나무(木)와 새(隹)를 합쳐 나무 위에 새가 모여 있는 것을 나타낸 글자

훈 모을		
	あつ(める)	**集める**★ 모으다　**集め** 모으기, 수집
	あつ(まる)	**集まる**★ 모이다　**集まり** 모임
	つど(う)	**集う** 회합하다, 모이다　**集い** 회합, 모임
음 집	しゅう	**集合**★ 집합　**募集**★ 모집　**集結** 집결　**集中**★ 집중

12획　集 集 集 集 集 集 集 集 集 隼 集 集

マラソンに参加する人を**集めて**いる。 마라톤에 참가할 사람을 모으고 있다.

終業式を行いますから、体育館に**集合**してください。 종업식을 하므로, 체육관으로 집합해 주세요.

0226 [N4] ☐☐☐

構

얽을/맺을 구

나무(木)와 짜다(冓)를
합쳐 나무를 서로 얽는
것을 나타낸 글자

훈	얽을/맺을	かま(える)	かま **構える** 이루다, 갖추다	こころがま **心構え*** 마음가짐
		かま(う)	かま **構う*** 마음을 쓰다, 상관하다	
음	구	こう	こうせい **構成** 구성 / こうぞう **構造** 구조 / けっこう **結構*** 훌륭함, 좋음 / こうそう **構想** 구상

14획 構 構 構 構 構 構 構 構 構 構 構 構 構 構

むすめ けっこん いっか かま
娘はもう結婚して一家を**構えて**いる。 딸은 이미 결혼해서 한 가정을 이루고 있다.
がっしょうだん だいがくせい こうせい
合唱団は大学生だけで**構成**された。 합창단은 대학생만으로 구성되었다.

0227 [N4] ☐☐☐

招

부를 초

손(扌)과 부르다(召)를
합쳐 손짓하여 누군가
를 부른다는 것을 나타
낸 글자

| 훈 | 부를 | まね(く) | まね **招く*** 불러오다, 초래하다 | まね **招き** 초빙, 초청, 초대 |
| 음 | 초 | しょう | しょうたい **招待*** 초대 / しょうせい **招請** 초청 / しょうらい **招来** 초래 |

8획 招 招 招 招 招 招 招 招

とおまわ い かた ごかい まね
遠回しな言い方が誤解を**招く**。 돌려 말하는 말투가 오해를 불러온다.
とりひきさき そうりつき ねん しょうたい
取引先の創立記念パーティーに**招待**された。 거래처의 창립 기념 파티에 초대되었다.

0228 [N4] ☐☐☐

待

기다릴 대

| 훈 | 기다릴 | ま(つ) | ま **待つ*** 기다리다 | ま **待たす*** 기다리게 하다 |
| 음 | 대 | たい | たいき **待機** 대기 / たいぐう **待遇*** 대우 / きたい **期待*** 기대 / しょうたい **招待*** 초대 |

9획 待 待 待 待 待 待 待 待 待

はは ね わたし きたく ま
母は寝ないで私の帰宅を**待って**いた。 어머니는 자지 않고 내 귀가를 기다리고 있었다.
びょういん いしゃ じ かんたいき
この病院は医者が24時間**待機**している。 이 병원은 의사가 24시간 대기하고 있다.

0229 [N4] ☐☐☐

別

나눌 별

| 훈 | 나눌 | わか(れる) | わか **別れる*** 헤어지다 | わか **別れ** 이별 |
| 음 | 별 | べつ | べつべつ **別々*** 따로따로 / とくべつ **特別*** 특별 / さべつ **差別** 차별 / かくべつ **格別*** 각별 |

7획 別 別 別 別 別 別 別

かのじょ わか
彼女と**別れる**のはもったいない。 그녀와 헤어지는 것은 아깝다.
よくしつ べつべつ
浴室とトイレが**別々**になっている。 욕실과 화장실이 따로따로 되어 있다.

慰

훈	위로할	なぐさ(める)	**慰める**★ 위로하다, 달래다	**慰め** 위로, 위안
		なぐさ(む)	**慰む** 위안이 되다	**慰み** 기분 전환, 심심풀이
음	위	い	**慰謝料** 위자료　**慰安** 위안　**慰労** 위로　**慰問** 위문

15획 慰 慰 慰 慰 慰 慰 慰 慰 慰 慰 慰 慰 慰 慰 慰

위로할 위

へこんでいる私を母は**慰めて**くれた。 풀이 죽은 나를 어머니는 위로해 주었다.

被害者は加害者に**慰謝料**を請求した。 피해자는 가해자에게 위자료를 청구했다.

謝

| 훈 | 사례할 | あやま(る) | **謝る**★ 사과하다, 빌다 | **平謝り** 진심으로 사죄함 |
| 음 | 사 | しゃ | **感謝**★ 감사　**謝罪** 사죄　**謝礼** 사례 |

17획 謝 謝 謝 謝 謝 謝 謝 謝 謝 謝 謝 謝 謝 謝 謝 謝 謝

사례할 사

友人を1時間も待たせてしまい、何回も**謝った**。 친구를 1시간이나 기다리게 해 버려, 몇 번이고 사과했다.

担任の先生に**感謝**の気持ちを伝えた。 담임 선생님에게 감사의 마음을 전했다.

생각

思

| 훈 | 생각 | おも(う) | **思う**★ 생각하다, 여기다 | **思い** 생각, 마음 | **思い出**★ 추억 |
| 음 | 사 | し | **思考** 사고　**思想** 사상　**意思** 의사, 뜻 |

9획 思 思 思 思 思 思 思 思 思

생각 사

一生懸命勉強したから合格すると**思う**。 열심히 공부했으니까 합격할 거라고 생각한다.

この仕事は創造的な**思考**が必要とされる。 이 일은 창조적인 사고를 필요로 한다.

考

| 훈 | 생각할 | かんが(える) | **考える**★ 생각하다 | **考え** 생각, 판단 | **考え方**★ 사고방식 |
| 음 | 고 | こう | **参考**★ 참고　**考慮** 고려　**考察** 고찰 |

6획 考 考 考 考 考 考

생각할 고

メニューはもうちょっと**考えて**から決めよう。 메뉴는 조금 더 생각하고 나서 정하자.

先生のアドバイスを**参考**にレポートを書いた。 선생님의 조언을 참고로 리포트를 썼다.

헷갈리는 단어 모아보기

유의어

考える (오랜 시간 이성적으로) 생각하다 　 効率よく働く方法を考える。
효율 좋게 일하는 방법을 생각하다.

思う (순간적으로) 생각하다, 　 ピンク色のドレスが娘に似合うと思う。
(감정적으로) 느끼다 　 분홍색 드레스가 딸에게 어울릴 것이라고 생각한다.

考える와 思う는 모두 '생각하다'라는 뜻이다. 考える는 오랜 시간동안 이성적인 판단을 통해 생각할 때, 思う는 순간적으로 판단하는 상황이나 감정적으로 어떻게 느꼈다고 생각할 때 사용한다.

0234 [N4] ☐☐☐

念

생각 념(염)

훈	생각	—

| 음 | 념(염) | ねん | **信念** 신념　**念頭**★ 염두　**丹念**★ 정성 들임　**断念**★ 단념 |

8획　念 念 念 念 念 念 念 念

人は誰もが自分なりの**信念**を持っている。 사람은 누구나 자기 나름의 신념을 가지고 있다.

つねに目的を**念頭**に置いておくこと。 항상 목적을 염두에 둘 것.

0235 [N4] ☐☐☐

意

뜻 의

마음(心)과 소리(音)를 합쳐 마음에서 우러나 오는 소리를 나타낸 글 자

훈	뜻	—

| 음 | 의 | い | **意見**★ 의견　**得意** 잘함　**意味**★ 의미　**決意**★ 결의 |

13획　意 意 意 意 意 意 意 意 意 意 意 意 意

みんなの**意見**を聞いてみよう。 모두의 의견을 들어 보자.

私は数学が**得意**なので理系を選択した。 나는 수학을 잘하기 때문에 이과를 선택했다.

0236 [N4] ☐☐☐

案

책상/생각 안

훈	책상/생각	—

| 음 | 안 | あん | **案**★ 안, 생각　**提案**★ 제안　**案内**★ 안내　**企画案**★ 기획안 |

10획　案 案 案 案 案 案 案 案 案 案

人口問題の対策として多様な**案**が出された。 인구 문제의 대책으로 다양한 안이 나왔다.

一緒に会社を立ち上げようと彼に**提案**した。 같이 회사를 차리자고 그에게 제안했다.

0237 [N4] ☐☐☐

心

마음 심

심장 모양을 본뜬 글자

훈	마음	こころ	心* 마음	心得る 알다, 납득하다	親心 부모의 마음
음	심	しん	安心* 안심	心配* 걱정	関心 관심　心身 심신

4획　心 心 心 心

子供には温かい心を持った人になってほしい。아이가 따뜻한 마음을 가진 사람이 되었으면 한다.

母の手術が無事に終わって安心した。어머니의 수술이 무사히 끝나서 안심했다.

0238 [N4] ☐☐☐

悲

슬플 비

훈	슬플	かな(しい)	悲しい* 슬프다	悲しさ 슬픔, 설움	悲しがる 슬퍼하다
		かな(しむ)	悲しむ 마음 아파하다, 슬퍼하다		悲しみ 비애, 슬픔
음	비	ひ	悲劇 비극	悲観 비관	悲鳴 비명　悲喜 희비

12획　悲 悲 悲 悲 悲 悲 悲 悲 悲 悲 悲 悲

母国を離れるときは悲しい気持ちでいっぱいだった。모국을 떠날 때는 슬픈 마음으로 가득했다.

人魚姫は代表的な悲劇のヒロインだ。인어공주는 대표적인 비극의 여주인공이다.

0239 [N4] ☐☐☐

急

급할 급

훈	급할	いそ(ぐ)	急ぐ* 서두르다	急ぎ 급함	
음	급	きゅう	急行* 급행	急速 급속	特急* 특급　緊急 긴급

9획　急 急 急 急 急 急 急 急 急

閉店時間が近かったため急いで食べた。폐점 시간이 가까웠기 때문에 서둘러 먹었다.

急行に乗れば会社まで30分もかからない。급행을 타면 회사까지 30분도 안 걸린다.

0240 [N5] ☐☐☐

安

편안/싼 안

집(宀)과 여자(女)를 합쳐 집안에 여자가 편안히 앉아 있는 것을 나타낸 글자

훈	편안/쌈	やす(い)	安い* 싸다, 편하다	目安* 표준, 기준	安らかだ 평안하다
음	안	あん	安全* 안전	不安* 불안	安心* 안심　安易* 안이

6획　安 安 安 安 安 安

公立大学は私立大学より学費が安い。공립 대학은 사립 대학보다 학비가 싸다.

安全のためライフジャケットを着てください。안전을 위해 구명조끼를 입어 주세요.

苦

쓸 고

훈 쓸	くる(しい)	苦しい★ 괴롭다
	くる(しむ)	苦しむ 괴로워하다
	くる(しめる)	苦しめる 괴롭히다
	にが(い)	苦い★ 쓰다　苦み 쓴맛　苦手 서투름, 골칫거리
	にが(る)	苦り切る 몹시 불쾌한 표정을 짓다
음 고	く	苦労★ 고생　苦痛 고통　苦悩 고뇌　苦心 고심

8획　苦 苦 苦 苦 苦 苦 苦 苦

息切れで苦しかった。 숨이 차서 괴로웠다.
学生時代はお金がなくて苦労をした。 학창 시절에는 돈이 없어서 고생을 했다.

楽

즐거울 락(낙)
노래 악

훈 즐거울/노래	たの(しい)	楽しい★ 즐겁다　楽しさ 즐거움　楽しげだ 즐거운 듯하다
	たの(しむ)	楽しむ★ 즐기다, 좋아하다　楽しみ★ 기다려짐, 즐거움
음 락(낙)/악	らく	楽★ 편함, 쉬움　娯楽 오락　楽園 낙원　快楽 쾌락
	がく	音楽 음악　楽器★ 악기

13획　楽 楽 楽 楽 楽 楽 楽 楽 楽 楽 楽 楽 楽

今日はとても楽しい一日だった。 오늘은 무척 즐거운 하루였다.
ロボット掃除機を買ってから生活が楽になった。 로봇 청소기를 사고 나서 생활이 편해졌다.

喜

기쁠 희

훈 기쁠	よろこ(ぶ)	喜ぶ★ 기뻐하다　喜び★ 기쁨　喜ばしい 경사스럽다
음 희	き	歓喜 환희　喜劇 희극　喜怒哀楽 희로애락

12획　喜 喜 喜 喜 喜 喜 喜 喜 喜 喜 喜 喜

娘の喜ぶ顔が目に浮かぶ。 딸의 기뻐하는 얼굴이 눈에 선하다.
全国大会で優勝できて歓喜の涙を流した。 전국 대회에서 우승할 수 있어 환희의 눈물을 흘렸다.

첫째 마당　초급 한자　해커스 일본어 상용한자 2136

0244	[N4] ☐☐☐		

好

좋을 호

여자(女)가 아이(子)와 함께 있어 좋다는 의미를 나타낸 모양

훈 좋을	す(く)	好く★ 사랑하다, 좋아하다　好きだ★ 좋아하다
	この(む)	好む 선호하다　好み 취향　好ましい 바람직하다
음 호	こう	好意 호의　好調★ 호조, 순조　良好 양호　友好 우호

6획 好 好 好 好 好 好

弟 はなぜか動物によく**好かれる**。 남동생은 왜인지 동물에게 곧잘 사랑받는다.

人の**好意**を当たり前に思ってはいけない。 남의 호의를 당연하게 생각해서는 안 된다.

0245	[N5] ☐☐☐		

忘

잊을 망

훈 잊을	わす(れる)	忘れる★ 잊다　忘れ物 분실물　物忘れ 건망, 건망증
음 망	ぼう	忘年会 망년회, 송년회　忘却 망각

7획 忘 忘 忘 忘 忘 忘 忘

今日が結婚記念日だということを**忘れて**いた。 오늘이 결혼기념일이라는 것을 잊고 있었다.

会社の**忘年会**の幹事を任せられた。 회사 망년회의 간사를 맡게 되었다.

0246	[N5] ☐☐☐		

何

어찌 하

훈 어찌	なに	何★ 무엇　何事 무슨 일, 어떤 일
	なん	何度★ 몇 번　何時 몇 시　何十 몇십　何本 몇 자루
음 하	か	幾何学 기하학

7획 何 何 何 何 何 何 何

週末は**何**をする予定ですか。 주말은 무엇을 할 예정입니까?

今日は学校で**幾何学**について学んだ。 오늘은 학교에서 기하학에 대해 배웠다.

0247	[N4] ☐☐☐		

故

연고 고

훈 연고	ゆえ	故 때문, 까닭　故に 고로, 그러므로
음 고	こ	故意★ 고의　故障★ 고장　事故 사고　故郷 고향

9획 故 故 故 故 故 故 故 故 故

体調不良の**故**、本日はお休みします。 몸 상태가 안 좋기 때문에, 오늘은 쉬겠습니다.

資料を捨てたのは**故意**ではありませんでした。 자료를 버린 것은 고의가 아니었습니다.

0248	[N4] □□□

훈	말미암을	よし	~由 ~라니 事の由 사정, 이유
음	유	ゆ	由来 유래 経由★ 경유 由縁 연유
		ゆう	理由★ 이유 自由★ 자유 事由 사유
		ゆい	由緒★ 유서, 내력

5획 由 由 由 由 由

お元気でお過ごしの由、何よりです。 건강하게 지내신다니, 무엇보다 다행이라고 생각합니다.

ハロウィンは古代ケルト人の祝日に由来する。 핼러윈은 고대 켈트인의 경축일에서 유래한다.

말미암을 유

0249	[N4] □□□

훈	바를	ただ(しい)	正しい★ 옳다, 바르다 正しさ 올바름, 정당성
		ただ(す)	正す 바르게 하다
		まさ	正に 바로, 틀림없이
음	정	せい	正解★ 정답 正式 정식 正義 정의 訂正 정정
		しょう	正直★ 정직 正面 정면 正月★ 정월, 설

5획 正 正 正 正 正

どっちが正しいのかよく分からない。 어느 쪽이 옳은 건지 잘 모르겠다.

この問題の正解は三番です。 이 문제의 정답은 3번입니다.

바를 정

0250	[N4] □□□

훈	아닐	—	
음	불/부	ふ	不便★ 불편 不満★ 불만 不要★ 불필요 不当 부당
		ぶ	不器用 손재주가 없음 不用心 주의하지 않음

4획 不 不 不 不

아닐 불/부

땅속으로 뿌리내린 씨앗이 아직 싹을 틔우지 못한 모양을 본뜬 글자

私の会社は交通が不便な所にある。 나의 회사는 교통이 불편한 곳에 있다.

不器用で幼いころから折り紙が苦手だった。 손재주가 없어서 어릴 때부터 종이접기가 서툴렀다.

0251 [N4] ☐☐☐

決

결단할 **결**

훈	결단할	き(める)	**決める**★ 정하다　**取り決め** 약속　**決めゼリフ** 명대사
		き(まる)	**決まる**★ 전해지다　**決まり**★ 규칙
음	결	けつ	**決意**★ 결의　**決心**★ 결심　**決定** 결정　**解決**★ 해결

7획 決 決 決 決 決 決 決

この会社は自分で勤務時間が**決められる**。 이 회사는 스스로 근무 시간을 정할 수 있다.

いろいろ悩んだ末に留学への**決意**を固めた。 여러모로 고민한 끝에 유학으로의 결의를 굳혔다.

0252 [N4] ☐☐☐

定

정할 **정**

훈	정할	さだ(める)	**定める**★ 정하다　**定め** 규정, 운명
		さだ(まる)	**定まる** 정해지다
		さだ(か)	**定かだ** 확실하다, 분명하다　**定か** 확실함, 분명함
음	정	てい	**決定**★ 결정　**予定**★ 예정　**仮定**★ 가정　**限定**★ 한정
		じょう	**勘定** 계산, 셈　**案の定**★ 예상대로

8획 定 定 定 定 定 定 定 定

シンガポールは英語を公用語に**定めて**いる。 싱가포르는 영어를 공용어로 정하고 있다.

住民投票でごみ処理場の位置を**決定**した。 주민 투표로 쓰레기 처리장의 위치를 결정했다.

0253 [N4] ☐☐☐

賛

도울 **찬**

| 훈 | 도울 | — | |
| 음 | 찬 | さん | **賛成** 찬성　**賛否** 찬반　**絶賛** 절찬, 극찬　**称賛** 칭찬 |

15획 賛 賛 賛 賛 賛 賛 賛 賛 賛 賛 賛 賛 賛 賛 賛

遠足はクラス全員が**賛成**して動物園に決まった。 소풍은 학급 전원이 찬성하여 동물원으로 정해졌다.

各議員は案件に対して**賛否**を表明した。 각 의원은 안건에 대해 찬반을 표명했다.

反

돌이킬 **반**

훈 돌이킬	そ(る)	反る 휘다, 젖혀지다 反り 휨
	そ(らす)	反らす 휘게 하다
음 반	はん	反省 반성 反対★ 반대 違反★ 위반 反応 반응
	ほん	謀反 모반, 반역
	たん	反物 옷감

4획 反 反 反 反

雨にぬれて本の表紙が**反って**しまった。 비에 젖어서 책표지가 휘어 버렸다.

娘に**反省**の色が見えたのでしからなかった。 딸에게 반성의 빛이 보였기 때문에 꾸짖지 않았다.

対

대할 **대**

훈 대할	—	
음 대	たい	対応 대응 反対★ 반대 絶対★ 절대 対立 대립
	つい	一対 한 쌍, 한 벌

7획 対 対 対 対 対 対 対

お客様のクレームには丁寧に**対応**してください。 고객의 클레임에는 정중히 대응해 주세요.

母は私の一人暮らしに**反対**している。 어머니는 나의 독신 생활에 반대하고 있다.

悪

악할 **악**

훈 악할	わる(い)	悪い★ 나쁘다 悪さ 장난 悪者 악인 悪口 욕, 험담
음 악	あく	最悪★ 최악 悪化★ 악화 悪質★ 악질 悪意 악의
	お	嫌悪 혐오 憎悪 증오 悪寒 오한

11획 悪 悪 悪 悪 悪 悪 悪 悪 悪 悪 悪

彼は第一印象は**悪かった**が、いい人だった。 그는 첫인상은 나빴지만, 좋은 사람이었다.

傘もないのに雨が降るなんて**最悪**だ。 우산도 없는데 비가 내리다니 최악이다.

0257 [N4] ☐☐☐

特

훈	특별할	—

음	특	とく	**特色**★ 특색　**特急**★ 특급　**特徴**★ 특징　**特殊**★ 특수

とくしょく / とっきゅう / とくちょう / とくしゅ

10획　特 特 特 特 特 特 特 特 特 特

특별할 特

소(牛)와 관청(寺)을 합쳐 관청에서 제단에 바치던 소가 특별하다는 것을 나타낸 글자

ちいき　とくしょく　い　　　　　　　きかく
地域の**特色**を生かしたイベントを企画している。 지역의 특색을 살린 이벤트를 기획하고 있다.

とっきゅう　の　　もくてきち　　たんじかん　い
特急に乗れば目的地まで短時間で行ける。 특급을 타면 목적지까지 단시간에 갈 수 있다.

0258 [N4] ☐☐☐

珍

훈	보배	めずら(しい)	**珍しい**★ 드물다, 희귀하다　**珍しさ** 귀함

めずら / めずら

음	진	ちん	**珍味** 진미　**珍重** 진중, 귀중　**珍妙** 진묘, 기묘

ちん み / ちんちょう / ちんみょう

9획　珍 珍 珍 珍 珍 珍 珍 珍 珍

보배 진

구슬(王)과 머리(㐱)를 합쳐 반짝이고 윤기나는 보물을 나타낸 글자

きむら　　　の　かい さんか　　　　　　　めずら
木村さんが飲み会に参加するなんて**珍しい**ね。 기무라 씨가 회식에 참가하다니 드문 일이네.

にほん　ちん み
日本の**珍味**といえば、やはりウニだろう。 일본의 진미라고 한다면, 역시 성게일 것이다.

소통

0259 [N5] ☐☐☐

言

훈	말씀	い(う)	**言う**★ 말하다　**言い切る**★ 단언하다　**物言い** 말씨, 언쟁
		こと	**言葉**★ 말, 낱말　**寝言** 잠꼬대, 헛소리

い / い き / もの い / こと ば / ね ごと

음	언	げん	**発言**★ 발언　**宣言** 선언　**言行** 언행　**言論** 언론
		ごん	**伝言**★ 전언, 전하는 말　**無言** 무언, 침묵

はつげん / せんげん / げんこう / げんろん / でんごん / む ごん

7획　言 言 言 言 言 言 言

말씀 언

だれ　い
このことは誰にも**言わ**ないでください。 이 일은 누구에게도 말하지 말아 주세요.

せいじ か　　はつげん　しゃかいてき　もんだい
ある政治家の**発言**が社会的な問題となった。 어느 정치가의 발언이 사회적인 문제가 되었다.

0260 [N5] ☐☐☐

語

말씀 어

훈 말씀	かた(る)	語る★ 말하다, 이야기하다	物語 이야기, 전설
	かた(らう)	語らう 이야기를 주고받다	語らい 말을 주고받음
음 어	ご	言語 언어　日本語★ 일본어　英語★ 영어　国語★ 국어

14획 語語語語語語語語語語語語語語

孫に昔の思い出を語った。 손자에게 옛 추억을 말했다.

世界にはさまざまな言語が存在する。 세계에는 다양한 언어가 존재한다.

0261 [N5] ☐☐☐

漢

한수 한

| 훈 한수 | ― | |
| 음 한 | かん | 漢字★ 한자　漢文 한문　漢方薬 한약 |

13획 漢漢漢漢漢漢漢漢漢漢漢漢漢

報告書に漢字の間違いがあった。 보고서에 한자 오류가 있었다.

漢方薬を飲んでいるときはお酒は避けたほうがいい。 한약을 먹고 있을 때는 술은 피하는 편이 좋다.

0262 [N4] ☐☐☐

文

글월 문

훈 글월	ふみ	恋文 연애 편지
음 문	ぶん	文学 문학　作文 작문　文章 글　文化 문화
	もん	注文★ 주문　天文学 천문학

4획 文文文文

昔、両親が交わした恋文を見つけた。 옛날에, 부모님이 주고받았던 연애 편지를 발견했다.

彼女は文学が好きでいつも本を読んでいる。 그녀는 문학을 좋아해서 항상 책을 읽고 있다.

0263 [N4] ☐☐☐

字

글자 자

| 훈 글자 | あざ | 字 아자 (일본의 행정 구획의 하나) |
| 음 자 | じ | 文字★ 문자　漢字★ 한자　赤字★ 적자　黒字★ 흑자 |

6획 字字字字字字

「字」は日本で使われている小さい区画単位である。 '아자'는 일본에서 쓰이는 작은 구획 단위이다.

キーボードで文字を入力した。 키보드로 문자를 입력했다.

書

글 서

| 훈 | 글 | か(く) | **書く**★ 쓰다, 적다 **手書き** 손으로 씀 |
| 음 | 서 | しょ | **読書**★ 독서 **辞書**★ 사전 **図書館**★ 도서관 **書類** 서류 |

10획 書書書書書書書書書書

最近小説を少しずつ**書**いている。 최근 소설을 조금씩 쓰고 있다.

読書をする習慣をつけたい。 독서를 하는 습관을 들이고 싶다.

記

기록할 **기**

뜻을 나타내는 말씀(言)
과 음을 나타내는 己(기)
를 합친 글자

| 훈 | 기록할 | しる(す) | **記す** 적다, 저술하다, 기록하다 |
| 음 | 기 | き | **記入**★ 기입 **記憶**★ 기억 **記録**★ 기록 **記号** 기호 |

10획 記記記記記記記記記記

引用した文章は出典を**記**す必要がある。 인용한 글은 출처를 적을 필요가 있다.

ここに名前を**記入**してください。 여기에 이름을 기입해 주세요.

読

읽을 **독**

훈	읽을	よ(む)	**読む**★ 읽다 **読み** 읽기 **立ち読み**★ 서서 읽음
음	독	どく	**読者**★ 독자 **購読** 구독 **読書**★ 독서
		とく	**読本** 해설서, 입문서
		とう	**読点** 쉼표 **句読点** 구두점

14획 読読読読読読読読読読読読読読

小さいころから本を**読**むのが好きだった。 어릴 때부터 책을 읽는 것을 좋아했다.

この雑誌の**読者**はほとんどが学生らしい。 이 잡지의 독자는 대부분이 학생인 것 같다.

談

말씀 **담**

| 훈 | 말씀 | — | |
| 음 | 담 | だん | **冗談**★ 농담 **相談**★ 상담 **会談** 회담 **談話** 담화 |

15획 談談談談談談談談談談談談談談談

彼は**冗談**を真に受けるところがある。 그는 농담을 진지하게 받아들이는 구석이 있다.

休学に関するご**相談**は学生課までお願いします。 휴학에 관한 상담은 학생과로 부탁드립니다.

0268 [N5] ☐☐☐

話

말씀 화

훈 말씀	はなし	はなし **話** 말, 이야기　むかしばなし **昔 話** 옛이야기　たばなし **立ち 話** 서서 이야기함
	はな(す)	はな **話す★** 말하다, 이야기하다　はな あ **話し合い** 의논, 교섭
음 화	わ	かい わ **会話** 회화, 대화　でん わ **電話★** 전화　わ だい **話題★** 화제　どう わ **童話** 동화

13획 話 話 話 話 話 話 話 話 話 話 話 話 話

すこ おお こえ はな
もう少し大きい声で**話して**ください。 조금 더 큰 목소리로 말해 주세요.

じん えいご かい わ こう
アメリカ人と英語で**会話**を交わした。 미국인과 영어로 회화를 나누었다.

0269 [N5] ☐☐☐

問

물을 문

문(門)과 입(口)을 합쳐
남의 집 문 앞에 찾아와
질문하는 것을 나타낸
글자

훈 물을	と(う)	と **問う** 묻다　と **問いただす** 추궁하다　と あ **問い合わせ** 문의
	と(い)	と **問い** 물음
	とん	とん や **問屋** 도매상
음 문	もん	しつもん **質問★** 질문　もんだい **問題★** 문제　せつもん **設問** 설문　ほうもん **訪問★** 방문

11획 問 問 問 問 問 問 問 問 問 問 問

しょくいん ほうにち もくてき と
イミグレーションの職員に訪日の目的を**問われた**。
출입국 관리소의 직원이 일본을 방문한 목적을 물었다.

き なん しつもん
気になることがあれば何でも**質問して**ください。 궁금한 것이 있으면 무엇이든 질문해 주세요.

0270 [N5] ☐☐☐

聞

들을 문

문(門)과 귀(耳)를 합쳐
문밖에서 나는 소리를
듣는 것을 나타낸 글자

훈 들을	き(く)	き **聞く★** 듣다　ひと ぎ **人聞き** 남이 듣는 것, 세간의 평판
	き(こえる)	き **聞こえる** 들리다　き **聞こえ** 들림, 소문
음 문	ぶん	しんぶん **新聞★** 신문　けんぶん **見聞** 견문
	もん	ぜんだい み もん **前代未聞** 전대미문　ちょうもん **聴聞** 청문, 공청

14획 聞 聞 聞 聞 聞 聞 聞 聞 聞 聞 聞 聞 聞 聞

かのじょ わたし はなし き
彼女は私の話をちゃんと**聞いて**くれる。 그녀는 내 이야기를 잘 들어 준다.

あさお しんぶん よ
朝起きてからいつも**新聞**を読む。 아침에 일어나서 언제나 신문을 읽는다.

0271 [N4] ☐☐☐

伝

전할 **전**

훈 전할	つた(える)	伝える★ 전하다	言い伝え 구전, 전설
	つた(わる)	伝わる★ 전해지다	
	つた(う)	伝う (어떤 것을 따라) 이동하다, 타다	
음 전	でん	伝言★ 전언, 전하는 말 　伝統★ 전통 　伝説 전설 　宣伝★ 선전	

6획 伝 伝 伝 伝 伝 伝

彼はファンに感謝の気持ちを**伝えた**。　그는 팬에게 감사의 마음을 전했다.

担当者が不在だったので**伝言**を残しておいた。　담당자가 부재였기 때문에 전언을 남겨 두었다.

0272 [N4] ☐☐☐

呼

부를 **호**

| 훈 부를 | よ(ぶ) | 呼ぶ★ 부르다 | 呼び声 부르는 소리, 평판 |
| 음 호 | こ | 連呼 연호 　点呼 점호 　呼応 호응 | |

8획 呼 呼 呼 呼 呼 呼 呼 呼

両親はお互いをあだ名で**呼ぶ**ほど仲が良い。 부모님은 서로를 별명으로 부를 정도로 사이가 좋다.

観客たちは舞台に向かってアンコールを**連呼**した。 관객들은 무대를 향해 앙코르를 연호했다.

0273 [N5] ☐☐☐

名

이름 **명**

저녁(夕)과 입(口)을 합쳐 깜깜해 누군지 모르니 이름을 부른다는 것을 나타낸 글자

훈 이름	な	名 이름, 명성 　名前★ 이름	
음 명	めい	有名★ 유명 　氏名 성명, 씨명 　名誉 명예 　姓名 성명	
	みょう	名字 성씨 　本名 본명	

6획 名 名 名 名 名 名

お**名前**を聞いてもいいですか。 이름을 물어봐도 될까요?

「モナリザ」はとても**有名**な絵だ。 '모나리자'는 무척 유명한 그림이다.

0274 [N4] ☐☐☐

報

갚을/알릴 **보**

| 훈 갚을/알릴 | むく(いる) | 報いる 보답하다, 갚다 　報い 보답, 응보 | |
| 음 보 | ほう | 報告★ 보고 　情報★ 정보 　予報★ 예보 　報じる★ 보도하다 | |

12획 報 報 報 報 報 報 報 報 報 報 報 報

親の恩に**報いる**ために孝行したい。 부모님의 은혜에 보답하기 위해 효도하고 싶다.

上司にアンケートの結果を**報告**した。 상사에게 설문 조사 결과를 보고했다.

연습문제

맞은 개수: /40

색이 있는 한자의 발음을 밑줄에 쓴 다음, 괄호 안에 단어의 뜻을 써 보세요.

01 心	_____	(	)	21 眠い	_____い	(	)
02 好く	_____く	(	)	22 住む	_____む	(	)
03 糸	_____	(	)	23 急ぐ	_____ぐ	(	)
04 思考	_____こう	(	)	24 起きる	_____きる	(	)
05 名前	_____まえ	(	)	25 汚い	_____い	(	)
06 定める	_____める	(	)	26 文学	_____がく	(	)
07 報告	_____こく	(	)	27 漢字	_____じ	(	)
08 記す	_____す	(	)	28 由来	_____らい	(	)
09 意見	_____けん	(	)	29 喜ぶ	_____ぶ	(	)
10 苦労	_____ろう	(	)	30 招く	_____く	(	)
11 読書	_____しょ	(	)	31 呼ぶ	_____ぶ	(	)
12 安全	_____ぜん	(	)	32 対応	_____おう	(	)
13 正しい	_____しい	(	)	33 発言	はつ_____	(	)
14 社会	_____かい	(	)	34 会話	かい_____	(	)
15 食事	_____じ	(	)	35 何	_____	(	)
16 制服	せい_____	(	)	36 珍しい	_____しい	(	)
17 注ぐ	_____ぐ	(	)	37 夢	_____	(	)
18 忘年会	_____ねんかい	(	)	38 到着	とう_____	(	)
19 反省	_____せい	(	)	39 楽しい	_____しい	(	)
20 集合	_____ごう	(	)	40 賛成	_____せい	(	)

정답 01 こころ 마음 02 すく 사랑하다, 좋아하다 03 いと 실 04 しこう 사고 05 なまえ 이름 06 さだめる 정하다 07 ほうこく 보고
08 しるす 적다, 저술하다, 기록하다 09 いけん 의견 10 くろう 고생 11 どくしょ 독서 12 あんぜん 안전 13 ただしい 옳다, 바르다 14 しゃかい 사회
15 しょくじ 식사 16 せいふく 교복, 제복 17 そそぐ 붓다, 쏟다 18 ぼうねんかい 망년회, 송년회 19 はんせい 반성 20 しゅうごう 집합
21 ねむい 졸리다 22 すむ 살다 23 いそぐ 서두르다 24 おきる 일어나다, 눈을 뜨다 25 きたない 더럽다, 불결하다 26 ぶんがく 문학
27 かんじ 한자 28 ゆらい 유래 29 よろこぶ 기뻐하다 30 まねく 불러오다, 초래하다 31 よぶ 부르다 32 たいおう 대응 33 はつげん 발언
34 かいわ 회화, 대화 35 なに 무엇 36 めずらしい 드물다, 희귀하다 37 ゆめ 꿈 38 とうちゃく 도착 39 たのしい 즐겁다 40 さんせい 찬성

생김새·물건·장소·교통

MP3 바로 듣기

생김새

★은 JLPT/JPT 기출 단어입니다.

0275 [N5] ☐☐☐

面

낯 **면**

훈 낯	おも	**面白い**★ 재미있다　**面長** 얼굴이 갸름함, 길쭉한 얼굴
	おもて	**面** 얼굴
	つら	**面** 낯짝　**泣き面** 우는 얼굴, 울상
음 면	めん	**面接**★ 면접　**表面**★ 표면　**顔面** 안면　**方面** 방면

9획 面 面 面 面 面 面 面 面

面白い話を聞いて大声で笑った。 재미있는 이야기를 듣고 큰 소리로 웃었다.

わが社はオンラインで面接を行います。 우리 회사는 온라인으로 면접을 봅니다.

0276 [N5] ☐☐☐

同

한가지 **동**

훈 한가지	おな(じ)	**同じ**★ 같음, 동일함　**同い年** 동갑
음 동	どう	**同時** 동시　**同意**★ 동의　**同情** 동정　**混同** 혼동

6획 同 同 同 同 同 同

あの二人は名前も年も同じだ。 저 두 사람은 이름도 나이도 같다.

母と同時に同じことを言って笑った。 엄마와 동시에 같은 것을 말하곤 웃었다.

0277 [N5] ☐☐☐

長

길 **장**

긴 머리카락을 가진 노
인 모양을 본뜬 글자

훈 길	なが(い)	**長い**★ 길다　**長さ** 길이　**長引く**★ 지연되다
음 장	ちょう	**身長**★ 신장, 키　**成長**★ 성장　**長所** 장점　**店長** 점장

8획 長 長 長 長 長 長 長 長

象は長い鼻を使って食事をする。 코끼리는 긴 코를 써서 식사를 한다.

林選手は身長が２メートルもある。 하야시 선수는 신장이 2미터나 된다.

0278 [N4] ☐☐☐

太

클 태

훈 클	ふと(い)	ふと **太い** ★ 두껍다, 굵다 ふと **太さ** ★ 굵기
	ふと(る)	ふと **太る** 살찌다
음 태	たい	たいよう **太陽** 태양 こうたいし **皇太子** 황태자 たいこ **太鼓** 북, 태고
	た	まるた **丸太** 통나무

4획 太 大 太 太

うんどう つづ うで ふと
運動を続けたら腕が**太く**なった。 운동을 계속했더니 팔이 두꺼워졌다.

たいよう ひかり め と
太陽の光がまぶしくて目を閉じた。 태양 빛이 눈부셔서 눈을 감았다.

0279 [N4] ☐☐☐

色

빛 색

훈 빛	いろ	いろ **色** ★ 색, 빛깔 いろいろ **色々** ★ 여러 가지 いろがみ **色紙** 색종이
음 색	しょく	せんしょく **染色** 염색 げんしょく **原色** 원색 (빨강, 초록, 파랑) とくしょく **特色** 특색
	しき	しきさい **色彩** 색채 しきちょう **色調** 색조

6획 色 色 色 色 色 色

はだ いろ か
カメレオンは肌の**色**が変えられる。 카멜레온은 피부의 색을 바꿀 수 있다.

あお せんしょく
Tシャツを青く**染色**した。 티셔츠를 파랗게 염색했다.

0280 [N4] ☐☐☐

赤

붉을 적

훈 붉을	あか	あか **赤** ★ 빨강 あかしんごう **赤信号** 빨간불, 적신호 あか **赤ちゃん** ★ 아기
	あか(い)	あか **赤い** ★ 붉다, 빨갛다
	あか(らむ)	あか **赤らむ** 불그스름해지다, 붉어지다
	あか(らめる)	あか **赤らめる** 붉히다
음 적	せき	せきどう **赤道** 적도 せきがいせん **赤外線** 적외선 せきはん **赤飯** 팥밥
	しゃく	しゃくどう **赤銅** 적동, 적동색

7획 赤 赤 赤 赤 赤 赤 赤

かお あか
はずかしくて顔が**赤く**なった。 부끄러워서 얼굴이 붉어졌다.

くに せきどう とお
この国は**赤道**が通っている。 이 나라는 적도가 지나고 있다.

0281 [N4] ☐☐☐

훈	푸를	あお	青★ 파랑	青空 (あおぞら) 푸른 하늘	青信号 (あおしんごう) 파란불, 청신호
		あお(い)	青い★ 파랗다, 푸르다	青さ (あおさ) 푸름	
음	청	せい	青春 (せいしゅん) 청춘	青年 (せいねん) 청년	青少年 (せいしょうねん) 청소년
		しょう	緑青 (ろくしょう) 녹청 (구리 표면에 녹이 슬어 생기는 물질)		

8획 青 青 青 青 青 青 青 青

푸를 **청**

カモメが青い海の上を飛んでいる。 갈매기가 파란 바다 위를 날고 있다.

私は名古屋で青春を過ごしました。 저는 나고야에서 청춘을 보냈습니다.

0282 [N5] ☐☐☐

훈	흰	しろ	白★ 하양	真っ白 (まっしろ) 새하얌	
		しろ(い)	白い★ 하얗다, 희다	面白い (おもしろい)★ 재미있다	
		しら	白む (しらむ) 희어지다, 새벽이 되어 밝아지다	白雪 (しらゆき) 흰 눈	
음	백	はく	白紙 (はくし) 백지	告白 (こくはく) 고백	紅白 (こうはく) 홍백	明白 (めいはく) 명백
		びゃく	黒白 (こくびゃく) 흑백		

5획 白 白 白 白 白

흰 **백**

희고 밝게 빛을 내며 촛불의 심지가 타고 있는 모양을 본뜬 글자

クリスマスに白い雪が降った。 크리스마스에 하얀 눈이 내렸다.

テストがむずかしくて白紙で出した。 시험이 어려워서 백지로 냈다.

0283 [N4] ☐☐☐

훈	검을	くろ	黒★ 검정	真っ黒 (まっくろ) 새까맘	白黒 (しろくろ) 흑백	黒字 (くろじ)★ 흑자
		くろ(い)	黒い★ 검다, 까맣다	腹黒い (はらぐろい) 속이 검다, 음험하다	
음	흑	こく	黒板 (こくばん) 칠판, 흑판	暗黒 (あんこく) 암흑	漆黒 (しっこく) 칠흑

11획 黒 黒 黒 黒 黒 黒 黒 黒 黒 黒 黒

검을 **흑**

彼は黒い服が好みのようだ。 그는 검은 옷이 취향인 듯하다.

先生は黒板に問題を書いた。 선생님은 칠판에 문제를 적었다.

0284 [N5] □□□

銀

은은

훈	은	—				
음	은	ぎん	銀行* 은행	銀貨 은화	金銀 금은	銀色 은색

14획 銀 銀 銀 銀 銀 銀 銀 銀 釒 釦 釦 釦 釦 銀

銀行の営業時間は午後3時までです。 은행의 영업시간은 오후 3시까지입니다.

オリンピックを記念して銀貨が作られた。 올림픽을 기념해서 은화가 만들어졌다.

0285 [N4] □□□

明

밝을 명

해(日)와 달(月)을 합쳐
낮과 밤을 밝히는 것을
나타낸 글자

훈	밝을	あか(るい)	明るい* 밝다 明るさ 밝기
		あ(かり)	明かり 빛
		あか(るむ)	明るむ 밝아지다
		あか(らむ)	明らむ 훤해지다
		あき(らか)	明らかだ* 분명하다, 뚜렷하다
		あ(ける)	明ける* 날이 밝다, 새해가 되다
		あ(く)	明く 열리다
		あ(くる)	明くる日 다음날
		あ(かす)	明かす 밝히다, 알아내다
음	명	めい	説明* 설명 克明* 극명 鮮明 선명 明暗 명암
		みょう	光明 광명

8획 明 明 明 明 明 明 明 明

もっと明るい色のシャツがほしいです。 더 밝은 색의 셔츠를 원합니다.

このことについては私が説明します。 이 일에 대해서는 제가 설명하겠습니다.

0286 [N5] ☐☐☐

暗

어두울 **암**

훈 어두울	くら(い)	暗い★ 어둡다	暗がり 어두움, 어두운 곳	暗闇 어둠
음 암	あん	暗記★ 암기	明暗 명암	暗示 암시	暗号 암호

13획 暗暗暗暗暗暗暗暗暗暗暗暗暗

冬は日が短くてすぐ暗くなる。 겨울은 해가 짧아서 금방 어두워진다.

試験によく出る単語だけでも暗記しておこう。 시험에 잘 나오는 단어만이라도 암기해 두자.

0287 [N4] ☐☐☐

光

빛 **광**

사람(儿)과 불(火)을 합
쳐 사람의 주위가 밝
게 빛나는 것을 나타
낸 글자

훈 빛	ひか(る)	光る★ 빛나다	光り輝く 눈부시게 빛나다
	ひかり	光 빛	稲光 번개
음 광	こう	日光 햇빛, 일광	観光★ 관광	栄光 영광	光線 광선

6획 光光光光光光

池の周りでホタルが光っていた。 연못 주위에서 반딧불이가 빛나고 있었다.

肌を焼くために日光を浴びた。 살갗을 태우기 위해서 햇빛을 쬐었다.

0288 [N5] ☐☐☐

円

둥글 **원**
화폐 단위 **엔**

훈 둥글/ 화폐 단위	まる(い)	円い 둥글다	円さ 둥굶	円み 둥그스름한 모양
음 원/엔	えん	千円★ 천 엔	円卓 원탁, 둥근 탁자	

4획 円円円円

部屋の中に円いテーブルがおいてある。 방 안에 둥근 테이블이 놓여 있다.

参加料は一人千円です。 참가료는 1인 천 엔입니다.

0289 [N4] ☐☐☐

物

물건 **물**

훈	물건	もの	<ruby>物<rt>もの</rt></ruby> 물건, 것　<ruby>本物<rt>ほんもの</rt></ruby>★ 진품　<ruby>品物<rt>しなもの</rt></ruby> 물품　<ruby>物語<rt>ものがたり</rt></ruby> 이야기
음	물	ぶつ	<ruby>生物<rt>せいぶつ</rt></ruby> 생물　<ruby>人物<rt>じんぶつ</rt></ruby> 인물, 인품　<ruby>動物<rt>どうぶつ</rt></ruby>★ 동물　<ruby>物価<rt>ぶっか</rt></ruby>★ 물가
		もつ	<ruby>禁物<rt>きんもつ</rt></ruby>★ 금물　<ruby>食物<rt>しょくもつ</rt></ruby> 음식물, 식품　<ruby>荷物<rt>にもつ</rt></ruby>★ 짐　<ruby>貨物<rt>かもつ</rt></ruby> 화물

8획  物 物 物 物 物 物 物 物

<ruby>注文<rt>ちゅうもん</rt></ruby>した<ruby>物<rt>もの</rt></ruby>をキャンセルしたいです。 주문한 물건을 취소하고 싶습니다.

<ruby>生物<rt>せいぶつ</rt></ruby>の<ruby>進化<rt>しんか</rt></ruby>について<ruby>研究<rt>けんきゅう</rt></ruby>している。 생물의 진화에 대해 연구하고 있다.

0290 [N5] ☐☐☐

本

근본 **본**

나무(木) 아래에 획을 하나 그어서, 나무의 뿌리를 나타낸 글자

훈	근본	もと	<ruby>本<rt>もと</rt></ruby> 근본　<ruby>根本<rt>ねもと</rt></ruby> 근원, 뿌리
음	본	ほん	<ruby>本<rt>ほん</rt></ruby>★ 책　<ruby>見本<rt>みほん</rt></ruby>★ 견본, 본보기　<ruby>本質<rt>ほんしつ</rt></ruby> 본질　<ruby>本当<rt>ほんとう</rt></ruby>★ 진짜, 정말

5획 十 才 木 本

<ruby>昔<rt>むかし</rt></ruby>から<ruby>農業<rt>のうぎょう</rt></ruby>はこの<ruby>国<rt>くに</rt></ruby>の<ruby>本<rt>もと</rt></ruby>だ。 옛날부터 농업은 이 나라의 근본이다.

<ruby>本<rt>ほん</rt></ruby>が<ruby>多<rt>おお</rt></ruby>くてたなに<ruby>全部<rt>ぜんぶ</rt></ruby><ruby>入<rt>はい</rt></ruby>らない。 책이 많아서 책장에 전부 들어가지 않는다.

0291 [N5] ☐☐☐

紙

종이 **지**

훈	종이	かみ	<ruby>紙<rt>かみ</rt></ruby>★ 종이　<ruby>手紙<rt>てがみ</rt></ruby>★ 편지　<ruby>紙<rt>かみ</rt></ruby>くず 휴지　<ruby>紙<rt>かみ</rt></ruby>ぶくろ 종이봉투
음	지	し	<ruby>用紙<rt>ようし</rt></ruby>★ 용지　<ruby>新聞紙<rt>しんぶんし</rt></ruby>★ 신문지　<ruby>紙面<rt>しめん</rt></ruby> 지면, 서면

10획 紙 紙 紙 紙 紙 紙 紙 紙 紙 紙

この<ruby>本<rt>ほん</rt></ruby>は<ruby>質<rt>しつ</rt></ruby>のいい<ruby>紙<rt>かみ</rt></ruby>が<ruby>使<rt>つか</rt></ruby>われている。 이 책은 질 좋은 종이가 쓰였다.

コピー<ruby>用紙<rt>ようし</rt></ruby>が<ruby>切<rt>き</rt></ruby>れてしまいました。 복사 용지가 떨어져 버렸습니다.

0292 [N4] □□□			

길 도

훈	길	みち	みち 道* 길　片道* 편도　近道 지름길　山道 산길
음	도	どう	どう ろ 道路* 도로　水道* 수도　道徳 도덕　報道* 보도
		とう	しん とう 神道 신도 (일본의 전통 신앙)

12획　道 道 道 道 道 道 道 道 道 道 道 道

きょう
今日はいつもとちがう道を通って帰った。 오늘은 여느 때와 다른 길을 통해 귀가했다.

どう ろ　くるま　　と
道路に車がたくさん止まっている。 도로에 차가 잔뜩 서 있다.

0293 [N4] □□□			

갖출 구

훈	갖출	—	
음	구	ぐ	どう ぐ 道具* 도구　家具* 가구　具合* 상태　具体的* 구체적

8획　具 具 具 具 具 具 具 具

キャンプ場に道具がそろっていて便利だ。 캠핑장에 도구가 갖추어져 있어서 편리하다.

きゅう　からだ　ぐ あい　わる
急に体の具合が悪くなってめまいがした。 갑자기 몸 상태가 안 좋아져서 현기증이 났다.

0294 [N4] □□□			

대 대
태풍 태

훈	대/태풍	—	
음	대/태	だい	だいどころ 台所* 부엌　灯台 등대　一台 한 대
		たい	ぶ たい 舞台 무대　屋台 포장마차　台風 태풍

5획　台 台 台 台 台

だいどころ
台所からおいしそうなにおいがする。 부엌에서 맛있는 냄새가 난다.

ぶ たい　た　　はじ　きんちょう
舞台に立つのが初めてで緊張してしまった。 무대에 서는 것이 처음이라 긴장하고 말았다.

0295 [N5] □□□			

책상 궤

훈	책상	つくえ	つくえ 机* 책상　勉強机 공부 책상
음	궤	き	き じょう 机上 책상 위　机辺 책상 부근

6획　机 机 机 机 机 机

つくえ　　　すわ　べんきょう　　　にがて
机にじっと座って勉強するのが苦手だ。 책상에 가만히 앉아서 공부하는 것을 잘하지 못한다.

せき　つ　　　　き じょう　でん わ　な
席に着くやいなや机上の電話が鳴った。 자리에 앉자마자 책상 위의 전화가 울렸다.

0296 [N5] ☐☐☐

椅

의자 **의**

훈	의자	—	
음	의	い	椅子* 의자 　車椅子* 휠체어

12획 椅椅椅椅椅椅椅椅椅椅椅椅

子供用の**椅子**を探しています。 어린이용 의자를 찾고 있습니다.

本館で**車椅子**やベビーカーを貸し出しています。
본관에서 휠체어나 유모차를 대여하고 있습니다.

0297 [N4] ☐☐☐

片

조각 **편**

잘라서 가공한 나무 조각 모양을 본뜬 글자

훈	조각	かた	片方* 한쪽　片手* 한 손　片付ける* 정리하다
음	편	へん	破片* 파편　断片 단편

4획 片片片片

太鼓の演奏中に**片方**のばちを落としてしまった。 북 연주 중에 한쪽 채를 떨어뜨려 버렸다.

窓ガラスが割れて**破片**が飛び散った。 창문 유리가 깨져서 파편이 튀었다.

0298 [N4] ☐☐☐

束

묶을 **속**

나뭇단을 묶어 놓은 모양을 본뜬 글자

훈	묶을	たば	束 다발　花束* 꽃다발　束ねる* 묶다
음	속	そく	結束* 결속　約束* 약속　拘束 구속　束縛 속박

7획 束束束束束束束

書類の**束**を日付ごとに整理した。 서류 다발을 날짜별로 정리했다.

社内イベントで社員の**結束**を固めた。 사내 이벤트로 사원의 결속을 다졌다.

0299 [N5] ☐☐☐

飯

밥 **반**

훈	밥	めし	飯 밥　焼き飯 볶음밥　飯粒 밥알
음	반	はん	ご飯* 식사, 밥　夕飯 저녁밥　赤飯* 팥 찰밥

12획 飯飯飯飯飯飯飯飯飯飯飯飯

ツナとたまごを入れて**焼き飯**を作った。 참치와 달걀을 넣고 볶음밥을 만들었다.

学生寮の**ご飯**は安くておいしい。 학생 기숙사의 식사는 싸고 맛있다.

0300 [N4] □□□

훈	고기	—				
음	육	にく	肉* にく 고기	筋肉 きんにく 근육	焼肉* やきにく 숯불구이	牛肉 ぎゅうにく 쇠고기

6획 肉 冂 内 内 肉 肉

고기 육

고깃덩이에 칼집을 낸 모양을 본뜬 글자

朝から肉を焼いて食べた。 아침부터 고기를 구워서 먹었다.
あさ　にく　や　　た

筋肉をつけるためにジムに通っている。 근육을 키우기 위해서 헬스장에 다니고 있다.
きんにく　　　　　　　　　　かよ

0301 [N4] □□□

훈	차	—		
음	다/차	ちゃ	お茶* ちゃ 차	茶色* ちゃいろ 갈색
		さ	喫茶店* きっさてん 찻집, 카페	茶道 さどう 다도 　茶菓 さか 다과

9획 茶 茶 茶 茶 茶 茶 茶 茶 茶

차 다/차

あたたかいお茶を飲むと心が落ち着く。 따뜻한 차를 마시면 마음이 진정된다.
ちゃ　の　　こころ　お　つ

喫茶店で友達と2時間ぐらい話した。 찻집에서 친구와 2시간 정도 이야기했다.
きっさてん　ともだち　じかん　　　　はな

0302 [N4] □□□

훈	나물	な	菜 な 푸성귀, 야채	青菜 あおな 푸른 채소		
음	채	さい	野菜* やさい 야채	菜園 さいえん 채소밭	菜食 さいしょく 채식	惣菜* そうざい 반찬

11획 菜 菜 菜 菜 菜 菜 菜 苹 苹 菜 菜

나물 채

손으로 열매를 따는 모양을 본뜬 글자

青菜とハムを炒めておかずを作った。 푸른 채소와 햄을 볶아서 반찬을 만들었다.
あおな　　　　　いた　　　　　　　　つく

帰り道に八百屋で野菜を買った。 귀갓길에 야채 가게에서 야채를 샀다.
かえ　みち　やおや　　やさい　か

0303 [N4] □□□

훈	약	くすり	薬* くすり 약	胃薬 いぐすり 위약, 소화제	粉薬 こなぐすり 가루약	飲み薬 の　くすり 내복약
음	약	やく	医薬品* いやくひん 의약품	薬品 やくひん 약품	薬局* やっきょく 약국	薬剤 やくざい 약제

16획 薬 薬 薬 薬 薬 薬 薬 薬 薬 薬 薬 薬 薬 薬 薬 薬

약 약

アレルギーがひどくなったので薬を飲んだ。 알레르기가 심해져서 약을 먹었다.
くすり　の

医薬品は指示に従って扱ってください。 의약품은 지시에 따라 취급해 주세요.
いやくひん　しじ　したが　あつか

0304 [N4] ☐☐☐

料

훈	헤아릴	—
음	료(요)	りょう	料金★ 요금　資料★ 자료　原料★ 원료

10획 料 料 料 料 料 料 料 料 料 料

헤아릴 **료(요)**

タクシーが目的地に着いて、**料金**を支払った。 택시가 목적지에 도착해서, 요금을 지불했다.
資料を集めるのに結構時間がかかった。 자료를 모으는 데에 꽤 시간이 걸렸다.

0305 [N5] ☐☐☐

理

훈	다스릴	—
음	리	り	理由★ 이유　料理★ 요리　理解★ 이해　整理 정리

11획 理 理 理 理 理 理 理 理 理 理 理

다스릴 **리**

遅れた**理由**は何ですか。 늦은 이유는 무엇입니까?
父はたまにイタリア**料理**を作ってくれる。 아버지는 가끔 이탈리아 요리를 만들어 준다.

0306 [N4] ☐☐☐

使

훈	부릴	つか(う)	使う★ 쓰다, 사용하다　使い捨て 한 번 쓰고 버림, 일회용
음	사	し	駆使★ 구사　大使館 대사관　使者 사자, 심부름꾼

8획 使 使 使 使 使 使 使 使

부릴 **사**

マイレージを**使って**航空券を買った。 마일리지를 써서 항공권을 샀다.
この国には多言語を**駆使**する人が多い。 이 나라에는 여러 언어를 구사하는 사람이 많다.

0307 [N4] ☐☐☐

用

훈	쓸	もち(いる)	用いる 쓰다, 사용하다
음	용	よう	利用★ 이용　使用★ 사용　活用★ 활용　費用★ 비용

5획 用 用 用 用 用

쓸 **용**

新しい方法を**用いて**実験を成功させた。 새로운 방법을 써서 실험을 성공시켰다.
帰省するときはバスを**利用**しています。 귀성할 때는 버스를 이용하고 있습니다.

0308 [N5] ☐☐☐

| 훈 가질 | も(つ) | 持つ★ 들다, 가지다 | 気持ち★ 마음 | 持ち主★ 소유자 |
| 음 지 | じ | 所持 소지　支持★ 지지　維持★ 유지　持参 지참 |

9획 持持持持持持持持持

가질 **지**

老人が両手に荷物を**持っ**て歩いていた。 노인이 양손에 짐을 들고 걷고 있었다.
試験中に携帯を**所持**してはいけません。 시험 중에 휴대 전화를 소지하면 안 됩니다.

0309 [N4] ☐☐☐

훈 주울	ひろ(う)	拾う★ 줍다	拾い物 줍는 일, 주운 물건
음 습	しゅう	拾得 습득　収拾 수습, 정리
	じゅう	拾万円 십만 엔

9획 拾拾拾拾拾拾拾拾拾

주울 **습**

손(扌)과 모으다(合)를
합쳐 손으로 무언가를
주워 모으는 것을 나타
낸 글자

ボランティアでゴミを**拾っ**ている。 봉사 활동으로 쓰레기를 줍고 있다.
駅構内で**拾得**したものは駅員に届けてください。 역구내에서 습득한 물건은 역무원에게 전달해 주세요.

0310 [N4] ☐☐☐

| 훈 가질 | と(る) | 取る★ 가지다, 잡다 | 取っ手 손잡이 | 受け取る★ 받다 |
| 음 취 | しゅ | 取得 취득　取材★ 취재　聴取 청취　採取 채취 |

8획 取取取取取取取取

가질 **취**

財布を忘れて家まで**取り**に戻った。 지갑을 잊어서 집까지 가지러 돌아갔다.
ライセンスを**取得**するには試験を受けてください。 라이선스를 취득하려면 시험을 치러 주세요.

0311 [N5] ☐☐☐

| 훈 빌릴 | か(す) | 貸す 빌려주다 | 貸し 빌려줌, 꾸어 줌 |
| 음 대 | たい | 賃貸 임대　貸借 대차, 꾸어 줌　貸与 대여 |

12획 貸貸貸貸貸貸貸貸貸貸貸貸

빌릴 **대**

読み終わった本を友達に**貸した**。 다 읽은 책을 친구에게 빌려주었다.
今現在**賃貸**のマンションを探している。 지금 현재 임대 맨션을 찾고 있다.

借

0312 [N4] ☐☐☐

| 훈 | 빌릴 | か(りる) | 借りる* 빌리다, 꾸다　借り* 빌림, 빚 |
| 음 | 차 | しゃく | 借用 차용　拝借 빌려 씀　借金* 빚, 꾼 돈 |

10획 借借借借借借借借借借

빌릴 차

借りた本を返しに図書館に行った。 빌린 책을 돌려주러 도서관에 갔다.

研究のために市立博物館の資料を借用した。 연구를 위해서 시립 박물관의 자료를 차용했다.

장소

0313 [N5] ☐☐☐

| 훈 | 마당 | ば | 場 곳, 장소　場所 장소　場合* 경우　本場* 본고장 |
| 음 | 장 | じょう | 工場* 공장　会場* 회장　入場 입장　運動場 운동장 |

12획 場場場場場場場場場場場場

마당 장

흙(土)과 볕(昜)을 합쳐 햇볕이 내리쬐는 마당을 나타낸 글자

日当たりがいい場所にソファを置いた。 햇볕이 잘 드는 장소에 소파를 두었다.

この工場はくつを生産している。 이 공장은 신발을 생산하고 있다.

0314 [N5] ☐☐☐

| 훈 | 바 | ところ | 所* 곳, 데　台所* 부엌　出所 출처 |
| 음 | 소 | しょ | 住所* 주소　場所* 장소　近所* 근처, 이웃집 |

8획 所所所所所所所所

바 소

いつか青い海が見える所に住みたい。 언젠가 파란 바다가 보이는 곳에 살고 싶다.

ここに住所を書いてください。 여기에 주소를 써 주세요.

0315 [N4] ☐☐☐

世

훈	인간	よ	世 세상, 사회　世の中* 세상, 시대　世論 여론
음	세	せ	出世* 출세　世間* 세간　世話* 보살핌　世帯 세대
		せい	世紀 세기　近世 근세　中世 중세　後世 후세

5획 世世世世世

인간 세

最近はSNSで世の中の出来事が全部わかる。 최근에는 SNS로 세상의 사건을 전부 알 수 있다.

出世してみんなに認められる人になりたい。 출세해서 모두에게 인정받는 사람이 되고 싶다.

0316 [N4] ☐☐☐

界

지경 **계**

훈	지경	—	
음	계	かい	世界* 세계　業界 업계　境界 경계　限界 한계

9획 界界界界界界界界界

世界を舞台に活動する歌手になりたい。 세계를 무대로 활동하는 가수가 되고 싶다.

インターンシップで志望する業界を体験した。 인턴십으로 지망하는 업계를 체험했다.

0317 [N4] ☐☐☐

区

구분할 **구**

훈	구분할	—	
음	구	く	区別* 구별　区分 구분　区切る* 구분하다, 단락 짓다

4획 区区区区

夢か現実か区別がつかない。 꿈인지 현실인지 구분이 되지 않는다.

長い文はコンマで区切ると読みやすくなる。 긴 문장은 쉼표로 구분하면 읽기 쉬워진다.

0318 [N4] ☐☐☐

京

서울 **경**

훈	서울	—	
음	경	きょう	上京 상경　京都* 교토　東京* 도쿄　帰京 귀경
		けい	京阪 게이한 (교토와 오사카)

8획 京京京京京京京京

大学を卒業し、一人で上京した。 대학을 졸업하고, 혼자서 상경했다.

京都には美しいお寺がたくさんある。 교토에는 아름다운 절이 많이 있다.

0319 [N4] ☐☐☐

都

도읍 **도**

훈	도읍	みやこ	都 도읍지, 수도
음	도	と	都会* 도회지, 도시　首都* 수도　都市 도시　都心 도심
		つ	都合* 형편　都度 그때마다

11획 都都都都都都都都都都都

昔、京都は日本の都だった。 옛날에, 교토는 일본의 도읍지였다.

都会から田舎へ転勤することになった。 도회지에서 시골로 전근 가게 되었다.

0320 [N5] ☐☐☐

훈	나라	くに	<ruby>国<rt>くに</rt></ruby> 나라, 고국 <ruby>島国<rt>しまぐに</rt></ruby> 섬나라 <ruby>国々<rt>くにぐに</rt></ruby> 여러 나라, 각국
음	국	こく	<ruby>国民<rt>こくみん</rt></ruby> 국민 <ruby>国家<rt>こっか</rt></ruby> 국가 <ruby>国内<rt>こくない</rt></ruby>★ 국내 <ruby>帰国<rt>きこく</rt></ruby>★ 귀국

8획 国 国 国 团 囯 国 国 国

나라 국

インドネシアは<ruby>世界<rt>せかい</rt></ruby>で<ruby>一番島<rt>いちばんしま</rt></ruby>が<ruby>多<rt>おお</rt></ruby>い<ruby>国<rt>くに</rt></ruby>だ。 인도네시아는 세계에서 가장 섬이 많은 나라이다.
<ruby>国<rt>くに</rt></ruby>は<ruby>国民<rt>こくみん</rt></ruby>のためにあると<ruby>思<rt>おも</rt></ruby>う。 나라는 국민을 위해 있다고 생각한다.

0321 [N4] ☐☐☐

훈	밭	た	<ruby>田<rt>た</rt></ruby> 밭, 논 <ruby>田<rt>た</rt></ruby>んぼ 논바닥, 논 <ruby>田植<rt>たう</rt></ruby>え 모내기 <ruby>田畑<rt>たはた</rt></ruby> 논밭
음	전	でん	<ruby>水田<rt>すいでん</rt></ruby> 논, 수전 <ruby>田地<rt>でんち</rt></ruby> 논밭, 전지 <ruby>田園<rt>でんえん</rt></ruby> 전원, 논밭, 시골

5획 田 田 田 田 田

밭 전

밭과 밭 사이의 도랑 모
양을 본뜬 글자

<ruby>雨<rt>あめ</rt></ruby>が<ruby>降<rt>ふ</rt></ruby>らなくて<ruby>田<rt>た</rt></ruby>が<ruby>干<rt>ひ</rt></ruby>からびた。 비가 내리지 않아서 밭이 바싹 말랐다.
<ruby>水田<rt>すいでん</rt></ruby>のイネが<ruby>実<rt>みの</rt></ruby>る<ruby>秋<rt>あき</rt></ruby>になった。 논의 벼가 여무는 가을이 되었다.

0322 [N5] ☐☐☐

훈	밭두둑/ 마을	まち	<ruby>町<rt>まち</rt></ruby>★ 마을, 시내 <ruby>下町<rt>したまち</rt></ruby>★ 번화가 <ruby>港町<rt>みなとまち</rt></ruby>★ 항구 도시
음	정	ちょう	<ruby>町<rt>ちょう</rt></ruby> 쵸 (일본의 행정 구획의 하나), 동 <ruby>町議会<rt>ちょうぎかい</rt></ruby> 동 의회

7획 町 町 町 町 町 町 町

밭두둑/마을 정

<ruby>妻<rt>つま</rt></ruby>はとなり<ruby>町<rt>まち</rt></ruby>で<ruby>働<rt>はたら</rt></ruby>いている。 아내는 옆 마을에서 일하고 있다.
<ruby>祖父<rt>そふ</rt></ruby>は<ruby>町議会<rt>ちょうぎかい</rt></ruby>の<ruby>議員<rt>ぎいん</rt></ruby>だ。 할아버지는 동 의회의 의원이다.

0323 [N4] ☐☐☐

훈	마을	むら	<ruby>村<rt>むら</rt></ruby> 마을 <ruby>村人<rt>むらびと</rt></ruby> 마을 사람 <ruby>選手村<rt>せんしゅむら</rt></ruby> 선수촌
음	촌	そん	<ruby>農村<rt>のうそん</rt></ruby> 농촌 <ruby>村長<rt>そんちょう</rt></ruby> 촌장 <ruby>村落<rt>そんらく</rt></ruby> 촌락 <ruby>漁村<rt>ぎょそん</rt></ruby> 어촌

7획 村 村 村 村 村 村 村

마을 촌

<ruby>祭<rt>まつ</rt></ruby>りで<ruby>村<rt>むら</rt></ruby>がにぎやかだ。 축제로 마을이 왁자지껄하다.
<ruby>私<rt>わたし</rt></ruby>は<ruby>今年<rt>ことし</rt></ruby>、<ruby>農村<rt>のうそん</rt></ruby>に<ruby>移<rt>うつ</rt></ruby>り<ruby>住<rt>す</rt></ruby>んだ。 나는 올해, 농촌으로 이주했다.

0324 [N4] ☐☐☐

建

세울 **건**

훈 세울	た(てる)	**建てる** 짓다, 세우다 **建物**[★] 건물 **二階建て** 이층 건물	
	た(つ)	**建つ** 세워지다	
음 건	けん	**建設**[★] 건설 **建築**[★] 건축	
	こん	**建立** (절이나 사원 등의) 건립	

9획 建建建建建建建建建

近々家族のために家を**建てる**つもりだ。 머지않아 가족을 위해 집을 지을 생각이다.

あちこちでビルの**建設**が進められている。 이곳저곳에서 빌딩 건설이 진행되고 있다.

헷갈리는 단어 모아보기

동음이의어			
	建つ	세워지다	リゾートホテルが**建つ**。 리조트 호텔이 세워진다.
	立つ	일어서다, 서다	椅子から**立つ**。 의자에서 일어서다.

建つ와 立つ는 모두 たつ로 발음된다. 建つ는 건물이 세워지다, 立つ는 앉아 있다가 일어서다 혹은 서 있다라는 뜻이다.

0325 [N5] ☐☐☐

屋

집 **옥**

훈 집	や	**花屋** 꽃집 **本屋** 책방 **八百屋** 채소 가게 **屋根** 지붕
음 옥	おく	**屋上**[★] 옥상 **屋外**[★] 옥외 **社屋** 사옥 **家屋** 가옥

9획 屋屋屋屋屋屋屋屋屋

花屋でバラを買った。 꽃집에서 장미를 샀다.

ビルの**屋上**には小さな庭園があった。 빌딩 옥상에는 작은 정원이 있었다.

0326 [N4] ☐☐☐

堂

집 **당**

훈 집	—	
음 당	どう	**食堂**[★] 식당 **講堂** 강당 **堂々と** 당당하게 **殿堂** 전당

11획 堂堂堂堂堂堂堂堂堂堂堂

駅前の**食堂**で昼ご飯を食べた。 역 앞의 식당에서 점심밥을 먹었다.

終業式は学期の最終日に**講堂**で行います。 종업식은 학기 마지막 날에 강당에서 합니다.

館

집관

훈	집	やかた	館 (귀족의) 저택, 숙소
음	관	かん	旅館^{りょかん}★ 여관　会館^{かいかん} 회관　図書館^{としょかん}★ 도서관　館内^{かんない} 관내

16획 館 館 館 館 館 館 館 館 館 館 館 館 館 館 館 館

神戸^{こうべ}には洋風^{ようふう}の館^{やかた}が多^{おお}い。 고베에는 서양풍 저택이 많다.

温泉付^{おんせんつ}きの旅館^{りょかん}に泊^とまった。 온천이 딸린 여관에서 묵었다.

院

집원

훈	집		―
음	원	いん	入院^{にゅういん}★ 입원　病院^{びょういん}★ 병원　院長^{いんちょう} 원장　議院^{ぎいん} 의원, 의회

10획 院 院 院 院 院 院 院 院 院 院

入院^{にゅういん}するほどの重病^{じゅうびょう}にかかったことはない。 입원할 정도의 중병에 걸린 적은 없다.

山田^{やまだ}さんは病院^{びょういん}の窓口^{まどぐち}で働^{はたら}いている。 야마다 씨는 병원의 창구에서 일하고 있다.

교통

運

옮길 운

훈	옮길	はこ(ぶ)	運^{はこ}ぶ★ 옮기다, 나르다
음	운	うん	運動^{うんどう}★ 운동　運転^{うんてん}★ 운전　海運^{かいうん} 해운　運命^{うんめい}★ 운명

12획 運 運 運 運 運 運 運 運 運 運 運 運

職員^{しょくいん}がエレベーターで品物^{しなもの}を運^{はこ}んでいる。 직원이 엘리베이터로 물건을 옮기고 있다.

夕方^{ゆうがた}に運動^{うんどう}をすればよく眠^{ねむ}れるそうだ。 저녁에 운동을 하면 잘 잘 수 있다고 한다.

0330 [N4] ☐☐☐

転
구를 전

훈 구를	ころ(がる)	**転がる** 굴러가다	
	ころ(げる)	**転げる** 구르다	
	ころ(がす)	**転がす** 굴리다, 넘어뜨리다	
	ころ(ぶ)	**転ぶ**★ 넘어지다	
음 전	てん	**運転**★ 운전 **移転** 이전 **回転** 회전 **逆転** 역전	

11획 転 転 転 転 転 転 転 転 転 転 転

子供が**転がる**ボールを追って走っている。 아이가 굴러가는 공을 쫓아 달리고 있다.

居眠り**運転**による交通事故がよく起こる。 졸음운전에 의한 교통사고가 자주 발생한다.

0331 [N4] ☐☐☐

乗
탈 승

훈 탈	の(る)	**乗る**★ 타다 **乗り物** 탈것 **乗り場** 승차장 **乗り換え** 환승	
	の(せる)	**乗せる** 태우다 **上乗せ** 덧붙임	
음 승	じょう	**乗車**★ 승차 **乗馬** 승마 **乗客**★ 승객 **搭乗** 탑승	

9획 乗 乗 乗 乗 乗 乗 乗 乗 乗

バスに**乗って**いると気分が悪くなった。 버스에 타고 있자니 속이 안 좋아졌다.

ご**乗車**の際には足元にご注意ください。 승차하실 때에는 발밑을 주의하십시오.

0332 [N4] ☐☐☐

降
내릴 강

훈 내릴	ふ(る)	**降る**★ (비, 눈이) 내리다 **大降り** (비, 눈이) 세차게 쏟아짐	
	お(りる)	**降りる**★ (탈것에서) 내리다 **乗り降り** 타고 내림	
	お(ろす)	**降ろす** 내려놓다	
음 강	こう	**下降** 하강 **以降**★ 이후 **降水** 강수 **降雨** 강우	

10획 降 降 降 降 降 降 降 降 降 降

少々雨が**降って**も夏祭りは予定通り行われます。 조금 비가 내려도 여름 축제는 예정대로 시행됩니다.

飛行機が**下降**するとき、耳が痛かった。 비행기가 하강할 때, 귀가 아팠다.

0333 [N5] ☐☐☐

훈	번개	—						
음	전	でん	電気* 전기	電話* 전화	電力* 전력	発電 발전

13획 電電電電電電電電電電電電電

번개 **전**

비구름 사이로 번개가
내리치는 모양을 본
뜬 글자

出かけるときは必ず電気を消してください。 외출할 때는 반드시 전기를 꺼 주세요.

久しぶりに祖母に電話を掛けた。 오랜만에 할머니에게 전화를 걸었다.

0334 [N5] ☐☐☐

훈	수레	くるま	車* 차	車いす 휠체어	歯車 톱니바퀴	
음	차/거	しゃ	電車* 전철, 전차	自動車 자동차	自転車* 자전거

7획 車車車車車車車

수레 **차/거**

물건이나 사람을 싣던
수레 모양을 본뜬 글자

車に初心者マークを貼った。 차에 초보자 마크를 붙였다.

電車に乗っておばあさんの家に行った。 전철을 타고 할머니 집에 갔다.

0335 [N4] ☐☐☐

훈	배	ふね	船* 배	大船 큰 배		
		ふな	船旅 선박여행	船便 배편	船酔い 뱃멀미	船賃 뱃삯
음	선	せん	船舶 선박	乗船 승선	汽船 기선, 증기선	

11획 船船船船船船船船船船船

배 **선**

大きな船が港に泊まっている。 커다란 배가 항구에 정박해 있다.

出港の90分前からご乗船できます。 출항 90분 전부터 승선 가능합니다.

0336 [N5] ☐☐☐

훈	정거장	—				
음	역	えき	駅* 역	駅員* 역무원	駅長 역장	貨物駅 화물역

14획 駅駅駅駅駅駅駅駅駅駅駅駅駅駅

정거장 **역**

上京する妹を駅まで見送った。 상경하는 여동생을 역까지 배웅했다.

駅員は体が不自由な人のお手伝いをしていた。 역무원은 몸이 자유롭지 않은 사람을 돕고 있었다.

항구 항

훈 항구	みなと	港* 항구	港町* 항구 도시
음 항	こう	空港* 공항　出港 출항　入港 입항　開港 개항	

12획 港港港港港港港港港港港港

港町である横浜では異国の雰囲気が味わえる。
항구 도시인 요코하마에서는 이국의 분위기를 맛볼 수 있다.

出発の２時間前までに空港へお越しください。 출발 2시간 전까지 공항에 와 주세요.

통할 통

훈 통할	とお(る)	通る* 지나가다, 통과하다	通り 길, 왕래
	とお(す)	通す* 통하게 하다, 뚫다	通し 처음부터 끝까지 이어짐
	かよ(う)	通う 다니다, 왕래하다	通い 왕래, 통근
음 통	つう	通過 통과　交通* 교통　通行 통행　普通 보통	
	つ	通夜 밤을 새워 비는 명복, 밤샘	

10획 通通通通通通通通通通

列車が目の前を通った。 열차가 눈 앞을 지나갔다.

そのチームは予選を軽く通過した。 그 팀은 예선을 가볍게 통과했다.

途

길 도

훈 길	―		
음 도	と	途中* 도중　用途* 용도　途端* 찰나, 그 순간	

10획 途途途途途途途途途途

家に帰る途中に、偶然友達と会った。 집에 돌아가는 도중에, 우연히 친구를 만났다.

薬は用途によって様々な種類があります。 약은 용도에 따라 다양한 종류가 있습니다.

0340 [N4] ☐☐☐

込

담을 **입**

훈 담을	こ(む)	込む[★] 붐비다, 혼잡하다　申し込む[★] 신청하다
	こ(める)	込める[★] 담다, 속에 넣다　やり込める 윽박지르다
음 입	―	

5획　込 込 込 込 込

平日朝の電車はいつも**込ん**でいる。 평일 아침의 전철은 언제나 붐빈다.

先生に感謝の気持ちを**込め**た手紙を渡した。 선생님께 감사의 마음을 담은 편지를 전달했다.

0341 [N5] ☐☐☐

渡

건널 **도**

강(氵)과 돌을 던지는
모습(度)을 합쳐 강 건
너로 돌을 던지는 것을
나타낸 글자

훈 건널	わた(る)	渡る[★] 건너다, 건너가다　渡り 나루터　渡り鳥 철새
	わた(す)	渡す[★] 건네주다, 건너가게 하다
음 도	と	渡航 도항　譲渡 양도

12획　渡 渡 渡 渡 渡 渡 渡 渡 渡 渡 渡 渡

横断歩道は左右を確認してから**渡り**ましょう。 횡단보도는 좌우를 확인하고 나서 건넙시다.

留学のため、**渡航**の準備を進めている。 유학을 위해, 도항 준비를 진행하고 있다.

0342 [N4] ☐☐☐

帰

돌아갈 **귀**

훈 돌아갈	かえ(る)	帰る[★] 돌아가다, 돌아오다　日帰り[★] 당일치기
	かえ(す)	帰す 돌려보내다, 돌아가게 하다
음 귀	き	帰国[★] 귀국　帰宅[★] 귀가　復帰[★] 복귀　帰省[★] 귀성

10획　帰 帰 帰 帰 帰 帰 帰 帰 帰 帰

早く家に**帰っ**て猫と遊びたい。 빨리 집에 돌아가서 고양이랑 놀고 싶다.

娘が今日フランスから**帰国**する。 딸이 오늘 프랑스에서 귀국한다.

0343 [N5] ☐☐☐

훈	편할/소식	たよ(り)	<ruby>便<rt>たよ</rt></ruby>り 소식(지), 편지		
음	편	べん	<ruby>便利<rt>べんり</rt></ruby>★ 편리	<ruby>便宜<rt>べんぎ</rt></ruby> 편의	
		びん	<ruby>郵便<rt>ゆうびん</rt></ruby>★ 우편	<ruby>定期便<rt>ていきびん</rt></ruby> 정기편	<ruby>便乗<rt>びんじょう</rt></ruby> 편승

편할/소식 **편**

9획 便 便 便 便 便 便 便 便 便

<ruby>学校<rt>がっこう</rt></ruby>のお<ruby>便<rt>たよ</rt></ruby>りに<ruby>今月<rt>こんげつ</rt></ruby>の<ruby>行事<rt>ぎょうじ</rt></ruby><ruby>予定<rt>よてい</rt></ruby>が<ruby>書<rt>か</rt></ruby>かれていた。 학교 소식지에 이번 달 행사 예정이 적혀 있었다.

スマホで<ruby>何<rt>なん</rt></ruby>でも<ruby>調<rt>しら</rt></ruby>べられる<ruby>便利<rt>べんり</rt></ruby>な<ruby>世<rt>よ</rt></ruby>の<ruby>中<rt>なか</rt></ruby>だ。 스마트폰으로 뭐든지 찾아볼 수 있는 편리한 세상이다.

0344 [N5] ☐☐☐

훈	나눌	くば(る)	<ruby>配<rt>くば</rt></ruby>る★ 나누어 주다	<ruby>気配<rt>きくば</rt></ruby>り 배려, 마음 씀	
음	배	はい	<ruby>配達<rt>はいたつ</rt></ruby>★ 배달	<ruby>宅配<rt>たくはい</rt></ruby> 택배	<ruby>配分<rt>はいぶん</rt></ruby> 배분 <ruby>心配<rt>しんぱい</rt></ruby>★ 걱정

나눌 **배**

10획 配 配 配 配 配 配 配 配 配 配

ハロウィーンなのでキャンディーを<ruby>配<rt>くば</rt></ruby>った。 핼러윈이라서 사탕을 나누어 주었다.

<ruby>配達<rt>はいたつ</rt></ruby>のご<ruby>注文<rt>ちゅうもん</rt></ruby>はアプリを<ruby>利用<rt>りよう</rt></ruby>すると<ruby>便利<rt>べんり</rt></ruby>です。 배달 주문은 앱을 이용하면 편리합니다.

0345 [N4] ☐☐☐

훈	보낼	おく(る)	<ruby>送<rt>おく</rt></ruby>る★ 보내다	<ruby>見送<rt>みおく</rt></ruby>り★ 배웅	<ruby>送<rt>おく</rt></ruby>り<ruby>手<rt>て</rt></ruby> 보내는 사람
음	송	そう	<ruby>運送<rt>うんそう</rt></ruby>★ 운송	<ruby>郵送<rt>ゆうそう</rt></ruby>★ 우송, 우편으로 보냄	<ruby>配送<rt>はいそう</rt></ruby> 배송

보낼 **송**

9획 送 送 送 送 送 送 送 送 送

エントリーシートはメールで<ruby>送<rt>おく</rt></ruby>ってください。 입사 지원서는 메일로 보내 주세요.

<ruby>大<rt>おお</rt></ruby>きい<ruby>荷物<rt>にもつ</rt></ruby>をトラックで<ruby>運送<rt>うんそう</rt></ruby>した。 커다란 화물을 트럭으로 운송했다.

0346 [N5] ☐☐☐

훈	보낼	—			
음	수	ゆ	<ruby>輸出<rt>ゆしゅつ</rt></ruby>★ 수출	<ruby>輸入<rt>ゆにゅう</rt></ruby> 수입	<ruby>輸送<rt>ゆそう</rt></ruby> 수송 <ruby>運輸<rt>うんゆ</rt></ruby> 운수, 운반

보낼 **수**

16획 輸 輸 輸 輸 輸 輸 輸 輸 輸 輸 輸 輸 輸 輸 輸 輸

この<ruby>企業<rt>きぎょう</rt></ruby>は<ruby>海外<rt>かいがい</rt></ruby>に<ruby>自動車<rt>じどうしゃ</rt></ruby>を<ruby>輸出<rt>ゆしゅつ</rt></ruby>している。 이 기업은 해외에 자동차를 수출하고 있다.

バナナはほとんど<ruby>外国<rt>がいこく</rt></ruby>から<ruby>輸入<rt>ゆにゅう</rt></ruby>されたものだ。 바나나는 대부분 외국에서 수입된 것이다.

맞은 개수: /40

색이 있는 한자의 발음을 밑줄에 쓴 다음, 괄호 안에 단어의 뜻을 써 보세요.

01	銀行	＿＿＿こう	(	)	21	机	＿＿＿	(	)
02	肉	＿＿＿	(	)	22	持つ	＿＿＿つ	(	)
03	工場	こう＿＿＿	(	)	23	同時	＿＿＿じ	(	)
04	世の中	＿＿＿のなか	(	)	24	お茶	お＿＿＿	(	)
05	船	＿＿＿	(	)	25	長い	＿＿＿い	(	)
06	国民	＿＿＿みん	(	)	26	面白い	＿＿＿しろい	(	)
07	電気	＿＿＿き	(	)	27	屋上	＿＿＿じょう	(	)
08	建てる	＿＿＿てる	(	)	28	駅	＿＿＿	(	)
09	貸す	＿＿＿す	(	)	29	乗る	＿＿＿る	(	)
10	配達	＿＿＿たつ	(	)	30	光る	＿＿＿る	(	)
11	降る	＿＿＿る	(	)	31	便り	＿＿＿り	(	)
12	送る	＿＿＿る	(	)	32	物	＿＿＿	(	)
13	空港	くう＿＿＿	(	)	33	用いる	＿＿＿いる	(	)
14	車	＿＿＿	(	)	34	野菜	や＿＿＿	(	)
15	薬	＿＿＿	(	)	35	通過	＿＿＿か	(	)
16	拾う	＿＿＿う	(	)	36	暗記	＿＿＿き	(	)
17	台所	＿＿＿どころ	(	)	37	料金	＿＿＿きん	(	)
18	道具	どう＿＿＿	(	)	38	区別	＿＿＿べつ	(	)
19	旅館	りょ＿＿＿	(	)	39	輸出	＿＿＿しゅつ	(	)
20	青い	＿＿＿い	(	)	40	村	＿＿＿	(	)

정답 　01 ぎんこう 은행 02 にく 고기 03 こうじょう 공장 04 よのなか 세상, 시대 05 ふね 배 06 こくみん 국민 07 でんき 전기 08 たてる 짓다, 세우다
09 かす 빌려주다 10 はいたつ 배달 11 ふる (비, 눈이) 내리다 12 おくる 보내다 13 くうこう 공항 14 くるま 차 15 くすり 약 16 ひろう 줍다
17 だいどころ 부엌 18 どうぐ 도구 19 りょかん 여관 20 あおい 파랗다, 푸르다 21 つくえ 책상 22 もつ 들다, 가지다 23 どうじ 동시 24 おちゃ 차
25 ながい 길다 26 おもしろい 재미있다 27 おくじょう 옥상 28 えき 역 29 のる 타다 30 ひかる 빛나다 31 たより 소식(지), 편지 32 もの 물건, 것
33 もちいる 쓰다, 사용하다 34 やさい 야채 35 つうか 통과 36 あんき 암기 37 りょうきん 요금 38 くべつ 구별 39 ゆしゅつ 수출 40 むら 마을

학습·예술·일

MP3 바로 듣기

★은 JLPT/JPT 기출 단어입니다.

0347 [N5] ☐☐☐

学

훈 배울 | まな(ぶ) | **学ぶ**★ 배우다

음 학 | がく | **学生**★ 학생 **学校**★ 학교 **大学**★ 대학 **学習**★ 학습

8획 学 学 学 学 学 学 学 学

배울 **学**

今日は授業で日本の文化を**学ん**だ。 오늘은 수업에서 일본 문화를 배웠다.

彼女はとくに真面目な**学生**です。 그녀는 특히 성실한 학생입니다.

0348 [N5] ☐☐☐

習

훈 익힐 | なら(う) | **習う**★ 배우다, 익히다 **見習う** 본받다 **見習い** 견습

음 습 | しゅう | **復習**★ 복습 **予習**★ 예습 **練習**★ 연습 **習慣**★ 습관

11획 習 習 習 習 習 習 習 習 習 習 習

익힐 **習**

날개(羽)와 해(日)를 합쳐 새가 해를 향해 나는 법을 익힌다는 것을 나타낸 글자

学校でフランス語を**習**っている。 학교에서 프랑스어를 배우고 있다.

学んだことを**復習**すると頭に残りやすい。 배운 것을 복습하면 머리에 남기 쉽다.

0349 [N5] ☐☐☐

教

훈 가르칠 | おし(える) | **教える**★ 가르치다, 교육하다 **教え** 가르침, 교육

  | おそ(わる) | **教わる**★ 배우다, 가르침을 받다

음 교 | きょう | **教育**★ 교육 **教室**★ 교실 **教訓** 교훈 **宗教** 종교

11획 教 教 教 教 教 教 教 教 教 教

가르칠 **教**

私は大学で日本語を**教え**ています。 저는 대학에서 일본어를 가르치고 있습니다.

子供には**教育**を受ける権利があります。 아이에게는 교육을 받을 권리가 있습니다.

0350 [N4] ☐☐☐

育

기를 육

방금 막 출산을 마친
엄마와 아이 모양을 본
뜬 글자

훈	기를	そだ(てる)	**育てる**★ 키우다, 기르다
		そだ(つ)	**育つ** 자라다, 성장하다　**育ち** 성장, 됨됨이
		はぐく(む)	**育む** 기르다, 양육하다
음	육	いく	**育成** 육성　**育児** 육아　**教育**★ 교육　**体育** 체육

8획 育 育 育 育 育 育 育 育

母は家の庭で野菜を**育て**ている。 어머니는 집 정원에서 야채를 키우고 있다.

キャラクターを**育成**するゲームにはまっている。 캐릭터를 육성하는 게임에 빠져있다.

0351 [N4] ☐☐☐

知

알 지

| 훈 | 알 | し(る) | **知る**★ 알다　**知り合い**★ 지인　**物知り** 박식함 |
| 음 | 지 | ち | **知識**★ 지식　**無知**★ 무지, 무식　**知人**★ 지인　**通知** 통지 |

8획 知 知 知 知 知 知 知 知

駅まで行くバスの番号が**知り**たい。 역까지 가는 버스의 번호를 알고 싶다.

兄は心理学について深い**知識**を持っている。 형은 심리학에 대해서 깊은 지식을 가지고 있다.

헷갈리는 단어 모아보기

| 유의어 | 知る | (모르던 것을) 알다 | 彼の名前を知った。 그의 이름을 알게 됐다. |
| | 分かる | (제대로 이해하여) 알다 | 母の気持ちが分かった。 어머니의 마음을 알게 됐다. |

知る와 分かる는 모두 '알다'라는 뜻이다. 知る는 모르던 정보나 지식을 알게 되었을 때, 分かる는 정확히
모르던 것을 제대로 이해하여 깨닫게 되었을 때 사용한다.

0352 [N5] ☐☐☐

校

학교 교

| 훈 | 학교 | — | |
| 음 | 교 | こう | **学校**★ 학교　**転校** 전학　**登校** 등교　**高校**★ 고교 |

10획 校 校 校 校 校 校 校 校 校 校

毎日バスで**学校**に通っている。 매일 버스로 학교에 다니고 있다.

引っ越しで**転校**することになった。 이사로 전학 가게 되었다.

0353 [N4] ☐☐☐

宿

잘 숙

훈 잘	やど	宿 숙소, 여관, 거처	
	やど(る)	宿る★ 머물다	雨宿り 비를 피함, 비가 그치기를 잠시 기다림
	やど(す)	宿す 잉태하다, 품다	
음 숙	しゅく	宿泊★ 숙박　下宿★ 하숙　合宿 합숙	

11획 宿宿宿宿宿宿宿宿宿宿宿

ウェブサイトでお気に入りの宿を見つけた。 웹 사이트에서 마음에 드는 숙소를 발견했다.

ペットと一緒に宿泊できるホテルを探している。 반려동물과 함께 숙박할 수 있는 호텔을 찾고 있다.

0354 [N4] ☐☐☐

題

제목 제

훈 제목	―				
음 제	だい	話題★ 화제	宿題★ 숙제	問題★ 문제	課題 과제

18획 題題題題題題題題題題題題題題題題題題

今話題の映画を週末に見に行くつもりだ。 지금 화제인 영화를 주말에 보러 갈 계획이다.

あの先生の授業は宿題が多くてつらい。 저 선생님의 수업은 숙제가 많아서 괴롭다.

0355 [N4] ☐☐☐

試

시험 시

훈 시험	ため(す)	試す★ 시험하다	試し 시험	
	こころ(みる)	試みる 시도해 보다	試み 시도	
음 시	し	試合★ 시합　入試 입시　試作 시험작　追試 추가 시험		

13획 試試試試試試試試試試試試試

効率の高い新しいシステムを試している。 효율이 높은 새로운 시스템을 시험하고 있다.

明日が試合なので練習に気合いが入る。 내일이 시합이라서 연습에 기합이 들어간다.

시험할 험

훈	시험할	—	
음	험	けん	<ruby>体験<rt>たいけん</rt></ruby>★ 체험　<ruby>試験<rt>しけん</rt></ruby>★ 시험　<ruby>実験<rt>じっけん</rt></ruby>★ 실험　<ruby>受験<rt>じゅけん</rt></ruby>★ 수험
		げん	<ruby>霊験<rt>れいげん</rt></ruby> 영험, 신묘

18획 験 験 験 験 験 験 験 験 験 験 験 験 験 験 験 験 験 験

この<ruby>小説<rt>しょうせつ</rt></ruby>は<ruby>作家<rt>さっか</rt></ruby><ruby>自<rt>みずか</rt></ruby>らの**体験**を<ruby>基<rt>もと</rt></ruby>にした。 이 소설은 작가 스스로의 체험을 토대로 했다.

<ruby>英語<rt>えいご</rt></ruby>の**試験**に<ruby>受<rt>う</rt></ruby>からないと<ruby>卒業<rt>そつぎょう</rt></ruby>できない。 영어 시험에 합격하지 않으면 졸업할 수 없다.

대답 답

훈	대답	こた(える)	<ruby>答<rt>こた</rt></ruby>える★ 답하다, 대답하다
		こた(え)	<ruby>答<rt>こた</rt></ruby>え 답, 대답
음	답	とう	<ruby>回答<rt>かいとう</rt></ruby>★ 회답　<ruby>応答<rt>おうとう</rt></ruby>★ 응답　<ruby>答弁<rt>とうべん</rt></ruby> 답변　<ruby>問答<rt>もんどう</rt></ruby> 문답

12획 答 答 答 答 答 答 答 答 答 答 答 答

<ruby>彼女<rt>かのじょ</rt></ruby>は<ruby>客<rt>きゃく</rt></ruby>の<ruby>質問<rt>しつもん</rt></ruby>にすらすらと**答え**た。 그녀는 손님의 질문에 술술 답했다.

アンケートに**回答**した<ruby>人<rt>ひと</rt></ruby>は47<ruby>名<rt>めい</rt></ruby>です。 설문 조사에 회답한 사람은 47명입니다.

떨어질 락(낙)

훈	떨어질	お(ちる)	<ruby>落<rt>お</rt></ruby>ちる★ 떨어지다　<ruby>落<rt>お</rt></ruby>ち<ruby>着<rt>つ</rt></ruby>く★ 안정되다
		お(とす)	<ruby>落<rt>お</rt></ruby>とす★ 떨어뜨리다
음	락(낙)	らく	<ruby>下落<rt>げらく</rt></ruby> 하락　<ruby>落下<rt>らっか</rt></ruby> 낙하　<ruby>落胆<rt>らくたん</rt></ruby>★ 낙담　<ruby>集落<rt>しゅうらく</rt></ruby> 촌락, 집락

12획 落 落 落 落 落 落 落 落 落 落 落 落

<ruby>希望<rt>きぼう</rt></ruby>していた<ruby>大学<rt>だいがく</rt></ruby>に**落ち**てしまった。 희망하고 있던 대학에 떨어지고 말았다.

<ruby>株価<rt>かぶか</rt></ruby>の**下落**には<ruby>様々<rt>さまざま</rt></ruby>な<ruby>理由<rt>りゆう</rt></ruby>がある。 주가 하락에는 여러 가지 이유가 있다.

0359 [N4] □□□

英

훈	뛰어날	—
음	영	えい	**英雄** 영웅　**英語**★ 영어　**英才** 영재　**英国** 영국

8획 英 英 英 英 英 英 英 英

뛰어날 **영**

火の中から子供を救った彼は**英雄**になった。 불 속에서 아이를 구한 그는 영웅이 되었다.

彼女はアメリカに長く住んでいて**英語**が上手だ。 그녀는 미국에 오래 살아서 영어를 잘한다.

0360 [N4] □□□

数

훈	셀	かず	**数** 수　**数々** 여러 가지, 갖가지
		かぞ(える)	**数える**★ 세다　**数え年** 세는나이
음	수	すう	**数字** 숫자　**数学**★ 수학　**数量** 수량　**年数** 연수, 햇수
		す	**人数** 인원수

13획 数 数 数 数 数 数 数 数 数 数 数 数 数

셀 **수**

指を折り曲げて**数**を数えた。 손가락을 접어 구부리며 수를 셌다.

書類に**数字**をまちがえて記入してしまった。 서류에 숫자를 잘못 기입해 버렸다.

0361 [N5] □□□

計

훈	셀	はか(る)	**計る**★ 재다, 헤아리다
		はか(らう)	**計らう** 적절히 조처하다, 상의하다　**見計らう** 가늠하다
음	계	けい	**計画**★ 계획　**計算**★ 계산, 셈함

9획 計 計 計 計 計 計 計 計 計

셀 **계**

体育の授業で50m走のタイムを**計った**。 체육 수업에서 50m 달리기의 시간을 쟀다.

休みは**計画**を立てて過ごすようにしている。 휴일은 계획을 세워서 보내도록 하고 있다.

0362 [N4] ☐☐☐

훈	말씀/달랠	と(く)	**説く** 말하다, 설명하다			
음	설/세	せつ	**説明**[★] 설명	**小説**[★] 소설	**説得**[★] 설득	**解説**[★] 해설
		ぜい	**遊説** 유세, 의견 선전			

말씀 설
달랠 세

14획 説 説 説 説 説 説 説 説 説 説 説 説 説 説

社長はリーダーシップの重要性を**説いた**。사장은 리더십의 중요성을 말했다.

先生が原理をわかりやすく**説明**してくださった。선생님이 원리를 알기 쉽게 설명해 주셨다.

0363 [N5] ☐☐☐

훈	줄	さず(ける)	**授ける** 전수하다, 하사하다			
		さず(かる)	**授かる** (내려) 주시다			
음	수	じゅ	**授業**[★] 수업	**教授**[★] 교수	**授与** 수여	**伝授** 전수

줄 수

11획 授 授 授 授 授 授 授 授 授 授 授

祖父に人生に役立つ知恵を**授けて**もらった。할아버지에게 인생에 도움이 되는 지혜를 전수받았다.

先生は**授業**を始める前に出席を取った。선생님은 수업을 시작하기 전에 출석을 불렀다.

0364 [N4] ☐☐☐

훈	미리	―				
음	예	よ	**予定**[★] 예정	**予備**[★] 예비	**予想**[★] 예상	**予算** 예산

미리 예

4획 予 予 予 予

大雨で飛行機の出発が**予定**より遅れた。큰비로 비행기의 출발이 예정보다 늦어졌다.

マンションの**予備**のカギを親に渡した。맨션의 예비 열쇠를 부모님께 건넸다.

0365 [N4] ☐☐☐

훈	힘쓸	―			
음	면	べん	**勉強**[★] 공부	**勤勉** 근면	**勉学** 면학, 학문에 힘씀

힘쓸 면

10획 勉 勉 勉 勉 勉 勉 勉 勉 勉 勉

10年間毎日**勉強**をする習慣をつけてきた。10년간 매일 공부를 하는 습관을 들여 왔다.

日本人は**勤勉**なイメージが強い。일본인은 근면한 이미지가 강하다.

0366 [N4] ☐☐☐

留

머무를 **류(유)**

훈	머무를	と(まる)	留まる★ 앉다, 머물다
		と(める)	留める★ 고정시키다, 만류하다
음	류(유)	りゅう	留学★ 유학　保留 보류　留意 유의　残留 잔류
		る	留守★ 부재중

10획 留 留 留 留 留 留 留 留 留 留

とり き えだ と
鳥が木の枝に留まっている。 새가 나뭇가지에 앉아 있다.

わたし ねんかんりゅうがく
私はアメリカに 3 年間留学していた。 나는 미국에 3년간 유학했었다.

헷갈리는 단어 모아보기

동음이의어
と
留める 고정시키다
と
止める 세우다, 멈추다

まえがみ と
前髪を留める。 앞머리를 고정시킨다.
と
タクシーを止める。 택시를 세운다.

と と
留める와 止める는 모두 とめる로 발음된다. 留める는 사물이 움직이지 않도록 고정시키다, 止
める는 움직이던 것을 세우다라는 뜻이다.

0367 [N4] ☐☐☐

簡

간략할 **간**

훈	간략할	—	
음	간	かん	簡略 간략　簡素★ 간소　簡潔★ 간결　簡単★ 간단

18획 簡 簡 簡 簡 簡 簡 簡 簡 簡 簡 簡 簡 簡 簡 簡 簡 簡 簡

そつろん ないよう かんりゃく せつめい
卒論の内容について簡略に説明してください。 졸업 논문의 내용에 대해 간략히 설명해 주세요.

みうち かん そ けっこんしき あ よてい
身内だけの簡素な結婚式を挙げる予定です。 가족만의 간소한 결혼식을 올릴 예정입니다.

0368 [N4] ☐☐☐

単

홀 **단**

훈	홀	—	
음	단	たん	単語★ 단어　簡単★ 간단　単位★ 단위　単独 단독

9획 単 単 単 単 単 単 単 単 単

まいにち こ にほんご たんご おぼ
毎日10個ずつ日本語の単語を覚えている。 매일 10개씩 일어 단어를 외우고 있다.

かんたん りょうり
簡単な料理ならできます。 간단한 요리라면 할 수 있습니다.

0369 [N5] □□□

難

어려울 **난**

훈	어려울	むずか(しい)	難しい★ 어렵다	難しさ 어려움
		かた(い)	許し難い 용서하기 어렵다	有り難い 감사하다
음	난	なん	難題 난제 難関★ 난관	難点★ 난점 非難 비난

18획 難 難 難 難 難 難 難 難 難 難 難 難 難 難 難 難 難 難

他人を完全に理解するのは**難しい**ことだ。 타인을 완전히 이해하는 것은 어려운 일이다.

大人でも解けない**難題**を簡単に解くなんて。 어른이어도 못 푸는 난제를 간단히 풀다니.

0370 [N5] □□□

易

쉬울 **이**
바꿀 **역**

훈	쉬울/바꿀	やさ(しい)	易しい★ 쉽다	易しさ 쉬움
음	이/역	い	安易★ 안이 容易 용이	難易 난이, 어려움과 쉬움
		えき	貿易★ 무역 交易 교역	不易 불변, 불역

8획 易 易 易 易 易 易 易 易

実際のテストは模試より**易し**かった。 실제 시험은 모의시험보다 쉬웠다.

安易に結論を出さないこと。 안이하게 결론을 내지 말 것.

0371 [N4] □□□

研

갈 **연**

훈	갈	と(ぐ)	研ぐ 갈다, 닦아서 윤을 내다
음	연	けん	研修★ 연수 研究★ 연구 研磨 연마

9획 研 研 研 研 研 研 研 研

包丁を**研い**だらお肉が切りやすくなった。 칼날을 갈았더니 고기를 자르기 쉬워졌다.

店長はマネージャー**研修**を受けます。 점장은 매니저 연수를 받습니다.

0372 [N4] □□□

究

연구할 **구**

훈	연구할	きわ(める)	究める 연구하다, 끝까지 밝히다
음	구	きゅう	研究★ 연구 探究 탐구 究明★ 구명, 연구하여 밝힘

7획 究 究 究 究 究 究 究

大学院で応用物理学を**究め**ていきたい。 대학원에서 응용 물리학을 연구해 가고 싶다.

前書きは**研究**の目的がよく表れるように書くべきだ。 서론은 연구의 목적이 잘 드러나도록 써야 한다.

探

찾을 **탐**

훈 찾을	さが(す)	さが **探す**★ 찾다
	さぐ(る)	さぐ **探る** 뒤지다, 더듬어 찾다 て さぐ **手探り** 손끝으로 더듬음
음 탐	たん	たんけん **探検** 탐험 たんきゅう **探求** 탐구 たん ち **探知** 탐지

11획 探 探 探 探 探 探 探 探 探 探 探

きょうりょく かた さが
アンケートにご**協力**くださる方を**探して**います。 설문 조사에 협력해 주실 분을 찾고 있습니다.

え ほん しゅじんこう む じんとう たんけん ものがたり
この絵本は主人公が無人島を**探検**する物語だ。 이 그림책은 주인공이 무인도를 탐험하는 이야기이다.

調

고를 **조**

훈 고를	しら(べる)	しら **調べる**★ 조사하다 しら **調べ** 조사, 노랫가락
	ととの(う)	ととの **調う** 정돈되다, 갖추어지다
	ととの(える)	ととの **調える** 정돈하다, 갖추다
음 조	ちょう	ちょう さ **調査**★ 조사 ちょうせい **調整**★ 조정 じゅんちょう **順調**★ 순조(로움)

15획 調 調 調 調 調 調 調 調 訶 訶 訶 調 調 調 調

しょくぶん か しら
ヨーロッパの食文化について**調べて**みた。 유럽의 식문화에 대해서 조사해 보았다.

とうてん かん まんぞく ど ちょう さ おこな
当店に関する満足度**調査**を行っております。 저희 가게에 관한 만족도 조사를 하고 있습니다.

예술

歌

노래 **가**

노래(哥)와 하품(欠)을
합쳐 입을 벌려 노래한
다는 것을 나타낸 글자

훈 노래	うた	うた **歌**★ 노래 うたごえ **歌声** 노랫소리
	うた(う)	うた **歌う** (노래를) 부르다
음 가	か	か しゅ **歌手**★ 가수 か し **歌詞** 가사 こっ か **国歌** 국가

14획 歌 歌 歌 歌 歌 歌 歌 歌 歌 歌 歌 歌 歌 歌

かれ うた うた
彼はギターをひきながら**歌**を**歌**った。 그는 기타를 치면서 노래를 불렀다.

か しゅ か しょうりょく
この**歌手**は歌唱力がすばらしい。 이 가수는 가창력이 훌륭하다.

0376 [N5] ☐☐☐

曲

굽을 **곡**

훈 굽을	ま(がる)	<ruby>曲<rt>ま</rt></ruby>がる★ 굽다, 구부러지다　<ruby>曲<rt>ま</rt></ruby>がり<ruby>角<rt>かど</rt></ruby> 모퉁이, 전환점
	ま(げる)	<ruby>曲<rt>ま</rt></ruby>げる★ 굽히다, 구부리다
음 곡	きょく	<ruby>曲<rt>きょく</rt></ruby>★ 곡, 악곡　<ruby>名曲<rt>めいきょく</rt></ruby> 명곡　<ruby>作曲<rt>さっきょく</rt></ruby> 작곡　<ruby>曲線<rt>きょくせん</rt></ruby> 곡선

6획　曲 曲 曲 曲 曲 曲

<ruby>木<rt>き</rt></ruby>の<ruby>枝<rt>えだ</rt></ruby>が<ruby>曲<rt>ま</rt></ruby>がって<ruby>生<rt>は</rt></ruby>えている。 나뭇가지가 굽어 자라고 있다.

ラジオから<ruby>好<rt>す</rt></ruby>きな<ruby>曲<rt>きょく</rt></ruby>が<ruby>流<rt>なが</rt></ruby>れてきた。 라디오에서 좋아하는 곡이 흘러나왔다.

0377 [N4] ☐☐☐

音

소리 **음**

훈 소리	おと	<ruby>音<rt>おと</rt></ruby>★ 소리, 소문　<ruby>足音<rt>あしおと</rt></ruby> 발소리　<ruby>物音<rt>ものおと</rt></ruby> (물체가 내는) 소리
	ね	<ruby>音<rt>ね</rt></ruby> 음, 소리　<ruby>音色<rt>ねいろ</rt></ruby> 음색　<ruby>本音<rt>ほんね</rt></ruby> 본심
음 음	おん	<ruby>音楽<rt>おんがく</rt></ruby>★ 음악　<ruby>音声<rt>おんせい</rt></ruby> 음성　<ruby>騒音<rt>そうおん</rt></ruby> 소음　<ruby>発音<rt>はつおん</rt></ruby> 발음
	いん	<ruby>母音<rt>ぼいん</rt></ruby> 모음

9획　音 音 音 音 音 音 音 音 音

ノックの<ruby>音<rt>おと</rt></ruby>が<ruby>小<rt>ちい</rt></ruby>さくてよく<ruby>聞<rt>き</rt></ruby>こえませんでした。 노크 소리가 작아서 잘 들리지 않았습니다.

<ruby>私<rt>わたし</rt></ruby>はいつも<ruby>音楽<rt>おんがく</rt></ruby>を<ruby>聞<rt>き</rt></ruby>きながら<ruby>運動<rt>うんどう</rt></ruby>する。 나는 항상 음악을 들으면서 운동한다.

0378 [N5] ☐☐☐

映

비칠 **영**

훈 비칠	うつ(る)	<ruby>映<rt>うつ</rt></ruby>る★ 비치다　<ruby>映<rt>うつ</rt></ruby>り 비침, 배색
	うつ(す)	<ruby>映<rt>うつ</rt></ruby>す 비추다, 비치게 하다
	は(える)	<ruby>映<rt>は</rt></ruby>える★ 빛나다　<ruby>夕映<rt>ゆうば</rt></ruby>え 저녁노을
음 영	えい	<ruby>映画<rt>えいが</rt></ruby>★ 영화　<ruby>映像<rt>えいぞう</rt></ruby>★ 영상　<ruby>上映<rt>じょうえい</rt></ruby> 상영　<ruby>反映<rt>はんえい</rt></ruby>★ 반영

9획　映 映 映 映 映 映 映 映 映

<ruby>鏡<rt>かがみ</rt></ruby>に<ruby>映<rt>うつ</rt></ruby>る<ruby>自分<rt>じぶん</rt></ruby>の<ruby>疲<rt>つか</rt></ruby>れた<ruby>顔<rt>かお</rt></ruby>に<ruby>驚<rt>おどろ</rt></ruby>いた。 거울에 비친 나의 지친 얼굴에 놀랐다.

<ruby>昨夜<rt>さくや</rt></ruby>は<ruby>彼女<rt>かのじょ</rt></ruby>と<ruby>映画<rt>えいが</rt></ruby>を<ruby>見<rt>み</rt></ruby>て<ruby>過<rt>す</rt></ruby>ごした。 어젯밤은 여자친구와 영화를 보며 보냈다.

0379 [N5] ☐☐☐

画

그림 **화**
그을 **획**

훈	그림/그을	—			
음	화/획	が	漫画 만화	画家★ 화가	映画★ 영화
		かく	計画★ 계획	区画 구획	画期的★ 획기적

8획 画 画 丙 币 両 両 画 画

ベッドに入って**漫画**を読むのが好きだ。 침대에 들어가서 만화를 읽는 것을 좋아한다.

旅行に行く前に**計画**を立てよう。 여행을 가기 전에 계획을 세우자.

0380 [N5] ☐☐☐

図

그림/꾀할 **도**

훈	그림/꾀할	はか(る)	図る 꾀하다, 도모하다		
음	도	ず	図★ 그림, 도형	図面 도면	図形 도형	地図 지도
		と	図書 도서	図書館★ 도서관	意図★ 의도

7획 図 図 図 図 凤 図 図

工場を増やし、生産の拡大を**図**った。 공장을 늘려, 생산 확대를 꾀했다.

資料に**図**を入れて内容を分かりやすくした。 자료에 그림을 넣어서 내용을 알기 쉽게 했다.

0381 [N5] ☐☐☐

写

베낄 **사**

훈	베낄	うつ(す)	写す★ 베끼다, 찍다	書き写す 베껴 쓰다, 옮겨 적다	
		うつ(る)	写る 찍히다	写り 사진의 찍힘새	
음	사	しゃ	写真★ 사진	写本 사본	写生 사생, 스케치	複写 복사

5획 写 写 写 写 写

人の宿題を**写**して提出してはいけません。 남의 숙제를 베껴서 제출하면 안 됩니다.

家族で**写真**を撮ることにした。 가족끼리 사진을 찍기로 했다.

0382	[N4] ☐☐☐

훈	새길	きざ(む)	きざ **刻む**★ 새기다, 잘게 썰다	きざ **刻み** 새김, 잘게 썲
음	각	こく	ちょうこく **彫刻** 조각	しんこく **深刻**★ 심각	じこく **時刻**★ 시각	ちこく **遅刻**★ 지각

8획 刻 刻 刻 刻 刻 刻 刻 刻

새길 각

칼(刂)과 돼지(亥)를 합쳐 돼지를 칼로 베는 것을 나타낸 글자

せんだい　おし　こころ　きざ　　　はたら
先代の教えを心に**刻ん**で働いている。 선대의 가르침을 마음에 새기고 일하고 있다.

はしら　うつく　ちょうこく　　ほどこ
柱に美しい**彫刻**が施されていた。 기둥에 아름다운 조각이 장식되어 있었다.

0383	[N4] ☐☐☐

훈	장인	—			
음	공	こう	かこう **加工** 가공	こうじょう **工場**★ 공장	じんこう **人工** 인공
		く	だいく **大工** 목수	さいく **細工** 세공	くめん **工面**★ (돈을) 마련함

3획 工 工 工

장인 공

ぶたにく　かこう
豚肉を**加工**してハムやベーコンを作る。 돼지고기를 가공해서 햄이나 베이컨을 만든다.

わたし　かぐ　つく　だいく
私は家具を作る**大工**になりたい。 나는 가구를 만드는 목수가 되고 싶다.

0384	[N4] ☐☐☐

훈	일	おこ(す)	おこ **興す** 흥하게 하다, 일으키다
		おこ(る)	おこ **興る** 흥하다, 일어나다
음	흥	こう	ふっこう **復興**★ 부흥	しんこう **振興**★ 진흥	こうふん **興奮** 흥분	こうぎょう **興行** 흥행
		きょう	きょうみ **興味**★ 흥미	そっきょう **即興** 즉흥

16획 興 興 興 興 興 興 興 興 興 興 興 興 興 興 興 興

일 흥

한가지(同)와 마주들다(舁)를 합쳐 여럿이 마주 들어 하나의 일을 일으키는 것을 나타낸 글자

まち　おこ　　　えいぞう　せいさく
街を**興そ**うとPR映像を制作した。 거리를 흥하게 하려고 PR 영상을 제작했다.

ひさいち　ふっこう　　　せいさく　ひつよう
被災地を**復興**させるための政策が必要だ。 재해지를 부흥시키기 위한 정책이 필요하다.

초급 한자 해커스 일본어 상용한자 2136

맛 미

훈 맛	あじ	味* 맛 味見 맛보기 塩味 소금맛, 짠맛
	あじ(わう)	味わう 맛보다 味わい 맛, 풍미
음 미	み	興味* 흥미 趣味* 취미 意味* 의미 味覚 미각

8획 味 味 味 味 味 味 味 味

自分で作る料理はいつも味が薄い気がする。 내가 만드는 요리는 항상 맛이 싱거운 느낌이 든다.

ドラマを見て日本語に興味を持ち始めた。 드라마를 보고 일본어에 흥미를 가지기 시작했다.

일

섬길 사

훈 섬길	つか(える)	仕える* 모시다, 시중들다
음 사	し	仕事* 일, 직업 仕方 방법, 수단 仕組み 구조, 장치
	じ	給仕 급사, 잔심부름꾼

5획 仕 仕 仕 仕 仕

私が会長に仕えてからもう20年になった。 내가 회장님을 모신 지 벌써 20년이 되었다.

彼は仕事ができて社内で評判がいい。 그는 일을 잘해서 사내에서 평판이 좋다.

일 사

훈 일	こと	事* 일, 사실 事柄 사항, 일, 사정 仕事* 일, 직업
음 사	じ	事情* 사정 事故 사고 返事 답장 無事* 무사
	ず	好事家 특이한 것을 좋아하는 사람, 풍류를 즐기는 사람

8획 事 事 事 事 事 事 事 事

やる事が多すぎて遅くまで残業した。 할 일이 너무 많아서 늦게까지 야근했다.

人はみんなそれぞれの事情があるものだ。 사람은 모두 제각기 사정이 있는 법이다.

0388 [N4] ☐☐☐

훈	물건	─			
음	건	けん	**事件**★ 사건	**条件**★ 조건	**件数** 건수

6획 件 件 件 件 件 件

물건 **건**

ついに未解決**事件**の真相が明らかになった。 마침내 미해결 사건의 진상이 밝혀졌다.

クーポンの利用**条件**を確認するようにしてください。 쿠폰의 이용 조건을 확인해 주세요.

0389 [N4] ☐☐☐

훈	인원	─				
음	원	いん	**定員**★ 정원	**人員** 인원	**店員**★ 점원	**社員**★ 사원

10획 員 員 員 員 員 員 員 員 員 員

인원 **원**

このエレベーターの**定員**は10人である。 이 엘리베이터의 정원은 10명이다.

イベント運営に必要な**人員**を集めている。 이벤트 운영에 필요한 인원을 모으고 있다.

0390 [N4] ☐☐☐

훈	굼닐/일할	はたら(く)	**働く**★ 일하다, 작용하다	**働き**★ 작동, 작용, 기능
음	동	どう	**労働** 노동	**稼働**★ 가동

13획 働 働 働 働 働 働 働 働 働 働 働 働 働

굼닐/일할 **동**

卒業して以来ずっと同じ会社で**働い**ている。 졸업한 이래 쭉 같은 회사에서 일하고 있다.

長時間**労働**は企業にとってもデメリットである。 장시간 노동은 기업에 있어서도 단점이다.

0391 [N5] ☐☐☐

훈	바쁠	いそが(しい)	**忙しい**★ 바쁘다	**忙しさ** 바쁨
음	망	ぼう	**多忙**★ 다망, 매우 바쁨	**繁忙** 번망, 다망

6획 忙 忙 忙 忙 忙 忙

바쁠 **망**

마음(忄)과 잃음(亡)을 합쳐 마음의 여유를 잃을 만큼 바쁜 것을 나타낸 글자

クリスマスシーズンのケーキ屋はとても**忙しい**。 크리스마스 시즌의 케이크 가게는 매우 바쁘다.

育児に仕事に毎日が**多忙**だ。 육아에 일에 매일이 다망하다.

0392 [N4] ☐☐☐

慣

익숙할 **관**

마음(忄)과 꿰(貫)을 합
쳐 고정된 마음, 즉 익
숙해진 습관을 나타
낸 글자

훈	익숙할	な(れる)	慣れる★ 익숙해지다	慣れ 익숙해짐
		な(らす)	慣らす 순응시키다, 길들이다	
음	관	かん	習慣★ 습관　慣行 관행　慣例 관례	

14획 慣 慣 慣 慣 慣 慣 慣 慣 慣 慣 慣 慣 慣 慣

引っ越し先での新しい生活にだいぶ**慣れ**た。 이사한 곳에서의 새로운 생활에 꽤 익숙해졌다.
朝ご飯を食べる**習慣**を身につけよう。 아침밥을 먹는 습관을 몸에 익히자.

0393 [N4] ☐☐☐

経

지날 **경**

훈	지날	へ(る)	経る 거치다, 지나다, 경과하다	
음	경	けい	経験★ 경험　経歴 경력　経路 경로	
		きょう	お経 불경	

11획 経 経 経 経 経 経 経 経 経 経 経

試用期間を**経**て正社員になった。 수습 기간을 거쳐 정사원이 되었다.
福祉分野で20年以上の**経験**を積んできた。 복지 분야에서 20년 이상의 경험을 쌓아 왔다.

0394 [N4] ☐☐☐

건널/도울/이룰
제

훈	건널/도울 /이룰	す(む)	済む★ 끝나다, 완료되다	使用済み 사용이 끝남
		す(ます)	済ます★ 끝내다, 마치다	
음	제	さい	救済 구제　経済★ 경제　返済 변제	

11획 済 済 済 済 済 済 済 済 済 済 済

予定より早く用事が**済む**かもしれない。 예정보다 빨리 볼일이 끝날지도 모른다.
政府は失業者を**救済**する制度を見直した。 정부는 실업자를 구제하는 제도를 재검토했다.

0395 [N4] ☐☐☐

営

경영할 **영**

훈 경영할	いとな(む)	営む 운영하다, 경영하다	営み 일, 노동	
음 영	えい	経営★ 경영	営業★ 영업	運営 운영	陣営 진영

12획 営営営営営営営営営営営営

父は10年前から洋服店を営んでいる。 아빠는 10년 전부터 양복점을 운영하고 있다.

両親が経営する会社で働いている。 부모님이 경영하는 회사에서 일하고 있다.

0396 [N4] ☐☐☐

業

업 **업**

훈 업	わざ	業 행위, 일	仕業★ 소행, 짓	力業 힘으로 하는 기술, 중노동	
음 업	ぎょう	職業 직업	残業★ 잔업	失業★ 실업	業績 업적
	ごう	自業自得 자업자득			

13획 業業業業業業業業業業業業業

ここの落書きは近所の子の仕業だ。 여기 낙서는 이웃집 아이의 소행이다.

卒業する前に自分に合う職業を見つけたい。 졸업하기 전에 나에게 맞는 직업을 찾고 싶다.

0397 [N4] ☐☐☐

発

필 **발**

훈 필	ー				
음 발	はつ	開発★ 개발	発明 발명	発射 발사	出発★ 출발
	ほつ	発作 발작	発端 발단	発足 발족, 출범	

9획 発発発発発発発発発

この会社はゲームソフトを開発している。 이 회사는 게임 소프트웨어를 개발하고 있다.

パニック発作のときはゆっくり息をしたほうがいい。 공황발작 때는 천천히 숨을 쉬는 편이 좋다.

지킬 **수**

훈 지킬	まも(る)	**守る**★ 지키다 **守り** 지킴
	も(り)	**お守り** 애 보기, 돌봄 **子守** 아이를 봄
음 수	しゅ	**厳守**★ 엄수 **守備** 수비 **保守** 보수
	す	**留守**★ 부재중

6획 守 守 守 守 守 守

祖母は町の伝統を**守る**活動をしている。 할머니는 마을의 전통을 지키는 활동을 하고 있다.

報告書は締切を**厳守**してください。 보고서는 마감을 엄수해 주세요.

막을 **장**

| 훈 막을 | さわ(る) | **障る**★ 거슬리다, 방해가 되다 **目障り** 눈에 거슬림, 방해물 |
| 음 장 | しょう | **支障**★ 지장 **故障**★ 고장 **保障**★ 보장 **障害** 장애, 방해 |

14획 障 障 障 障 障 障 障 障 障 障 障 障 障 障

課長は彼の無責任な言動が気に**障った**ようだ。 과장님은 그의 무책임한 언동이 거슬린 것 같다.

代表の退任が事業計画に**支障**をきたした。 대표의 퇴임이 사업 계획에 지장을 초래했다.

가게 **점**

| 훈 가게 | みせ | **店**★ 가게 **夜店** 야점, 야시장 |
| 음 점 | てん | **店員**★ 점원 **開店** 개점 **本店** 본점 **店舗** 점포 |

8획 店 店 店 店 店 店 店 店

ここはおもちゃを売っている**店**です。 여기는 장난감을 팔고 있는 가게입니다.

店員にアイスコーヒーを注文した。 점원에게 아이스커피를 주문했다.

물건 **품**

여러 개의 그릇이 놓여
있는 모양을 본뜬 글자

| 훈 물건 | しな | **品** 물건 **品物**★ 물품 **品切れ** 품절 **品分け** 품별, 분류 |
| 음 품 | ひん | **商品**★ 상품 **作品**★ 작품 **食料品**★ 식료품 **返品**★ 반품 |

9획 品 品 品 品 品 品 品 品 品

箱の中は思い出の**品**や写真でいっぱいだった。 상자 안은 추억의 물건과 사진으로 가득했다.

すべての**商品**は色違いもご用意しております。 모든 상품은 다른 색상도 준비되어 있습니다.

0402 [N4] □□□

質

바탕 **질**

훈 바탕	—				
음 질	しつ	**質** 질, 품질	**物質** 물질	**質問** 질문	**本質** 본질
	しち	**質屋** 전당포	**人質** 인질, 볼모		
	ち	**言質** 언질			

15획 質 質 質 質 質 質 質 質 質 質 質 質 質 質 質

ロボット掃除機を買って暮らしの**質**が上がった。 로봇 청소기를 사서 생활의 질이 올라갔다.

有名な洗剤から有害な**物質**が検出された。 유명한 세제에서 유해한 물질이 검출되었다.

0403 [N5] □□□

売

팔 **매**

훈 팔	う(る)	**売る**★ 팔다	**売り上げ**★ 매상	**売り出す** 팔기 시작하다	
	う(れる)	**売れる** 팔리다	**売れ行き** 팔리는 상태		
음 매	ばい	**販売**★ 판매	**売買** 매매	**商売** 장사	**売却** 매각

7획 売 売 売 売 売 売 売

百円ショップはほとんどの商品を百円で**売る**。 백 엔숍은 대부분의 상품을 백 엔에 판다.

今日だけ牛肉を半額で**販売**します。 오늘만 쇠고기를 반값에 판매합니다.

0404 [N5] □□□

買

살 **매**

훈 살	か(う)	**買う**★ 사다	**買い物**★ 쇼핑, 장보기	
음 매	ばい	**売買** 매매	**購買** 구매	**買収** 매수

12획 買 買 買 買 買 買 買 買 買 買 買 買

昼ご飯はコンビニで**買って**きたパスタだ。 점심밥은 편의점에서 사 온 파스타다.

ネットで簡単に中古品を**売買**できる。 인터넷에서 간단히 중고품을 매매할 수 있다.

0405 [N4] □□□

値

값 치

훈 값	ね	値 값 **値段**★ 가격 **値上げ**★ 값을 올림 **値札**★ 가격표	
	あたい	値 값어치, 가치 **値する**★ (~할) 가치가 있다	
음 치	ち	**価値**★ 가치 **数値** 수치 **平均値** 평균치 **偏差値**★ 편찻값	

10획 値 値 値 値 値 値 値 値 値 値

手頃な**値段**で財布が買えた。 적당한 가격으로 지갑을 살 수 있었다.

この店の料理は並んででも食べる**価値**がある。 이 가게의 요리는 줄 서서라도 먹을 가치가 있다.

0406 [N4] □□□

払

떨칠 불

훈 떨칠	はら(う)	**払う**★ 지불하다, 제거하다 **支払う**★ 지불하다	
음 불	ふつ	**払拭** 불식 **払底** 바닥남	

5획 払 払 払 払 払

パソコンの代金をカードで**払った**。 컴퓨터 대금을 카드로 지불했다.

建設業の危険だというイメージを**払拭**したい。 건설업의 위험하다는 이미지를 불식하고 싶다.

0407 [N5] □□□

利

이로울 리(이)

훈 이로울	き(く)	**利く**★ 잘 듣다, 효과가 있다 **左利き** 왼손잡이	
음 리(이)	り	**有利**★ 유리 **利益**★ 이익 **利用**★ 이용 **利口**★ 영리함	

7획 利 利 利 利 利 利 利

道が凍ってブレーキがうまく**利か**ない。 길이 얼어서 브레이크가 잘 듣지 않는다.

自社に**有利**な条件で取引を済ませた。 자사에 유리한 조건으로 거래를 마쳤다.

0408 [N4] □□□

貯

쌓을 저

조개(貝)와 쌓다(宁)를 합쳐 금고에 재물을 넣어 놓은 것을 나타낸 글자

훈 쌓을	—		
음 저	ちょ	**貯金** 저금 **貯蔵** 저장 **貯蓄** 저축 **貯水池** 저수지	

12획 貯 貯 貯 貯 貯 貯 貯 貯 貯 貯 貯 貯

毎月10万円を**貯金**している。 매월 10만 엔을 저금하고 있다.

貯蔵していた農産物を出荷した。 저장해 두었던 농산물을 출하했다.

연습문제

색이 있는 한자의 발음을 밑줄에 쓴 다음, 괄호 안에 단어의 뜻을 써 보세요.

01	説明	_____めい	( )	21	体験	たい_____ ( )
02	落ちる	_____ちる	( )	22	忙しい	_____しい ( )
03	調べる	_____べる	( )	23	習う	_____う ( )
04	図	_____	( )	24	働く	_____く ( )
05	学ぶ	_____ぶ	( )	25	買う	_____う ( )
06	事件	じ_____	( )	26	単語	_____ご ( )
07	売る	_____る	( )	27	仕事	_____ごと ( )
08	刻む	_____む	( )	28	易しい	_____しい ( )
09	加工	か_____	( )	29	簡略	_____りゃく ( )
10	店員	_____いん	( )	30	知る	_____る ( )
11	研究	けん_____	( )	31	歌	_____ ( )
12	守る	_____る	( )	32	価値	か_____ ( )
13	数字	_____じ	( )	33	払う	_____う ( )
14	教える	_____える	( )	34	習慣	しゅう_____ ( )
15	難しい	_____しい	( )	35	映る	_____る ( )
16	味	_____	( )	36	学校	がっ_____ ( )
17	曲	_____	( )	37	貯金	_____きん ( )
18	職業	しょく_____	( )	38	答える	_____える ( )
19	話題	わ_____	( )	39	試す	_____す ( )
20	計画	_____かく	( )	40	勉強	_____きょう ( )

정답 01 せつめい 설명 02 おちる 떨어지다 03 しらべる 조사하다 04 ず 그림, 도형 05 まなぶ 배우다 06 じけん 사건 07 うる 팔다
08 きざむ 새기다, 잘게 썰다 09 かこう 가공 10 てんいん 점원 11 けんきゅう 연구 12 まもる 지키다 13 すうじ 숫자 14 おしえる 가르치다, 교육하다
15 むずかしい 어렵다 16 あじ 맛 17 きょく 곡, 악곡 18 しょくぎょう 직업 19 わだい 화제 20 けいかく 계획 21 たいけん 체험 22 いそがしい 바쁘다
23 ならう 배우다, 익히다 24 はたらく 일하다, 작용하다 25 かう 사다 26 たんご 단어 27 しごと 일, 직업 28 やさしい 쉽다 29 かんりゃく 간략
30 しる 알다 31 うた 노래 32 かち 가치 33 はらう 지불하다, 제거하다 34 しゅうかん 습관 35 うつる 비치다 36 がっこう 학교 37 ちょきん 저금
38 こたえる 답하다, 대답하다 39 ためす 시험하다 40 べんきょう 공부

첫째 마당 마무리 문제

✅ 밑줄 친 단어의 읽는 법으로 가장 적절한 것을 하나 고르세요.

01 家族でアメリカを<u>旅行</u>しました。

① よこう   ② りょこう   ③ ようこう   ④ りょうこう

02 私の好きなきせつは<u>冬</u>です。

① はる   ② なつ   ③ あき   ④ ふゆ

03 今日はとても<u>楽しい</u>一日でした。

① たのしい   ② うれしい   ③ いそがしい   ④ すずしい

04 サッカーの試合は<u>金曜日</u>にあります。

① げつようび   ② すいようび   ③ きんようび   ④ にちようび

05 その<ruby>皿<rt>さら</rt></ruby>を<u>買って</u>ください。

① つかって   ② かって   ③ ひろって   ④ あらって

06 ろうかを走る学生に<u>注意</u>しました。

① ちゅい   ② ちゅうい   ③ ちょい   ④ ちょうい

07 妹の部屋は私の部屋よりも<u>広い</u>です。

① ひろい   ② せまい   ③ おおきい   ④ ちいさい

08 <u>湖</u>に魚が<ruby>泳<rt>およ</rt></ruby>いでいます。

① いけ   ② かわ   ③ みなと   ④ みずうみ

09 彼は<u>熱心</u>に英語を勉強しています。

① ねっしん   ② ねっじん   ③ ねつしん   ④ ねつじん

10 この問題を<u>教えて</u>ください。

① かんがえて   ② こたえて   ③ おしえて   ④ おぼえて

✅ 밑줄 친 단어의 한자 표기로 가장 적절한 것을 하나 고르세요.

11 私の<u>ちち</u>はとても優しい^{やさ}です。

① 母   ② 父   ③ 兄   ④ 姉

12 この<u>こうじょう</u>ではくつを作っています。

① 工事   ② 公事   ③ 工場   ④ 公場

13 <u>しんぶん</u>を読む人がだんだんへっています。

① 新聞   ② 新文   ③ 親聞   ④ 親文

14 友達と会う場所を<u>きめました</u>。

① 治めました   ② 法めました   ③ 沿めました   ④ 決めました

15 今日は牛肉が<u>やすい</u>ですね。

① 多い   ② 少ない   ③ 安い   ④ 高い

16 留学した<u>けいけん</u>がありますか。

① 体験   ② 経験   ③ 体検   ④ 経検

17 花瓶^{か びん}はたなの<u>ひだり</u>に置いてください。

① 左   ② 右   ③ 上   ④ 下

18 メールの<u>へんじ</u>を<u>まって</u>いました。

① 寺って   ② 侍って   ③ 待って   ④ 持って

19 近所の<u>しょくどう</u>でアルバイトをしています。

① 食堂   ② 食館   ③ 長堂   ④ 長館

20 <u>あおい</u>セーターを着て、出かけました。

① 赤い   ② 黒い   ③ 白い   ④ 青い

정답 및 해석 p.662

일본어도 역시,
1위 해커스
japan.Hackers.com

둘째 마당

중급 한자

JLPT N3·N2에 나오는 한자

둘째 마당에는 중급 한자 821자가 수록되어 있습니다.
건강, 경제, 사회 등의 주제와 관련된 JLPT N3·N2에 나오는 한자를
단어와 함께 학습해 봅시다.

07 일차 수·시간·위치

MP3 바로듣기

 수

★은 JLPT/JPT 기출 단어입니다.

0409 [N2] ☐☐☐

億

억 **억**

훈	억	—
음	억	おく	億 억 億万長者 억만장자

15획 億 億 億 億 億 億 億 億 億 億 億 億 億 億 億

日本の人口は約一億三千万人だ。 일본의 인구는 약 일억 삼천만 명이다.

世の中には意外と倹約家の億万長者が多い。 세상에는 의외로 절약가인 억만장자가 많다.

0410 [N2] ☐☐☐

兆

조짐/억조 **조**

훈	조짐/억조	きざ(し)	兆し★ 징조, 조짐
		きざ(す)	兆す 싹트다, 징조가 보이다
음	조	ちょう	兆 조 前兆 전조 兆候 징후

6획 兆 兆 兆 兆 兆 兆

梅の開花は春の兆しとされている。 매화의 개화는 봄의 징조로 여겨지고 있다.

宇宙技術の開発に兆単位のお金を投資した。 우주 기술 개발에 조 단위의 돈을 투자했다.

0411 [N3] ☐☐☐

第

차례 **제**

훈	차례	—
음	제	だい	第一★ 제일 次第に★ 점차, 차츰 次第★ 순서, 사정

11획 第 第 第 第 第 第 第 第 第 第 第

工事現場では安全を第一に考えましょう。 공사 현장에서는 안전을 제일로 생각합시다.

卒業すると学校の友達とは次第に距離ができた。 졸업하니 학교 친구들과는 점차 거리가 생겼다.

0412 [N3] ☐☐☐

順

순할 **순**

훈	순할	—				
음	순	じゅん	じゅんちょう **順調**★ 순조	じゅん い **順位**★ 순위	じゅんじょ **順序**★ 순서	じゅうじゅん **従順** 순종

12획 順 順 順 順 順 順 順 順 順 順

かいはつ　じゅんちょう　すす
ソフトウエアの開発が**順調**に進んでいる。 소프트웨어 개발이 순조롭게 진행되고 있다.

てい き　　　　こうない　じゅん い　あ
定期テストで校内の**順位**を上げたい。 정기 시험에서 교내 순위를 올리고 싶다.

0413 [N3] ☐☐☐

番

차례 **번**

훈	차례	—			
음	번	ばん	じゅんばん **順番**★ 차례, 순번	いちばん **一番**★ 제일, 일번	ばんごう **番号**★ 번호

12획 番 番 番 番 番 番 番 番 番 番 番 番

じゅんばんどお　　　にゅうじょう
順番通りに入場してください。 차례대로 입장해 주세요.

とう　　　　　　　　 せ かい　いちばん
お父さんのカレーは世界で**一番**おいしいです。 아버지의 카레는 세상에서 제일 맛있습니다.

0414 [N3] ☐☐☐

号

부르짖을 **호**

훈	부르짖을	—			
음	호	ごう	ばんごう **番号**★ 번호	しんごう **信号**★ 신호	き ごう **記号** 기호	ごうがい **号外** 호외

5획 号 号 号 号 号

まちが　　ちが　ばんごう　　でん わ
間違えて違う**番号**に電話をかけた。 잘못해서 다른 번호로 전화를 걸었다.

しんごう　あお　　　　　　　　さゆう　　み　わた
信号が青だとしても左右をよく見て渡りましょう。 신호가 파란색이라고 해도 좌우를 잘 보고 건넙시다.

0415 [N3] ☐☐☐

各

각각 **각**

훈	각각	おのおの	おのおの **各** 제각각, 각자, 각각			
음	각	かく	かく じ **各自**★ 각자	かく ち **各地**★ 각지	かくえき **各駅**★ 각 역	かく い **各位** 여러분, 각위

6획 各 各 各 各 各 各

おのおの　み かた　かんが　かた　ちが　　あ　　　まえ
各の見方や考え方は違って当たり前だ。 제각각 관점이나 사고방식은 다른 것이 당연하다.

かく じ　　 も　かえ
ごみは**各自**でお持ち帰りください。 쓰레기는 각자 가지고 돌아가 주세요.

0416 [N3] □□□

全

온전 **전**

훈	온전	まった(く)	**全く** 완전히	**全うする** 완수하다
		すべ(て)	**全て** 모두	
음	전	ぜん	**全部**★ 전부　**全体** 전체　**全国** 전국　**全然**★ 전혀

6획 全 全 全 수 全 全

その映画は原作とは**全く**違う結末になっていた。 그 영화는 원작과는 완전히 다른 결말이 되어 있었다.

持っていたドルを**全部**日本円に換えた。 가지고 있던 달러를 전부 일본 엔화로 바꿨다.

0417 [N2] □□□

諸

모두/여럿 **제**

| 훈 | 모두/여럿 | — | |
| 음 | 제 | しょ | **諸国** 여러 나라　**諸問題**★ 여러 문제　**諸島** 제도, 여러 섬 |

15획 諸 諸 諸 諸 諸 諸 諸 諸 諸 諸 諸 諸 諸 諸 諸

首相が欧米の**諸国**を訪問して会談を行った。 수상이 구미의 여러 나라를 방문해서 회담을 했다.

その国は貧困から派生する**諸問題**を抱えている。 그 나라는 빈곤에서 파생되는 여러 문제를 안고 있다.

0418 [N2] □□□

総

거느릴 **총**

| 훈 | 거느릴 | — | |
| 음 | 총 | そう | **総額** 총액　**総務** 총무　**総括** 총괄　**総長** 총장 |

14획 総 総 総 総 総 総 総 総 総 総 総 総 総 総

今年度の予算の**総額**は過去最大に上る。 이번 연도의 예산 총액은 과거 최대에 달한다.

彼女は1年間生徒会の**総務**として活躍してくれた。 그녀는 1년간 학생회의 총무로서 활약해 주었다.

0419 [N2] □□□

幾

몇 **기**

| 훈 | 몇 | いく | **幾多** 많음　**幾ら** 얼마, 어느 정도　**幾つ** 몇 개, 몇 살 |
| 음 | 기 | き | **幾何学** 기하학 |

12획 幾 幾 幾 幾 幾 幾 幾 幾 幾 幾 幾 幾

幾多の試練を乗り越えてついに宇宙飛行士になった。 많은 시련을 넘어서 마침내 우주 비행사가 되었다.

数学の中でも図形を扱う**幾何学**の問題が特に苦手だ。
수학 중에서도 도형을 다루는 기하학 문제가 특히 서툴다.

0420 [N3] ☐☐☐

余

남을 여

훈 남을	あま(る)	**余る**[★] 남다 **余り** 나머지
	あま(す)	**余す** 남기다
음 여	よ	**余裕**[★] 여유 **余波**[★] 여파 **余地** 여지 **余分** 여분

7획 余 余 余 余 余 余 余

余った食材で簡単に作れるレシピが人気だ。 남은 식재료로 간단히 만들 수 있는 레시피가 인기이다.

参加申し込みの締め切りまではまだ**余裕**がある。 참가 신청의 마감까지는 아직 여유가 있다.

0421 [N3] ☐☐☐

両

두 량(양)

| 훈 두 | — | |
| 음 량(양) | りょう | **両親**[★] 부모님, 부모 **両手** 두 손, 양손 **両方** 양쪽, 쌍방 |

6획 両 両 両 両 両 両

来月**両親**と一緒に旅行に行くことにした。 다음 달에 부모님과 함께 여행을 가기로 했다.

両手を合わせて家族の幸せを祈った。 두 손을 모아 가족의 행복을 빌었다.

0422 [N2] ☐☐☐

再

두 재

물고기가 반복해서 수면 위를 올라왔다 들어갔다 하는 모양

훈 두	ふたた(び)	**再び** 다시, 두 번
음 재	さい	**再度**[★] 재차 **再生** 재생 **再発** 재발 **再開発**[★] 재개발
	さ	**再来年** 다다음 해, 후년

6획 再 再 再 再 再 再

同じ過ちを**再び**犯さないよう気を付けている。 같은 실수를 다시 저지르지 않도록 주의하고 있다.

失敗したことに**再度**挑戦するには勇気がいる。 실패한 일에 재차 도전하려면 용기가 필요하다.

0423 [N3] ☐☐☐

倍

곱 배

| 훈 곱 | — | |
| 음 배 | ばい | **倍**[★] 배, 갑절 **二倍**[★] 2배 **倍増** 배증, 두 배로 늘어남 |

10획 倍 倍 倍 倍 倍 倍 倍 倍 倍 倍

この数年間で牛肉の値段が**倍**になった。 요 수년간 소고기 가격이 배가 되었다.

商品の販売量が前年同期より**倍増**した。 상품의 판매량이 전년 동기보다 배증했다.

率

거느릴 **솔**
비율 **률(율)**

훈	거느릴/비율	ひき(いる)	^{ひき}率いる 인솔하다, 이끌다	

음	솔/률(율)	そつ	^{そっちょく}率直★ 솔직	^{けいそつ}軽率 경솔	^{いんそつ}引率 인솔	^{そっせん}率先 솔선
		りつ	^{かくりつ}確率★ 확률	^{ひりつ}比率 비율	^{しゅうしょくりつ}就職率★ 취직률	

11획 率 率 率 玄 玄 玄 率 率 率 率 率

^{せんせい}先生が^{せいと}生徒を**率いて**お^{かし}菓子の^{こうじょう}工場の^{けんがく}見学に^い行った。
선생님이 학생을 인솔하여 과자 공장의 견학을 하러 갔다.

^{りようしゃ}利用者の**率直**な^{いけん}意見を^き聞くためアンケートを^{じっし}実施した。
이용자의 솔직한 의견을 듣기 위해 설문 조사를 실시했다.

量

헤아릴 **량(양)**

곡물 주머니 위에 깔때기를 대어 분량을 재는 모양을 본뜬 글자

훈	헤아릴	はか(る)	^{はか}量る★ (무게, 부피 등을) 재다

음	량(양)	りょう	^{りょう}量★ 양	^{たいりょう}大量★ 대량	^{たりょう}多量★ 다량	^{そくりょう}測量 측량

12획 量 量 量 量 量 量 量 量 量 量 量 量

^{ねん}1年ぶりに^{たいじゅう}体重を**量っ**たら5キロ^ふ増えていた。 1년 만에 체중을 쟀더니 5킬로 늘어 있었다.

^{かていない}家庭内の^{せいかつ}生活ごみの**量**を^へ減らすようにしている。 가정 내 생활 쓰레기의 양을 줄이려고 하고 있다.

幅

폭 **폭**

훈	폭	はば	^{はば}幅★ 폭	^{はばひろ}幅広い★ 폭넓다	^{おおはば}大幅★ 큰 폭	^{よこはば}横幅 너비

음	폭	ふく	^{ぞうふく}増幅 증폭	^{ぜんぷく}全幅 전폭	^{しんぷく}振幅 진폭	

12획 幅 幅 幅 幅 幅 幅 幅 幅 幅 幅 幅 幅

この^{みち}道は**幅**が^{せま}狭くて、^{うんてん}運転しにくい。 이 길은 폭이 좁아서, 운전하기 어렵다.

^{あいつ}相次ぐ^{ぞうぜい}増税は^{こくみん}国民の^{ふまん}不満を**増幅**させた。 잇따른 증세는 국민의 불만을 증폭시켰다.

均

고를 **균**

땅(土)과 고르다(勻)를 합쳐 땅이 고르다는 것을 나타낸 글자

훈	고를	—	

음	균	きん	^{へいきん}平均★ 평균	^{きんとう}均等★ 균등	^{きんこう}均衡 균형	^{きんいつ}均一 균일

7획 均 均 均 均 均 均 均

^{ちきゅう}地球の**平均**^{きおん}気温は^{きゅうげき}急激に^{じょうしょう}上昇している。 지구의 평균 기온은 급격하게 상승하고 있다.

^{こども}子供たちにお^{かし}菓子を**均等**に^{わ あた}分け与えた。 아이들에게 과자를 균등하게 나누어 주었다.

0428 [N3] ☐☐☐

훈	등급	ひと(しい)	**等しい*** 같다, 동등하다		
음	등	とう	**同等*** 동등 どうとう	**平等*** 평등 びょうどう	**均等** 균등 きんとう **等級** 등급 とうきゅう

12획 等 等 等 等 等 等 等 等 等 等 等 等

등급 **등**

箱の大きさは違っても重さは**等しい**。 상자의 크기는 달라도 무게는 같다.
はこ おお ちが おも ひと

カラスは6歳児と**同等**の知能を持つそうだ。 까마귀는 6세 아동과 동등한 지능을 가진다고 한다.
さい じ どうとう ちのう も

0429 [N3] ☐☐☐

훈	낱	―				
음	개	こ	**一個*** 한 개 いっこ	**個人*** 개인 こ じん	**個性*** 개성 こ せい **個別** 개별 こ べつ

10획 個 個 個 個 個 個 個 個 個 個

낱 **개**

機内に持ち込める荷物はお一人様**一個**までです。 기내로 가지고 갈 수 있는 짐은 한 분 한 개까지입니다.
き ない も こ にもつ ひとりさまいっこ

これはあくまでも私**個人**の意見です。 이건 어디까지나 제 개인의 의견입니다.
わたし こ じん い けん

0430 [N2] ☐☐☐

훈	책	―			
음	책	さつ	**二冊*** 두 권 に さつ	**別冊** 별책 べっさつ	**冊子** 책자 さっ し
		さく	**短冊** 단자쿠 (글씨를 쓰거나 물건에 매다는 좁고 긴 종이) たんざく		

5획 冊 冊 冊 冊 冊

책 **책**

> 옛날에 글을 기록하던 죽간을 말아 놓은 모양을 본뜬 글자

保育士試験の参考書を**二冊**買った。 보육사 시험 참고서를 두 권 샀다.
ほ いく し し けん さんこうしょ に さつ か

七夕には**短冊**に叶えたい願い事を書きます。 칠석에는 단자쿠에 이루고 싶은 소원을 적습니다.
たなばた たんざく かな ねが ごと か

0431 [N2] ☐☐☐

훈	말	ま(く)	**巻く*** 감다, 말다 ま	**巻き貝** 소라, 고둥 ま がい
		まき	**絵巻** 그림 두루마리 え まき	
음	권	かん	**上巻** 상권 じょうかん	**一巻** 한 권, 제1권 いっかん **巻頭** 권두, 책의 첫머리 かんとう

9획 巻 巻 巻 巻 巻 巻 巻 巻 巻

말 **권**

傷口を消毒してから包帯を**巻いた**。 상처를 소독하고 나서 붕대를 감았다.
きずぐち しょうどく ほうたい ま

この小説は**上巻**と下巻に分かれている。 이 소설은 상권과 하권으로 나뉘어 있다.
しょうせつ じょうかん げ かん わ

枚

낱 매

훈	낱	—		
음	매	まい	一枚* 한 장	枚数 매수, 장수

8획 枚 枚 枚 枚 枚 枚 枚 枚

入場券を大人一枚、子供二枚ください。 입장권을 어른 한 장, 어린이 두 장 주세요.

回収した解答用紙の枚数を数えた。 회수한 답안 용지의 매수를 셌다.

隻

외짝 척

훈	외짝	—		
음	척	せき	一隻 한 척	数隻 수 척

10획 隻 隻 隻 隻 隻 隻 隻 隻 隻 隻

海岸から沖合を航行する一隻の船が見えた。 해안에서 앞바다를 항행하는 한 척의 배가 보였다.

お金持ちの彼女はヨットを数隻所有している。 부자인 그녀는 요트를 수 척 소유하고 있다.

列

벌릴 렬(열)

훈	벌릴	—			
음	렬(열)	れつ	行列* 행렬	陳列* 진열	列車* 열차 整列 정렬

6획 列 列 列 列 列 列

お店の前にものすごい行列ができた。 가게 앞에 굉장한 행렬이 생겼다.

陳列されている商品には触らないでください。 진열되어 있는 상품에는 손대지 말아 주세요.

시간

秒

분초 초

훈	분초	—			
음	초	びょう	秒針 초침	秒速 초속	毎秒 매초 秒読み 초읽기

9획 秒 秒 秒 秒 秒 秒 秒 秒 秒

時計の秒針の音が気になってならない。 시계의 초침 소리가 신경 쓰여서 견딜 수 없다.

秒速25メートルの強風で店の看板が飛んだ。 초속 25미터의 강풍에 가게의 간판이 날아갔다.

0436 [N3] □□□

昨

어제 작

훈	어제	—
음	작	さく	昨年★ 작년　昨夜 어젯밤　昨日 전일, 어제

9획 昨 昨 昨 昨 昨 昨 昨 昨 昨

昨年は日照不足でぶどうが不作だった。 작년에는 일조량 부족으로 포도가 흉작이었다.

昨夜、生まれて初めて流れ星を見た。 어젯밤, 태어나서 처음으로 별똥별을 봤다.

0437 [N3] □□□

翌

다음날 익

훈	다음날	—
음	익	よく	翌日★ 다음날, 익일　翌年★ 다음해, 익년　翌春 다음해 봄

11획 翌 翌 翌 翌 翌 翌 翌 翌 翌 翌 翌

簡単な手術なので**翌日**には退院できるそうだ。
간단한 수술이기 때문에 다음날에는 퇴원할 수 있다고 한다.

法案の実施は**翌年**に見送られた。 법안의 실시는 다음해로 미뤄졌다.

0438 [N3] □□□

初

처음 초

옷(ネ)을 만들기 위해서는 처음에 칼(刀)질을 시작해야 한다는 의미를 나타낸 글자

훈	처음	はじ(め)	初め 처음
		はじ(めて)	初めて★ 처음으로
		はつ	初恋 첫사랑　初耳 처음 들음　初雪 첫눈
		うい	初々しい 풋풋하다
		そ(める)	書き初め 신춘 휘호 (새해 처음으로 붓글씨를 쓰는 것)
음	초	しょ	最初★ 최초, 처음　初期 초기　初歩★ 초보, 첫걸음

7획 初 初 初 初 初 初 初

何事も**初め**と終わりが大切です。 무슨 일이든 처음과 끝이 중요합니다.

最初に飛行機を発明した人はライト兄弟である。 최초로 비행기를 발명한 사람은 라이트 형제이다.

0439 [N3] □□□

旬

열흘 **순**

훈 열흘	—	
음 순	しゅん	旬 제철, 적기　旬の野菜 제철 채소
	じゅん	中旬★ 중순　下旬★ 하순　上旬 상순

6획 旬 旬 旬 旬 旬 旬

カボチャやナス、スイカは夏が**旬**です。 호박과 가지, 수박은 여름이 제철입니다.

私が住む町では毎年８月の**中旬**に花火大会が行われる。
내가 사는 마을에서는 매년 8월 중순에 불꽃 놀이가 진행된다.

0440 [N3] □□□

末

끝 **말**

나무(木)의 끝에 획을
하나 그어서, 나무의 끝
부분을 나타낸 글자

훈 끝	すえ	末 말, 끝　末っ子 막내
음 말	まつ	結末 결말　年末 연말　週末 주말　粉末 분말
	ばつ	末子 막냇자식

5획 末 末 末 末 末

四月の**末**からゴールデンウイークが始まる。 4월 말부터 골든 위크가 시작된다.

この小説は最後まで**結末**が予想できなかった。 이 소설은 끝까지 결말을 예상할 수 없었다.

0441 [N2] □□□

旦

아침 **단**

땅 위에 해(日)가 떠있
는 모양을 본뜬 글자

훈 아침	—	
음 단	たん	元旦 설날, 설날 아침　一旦★ 일단
	だん	旦那 남편, 주인

5획 旦 旦 旦 旦 旦

元旦には家族で初詣に出かける予定だ。 설날에는 가족끼리 새해 첫 참배를 하러 외출할 예정이다.

旦那とは友人が開いたパーティーで出会いました。 남편과는 친구가 연 파티에서 만났습니다.

0442 [N2] ☐☐☐

旧

옛 **구**

훈	옛	—			
음	구	きゅう	復旧 복구	旧暦 음력, 구력	旧制度 구제도

5획 旧 旧 旧 旧 旧

鉄道事故の完全な復旧までには時間がかかりそうだ。
철도 사고의 완전한 복구까지는 시간이 걸릴 것 같다.

現在の日本ではもう旧暦をほとんど使わない。 현재의 일본에서는 이제 음력을 거의 사용하지 않는다.

0443 [N2] ☐☐☐

昔

예 **석**

훈	예	むかし	昔 ★ 옛날, 昔話 옛날이야기	
음	석	せき	昔日 지난날, 옛날	往昔 옛적
		しゃく	今昔 지금과 옛날	

8획 昔 昔 昔 昔 昔 昔 昔 昔

昔は携帯もテレビもなかった。 옛날에는 휴대 전화도 텔레비전도 없었다.

写真を見て昔日の思い出がよみがえった。 사진을 보니 지난날의 추억이 되살아났다.

0444 [N3] ☐☐☐

久

오랠 **구**

뜸질을 받으며 오랫동안 누워 있는 사람의 모양을 본뜬 글자

훈	오랠	ひさ(しい)	久しい 오래다, 오래간만이다	久々 ★ 오랜만	
음	구	きゅう	永久 ★ 영구	耐久 내구	持久力 지구력
		く	久遠 구원, 영원		

3획 久 久 久

故郷の九州を離れてもう久しい。 고향인 규슈를 떠난 지 이미 오래다.

私は永久に変わらないものはないと思う。 나는 영구히 변하지 않는 것은 없다고 생각한다.

0445 [N2] ☐☐☐

即

곧 **즉**

훈	곧	—				
음	즉	そく	即座 ★ 즉시	即答 즉답	即席 즉석	即応 즉응, 즉시 응함

7획 即 即 即 即 即 即 即

指令を受けた消防隊員は即座に現場へ向かった。 지령을 받은 소방 대원은 즉시 현장으로 향했다.

大臣は記者からの鋭い質問に即答を避けた。 대신은 기자로부터의 예리한 질문에 즉답을 피했다.

0446 [N3] ☐☐☐

頃

잠깐 **경**

| 훈 잠깐 | ころ | 頃* 때, 무렵　**この頃*** 요즘　**近頃*** 최근 |
| 음 경 | ― | |

11획 頃 頃 頃 頃 頃 頃 頃 頃 頃 頃 頃

子供の**頃**、バスの運転手になるのが夢だった。 아이일 때, 버스 운전수가 되는 것이 꿈이었다.

花粉症のせいで、**この頃**体調が優れない。 꽃가루 알레르기 탓에, 요즘 몸 상태가 좋지 않다.

0447 [N3] ☐☐☐

現

나타날 **현**

훈 나타날	あらわ(れる)	**現れる** 나타나다, 드러나다　**現れ** 나타남, 표시
	あらわ(す)	**現す** 나타내다, 드러내다
음 현	げん	**現象** 현상　**現在** 현재　**表現** 표현　**実現** 실현

11획 現 現 現 現 現 現 現 現 現 現 現

暗がりから人が**現れて**びっくりした。 으슥한 곳에서 사람이 나타나서 깜짝 놀랐다.

都心でシンクホール**現象**が相次いでいる。 도심에서 싱크홀 현상이 잇따르고 있다.

0448 [N3] ☐☐☐

常

항상 **상**

훈 항상	つね	**常** 보통, 평소　**常に*** 항상, 늘　**常々** 평소, 평상시
	とこ	**常夏** 상하, 늘 계속되는 여름
음 상	じょう	**日常** 일상　**常識** 상식　**正常*** 정상　**非常*** 비상, 굉장함

11획 常 常 常 常 常 常 常 常 常 常 常

常に健康を第一に考えている。 항상 건강을 제일로 생각하고 있다.

今日は授業で**日常**でよく使う英語表現を学んだ。
오늘은 수업에서 일상에서 자주 쓰는 영어 표현을 배웠다.

0449 [N2] ☐☐☐

永

길 **영**

| 훈 길 | なが(い) | **永い** 아주 오래다 |
| 음 영 | えい | **永遠*** 영원　**永久*** 영구　**永住権** 영주권 |

5획 永 永 永 永 永

彼の小説は**永い**年月にわたって愛されてきた。 그의 소설은 아주 오랜 세월에 걸쳐 사랑받아 왔다.

二人は結婚式で**永遠**の愛を誓った。 두 사람은 결혼식에서 영원의 사랑을 굳게 약속했다.

0450 [N2] □□□

至

이를 지

화살이 꽂혀 땅에 이른
모양을 본뜬 글자

훈	이를	いた(る)	至る★ 이르다　至って 지극히, 매우, 대단히
음	지	し	至急★ 급히, 지급　至当 지당　冬至★ 동지　夏至 하지

6획 至 至 至 至 至 至

取引先との契約に**至る**まで苦労の連続だった。 거래처와의 계약에 이르기까지 고생의 연속이었다.

故障の原因について**至急**お調べいたします。 고장의 원인에 대해서 급히 조사하겠습니다.

0451 [N3] □□□

過

지날/허물 과

훈	지날/허물	す(ぎる)	過ぎる★ 지나다, 넘다　昼過ぎ (정오가 조금 지난) 오후
		す(ごす)	過ごす★ 보내다, 지내다
		あやま(つ)	過つ 실수하다, 잘못하다
		あやま(ち)	過ち★ 실수, 잘못
음	과	か	過去★ 과거　過剰★ 과잉　通過★ 통과　過程★ 과정

12획 過 過 過 過 過 冎 冎 咼 咼 過 過 過

楽しい時間はあっという間に**過ぎて**しまう。 즐거운 시간은 눈 깜짝할 사이에 지나 버린다.

今年度の貿易黒字は**過去**最大となった。 이번 연도의 무역 흑자는 과거 최대가 되었다.

0452 [N2] □□□

迫

**다그칠/핍박할
박**

훈	다그칠/ 핍박할	せま(る)	迫る★ 다가오다, 다가가다
음	박	はく	緊迫★ 긴박　迫力★ 박력　迫害 박해　脅迫 협박

8획 迫 迫 迫 迫 白 迫 迫 迫

締め切りが**迫って**いたので急いで入学願書を作成した。
마감이 다가오고 있어서 서둘러 입학 원서를 작성했다.

緊迫する国際情勢に対応するため対策会議が開かれた。
긴박한 국제 정세에 대응하기 위해 대책 회의가 열렸다.

0453 [N3] ☐☐☐

延

늘일 **연**

훈 늘일	の(ばす)	延ばす* 연기하다, 늘이다　引き延ばす* 지연시키다
	の(びる)	延びる 길어지다, 늘어나다
	の(べる)	延べる 늘이다　延べ 늘임, 합계
음 연	えん	延長* 연장　延期* 연기　遅延* 지연　延滞 연체

8획 延延延延延延延延

教授に課題の締め切りを延ばしてもらった。 교수님이 과제의 마감일을 연기해 주었다.

ミュージカルの公演期間が延長されたそうだ。 뮤지컬의 공연 기간이 연장되었다고 한다.

0454 [N3] ☐☐☐

期

기약할 **기**

훈 기약할	—	
음 기	き	延期* 연기　期待* 기대　期間 기간　時期 시기
	ご	最期 임종, 최후

12획 期期期期期期期期期期期期

安全上の問題でイベントが延期された。 안전상의 문제로 이벤트가 연기되었다.

病室で祖母の最期を見守った。 병실에서 할머니의 임종을 지켜보았다.

위치

0455 [N3] ☐☐☐

位

자리 **위**

사람(イ)이 서(立) 있는 자리라는 의미를 나타낸 글자

| 훈 자리 | くらい | 位 계급, 자릿수 |
| 음 위 | い | 地位 지위　位置* 위치　単位* 단위　順位 순위 |

7획 位位位位位位位

日本には位によって帽子の色を分ける制度があった。
일본에는 계급에 따라 모자의 색을 나누는 제도가 있었다.

地位にふさわしい行動をしようと意識している。 지위에 걸맞은 행동을 하려고 의식하고 있다.

0456 [N3] ☐☐☐ 置

둘 치

훈 둘	お(く)	置く* 두다　心置きなく* 거리낌 없이　物置 헛간, 곳간
음 치	ち	位置* 위치　装置* 장치　処置* 처치　措置* 조치

13획 置置置置置置置置置置置置置

かばんを教室に**置**いて来てしまった。 가방을 교실에 두고 와 버렸다.
使ったものは元の**位置**に戻してください。 사용한 물건은 원래 위치로 되돌려 주세요.

0457 [N3] ☐☐☐ 向

향할 향

훈 향할	む(く)	向く 보다, 향하다　向き 방향　風向き 풍향, 형세
	む(ける)	向ける 향하게 하다
	む(かう)	向かう* 향하다　向かい 마주 봄, 정면
	む(こう)	向こう 맞은편
음 향	こう	向上* 향상　方向* 방향　傾向* 경향　意向 의향

6획 向向向向向向

歩きスマホは危ないから前を**向**いて歩こう。 걸으며 스마트폰을 쓰는 것은 위험하니까 앞을 보고 걷자.
材料のロスを減らして生産性を**向上**させた。 재료의 손실을 줄여서 생산성을 향상시켰다.

0458 [N2] ☐☐☐ 央

가운데 앙

훈 가운데	—	
음 앙	おう	中央* 중앙　震央 진앙

5획 央央央央央

ご入場は**中央**の入り口をご利用ください。 입장은 중앙 입구를 이용해 주세요.
地震が起こった震源すぐ上の地面を**震央**という。 지진이 일어난 진원 바로 위 지면을 진앙이라고 한다.

0459 [N2] ☐☐☐

奥

속 오

훈	속	おく	奥* 안, 속　奥さん* 부인, 아주머니
음	오	おう	深奥 심오 (しんおう)

12획 奥 奥 奥 奥 奥 奥 奥 奥 奥 奥 奥 奥

引き出しを整理していたら奥から昔の写真が出てきた。
서랍을 정리하고 있었더니 안에서 옛날 사진이 나왔다.

芸術は追求すればするほど深奥な世界です。 예술은 추구하면 할수록 심오한 세계입니다.

0460 [N3] ☐☐☐

底

밑 저

집(广)로 근본(氏), 즉 건물의 가장 아래인 바닥을 나타낸 글자

훈	밑	そこ	底* 바닥, 밑　奥底 깊은 속, 속마음 (おくそこ)　底力 저력 (そこぢから)
음	저	てい	到底* 도저히 (とうてい)　海底 해저 (かいてい)

8획 底 底 底 底 底 底 底 底

いくら洗ってもコップの底の汚れが取れない。 아무리 씻어도 컵 바닥의 때가 지워지지 않는다.

あのお寺は徒歩では到底行けない場所にある。 그 절은 도보로는 도저히 갈 수 없는 장소에 있다.

0461 [N3] ☐☐☐

表

겉 표

털(毛)로 만든 옷(衣), 즉 겉옷이라는 의미를 나타낸 글자

훈	겉	おもて	表 앞, 겉 (おもて)
		あらわ(す)	表す* 나타내다, 표현하다 (あらわ)
		あらわ(れる)	表れる 나타나다 (あらわ)
음	표	ひょう	表面* 표면, 앞면 (ひょうめん)　代表 대표 (だいひょう)　発表* 발표 (はっぴょう)

8획 表 表 表 表 表 表 表 表

葉書の表に手書きで宛先を書いた。 엽서의 앞에 손글씨로 수신처를 썼다.

月の表面にはいん石が落ちてできた穴がある。 달의 표면에는 운석이 떨어져 생긴 구덩이가 있다.

헷갈리는 단어 모아보기

유의어	表す 나타내다, 표현하다	気持ちを言葉に表すのは難しい。 마음을 말로 표현하는 것은 어렵다.
	現す 나타내다, 드러내다	犯人が事件現場に姿を現した。 범인이 사건 현장에 모습을 나타냈다.

表すと現すは모두 '나타내다'라는 뜻이다. 表す는 마음 속에 있는 것을 겉으로 내보여 표현하는 상황에, 現す는 숨겨져 있던 것이 보이도록 드러내는 상황에 사용한다.

| 0462 | [N2] □□□ |

| 훈 | 속 | うら | **裏**[★] 뒤쪽　**裏づけ**[★] 증거　**裏口** 뒷문, 부정한 수단 |
| 음 | 리(이) | り | **裏面** 뒷면, 이면　**表裏**[★] 표리, 겉과 속　**脳裏** 뇌리 |

13획 裏 裏 裏 裏 裏 裏 裏 裏 裏 裏 裏 裏 裏

속 **리(이)**

家の**裏**の庭でガーデニングを楽しんでいる。 집의 뒤쪽 마당에서 가드닝을 즐기고 있다.
免許証は表面と**裏面**の両方をコピーしてください。 면허증은 앞면과 뒷면 양쪽을 복사해 주세요.

| 0463 | [N2] □□□ |

| 훈 | 두루 | まわ(り) | **周り**[★] 부근, 주변, 둘레 |
| 음 | 주 | しゅう | **周囲**[★] 주위　**周辺** 주변　**周知** 주지, 두루 앎 |

8획 周 周 周 周 周 周 周 周

두루 **주**

벼가 심어진 밭 주변의
도랑 모양을 본뜬 글자

家の**周り**で子供たちがボール遊びをしている。 집 부근에서 아이들이 공놀이를 하고 있다.
彼は**周囲**の目を気にしない性格だ。 그는 주위의 시선을 신경 쓰지 않는 성격이다.

| 0464 | [N3] □□□ |

훈	둘레	かこ(む)	**囲む**[★] 둘러싸다, 두르다　**囲み** 둘러쌈, 둘레
		かこ(う)	**囲う** 에워싸다, 숨겨 두다　**囲い** 에워쌈, 울타리
음	위	い	**範囲**[★] 범위　**周囲** 주위　**雰囲気** 분위기　**包囲** 포위

7획 囲 囲 囲 囲 囲 囲 囲

둘레 **위**

家族みんながテーブルを**囲ん**で座った。 가족 모두가 테이블을 둘러싸고 앉았다.
期末テストの**範囲**が発表された。 기말시험의 범위가 발표되었다.

| 0465 | [N2] □□□ |

훈	가	あた(り)	**辺り**[★] 근처
		べ	**海辺**[★] 해변　**岸辺** 물가
음	변	へん	**周辺** 주변　**身辺** 신변　**その辺** 그 근처, 그 근방

5획 辺 辺 辺 辺 辺

가 **변**

この**辺り**は静かな住宅街だ。 이 근처는 조용한 주택가이다.
母はこの町に長く住んでいて**周辺**の事情に詳しい。
어머니는 이 마을에 오래 살고 있어서 주변 사정을 잘 알고 있다.

0466 [N3] ☐☐☐

逆

거스를 역

가던 길(辶)을 거스른
다(屰)는 의미를 나타
낸 글자

훈	거스를	さか(らう)	**逆らう**★ 반항하다, 거스르다		
		さか	**逆立つ**★ 거꾸로 서다, 곤두서다	**逆さま** 거꾸로 됨	
음	역	ぎゃく	**逆**★ 거꾸로, 반대	**逆効果**★ 역효과	**逆転** 역전

9획 逆逆逆逆逆逆逆逆逆

私は一度も親に**逆らった**ことがない。 나는 한 번도 부모님에게 반항한 적이 없다.

間違ってTシャツを前後ろ**逆**に着て出かけた。 실수로 티셔츠를 앞뒤 거꾸로 입고 외출했다.

0467 [N3] ☐☐☐

側

곁 측

훈	곁	がわ	**側** 쪽, 편	**内側**★ 안쪽	**両側**★ 양측	**裏側** 뒤쪽
음	측	そく	**側面** 측면	**側近** 측근		

11획 側側側側側側側側側側側

プレゼントはもらう**側**の気持ちを考えながら選ぶほうだ。
선물은 받는 쪽의 기분을 생각하며 고르는 편이다.

社会現象は多様な**側面**から考えてみる必要がある。 사회 현상은 다양한 측면에서 생각해 볼 필요가 있다.

0468 [N2] ☐☐☐

傾

기울 경

훈	기울	かたむ(く)	**傾く**★ 기울다, 한쪽으로 쏠리다	**傾き** 기울기, 경사
		かたむ(ける)	**傾ける**★ 기울이다, 비스듬히 하다	
음	경	けい	**傾向**★ 경향	**傾斜**★ 경사, 기욺

13획 傾傾傾傾傾傾傾傾傾傾傾傾傾

少し**傾いて**いる時計を直した。 조금 기울어 있는 시계를 바로 했다.

人口は主要都市へ集中する**傾向**があるそうだ。 인구는 주요 도시로 집중하는 경향이 있다고 한다.

0469 [N2] ☐☐☐

際

즈음 제

훈	즈음	きわ	**際** 가(장자리), 옆	**窓際** 창가	**間際**★ 직전	
음	제	さい	**実際**★ 실제	**国際** 국제	**交際** 교제	**際限** 끝, 제한

14획 際際際際際際際際際際際際際際

最近疲れているせいか目の**際**にものもらいができた。 최근 피곤한 탓인지 눈가에 다래끼가 생겼다.

買うかどうかは**実際**に商品を見てから決めるつもりだ。
살지 말지는 실제로 상품을 보고 나서 정할 생각이다.

0470 [N2] ☐☐☐

隣

이웃 **린(인)**

훈 이웃	となり	**隣** * 옆, 이웃　　**両隣** 좌우 양옆		
	とな(る)	**隣り合う** 이웃하다		
음 린(인)	りん	**近隣** * 이웃, 근린　**隣接** 인접　**隣国** 이웃 나라　**隣室** 옆방		

16획 隣 隣 隣 隣 隣 隣 隣 隣 隣 隣 隣 隣 隣 隣 隣 隣

駅の**隣**に大きな百貨店が建つらしい。 역 옆에 큰 백화점이 세워진다고 한다.
経済成長には**近隣**の諸国との経済協力が欠かせない。
경제 성장에는 이웃 여러 국가와의 경제 협력이 빠질 수 없다.

0471 [N3] ☐☐☐

接

이을 **접**

훈 이을	つ(ぐ)	**接ぐ** 이어 붙이다, 접목하다　**接ぎ木** 접목　**骨接ぎ** 접골		
음 접	せつ	**直接** * 직접　**接続** * 접속　**接近** * 접근　**密接** 밀접		

11획 接 接 接 接 接 接 接 接 接 接 接

骨を**接ぐ**ためギプスで固定した。 뼈를 이어 붙이기 위해서 깁스로 고정했다.
旬の食材を農家から**直接**購入している。 제철 식재료를 농가에서 직접 구입하고 있다.

0472 [N3] ☐☐☐

横

가로 **횡**

훈 가로	よこ	**横** * 옆, 가로　**横顔** 옆얼굴　**横切る** 가로지르다		
음 횡	おう	**横断** * 횡단　**横領** 횡령　**横隊** 횡대　**横暴** 횡포		

15획 横 横 横 横 横 横 横 横 横 横 横 横 横 横 横

電話の**横**にカレンダーが置いてある。 전화 옆에 달력이 놓여있다.
車道を**横断**するときは車に気をつけましょう。 차도를 횡단할 때는 자동차를 조심합시다.

0473 [N3] ☐☐☐

頂

정수리 **정**

훈 정수리	いただ(く)	**頂く** * 받다 (もらう의 겸양어)　**頂き物** 얻은 것		
	いただき	**頂** 꼭대기, 정상		
음 정	ちょう	**頂上** * 정상　**頂点** 정점　**山頂** 산꼭대기		

11획 頂 頂 頂 頂 頂 頂 頂 頂 頂 頂 頂

文部科学省より感謝状を**頂き**ました。 문부과학성으로부터 감사장을 받았습니다.
山の**頂上**から見た景色は美しかった。 산 정상에서 본 경치는 아름다웠다.

端

끝/바를 단

훈 끝/바를	はし	端* 끝, 선단　片端 한쪽 끝
	は	端数 나머지　半端 어중간함　軒端 처마 끝
	はた	端 가, 가장자리　道端 길가　川端 냇가, 강가
음 단	たん	極端* 극단(적임)　途端* 찰나, 그 순간　端的に* 단적으로

14획 端端端端端端端端端端端端端端

コンサートの座席が一番端でステージが見えにくかった。
콘서트 좌석이 가장 끝이라서 스테이지가 잘 안 보였다.

食事を抜く極端なダイエットは体に毒です。 식사를 거르는 극단적인 다이어트는 몸에 독입니다.

隅

모퉁이 우

| 훈 모퉁이 | すみ | 隅 구석, 귀퉁이　片隅* 한쪽 구석　隅々 구석구석 |
| 음 우 | ぐう | 一隅 한 구석, 한 모퉁이 |

12획 隅隅隅隅隅隅隅隅隅隅隅隅

蚊取り線香は部屋の隅より中心に置いたほうがいい。 모기향은 방의 구석보다 중심에 두는 편이 좋다.

庭の一隅にある池にハスの花が咲いていた。 정원 한 구석에 있는 연못에 연꽃이 피어 있었다.

隔

사이 뜰 격

훈 사이 뜰	へだ(てる)	隔てる* 사이에 두다　隔て 칸막이, 차별
	へだ(たる)	隔たる (거리가) 떨어지다, 경과하다　隔たり 간격, 격차
음 격	かく	間隔* 간격　遠隔 원격　隔離 격리　隔月 격월

13획 隔隔隔隔隔隔隔隔隔隔隔隔隔

日本と韓国は海を隔てて隣にある。 일본과 한국은 바다를 사이에 두고 옆에 있다.

行と行の間隔が狭すぎて文字が読みにくい。 행과 행의 간격이 너무 좁아서 문장을 읽기 어렵다.

연습문제

색이 있는 한자의 발음을 밑줄에 쓴 다음, 괄호 안에 단어의 뜻을 써 보세요.

01	全部	＿＿ぶ	(	)	**21**	兆し	＿＿し	(	)
02	巻く	＿＿く	(	)	**22**	等しい	＿＿しい	(	)
03	各	＿＿＿	(	)	**23**	頃	＿＿＿	(	)
04	緊迫	きん＿＿	(	)	**24**	倍	＿＿＿	(	)
05	周囲	＿＿い	(	)	**25**	順番	じゅん＿＿	(	)
06	久しい	＿＿しい	(	)	**26**	復旧	ふっ＿＿	(	)
07	中央	ちゅう＿＿	(	)	**27**	向く	＿＿く	(	)
08	延期	えん＿＿	(	)	**28**	置く	＿＿く	(	)
09	昔	＿＿＿	(	)	**29**	横断	＿＿だん	(	)
10	到底	とう＿＿	(	)	**30**	永遠	＿＿えん	(	)
11	信号	しん＿＿	(	)	**31**	逆らう	＿＿らう	(	)
12	余る	＿＿る	(	)	**32**	隣	＿＿＿	(	)
13	奥	＿＿＿	(	)	**33**	両親	＿＿しん	(	)
14	延ばす	＿＿ばす	(	)	**34**	再び	＿＿び	(	)
15	行列	ぎょう＿＿	(	)	**35**	率いる	＿＿いる	(	)
16	億	＿＿＿	(	)	**36**	傾向	＿＿こう	(	)
17	辺り	＿＿り	(	)	**37**	間隔	かん＿＿	(	)
18	現れる	＿＿れる	(	)	**38**	内側	うち＿＿	(	)
19	日常	にち＿＿	(	)	**39**	昨年	＿＿ねん	(	)
20	直接	ちょく＿＿	(	)	**40**	表	＿＿＿	(	)

정답　01 ぜんぶ 전부　02 まく 감다, 말다　03 おのおの 제각각, 각자, 각각　04 きんぱく 긴박　05 しゅうい 주위　06 ひさしい 오래다, 오래간만이다
07 ちゅうおう 중앙　08 えんき 연기　09 むかし 옛날　10 とうてい 도저히　11 しんごう 신호　12 あまる 남다　13 おく 안, 속　14 のばす 연기하다, 늘이다
15 ぎょうれつ 행렬　16 おく 억　17 あたり 근처　18 あらわれる 나타나다, 드러나다　19 にちじょう 일상　20 ちょくせつ 직접　21 きざし 징조, 조짐
22 ひとしい 같다, 동등하다　23 ころ 때, 무렵　24 ばい 배, 갑절　25 じゅんばん 차례, 순번　26 ふっきゅう 복구　27 むく 보다, 향하다　28 おく 두다
29 おうだん 횡단　30 えいえん 영원　31 さからう 반항하다, 거스르다　32 となり 옆, 이웃　33 りょうしん 부모님, 부모　34 ふたたび 다시, 두 번
35 ひきいる 인솔하다, 이끌다　36 けいこう 경향　37 かんかく 간격　38 うちがわ 안쪽　39 さくねん 작년　40 おもて 앞, 겉

상태·정도

상태

★은 JLPT/JPT 기출 단어입니다.

0477 [N3] ☐☐☐

存

있을 존

훈 있을	—	
음 존	そん	**存在**★ 존재 **存続**★ 존속 **既存** 기존
	ぞん	**保存**★ 보존, 저장 **存分** 뜻대로, 마음껏 **生存** 생존

6획 存 存 存 存 存 存

お化けが**存在**すると信じている人もいる。 요괴가 존재한다고 믿고 있는 사람도 있다.
過去の資料は全て外付けディスクに**保存**している。 과거의 자료는 모두 외장형 디스크에 보존하고 있다.

0478 [N3] ☐☐☐

在

있을 재

훈 있을	あ(る)	**在る** 있다 **在りし日** 지난날, 생전
음 재	ざい	**滞在**★ 체류, 체재 **現在**★ 현재 **存在**★ 존재 **在宅** 재택

6획 在 在 在 在 在 在

九州は日本の南西部に**在る**。 규슈는 일본의 남서부에 있다.
姉は現在スペインに**滞在**している。 언니는 현재 스페인에 체류하고 있다.

0479 [N3] ☐☐☐

無

없을 무

훈 없을	な(い)	**無い** 없다 **無くなる**★ 없어지다 **無くす**★ 없애다, 잃다
음 무	む	**無口**★ 과묵함 **無理**★ 무리 **無害**★ 무해 **無効**★ 무효
	ぶ	**無事** 무사 **無礼** 무례

12획 無 無 無 無 無 無 無 無 無 無 無 無

机の上にあったはずの万年筆が**無い**。 책상 위에 있었을 터인 만년필이 없다.
部長は**無口**でいつももくもくと働く。 부장님은 과묵해서 언제나 묵묵히 일한다.

0480 [N3] ☐☐☐

未

훈	아닐	—	
음	미	み	**未来**[★] 미래　**未満** 미만　**未成年**[★] 미성년

5획　未 未 井 未 未

아닐 미

自分が大人になった**未来**を想像してみた。 내가 어른이 된 미래를 상상해 보았다.

参加者が5人**未満**のセミナーは中止になります。 참가자가 5인 미만인 세미나는 중지됩니다.

0481 [N3] ☐☐☐

非

훈	아닐	—	
음	비	ひ	**非常識** 비상식　**是非**[★] 꼭, 제발　**非常**[★] 비상, 굉장함

8획　丿 丿 扌 非 非 非 非 非

아닐 비

日本では当たり前のことが海外では**非常識**になることもある。
일본에서는 당연한 일이 해외에서는 비상식이 되는 경우도 있다.

日本に行ったら**是非**ラーメンを食べてみたい。 일본에 가면 꼭 라멘을 먹어 보고 싶다.

0482 [N3] ☐☐☐

完

훈	완전할	—	
음	완	かん	**完全**[★] 완전　**完了**[★] 완료　**完成**[★] 완성　**未完** 미완

7획　完 完 完 完 完 完 完

완전할 완

집(宀)과 으뜸(元)을 합
쳐 집이 완전하게 잘 지
어진 것을 나타낸 글자

ペンキが**完全**に乾くまで触ってはいけません。 페인트가 완전히 마를 때까지 만져서는 안 됩니다.

商品の発送が**完了**したとのメールを受け取った。 상품의 발송이 완료되었다는 메일을 받았다.

0483 [N3] ☐☐☐

変

훈	변할	か(わる)	**変わる**[★] 바뀌다, 변하다　**相変わらず**[★] 변함없이
		か(える)	**変える**[★] 바꾸다
음	변	へん	**変化**[★] 변화　**大変**[★] 큰일, 대사건　**変更**[★] 변경　**異変** 이변

9획　変 変 玄 変 変 変 変 変 変

변할 변

その店は店主が**変わって**から味も**変わった**。 그 가게는 점주가 바뀌고 나서 맛도 바뀌었다.

秋になると葉の色が**変化**する。 가을이 되면 잎의 색이 변화한다.

化

될 화

훈 될	ば(ける)	化ける 둔갑하다　お化け 도깨비　化け物 괴물
	ば(かす)	化かす 속이다
음 화	か	悪化* 악화　変化* 변화　化石 화석　化学 화학
	け	化粧 화장

4획 化化化化

この地域にはきつねが人に**化ける**という伝説がある。
이 지역에는 여우가 사람으로 둔갑한다는 전설이 있다.

持病が**悪化**してしばらく仕事を休んだ。 지병이 악화되어 잠깐 일을 쉬었다.

更

고칠 경
다시 갱

훈 고칠/다시	さら	更に* 더욱더, 거듭　今更* 새삼스러움
	ふ(ける)	更ける (밤·계절이) 깊어지다　夜更け 밤이 깊어짐
	ふ(かす)	更かす (밤 늦도록) 자지 않다　夜更かし 밤샘
음 경/갱	こう	変更* 변경　更新 경신, 갱신　更迭 경질, 교체

7획 更更更更更更更

少子高齢化は今後**更に**進んでいく見通しだ。 저출산 고령화는 앞으로 더욱더 진행되어 갈 전망이다.

引っ越し後、住民票の住所を**変更**しに役所へ行った。
이사 후, 주민등록표의 주소를 변경하러 관공서에 갔다.

複

겹칠 복

옷(ネ)과 중복(复)을 합
쳐 옷을 거듭 겹쳐 입는
것을 나타낸 글자

| 훈 겹칠 | — | |
| 음 복 | ふく | 複雑* 복잡　重複* 중복　複数* 복수　複合 복합 |

14획 複複複複複複複複複複複複複複

田中さんは**複雑**な仕事もすんなりこなす。 다나카 씨는 복잡한 일도 척척 처리한다.

エクセルで**重複**データを簡単に削除できる。 엑셀로 중복 데이터를 간단하게 삭제할 수 있다.

0487 [N3] □□□

雑

훈	섞일	—			
음	잡	ざつ	混雑* 혼잡	雑談* 잡담	複雑* 복잡	雑音 잡음
		ぞう	雑木林 잡목림	雑炊 조우스이 (야채나 된장 등으로 끓인 죽)		

14획 雑 雑 雑 雑 雑 雑 雑 雑 雑 雑 雑 雑 雑 雑

섞일 잡

館内の**混雑**状況により入場を制限する場合がございます。
관내의 혼잡 상황에 따라 입장을 제한하는 경우가 있습니다.

仕事中に**雑談**をしないようにと注意された。 업무 중에 잡담을 하지 않도록 주의받았다.

0488 [N3] □□□

般

훈	일반	—			
음	반	はん	一般 일반*	一般人* 일반인	全般* 전반

10획 般 般 般 般 般 般 般 般 般 般

일반 반

人に睡眠が不可欠だということは**一般**の常識だ。 사람에게 수면이 불가결하다는 것은 일반 상식이다.

介護**全般**に関わる相談はこちらにお電話ください。 간호 전반과 관련된 상담은 이쪽으로 전화해 주세요.

0489 [N2] □□□

殊

훈	다를	こと	殊に 특히, 게다가	殊更 일부러, 특별히	
음	수	しゅ	特殊* 특수	殊勲 수훈, 뛰어난 공로	殊勝 기특함, 갸륵함

10획 殊 殊 殊 殊 殊 殊 殊 殊 殊 殊

다를 수

近年暑い夏が続いたが、今年の夏は**殊**に暑い気がする。
근래 더운 여름이 계속되었지만, 올해 여름은 특히 더운 것 같다.

Rhマイナスは**特殊**な血液型とされている。 Rh 마이너스는 특수한 혈액형으로 여겨지고 있다.

0490 [N2] □□□

精

훈	정할/정성	—			
음	정	せい	精算* 정산	精一杯* 힘껏, 최대한	精密 정밀
		しょう	精進 정진	不精 게으름	

14획 精 精 精 精 精 精 精 精 精 精 精 精 精 精

정할/정성 정

駐車場から出るときに駐車料金を**精算**した。 주차장에서 나올 때에 주차 요금을 정산했다.

負けたけど**精一杯**頑張ったので悔いはない。 졌지만 힘껏 노력했기 때문에 후회는 없다.

0491 [N3] ☐☐☐

清

맑을 **청**

훈 맑을	きよ(い)	清い 깨끗하다, 맑다　清らかだ 청아하다
	きよ(まる)	清まる 맑아지다
	きよ(める)	清める 맑게 하다
음 청	せい	清潔★ 청결　清掃★ 청소　清算 청산　清酒 청주
	しょう	清浄 청정

11획 清清清清清清清清清清清

仏教によると人間はもともと清い心を持っているそうだ。
불교에 의하면 인간은 본디 깨끗한 마음을 가지고 있다고 한다.

料理をするときは手を清潔にするべきだ。 요리를 할 때는 손을 청결히 해야 한다.

0492 [N2] ☐☐☐

尽

다할 **진**

훈 다할	つ(くす)	尽くす★ 다하다, 애쓰다　心尽くし 정성을 다함
	つ(きる)	尽きる★ 다하다, 끝나다
	つ(かす)	愛想を尽かす 정이 떨어지다
음 진	じん	尽力 힘씀, 진력　無尽蔵 무진장

6획 尽尽尽尽尽尽

その選手はけがの治療に最善を尽くし、見事回復した。
그 선수는 상처 치료에 최선을 다하여, 멋지게 회복했다.

素敵な公演になるようキャスト一同尽力して参ります。 근사한 공연이 되도록 캐스트 일동 힘쓰겠습니다.

0493 [N3] ☐☐☐

居

있을/살 **거**

| 훈 있을/살 | い(る) | 居る 있다　居間 거실　居酒屋★ 선술집　芝居 연극, 연기 |
| 음 거 | きょ | 居住 거주　住居 주거　同居 동거　別居 별거 |

8획 居居居居居居居居

今週末は一日中家に居る予定です。 이번 주말은 하루 종일 집에 있을 예정입니다.

郊外に居住し、都市部に通勤する人が多い。 교외에 거주하며, 도시부로 통근하는 사람이 많다.

屈

굽힐 굴

훈	굽힐	—				
음	굴	くつ	退屈* 지루함	理屈 이치, 도리	屈辱 굴욕	不屈 불굴

8획 屈 屈 屈 屈 屈 屈 屈 屈

せっかくの休暇なのにすることがなくて**退屈**だ。 모처럼의 휴가인데 할 것이 없어서 지루하다.

彼女の**理屈**に合わない主張には全く同意できない。
그녀의 이치에 맞지 않는 주장에는 전혀 동의할 수 없다.

況

상황 황

훈	상황	—			
음	황	きょう	状況* 상황	不況 불황	実況 실황

8획 況 況 況 況 況 況 況 況

首相は被災地を訪れ、現地の**状況**を視察した。 수상은 피해지를 방문하여, 현지의 상황을 시찰했다.

長引く**不況**で失業者の数が増えている。 길어지는 불황으로 실업자 수가 늘고 있다.

継

이을 계

훈	이을	つ(ぐ)	継ぐ 잇다, 계승하다	乗り継ぐ* 갈아타다	引き継ぎ* 인계
음	계	けい	継続* 계속	中継* 중계	継承 계승

13획 継 継 継 継 継 継 継 継 継 継 継 継 継

いずれ、父が経営している建設会社を**継ぎ**たい。 언젠가, 아버지가 경영하고 있는 건설 회사를 잇고 싶다.

今学期も山田教授の授業を**継続**して受けるつもりだ。
이번 학기도 야마다 교수님의 수업을 계속해서 받을 생각이다.

続

계속 속

훈	계속	つづ(く)	続く* 계속되다	続き* 이음, 계속	手続き* 수속
		つづ(ける)	続ける* 계속하다		
음	속	ぞく	連続 연속 · 継続* 계속 · 持続 지속 · 続出* 속출		

13획 続 続 続 続 続 続 続 続 続 続 続 続 続

春になり暖かい日が**続い**ている。 봄이 되어 따뜻한 날이 계속되고 있다.

5日**連続**で晩ご飯にカレーを食べている。 5일 연속 저녁 식사로 카레를 먹고 있다.

0498 [N3] □□□

仮

거짓 **가**

훈 거짓	かり	かりさいよう **仮採用**★ 임시 채용, 가채용	かりとうろく **仮登録**★ 가등록	かり **仮**に 만일
음 가	か	か せつ **仮説** 가설　　か てい **仮定**★ 가정	か そう **仮想** 가상	か めん **仮面** 가면
	け	け びょう **仮病** 꾀병		

6획 仮 仮 仮 仮 仮 仮

じんざい てきせい はんだん　　かりさいよう き かん もう
人材の適性を判断するため**仮採用**の期間を設けている。
인재의 적성을 판단하기 위해 임시 채용 기간을 마련하고 있다.

じっけん とお けんしょう　　か せつ す
実験を通して検証されるまでは**仮説**に過ぎない。 실험을 통해서 검증될 때까지는 가설에 불과하다.

0499 [N2] □□□

伸

펼 **신**

사람(亻)과 펼치다(申)를
합쳐 사람이 몸을 펴서
늘린 것을 나타낸 글자

훈 펼	の(びる)	の **伸びる**★ 펴지다, 자라다	せ の **背伸び**★ 발돋움	
	の(ばす)	の **伸ばす**★ 펴다, 팽팽하게 하다		
	の(べる)	の **伸べる** 펴다, 늘이다		
음 신	しん	しんしゅくせい **伸縮性** 신축성	ついしん **追伸** 추신	

7획 伸 伸 伸 伸 伸 伸 伸

つか ふく の
スチームアイロンを使えば服のしわがよく**伸びる**。 스팀 다리미를 사용하면 옷의 주름이 잘 펴진다.

しんしゅくせい き らく
このスーツは**伸縮性**があるので着ていて楽だ。 이 정장은 신축성이 있어서 입고 있으면 편하다.

0500 [N3] □□□

絶

끊을 **절**

훈 끊을	た(える)	た **絶える** 끊어지다, 끝나다		
	た(やす)	た **絶やす** 끊어지게 하다, 전멸시키다		
	た(つ)	た **絶つ** 끊다, 그만두다		
음 절	ぜつ	だんぜつ **断絶** 단절　　ぜつめつ **絶滅** 멸종, 절멸	きょぜつ **拒絶** 거절	ぜったい **絶対** 절대

12획 絶 絶 絶 絶 絶 絶 絶 絶 絶 絶 絶 絶

きゃく た にん き てん
あのカフェはお客さんが**絶え**ない人気店だ。 저 카페는 손님이 끊어지지 않는 인기 가게이다.

ながねんだんぜつ こっこう かいふく しんぜん はか
長年**断絶**していた国交を回復して親善を図った。
오랜 세월 단절되었던 국교를 회복하고 친선을 도모했다.

換

바꿀 환

훈	바꿀	か(える)	**換える**＊ 바꾸다, 교환하다　**買い換える**＊ 새로 사서 바꾸다
		か(わる)	**換わる** 바뀌다, 교체되다
음	환	かん	**交換**＊ 교환　**転換** 전환　**換気** 환기　**換算** 환산

12획 換 換 換 換 換 換 換 換 換 換 換 換

金の高騰で、現金に**換える**人が増えているらしい。
금의 가격이 올라서, 현금으로 바꾸는 사람이 늘고 있다고 한다.

あの人のことが気になるから連絡先を**交換**したい。 그 사람이 궁금하니까 연락처를 교환하고 싶다.

替

바꿀 체

훈	바꿀	か(える)	**替える**＊ 바꾸다　**切り替える**＊ 새로 바꾸다　**両替**＊ 환전
		か(わる)	**替わる** 바뀌다, 갈리다　**入れ替わる**＊ 교대하다, 교체하다
음	체	たい	**代替** 대체

12획 替 替 替 替 替 替 替 替 替 替 替 替

電球が切れたから、新しいものに**替えて**くれる？ 전구가 다 됐으니까, 새로운 것으로 바꾸어 줄래?

石油に**代替**する自然エネルギーの普及が急がれる。 석유를 대체할 자연 에너지의 보급이 시급하다.

헷갈리는 단어 모아보기

동음이의어			
替える	갈다	おむつを替えてあげた。	기저귀를 갈아 주었다.
換える	교환하다	円をウォンに換える。	엔을 원으로 교환하다.
代える	대신하다	試験はレポートに代えます。	시험은 리포트로 대신합니다.
変える	바꾸다	仕事を変えることにした。	일을 바꾸기로 했다.

替える・換える・代える・変える는 모두 かえる로 발음된다. **替える**는 지금까지와는 다른 것으로 갈다, **換える**는 어떤 것을 교환하여 동등한 것을 손에 넣다, **代える**는 다른 것으로 역할을 대신하다, **変える**는 전과는 다른 상태로 바꾸다라는 뜻이다.

중급 한자 해커스 일본어 상용한자 2136

勝

이길 **승**

훈	이길	か(つ)	**勝つ**★ 이기다　**勝ち** 이김, 승리　**勝手**★ 제멋대로 함
		まさ(る)	**勝る** 낫다, 뛰어나다, 우수하다
음	승	しょう	**優勝**★ 우승　**圧勝**★ 압승　**勝利** 승리　**勝敗** 승패

12획 丿 勝 𦝠 月 月 月 勝 胖 胖 膦 勝 勝 勝

みんなの力を合わせれば試合で**勝てる**だろう。 모두의 힘을 합치면 시합에서 이길 수 있을 것이다.

ラグビーの国際大会で日本代表チームが**優勝**した。 럭비 국제 대회에서 일본 대표 팀이 우승했다.

効

본받을/나타낼 **효**

| 훈 | 본받을/나타낼 | き(く) | **効く** 잘 듣다, 효과가 있다　**効き目** 효능, 효과, 보람 |
| 음 | 효 | こう | **効果**★ 효과　**有効**★ 유효　**効率**★ 효율　**効力** 효력 |

8획 効 効 効 効 効 効 効 効

薬局で車酔いに**効く**薬を買った。 약국에서 차멀미에 잘 듣는 약을 샀다.

姿勢を矯正する**効果**がある靴を履いている。 자세를 교정하는 효과가 있는 신발을 신고 있다.

隠

숨을 **은**

훈	숨을	かく(す)	**隠す**★ 숨기다, 감추다
		かく(れる)	**隠れる** 숨다, 가리다　**隠れん坊** 숨바꼭질
음	은	いん	**隠居** 은거　**隠蔽** 은폐　**隠語** 은어

14획 隠 隠 隠 隠 隠 隠 隠 隠 隠 隠 隠 隠 隠 隠

非常用の鍵を植木鉢の下に**隠して**おいた。 비상용 열쇠를 화분 밑에 숨겨 두었다.

元人気歌手の彼は、引退後**隠居**しているらしい。 전 인기 가수였던 그는, 은퇴 후 은거하고 있다고 한다.

0506 [N2] ☐☐☐

除

덜 **제**

훈	덜	のぞ(く)	<ruby>除<rt>のぞ</rt></ruby>く[★] 빼다, 제외하다			
음	제	じょ	<ruby>削除<rt>さくじょ</rt></ruby>[★] 삭제	<ruby>免除<rt>めんじょ</rt></ruby>[★] 면제	<ruby>解除<rt>かいじょ</rt></ruby>[★] 해제	<ruby>除外<rt>じょがい</rt></ruby> 제외
		じ	<ruby>掃除<rt>そうじ</rt></ruby>[★] 청소			

10획 除 除 除 除 除 除 除 除 除

<ruby>土日祝日<rt>どにちしゅくじつ</rt></ruby>を<ruby>除<rt>のぞ</rt></ruby>いて<ruby>毎日営業<rt>まいにちえいぎょう</rt></ruby>しています。 토·일·공휴일을 빼고 매일 영업하고 있습니다.

<ruby>間違<rt>まちが</rt></ruby>って<ruby>重要<rt>じゅうよう</rt></ruby>なデータを<ruby>削除<rt>さくじょ</rt></ruby>してしまった。 잘못해서 중요한 데이터를 삭제해 버렸다.

0507 [N3] ☐☐☐

栄

영화로울 **영**

훈	영화로울	さか(える)	<ruby>栄<rt>さか</rt></ruby>える 번영하다	<ruby>栄<rt>さか</rt></ruby>え 번창, 번영	
		は(える)	<ruby>栄<rt>は</rt></ruby>える 돋보이다		
		は(え)	<ruby>栄<rt>は</rt></ruby>えある 명예롭다	<ruby>見栄<rt>みば</rt></ruby>え 보기에 좋음	
음	영	えい	<ruby>栄光<rt>えいこう</rt></ruby> 영광	<ruby>栄誉<rt>えいよ</rt></ruby> 영예	<ruby>栄養<rt>えいよう</rt></ruby>[★] 영양	<ruby>繁栄<rt>はんえい</rt></ruby> 번영

9획 栄 栄 栄 栄 栄 栄 半 栄 栄

ここはかつて<ruby>古代文明<rt>こだいぶんめい</rt></ruby>が<ruby>栄<rt>さか</rt></ruby>えた<ruby>地域<rt>ちいき</rt></ruby>だ。 이곳은 일찍이 고대 문명이 번영했던 지역이다.

<ruby>過去<rt>かこ</rt></ruby>の<ruby>栄光<rt>えいこう</rt></ruby>にとらわれていては<ruby>成長<rt>せいちょう</rt></ruby>できない。 과거의 영광에 사로잡혀 있어서는 성장할 수 없다.

0508 [N3] ☐☐☐

盛

성할/담을 **성**

훈	성할/담을	も(る)	<ruby>盛<rt>も</rt></ruby>る (높게) 담다	<ruby>盛<rt>も</rt></ruby>り<ruby>上<rt>あ</rt></ruby>がる[★] (기세나 흥취가) 높아지다	
		さか(る)	<ruby>燃<rt>も</rt></ruby>え<ruby>盛<rt>さか</rt></ruby>る 활활 타다, 한창 타다	<ruby>盛<rt>さか</rt></ruby>り 한창, 절정기	
		さか(ん)	<ruby>盛<rt>さか</rt></ruby>んに[★] 왕성하게, 활발하게		
음	성	せい	<ruby>盛大<rt>せいだい</rt></ruby>[★] 성대	<ruby>盛況<rt>せいきょう</rt></ruby> 성황	<ruby>全盛<rt>ぜんせい</rt></ruby> 전성, 한창 왕성함
		じょう	<ruby>繁盛<rt>はんじょう</rt></ruby>[★] 번성, 번창		

11획 盛 盛 盛 成 成 成 成 盛 盛 盛 盛

<ruby>皿<rt>さら</rt></ruby>に<ruby>盛<rt>も</rt></ruby>ったカレーを<ruby>子供<rt>こども</rt></ruby>たちに<ruby>配<rt>くば</rt></ruby>った。 접시에 담은 카레를 아이들에게 나누어 주었다..

チームの<ruby>優勝<rt>ゆうしょう</rt></ruby>を<ruby>選手全員<rt>せんしゅぜんいん</rt></ruby>で<ruby>盛大<rt>せいだい</rt></ruby>に<ruby>祝<rt>いわ</rt></ruby>った。 팀의 우승을 선수 전원이 성대하게 축하했다.

0509 [N2] □□□

훈	쇠할	おとろ(える)	衰える★ 쇠하다, 쇠약하다	やせ衰える★ 여위다
음	쇠	すい	衰退 쇠퇴　衰弱 쇠약	盛衰 성쇠　老衰 노쇠

10획 衰 衰 衰 衰 衰 衰 衰 衰 衰 衰

쇠할 쇠

> 마른 풀을 엮어 만들어
> 볼품없는 비옷 모양을
> 본뜬 글자

年を取り、体力が衰えたことを実感する瞬間が増えた。
나이를 먹고, 체력이 쇠한 것을 실감하는 순간이 늘었다.

需要の減少から伝統工芸品産業の衰退が進んでいる。
수요 감소로 인해 전통 공예품 산업의 쇠퇴가 진행되고 있다.

0510 [N3] □□□

훈	망할	な(い)	亡い 죽었다	亡くなる★ 죽다, 돌아가다	亡くす 여의다, 잃다
음	망	ぼう	逃亡★ 도망　死亡 사망	滅亡 멸망　亡命 망명	
		もう	亡者 망자		

3획 亡 亡 亡

망할 망

母が亡くなってから早くも5年の月日が流れた。 엄마가 죽고 나서 벌써 5년의 세월이 흘렀다.

逃亡していた指名手配犯が捕まった。 도망치고 있던 지명 수배범이 잡혔다.

0511 [N2] □□□

훈	폐할	すた(れる)	廃れる★ 쇠퇴하다	
		すた(る)	廃る 쓰이지 않게 되다	はやり廃り 유행의 성쇠
음	폐	はい	廃止★ 폐지　廃棄物★ 폐기물	荒廃 황폐　廃業 폐업

12획 廃 廃 廃 廃 廃 廃 廃 廃 廃 廃 廃 廃

폐할 폐

廃れた地元の商店街に活気を取り戻したい。 쇠퇴한 지역 상점가에 활기를 되찾고 싶다.

利用者数が少ないバス路線が二つ廃止された。 이용자 수가 적은 버스 노선이 두 개 폐지되었다.

0512 [N3] □□□

훈	형세	いきお(い)	勢い★ 기세, 힘	
음	세	せい	姿勢★ 자세　勢力 세력	大勢★ 많은 사람　情勢 정세

13획 勢 勢 勢 勢 勢 勢 勢 勢 勢 勢 勢 勢 勢

형세 세

企業の成長は年々勢いを増している。 기업의 성장은 해마다 기세를 더하고 있다.

いつも正しい姿勢を保つように心掛けよう。 언제나 바른 자세를 유지하도록 유의하자.

0513 [N2] ☐☐☐

激

격할 **격**

훈 격할	はげ(しい)	<ruby>激<rt>はげ</rt></ruby>しい★ 격렬하다, 세차다	<ruby>激<rt>はげ</rt></ruby>しさ 격렬함, 세참	
음 격	げき	<ruby>激増<rt>げきぞう</rt></ruby> 급증, 격증	<ruby>刺激<rt>しげき</rt></ruby>★ 자극	<ruby>急激<rt>きゅうげき</rt></ruby>★ 급격 <ruby>感激<rt>かんげき</rt></ruby> 감격

16획 激 激 激 激 激 激 激 激 激 激 激 激 激 激 激 激

<ruby>予防接種当日<rt>よぼうせっしゅとうじつ</rt></ruby>は<ruby>激<rt>はげ</rt></ruby>しい<ruby>運動<rt>うんどう</rt></ruby>を<ruby>控<rt>ひか</rt></ruby>えてください。 예방 접종 당일에는 격렬한 운동을 삼가 주세요.

<ruby>韓国<rt>かんこく</rt></ruby>ドラマの<ruby>影響<rt>えいきょう</rt></ruby>により<ruby>訪韓観光客<rt>ほうかんかんこうきゃく</rt></ruby>が<ruby>激増<rt>げきぞう</rt></ruby>した。
한국 드라마의 영향으로 인해 한국을 방문하는 관광객이 급증했다.

정도

0514 [N2] ☐☐☐

程

한도 **정**

훈 한도	ほど	<ruby>程<rt>ほど</rt></ruby> 분수, 정도	<ruby>先程<rt>さきほど</rt></ruby>★ 아까, 조금 전	<ruby>余程<rt>よほど</rt></ruby> 상당히, 꽤
음 정	てい	<ruby>程度<rt>ていど</rt></ruby> 정도	<ruby>日程<rt>にってい</rt></ruby>★ 일정	<ruby>過程<rt>かてい</rt></ruby>★ 과정 <ruby>課程<rt>かてい</rt></ruby> (교육) 과정

12획 程 程 程 程 程 程 程 程 程 程 程 程

<ruby>一方的<rt>いっぽうてき</rt></ruby>に<ruby>電話<rt>でんわ</rt></ruby>を<ruby>切<rt>き</rt></ruby>るなんて<ruby>失礼<rt>しつれい</rt></ruby>にも<ruby>程<rt>ほど</rt></ruby>がある。 일방적으로 전화를 끊다니 실례에도 분수가 있다.

<ruby>私<rt>わたし</rt></ruby>の<ruby>日本語<rt>にほんご</rt></ruby>レベルは<ruby>日常会話<rt>にちじょうかいわ</rt></ruby>ができる<ruby>程度<rt>ていど</rt></ruby>だ。 나의 일본어 레벨은 일상 회화를 할 수 있는 정도이다.

0515 [N3] ☐☐☐

限

한할 **한**

훈 한할	かぎ(る)	<ruby>限<rt>かぎ</rt></ruby>る★ 한정하다, 제한하다	～<ruby>限<rt>かぎ</rt></ruby>り★ ~한, 끝	
음 한	げん	<ruby>制限<rt>せいげん</rt></ruby>★ 제한	<ruby>限定<rt>げんてい</rt></ruby> 한정	<ruby>期限<rt>きげん</rt></ruby>★ 기한 <ruby>限界<rt>げんかい</rt></ruby> 한계

9획 限 限 限 限 限 限 限 限 限

<ruby>代金<rt>だいきん</rt></ruby>のお<ruby>支払<rt>しはら</rt></ruby>いは<ruby>現金<rt>げんきん</rt></ruby>に<ruby>限<rt>かぎ</rt></ruby>ります。 대금의 지불은 현금으로 한정합니다.

<ruby>子供<rt>こども</rt></ruby>のスマホ<ruby>利用時間<rt>りようじかん</rt></ruby>を<ruby>制限<rt>せいげん</rt></ruby>している。 아이의 스마트폰 이용 시간을 제한하고 있다.

0516 [N3] ☐☐☐

普

두루 **보**

훈 두루	—			
음 보	ふ	<ruby>普通<rt>ふつう</rt></ruby>★ 보통	<ruby>普及<rt>ふきゅう</rt></ruby>★ 보급	<ruby>普段<rt>ふだん</rt></ruby>★ 항상 <ruby>普遍<rt>ふへん</rt></ruby> 보편

12획 普 普 普 普 普 普 普 普 普 普 普 普

この<ruby>地域<rt>ちいき</rt></ruby>では<ruby>普通<rt>ふつう</rt></ruby>7<ruby>月末<rt>がつまつ</rt></ruby>に<ruby>梅雨<rt>つゆ</rt></ruby>が<ruby>明<rt>あ</rt></ruby>けます。 이 지역은 보통 7월 말에 장마가 그칩니다.

<ruby>電子書籍<rt>でんししょせき</rt></ruby>の<ruby>普及<rt>ふきゅう</rt></ruby>は<ruby>印刷業界<rt>いんさつぎょうかい</rt></ruby>にとって<ruby>大打撃<rt>だいだげき</rt></ruby>だった。
전자 서적의 보급은 인쇄 업계에 있어 큰 타격이었다.

厚

두터울 후

훈	두터울	あつ(い)	厚い★ 두껍다, 두텁다	厚み 두께	厚着 옷을 많이 껴입음	
음	후	こう	温厚★ 온후, 온화	濃厚 농후		

9획 厚 厚 厚 厚 厚 厚 厚 厚 厚

寒い日が続いて公園の池には厚い氷が張った。
추운 날이 계속되어 공원의 연못에는 두꺼운 얼음이 얼었다.

彼女は温厚な性格で人望も厚い。 그녀는 온후한 성격에 인망도 두텁다.

薄

엷을 박

훈	엷을	うす(い)	薄い★ 얇다 手薄だ★ 허술하다 薄暗い★ 좀 어둡다
		うす(める)	薄める (빛깔·맛을) 엷게 하다
		うす(まる)	薄まる 엷어지다
		うす(れる)	薄れる 엷어지다, 약해지다
		うす(らぐ)	薄らぐ 조금씩 엷어지다, 덜해지다
음	박	はく	薄情 박정, 냉정함 希薄 희박 軽薄 경박

16획 薄 薄 薄 薄 薄 薄 薄 薄 薄 薄 薄 薄 薄 薄 薄 薄

このテレビは紙のように薄く、壁に掛けられる。 이 텔레비전은 종이처럼 얇고, 벽에 걸 수 있다.
昔の恩を忘れるとは、なんて薄情な人なんだ。 옛날의 은혜를 잊다니, 이 얼마나 박정한 사람인가.

温

따뜻할 온

훈	따뜻할	あたた(か)	温かだ 따스하다
		あたた(かい)	温かい 따뜻하다
		あたた(まる)	温まる★ 따뜻해지다
		あたた(める)	温める★ 따뜻하게 하다
음	온	おん	気温★ 기온 高温 고온 温泉★ 온천 温暖★ 온난

12획 温 温 温 温 温 温 温 温 温 温 温 温

温かなオレンジ色のランプは居心地の良い空間を作る。
따스한 오렌지색의 램프는 아늑한 공간을 만든다.

秋になり朝晩の気温の差が激しくなった。 가을이 되자 아침저녁의 기온 차가 심해졌다.

훈	얕을	あさ(い)	あさ 浅い* 얕다	あさ せ 浅瀬 얕은 여울	
음	천	せん	せんぱく 浅薄 천박, 생각이나 지식이 얕음	せんかい 浅海 천해, 얕은 바다	

9획 浅浅浅浅浅浅浅浅浅

얕을 천

かわ なが おそ そこ つち つ すいしん あさ
川の流れが遅いと底に土などが積もって水深が浅くなる。 강의 흐름이 느리면 바닥에 흙 등이 쌓여 수심이 얕아진다.

で どころ ふ めい せんぱく ち しき はんだん
出所不明の浅薄な知識で判断してはならない。 출처 불명의 천박한 지식으로 판단해서는 안 된다.

훈	찰	み(たす)	み 満たす 충족시키다		
		み(ちる)	み 満ちる 차다	み しお 満ち潮 만조	
음	만	まん	まんせき 満席* 만석	まんしつ 満室* 만실	ふ まん 不満* 불만 まんきつ 満喫* 만끽

12획 満満満満満満満満満満満満

찰 만

きゃく み ついきゅう
客のニーズを満たすサービスを追求している。 손님의 니즈를 충족시키는 서비스를 추구하고 있다.

ほんじつ よ やく きゃくさま まんせき
本日はご予約のお客様で満席となっております。 오늘은 예약 손님으로 만석이 되었습니다.

훈	빽빽할	—			
음	밀	みつ	か みつ 過密* 빽빽함, 과밀	みっしゅう 密集* 밀집	げんみつ 厳密 엄밀

11획 密密密密密密密密密密密

빽빽할 밀

か みつ ちゅうしょく じ かん
過密なスケジュールで昼食をとる時間もない。 빽빽한 스케줄로 점심을 먹을 시간도 없다.

じゅうたく みっしゅう ち いき す
住宅が密集した地域に住んでいる。 주택이 밀집한 지역에 살고 있다.

塞

막힐 **색**
변방 **새**

훈	막힐/변방	ふさ(ぐ)	^{ふさ}塞ぐ* 막다, 틀어막다	
		ふさ(がる)	^{ふさ}塞がる* 막히다	
음	색/새	そく	^{へいそく}閉塞 폐색, 막힘	^{のうこうそく}脳梗塞 뇌경색
		さい	^{ようさい}要塞 요새	

13획 塞 塞 塞 宗 宇 空 塞 塞 塞 寒 塞 塞

^{あに}兄は^{みみ}耳を^{ふさ}塞いでもうるさいぐらい、いびきがひどい。 형은 귀를 막아도 시끄러울 정도로, 코골이가 심하다.

^{きどう}気道の^{へいそく}閉塞は^{もち}餅などを^た食べているときに^お起きやすい。 기도 폐색은 떡 등을 먹고 있을 때 일어나기 쉽다.

欠

이지러질/모자랄
결

훈	이지러질/ 모자랄	か(ける)	^か欠ける* 모자라다, 빠지다, 이지러지다
		か(く)	^か欠く 없다, 부수다
음	결	けつ	^{けってん}欠点* 결점　^{けつじょ}欠如 결여

4획 欠 欠 欠 欠

パズルのピースが^{ひと}一つ^か欠けている。 퍼즐 조각이 하나 모자란다.

^{なに}何もかもすぐ^{あきら}諦めてしまう^{けってん}欠点を^{なお}直したい。 무엇이든 금방 포기해 버리는 결점을 고치고 싶다.

劣

못할 **렬(열)**

힘(力)과 적음(少)을 합쳐 힘이 모자라 남보다 뒤처짐을 나타낸 글자

훈	못할	おと(る)	^{おと}劣る* 뒤떨어지다		
음	렬(열)	れつ	^{ゆうれつ}優劣 우열　^{れっとう}劣等 열등	^{れっとうかん}劣等感 열등감	^{ひれつ}卑劣 비열

6획 劣 劣 劣 劣 劣 劣

^{べんきょうめん}勉強面では^{あに}兄に^{おと}劣るが、^{うんどう}運動なら^ま負けない^{じしん}自信がある。
공부면에서는 형에게 뒤떨어지지만, 운동이라면 지지 않을 자신이 있다.

どちらの^{さくひん}作品も^{すば}素晴らしく、^{ゆうれつ}優劣がつけがたいです。 어느 작품도 훌륭해서, 우열을 가리기 어렵습니다.

0526 [N3] □□□

低

낮을 저

훈	낮을	ひく(い)	**低い** 낮다　**低さ** 낮음, 낮은 정도
		ひく(める)	**低める** 낮추다
		ひく(まる)	**低まる** 낮아지다
음	저	てい	**低価格*** 낮은 가격, 저가격　**最低** 최저　**低下** 저하

7획　低 低 低 低 低 低

豆腐はカロリーが**低い**代表的な食べ物だ。　두부는 칼로리가 낮은 대표적인 음식이다.

このコスメは**低価格**で品質も良い。　이 화장품은 낮은 가격에 품질도 좋다.

0527 [N3] □□□

短

짧을 단

| 훈 | 짧을 | みじか(い) | **短い*** 짧다 |
| 음 | 단 | たん | **短期** 단기　**短縮** 단축　**短気*** 급한 성미　**短所** 단점 |

12획　短 短 短 短 短 短 短 短 短 短 短 短

冬になるにつれ、日が**短く**なっている。　겨울이 됨에 따라, 해가 짧아지고 있다.

友人に**短期**のバイトを紹介してもらった。　친구에게 단기 아르바이트를 소개받았다.

0528 [N2] □□□

硬

굳을 경

| 훈 | 굳을 | かた(い) | **硬い** 딱딱하다　**硬さ** 경도, 굳기 |
| 음 | 경 | こう | **強硬*** 강경　**硬貨*** 경화, 금속 화폐　**硬度** 경도 |

12획　硬 硬 硬 硬 硬 硬 硬 硬 硬 硬 硬 硬

鉛筆はBよりHBのほうが芯が**硬い**。　연필은 B보다 HB 쪽이 심이 딱딱하다.

政府はその国に対して**強硬**な姿勢を貫いている。　정부는 그 나라에 대해서 강경한 자세를 관철하고 있다.

0529 [N2] ☐☐☐

柔
부드러울 **유**

훈 부드러울	やわ(らかい)	**柔らかい** 부드럽다, 포근하다
	やわ(らか)	**柔らかだ** 부드럽다, 무르다, 폭신하다
음 유	じゅう	**懐柔** 회유　**柔軟** 유연★　**柔道** 유도
	にゅう	**柔和** 유화, 온유, 온화　**柔弱** 유약

9획 柔 柔 柔 柔 柔 柔 柔 柔 柔

柔らかい布団にくるまって寝たい。 부드러운 이불을 뒤집어쓰고 자고 싶다.
部長はいつも巧みな話術で相手を**懐柔**する。 부장님은 항상 교묘한 화술로 상대를 회유한다.

0530 [N2] ☐☐☐

軟
연할 **연**

훈 연할	やわ(らか)	**軟らかだ** 연하다, 딱딱하지 않다
	やわ(らかい)	**軟らかい** 연하다
음 연	なん	**柔軟** 유연★　**軟化** 연화　**軟弱** 연약

11획 軟 軟 軟 軟 軟 軟 軟 軟 軟 軟 軟

この店のステーキは**軟**らかくて食べやすい。 이 가게의 스테이크는 연해서 먹기 좋다.
顧客の要求にはできるだけ**柔軟**に対応したい。 고객의 요구에는 가능한 유연히 대응하고 싶다.

0531 [N3] ☐☐☐

較
견줄 **교**

훈 견줄	―	
음 교	かく	**比較** 비교★　**比較的** 비교적★

13획 較 較 較 較 較 較 較 較 較 較 較 較 較

昨年同時期と**比較**すると、訪日外国人の数が倍増した。
작년 같은 시기와 비교하면, 일본에 방문하는 외국인의 수가 배로 늘었다.

うちの大学の学費は私立にしては**比較的**安いほうだ。 우리 대학의 학비는 사립치고는 비교적 싼 편이다.

0532 [N2] ☐☐☐

範

훈	법	—			
음	범	はん	**範囲**★ 범위	**模範**★ 모범	**師範** 사범, 사부

15획 範 範 範 範 範 範 範 範 範 範 範 範 範 範 範

법 **범**

あした きゅうしゅう かんとう ひろ はんい あめ
明日は九州から関東までの広い**範囲**で雨となるでしょう。
내일은 규슈부터 관동까지의 넓은 범위에 비가 내릴 것입니다.

ぶいん もはん しめ もくひょう
部員に**模範**を示せるキャプテンになることが目標だ。
부원에게 모범을 보일 수 있는 주장이 되는 것이 목표다.

0533 [N2] ☐☐☐

含

훈	머금을	ふく(む)	**含む**★ 포함하다	**含み** 포함함, 함축	
		ふく(める)	**含める**★ 포함시키다		
음	함	がん	**含有** 함유	**含蓄** 함축	**包含** 포함

7획 含 含 含 含 含 含 含

머금을 **함**

こうこうせい ふく みせいねん げんそくてき しんや はたら
高校生を**含む**未成年は原則的に深夜に働けない。
고등학생을 포함한 미성년자는 원칙적으로 심야에 일할 수 없다.

おお がんゆう す
カカオを多く**含有**したチョコレートが好きだ。 카카오가 많이 함유된 초콜릿을 좋아한다.

0534 [N2] ☐☐☐

適

훈	맞을	—				
음	적	てき	**適度**★ 적당한 정도	**適切**★ 적절	**快適** 쾌적	**最適** 최적

15획 適 適 適 適 啇 啇 商 商 商 商 滴 滴 適

맞을 **적**

てきど うんどう せいかつしゅうかんびょう よぼう
適度な運動で生活習慣病を予防できる。 적당한 정도의 운동으로 생활 습관병을 예방할 수 있다.

か てきせつ けいご つか
ビジネスメールを書くときは**適切**な敬語を使うようにしましょう。
비즈니스 이메일을 쓸 때는 적절한 경어를 사용하도록 합시다.

0535 [N2] ☐☐☐

拡

훈	넓힐	—				
음	확	かく	**拡散** 확산	**拡張**★ 확장	**拡充**★ 확충	**拡大** 확대

8획 拡 拡 拡 拡 拡 拡 拡 拡

넓힐 **확**

くうき かわ ふゆ かくさん
ウイルスは空気が乾いた冬に**拡散**しやすい。 바이러스는 공기가 건조한 겨울에 확산하기 쉽다.

しゃちょう じぎょう かいがい かくちょう
社長は事業を海外にまで**拡張**しようとしている。 사장님은 사업을 해외로까지 확장하려고 하고 있다.

0536 [N2] ☐☐☐

充

훈 채울	あ(てる)	**充てる** 할당하다, 충당하다			
음 충	じゅう	かくじゅう **拡充**＊확충	じゅうまん **充満**＊충만	じゅうじつ **充実** 충실	じゅうでん **充電** 충전

6획 充 充 充 充 充 充

채울 충

りょうしん　　　　　　しおく　　いちぶ　　やちん　あ
両親からもらう仕送りの一部は家賃に**充てて**いる。
부모님으로부터 받는 생활비의 일부는 집세에 할당하고 있다.

だいがく と しょかん　　かくじゅう　　　　　　き ふきん　あつ
大学図書館を**拡充**するための寄付金を集めています。
대학 도서관을 확충하기 위한 기부금을 모으고 있습니다.

0537 [N2] ☐☐☐

占

훈 점령할/ 점칠	し(める)	**占める**＊차지하다, 자리 잡다		か し **買い占める**＊매점하다	
	うらな(う)	**占う** 점치다	うらな **占い** 점		
음 점	せん	どくせん **独占** 독점	せんりょう **占領** 점령	せんきょ **占拠** 점거	せんせいじゅつ **占星術** 점성술

5획 占 占 占 占 占

점령할/점칠 점

점(卜)과 입(口)을 합쳐
주문을 외워 점을 친
다는 것을 나타낸 글자

ほう　　かいせい　　　　　　　　　　はんたい は　　か はんすう　し
その法の改正については反対派が過半数を**占めて**いる。
그 법의 개정에 대해서는 반대파가 과반수를 차지하고 있다.

ははおや　あいじょう　　どくせん　　　　　　　こ　　　　とうぜん　ほんのう
母親の愛情を**独占**したいのは子にとって当然の本能だ。
엄마의 애정을 독점하고 싶은 것은 아이에게 있어서 당연한 본능이다.

0538 [N2] ☐☐☐

超

훈 넘을	こ(える)	こ **超える** (기준을) 넘어가다, 지나가다		
	こ(す)	こ **超す** 넘다, 초과하다		
음 초	ちょう	ちょうか **超過**＊초과	ちょうえつ **超越** 초월	ちょうぜつ **超絶** 초절, 특히 뛰어남

12획 超 超 超 超 超 超 超 超 超 超 超 超

넘을 초

きょう　　　　ど こ　　　　もうしょび
今日は35度を**超える**猛暑日になるでしょう。 오늘은 35도를 넘어가는 무더운 날이 될 것입니다.

ち かすい　　　き じゅん　ちょうか　　はつ　　ぶっしつ　けんしゅつ
地下水から基準を**超過**する発ガン物質が検出された。
지하수에서 기준을 초과하는 발암 물질이 검출되었다.

헷갈리는 단어 모아보기

유의어
こ
├ **超える** (기준을) 넘다
こ
└ **越える** (어떤 것의 위·경계를) 넘다

だ りつ　　わり　こ
打率が3割を**超えた**。 타율이 3할을 넘었다.

やま　　こ　　　　うみ　い
山を**越えて**海に行きます。
산을 넘어서 바다로 갑니다.

こ　　　　　こ
超える와 **越える**는 모두 '넘다'라는 뜻이다. **超える**는 어떤 기준을 넘는 상황에, **越える**는 어떤 것의 위
혹은 경계를 넘는 상황에 사용한다.

0539 [N2] ☐☐☐

及

미칠 **급**

훈	미칠	およ(ぶ)	**及ぶ** 달하다, 미치다　**及び腰** 엉거주춤한 자세
		およ(び)	**及び**★ 및, 또
		およ(ぼす)	**及ぼす**★ 끼치다, 미치게 하다
음	급	きゅう	**言及**★ 언급　**普及**★ 보급　**追及** 추궁, 뒤쫓음

3획 及 乃 及

今年度のイベント参加者数は約五千人に**及んだ**。 이번 년도의 이벤트 참가자 수는 약 오천 명에 달했다.

首相が会見で増税について**言及**した。 수상이 회견에서 증세에 대해 언급했다.

0540 [N2] ☐☐☐

등급 **급**

| 훈 | 등급 | ─ | |
| 음 | 급 | きゅう | **同級生** 동급생　**上級**★ 상급　**等級** 등급 |

9획 級 級 級 級 級 級 級 級 級

姉は高校時代の**同級生**と結婚した。 언니는 고교 시절의 동급생과 결혼했다.

彼の英会話の実力は**上級**レベルだ。 그의 영어 회화 실력은 상급 레벨이다.

0541 [N3] ☐☐☐

差

다를/어긋날 **차**

| 훈 | 다를/
어긋날 | さ(す) | **差す**★ 꽂다, (우산 따위를) 쓰다 |
| 음 | 차 | さ | **交差**★ 교차　**差異** 차이　**誤差** 오차　**時差** 시차 |

10획 差 差 差 差 差 差 差 差 差 差

ストローを**差して**牛乳を飲んだ。 빨대를 꽂아서 우유를 마셨다.

両手の人差し指を**交差**させバツ印を作った。 양손의 검지손가락을 교차시켜 엑스 표시를 만들었다.

0542 [N3] ☐☐☐

다를 **이**

| 훈 | 다를 | こと | **異なる**★ 다르다, 같지 않다 |
| 음 | 이 | い | **異例**★ 이례　**異常**★ 이상　**異色**★ 이색　**異文化**★ 이문화 |

11획 異 異 異 異 異 異 異 異 異 異 異

裁判で事実と**異なる**発言をすると罪に問われます。 재판에서 사실과 다른 발언을 하면 문책당합니다.

30代での代表任命は**異例**の出世だ。 30대에의 대표 임명은 이례적인 출세이다.

0543 [N2] □□□

副

버금 **부**

훈	버금	—

음	부	ふく	副社長* 부사장	副作用 부작용	副大臣* 부대신

11획 副 副 副 副 副 冒 副 副 副 副 副

母は有名食品メーカーの**副社長**だ。 어머니는 유명 식품 제조 회사의 부사장이다.

薬の**副作用**のせいで日中でも眠気が続く。 약의 부작용 탓에 낮에도 졸음이 계속된다.

0544 [N2] □□□

剰

남을 **잉**

훈	남을	—

음	잉	じょう	過剰* 과잉	余剰 잉여	剰余 잉여, 여분

11획 剰 剰 剰 剰 乗 乗 乗 乗 乗 剰 剰

コーヒーの**過剰**な摂取は健康に悪影響を及ぼしうる。 커피의 과잉 섭취는 건강에 악영향을 끼칠 수 있다.

県の予算に**余剰**が生じた場合は来年度に繰り越します。
현의 예산에 잉여가 발생한 경우에는 내년도로 이월합니다.

0545 [N3] □□□

極

다할 **극**

훈	다할	きわ(まる)	極まる 극히 ~하다	極まり 마지막, 궁극
		きわ(める)	極める* 한도에 이르다	極めて* 몹시
		きわ(み)	極み 끝, 극도	
음	극	きょく	極力* 가능한 한, 극력	積極的* 적극적	極端* 극단
		ごく	極上 극상, 제일 좋음	至極 지극히	極秘 극비

12획 極 極 極 極 柯 柯 柯 極 極 極 極

信号を無視して道を渡るのは危険**極まる**行為だ。
신호를 무시하고 길을 건너는 것은 극히 위험한 행위이다.

図書館内での会話は**極力**控えてください。 도서관 내에서의 회화는 가능한 한 삼가 주세요.

색이 있는 한자의 발음을 밑줄에 쓴 다음, 괄호 안에 단어의 뜻을 써 보세요.

01	精算	_____さん	(	)	21	尽くす	_____くす	(	)
02	気温	き_____	(	)	22	及ぶ	_____ぶ	(	)
03	除く	_____く	(	)	23	状況	じょう_____	(	)
04	勢い	_____い	(	)	24	差す	_____す	(	)
05	満たす	_____たす	(	)	25	盛大	_____だい	(	)
06	変化	_____か	(	)	26	薄い	_____い	(	)
07	隠す	_____す	(	)	27	未来	_____らい	(	)
08	仮説	_____せつ	(	)	28	超える	_____える	(	)
09	軟らかい	_____らかい	(	)	29	懐柔	かい_____	(	)
10	欠ける	_____ける	(	)	30	充てる	_____てる	(	)
11	絶える	_____える	(	)	31	異なる	_____なる	(	)
12	短期	_____き	(	)	32	複雑	_____ざつ	(	)
13	拡散	_____さん	(	)	33	占める	_____める	(	)
14	在る	_____る	(	)	34	衰退	_____たい	(	)
15	優勝	ゆう_____	(	)	35	劣る	_____る	(	)
16	存在	_____ざい	(	)	36	清い	_____い	(	)
17	化ける	_____ける	(	)	37	特殊	とく_____	(	)
18	範囲	_____い	(	)	38	居住	_____じゅう	(	)
19	普通	_____つう	(	)	39	無口	_____くち	(	)
20	限る	_____る	(	)	40	過密	か_____	(	)

정답 01 せいさん 정산 02 きおん 기온 03 のぞく 빼다, 제외하다 04 いきおい 기세, 힘 05 みたす 충족시키다 06 へんか 변화 07 かくす 숨기다, 감추다
08 かせつ 가설 09 やわらかい 연하다 10 かける 모자라다, 빠지다, 이지러지다 11 たえる 끊어지다, 끝나다 12 たんき 단기 13 かくさん 확산
14 ある 있다 15 ゆうしょう 우승 16 そんざい 존재 17 ばける 둔갑하다 18 はんい 범위 19 ふつう 보통 20 かぎる 한정하다, 제한하다
21 つくす 다하다, 애쓰다 22 およぶ 달하다, 미치다 23 じょうきょう 상황 24 さす 꽂다, (우산 따위를) 쓰다 25 せいだい 성대 26 うすい 얇다
27 みらい 미래 28 こえる (기준을) 넘어가다, 지나가다 29 かいじゅう 회유 30 あてる 할당하다, 충당하다 31 ことなる 다르다, 같지 않다
32 ふくざつ 복잡 33 しめる 차지하다, 자리 잡다 34 すいたい 쇠퇴 35 おとる 뒤떨어지다 36 きよい 깨끗하다, 맑다 37 とくしゅ 특수
38 きょじゅう 거주 39 むくち 과묵함 40 かみつ 빽빽함, 과밀

사람·신체·건강

MP3 바로 듣기

★은 JLPT/JPT 기출 단어입니다.

0546 [N3] □□□

我

나 **아**

훈	나	われ	**我** 나 　**我々**★ 우리들 　**我ら** 우리
		わ	**我が国** 우리나라 　**我が家** 우리집 　**我がまま** 제멋대로
음	아	が	**自我** 자아 　**我慢**★ 참음 　**怪我**★ 부상, 다침

7획 我 我 我 我 我 我 我

我々は若年層の結婚観について調査しました。 우리들은 청년층의 결혼관에 대해 조사했습니다.
二歳前後は**自我**が芽生え始める重要な時期だ。 두 살 전후는 자아가 싹트기 시작하는 중요한 시기이다.

0547 [N3] □□□

他

다를 **타**

| 훈 | 다를 | ほか | **他**★ 다른 (것) 　**他ならない** 다름없다 |
| 음 | 타 | た | **他人**★ 타인 　**他社**★ 타사 　**他国** 타국 　**自他** 자타 |

5획 他 他 他 他 他

このパソコンは**他**のものより性能が良い。 이 컴퓨터는 다른 것보다 성능이 좋다.
他人の恋愛にとやかく口を出したくない。 타인의 연애에 이러쿵저러쿵 말참견하고 싶지 않아.

0548 [N3] □□□

君

임금 **군**

군주(尹)와 입(口)을 합쳐 군주가 명령을 내리는 것을 나타낸 글자

| 훈 | 임금 | きみ | **君**★ 너, 그대 　**母君** 어머님 |
| 음 | 군 | くん | **君臨** 군림 　**諸君** 제군 　**主君** 주군 　**君主** 군주 |

7획 君 君 君 君 君 君 君

ランチのメニューは**君**に決めてもらいたい。 점심 메뉴는 네가 정해 주었으면 해.
彼女は世界のトップモデルとして**君臨**している。 그녀는 세계 톱 모델로서 군림하고 있다.

0549 [N2] ☐☐☐

皆

다 개

훈	다	みな	皆* 모두, 전부　皆さん* 여러분, 모두들　皆様* 여러분
음	개	かい	皆無 전무, 전혀 없음　皆勤 개근

9획 皆 皆 皆 皆 皆 皆 皆 皆 皆

今年の新入社員は皆が一生懸命で教えがいがある。
올해의 신입 사원은 모두가 열심이어서 가르치는 보람이 있다.

私はおしゃれに興味がなく、センスも皆無だ。 나는 꾸미는 것에 흥미가 없고, 센스도 전무하다.

0550 [N3] ☐☐☐

誰

누구 수

훈	누구	だれ	誰* 누구　誰か* 누군가
음	수	—	

15획 誰 誰 誰 誰 誰 誰 誰 誰 誰 誰 誰 誰 誰 誰 誰

最近人気のあのドラマの主演は誰ですか。 최근 인기인 그 드라마의 주연은 누구인가요?

誰か資料を運ぶのを手伝ってください。 누군가 자료를 옮기는 것을 도와 주세요.

0551 [N2] ☐☐☐

祖

조상/할아버지
조

훈	조상/ 할아버지	—	
음	조	そ	祖父* 할아버지, 조부　祖母* 할머니, 조모　元祖 원조

9획 祖 祖 祖 祖 祖 祖 祖 祖 祖

祖父はよく昔の話を聞かせてくれる。 할아버지는 자주 옛날이야기를 들려준다.

この店がとんこつラーメンの元祖だと言われている。 이 가게가 돈코츠 라멘의 원조라고 일컬어지고 있다.

0552 [N3] ☐☐☐

孫

손자 손

훈	손자	まご	孫* 손주　孫の手 효자손, 등긁이
음	손	そん	子孫 자손

10획 孫 孫 孫 孫 孫 孫 孫 孫 孫 孫

孫が生まれることが楽しみで仕方ない。 손주가 태어나는 것이 기대돼서 견딜 수 없다.

コケやキノコは胞子を利用して子孫を増やす。 이끼나 버섯은 포자를 이용해서 자손을 늘린다.

0553 [N3] ☐☐☐

娘

아가씨 **랑(낭)**

| 훈 | 아가씨 | むすめ | 娘 * 딸, 아가씨 | 一人娘 외동딸 | 孫娘 손녀딸 |
| 음 | 랑(낭) | — | | | |

10획 娘 娘 娘 娘 娘 娘 娘 娘 娘 娘

1歳になる**娘**が初めてママと呼んでくれた。 1살이 되는 딸이 처음으로 엄마라고 불러 주었다.

大事に育ててきた**一人娘**が嫁ぐのは何とも寂しい。 소중히 키워 온 외동딸이 시집가는 것은 참 쓸쓸하다.

0554 [N3] ☐☐☐

婦

며느리 **부**

| 훈 | 며느리 | — | | | |
| 음 | 부 | ふ | 主婦 * 주부 | 夫婦 * 부부 | 婦人 부인 | 新婦 신부 |

11획 婦 婦 婦 婦 婦 婦 婦 婦 婦 婦 婦

妻は仕事を辞めて**主婦**になった。 아내는 일을 그만두고 주부가 되었다.

私たち**夫婦**は共働きで家事を分担している。 우리 부부는 맞벌이라서 가사를 분담하고 있다.

0555 [N3] ☐☐☐

妻

아내 **처**

여자(女)와 빗자루(帚)를 합쳐 집 안을 청소하는 여자를 나타낸 글자

| 훈 | 아내 | つま | 妻 * 아내 | 人妻 유부녀 | 新妻 새댁 |
| 음 | 처 | さい | 愛妻家 애처가 | 夫妻 부부 | 妻子 처자식 |

8획 妻 妻 妻 妻 妻 妻 妻 妻

いつか**妻**と一緒に世界一周旅行がしたい。 언젠가 아내와 함께 세계 일주 여행을 하고 싶다.

彼は自他ともに認める**愛妻家**だ。 그는 자타 모두가 인정하는 애처가다.

0556 [N3] ☐☐☐

戚

친척 **척**

| 훈 | 친척 | — | |
| 음 | 척 | せき | 親戚 * 친척 |

11획 戚 戚 戚 戚 戚 戚 戚 戚 戚 戚 戚

親戚のおじさんからお年玉をもらった。 친척 아저씨로부터 세뱃돈을 받았다.

0557	[N2] ☐☐☐	

双

훈	쌍	ふた	**双子** 쌍둥이★ **双葉** 떡잎
음	쌍	そう	**双方** 쌍방 **双眼鏡** 쌍안경 **無双** 무쌍

4획 双 双 双 双

쌍 双

娘に**双子**の赤ちゃんが生まれました。 딸에게 쌍둥이 아기가 태어났습니다.

双方の合意により、無事契約が結ばれた。 쌍방 합의에 의해, 무사히 계약이 체결되었다.

0558	[N3] ☐☐☐	

偶

훈	짝	―	
음	우	ぐう	**偶然**★ 우연히 **配偶者** 배우자 **偶数** 우수, 짝수

11획 偶 偶 偶 偶 偶 偶 偶 偶 偶 偶 偶

짝 우

道で倒れた男性は**偶然**居合わせた医師に救われた。
길에서 쓰러진 남성은 우연히 그 자리에 있었던 의사에게 도움받았다.

配偶者は私より年上で、大工をしています。 배우자는 저보다 연상으로, 목수를 하고 있습니다.

0559	[N3] ☐☐☐	

団

훈	둥글	―	
음	단	だん	**団体**★ 단체 **集団** 집단 **財団** 재단 **団地** 단지
		とん	**布団**★ 이불, 이부자리

6획 団 団 団 団 団 団

둥글 단

団体でのご利用は事前予約が必要です。 단체로의 이용은 사전 예약이 필요합니다.

私は毎朝起きてすぐに**布団**を畳む。 나는 매일 아침 일어나서 곧바로 이불을 갠다.

0560	[N3] ☐☐☐	

独

훈	홀로	ひと(り)	**独り** 혼자, 독신 **独り者** 독신자
음	독	どく	**独身**★ 독신 **独立**★ 독립 **独特**★ 독특 **独断**★ 독단

9획 独 独 独 独 独 独 独 独 独

홀로 독

彼女は誰にも頼らず**独り**で頑張っている。 그녀는 누구에게도 의지하지 않고 혼자서 노력하고 있다.

一生**独身**で暮らす人が増えている。 평생 독신으로 지내는 사람이 늘고 있다.

0561 [N2] ☐☐☐

婚

혼인할 혼

훈	혼인할	—				
음	혼	こん	結婚★ 결혼 (けっこん)	結婚観★ 결혼관 (けっこんかん)	新婚 신혼 (しんこん)	婚約 혼약 (こんやく)

11획 婚 婚 婚 婚 婚 婚 婚 婚 婚 婚

会社で出会った方と**結婚**することになりました。 회사에서 만난 분과 결혼하게 되었습니다.

新婚の弟 夫婦は仲が良くてとても幸せそうだ。 신혼인 남동생 부부는 사이가 좋아서 매우 행복한 것 같다.

0562 [N2] ☐☐☐

姻

혼인 인

훈	혼인	—		
음	인	いん	婚姻 혼인 (こんいん)	姻族 인족, 혼인에 의하여 맺어진 친척 (いんぞく)

9획 姻 姻 姻 姻 姻 姻 姻 姻 姻

結婚式をしてから**婚姻**届を提出するつもりです。 결혼식을 하고 나서 혼인 신고서를 제출할 생각입니다.

私にとって、夫の両親や兄弟は**姻族**にあたる。 나에게 있어, 남편의 부모님과 형제는 인족에 해당한다.

0563 [N2] ☐☐☐

姓

성씨 성

훈	성씨	—			
음	성	せい	姓 성 (せい)	姓名 성명 (せいめい)	同姓 동성, 성이 같음 (どうせい)
		しょう	百姓 백성 (ひゃくしょう)		

8획 姓 姓 姓 姓 姓 姓 姓 姓

姉は結婚して**姓**が佐藤から田中に変わりました。 언니는 결혼하고 성이 사토에서 다나카로 바뀌었습니다.

昔は農業に携わる人のことを**百姓**と呼んだ。 옛날에는 농업에 종사하는 사람을 백성이라고 불렀다.

0564 [N2] ☐☐☐

歳

해/나이 세

훈	해/나이	—			
음	세	さい	歳 ~세★ (さい)	歳月 세월 (さいげつ)	歳末 연말 (さいまつ)
		せい	お歳暮 오세이보 (연말 선물) (せいぼ)	歳暮 연말, 세밑 (せいぼ)	

13획 歳 歳 歳 歳 歳 歳 歳 歳 歳 歳 歳 歳 歳

15**歳**の誕生日を周りの人から祝ってもらった。 15세 생일을 주변 사람들에게 축하받았다.

お世話になっていた元上司に**お歳暮**を贈った。 신세 지고 있던 전 상사에게 오세이보를 보냈다.

0565 [N2] ☐☐☐

齢

훈	나이	—
음	령(영)	れい	**年齢**[★] 연령　**高齢者**[★] 고령자　**樹齢** 수령, 나무의 나이

17획 齢 齢 齢 齢 齢 齢 齢 齢 齢 齢 齢 齢 齢 齢 齢 齢 齢

나이 령(영)

^{せいねん} ^{ねんれい} ^{さい ひ さ}
成年になる**年齢**が18歳に引き下げられました。 성년이 되는 연령이 18세로 낮춰졌습니다.

^{とうけい} ^{こうれいしゃ かず しだい ふ}
統計によると、**高齢者**の数は次第に増えている。 통계에 의하면, 고령자 수는 점점 늘고 있다.

0566 [N2] ☐☐☐

幼

훈	어릴	おさな(い)	**幼い**[★] 어리다　**幼なじみ** 소꿉친구
음	유	よう	**幼児** 유아　**幼稚**[★] 유치　**幼虫** 유충

5획 幼 幼 幼 幼 幼

어릴 유

작다(幺)와 힘(力)을 합쳐 힘이 작은 어린아이를 나타낸 글자

^{おさな ころ およ とくい}
幼い頃から泳ぎが得意だった。 어릴 때부터 헤엄이 특기였다.

^{まわ まいご ようじ ほご}
お巡りさんが迷子になった**幼児**を保護していた。 순경이 미아가 된 유아를 보호하고 있었다.

0567 [N2] ☐☐☐

稚

훈	어릴	—
음	치	ち	**幼稚**[★] 유치　**幼稚園**[★] 유치원　**稚拙** 치졸

13획 稚 稚 稚 稚 稚 稚 稚 稚 稚 稚 稚 稚 稚

어릴 치

^{おさな おとな ようち}
幼なじみは大人になっても**幼稚**ないたずらをしてくる。
소꿉친구는 어른이 되어도 유치한 장난을 걸어온다.

^{むすめ ようちえん だい す え がお つうえん}
娘は**幼稚園**が大好きで、いつも笑顔で通園する。
딸은 유치원을 정말 좋아해서, 항상 웃는 얼굴로 통원한다.

0568 [N2] ☐☐☐

児

훈	아이	—		
음	아	じ	**育児** 육아　**児童** 아동　**幼児** 유아
		に	**小児科** 소아과	

7획 児 児 児 児 児 児 児

아이 아

^{いくじ つま わたし ぶんたん おこな}
育児は妻と私が分担して行っている。 육아는 아내와 내가 분담해서 하고 있다.

^{ねつ だ むすめ しょうにか つ い}
熱を出している娘を**小児科**に連れて行った。 열이 나는 딸을 소아과에 데리고 갔다.

童

아이 동

훈 아이	わらべ	**童** 동자, 어린애	**童歌** 전래 동요
음 동	どう	**児童** 아동　**童話** 동화　**童心** 동심　**童顔** 동안	

12획 童 童 童 童 童 童 童 童 童 童 童 童

この曲は昔から歌い継がれてきた**童歌**です。 이 곡은 옛날부터 계속 불려 온 전래 동요입니다.
児童の安全を守るための活動を行っている。 아동의 안전을 지키기 위한 활동을 하고 있다.

老

늙을 로(노)

노인이 지팡이를 짚고
있는 모양을 본뜬 글자

훈 늙을	ふ(ける)	**老ける** 나이 들다, 늙다	
	お(いる)	**老いる** 늙다, 노쇠하다　**老い** 늙음, 늙은 사람	
음 로(노)	ろう	**老人** 노인　**長老** 장로	

6획 老 老 老 老 老 老

服のせいかいつもより**老けて**見える。 옷 때문인지 평소보다 나이 들어 보인다.
老人が眼鏡をかけて本を読んでいる。 노인이 안경을 끼고 책을 읽고 있다.

若

젊을 약

훈 젊을	わか(い)	**若い**★ 젊다　**若者**★ 청년, 젊은이　**若々しい** 무척 젊게 보이다	
	も(しくは)	**若しくは** 또는, 혹은	
음 약	じゃく	**若干**★ 약간　**若年** 젊은 나이, 약년, 약관	
	にゃく	**老若男女** 남녀노소	

8획 若 若 若 若 若 若 若 若

母は**若い**ころ地元でも有名な美人だったらしい。
어머니는 젊은 시절 고장에서도 유명한 미인이었다고 한다.

こちらの縫いぐるみは手作りなので個々に**若干**違いがあります。
이 인형은 수제품이므로 각각에 약간 차이가 있습니다.

0572 [N3] ☐☐☐

身

몸 **신**

훈	몸	み	身 몸　中身★ 내용물　身内 가족, 온몸　身分 신분
음	신	しん	身長★ 키, 신장　身体 신체　独身★ 독신　単身 단신, 혼자

7획 身 身 身 身 身 身 身

冷たい風が身にしみる時期になった。 찬 바람이 몸에 스미는 시기가 되었다.

冬休みの間、息子の身長が一気に伸びた。 겨울 방학 동안, 아들의 키가 단숨에 자랐다.

0573 [N3] ☐☐☐

血

피 **혈**

훈	피	ち	血 피　鼻血 코피　血走る 핏발이 서다, 충혈되다
음	혈	けつ	血液★ 혈액　血圧★ 혈압　血統 혈통　血液型★ 혈액형

6획 血 血 血 血 血 血

社長はお金に関しては血も涙もない。 사장님은 돈에 관해서는 피도 눈물도 없다.

水分が足りないと血液がドロドロになるそうだ。 수분이 부족하면 혈액이 걸쭉해진다고 한다.

0574 [N3] ☐☐☐

骨

뼈 **골**

훈	뼈	ほね	骨 뼈　骨折り 노력, 수고
음	골	こつ	骨折★ 뼈가 부러짐, 골절　遺骨 유골　露骨★ 노골

10획 骨 骨 骨 骨 骨 骨 骨 骨 骨 骨

カルシウムは骨を構成する重要な成分だ。 칼슘은 뼈를 구성하는 중요한 성분이다.

階段で転んで足を骨折した。 계단에서 굴러서 다리 뼈가 부러졌다.

0575 [N3] ☐☐☐

首

머리 **수**

훈	머리	くび	首★ 목, 모가지　足首 발목　手首 손목　首飾り 목걸이
음	수	しゅ	首席 수석　首都★ 수도　自首 자수　首脳 수뇌, 정상

9획 首 首 首 首 首 首 首 首 首

寝違えて首が痛い。 잠을 잘못 자서 목이 아프다.

首席で卒業するなんてすごい。 수석으로 졸업하다니 대단해.

0576 [N2] □□□

鼻

코 비

훈	코	はな	鼻 ★코	鼻水 콧물	鼻血 코피	鼻歌 콧노래
			はな	はなみず	はなぢ	はなうた
음	비	び	耳鼻科 이비인후과	鼻炎 비염	鼻孔 콧구멍	
			じびか	びえん	びこう	

14획 鼻 鼻 鼻 鼻 鼻 鼻 鼻 鼻 鼻 鼻 鼻 鼻 鼻 鼻

ティッシュで**鼻**を強くかんだ。 티슈로 코를 세게 풀었다.
はな　つよ

最近**鼻**づまりが続いて**耳鼻科**に行った。 최근 코 막힘이 계속되어 이비인후과에 갔다.
さいきんはな　　　　つづ　　じびか　い

0577 [N3] □□□

息

쉴 식

사람의 코로 공기가 들어
가는 모양을 본뜬 글자

훈	쉴	いき	息 ★숨, 호흡	一息 단숨	ため息 한숨, 탄식	
			いき	ひといき	いき	
음	식	そく	休息 휴식	終息 종식	生息 서식, 번식	嘆息 탄식
			きゅうそく	しゅうそく	せいそく	たんそく

10획 息 息 息 息 息 息 息 息 息 息

発表の前に大きく**息**を吐いたら少し落ち着いた。 발표 전에 크게 숨을 내뱉자 조금 안정되었다.
はっぴょう　まえ　おお　　いき　は　　　すこ　お　つ

社内に**休息**スペースが新しくできるそうだ。 사내에 휴식 공간이 새롭게 생긴다고 한다.
しゃない　きゅうそく　　　　　　あたら

0578 [N3] □□□

吸

마실 흡

훈	마실	す(う)	吸う (공기 따위를) 들이마시다		
			す		
음	흡	きゅう	呼吸 ★호흡	吸収 흡수	吸引 흡인, 빨아들임
			こきゅう	きゅうしゅう	きゅういん

6획 吸 吸 吸 吸 吸 吸

春は花粉がひどくて**息**を**吸う**のも苦しい。 봄에는 꽃가루가 심해서 숨을 들이마시는 것도 괴롭다.
はる　かふん　　　　　　いき　す　　　　くる

不安を感じると**呼吸**が速くなりがちだ。 불안을 느끼면 호흡이 빨라지기 쉽다.
ふあん　かん　　　こきゅう　はや

0579 [N2] □□□

額

이마 액

훈	이마	ひたい	額 ★이마	猫の額 (고양이의 이마처럼) 작은 범위		
			ひたい	ねこ　ひたい		
음	액	がく	金額 금액	総額 ★총액	半額 ★반액	高額 ★고액
			きんがく	そうがく	はんがく	こうがく

18획 額 額 額 額 額 額 額 額 額 額 額 額 額 額 額 額 額 額

熱を下げるために**額**に冷たいタオルをのせた。 열을 내리기 위해서 이마에 차가운 수건을 올렸다.
ねつ　さ　　　　　　ひたい　つめ

数量や**金額**に間違いがないようにしてください。 수량이나 금액에 오류가 없도록 해 주세요.
すうりょう　きんがく　まちが

0580 [N2] ☐☐☐

毛

터럭 **모**

여러 갈래로 뻗어 있는
털 모양을 본뜬 글자

| 훈 | 터럭 | け | 毛* 털　毛糸* 털실　抜け毛 빠진 (머리)털　眉毛 눈썹 |
| 음 | 모 | もう | 毛髪 모발　羊毛 양모, 양털　毛布 모포, 담요 |

4획 毛 毛 毛 毛

体の毛は体温を保ってくれる。 몸의 털은 체온을 유지해 준다.
年を取って毛髪が細くなった。 나이를 먹고 모발이 얇아졌다.

0581 [N2] ☐☐☐

髪

머리 **발**

| 훈 | 머리 | かみ | 髪* 머리카락　髪型* 머리 모양　前髪 앞머리 |
| 음 | 발 | はつ | 白髪 백발　頭髪 두발　整髪 이발 |

14획 髪 髪 髪 髪 髪 髪 髪 髪 髪 髪 髪 髪 髪 髪

料理をするとき邪魔にならないよう髪を結んだ。 요리를 할 때 방해되지 않도록 머리카락을 묶었다.
白髪の老人が駅員に道を尋ねていた。 백발의 노인이 역무원에게 길을 묻고 있었다.

0582 [N3] ☐☐☐

涙

눈물 **루(누)**

| 훈 | 눈물 | なみだ | 涙* 눈물　涙ぐむ 눈물짓다　涙ぐましい 눈물겹다 |
| 음 | 루(누) | るい | 涙腺 눈물샘　感涙 감루, 감격의 눈물 |

10획 涙 涙 涙 涙 涙 涙 涙 涙 涙 涙

映画のラストシーンが感動的で涙が止まらなかった。
영화의 마지막 장면이 감동적이라 눈물이 멈추지 않았다.
年を取ったせいか、涙腺が緩くなった気がする。 나이를 먹은 탓인지, 눈물샘이 느슨해진 느낌이 든다.

0583 [N3] ☐☐☐

汗

땀 **한**

| 훈 | 땀 | あせ | 汗* 땀　汗ばむ 땀이 나다 |
| 음 | 한 | かん | 発汗 땀을 냄, 발한 |

6획 汗 汗 汗 汗 汗 汗

最近暑くなって、ちょっと外を歩くだけでも汗をかく。
최근 더워져서, 조금 바깥을 걷는 것만으로도 땀을 흘린다.
人は体内の熱を外に逃がすために発汗する。 사람은 체내의 열을 밖으로 빠져나가게 하기 위해 땀을 낸다.

0584 [N3] □□□

胸
가슴 흉

훈	가슴	むね	胸* 가슴
		むな	胸騒ぎ 가슴이 두근거림, 설렘
음	흉	きょう	胸中 심정, 가슴 속　胸部 흉부　胸囲 가슴둘레

10획 　胸 胸 胸 胸 胸 胸 胸 胸 胸 胸

初めての舞台を控えて胸がどきどきする。 첫 무대를 앞두고 가슴이 두근거린다.

被害者はマスコミに悲痛な胸中を語った。 피해자는 매스컴에 비통한 심정을 말했다.

0585 [N2] □□□

腹
배 복

| 훈 | 배 | はら | 腹 배　腹立つ* 화가 나다　裏腹* 정반대, 모순됨 |
| 음 | 복 | ふく | 空腹 공복　腹痛 복통　満腹 배부름　山腹 산허리 |

13획 　腹 腹 腹 腹 腹 腹 腹 腹 腹 腹 腹 腹 腹

緊張のせいか急に腹が痛くなってきた。 긴장 탓인지 갑자기 배가 아파졌다.

空腹のときにこの薬を飲むと胃が荒れる恐れがあります。
공복 때 이 약을 먹으면 위가 아파질 우려가 있습니다.

0586 [N3] □□□

腰
허리 요

| 훈 | 허리 | こし | 腰 허리*　物腰 말씨, 언행　弱腰 소극적인 태도 |
| 음 | 요 | よう | 腰痛 요통　腰部 요부, 허리 부분 |

13획 　腰 腰 腰 腰 腰 腰 腰 腰 腰 腰 腰 腰 腰

祖母は最近、腰が曲がってきたようだ。 할머니는 최근, 허리가 굽기 시작한 것 같다.

腰痛がひどくなり、整形外科を受診した。 요통이 심해져서, 정형외과에서 진찰받았다.

0587 [N2] □□□

腕
팔 완

| 훈 | 팔 | うで | 腕* 팔　腕前* 솜씨, 역량　腕時計 손목시계 |
| 음 | 완 | わん | 手腕* 수완　腕力 완력　敏腕 민완, 솜씨가 뛰어남 |

12획 　腕 腕 腕 腕 腕 腕 腕 腕 腕 腕 腕 腕

腕に筋肉をつけたいなら腕立て伏せがおすすめです。
팔에 근육을 붙이고 싶다면 팔굽혀 펴기를 추천합니다.

彼は父の会社を継ぎ、経営者として手腕を発揮した。
그는 아버지의 회사를 이어 받아, 경영자로서 수완을 발휘했다.

0588 [N3] ☐☐☐

肩

어깨 **견**

훈	어깨	かた	^{かた}肩* 어깨　^{りょうかた}両肩* 양 어깨　^{かた が}肩書き* 직함, 지위　^{かた み}肩身* 체면
음	견	けん	^{けんこうこつ}肩甲骨 견갑골, 어깨뼈　^{けんしょう}肩章 견장　^{ひ けん}比肩 비견, 필적

8획　肩 肩 肩 肩 肩 肩 肩 肩

^{せき}席で^{い ねむ}居眠りしている^{ゆうじん}友人の肩を^{たた}叩いて^お起こした。 자리에서 앉아 졸고 있는 친구의 어깨를 두드려서 깨웠다.

^{けんこうこつ}肩甲骨^{つまわ}周りをストレッチすれば^{かた こ}肩凝りが^{かる}軽くなる。 견갑골 주위를 스트레칭하면 어깨 결림이 가벼워진다.

0589 [N3] ☐☐☐

背

등 **배**

훈	등	せ	^せ背* 키, 등　^{せ なか}背中* 등　^{せ たけ}背丈 신장
		せい	^{せい}背 높이, 키
		そむ(く)	^{そむ}背く 등지다
		そむ(ける)	^{そむ}背ける (등을) 돌리다, 외면하다
음	배	はい	^{はいけい}背景* 배경　^{はい ご}背後 배후

9획　背 背 背 背 背 背 背 背 背

^{むすめ}娘は^{どうねんだい}同年代の^こ子に^{くら}比べて^{せ たか}背が高いほうだ。 딸은 또래 아이에 비해서 키가 큰 편이다.

^{あざ}鮮やかな^{こうよう}紅葉を^{はいけい}背景に^{しゃしん}写真を^と撮った。 선명한 단풍을 배경으로 사진을 찍었다.

0590 [N3] ☐☐☐

皮

가죽 **피**

훈	가죽	かわ	^{かわ}皮 껍질, 가죽　^{け がわ}毛皮 털가죽, 모피
음	피	ひ	^{ひ ふ}皮膚 피부　^{ひ にく}皮肉* 빈정거림　^{ひょう ひ}表皮 표피　^{ひ かく}皮革 피혁, 가죽

5획　皮 皮 皮 皮 皮

ナイフでりんごの^{かわ}皮をむいた。 나이프로 사과 껍질을 벗겼다.

アレルギー^{はんのう}反応で^{ひ ふ}皮膚が^{あか}赤くなった。 알레르기 반응으로 피부가 빨개졌다.

0591 [N2] ☐☐☐

膚

살갗 **부**

훈	살갗	—	
음	부	ふ	^{ひ ふ}皮膚 피부

15획　膚 膚 膚 膚 膚 膚 膚 膚 膚 膚 膚 膚 膚 膚 膚

アレルギーがあってカニを^た食べると^{ひ ふ}皮膚がかゆくなる。
알레르기가 있어서 게를 먹으면 피부가 가려워진다.

0592 [N2] ☐☐☐

肌

살 기

훈 살	はだ	はだ 肌 피부, 살	とりはだ 鳥肌 소름, 닭살	すはだ 素肌 맨살	はだいろ 肌色 살색
음 기	―				

6획 肌 肌 肌 肌 肌 肌

あか　　　　はだ　　とうき
赤ちゃんの肌は陶器のようにすべすべしている。 아기 피부는 도자기같이 매끈매끈하다.

ともだち　　しんれいたいけん　　はなし　き　　とりはだ　た
友達から心霊体験の話を聞いて鳥肌が立った。 친구로부터 심령 체험 이야기를 듣고 소름이 돋았다.

0593 [N3] ☐☐☐

姿

모양 자

훈 모양	すがた	すがた 姿* 모습, 모양	うし　すがた 後ろ姿 뒷모습		
음 자	し	ようし 容姿* 외모, 용모와 자태	しせい 姿勢* 자세		

9획 姿 姿 姿 姿 姿 姿 姿 姿 姿

ひさ　　　み　まご　すがた　せいちょう　かん
久しぶりに見る孫の姿に成長を感じた。 오랜만에 보는 손주의 모습에 성장을 느꼈다.

たけだ　　　　ようし　　　　　あたま
竹田さんは容姿だけでなく頭もいい。 다케다 씨는 외모뿐 아니라 머리도 좋다.

0594 [N3] ☐☐☐

美

아름다울 미

크다(大)와 양(羊)을 합
쳐 양이 크고 살쪄 아
름답다는 것을 나타낸
글자

훈 아름다울	うつく(しい)	うつく 美しい* 아름답다	うつく 美しさ 아름다움		
음 미	び	びじん 美人 미인	びよう 美容 미용	びじゅつ 美術 미술	さんび 賛美 찬미

9획 美 美 美 美 美 美 美 美 美

たてもの　　　　　　　　　　　　　うつく　やけい　み
この建物のスカイラウンジでは美しい夜景が見られる。
이 건물의 스카이라운지에서는 아름다운 야경을 볼 수 있다.

あね　じ たとも　みと　　びじん
姉は自他共に認める美人だ。 언니는 자타 모두 인정하는 미인이다.

0595 [N3] ☐☐☐

容

얼굴 용

훈 얼굴	―				
음 용	よう	びよう 美容 미용	ないよう 内容* 내용	ようい 容易 용이, 쉬움	ようき 容器* 용기

10획 容 容 容 容 容 容 容 容 容 容

けんこう　びよう　　た　もの
はちみつは健康と美容にいい食べ物だ。 벌꿀은 건강과 미용에 좋은 음식이다.

ほん　ないよう　むずか　　りかい
本の内容が難しすぎて理解できなかった。 책의 내용이 너무 어려워서 이해할 수 없었다.

0596 [N3] □□□

胃

밥통 **위**

훈	밥통	—
음	위	い	胃★ 위　胃薬 위약　胃酸 위산

9획 ｜ 㐅 日 甲 甲 甲 胃 胃 胃

胃の検査の当日は絶食でお越しください。 위 검사 당일은 단식하고 와 주세요.

胃もたれがひどくて胃薬を飲んだ。 더부룩함이 심해서 위약을 먹었다.

0597 [N2] □□□

脳

머리 **뇌**

훈	머리	—
음	뇌	のう	脳 뇌　頭脳 두뇌　首脳 수뇌, 정상

11획 ｜ 刀 月 月 肜 肜 肜 肜 脳 脳 脳

人間は他の動物に比べて脳がとりわけ大きい。 인간은 다른 동물에 비해서 뇌가 유난히 크다.

各国の首脳が集まって環境問題について話し合った。
각국의 수뇌가 모여 환경 문제에 대해서 이야기를 나눴다.

0598 [N2] □□□

脂

기름 **지**

훈	기름	あぶら	脂 기름　脂ぎる 기름기가 돌다, 기름지다
음	지	し	脂肪 지방　脂質 지질, 지방 성분

10획 ｜ 刀 月 月 肜 肜 肜 脂 脂 脂

旬の本マグロは脂が乗っていておいしい。 제철인 참다랑어는 기름이 올라 있어 맛있다.

最近、お腹周りに脂肪がついてきた気がする。 최근, 배 주위에 지방이 붙기 시작한 느낌이 든다.

0599 [N2] □□□

臓

오장 **장**

훈	오장	—
음	장	ぞう	臓器 장기　肝臓★ 간장, 간　心臓 심장　内臓 내장

19획 ｜ 刀 月 肝 肝 肝 肝 胪 胪 腩 腩 腩 腩 腩 腩 臓 臓 臓

臓器の提供には本人や家族の同意が必要だ。 장기 제공에는 본인이나 가족의 동의가 필요하다.

過度な飲酒により肝臓の病気になった。 과도한 음주로 인해 간장병에 걸렸다.

0600 [N3] □□□

器

그릇 기

훈	그릇	うつわ	<ruby>器<rt>うつわ</rt></ruby> 그릇	
음	기	き	<ruby>食器<rt>しょっき</rt></ruby>★ 식기	<ruby>容器<rt>ようき</rt></ruby>★ 용기, 그릇 <ruby>楽器<rt>がっき</rt></ruby>★ 악기

15획 器 器 器 器 器 器 器 器 器 器 器 器 器 器 器

<ruby>家族<rt>かぞく</rt></ruby>の<ruby>人数<rt>にんずう</rt></ruby>に<ruby>合<rt>あ</rt></ruby>わせて**器**を<ruby>買<rt>か</rt></ruby>った。 가족 인원수에 맞춰서 그릇을 샀다.

<ruby>料理<rt>りょうり</rt></ruby>を**<ruby>食器<rt>しょっき</rt></ruby>**においしそうに<ruby>盛<rt>も</rt></ruby>り<ruby>付<rt>つ</rt></ruby>けた。 요리를 식기에 맛있어 보이게 담았다.

건강

0601 [N3] □□□

健

튼튼할 건

훈	튼튼할	すこ(やか)	<ruby>健<rt>すこ</rt></ruby>やかだ★ 튼튼하다, 건강하다	
음	건	けん	<ruby>健全<rt>けんぜん</rt></ruby> 건전	<ruby>保健<rt>ほけん</rt></ruby> 보건 <ruby>健闘<rt>けんとう</rt></ruby> 건투

11획 健 健 健 健 健 健 健 健 健 健 健

<ruby>子供<rt>こども</rt></ruby>が**<ruby>健<rt>すこ</rt></ruby>やか**に<ruby>成長<rt>せいちょう</rt></ruby>することを<ruby>願<rt>ねが</rt></ruby>っている。 아이가 튼튼하게 성장하기를 바라고 있다.

<ruby>健全<rt>けんぜん</rt></ruby>な<ruby>心<rt>こころ</rt></ruby>は**<ruby>健全<rt>けんぜん</rt></ruby>**な<ruby>体<rt>からだ</rt></ruby>に<ruby>宿<rt>やど</rt></ruby>るものだ。 건전한 마음은 건전한 몸에 깃드는 법이다.

0602 [N3] □□□

康

편안할 강

훈	편안할	―		
음	강	こう	<ruby>健康<rt>けんこう</rt></ruby>★ 건강	

11획 康 康 康 康 康 康 康 康 康 康 康

バランスの<ruby>取<rt>と</rt></ruby>れた<ruby>食事<rt>しょくじ</rt></ruby>は**<ruby>健康<rt>けんこう</rt></ruby>**な<ruby>体<rt>からだ</rt></ruby>づくりに<ruby>欠<rt>か</rt></ruby>かせない。
균형 잡힌 식사는 건강한 몸 만들기에 빼놓을 수 없다.

0603 [N3] □□□

疲

피곤할 피

훈	피곤할	つか(れる)	<ruby>疲<rt>つか</rt></ruby>れる★ 지치다, 피로해지다	<ruby>疲<rt>つか</rt></ruby>れ★ 피로
음	피	ひ	<ruby>疲労<rt>ひろう</rt></ruby> 피로	<ruby>疲弊<rt>ひへい</rt></ruby> 피폐

10획 疲 疲 疲 疲 疲 疲 疲 疲 疲 疲

<ruby>主人<rt>しゅじん</rt></ruby>はこのところ<ruby>残業続<rt>ざんぎょうつづ</rt></ruby>きで**<ruby>疲<rt>つか</rt></ruby>れ**ているようだ。 남편은 요즘 들어 야근이 계속돼서 지친 것 같다.

<ruby>疲労<rt>ひろう</rt></ruby>がたまっているときは<ruby>休息<rt>きゅうそく</rt></ruby>を<ruby>取<rt>と</rt></ruby>るのが<ruby>一番<rt>いちばん</rt></ruby>です。
피로가 쌓여 있을 때는 휴식을 취하는 것이 가장 좋습니다.

0604 [N3] ☐☐☐

痛

아플 **통**

병들다(疒)와 종(甬)을
합쳐 종이 울리듯 통증
이 온몸으로 퍼지는 것
을 나타낸 글자

훈	아플	いた(い)	痛い* 아프다, 괴롭다	痛さ 아픔, 아픈 정도
		いた(む)	痛む* 아프다, 괴롭다	痛み 통증, 아픔 / 痛み止め 진통제
		いた(める)	痛める 아프게 하다	
음	통	つう	頭痛* 두통 / 腹痛 복통 / 苦痛 고통 / 痛感 통감	

12획 痛痛痛痛痛痛痛痛痛痛痛痛

世界の貧困の現状を知り、胸が痛くなった。 세계 빈곤의 현상을 알고, 가슴이 아파졌다.

薬を飲んでも頭痛が治まらず、会社を欠勤した。 약을 먹어도 두통이 가라앉지 않아, 회사를 결근했다.

0605 [N2] ☐☐☐

症

증세 **증**

훈	증세	—	
음	증	しょう	症状* 증상 / 炎症 염증 / 重症 중증

10획 症症症症症症症症症症

一晩寝て起きたら頭痛の症状がなくなった。 하룻밤 자고 일어나니 두통 증상이 없어졌다.

病院で皮膚の炎症を抑える塗り薬を処方してもらった。
병원에서 피부 염증을 억제하는 연고를 처방받았다.

0606 [N2] ☐☐☐

患

근심 **환**

꼬챙이(串)와 마음(心)
을 합쳐 마음의 근심을
나타낸 글자

훈	근심	わずら(う)	患う* (병을) 앓다	長患い 오랜 병, 숙환
음	환	かん	患者* 환자 / 疾患 질환 / 患部 환부	

11획 患患患患患患患患患患患

病気を患って入院している友人のお見舞いに行った。 병을 앓아 입원해 있는 친구의 병문안을 갔다.

今月に入ってインフルエンザの患者が増えている。 이번 달에 들어서 인플루엔자 환자가 늘고 있다.

0607 [N2] ☐☐☐

毒

독 **독**

훈	독	—	
음	독	どく	消毒* 소독 / 気の毒* 딱함, 가여움 / 中毒 중독 / 毒薬 독약

8획 毒毒毒毒毒毒毒毒

傷口を消毒してから薬を塗った。 상처를 소독하고 나서 약을 발랐다.

過労で入院とは気の毒な話だ。 과로로 입원이라니 딱한 이야기이다.

傷

다칠 상

훈 다칠	きず	傷★ 흠집, 상처　傷つく 다치다, 상처 입다
	いた(む)	傷む★ 상하다, 파손되다
	いた(める)	傷める 흠내다, 상하게 하다
음 상	しょう	負傷 부상　軽傷★ 경상　重傷 중상　傷害 상해

13획 傷 傷 傷 傷 傷 傷 傷 傷 傷 傷 傷 傷 傷

友達の車に誤って傷を付けてしまった。 친구의 차에 실수로 흠집을 내고 말았다.

負傷した肩が完治するまで2か月はかかると言われた。
부상한 어깨가 완치되기까지 2개월은 걸린다고 들었다.

헷갈리는 단어 모아보기

| 동음이의어 | 傷む | 상하다, 파손되다 | 桃が傷んだ。 복숭아가 상했다. |
| | 痛む | 아프다, 괴롭다 | 頭が痛む。 머리가 아프다. |

傷むと痛むは 모두 いたむ로 발음된다. 傷むは 물건이나 음식이 상하다 또는 흠집나거나 파손되다, 痛むは 몸이나 마음이 아프다라는 뜻이다.

耗

줄 모

훈 줄	─	
음 모	もう	消耗 소모
	こう	心神耗弱 심신미약

10획 耗 耗 耗 耗 耗 耗 耗 耗 耗 耗

マラソンは体力の消耗が激しいスポーツです。 마라톤은 체력 소모가 심한 스포츠입니다.

過度なアルコールの摂取は心神耗弱に繋がりうる。 과도한 알코올 섭취는 심신미약으로 이어질 수 있다.

復

회복할 복
다시 부

| 훈 회복할/다시 | ─ | |
| 음 복/부 | ふく | 回復★ 회복　復習 복습　往復★ 왕복　報復 보복 |

12획 復 復 復 復 復 復 復 復 復 復 復 復

母の病状はみるみる回復していった。 어머니의 병세는 금세 회복되어 갔다.

毎晩その日に習ったことを復習している。 매일 밤 그날에 배운 것을 복습하고 있다.

護

훈	도울/ 보호할	—				
음	호	ご	かい ご **介護**★ 간호	かん ご し **看護師**★ 간호사	ほ ご **保護** 보호	べん ご **弁護** 변호

20획 護

도울/보호할 **호**

こうれい か ともな かい ご ひつよう ひと ふ
高齢化に伴って**介護**を必要とする人が増えている。 고령화에 따라 간호를 필요로 하는 사람이 늘고 있다.

こっか し けん ごうかく かん ご し し かく しゅとく
国家試験に合格して**看護師**の資格を取得した。 국가 시험에 합격해서 간호사 자격을 취득했다.

診

훈	진찰할	み(る)	み **診る**★ 진찰하다			
음	진	しん	しんだん **診断**★ 진단	だ しん **打診**★ 타진	しんりょう **診療** 진료	しんさつ **診察** 진찰

12획 診 診 診 診 診 診 診 診 診 診 診 診

진찰할 **진**

ふくつう つづ しゅじ い み
腹痛が続くなら、主治医に**診**てもらったほうがいいよ。
복통이 계속된다면, 주치의에게 진찰받는 편이 좋아.

びょういん い しゃ かる はいえん しんだん
病院で医者に軽い肺炎だと**診断**された。 병원에서 의사에게 가벼운 폐렴이라고 진단받았다.

療

훈	병 고칠	—				
음	료(요)	りょう	ち りょう **治療**★ 치료	い りょう **医療**★ 의료	りょうよう **療養** 요양	しんりょう **診療** 진료

17획 療 療 療 療 療 療 療 療 療 療 療 療 療 療 療 療 療

병 고칠 **료(요)**

ち りょう ひ ふ か かよ
にきびの**治療**のため、皮膚科に通っています。 여드름 치료를 위해, 피부과에 다니고 있습니다.

い りょう しん ぽ こくみん へいきんじゅみょう の
医療の進歩により、国民の平均寿命が延びた。 의료의 진보에 의해, 국민의 평균 수명이 연장되었다.

検

훈	검사할	—				
음	검	けん	てんけん **点検**★ 점검	けんとう **検討**★ 검토	けん さ **検査**★ 검사	けんてい **検定** 검정

12획 検 検 検 検 検 検 検 検 検 検 検 検

검사할 **검**

あんぜん ねん いち ど てんけん
安全のために年に一度はガスの**点検**をしている。 안전을 위해서 1년에 한 번은 가스 점검을 하고 있다.

あたら じ ぎょう けいかく しんけん けんとう
新しい事業の計画を真剣に**検討**した。 새로운 사업의 계획을 진지하게 검토했다.

0615 [N3] ☐☐☐

査

조사할 사

훈	조사할	—				
음	사	さ	**検査**✻ 검사	**捜査** 수사	**調査**✻ 조사	**巡査** 순경

9획 査 査 査 査 査 査 査 査 査

視力が急に落ちたような気がして**検査**を受けに行った。
시력이 갑자기 떨어진 것 같아 검사를 받으러 갔다.

今週中に検察が**捜査**の結果を発表するという。 이번 주 중에 검찰이 수사 결과를 발표한다고 한다.

0616 [N3] ☐☐☐

射

쏠 사

훈	쏠	い(る)	**射る**✻ (활을) 쏘다, (쏘아서) 맞히다			
음	사	しゃ	**注射**✻ 주사	**反射** 반사	**発射** 발사	**日射病** 일사병

10획 射 射 射 射 射 射 射 射 射 射

彼女は矢を**射た**瞬間、勝利を確信したという。 그녀는 화살을 쏜 순간, 승리를 확신했다고 한다.

インフルエンザ予防の**注射**を打ちに病院へ行った。 독감 예방 주사를 맞으러 병원에 갔다.

0617 [N2] ☐☐☐

刺

찌를 자

가시(束)와 칼(刂)을 합쳐 찌르는 것을 나타낸 글자

훈	찌를	さ(す)	**刺す**✻ 찌르다, 쏘다	**刺し殺す** 찔러 죽이다	**刺身** 생선회
		さ(さる)	**刺さる** 박히다, 찔리다		
음	자	し	**刺激**✻ 자극	**名刺**✻ 명함	**刺繍** 자수	**風刺** 풍자

8획 刺 刺 刺 刺 刺 刺 刺 刺

注射の針を**刺された**瞬間、ちくっと痛かった。 주삿바늘이 찔러진 순간, 따끔하고 아팠다.

激辛料理など**刺激**が強い食べ物は胃腸に負担をかける。
몹시 매운 요리 등 자극이 강한 음식은 위장에 부담을 준다.

0618 [N3] ☐☐☐

命

목숨 명

훈	목숨	いのち	**命** 목숨	**命綱** 구명줄	**命拾い** 목숨을 건짐
음	명	めい	**生命** 생명	**運命**✻ 운명	**使命** 사명	**命令**✻ 명령
		みょう	**寿命** 수명			

8획 命 命 命 命 命 命 命 命

息子はゲームに**命**を懸けているようだ。 아들은 게임에 목숨을 걸고 있는 것 같다.

生命のある全ての生き物を大切にしよう。 생명이 있는 모든 살아있는 것을 소중히 하자.

맞은 개수:　／40

색이 있는 한자의 발음을 밑줄에 쓴 다음, 괄호 안에 단어의 뜻을 써 보세요.

01	年齢	ねん＿＿＿	（	）	**21**	疲れる	＿＿＿れる	（	）

01 年齢　ねん＿＿＿　（　　　　）
02 休息　きゅう＿＿＿　（　　　　）
03 老ける　＿＿＿ける　（　　　　）
04 毛　＿＿＿　（　　　　）
05 背景　＿＿＿けい　（　　　　）
06 児童　じ＿＿＿　（　　　　）
07 健やかだ　＿＿＿やかだ　（　　　　）
08 姿　＿＿＿　（　　　　）
09 刺す　＿＿＿す　（　　　　）
10 頭痛　ず＿＿＿　（　　　　）
11 呼吸　こ＿＿＿　（　　　　）
12 脳　＿＿＿　（　　　　）
13 生命　せい＿＿＿　（　　　　）
14 若い　＿＿＿い　（　　　　）
15 主婦　しゅ＿＿＿　（　　　　）
16 身長　＿＿＿ちょう　（　　　　）
17 皮膚　ひ＿＿＿　（　　　　）
18 誰　＿＿＿　（　　　　）
19 美人　＿＿＿じん　（　　　　）
20 肩　＿＿＿　（　　　　）

21 疲れる　＿＿＿れる　（　　　　）
22 射る　＿＿＿る　（　　　　）
23 腰　＿＿＿　（　　　　）
24 臓器　＿＿＿き　（　　　　）
25 親戚　しん＿＿＿　（　　　　）
26 幼児　＿＿＿じ　（　　　　）
27 肌　＿＿＿　（　　　　）
28 双子　＿＿＿ご　（　　　　）
29 健康　けん＿＿＿　（　　　　）
30 汗　＿＿＿　（　　　　）
31 傷　＿＿＿　（　　　　）
32 首　＿＿＿　（　　　　）
33 患者　＿＿＿じゃ　（　　　　）
34 胸　＿＿＿　（　　　　）
35 診断　＿＿＿だん　（　　　　）
36 孫　＿＿＿　（　　　　）
37 検査　けん＿＿＿　（　　　　）
38 君　＿＿＿　（　　　　）
39 骨　＿＿＿　（　　　　）
40 血液　＿＿＿えき　（　　　　）

정답　01 ねんれい 연령 02 きゅうそく 휴식 03 ふける 나이 들다, 늙다 04 け 털 05 はいけい 배경 06 じどう 아동 07 すこやかだ 튼튼하다, 건강하다
08 すがた 모습, 모양 09 さす 찌르다, 쏘다 10 ずつう 두통 11 こきゅう 호흡 12 のう 뇌 13 せいめい 생명 14 わかい 젊다 15 しゅふ 주부
16 しんちょう 키, 신장 17 ひふ 피부 18 だれ 누구 19 びじん 미인 20 かた 어깨 21 つかれる 지치다, 피로해지다 22 いる (활을) 쏘다, (쏘아서) 맞히다
23 こし 허리 24 ぞうき 장기 25 しんせき 친척 26 ようじ 유아 27 はだ 피부, 살 28 ふたご 쌍둥이 29 けんこう 건강 30 あせ 땀 31 きず 흠집, 상처
32 くび 목, 모가지 33 かんじゃ 환자 34 むね 가슴 35 しんだん 진단 36 まご 손주 37 けんさ 검사 38 きみ 너, 그대 39 ほね 뼈 40 けつえき 혈액

소통·교류

MP3 바로 듣기

★은 JLPT/JPT 기출 단어입니다.

0619 [N3] □□□

申

펼/알릴 **신**

훈	펼/알릴	もう(す)	**申す** ★ (말을) 하다 (言う의 겸양어) **申し込み** ★ 신청
음	신	しん	**申告** 신고 **申請** 신청, 출원

5획 申 申 申 申 申

本日入社いたしました山田と**申します**。 오늘 입사한 야마다라고 합니다.
税関に**申告**する品目を届けに記入した。 세관에 신고할 품목을 신고서에 기입했다.

0620 [N3] □□□

告

고할 **고**

훈	고할	つ(げる)	**告げる** 알리다, 고하다
음	고	こく	**広告** ★ 광고 **報告** ★ 보고 **忠告** ★ 충고 **警告** 경고

7획 告 告 告 告 告 告 告

タクシーの運転手に行き先を**告げた**。 택시 운전 기사에게 행선지를 알렸다.
ネットの**広告**にひかれて商品を購入した。 인터넷 광고에 끌려서 상품을 구입했다.

0621 [N3] □□□

令

하여금 **령(영)**

훈	하여금	ㅡ	
음	령(영)	れい	**命令** ★ 명령 **号令** 구령, 호령 **法令** 법령 **令嬢** 영애

5획 令 令 令 令 令

行方不明者を探すため出動の**命令**が下された。 행방 불명자를 찾기 위해 출동 명령이 내려졌다.
子供たちが先生の**号令**に合わせて体操を行った。 아이들이 선생님의 구령에 맞춰 체조를 했다.

0622 [N3] □□□

宣

훈	베풀/ 널리 펼	—				
음	선	せん	**宣伝**[★] 선전 せんでん	**宣言**[★] 선언 せんげん	**宣告** 선고 せんこく	**宣誓** 선서 せんせい

9획 宣 宣 宣 宣 宣 宣 宣 宣 宣

베풀/널리 펼 **선**

新商品をテレビ広告で大々的に宣伝しましょう。 신상품을 텔레비전 광고로 대대적으로 선전합시다.
しんしょうひん　　　　こうこく　だいだいてき　せんでん

彼はダイエットを宣言しても3日と続かない。 그는 다이어트를 선언해도 3일도 계속하지 못한다.
かれ　　　　　　せんげん　　　か　つづ

0623 [N2] □□□

討

훈	칠	う(つ)	**討つ** 무찌르다, 치다 う	**敵討ち** 앙갚음, 복수 かたき う	
음	토	とう	**討論**[★] 토론 とうろん	**検討**[★] 검토 けんとう	**討議**[★] 토의 とうぎ

10획 討 討 討 討 討 討 討 討 討 討

칠 **토**

家族の敵を討つ話はよく小説の題材にされる。 가족의 원수를 무찌르는 이야기는 곧잘 소설의 소재가 된다.
かぞく　かたき　う　はなし　　　しょうせつ　だいざい

今日の討論のテーマは制服の必要性についてです。 오늘 토론의 테마는 교복의 필요성에 대해서입니다.
きょう　とうろん　　　　　せいふく　ひつようせい

0624 [N3] □□□

議

훈	의논할	—				
음	의	ぎ	**会議**[★] 회의 かいぎ	**議論**[★] 의논 ぎろん	**議員**[★] 의원 ぎいん	**議会** 의회 ぎかい

20획 議

의논할 **의**

会議の目的を理解して参加してほしい。 회의의 목적을 이해하고 참가했으면 한다.
かいぎ　もくてき　りかい　さんか

生徒会で文化祭の予算の運用について議論した。 학생회에서 문화제 예산의 운용에 대해 의논했다.
せいとかい　ぶんかさい　よさん　うんよう　　　　ぎろん

0625 [N3] □□□

論

훈	논할	—				
음	론(논)	ろん	**結論**[★] 결론 けつろん	**論文** 논문 ろんぶん	**論争**[★] 논쟁 ろんそう	**論理** 논리 ろんり

15획 論 論 論 論 論 論 論 論 論 論 論 論 論 論 論

논할 **론(논)**

プレゼンの際は結論から話すと内容が伝わりやすい。
さい　けつろん　　はな　　ないよう　つた
프레젠테이션 때에는 결론부터 이야기하면 내용을 전달하기 쉽다.

英語の早期教育をテーマに論文を書くつもりです。 영어 조기 교육을 테마로 논문을 쓸 예정입니다.
えいご　そうききょういく　　　　ろんぶん　か

0626 [N2] □□□

述

펼/서술할 **술**

훈	펼/서술할	の(べる)	**述べる**＊ 말하다
음	술	じゅつ	**記述** 기술　**叙述** 서술　**著述** 저술　**陳述** 진술

8획 述 述 述 述 述 述 述 述

とうろんかい
討論会でプラスチックごみに対する意見を**述**べた。 토론회에서 플라스틱 쓰레기에 대한 의견을 말했다.

か き こうもく じゆう きじゅつ
下記の項目について自由に**記述**してください。 하기의 항목에 대해서 자유롭게 기술해 주세요.

0627 [N3] □□□

翻

날 **번**

뜻을 나타내는 날다(羽)
와 음을 나타내는 番(번)
을 합친 글자

훈	날	ひるがえ(す)	**翻す** 뒤집다
		ひるがえ(る)	**翻る** 뒤집히다
음	번	ほん	**翻訳**＊ 번역　**翻意** 번의, 변심

18획 翻 翻 翻 翻 翻 翻 翻 翻 翻 翻 翻 翻 翻 翻 翻 翻 翻 翻

さいこうさい にしん はんけつ ひるがえ ひこく ゆうざい せんこく
最高裁は二審での判決を**翻**し、被告に有罪を宣告した。
최고 법원은 2심에서의 판결을 뒤집고, 피고에게 유죄를 선고했다.

しょうせつ こ ふくすう げんご ほんやく
この小説は20を超える複数の言語に**翻訳**された。 이 소설은 20개가 넘는 여러 개의 언어로 번역되었다.

0628 [N3] □□□

訳

통변할 **역**

훈	통변할	わけ	**訳** 이유, 의미　**言い訳**＊ 핑계　**申し訳**＊ 변명　**内訳**＊ 내역
음	역	やく	**通訳**＊ 통역　**翻訳**＊ 번역　**直訳** 직역　**訳す**＊ 번역하다

11획 訳 訳 訳 訳 訳 訳 訳 訳 訳 訳 訳

ぶか ちこく い わけ なら
部下は遅刻の**言い訳**をずらずら並べた。 부하는 지각의 핑계를 줄줄 늘어놓았다.

だいがく い ぶん か こうりゅう つうやく つと
大学の異文化交流イベントで**通訳**を務めることになった。
대학의 이문화 교류 이벤트에서 통역을 맡게 되었다.

0629 [N2] □□□

叫

부르짖을 **규**

훈	부르짖을	さけ(ぶ)	**叫ぶ** 외치다, 부르짖다　**叫び** 외침, 부르짖음
음	규	きょう	**絶叫** 절규　**叫喚** 규환, 큰 소리로 부르짖음

6획 叫 叫 叫 叫 叫 叫

しょうねん うみ む さけ
少年たちが海に向かって**叫**んでいる。 소년들이 바다를 향해 외치고 있다.

こわ ぜっきょう
ジェットコースターが怖すぎてずっと**絶叫**していた。 제트코스터가 너무 무서워서 계속 절규하고 있었다.

0630 [N3] ☐☐☐

要

요긴할 **요**

훈	요긴할	い(る)	^い要る★ 필요하다			
		かなめ	^{かなめ}要 요점, 주축			
음	요	よう	^{じゅうよう}重要★ 중요	^{ひつよう}必要★ 필요	^{しゅよう}主要★ 주요	^{ようきゅう}要求★ 요구

9획 要 要 要 要 要 要 要 要 要

^い要らなくなった^{かでん}家電をリサイクルショップに売った。 필요 없어진 가전제품을 재활용품점에 팔았다.

^{わか}若いうちから^{ろうご}老後を^{じゅんび}準備しておくことは^{じゅうよう}重要だ。 젊을 때부터 노후를 준비해 두는 것은 중요하다.

헷갈리는 단어 모아보기

동음이의어	^い要る 필요하다	サインが^い要ります。 사인이 필요합니다.
	^い入る 들다, 들어가다	そのかばんが^き気に^い入った。 그 가방이 마음에 들었다.

^い要ると^い入るは 모두 いる로 발음된다. ^い要る는 어떤 것이 필요하다, ^い入る는 어떤 것이 어딘가의 안에 들다, 들어가다라는 뜻이다.

0631 [N3] ☐☐☐

求

구할 **구**

훈	구할	もと(める)	^{もと}求める★ 구하다, 바라다, 청하다	^{もと}求め 수요, 구입	
음	구	きゅう	^{ようきゅう}要求★ 요구	^{きゅうじん}求人★ 구인	^{きゅうしょく}求職 구직	^{ついきゅう}追求 추구

7획 求 求 求 求 求 求 求

どこからか^{たす}助けを^{もと}求める^{こえ}声が^き聞こえた。 어디에선가 도움을 구하는 목소리가 들렸다.

ツアーガイドには^{たか}高い^{ごがくりょく}語学力が^{ようきゅう}要求される。 투어 가이드에게는 높은 어학력이 요구된다.

0632 [N3] ☐☐☐

希

바랄 **희**

훈	바랄	—			
음	희	き	^{きぼう}希望★ 희망	^{きはく}希薄 희박	^{きしょう}希少 희소

7획 希 希 希 希 希 希 希

^{きぼう}希望を^も持って^{まいにち}毎日^{どりょく}努力している。 희망을 가지고 매일 노력하고 있다.

^{こうど}高度が^{たか}高ければ^{たか}高いほど^{くうき}空気が^{きはく}希薄になる。 고도가 높으면 높을수록 공기가 희박해진다.

0633 [N3] □□□

望
바랄 **망**

훈	바랄	のぞ(む)	のぞ 望む★ 바라다	のぞ 望ましい★ 바람직하다	のぞ 望み 바람, 소망
음	망	ぼう	ようぼう 要望★ 요청, 요망	がんぼう 願望★ 소원	じんぼう 人望 인망, 덕성
		もう	ほんもう 本望 숙원, 본망	たいもう 大望 대망, 큰 희망	

11획 望 望 望 望 望 望 望 望 望 望 望

あのバンドの復活を望むファンが多い。 그 밴드의 부활을 바라는 팬이 많다.
市民の要望で公園のベンチを増やしたそうだ。 시민의 요청으로 공원의 벤치를 늘렸다고 한다.

0634 [N2] □□□

欲
하고자 할 **욕**

훈	하고자 할	ほ(しい)	ほ 欲しい★ 원하다, 갖고 싶다	ほ 欲しがる★ 탐내다	
		ほっ(する)	ほっ 欲する★ 바라다, 갖고 싶다		
음	욕	よく	いよく 意欲★ 의욕	しょくよく 食欲 식욕	よっきゅう 欲求 욕구	よくぼう 欲望 욕망

11획 欲 欲 欲 欲 欲 欲 欲 欲 欲 欲

欲しい情報が何でも手に入る時代になった。 원하는 정보가 뭐든지 손에 들어오는 시대가 되었다.
当社は意欲がある人材を募集しています。 당사는 의욕이 있는 인재를 모집하고 있습니다.

0635 [N2] □□□

願
원할 **원**

훈	원할	ねが(う)	ねが 願う★ 바라다	ねが 願い 바람, 부탁	ねが 願わしい 바람직하다
음	원	がん	がんぼう 願望★ 소원	ねんがん 念願★ 염원	きがん 祈願 기원	がんしょ 願書 원서

19획 願 願 願 願 願 願 願 願 願 願 願 願 願 願 願 願 願 願 願

プロジェクトが無事に終わることを願っている。 프로젝트가 무사히 끝나기를 바라고 있다.
希望を持っていれば願望は必ず実現するだろう。 희망을 가지고 있으면 소원은 반드시 실현될 것이다.

0636 [N2] □□□

拒
막을 **거**

훈	막을	こば(む)	こば 拒む★ 거부하다, 저지하다	
음	거	きょ	きょひ 拒否★ 거부	きょぜつ 拒絶 거절

8획 拒 拒 拒 拒 拒 拒 拒

その寿司屋は常連を配慮し、一切の取材を拒んでいる。
그 초밥집은 단골 손님을 배려하여, 일절 취재를 거부하고 있다.
治療を拒否する祖父を家族みんなで説得した。 치료를 거부하는 할아버지를 가족 모두 함께 설득했다.

0637 [N2] ☐☐☐

促

재촉할 촉

사람(イ)과 발(足)을 합쳐 사람이 발걸음을 재촉하며 바삐 움직이는 것을 나타낸 글자

훈	재촉할	うなが(す)	促す★ 촉구하다
음	촉	そく	催促★ 재촉　督促★ 독촉　促進 촉진

9획 促 促 促 促 促 促 促 促 促

プールで危険な行動をしないよう生徒に注意を促した。
수영장에서 위험한 행동을 하지 않도록 학생에게 주의를 촉구했다.

家賃を滞納している住人に家賃の支払いを催促した。
집세를 체납하고 있는 거주자에게 집세 지불을 재촉했다.

0638 [N3] ☐☐☐

祝

빌 축

훈	빌	いわ(う)	祝う★ 축하하다, 축복하다
음	축	しゅく	祝福 축복　祝日★ 경축일　祝賀 축하　祝辞 축사
		しゅう	祝儀 축하 의식, 축의금

9획 祝 祝 祝 祝 祝 祝 祝 祝 祝

友達の誕生日を祝うためにパーティーを開いた。 친구의 생일을 축하하기 위해서 파티를 열었다.

家族や知人の祝福を受けながら結婚式を挙げた。 가족과 지인의 축복을 받으며 결혼식을 올렸다.

0639 [N2] ☐☐☐

祈

빌 기

훈	빌	いの(る)	祈る★ 빌다, 기원하다　祈り 기도, 기원
음	기	き	祈願 기원　祈念 기념, 기원

8획 祈 祈 祈 祈 祈 祈 祈 祈

流れ星に願いを祈ると叶うと言われています。 별똥별에 소원을 빌면 이루어진다고 말해지고 있습니다.

受験合格の祈願で大きな神社に参拝した。 수험 합격 기원으로 큰 신사에 참배했다.

0640 [N3] ☐☐☐

許

허락할 허

훈	허락할	ゆる(す)	許す★ 허락하다, 용서하다　許し 승인, 용서
음	허	きょ	許可★ 허가　特許 특허　免許 면허　許容 허용

11획 許 許 許 許 許 許 許 許 許 許 許

体力の許す限り今の仕事を続けたい。 체력이 허락하는 한 지금의 일을 계속하고 싶다.

著作物を利用するには著作者の許可が必要だ。 저작물을 이용하려면 저작자의 허가가 필요하다.

독끝내 마스터! 종금 한자 해커스 일본어 상용한자 2136

0641 [N2] □□□

譲

사양할 양

훈	사양할	ゆず(る)	譲る* 양보하다, 양도하다　親譲り 대물림
음	양	じょう	譲渡 양도　譲歩 양보　謙譲 겸양

20획 譲 譲·譲 譲 譲 譲 譲 譲 譲 譲 譲 譲 譲 譲 譲 譲 譲 譲 譲

バスで立っているお年寄りがいたので席を**譲った**。 버스에서 서 있는 어르신이 있어서 자리를 양보했다.

チケットを高額で**譲渡**するのは犯罪行為だ。 티켓을 고액으로 양도하는 것은 범죄 행위다.

0642 [N3] □□□

詰

꾸짖을 힐

훈	꾸짖을	つ(める)	詰める* 채우다, 채워 넣다　思い詰める* 골똘히 생각하다
		つ(まる)	詰まる* 가득 차다, 막히다　行き詰まる 막다르다
		つ(む)	詰む 촘촘하다, 막히다
음	힐	きつ	詰問 힐문, 책문　難詰 힐난

13획 詰 詰 詰 詰 詰 詰 詰 詰 詰 詰 詰

昨晩のおかずの残りを弁当箱に**詰めて**持ってきた。 어젯밤의 남은 반찬을 도시락통에 채워 가져 왔다.

上司から販売成績が悪いことについて**詰問**された。 상사로부터 판매 성적이 나쁜 것에 대해 힐문당했다.

0643 [N2] □□□

責

꾸짖을 책

훈	꾸짖을	せ(める)	責める 탓하다, 괴롭히다　責め 책망, 책임
음	책	せき	責任 책임　責務 책무　職責 직책　重責 중책

11획 責 責 責 責 責 責 責 責 責 責 責

そんなに自分を**責めないで**ください。 그렇게 자신을 탓하지 말아 주세요.

社長が経営不振の**責任**を取って辞任した。 사장이 경영 부진의 책임을 지고 사임했다.

0644 [N2] □□□

委

맡길 위

훈	맡길	ゆだ(ねる)	委ねる 맡기다, 위임하다
음	위	い	委任 위임　委員 위원　委託 위탁　委嘱 위촉

8획 委 委 委 委 委 委 委 委

治療方法は患者の選択に**委ねる**。 치료 방법은 환자의 선택에 맡긴다.

副社長に社長の業務を**委任**するらしい。 부사장에게 사장의 업무를 위임한다고 한다.

0645 [N2] ☐☐☐

依

의지할 **의**

훈	의지할	—
음	의	い	依然★ 여전, 의연　依頼★ 의뢰　依存 의존　依拠 의거
		え	帰依 귀의

8획 依 依 依 依 依 依 依 依

ガソリン価格は多少値下がりしたが、**依然**高いままだ。
가솔린 가격은 다소 값이 내려갔지만, 여전히 비싼 채이다.

おじは仏教に**帰依**し、今はお坊さんになった。 숙부는 불교에 귀의해, 지금은 스님이 되었다.

0646 [N3] ☐☐☐

頼

의뢰할 **뢰(뇌)**

훈	의뢰할	たの(む)	**頼む**★ 부탁하다　**頼み** 부탁
		たの(もしい)	**頼もしい**★ 믿음직하다
		たよ(る)	**頼る**★ 의지하다　**頼り** 의지, 연줄
음	뢰(뇌)	らい	**依頼**★ 의뢰　**信頼** 신뢰　**無頼漢** 무뢰한

16획 頼 頼 頼 頼 頼 頼 頼 頼 頼 頼 頼 頼 頼 頼 頼 頼

さっき**頼**んだ会議の資料、もうできている? 아까 부탁했던 회의 자료, 벌써 다 됐어?

設計事務所に家のリフォーム工事を**依頼**した。 설계 사무소에 집 리모델링 공사를 의뢰했다.

0647 [N3] ☐☐☐

因

인할 **인**

훈	인할	よ(る)	**因る** 의하다, 원인이 되다　**~に因る** ~로 인하다
음	인	いん	**原因**★ 원인　**要因** 요인　**因果** 인과　**起因** 기인

6획 因 因 因 因 因 因

運転者の不注意**に因る**追突事故が多発している。 운전자의 부주의로 인한 추돌 사고가 다발하고 있다.

今回の山火事はたばこが**原因**だった。 이번 산불은 담배가 원인이었다.

冗

쓸데없을 **용**

훈	쓸데없을	—	
음	용	じょう	冗談* 농담　冗長 장황

4획　冗 冗 冗 冗

先輩と冗談を言い合えるほど仲良くなった。　선배와 농담을 주고받을 수 있을 정도로 친해졌다.

冗長な文章では言いたいことが読み手に伝わりにくい。
장황한 글로는 말하고 싶은 것을 독자에게 전달하기 어렵다.

省

덜 **생**
살필 **성**

훈	덜/살필	はぶ(く)	省く* 덜다, 없애다
		かえり(みる)	省みる 돌이켜보다
음	생/성	せい	反省* 반성　帰省* 귀성　内省 성찰, 반성
		しょう	省略* 생략

9획　省 省 省 省 省 省 省 省 省

皿洗いの手間を省くために食器洗い機を買った。　설거지의 수고를 덜기 위해 식기세척기를 샀다.

日々、気づいたことや反省を日記に書いている。　그날그날, 깨달은 점이나 반성을 일기에 쓰고 있다.

略

간략할 **략(약)**

훈	간략할	—	
음	략(약)	りゃく	省略* 생략　略す* 줄이다, 생략하다　略称 약칭

11획　略 略 略 略 略 略 略 略 略 略 略

時間の都合上、詳しい説明は省略します。　시간 사정상, 자세한 설명은 생략합니다.

最近、言葉を略して使う人が多くなった。　최근, 말을 줄여서 쓰는 사람이 많아졌다.

謎

수수께끼 **미**

훈	수수께끼	なぞ	謎 수수께끼, 불가사의　謎めく 수수께끼 같다, 알 수 없다
음	미	—	

17획　謎 謎 謎 謎 謎 謎 謎 謎 謎 謎 謎 謎 謎 謎 謎 謎 謎

世界には未だ解明されていない謎がたくさんある。　세계에는 아직 해명되지 않은 수수께끼가 많이 있다.

あの大女優は番組の中で謎めいた私生活を明かした。
그 대여배우는 방송 중에 수수께끼 같던 사생활을 밝혔다.

0652 [N2] ☐☐☐

詞

훈 말	—		
음 사	し	**品詞** 품사 ひんし **歌詞** 가사 かし **作詞** 작사 さくし

12획 詞 詞 詞 詞 詞 詞 詞 詞 詞 詞 詞 詞

말 詞

初回の授業では英語の**品詞**について習います。 첫 회 수업에서는 영어의 품사에 대해 배웁니다.
しょかい じゅぎょう えいご ひんし なら

入院中にこの歌の前向きな**歌詞**に元気をもらった。 입원 중에 이 노래의 긍정적인 가사에 힘을 받았다.
にゅういんちゅう うた まえむ かし げんき

0653 [N2] ☐☐☐

훈 부를	め(す)	**召す** 입다 (着る의 존경어) め **召し上がる**★ 드시다 (食べる의 존경어) め あ た
음 소	しょう	**召集** 소집 しょうしゅう **召喚** 소환 しょうかん

5획 召 召 召 召 召

お**召し**になっているコート、とても素敵ですね。 입고 계신 코트, 정말 근사하네요.
め すてき

臨時国会が**召集**され、議員らが出席した。 임시 국회가 소집되어, 의원들이 출석했다.
りんじこっかい しょうしゅう ぎいん しゅっせき

부를 召

0654 [N2] ☐☐☐

了

훈 마칠	—		
음 료(요)	りょう	**完了**★ 완료 かんりょう **了承**★ 승낙, 양해 りょうしょう **終了**★ 종료 しゅうりょう

2획 了 了

마칠 료(요)

納期までになんとか納品が**完了**できそうだ。 납기까지 어떻게든 납품을 완료할 수 있을 것 같다.
のうき のうひん かんりょう

新しい企画は上司の**了承**がないと進められません。
あたら きかく じょうし りょうしょう すす
새로운 기획은 상사의 승낙이 없으면 진행할 수 없습니다.

0655 [N2] ☐☐☐

承

훈 받들	うけたまわ(る)	**承る** 받다, 승낙하다 (引き受ける, 承諾する 의 겸양어) うけたまわ ひ う しょうだく
음 승	しょう	**承認** 승인 しょうにん **承諾**★ 승낙 しょうだく **承知**★ 알아들음, 승낙 しょうち

8획 承 承 承 承 承 承 承 承

받들 承

宿泊のご予約はお電話でのみ**承って**おります。 숙박 예약은 전화로만 받고 있습니다.
しゅくはく よやく でんわ うけたまわ

自社で開発した新薬がついに国の**承認**を得た。 자사에서 개발한 신약이 드디어 나라의 승인을 얻었다.
じしゃ かいはつ しんやく くに しょうにん え

0656 [N2] ☐☐☐

| 훈 | 엿볼 | うかが(う) | **伺う**★ 듣다, 묻다, 방문하다 (聞く, 問う, 訪問する의 겸양어) |
| 음 | 사 | し | **伺候** 모심, 사후 |

7획 伺 伺 伺 伺 伺 伺 伺

엿볼 사

佐藤様のおうわさは、かねがね**伺って**おります。 사토 님의 소문은 전부터 들어왔습니다.

侍とは元々身分の高い人に**伺候**する人々の呼称だった。
사무라이란 원래 신분이 높은 사람을 모시는 사람들의 호칭이었다.

0657 [N2] ☐☐☐

훈	거느릴/막을	おん	**御社**★ 귀사 **御中** 귀중 **御礼** 사례
음	어	ご	**御飯** 밥, 식사 **御用** 일, 용무 **御殿** 대궐
		ぎょ	**制御** 제어 **御者** 마부

12획 御 御 御 御 御 御 御 御 御 御 御 御

거느릴/막을 어

これまでの経験を生かして**御社**に貢献したいです。 지금까지의 경험을 살려서 귀사에 공헌하고 싶습니다.

一日 3 食しっかり**御飯**を食べるようにしている。 하루 3끼 든든히 밥을 먹도록 하고 있다.

0658 [N2] ☐☐☐

| 훈 | 절 | おが(む) | **拝む** 절하다, 빌다 |
| 음 | 배 | はい | **参拝** 참배 **拝見** 배견 (見る의 겸양어) **拝読**★ 배독 (読む의 겸양어) |

8획 拝 拝 拝 拝 拝 拝 拝 拝

절 배

神様を**拝む**際の作法は知っておいたほうがいい。 신에게 절할 때의 관례는 알아두는 편이 좋다.

新年に神社に**参拝**して一年の幸せを願った。 새해에 신사에 참배해서 일 년의 행복을 빌었다.

교류

0659 [N2] ☐☐☐

| 훈 | 이을 | — | |
| 음 | 소 | しょう | **紹介**★ 소개 |

11획 紹 紹 紹 紹 紹 紹 紹 紹 紹 紹 紹

이을 소

友人に**紹介**してもらった人と付き合うことになった。 친구에게 소개받은 사람과 사귀게 되었다.

0660 [N2] □□□

介

끼일 **개**

훈	끼일	―		
음	개	かい	**介入** 개입　**介護**★ 간호　**紹介**★ 소개　**厄介**★ 귀찮음

4획 介 介 介 介

友達同士の喧嘩に**介入**して、仲直りさせた。 친구끼리의 싸움에 개입해, 화해시켰다.

介護が必要な母を施設に入居させるか悩んでいる。
간호가 필요한 어머니를 시설에 입주시킬지 고민하고 있다.

0661 [N3] □□□

連

이을 **련(연)**

훈	이을	つら(なる)	**連なる** 줄지어 있다
		つら(ねる)	**連ねる** 늘어놓다, 거느리다
		つ(れる)	**連れる** 동반하다, 따르다　**連れ**★ 동행, 동반
음	련(연)	れん	**連休**★ 연휴　**連絡** 연락　**連続** 연속　**関連** 관련

10획 連 連 連 連 連 連 車 車 連 連

交通渋滞で車が道路に**連なって**いる。 교통 정체로 차가 도로에 줄지어 있다.

今度の**連休**は何もせずゆっくりと休みたい。 이번 연휴에는 아무것도 하지 않고 느긋하게 쉬고 싶다.

0662 [N2] □□□

絡

얽을/맥락
락(낙)

훈	얽을/맥락	から(まる)	**絡まる** 얽히다
		から(む)	**絡む** 얽히다, 얽매이다　**絡み付く** 휘감기다, 달라붙다
		から(める)	**絡める** 휘감다, 관련시키다
음	락(낙)	らく	**連絡**★ 연락　**脈絡**★ 맥락

12획 絡 絡 絡 絡 絡 絡 絡 絡 絡 絡 絡

家電のコードが**絡まって**いると火事の原因になるよ。 가전제품의 코드가 얽혀 있으면 화재의 원인이 돼.

幼稚園から子供が熱を出したと**連絡**が来た。 유치원에서 아이가 열이 난다고 연락이 왔다.

参

참여할 참

훈	참여할	まい(る)	参る* 가다, 오다 (行く, 来る의 겸양어)	墓参り 성묘
음	참	さん	参加* 참가 参考* 참고 持参 지참 降参 항복, 질림	

8획 参 参 参 参 参 参 参 参

私が空港までお迎えに参ります。 제가 공항까지 마중하러 가겠습니다.

参加を希望される方はメールでお申し込みください。 참가를 희망하시는 분은 메일로 신청해 주세요.

加

더할 가

훈	더할	くわ(える)	加える* 더하다, 늘리다
		くわ(わる)	加わる* 더해지다, 늘다, 참가하다
음	가	か	追加* 추가 参加* 참가 増加* 증가 加入 가입

5획 カ カ カ 加 加

調査データに細かい説明を加えた。 조사 데이터에 자세한 설명을 더했다.

ラーメンにチャーシューを追加して注文した。 라면에 차슈를 추가해서 주문했다.

勧

권할 권

훈	권할	すす(める)	勧める 권하다, 권유하다 勧め 추천, 권장
음	권	かん	勧誘* 권유 勧告 권고 勧奨 권장

13획 勧 勧 勧 勧 勧 勧 勧 勧 勧 勧 勧 勧 勧

姉に勧められてヨガ教室に通い始めた。 언니에게 권유받아 요가 교실에 다니기 시작했다.

新聞購読を勧誘する電話がしつこく掛かってくる。 신문 구독을 권유하는 전화가 끈질기게 걸려 온다.

誘

꾈 유

빼어나다(秀)와 말(言)을
합쳐 빼어난 말로 유혹
하는 것을 나타낸 글자

훈	꾈	さそ(う)	誘う* 권하다, 유혹하다
음	유	ゆう	誘惑 유혹 勧誘* 권유 誘致* 유치 誘導 유도

14획 誘 誘 誘 誘 誘 誘 誘 誘 誘 誘 誘 誘 誘 誘

同僚を誘ってボランティア活動に一緒に参加した。 동료에게 권해서 봉사활동에 함께 참가했다.

健康のために甘いものの誘惑を断ち切った。 건강을 위해서 단 것의 유혹을 끊어냈다.

0667 [N3] ☐☐☐			

訪

찾을 **방**

훈 찾을	たず(ねる)	**訪**ねる 찾다, 방문하다	
	おとず(れる)	**訪**れる＊ 찾아오다, 방문하다	**訪**れ 찾아옴, 방문
음 방	ほう	**訪問**＊ 방문 　　**来訪** 내방	**訪日** 방일, 일본 방문

11획 訪 訪 訪 訪 訪 訪 訪 訪 訪 訪 訪

論文について助言を受けようと担当教授を**訪**ねた。 논문에 대해 조언을 받으려고 담당 교수를 찾았다.

打ち合わせのため午後に取引先を**訪問**する。 협의를 위해서 오후에 거래처를 방문한다.

0668 [N3] ☐☐☐			

関

관계할 **관**

훈 관계할	かか(わる)	**関**わる 관계되다, 상관하다	**関**わり 관계, 상관
	せき	**関** 관문　　**関取** 상위 씨름꾼	
음 관	かん	**関心**＊ 관심　　**関係**＊ 관계　　**機関**＊ 기관	**玄関**＊ 현관

14획 関 関 関 関 関 門 門 門 門 門 閂 関 関 関

就職するなら貿易に**関**わる仕事がしたい。 취직한다면 무역에 관계된 일을 하고 싶다.

新しい遊園地が人々の**関心**を集めている。 새로운 유원지가 사람들의 관심을 모으고 있다.

0669 [N3] ☐☐☐			

係

맬 **계**

훈 맬	かか(る)	**係**る 관계되다	
	かかり	**係**＊ 담당, 계　　**係員** 담당자　　**係長** 계장	**庶務係** 서무계
음 계	けい	**関係**＊ 관계　　**連係** 연계	**係留** 계류, 붙들어 맴

9획 係 係 係 係 係 係 係 係 係

少年犯罪に**係**る法律が新しくなるらしい。 소년 범죄에 관계된 법률이 새로워진다고 한다.

我が社は国籍に**関係**なく働くことができます。 우리 회사는 국적에 관계없이 일할 수 있습니다.

0670 [N3] ☐☐☐			

共

함께 **공**

훈 함께	とも	**共**に 함께　　**私共**＊ 저희들	**共働き** 맞벌이
음 공	きょう	**共通**＊ 공통　　**公共**＊ 공공	**共同** 공동

6획 共 共 共 共 共 共

彼女と**共**に新しくできた水族館に行った。 여자친구와 함께 새로 생긴 수족관에 갔다.

私と夫にはサーフィンという**共通**の趣味がある。 나와 남편에게는 서핑이라는 공통된 취미가 있다.

0671 [N3] □□□

互

서로 호

훈	서로	たが(い)	互い★ 서로　互い違い 엇갈림
음	호	ご	相互★ 상호　互角★ 호각　交互 교대

4획　互 互 互 互

私と弟は互いを大事に思っている。 나와 남동생은 서로를 소중히 생각하고 있다.

精神と身体は相互に作用しています。 정신과 신체는 상호로 작용하고 있습니다.

0672 [N2] □□□

버금/가운데 중

훈	버금/가운데	なか	仲★ 사이, 관계　仲間 동료, 한패　仲直り 화해
음	중	ちゅう	仲裁 중재　仲介 중개

6획　仲 仲 仲 仲 仲 仲

私は兄とも妹とも仲がいい。 나는 형과도 여동생과도 사이가 좋다.

クラスでけんかが起こって先生が仲裁に入った。 반에서 싸움이 일어나 선생님이 중재에 들어갔다.

0673 [N2] □□□

伴

짝 반

훈	짝	ともな(う)	伴う★ 따르다, 동반하다
음	반	はん	同伴 동반　伴侶 반려　随伴 수반
		ばん	伴奏★ 반주

7획　伴 伴 伴 伴 伴 伴 伴

慣れない海外生活には様々な困難が伴います。
익숙하지 않은 해외 생활에는 여러 가지 어려움이 따릅니다.

未成年者の受診の際は保護者が同伴してください。 미성년자 진찰 시에는 보호자가 동반해 주세요.

0674 [N2] □□□

맺을 계

훈	맺을	ちぎ(る)	契る 굳게 약속하다　契り 약속
음	계	けい	契約★ 계약　契機★ 계기

9획　契 契 契 契 契 契 契 契 契

登場人物が変わらぬ友情を契る場面で涙が出た。
등장인물이 변하지 않는 우정을 굳게 약속하는 장면에서 눈물이 나왔다.

賃貸物件を契約するとき、母に保証人を頼んだ。 임대 물건을 계약할 때, 어머니에게 보증인을 부탁했다.

0675 [N3] □□□

支

지탱할 **지**

| 훈 | 지탱할 | ささ(える) | **支える** 지지하다, 떠받치다 | **支え** 받침, 버팀, 기둥 |
| 음 | 지 | し | **支援**★ 지원 **支持**★ 지지 **支障**★ 지장 **支店**★ 지점, 분점 |

4획 支 支 支 支

母はずっと私の夢を**支えて**くれた。 어머니는 줄곧 나의 꿈을 지지해 주었다.

今回の災害に対し、海外から多くの**支援**が寄せられた。
이번 재해에 대해, 해외로부터 많은 지원이 보내졌다.

0676 [N3] □□□

援

도울 **원**

| 훈 | 도울 | — | |
| 음 | 원 | えん | **援助**★ 원조 **応援**★ 응원 **支援**★ 지원 **声援**★ 성원 |

12획 援 援 援 援 援 援 援 援 援 援 援 援

本学会は若手研究者の研究資金を**援助**します。 본 학회는 젊은 연구자의 연구 자금을 원조합니다.

先生が私の**応援**をしにわざわざ会場に来てくれた。 선생님이 내 응원을 하러 일부러 회장에 와 주었다.

0677 [N2] □□□

抱

안을 **포**

손(扌)과 싸다(包)를 합쳐 손으로 감싸는 것을 나타낸 글자

훈	안을	かか(える)	**抱える**★ 안다 **抱え込む**★ 껴안다, 떠맡다 **一抱え** 한 아름
		だ(く)	**抱く**★ 안다
		いだ(く)	**抱く** 품다
음	포	ほう	**抱負**★ 포부 **辛抱** 참고 견딤 **介抱** 간호, 돌봄

8획 抱 抱 抱 抱 抱 抱 抱 抱

高熱でぐったりしている息子を**抱えて**、病院に向かった。
고열로 축 늘어져 있는 아들을 안고, 병원으로 향했다.

今年の**抱負**は勉強と部活を両立させることです。 올해의 포부는 공부와 부 활동을 양립시키는 것입니다.

0678 [N3] □□□

協

화합할 **협**

| 훈 | 화합할 | — | |
| 음 | 협 | きょう | **協力**★ 협력 **妥協**★ 타협 **協会** 협회 |

8획 協 協 協 協 協 協 協 協

地域住民の**協力**を得て自治会を運営している。 지역 주민의 협력을 얻어 자치회를 운영하고 있다.

彼女は一切の**妥協**も許さない頑固な人だ。 그녀는 일절의 타협도 허락하지 않는 완고한 사람이다.

0679 [N2] □□□

競

다툴 경

훈 다툴	きそ(う)	競う* 겨루다　競い合う* 서로 경쟁하다
	せ(る)	競る 경쟁하다
음 경	きょう	競技 경기　競争* 경쟁　競売 경매
	けい	競馬 경마　競輪 경륜

20획 競競競競競競競競競競競競競競競競競競競競

トラックで馬たちが速さを競っている。 트랙에서 말들이 빠르기를 겨루고 있다.

社内運動会でバレー競技に参加した。 사내 운동회에서 배구 경기에 참가했다.

0680 [N3] □□□

迎

맞을 영

| 훈 맞을 | むか(える) | 迎える* 맞이하다, 마중하다　出迎える 마중 나가다 |
| 음 영 | げい | 歓迎* 환영　歓迎会* 환영회　送迎 송영 |

7획 迎迎迎迎迎迎迎

東京から帰省する娘を空港まで迎えに行った。 도쿄에서 귀성하는 딸을 공항까지 맞이하러 갔다.

赴任先の社員たちが歓迎してくれてありがたかった。 부임지의 사원들이 환영해 주어서 고마웠다.

0681 [N3] □□□

信

믿을 신

사람(イ)과 말(言)을 합쳐 사람의 말은 믿을 수 있어야 한다는 것을 나타낸 글자

| 훈 믿을 | — | |
| 음 신 | しん | 信用* 신용　自信* 자신　信頼 신뢰　信じる* 믿다 |

9획 信信信信信信信信信

責任感の強い彼になら何でも信用して任せられる。
책임감이 강한 그에게라면 무엇이든 신용하고 맡길 수 있다.

学生時代にバスケをしていたので体力には自信がある。
학생 시절에 농구를 했기 때문에 체력에는 자신이 있다.

0682 [N3] □□□

愛

사랑 애

| 훈 사랑 | — | |
| 음 애 | あい | 愛* 사랑　愛情* 애정　恋愛 연애　愛着* 애착 |

13획 愛愛愛愛愛愛愛愛愛愛愛愛愛

あの小説は美しく切ない愛を描いている。 그 소설은 아름답고 애달픈 사랑을 그리고 있다.

友人はペットのオウムに愛情を注いでいる。 친구는 반려동물인 앵무새에게 애정을 쏟고 있다.

0683 [N3] ☐☐☐

恋

그리워할 **련(연)**

	훈	그리워할	こい	**恋** 사랑, 연애 **恋人**★ 연인 **初恋** 첫사랑 **恋する** 사랑하다
			こい(しい)	**恋しい**★ 그립다 **恋しがる** 그리워하다
			こ(う)	**恋い慕う** 연모하다 **恋い焦がれる** 사랑에 애태우다
	음	련(연)	れん	**恋愛** 연애 **失恋** 실연 **恋慕** 연모

10획 恋 恋 恋 恋 恋 恋 恋 恋 恋 恋

私が初めて**恋**をしたのは中学生の時でした。 제가 처음으로 사랑을 한 것은 중학생 때였습니다.

彼女と**恋愛**を始めてから10年が経った。 그녀와 연애를 시작한 지 10년이 지났다.

0684 [N2] ☐☐☐

恵

은혜 **혜**

	훈	은혜	めぐ(む)	**恵む** (은혜를) 베풀다 **恵まれる**★ 혜택 받다, 풍족함을 누리다
	음	혜	けい	**恩恵**★ 은혜 **恵与** 혜여, 혜사
			え	**知恵** 지혜, 꾀

10획 恵 恵 恵 恵 恵 恵 恵 恵 恵 恵

王様が貧しい民に金銭を**恵ん**だ。 임금님이 가난한 백성에게 금전을 베풀었다.

私たちは自然からたくさんの**恩恵**を受けている。 우리는 자연으로부터 많은 은혜를 받고 있다.

0685 [N3] ☐☐☐

尊

높을 **존**

	훈	높을	とうと(い)	**尊い**★ 소중하다
			とうと(ぶ)	**尊ぶ** 공경하다
			たっと(い)	**尊い** 귀하다
			たっと(ぶ)	**尊ぶ** 떠받들다
	음	존	そん	**尊敬**★ 존경 **尊重**★ 존중 **自尊心**★ 자존심

12획 尊 尊 尊 尊 尊 尊 尊 尊 尊 尊 尊 尊

戦争でたくさんの**尊い**命が失われた。 전쟁으로 많은 소중한 생명을 잃어버렸다.

作曲家として最も**尊敬**している音楽家はバッハです。
작곡가로서 가장 존경하고 있는 음악가는 바흐입니다.

0686 [N3] ☐☐☐

敬

공경 **경**

| 훈 | 공경 | うやま(う) | 敬う 공경하다, 존경하다 |
| 음 | 경 | けい | 敬語* 경어 尊敬* 존경 敬意 경의 敬礼 경례 |

12획 敬 敬 敬 敬 敬 敬 敬 敬 敬 敬 敬 敬

韓国には目上の人を**敬う**文化がある。 한국에는 손윗사람을 공경하는 문화가 있다.
大学卒業までに**敬語**を使いこなせるようになりたい。
대학 졸업 전까지 경어를 구사할 수 있게 되고 싶다.

0687 [N2] ☐☐☐

憶

생각할 **억**

| 훈 | 생각할 | — | |
| 음 | 억 | おく | 記憶* 기억 憶測 억측 追憶 추억 |

16획 憶 憶 憶 憶 憶 憶 憶 憶 憶 憶 憶 憶 憶 憶

楽しかった親との思い出を**記憶**している。 즐거웠던 부모님과의 추억을 기억하고 있다.
勝手な**憶測**でうわさを流さないでください。 제멋대로의 억측으로 소문을 퍼뜨리지 말아 주세요.

0688 [N2] ☐☐☐

憧

그리워할 **동**

| 훈 | 그리워할 | あこが(れる) | 憧れる* 동경하다 憧れ* 동경, 선망 |
| 음 | 동 | しょう | 憧憬 동경 |

15획 憧 憧 憧 憧 憧 憧 憧 憧 憧 憧 憧 憧 憧

騒がしい都市で育ったので静かな田舎暮らしに**憧れる**。
시끄러운 도시에서 자라서 조용한 시골 생활을 동경한다.
誰にでも優しい彼女に**憧憬**の気持ちを抱いている。
누구에게나 상냥한 그녀에게 동경하는 마음을 품고 있다.

맞은 개수: /40

색이 있는 한자의 발음을 밑줄에 쓴 다음, 괄호 안에 단어의 뜻을 써 보세요.

01	祝う	_____う	(	)	21	仲	_____	(	)
02	完了	かん_____	(	)	22	関わる	_____わる	(	)
03	告げる	_____げる	(	)	23	委ねる	_____ねる	(	)
04	要る	_____る	(	)	24	反省	はん_____	(	)
05	記憶	き_____	(	)	25	訪問	_____もん	(	)
06	恋	_____	(	)	26	憧れる	_____れる	(	)
07	支援	し_____	(	)	27	支える	_____える	(	)
08	申告	_____こく	(	)	28	共通	_____つう	(	)
09	競技	_____ぎ	(	)	29	討論	_____ろん	(	)
10	希望	_____ぼう	(	)	30	述べる	_____べる	(	)
11	促す	_____す	(	)	31	許可	_____か	(	)
12	御飯	_____はん	(	)	32	叫ぶ	_____ぶ	(	)
13	加える	_____える	(	)	33	勧める	_____める	(	)
14	宣伝	_____でん	(	)	34	願う	_____う	(	)
15	拒否	_____ひ	(	)	35	冗談	_____だん	(	)
16	求める	_____める	(	)	36	歓迎	かん_____	(	)
17	謎	_____	(	)	37	省略	しょう_____	(	)
18	連絡	れん_____	(	)	38	協力	_____りょく	(	)
19	欲しい	_____しい	(	)	39	誘う	_____う	(	)
20	訳	_____	(	)	40	会議	かい_____	(	)

정답 01 いわう 축하하다, 축복하다 02 かんりょう 완료 03 つげる 알리다, 고하다 04 いる 필요하다 05 きおく 기억 06 こい 사랑, 연애 07 しえん 지원
08 しんこく 신고 09 きょうぎ 경기 10 きぼう 희망 11 うながす 촉구하다 12 ごはん 밥, 식사 13 くわえる 더하다, 늘리다 14 せんでん 선전
15 きょひ 거부 16 もとめる 구하다, 바라다, 청하다 17 なぞ 수수께끼, 불가사의 18 れんらく 연락 19 ほしい 원하다, 갖고 싶다 20 わけ 이유, 의미
21 なか 사이, 관계 22 かかわる 관계되다, 상관하다 23 ゆだねる 맡기다, 위임하다 24 はんせい 반성 25 ほうもん 방문 26 あこがれる 동경하다
27 ささえる 지지하다, 떠받치다 28 きょうつう 공통 29 とうろん 토론 30 のべる 말하다 31 きょか 허가 32 さけぶ 외치다, 부르짖다
33 すすめる 권하다, 권유하다 34 ねがう 바라다 35 じょうだん 농담 36 かんげい 환영 37 しょうりゃく 생략 38 きょうりょく 협력
39 さそう 권하다, 유혹하다 40 かいぎ 회의

느낌·생각

MP3 바로 듣기

느낌

★은 JLPT/JPT 기출 단어입니다.

0689 [N3] ☐☐☐

覚

깨달을/깰 **각**

훈 깨달을/깰	さ(める)	**覚める**★ 깨다, 제정신이 들다	
	さ(ます)	**覚ます** 깨우다, 깨우치다	**目覚ましい**★ 눈부시다
	おぼ(える)	**覚える**★ 기억하다, 느끼다	**覚え**★ 기억
음 각	かく	**感覚**★ 감각 **覚悟** 각오 **知覚** 지각 **錯覚**★ 착각	

12획 覚 覚 覚 覚 覚 覚 覚 覚 覚 覚 覚 覚

電話のベルがうるさくて目が**覚めた**。 전화벨이 시끄러워서 잠이 깼다.

ホラー映画を見て背筋がぞっとする**感覚**を覚えた。 공포 영화를 보고 등골이 오싹한 감각을 느꼈다.

0690 [N2] ☐☐☐

勘

헤아릴 **감**

훈 헤아릴	—	
음 감	かん	**勘** 감, 육감 **勘違い**★ 착각 **勘定**★ 계산

11획 勘 勘 勘 勘 勘 勘 勘 勘 勘 勘 勘

母は**勘**が鋭く、私が嘘をつくとすぐに見破る。 어머니는 감이 예리해, 내가 거짓말을 하면 바로 간파한다.

職場の同期を年上だとずっと**勘違い**していた。 직장 동기를 연상이라고 계속 착각했었다.

0691 [N2] ☐☐☐

視

볼 **시**

뜻을 나타내는 보다(見)
와 음을 나타내는 ネ(시)
를 합친 글자

훈 볼	—	
음 시	し	**視野**★ 시야 **重視**★ 중시 **凝視**★ 응시 **視覚** 시각

11획 視 視 視 視 視 視 視 視 視 視 視

運転中は**視野**を広く持つことが大切です。 운전 중에는 시야를 넓게 가지는 것이 중요합니다.

部屋の大きさと日当たりを**重視**して家を選んだ。 방의 크기와 채광을 중시하여 집을 골랐다.

0692 [N3] □□□

観

볼 관

훈 볼	―	
음 관	かん	<ruby>観光<rt>かんこう</rt></ruby>★ 관광　<ruby>観察<rt>かんさつ</rt></ruby>★ 관찰　<ruby>観客<rt>かんきゃく</rt></ruby>★ 관객　<ruby>客観<rt>きゃっかん</rt></ruby>★ 객관

18획 観 観 観 観 観 観 観 観 観 観 観 観 観 観 観 観 観 観

ガイドの<ruby>案内<rt>あんない</rt></ruby>を<ruby>聞<rt>き</rt></ruby>きながらパリ<ruby>市内<rt>しない</rt></ruby>を<ruby>観光<rt>かんこう</rt></ruby>した。 가이드의 안내를 들으며 파리 시내를 관광했다.

<ruby>夏休<rt>なつやす</rt></ruby>みの<ruby>宿題<rt>しゅくだい</rt></ruby>でアリの<ruby>巣<rt>す</rt></ruby>を<ruby>観察<rt>かんさつ</rt></ruby>している。 여름 방학 숙제로 개미동지를 관찰하고 있다.

0693 [N3] □□□

香

향기 향

훈 향기	かお(り)	<ruby>香<rt>かお</rt></ruby>り★ 향기, 좋은 냄새
	かお(る)	<ruby>香<rt>かお</rt></ruby>る 향기가 나다
	か	<ruby>香<rt>か</rt></ruby> 향, 냄새　<ruby>移<rt>うつ</rt></ruby>り<ruby>香<rt>が</rt></ruby> 잔향
음 향	こう	<ruby>香水<rt>こうすい</rt></ruby> 향수　<ruby>線香<rt>せんこう</rt></ruby> 선향, 모기향　<ruby>香辛料<rt>こうしんりょう</rt></ruby> 향신료
	きょう	<ruby>香車<rt>きょうしゃ</rt></ruby> 향차 (일본 장기 말 중 하나)

9획 香 香 香 香 香 香 香 香 香

このシャンプーは<ruby>甘<rt>あま</rt></ruby>いバニラの<ruby>香<rt>かお</rt></ruby>りで<ruby>大人気<rt>だいにんき</rt></ruby>だ。 이 샴푸는 달콤한 바닐라 향기로 큰 인기이다.

シトラス<ruby>系<rt>けい</rt></ruby>の<ruby>香水<rt>こうすい</rt></ruby>は<ruby>気分<rt>きぶん</rt></ruby>をさわやかにしてくれる。 시트러스계 향수는 기분을 상쾌하게 만들어 준다.

0694 [N3] □□□

甘

달 감

훈 달	あま(い)	<ruby>甘<rt>あま</rt></ruby>い★ 달다, 달콤하다　<ruby>甘<rt>あま</rt></ruby>み 닮, 단맛
	あま(える)	<ruby>甘<rt>あま</rt></ruby>える 응석부리다, 어리광 부리다
	あま(やかす)	<ruby>甘<rt>あま</rt></ruby>やかす★ 응석부리게 하다, 오냐오냐하다
음 감	かん	<ruby>甘味料<rt>かんみりょう</rt></ruby> 감미료　<ruby>甘言<rt>かんげん</rt></ruby> 감언　<ruby>甘受<rt>かんじゅ</rt></ruby> 감수

5획 甘 甘 甘 甘 甘

こんなに<ruby>甘<rt>あま</rt></ruby>いトマトは<ruby>初<rt>はじ</rt></ruby>めて<ruby>食<rt>た</rt></ruby>べます。 이렇게 단 토마토는 처음 먹습니다.

このジュースは<ruby>果汁<rt>かじゅう</rt></ruby>100%で<ruby>甘味料<rt>かんみりょう</rt></ruby>が<ruby>入<rt>はい</rt></ruby>っていない。
이 주스는 과즙 100%로 감미료가 들어 있지 않다.

0695 [N3] □□□

辛

매울 **신**

훈 매울	から(い)	**辛い**★ 맵다　**辛み** 매움　**辛うじて**★ 겨우, 간신히
음 신	しん	**香辛料** 향신료　**辛抱** 인내, 감내　**辛酸** 신산, 괴롭고 쓰라림

7획 辛 辛 辛 辛 辛 辛 辛

私は**辛い**ものが苦手でキムチも食べられない。 나는 매운 것을 잘 못 먹어서 김치도 먹지 못한다.
この料理は**香辛料**の独特な香りが効いていておいしい。 이 요리는 향신료의 독특한 향이 살아 있어 맛있다

0696 [N3] □□□

渋

떫을 **삽**

훈 떫을	しぶ	**渋** 떫은 맛　**渋柿** 떫은 감
	しぶ(い)	**渋い** 떫다, 떨떠름하다　**渋み** 떫음, 은근한 멋　**渋さ** 떨떠름함
	しぶ(る)	**渋る** 순조롭지 못하다
음 삽	じゅう	**渋滞**★ 정체, 밀림

11획 渋 渋 渋 渋 渋 渋 渋 渋 渋 渋 渋

スーパーで買った柿は**渋**が強くて食べられなかった。 슈퍼에서 산 감은 떫은 맛이 강해서 먹을 수 없었다.
道路が**渋滞**していて、待ち合わせの時間に遅れた。 도로가 정체해서, 만나기로 한 시간에 늦었다.

0697 [N3] □□□

触

닿을 **촉**

훈 닿을	さわ(る)	**触る**★ 닿다, 손을 대다
	ふ(れる)	**触れる**★ 접촉하다, 들어오다
음 촉	しょく	**触発**★ 촉발　**接触** 접촉　**感触** 감촉　**触媒** 촉매

13획 触 触 触 触 触 触 触 触 触 触 触 触 触

虫が苦手で、どんなに小さくても**触れ**ない。 벌레를 싫어해서, 아무리 작아도 손을 댈 수 없다.
あの抗議デモに**触発**され市民は各地でデモを起こした。
그 항의 시위에 촉발되어 시민은 각지에서 시위를 일으켰다.

0698 [N3] □□□

感

느낄 **감**

훈 느낄	—	
음 감	かん	**感じる** 느끼다　**感動**★ 감동　**感覚**★ 감각　**感想**★ 감상

13획 感 感 感 感 感 感 感 感 感 感 感 感 感

若者には政治をより身近に**感じて**ほしい。 젊은이가 정치를 보다 가깝게 느꼈으면 한다.
有名女優のインタビューは国民に**感動**を与えた。 유명 여배우의 인터뷰는 국민에게 감동을 주었다.

0699 [N3] □□□

情

뜻/인정 **정**

훈	뜻/인정	なさ(け)	情け 정, 온정　情けない 한심하다, 정떨어지다
음	정	じょう	感情★감정　情報★정보　事情★사정　情熱★정열
		せい	風情 풍취, 운치

11획 情 情 情 情 情 情 情 情 情 情 情

こんな**情けない**姿を人に見せたくない。 이런 한심한 모습을 다른 사람에게 보이고 싶지 않다.

感情がすぐ顔に出てしまうことが悩みです。 감정이 바로 얼굴에 나타나 버리는 것이 고민입니다.

0700 [N3] □□□

笑

웃음 **소**

훈	웃음	わら(う)	笑う★웃다　大笑い 큰 소리로 웃음
		え(む)	笑み 웃음　微笑み★미소, 방긋 웃음
음	소	しょう	談笑 담소　微笑 미소　失笑 실소

10획 笑 笑 笑 笑 笑 笑 笑 笑 笑 笑

思いっきり**笑った**後は心がすっきりする。 마음껏 웃은 뒤에는 마음이 후련해진다.

久しぶりに中学時代の友達と**談笑**を交えた。 오랜만에 중학교 시절 친구와 담소를 주고받았다.

0701 [N3] □□□

幸

다행 **행**

훈	다행	さいわ(い)	幸い 다행히　幸いな事 다행스러운 일
		さち	幸 행복, 자연의 산물
		しあわ(せ)	幸せ★행복, 복됨
음	행	こう	幸福 행복　幸運 행운　不幸 불행　多幸 다복

8획 幸 幸 幸 幸 幸 幸 幸 幸

火事が起こったが**幸い**怪我人はいなかった。 화재가 일어났지만 다행히 부상자는 없었다.

子供の**幸福**が私たち夫婦の**幸福**である。 아이의 행복이 우리 부부의 행복이다.

0702 [N2] □□□

愉

즐거울 **유**

훈	즐거울	—	
음	유	ゆ	愉快★유쾌　不愉快★불쾌　愉悦 유열, 유쾌

12획 愉 愉 愉 愉 愉 愉 愉 愉 愉 愉 愉 愉

彼女は面白くて一緒にいると**愉快**な気持ちになる。 그녀는 재미있어서 함께 있으면 유쾌한 기분이 든다.

他人に体型のことを指摘されるなんて**不愉快**だ。 남에게 체형을 지적당하다니 불쾌하다.

0703 [N2] ☐☐☐

快

쾌할 쾌

마음(忄)과 터놓다(夬)
를 합쳐 마음을 터놓
아 홀가분한 것을 나타
낸 글자

훈	쾌할	こころよ(い)	快い★ 기분 좋다, 흔쾌하다, 상쾌하다		
음	쾌	かい	愉快★ 유쾌	不快 불쾌	快適★ 쾌적	快感 쾌감

7획 快 快 快 快 忄 快 快

親友は結婚式の司会を**快**く引き受けてくれた。 친구는 결혼식 사회를 흔쾌히 맡아 주었다.

久しぶりに実家に帰って家族と**愉快**な時間を過ごした。
오랜만에 본가에 돌아가서 가족과 유쾌한 시간을 보냈다.

0704 [N2] ☐☐☐

驚

놀랄 경

훈	놀랄	おどろ(く)	驚く★ 놀라다	驚き★ 놀람
		おどろ(かす)	驚かす 놀라게 하다	
음	경	きょう	驚嘆★ 경탄	驚異 경이	驚愕 경악

22획 驚 驚 驚 驚 驚 驚 荷 荷 荷 荷 荷 荷 驚 驚 驚 驚 驚 驚 驚 驚 驚 驚

留学中、文化の違いに**驚く**ことが多かった。 유학 중, 문화의 차이에 놀라는 일이 많았다.

グランドキャニオンを初めて見たとき、その立派さに**驚嘆**した。
그랜드 캐니언을 처음 봤을 때, 그 훌륭함에 경탄했다.

0705 [N3] ☐☐☐

困

곤할/난처할 곤

훈	곤할/ 난처할	こま(る)	困る★ 곤란하다, 난처하다		
음	곤	こん	困難★ 곤란	貧困 빈곤	困惑 곤혹	困窮 곤궁

7획 困 困 困 困 困 困 困

急に会議の日程を変えろと言われても**困り**ます。 갑자기 회의 일정을 바꾸라고 말해도 곤란합니다.

経済的に修学が**困難**な学生を支援する団体がある。 경제적으로 학업이 곤란한 학생을 지원하는 단체가 있다.

0706 [N3] ☐☐☐

泣

울 읍

훈	울	な(く)	泣く★ 울다	泣き声★ 우는 소리	泣き虫 울보
음	읍	きゅう	号泣 소리 높여 욺	感泣 감격하여 욺	

8획 泣 泣 泣 泣 泣 泣 泣 泣

面接に落ちて**泣い**ている友達をなぐさめた。 면접에 떨어져서 울고 있는 친구를 위로했다.

彼は人目を気にせず**号泣**した。 그는 남의 눈을 신경 쓰지 않고 소리 높여 울었다.

0707 [N3] ☐☐☐

凄

쓸쓸할 처

뜻을 나타내는 얼음(冫)
과 음을 나타내는 妻(처)
를 합친 글자

훈	쓸쓸할	─	
음	처	せい	**凄惨** 처참　**凄絶** 처절

10획 凄凄凄凄凄凄凄凄凄凄

凄惨を極めた事故現場の様子が報道された。 더없이 처참한 사고 현장의 모습이 보도되었다.

凄絶な戦争の体験を聞き、胸が痛くなった。 처절한 전쟁의 체험을 듣고, 가슴이 아파졌다.

0708 [N3] ☐☐☐

怒

성낼 노

훈	성낼	おこ(る)	**怒る**★ 화내다, 꾸짖다
		いか(る)	**怒る**★ 성내다　**怒り** 분노　**怒り狂う** 미친듯이 노하다
음	노	ど	**怒鳴る**★ 고함치다　**激怒** 격노　**喜怒哀楽** 희로애락

9획 怒怒怒怒怒怒怒怒怒

田中さんは自分の思い通りにならないとすぐ**怒る**。 다나카 씨는 자신이 생각한 대로 되지 않으면 바로 화낸다.

人前で部下を**怒鳴る**のはあまり良くない叱り方だろう。
다른 사람 앞에서 부하에게 고함치는 것은 별로 좋지 않은 꾸짖는 방법일 것이다.

0709 [N3] ☐☐☐

恐

두려울 공

훈	두려울	おそ(ろしい)	**恐ろしい**★ 무섭다, 걱정스럽다
		おそ(れる)	**恐れる** 무서워하다　**恐れ入る**★ 황송해하다　**恐らく**★ 아마
음	공	きょう	**恐縮**★ 송구함, 감사함　**恐怖** 공포　**恐慌** 공황

10획 恐恐恐恐恐恐恐恐恐恐

狂犬病は命に関わる**恐ろしい**病気である。 광견병은 목숨에 관계된 무서운 병이다.

恐縮ですが、今日中にお返事いただけると幸いです。
송구합니다만, 오늘 중으로 답변을 주시면 감사하겠습니다.

0710 [N3] ☐☐☐

怖

두려워할 포

훈	두려워할	こわ(い)	**怖い**★ 무섭다　**怖がる**★ 무서워하다
음	포	ふ	**恐怖** 공포

8획 怖怖怖怖怖怖怖怖

飲食店を開業してみたいが、失敗するのが**怖い**。 음식점을 개업해 보고 싶지만, 실패하는 것이 무섭다.

私は高い場所に行くと**恐怖**で動けなくなる。 나는 높은 장소에 가면 공포로 움직이지 못하게 된다.

0711 [N2] □□□

惧

두려워할 **구**

훈	두려워할	—	
음	구	ぐ	**危惧** _{きぐ} 염려, 위구

11획 惧 惧 惧 惧 惧 惧 惧 惧 惧 惧 惧

虎_{とら}は絶滅_{ぜつめつ}が**危惧**_{きぐ}されている動物_{どうぶつ}の一_{ひと}つだ。 호랑이는 멸종이 염려되고 있는 동물 중 하나이다.

0712 [N3] □□□

뉘우칠 **회**

훈	뉘우칠	くや(しい)	**悔しい*** _{くや} 분하다　**悔しがる** _{くや} 분해하다
		く(やむ)	**悔やむ*** _く 후회하다, 애석하다　**お悔やみ** _く 후회, 문상
		く(いる)	**悔いる** _く 후회하다, 뉘우치다　**悔い** _く 뉘우침, 후회
음	회	かい	**後悔** _{こうかい} 후회　**悔恨** _{かいこん} 회한

9획 悔 悔 悔 悔 悔 悔 悔 悔 悔

勝_かっていたのに逆転_{ぎゃくてん}されて負_まけたなんて**悔**_{くや}しすぎる。 이기고 있었는데 역전 당해서 지다니 너무 분하다.
学生時代_{がくせいじだい}をもっと楽_{たの}しんだらよかったと**後悔**_{こうかい}している。
학생 시절을 더 즐겼다면 좋았을 것이라고 후회하고 있다.

0713 [N2] □□□

憎

미워할 **증**

훈	미워할	にく(む)	**憎む*** _{にく} 미워하다
		にく(い)	**憎い*** _{にく} 밉다　**憎さ** _{にく} 미움
		にく(らしい)	**憎らしい** _{にく} 밉살스럽다
		にく(しみ)	**憎しみ** _{にく} 미움, 증오
음	증	ぞう	**憎悪** _{ぞうお} 증오　**愛憎** _{あいぞう} 애증

14획 憎 憎 憎 憎 憎 憎 憎 憎 憎 憎 憎 憎 憎 憎

彼_{かれ}はそそっかしいが、優_{やさ}しくていい人_{ひと}だから**憎**_{にく}めない。
그는 덜렁대지만, 상냥하고 좋은 사람이라 미워할 수 없다.
被害者_{ひがいしゃ}の目_めには犯人_{はんにん}に対_{たい}する**憎悪**_{ぞうお}がこもっていた。 피해자의 눈에는 범인에 대한 증오가 담겨 있었다.

0714 [N3] □□□

惜

아낄 석

훈 아낄	お(しい)	**惜しい**★ 아깝다, 섭섭하다	**名残惜しい** 헤어지기 섭섭하다
	お(しむ)	**惜しむ**★ 아끼다, 아쉬워하다	
음 석	せき	**痛惜** 매우 애석함, 통석	**惜別** 애틋하게 이별함, 석별

11획 惜 惜 惜 惜 惜 惜 惜 惜 惜 惜 惜

簡単な計算ミスで**惜しく**も満点を逃してしまった。 간단한 계산 실수로 아깝게도 만점을 놓치고 말았다.

ご訃報に接し、**痛惜**の念を禁じ得ません。 부고를 접해, 매우 애석한 마음을 금할 길이 없습니다.

0715 [N3] □□□

慌

어리둥절할 황

훈 어리둥절할	あわ(てる)	**慌てる**★ 당황하다	**大慌て** 매우 당황함
	あわ(ただしい)	**慌ただしい**★ 어수선하다	**慌ただしさ** 어수선함
음 황	こう	**恐慌** 공황	

12획 慌 慌 慌 慌 慌 慌 慌 慌 慌 慌 慌 慌

面接で想定していなかった質問をされ、**慌てた**。 면접에서 예상하지 않았던 질문을 받아, 당황했다.

1929年、アメリカで始まった**恐慌**は各国に広がった。 1929년, 미국에서 시작된 공황은 각국으로 퍼졌다.

0716 [N3] □□□

嫌

싫어할 혐

훈 싫어할	いや	**嫌だ** 싫다, 하고 싶지 않다	**嫌がる**★ 싫어하다	**嫌気** 싫증
	きら(う)	**嫌う**★ 싫어하다, 미워하다	**嫌い**★ 싫음, 경향	
음 혐	けん	**嫌悪感**★ 혐오감	**嫌悪** 혐오	**嫌疑** 혐의
	げん	**機嫌**★ 기분, 비위	**不機嫌** 기분이 안 좋음	

13획 嫌 嫌 嫌 嫌 嫌 嫌 嫌 嫌 嫌 嫌 嫌 嫌 嫌

今日は会社で**嫌な**ことがあって落ち込んでいる。 오늘은 회사에서 싫은 일이 있어서 침울해 있다.

人に**嫌悪感**を与える言動は控えましょう。 남에게 혐오감을 주는 언동은 삼갑시다.

0717 [N3] ☐☐☐

飽

배부를 **포**

훈 배부를	あ(きる)	**飽きる*** 질리다, 싫증나다 **見飽きる** 보기에 싫증나다
	あ(かす)	**～に飽かして** ~을 아끼지 않고
음 포	ほう	**飽和** 포화 **飽満** 포만 **飽食** 포식

13획 飽 飽 飽 飽 飽 飽 飽 飽 飽 飽 飽 飽 飽

毎回聞かされる部長の自慢話にはもう**飽きた**よ。 매번 듣게 되는 부장님의 자랑 이야기에는 이제 질렸어.

病棟は**飽和**状態で、これ以上患者を受け入れられない。
병동은 포화 상태여서, 이 이상 환자를 받을 수 없다.

0718 [N2] ☐☐☐

恥

부끄러워할 **치**

훈 부끄러워할	はじ	**恥*** 창피, 수치 **生き恥** 살아있는 동안 받는 수치
	は(じる)	**恥じる** 부끄러이 여기다 **恥じ入る** 크게 부끄러워하다
	は(じらう)	**恥じらう** 부끄러워하다 **恥じらい** 수줍음, 부끄러움
	は(ずかしい)	**恥ずかしい*** 부끄럽다, 창피하다
음 치	ち	**羞恥心** 수치심 **恥辱** 치욕 **破廉恥** 파렴치

10획 恥 恥 恥 恥 耳 恥 恥 恥 恥 恥

プレゼン中に漢字を読み間違えて、**恥**をかいた。 프레젠테이션 중에 한자를 잘못 읽어서, 창피를 당했다.

若い頃の無知な発言を思い出すと**羞恥心**を感じる。
젊은 시절의 무지한 발언을 생각하면 수치심을 느낀다.

0719 [N3] ☐☐☐

平

평평할 **평**

물 위에 평평하게 뜬 물
풀 모양을 본뜬 글자

훈 평평할	たい(ら)	**平らな土地** 평평한 토지 **平らげる** 평정하다
	ひら	**平たい** 평평하다 **平手** 손바닥 **平泳ぎ** 평영
음 평	へい	**平均*** 평균 **平日*** 평일 **平和** 평화 **平面** 평면
	びょう	**平等*** 평등

5획 平 平 平 平 平

平らな土地のビルは他より価格が高いそうだ。 평평한 토지의 빌딩은 다른 것보다 가격이 비싸다고 한다.

売上が前年度の**平均**を上回っている。 매상이 전년도의 평균을 상회하고 있다.

0720 [N3] □□□

和

화할 화

벼(禾)와 입(口)을 합쳐 여럿이서 벼를 먹고 살아 화목한 것을 나타낸 글자

훈	화할	やわ(らぐ)	**和らぐ**★ 누그러지다, 완화되다
		やわ(らげる)	**和らげる** 누그러뜨리다, 진정시키다
		なご(む)	**和む** 부드러워지다, 온화해지다
		なご(やか)	**和やかだ**★ 화목하다
음	화	わ	**和風**★ 일본풍　**和服** 일본옷　**緩和**★ 완화　**和解** 화해
		お	**和尚** 화상, 스님

8획 和 和 和 和 和 和 和 和

10月になり暑さも少し**和らいだ**。　10월이 되니 더위도 조금 누그러졌다.

サラダに**和風**のドレッシングをかけた。　샐러드에 일본풍 드레싱을 뿌렸다.

0721 [N3] □□□

圧

누를 압

훈	누를	―	
음	압	あつ	**圧力** 압력　**圧倒**★ 압도　**血圧**★ 혈압　**圧勝**★ 압승

5획 圧 圧 圧 圧 圧

タッチパネルは指の**圧力**や静電気に反応して動く。
터치 패널은 손가락의 압력이나 정전기에 반응해서 작동한다.

その選手は相手を**圧倒**する実力を見せつけた。　그 선수는 상대를 압도하는 실력을 보여 주었다.

0722 [N3] □□□

倒

넘어질 도

훈	넘어질	たお(れる)	**倒れる**★ 쓰러지다　**共倒れ** 함께 쓰러짐, 함께 망함
		たお(す)	**倒す**★ 쓰러뜨리다, 넘어뜨리다
음	도	とう	**倒産**★ 도산　**面倒だ**★ 귀찮다　**面倒臭い**★ 아주 귀찮다

10획 倒 倒 倒 倒 倒 倒 倒 倒 倒 倒

無理して働きすぎたら過労で**倒れて**しまいますよ。　무리해서 너무 일하면 과로로 쓰러지고 말 거예요.

経営が悪化していた会社は、今年とうとう**倒産**した。　경영이 악화하고 있던 회사는, 올해 결국 도산했다.

奇

기이할 **기**

훈	기이할	—				
음	기	き	奇妙 ★ 기묘	奇跡 기적	奇数 기수, 홀수	奇襲 기습

8획 奇 奇 奇 奇 奇 奇 奇 奇

あの古い旅館には奇妙なうわさ話が多い。 그 오래된 여관에는 기묘한 소문이 많다.

こんな大事故でけが人が出なかったのは奇跡だと思う。
이런 큰 사고에서 부상자가 나오지 않은 것은 기적이라고 생각한다.

怪

기이할 **괴**

훈	기이할	あや(しい)	怪しい ★ 수상하다, 의심스럽다	怪しげだ 수상하다, 불안하다
		あや(しむ)	怪しむ 이상히 여기다, 의심하다	
음	괴	かい	怪物 괴물	怪談 괴담 奇怪 기괴

8획 怪 怪 怪 怪 怪 怪 怪 怪

海外から心当たりのない怪しいメールが届いた。
해외로부터 짐작 가는 곳이 없는 수상한 이메일이 도착했다.

息子は最近怪物が出てくるアニメにはまっている。 아들은 최근 괴물이 나오는 애니메이션에 빠져있다.

静

고요할 **정**

훈	고요할	しず(か)	静かだ ★ 조용하다		
		しず(まる)	静まる 조용해지다, 진정되다		
		しず(める)	静める 조용하게 하다, 진정시키다		
		しず	静々と 정숙하게		
음	정	せい	安静 ★ 안정	冷静 ★ 냉정 閑静 ★ 한적함	静粛 정숙
		じょう	静脈 정맥		

14획 静 静 静 静 静 静 静 静 静 静 静 静 静 静

この道は人通りが少ないので静かだ。 이 길은 사람의 왕래가 적어서 조용하다.

体調が悪いときは安静にしたほうがいい。 몸 상태가 안 좋을 때는 안정을 취하는 편이 좋다.

0726 [N3] ☐☐☐

寂

고요할 **적**

훈	고요할	さび	寂 사비, 예스럽고 운치 있음
		さび(しい)	寂しい★ 쓸쓸하다　寂しがる 쓸쓸해하다
		さび(れる)	寂れる (번창하던 곳이) 쇠퇴하다, 쓸쓸해지다
음	적	じゃく	静寂 정적　閑寂 한적　寂然 적연, 고요함
		せき	寂として 괴괴하여, 적막하여

11획 寂寂寂寂寂寂寂寂寂寂寂

転勤で九州に来たが、知り合いが誰もいなくて**寂**しい。
전근으로 규슈에 왔는데, 지인이 아무도 없어서 쓸쓸하다.

この辺りは夜になると**静寂**に包まれる。 이 주변은 밤이 되면 정적에 휩싸인다.

0727 [N3] ☐☐☐

緊

긴할 **긴**

| 훈 | 긴할 | — | |
| 음 | 긴 | きん | 緊張★ 긴장　緊密★ 긴밀　緊迫★ 긴박　緊急 긴급 |

15획 緊緊緊緊緊緊緊緊緊緊緊緊緊緊緊

10分後にプレゼンを控え、とても**緊張**している。 10분 후에 발표를 앞두고 있어, 매우 긴장하고 있다.

両国は会談で**緊密**に協力し合うことを約束した。 양국은 회담에서 긴밀히 서로 협력하기로 약속했다.

생각

0728 [N3] ☐☐☐

想

생각 **상**

훈	생각	—	
음	상	そう	感想★ 감상　想像★ 상상　空想 공상　理想★ 이상
		そ	愛想 붙임성, 정나미　お愛想 (음식점의) 계산, 대접

13획 想想想想想想想想想想想想想

本を読んだら必ず**感想**を文字に残している。 책을 읽으면 반드시 감상을 글로 남기고 있다.

子育ては私が**想像**していたよりしんどかった。 육아는 내가 상상했던 것보다 힘들었다.

0729 [N3] □□□

志

뜻 **지**

훈 뜻	こころざ(す)	志**す** ^{こころざ} 뜻을 두다, 지망하다	
	こころざし	志 ^{こころざし} 뜻, 마음, 친절	
음 지	し	意志★ 의지 ^{い し}　志望★ 지망 ^{し ぼう}　志向 지향 ^{し こう}	

7획 志 志 志 志 志 志 志

私は生命科学の研究を志している。 나는 생명 과학 연구에 뜻을 두고 있다.

彼は意志が強くてどんなことにもくじけない。 그는 의지가 강해서 어떤 일에도 꺾이지 않는다.

0730 [N3] □□□

然

그럴 **연**

훈 그럴	—	
음 연	ぜん	当然★ 당연 ^{とう ぜん}　自然★ 자연 ^{し ぜん}　突然★ 돌연 ^{とつ ぜん}　偶然★ 우연 ^{ぐう ぜん}
	ねん	天然 천연 ^{てん ねん}

12획 然 然 然 然 然 然 然 然 然 然 然 然

教室の窓を割ったんだから怒られて当然だ。 교실의 창문을 깼으니까 혼나는 게 당연하다.

ブロッコリーには天然のミネラルが多く含まれている。 브로콜리에는 천연 미네랄이 많이 포함되어 있다.

0731 [N2] □□□

違

어긋날 **위**

훈 어긋날	ちが(う)	違う★ 다르다 ^{ちが}	間違う★ 잘못되다, 틀리다 ^{ま ちが}	違い★ 틀림, 차이 ^{ちが}
	ちが(える)	違える 다르게 하다 ^{ちが}	間違える★ 잘못하다, 실수하다 ^{ま ちが}	
음 위	い	違反★ 위반 ^{い はん}	相違★ 다름, 틀림 ^{そう い}	違法 위법 ^{い ほう}

13획 違 違 違 違 違 違 違 違 違 違 違

私は双子の妹と顔が似ているが、性格はまるで違う。
나는 쌍둥이인 여동생과 얼굴은 닮았지만, 성격은 전혀 다르다.

彼は試合中、ルールに違反して退場となった。 그는 시합 중, 규칙을 위반하여 퇴장하게 되었다.

0732 [N2] □□□

誤

훈 그르칠 | あやま(る) | **誤る** 잘못되다, 실수하다 | **誤り**★ 잘못, 실수

음 오 | ご | **誤算**★ 오산 | **誤解** 오해 | **誤差** 오차 | **錯誤** 착오

14획 誤 誤 誤 誤 誤 誤 誤 誤 誤 誤 誤 誤 誤 誤

그르칠 **오**

電子レンジは使用方法を**誤る**と発火する恐れがある。
전자레인지는 사용 방법이 잘못되면 발화할 우려가 있다.

参加人数の**誤算**により急いで会場を変更した。 참가 인원수의 오산으로 인해 서둘러 회장을 변경했다.

0733 [N2] □□□

判

훈 판단할 | —

음 판 | はん | **批判**★ 비판 | **判断**★ 판단 | **裁判**★ 재판 | **判明** 판명

| | ばん | **A5判** A5판 | **小判** (에도 시대의) 작은 금화

7획 判 判 判 判 判 判 判

판단할 **판**

正当な**批判**は受け止めて改善するようにしている。 정당한 비판은 받아들이고 개선하려고 하고 있다.

A5判は教科書やノートなどで多く用いられるサイズです。
A5판은 교과서나 노트 등에 많이 사용되는 사이즈입니다.

0734 [N3] □□□

断

훈 끊을 | た(つ) | **断つ** 끊다, 자르다

| | ことわ(る) | **断る** 거절하다 | **断り** 사절, 거절

음 단 | だん | **中断** 중단 | **断念** 단념 | **横断** 횡단 | **判断** 판단

11획 断 断 断 断 断 断 断 断 断 断 断

끊을 **단**

妊娠が分かってから、お酒を**断**っている。 임신을 알고 난 후로, 술을 끊고 있다.

ニュース速報が入って放送中の番組が**中断**された。
뉴스 속보가 들어와서 방송 중인 프로그램이 중단되었다.

0735 [N3] □□□

可

훈 옳을 | —

음 가 | か | **可決** 가결 | **可能**★ 가능 | **可否** 가부, 찬부 | **許可**★ 허가

5획 可 可 可 可 可

옳을 **가**

新しい法案が全員一致で**可決**された。 새로운 법안이 전원 일치로 가결되었다.

食事のご予約はインターネットでも**可能**です。 식사 예약은 인터넷으로도 가능합니다.

0736 [N2] ☐☐☐

否

| 훈 | 아닐 | いな | **否** 반대, 부동의　**否む** 부정하다 |

| 음 | 부 | ひ | きょ ひ
拒否★ 거부　ひ てい
否定★ 부정　さん ぴ
賛否★ 찬반　あん ぴ
安否 안부 |

7획　否 否 否 否 否 否 否

아닐 **부**

けんかの原因が私にあったことは**否**めない。 싸움의 원인이 나에게 있었던 것은 부정할 수 없다.

学校になじめず登校を**拒否**する児童が増えている。
학교에 적응하지 못하고 등교를 거부하는 아동이 늘고 있다.

0737 [N3] ☐☐☐

必

| 훈 | 반드시 | かなら(ず) | **必ず**★ 반드시　**必ずしも** 반드시 (~라고는 할 수 없다) |

| 음 | 필 | ひつ | ひつよう
必要★ 필요　ひっ し
必死★ 필사　ひつぜん
必然 필연　ひつじゅ
必需 필수 |

5획　必 必 必 必 必

반드시 **필**

帰るときは**必ず**エアコンを消してください。 돌아갈 때는 반드시 에어컨을 꺼 주세요.

旅行に**必要**なものを全部リュックに入れた。 여행에 필요한 것을 전부 배낭에 넣었다.

0738 [N2] ☐☐☐

妥

| 훈 | 온당할 | — | |

| 음 | 타 | だ | だ きょう
妥協★ 타협　だ とう
妥当★ 타당　だ けつ
妥結 타결 |

7획　妥 妥 妥 妥 妥 妥 妥

온당할 **타**

コンクールに出す作品だから**妥協**は許されない。 콩쿠르에 낼 작품이니까 타협은 허용되지 않는다.

患者の体力を考え手術を延期したのは**妥当**な判断だった。
환자의 체력을 생각해서 수술을 연기한 것은 타당한 판단이었다.

0739 [N2] ☐☐☐

悩

| 훈 | 괴로워할 | なや(む) | **悩む**★ 고민하다, 괴로워하다　**悩ましい** 괴롭다, 고통스럽다 |
| | | なや(ます) | **悩ます** 괴롭히다, 성가시게 굴다 |

| 음 | 뇌 | のう | く のう
苦悩 고뇌　ぼんのう
煩悩 번뇌 |

10획　悩 悩 悩 悩 悩 悩 悩 悩 悩 悩

괴로워할 **뇌**

若い頃は自分の容姿に**悩**んだものです。 젊을 적에는 자신의 외모에 대해 고민하곤 했습니다.

前首相の著書では総理就任後の**苦悩**が語られている。
전 수상의 저서에는 총리 취임 후의 고뇌가 이야기되어 있다.

0740　[N3] ☐☐☐

確

굳을 **확**

훈	굳을	たし(か)	**確かだ**★ 확실하다, 틀림없다　**確かさ** 확실함, 틀림없음
		たし(かめる)	**確かめる**★ 확실히 하다, 확인하다
음	확	かく	**確認**★ 확인　**確率**★ 확률　**確保**★ 확보　**正確**★ 정확

15획 確 確 確 確 確 確 確 確 確 確 確 確 確 確 確

孫に音楽の才能があることは**確か**だ。　손자에게 음악의 재능이 있는 것은 확실하다.

書類を提出する前に内容をもう一度**確認**してください。
서류를 제출하기 전에 내용을 한 번 더 확인해 주세요.

0741　[N3] ☐☐☐

疑

의심할 **의**

훈	의심할	うたが(う)	**疑う**★ 의심하다　**疑い** 의심, 혐의　**疑わしい** 의심스럽다
음	의	ぎ	**疑問**★ 의문　**容疑** 용의　**疑惑** 의혹　**疑念** 의념, 의심

14획 疑 疑 疑 疑 疑 疑 疑 疑 疑 疑 疑 疑 疑 疑

警察は店の主人が放火事件の犯人だと**疑**っている。
경찰은 가게 주인이 방화 사건의 범인이라고 의심하고 있다.

災害に対する市の対応に**疑問**の声が上がった。　재해에 대한 시의 대응에 의문의 목소리가 높아졌다.

0742　[N2] ☐☐☐

邪

간사할 **사**

훈	간사할	―	
음	사	じゃ	**邪魔**★ 방해, 장애　**無邪気**★ 천진난만, 순진함　**邪悪** 사악

8획 邪 邪 邪 邪 邪 邪 邪 邪

自転車は通行人の**邪魔**にならないよう止めてください。
자전거는 통행인에게 방해가 되지 않게 세워주세요.

公園で子供たちが**無邪気**に遊んでいる。　공원에서 아이들이 천진난만하게 놀고 있다.

0743　[N3] ☐☐☐

良

어질/좋을
량(양)

훈	어질/좋을	よ(い)	**良い** 좋다, 훌륭하다
음	량(양)	りょう	**良好** 양호　**良心** 양심　**優良** 우량

7획 良 良 良 良 良 良 良

この商品は質が**良**くてとても人気だ。　이 상품은 질이 좋아서 매우 인기이다.

周りの人と**良好**な関係を保ちたい。　주변 사람과 양호한 관계를 유지하고 싶다.

0744 [N2] ☐☐☐

훈 즐길 —

음 긍 こう **肯定** 긍정 **首肯** 수긍

8획 肯 肯 肯 肯 肯 肯 肯 肯

즐길 **긍**

多くの科学者が宇宙人の存在を**肯定**している。 많은 과학자가 외계인의 존재를 긍정하고 있다.

あんなとんでもない主張には**首肯**できない。 그런 터무니없는 주장에는 수긍할 수 없다.

0745 [N2] ☐☐☐

훈 귀할 とうと(い) **貴い** 귀중하다, 소중하다

とうと(ぶ) **貴ぶ** 공경하다

たっと(い) **貴い** 고귀하다

たっと(ぶ) **貴ぶ** 존경하다

음 귀 き **貴重**★ 귀중 **貴族** 귀족 **高貴** 고귀 **騰貴** 급등, 등귀

12획 貴 貴 貴 貴 貴 貴 貴 貴 貴 貴 貴 貴

귀할 **귀**

留学先でお金では買えない**貴い**経験をした。 유학처에서 돈으로는 살 수 없는 귀중한 경험을 했다.

昔、塩は高価で**貴重**な物でした。 옛날, 소금은 고가에 귀중한 것이었습니다.

헷갈리는 단어 모아보기

유의어 ┌ **貴い** 귀중하다, 소중하다 親にとって子供は**貴い**存在だ。
         부모에게 있어서 아이는 귀중한 존재이다.

       └ **尊い** 고귀하다, 소중하다 神様は**尊い**ものだと思う。
         신은 고귀한 법이라고 생각한다.

貴い와 **尊い**는 모두 '소중하다'라는 뜻을 가진다. **貴い**는 가치가 있어 귀중하고 소중하다, **尊い**는 공경할 만한 무언가가 소중하다라는 뜻이다.

0746 [N3] ☐☐☐

훈 거룩할 えら(い) **偉い**★ 훌륭하다, 비범하다 **偉ぶる** 잘난 체하다, 거들먹거리다

음 위 い **偉大** 위대 **偉人** 위인 **偉業** 위업

12획 偉 偉 偉 偉 偉 偉 偉 偉 偉 偉 偉 偉

거룩할 **위**

毎朝自分でお弁当を作っているなんて**偉い**ね。 매일 아침 스스로 도시락을 만들고 있다니 훌륭하네.

エジソンは**偉大**な発明家として知られている。 에디슨은 위대한 발명가로 알려져 있다.

0747 [N2] ☐☐☐

偏

치우칠 **편**

훈	치우칠	かたよ(る)	**偏る**★ 치우치다, 균형을 잃다　**偏り** 편향
음	편	へん	**偏見**★ 편견　**偏差値**★ 편차치　**偏食** 편식　**偏向** 편향

11획 偏 偏 偏 偏 偏 偏 偏 偏 偏

ダイエット中はどうしても栄養が偏りがちだ。　다이어트 중에는 아무래도 영양이 치우치기 쉽다.

日本ではタトゥーに対して偏見を持つ人が多いという。
일본에서는 타투에 대하여 편견을 가진 사람이 많다고 한다.

0748 [N2] ☐☐☐

批

비평할 **비**

훈	비평할	—	
음	비	ひ	**批評**★ 비평　**批難** 비난　**批判**★ 비판

7획 批 批 批 批 批 批 批

趣味で映画を批評するブログを運営している。　취미로 영화를 비평하는 블로그를 운영하고 있다.

何気ない一言が誤解を招き、批難を浴びてしまった。
무심한 한마디가 오해를 불러와, 비난을 받아 버렸다.

0749 [N2] ☐☐☐

評

평할 **평**

훈	평할	—	
음	평	ひょう	**評価**★ 평가　**評判**★ 평판, 화젯거리　**批評**★ 비평　**定評** 정평

12획 評 評 評 評 評 評 評 評 評 評 評 評

芸術作品を評価する基準は人それぞれである。　예술 작품을 평가하는 기준은 사람마다 제각각이다.

駅前の牛丼屋は安くておいしいと評判が高い。　역 앞의 규동 집은 싸고 맛있다고 평판이 높다.

0750 [N3] ☐☐☐

認

알 **인**

훈	알	みと(める)	**認める**★ 인정하다
음	인	にん	**認識** 인식　**確認**★ 확인　**認定** 인정　**否認** 부인

14획 認 認 認 認 認 認 認 認 認 認 認 認 認 認

個人の多様性を認めようという風潮が広がっている。　개인의 다양성을 인정하자는 풍조가 퍼지고 있다.

大学生の「ボランティア」に対する認識を調査した。　대학생의 '봉사 활동'에 대한 인식을 조사했다.

11일차 느낌·생각 **249**

0751 [N3] ☐☐☐

駄

훈 짐 실을 　—

음 태 　だ 　　**無駄*** 쓸데없음, 헛됨 　**駄目*** 소용없음, 허사 　**駄作** 졸작

14획 駄 駄 駄 駄 駄 駄 駄 駄 駄 駄 駄 駄 駄 駄

짐 실을 **태**

無駄な出費を抑えて、貯金に回すお金を増やそう。
쓸데없는 지출을 줄여서, 저금으로 돌리는 돈을 늘리자.

判定は変わらないから審判に抗議しても**駄目**だ。 판정은 변하지 않으니까 심판에게 항의해도 소용없다.

0752 [N2] ☐☐☐

曖

훈 희미할 　—

음 애 　あい 　　**曖昧*** 애매

17획 曖 曖 曖 曖 曖 曖 曖 曖 曖 曖 曖 曖 曖 曖 曖 曖 曖

희미할 **애**

受験期は忙しく、どう過ごしていたか記憶が**曖昧**だ。
수험 시기에는 바빠서, 어떻게 지냈는지 기억이 애매하다.

0753 [N2] ☐☐☐

昧

훈 어두울 　—

음 매 　まい 　　**曖昧*** 애매 　**読書三昧** 독서 삼매경

9획 昧 昧 昧 昧 昧 昧 昧 昧 昧

어두울 **매**

上司の指示が**曖昧**で何をすればいいか分からなかった。
상사의 지시가 애매해서 무엇을 하면 좋을지 몰랐다.

高校時代は毎日、**読書三昧**だった。 고등학교 시절에는 매일, 독서 삼매경이었다.

0754 [N2] ☐☐☐

妙

훈 묘할 　—

음 묘 　みょう 　　**妙だ*** 묘하다 　**奇妙*** 기묘 　**巧妙*** 교묘 　**妙案** 묘안

7획 妙 妙 妙 妙 妙 妙 妙

묘할 **묘**

愛犬が**妙に**静かだと思ったら、いたずらしていた。 반려견이 묘하게 조용하다 했더니, 장난치고 있었다.

この砂漠には**奇妙**な形の岩が点在している。 이 사막에는 기묘한 형태의 바위가 여기저기 흩어져 있다.

색이 있는 한자의 발음을 밑줄에 쓴 다음, 괄호 안에 단어의 뜻을 써 보세요.

01	拒否	きょ_____	(	)	**21**	覚める	_____める	(	)
02	驚く	_____く	(	)	**22**	感じる	_____じる	(	)
03	観光	_____こう	(	)	**23**	圧力	_____りょく	(	)
04	慌てる	_____てる	(	)	**24**	香り	_____り	(	)
05	平均	_____きん	(	)	**25**	倒れる	_____れる	(	)
06	視野	_____や	(	)	**26**	奇妙	_____みょう	(	)
07	怖い	_____い	(	)	**27**	香辛料	こう____りょう	(	)
08	感想	かん_____	(	)	**28**	憎悪	_____お	(	)
09	静かだ	_____かだ	(	)	**29**	甘い	_____い	(	)
10	批判	ひ_____	(	)	**30**	断つ	_____つ	(	)
11	誤る	_____る	(	)	**31**	怪しい	_____しい	(	)
12	疑う	_____う	(	)	**32**	肯定	_____てい	(	)
13	怒鳴る	_____なる	(	)	**33**	悩む	_____む	(	)
14	笑う	_____う	(	)	**34**	違反	_____はん	(	)
15	幸福	_____ふく	(	)	**35**	認識	_____しき	(	)
16	困る	_____る	(	)	**36**	羞恥心	しゅう____しん	(	)
17	緊張	_____ちょう	(	)	**37**	確かだ	_____かだ	(	)
18	評価	_____か	(	)	**38**	偉い	_____い	(	)
19	和らぐ	_____らぐ	(	)	**39**	悔しい	_____しい	(	)
20	必ず	_____ず	(	)	**40**	意志	い_____	(	)

정답 01 きょひ 거부 02 おどろく 놀라다 03 かんこう 관광 04 あわてる 당황하다 05 へいきん 평균 06 しや 시야 07 こわい 무섭다
08 かんそう 감상 09 しずかだ 조용하다 10 ひはん 비판 11 あやまる 잘못되다, 실수하다 12 うたがう 의심하다 13 どなる 고함치다
14 わらう 웃다 15 こうふく 행복 16 こまる 곤란하다, 난처하다 17 きんちょう 긴장 18 ひょうか 평가 19 やわらぐ 누그러지다, 완화되다
20 かならず 반드시 21 さめる 깨다, 제정신이 들다 22 かんじる 느끼다 23 あつりょく 압력 24 かおり 향기, 좋은 냄새 25 たおれる 쓰러지다
26 きみょう 기묘 27 こうしんりょう 향신료 28 ぞうお 증오 29 あまい 달다, 달콤하다 30 たつ 끊다, 자르다 31 あやしい 수상하다, 의심스럽다
32 こうてい 긍정 33 なやむ 고민하다, 괴로워하다 34 いはん 위반 35 にんしき 인식 36 しゅうちしん 수치심 37 たしかだ 확실하다, 틀림없다
38 えらい 훌륭하다, 비범하다 39 くやしい 분하다 40 いし 의지

성향

★은 JLPT/JPT 기출 단어입니다.

0755 [N2] ☐☐☐

善

착할 **선**

양(羊)과 입(口)을 합쳐 양처럼 온순하게 말하는 사람을 나타낸 글자

훈	착할	よ(い)	**善い** 착하다, 좋다
음	선	ぜん	**改善**★ 개선　**最善** 최선　**善悪** 선악　**善人** 선인　**慈善** 자선

12획 善 善 善 善 善 善 善 善 善 善 善 善

一日一回は**善い**行いをするようにしている。 1일 1회는 착한 행동을 하려고 하고 있다.

先輩のアドバイスを踏まえて論文を**改善**した。 선배의 조언을 토대로 논문을 개선했다.

0756 [N2] ☐☐☐

勇

날랠/용감할 **용**

훈	날랠/용감할	いさ(む)	**勇む** 기운이 솟다, 용기가 솟다　**勇ましい**★ 용맹하다
음	용	ゆう	**勇気**★ 용기　**勇敢** 용감　**勇者** 용사

9획 勇 勇 勇 勇 勇 勇 勇 勇 勇

彼はいくら強い相手でも**勇ましく**立ち向かう。 그는 아무리 강한 상대라도 용맹하게 맞선다.

意見があるなら**勇気**を出してはっきり言おう。 의견이 있다면 용기를 내서 확실히 말하자.

0757 [N2] ☐☐☐

穏

편안할 **온**

훈	편안할	おだ(やか)	**穏やか**★ 온화함, 평온함
음	온	おん	**平穏** 평온　**穏便** 원만함, 온건함　**穏和** 온화　**穏当** 온당

16획 穏 穏 穏 穏 穏 穏 穏 穏 穏 穏 穏 穏 穏 穏 穏 穏

今日は暖かく、**穏やか**な天気で気持ちがいい。 오늘은 따뜻하고, 온화한 날씨라 기분이 좋다.

最近は特に変わったこともなく**平穏**に過ごしている。
최근에는 특별히 별다른 일도 없이 평온하게 지내고 있다.

0758 [N2] □□□

臆

가슴 **억**

훈 가슴	—		
음 억	おく	臆病 [★] 겁이 많음　　おくびょう	臆する 겁내다　　おく 臆測 억측　　おくそく

17획 臆 臆 臆 臆 臆 臆 臆 臆 臆 臆 臆 臆 臆 臆 臆 臆 臆

うちの猫は客が来ると隠れてしまうほど臆病だ。
ねこ　きゃく　く　かく　　　　　　　　　　おくびょう
우리 집 고양이는 손님이 오면 숨어 버릴 정도로 겁이 많다.

山田選手は格上の対戦相手にも臆することなく戦った。
やまだせんしゅ　かくうえ　たいせんあいて　おく　　　　　　たたか
야마다 선수는 한 수 위인 대전 상대에게도 겁내지 않고 싸웠다.

0759 [N2] □□□

頑

완고할 **완**

훈 완고할	—		
음 완	がん	頑固 [★] 완고　　がんこ　頑丈 [★] 튼튼함　　がんじょう	頑張る [★] 열심히 하다, 버티다　がんば

13획 頑 頑 頑 頑 頑 頑 頑 頑 頑 頑 頑 頑 頑

お姉ちゃんは頑固だから説得するだけ無駄だよ。언니는 완고하니까 설득해봤자 소용없어.
ねえ　　　　がんこ　　　せっとく　　　　むだ

木造より鉄筋コンクリート造りの住宅のほうが頑丈だ。
もくぞう　てっきん　　　　　　　づく　じゅうたく　　　　　がんじょう
목조보다 철근 콘크리트로 만들어진 주택 쪽이 튼튼하다.

0760 [N3] □□□

固

굳을 **고**

훈 굳을	かた(い)	固い [★] 굳다, 단단하다　かた	固さ 경도　かた
	かた(める)	固める 굳히다　かた	固め 굳힘　かた
	かた(まる)	固まる 굳어지다　かた	固まり 덩어리　かた
음 고	こ	固定 [★] 고정　こてい　固体 고체　こたい	固有 고유　こゆう　頑固 [★] 완고　がんこ

8획 固 固 固 固 固 固 固 固

世界一の作家になってみせると固く決意した。 세계 제일의 작가가 되어 보이겠다고 굳게 결의했다.
せかいいち　さっか　　　　　　　　　　かた　けつい

前髪をヘアピンで固定して顔を洗った。 앞머리를 헤어핀으로 고정하고 얼굴을 씻었다.
まえがみ　　　　　　こてい　　かお　あら

張

훈	베풀/뻗을	は(る)	張る 뻗다, 펴다	張り合う* 겨루다	引っ張る* 잡아당기다
음	장	ちょう	拡張* 확장	主張* 주장	出張* 출장	誇張 과장

11획 張 張 張 張 張 張 張 張 張 張 張

베풀/뻗을 장

しっかり根を張っている樹木は強風にも倒れない。
단단히 뿌리를 뻗고 있는 수목은 강풍에도 쓰러지지 않는다.

道路を拡張したことで交通事故が減少した。 도로를 확장한 것으로 교통사고가 감소했다.

專

훈	오로지	もっぱ(ら)	専ら 오로지, 한결같이
음	전	せん	専念* 전념	専門* 전문	専攻 전공	専用 전용

9획 専 専 専 専 専 専 専 専 専

오로지 전

時間ができると専ら美術館ばかり行っている。 시간이 생기면 오로지 미술관에만 가고 있다.

高校3年生になったので受験勉強に専念したい。 고교 3학년이 되었기 때문에 수험 공부에 전념하고 싶다.

慎

훈	삼갈	つつし(む)	慎む 삼가하다, 주심하다	慎み 조심성
음	신	しん	慎重* 신중	謹慎 근신

13획 慎 慎 慎 慎 慎 慎 慎 慎 慎 慎 慎 慎

삼갈 신

館内で他の利用者の迷惑になる行為は慎んでください。
관내에서 다른 이용자에게 민폐가 되는 행위는 삼가해 주세요.

進路は親や先生と相談しながら慎重に決めるつもりだ。
진로는 부모님이나 선생님과 상담하면서 신중하게 정할 생각이다.

慢

훈	게으를	—
음	만	まん	自慢* 자랑	我慢* 참음, 견딤	怠慢 태만	慢性 만성

14획 慢 慢 慢 慢 慢 慢 慢 慢 慢 慢 慢 慢 慢 慢

게으를 만

同僚は彼氏にもらった高級腕時計を自慢した。 동료는 남자친구에게 받은 고급 손목시계를 자랑했다.

節約のために大好きな外食を我慢している。 절약을 위해서 정말 좋아하는 외식을 참고 있다.

諦

훈	살필	あきら(める)	諦める* 포기하다, 체념하다
음	체	てい	諦念 체념 要諦 요체, 요점

16획 諦諦諦諦諦諦諦諦諦諦諦諦諦諦諦諦

살필 체

獣医になるまで険しい道が続くけど、絶対諦めません。
수의사가 되기까지 험난한 길이 이어지겠지만, 절대 포기하지 않습니다.

あまりの点差に諦念の表情で試合を見る観客もいた。
지나친 점수 차에 체념한 표정으로 시합을 보는 관객도 있었다.

従

훈	좇을	したが(う)	従う* 따르다, 좇다
		したが(える)	従える 따르게 하다, 복종시키다, 거느리다
음	종	じゅう	従来* 종래 従事* 종사 服従 복종 従順 순종
		しょう	従容 종용, 침착함
		じゅ	従三位 종삼위 (일본의 벼슬 품계 중 하나)

10획 従従従従従従従従従従

좇을 종

非常時には係員の指示に従ってください。 비상시에는 담당자의 지시에 따라 주세요.
新型モデルは従来のものより大分軽くなった。 신형 모델은 종래의 것보다 꽤 가벼워졌다.

黙

훈	묵묵할	だま(る)	黙る* 말을 하지 않다 黙り込む 잠자코 있다
음	묵	もく	沈黙 침묵 寡黙* 과묵 暗黙 암묵 黙殺 묵살

15획 黙黙黙黙黙黙黙黙黙黙黙黙黙黙黙

묵묵할 묵

어두움(黒)과 개(犬)를
합쳐 시끄럽게 짖던 개
조차도 조용해진 것을
나타낸 글자

無口な彼はいつも黙って、人の話を聞いている。
과묵한 그는 항상 말을 하지 않고, 다른 사람의 이야기를 듣고 있다.

初デートは緊張で沈黙が続き、気まずかった。 첫 데이트는 긴장으로 침묵이 이어져, 어색했다.

懸

매달 현

훈 매달	か(かる)	懸かる 걸리다, 위치하다	
	か(ける)	懸ける 걸다, 늘어뜨리다	命懸け 목숨을 걺, 필사적임
음 현	けん	一生懸命★ 열심히	懸垂 현수, 매달림
	け	懸念★ 괘념, 걱정	懸想 연모, 사모

20획 懸

決勝進出が懸かった試合で残念ながら負けてしまった。
결승 진출이 걸린 시합에서 유감스럽게도 지고 말았다.

一生懸命勉強したからきっと合格できると思います。
열심히 공부했으니까 분명 합격할 수 있을 것이라고 생각합니다.

敏

민첩할 민

| 훈 민첩할 | ― | | | |
| 음 민 | びん | 敏感★ 민감 | 機敏 기민 | 鋭敏 예민 | 敏速 민속, 신속 |

10획 敏 敏 敏 敏 敏 敏 敏 敏 敏 敏

肌が敏感でむやみに化粧品を使えない。 피부가 민감해서 함부로 화장품을 쓸 수 없다.

ホテルの従業員は急な要望にも機敏に対応してくれた。
호텔 종업원은 갑작스러운 요청에도 기민하게 대응해 주었다.

優

뛰어날 우

훈 뛰어날	すぐ(れる)	優れる★ 뛰어나다, 우수하다		
	やさ(しい)	優しい★ 상냥하다, 다정하다	優しさ 상냥함, 다정함	
음 우	ゆう	優勝★ 우승	優秀★ 우수	優位★ 우위	女優★ 여배우

17획 優 優 優 優 優 優 優 優 優 優 優 優 優 優 優 優 優

この靴は防水性に優れていて水を通さない。 이 신발은 방수성이 뛰어나서 물을 통과시키지 않는다.

娘のチームが地域のサッカー大会で優勝した。 딸의 팀이 지역 축구 대회에서 우승했다.

0771 [N2] ☐☐☐

秀

빼어날 **수**

훈 빼어날	ひい(でる)	秀でる 뛰어나다, 빼어나다	
음 수	しゅう	優秀 ★ 우수 秀才 수재, 천재	

7획 秀 秀 秀 秀 秀 秀 秀

彼は子供の頃から運動能力に秀でていた。 그는 어렸을 때부터 운동 능력이 뛰어났다.

本校は、成績が優秀な学生に奨学金を支給している。
본교는, 성적이 우수한 학생에게 장학금을 지급하고 있다.

0772 [N2] ☐☐☐

賢

어질 **현**

훈 어질	かしこ(い)	賢い ★ 현명하다, 영리하다	
음 현	けん	賢明 현명 賢人 현인, 현자 先賢 선현, 옛 현인	

16획 賢 賢 賢 賢 賢 賢 賢 賢 賢 賢 賢 賢 賢 賢 賢 賢

お金の賢い使い方を身に付けたい。 돈을 현명하게 쓰는 법을 몸에 익히고 싶다.

ミスに気付いたら、速やかに上司に報告するのが賢明だ。
실수를 깨달았다면, 신속하게 상사에게 보고하는 것이 현명하다.

0773 [N2] ☐☐☐

卑

낮을 **비**

훈 낮을	いや(しい)	卑しい 상스럽다, 천하다 卑しさ 상스러움, 천함	
	いや(しむ)	卑しむ 경멸하다, 멸시하다	
	いや(しめる)	卑しめる 깔보다, 경멸하다, 멸시하다	
음 비	ひ	卑怯 ★ 비겁 卑屈 비굴 卑劣 비열 卑下 비하	

9획 卑 卑 卑 卑 卑 卑 卑 卑 卑

子供の前で卑しい言葉遣いはやめてほしい。 아이 앞에서 상스러운 말투는 그만둬 줬으면 좋겠다.

勝ちたいからってゲームでずるをするのは卑怯だよ。
이기고 싶다고 해서 게임에서 속임수를 쓰는 것은 비겁해.

0774 [N2] □□□

愚

어리석을 **우**

훈	어리석을	おろ(か)	愚かだ* 어리석다, 못나다　愚かしい 바보 같다, 어리석다
음	우	ぐ	愚痴* 푸념　愚問 우문　愚鈍 우둔

13획 愚愚愚愚愚愚愚愚愚愚愚愚愚

彼女は愚かだった過去の行動を記者会見で謝罪した。
그녀는 어리석었던 과거의 행동을 기자회견에서 사죄했다.

愚痴ばかり言う人とはあまり話したくない。 푸념만 말하는 사람과는 그다지 이야기하고 싶지 않다.

0775 [N2] □□□

痴

어리석을 **치**

훈	어리석을	—	
음	치	ち	痴漢 치한　痴情 치정　愚痴* 푸념

13획 痴痴痴痴痴痴痴痴痴痴痴痴痴

痴漢の被害を防ぐため女性専用車両ができた。 치한의 피해를 막기 위해 여성 전용 차량이 생겼다.

この小説は男女の痴情のもつれを描いた物語である。
이 소설은 남녀의 치정 갈등을 그린 이야기이다.

0776 [N3] □□□

癖

버릇 **벽**

훈	버릇	くせ	癖* 버릇　口癖 말버릇
음	벽	へき	潔癖症 결벽증　習癖 습벽, 버릇　病癖 나쁜 버릇

18획 癖癖癖癖癖癖癖癖癖癖癖癖癖癖癖癖癖癖

緊張すると髪の毛を触る癖があります。 긴장하면 머리카락을 만지는 버릇이 있습니다.

潔癖症の彼は常に除菌スプレーを持ち歩いている。
결벽증인 그는 항상 제균 스프레이를 들고 다니고 있다.

0777 [N2] □□□

素

본디 **소**

훈	본디	—	
음	소	そ	素材* 소재　質素* 검소　素朴 소박　要素 요소
		す	素手 맨손　素顔 맨얼굴, 민낯　素早い* 재빠르다

10획 素素素素素素素素素素

素材の味を生かすために化学調味料は使っていない。
소재의 맛을 살리기 위해서 화학조미료는 쓰고 있지 않다.

この薬品は決して素手で触らないでください。 이 약품은 절대 맨손으로 만지지 마세요.

0778 [N3] ☐☐☐

潔

깨끗할 **결**

훈	깨끗할	いさぎよ(い)	潔^{いさぎよ}い★ (미련 없이) 깨끗하다		
음	결	けつ	簡潔^{かんけつ}★ 간결 　清潔^{せいけつ}★ 청결 　純潔^{じゅんけつ} 순결 　潔白^{けっぱく} 결백		

15획 潔潔潔潔潔潔潔潔潔潔潔潔潔潔潔

ミスをしたなら潔^{いさぎよ}く認^{みと}めて謝^{あやま}ったほうがいい。 실수를 했다면 깨끗하게 인정하고 사과하는 편이 좋다.

彼^{かれ}の文章^{ぶんしょう}は要点^{ようてん}を簡潔^{かんけつ}にまとめてあるので分^わかりやすい。
그의 글은 요점을 간결하게 정리해 놓아서 알기 쉽다.

0779 [N3] ☐☐☐

純

순수할 **순**

훈	순수할	―			
음	순	じゅん	純粋^{じゅんすい} 순수 　清純^{せいじゅん} 청순 　単純^{たんじゅん}★ 단순 　純真^{じゅんしん} 순진		

10획 純純純純純純純純純純

少年^{しょうねん}のころの純粋^{じゅんすい}な気持^{きも}ちを取^とり戻^{もど}したい。 소년일 적의 순수한 마음을 되찾고 싶다.

その女優^{じょゆう}は清純^{せいじゅん}なイメージで人気^{にんき}を集^{あつ}めた。 그 여배우는 청순한 이미지로 인기를 모았다.

0780 [N3] ☐☐☐

徴

부를 **징**

훈	부를	―			
음	징	ちょう	特徴^{とくちょう}★ 특징 　象徴^{しょうちょう}★ 상징 　徴収^{ちょうしゅう} 징수		

14획 徴徴徴徴徴徴徴徴徴徴徴徴徴徴

香川県^{かがわけん}のうどんの最大^{さいだい}の特徴^{とくちょう}はコシのある麺^{めん}です。 가나가와현 우동의 최대 특징은 탄력 있는 면입니다.

キリスト教^{きょう}で羊^{ひつじ}は良^よき信者^{しんじゃ}の象徴^{しょうちょう}とされている。 기독교에서 양은 좋은 신자의 상징으로 여겨지고 있다.

움직임

0781 [N3] ☐☐☐

登

오를 **등**

훈	오를	のぼ(る)	登^{のぼ}る (높은 곳으로) 오르다	山登^{やまのぼ}り★ 산에 오름, 등산
음	등	とう	登校^{とうこう} 등교 　登場^{とうじょう}★ 등장	登録^{とうろく}★ 등록 　登壇^{とうだん} 등단
		と	登山^{とざん}★ 등산	

12획 登登登登登登登登登登登登

山^{やま}に登^{のぼ}ると町^{まち}が一目^{ひとめ}で見渡^{みわた}せる。 산에 오르면 마을을 한눈에 바라다볼 수 있다.

運動不足^{うんどうぶそく}だから歩^{ある}いて登校^{とうこう}することにした。 운동 부족이라 걸어서 등교하기로 했다.

0782 [N3] □□□

受

받을 **수**

훈	받을	う(ける)	**受ける** 받다, 치르다　**受付**[★] 접수
		う(かる)	**受かる** 합격하다
음	수	じゅ	**受信** 수신　**受賞** 수상　**受験**[★] 수험　**受容** 수용

8획 受 受 受 受 受 受 受 受

家の近くの病院で診察を**受け**た。 집 근처 병원에서 진찰을 받았다.

電波の**受信**が不安定で電話がつながらない。 전파 수신이 불안정해서 전화가 연결되지 않는다.

0783 [N2] □□□

斉

가지런할 **제**

| 훈 | 가지런할 | — | |
| 음 | 제 | せい | **一斉**[★] 일제　**斉唱** 제창 |

8획 斉 斉 斉 斉 斉 斉 斉 斉

本製品は来月の一日から全国で**一斉**に発売されます。 본 제품은 내달 1일부터 전국에서 일제히 발매됩니다.

式典では参加者全員が国家を**斉唱**した。 식전에서는 참가자 전원이 국가를 제창했다.

0784 [N3] □□□

打

칠 **타**

손(扌)과 못(丁)을 합쳐
손으로 못을 치는 것을
나타낸 글자

| 훈 | 칠 | う(つ) | **打つ** 박다, 치다　**打ち込む**[★] 처넣다　**打ち消す**[★] 부정하다 |
| 음 | 타 | だ | **打者** 타자　**安打** 안타　**打撃** 타격　**打開**[★] 타개 |

5획 打 打 打 打 打

テーブルに頭を**打っ**てこぶができた。 테이블에 머리를 박아서 혹이 생겼다.

彼は日本一の**打者**を目指している。 그는 일본 제일의 타자를 목표로 하고 있다.

0785 [N3] □□□

投

던질 **투**

| 훈 | 던질 | な(げる) | **投げる**[★] 던지다　**投げやり** 일을 대충함 |
| 음 | 투 | とう | **投書**[★] 투고　**投票**[★] 투표　**投入** 투입　**投下** 투하 |

7획 投 投 投 投 投 投 投

さいころを**投げ**たら６が出た。 주사위를 던졌더니 6이 나왔다.

新聞に原発に関する意見文を**投書**した。 신문에 원자력 발전에 관한 의견서를 투고했다.

折

꺾을 절

손(扌)과 도끼(斤)를 합쳐 도끼를 든 손으로 나무 등을 자르는 것을 나타낸 글자

훈 꺾을	お(る)	**折る*** 꺾다, 접다　**折り紙** 종이접기
	お(れる)	**折れる*** 꺾이다, 접히다　**名折れ** 불명예
	おり	**折** 때, 시기　**〜する折** ~할 때
음 절	せつ	**屈折** 굴절　**骨折** 골절　**挫折** 좌절

7획　折 折 折 折 折 折 折

木の枝を勝手に**折って**はいけない。 나뭇가지를 멋대로 꺾어서는 안 된다.

光は水面やガラスを通ると**屈折**する。 빛은 수면이나 유리를 통과하면 굴절한다.

提

끌 제

훈 끌	さ(げる)	**提げる** (손에) 들다　**手提げ** 손가방, 휴대
음 제	てい	**提出*** 제출　**提供*** 제공　**提起*** 제기　**提携*** 제휴

12획　提 提 提 提 提 提 提 提 提 提 提 提

弟 は大きな買い物袋を両手に**提げて**いた。 남동생은 큰 쇼핑백을 양손에 들고 있었다.

課題は来週の木曜日までに**提出**してください。 과제는 다음 주 목요일까지 제출해 주세요.

抜

뽑을 발

훈 뽑을	ぬ(く)	**抜く*** 뽑다　**息抜き*** 한숨 돌림, 쉼　**追い抜く** 앞지르다
	ぬ(ける)	**抜ける** 빠지다　**気抜け** 맥이 빠짐
	ぬ(かす)	**抜かす** 빠뜨리다
	ぬ(かる)	**抜かる** (방심하다가) 실수하다　**抜かり** 방심, 실수
음 발	ばつ	**抜粋*** 발췌　**抜群*** 발군, 뛰어남　**選抜** 선발

7획　抜 抜 抜 抜 抜 抜 抜

皮膚科で手に刺さった木のとげを**抜いて**もらった。 피부과에서 손에 박힌 나무 가시를 뽑아 주었다.

学生たちにこの論文の重要な部分を**抜粋**して説明した。
학생들에게 이 논문의 중요한 부분을 발췌해서 설명했다.

0789 [N3] ☐☐☐

扱

거두어 가질 급

뜻을 나타내는 손(扌)
과 음을 나타내는 及
(급)을 합친 글자

훈	거두어 가질	あつか(う)	**扱う**＊ 다루다　**取り扱う**＊ 취급하다, 처리하다
음	급	―	

6획 扱 扱 扱 扱 扱 扱

建設現場で重機を**扱う**には免許や資格が必要だ。
건설 현장에서 중장비를 다루려면 면허나 자격이 필요하다.

そちらの商品は、当店では**取り扱って**おりません。 그 상품은, 저희 가게에서는 취급하고 있지 않습니다.

0790 [N3] ☐☐☐

振

떨칠 진

훈	떨칠	ふ(る)	**振る**＊ 흔들다　**振り向く**＊ 돌아보다　**振り回す**＊ 휘두르다
		ふ(るう)	**振るう** 털다, 휘두르다
		ふ(れる)	**振れる** 흔들리다, 쏠리다
음	진	しん	**振興**＊ 진흥　**振動** 진동　**不振** 부진

10획 振 振 振 振 振 振 振 振 振 振

見送ってくれた家族に手を**振って**別れの挨拶をした。 배웅해 준 가족에게 손을 흔들며 작별 인사를 했다.

我が県では観光を通じた地域の**振興**を目指している。
우리 현에서는 관광을 통한 지역 진흥을 목표로 하고 있다.

0791 [N2] ☐☐☐

揭

걸 게

훈	걸	かか(げる)	**掲げる**＊ 게양하다, 내걸다
음	게	けい	**掲載**＊ 게재　**掲示**＊ 게시　**掲示板**＊ 게시판　**掲揚** 게양

11획 掲 掲 掲 掲 掲 掲 掲 掲 掲 掲 掲

表彰式でメダルを取った選手の国の国旗が**掲げられた**。
표창식에서 메달을 받은 선수의 나라의 국기가 게양되었다.

うちのカフェの紹介が地域の情報誌に**掲載**された。 우리 카페의 소개가 지역 정보지에 게재되었다.

0792 [N3] ☐☐☐

握

쥘 악

| 훈 | 쥘 | にぎ(る) | 握る★ 잡다, 쥐다　握り 움켜쥠　一握り 한 줌, 극히 적음 |
| 음 | 악 | あく | 握手 악수　把握★ 파악　掌握 장악　握力 악력 |

12획 握握握握握握握握握握握握

車のハンドルは両手で握ってください。 자동차 핸들은 양손으로 잡아 주세요.

その議員は街頭演説に集まった市民と笑顔で握手した。
그 의원은 가두연설에 모인 시민과 웃는 얼굴로 악수했다.

0793 [N3] ☐☐☐

移

옮길 이

훈	옮길	うつ(す)	移す★ 옮기다, 이동시키다
		うつ(る)	移る★ 옮다, 이동하다　移り変わり 변천, 추이
음	이	い	移転★ 이전　移動★ 이동　推移★ 추이　移民 이민

11획 移移移移移移移移移移移

綿密に計画を立ててから実行に移した。 면밀하게 계획을 세우고 나서 실행에 옮겼다.

本社を名古屋に移転することになりました。 본사를 나고야로 이전하게 되었습니다.

0794 [N3] ☐☐☐

積

쌓을 적

훈	쌓을	つ(む)	積む★ 쌓다　下積み 다른 물건의 밑에 쌓음
		つ(もる)	積もる★ 쌓이다, 세월이 지나다　見積もり★ 견적
음	적	せき	積雪 적설, 쌓인 눈　蓄積 축적　積極的★ 적극적

16획 積積積積積積積積積積積積積積積積

物流センターにたくさんの箱が積んである。 물류 센터에 많은 상자가 쌓여 있다.

大雪が続いて積雪が1メートルに達した。 큰 눈이 계속되어 적설이 1미터에 달했다.

0795 [N3] □□□

駆

몰/빨리 달릴 **구**

훈	몰/ 빨리 달릴	か(ける)	**駆ける** 매우 빨리 뛰다　**駆けつける**★ 급히 달려가다
		か(る)	**駆る** 몰다, 쫓다　**駆り立てる** 휘몰다, 몰아내다
음	구	く	**駆使**★ 구사　**先駆者** 선구자　**駆逐** 구축

14획 駆 駆 駆 駆 駆 駆 駆 駆 駆 駆 駆 駆 駆 駆

子供は迎えに来た母親のほうへ**駆けて**行った。 아이는 마중 나온 엄마 쪽으로 매우 빨리 뛰어갔다.

彼は英語だけでなく韓国語も**駆使**することができます。
그는 영어뿐만 아니라 한국어도 구사할 수 있습니다.

0796 [N2] □□□

与

줄 **여**

훈	줄	あた(える)	**与える**★ 주다, 수여하다
음	여	よ	**寄与**★ 기여　**給与**★ 급여　**授与** 수여　**関与** 관여

3획 与 与 与

清潔感のある身だしなみは相手に好印象を**与える**。 청결감이 있는 차림새는 상대에게 좋은 인상을 준다.

事業活動を通して地域の発展に**寄与**していきたい。 사업 활동을 통해서 지역 발전에 기여해 가고 싶다.

0797 [N3] □□□

꾸러미 **포**

훈	꾸러미	つつ(む)	**包む**★ 감싸다　**包み** 보따리　**小包**★ 소포
음	포	ほう	**包装**★ 포장　**包囲** 포위　**包容力** 포용력　**包丁** 식칼

5획 包 包 包 包 包

刃物は紙などに**包んで**捨てましょう。 날붙이는 종이 등에 감싸서 버립시다.

プレゼント用に**包装**してもらえますか。 선물용으로 포장해 주실 수 있습니까?

0798 [N3] □□□

거둘 **수**

훈	거둘	おさ(める)	**収める**★ 거두다, 얻다
		おさ(まる)	**収まる** 수습되다, 해결되다
음	수	しゅう	**収集**★ 수집　**収入**★ 수입　**収穫**★ 수확　**領収書**★ 영수증

4획 収 収 収 収

母校の野球部が大会で素晴らしい結果を**収めた**。 모교의 야구부가 대회에서 훌륭한 결과를 거두었다.

趣味で**収集**したミニカーは200個にも上る。 취미로 수집한 미니카는 200개나 된다.

0799 [N2] □□□

放

놓을 방

훈	놓을	はな(す)	**放す** 놓다　**手放す** 손을 놓다　**野放し** 방목, 방치
		はな(つ)	**放つ** 놓아주다
		はな(れる)	**放れる** 놓이다, 풀리다, 떠나다
		ほう(る)	**放る** 멀리 내던지다
음	방	ほう	**開放** 개방　**放置** 방치　**追放** 추방　**放送★** 방송

8획 放 放 放 放 放 放 放 放

釣った魚が小さかったので海に**放して**やった。 잡은 물고기가 어렸기 때문에 바다에 놓아 주었다.
週末には学校のグラウンドを市民に**開放**します。 주말에는 학교의 운동장을 시민에게 개방합니다.

0800 [N3] □□□

捨

버릴 사

| 훈 | 버릴 | す(てる) | **捨てる★** 버리다 |
| 음 | 사 | しゃ | **取捨選択** 취사선택 |

11획 捨 捨 捨 捨 捨 捨 捨 捨 捨 捨 捨

ごみを**捨てる**ときは市指定のごみ袋をご利用ください。
쓰레기를 버릴 때에는 시 지정 쓰레기봉투를 이용해 주세요.

あふれる情報を正確に**取捨選択**する力が必要だ。
넘치는 정보를 정확하게 취사선택하는 힘이 필요하다.

0801 [N2] □□□

挟

낄 협

훈	낄	はさ(む)	**挟む★** 끼우다, 끼다
		はさ(まる)	**挟まる★** 끼이다
음	협	きょう	**挟撃** 협공

9획 挟 挟 挟 挟 挟 挟 挟 挟 挟

本に**挟んで**おいたしおりがどこかに行ってしまった。 책에 끼워 둔 책갈피가 어디론가 가 버렸다.
その部隊は敵を**挟撃**して、戦いを有利に導いた。 그 부대는 적을 협공하여, 전투를 유리하게 이끌었다.

0802 [N3] □□□

物러날 **퇴**

훈 물러날	しりぞ(く)	しりぞ **退く**★ 물러나다
	しりぞ(ける)	しりぞ **退ける** 치우다
음 퇴	たい	いんたい **引退**★ 은퇴　じ たい **辞退**★ 사퇴　たいいん **退院**★ 퇴원　たいくつ **退屈**★ 지루함

9획　退 退 退 艮 艮 艮 退 退 退

けん ち じ　こん き かぎ　ち じ　しりぞ　い こう　しめ
県知事は今期限りで知事を**退く**意向を示した。
현지사는 이번 분기를 끝으로 지사에서 물러날 의향을 밝혔다.

た なかせんしゅ　だい なか　げんえき　いんたい
田中選手は20代半ばで現役を**引退**した。다나카 선수는 20대 중반에 현역에서 은퇴했다.

0803 [N3] □□□

돌아올 **반**

가다(辶)와 되돌리다(反)
를 합쳐 되돌아오는 것을
나타낸 글자

훈 돌아올	かえ(す)	かえ **返す**★ 돌려주다, 갚다　し かえ **仕返し** 앙갚음, 복수
	かえ(る)	かえ **返る** 돌아가다　ね がえ **寝返り** 자면서 몸을 뒤척임
음 반	へん	へんぴん **返品** 반품　へんきゃく **返却**★ 반납, 반환　へん じ **返事**★ 대답, 답장

7획　返 厂 反 反 返 返 返

あいだ か　はや　かえ
この間貸したゲームソフト、早く**返して**くれ。요전에 빌려준 게임 소프트, 빨리 돌려줘.

あ　へんぴん
スニーカーのサイズが合わなくて**返品**した。운동화의 사이즈가 맞지 않아서 반품했다.

0804 [N2] □□□

物리칠 **각**

| 훈 물리칠 | — | |
| 음 각 | きゃく | へんきゃく
返却★ 반납, 반환　きゃっ か
却下★ 각하, 기각　ばいきゃく
売却 매각 |

7획　却 却 却 却 却 却 却

ほん　しゅうかん ご　か　へんきゃく　ねが
本は2週間後の20日までに**返却**をお願いします。책은 2주일 후인 20일까지 반납을 부탁드립니다.

さいばんしょ　げんこく　もう　た　きゃっ か　き
裁判所は原告の申し立てを**却下**することを決めた。재판소는 원고의 신청을 기각하는 것을 결정했다.

0805 [N2] ☐☐☐

封

봉할 봉

훈 봉할	—				
음 봉	ふう	封筒*봉투	未開封*미개봉	封鎖 봉쇄	密封 밀봉
	ほう	封建的 봉건적	封建制度 봉건제도		

9획 封 封 封 封 封 封 封 封 封

入学願書を封筒に入れ、大学に郵送した。 입학 원서를 봉투에 넣어, 대학에 우편으로 보냈다.

日本は上下関係を重視する封建的な考えを持つ人が多い。
일본은 상하 관계를 중시하는 봉건적인 생각을 가진 사람이 많다.

0806 [N3] ☐☐☐

埋

묻을 매

훈 묻을	う(める)	埋める* 묻다, 메우다	埋め立て 매립	穴埋め 구멍을 메움
	う(まる)	埋まる 메워지다, 가득 차다		
	う(もれる)	埋もれる 파묻히다		
음 매	まい	埋葬 매장, 유골을 묻음	埋没 매몰	埋蔵 매장, 묻어서 감춤

10획 埋 埋 埋 埋 埋 埋 埋 埋 埋 埋

卒業の記念に校庭にタイムカプセルを埋めようよ。 졸업 기념으로 교정에 타임캡슐을 묻자.

死んだハムスターを庭に埋葬した。 죽은 햄스터를 정원에 매장했다.

0807 [N2] ☐☐☐

掛

걸 괘

훈 걸	か(ける)	掛ける* 걸다	見掛ける* 눈에 띄다
	か(かる)	掛かる 걸리다	気掛かり* 걱정	手掛かり* 단서
	かかり	掛 비용, 씀씀이, 걸침	
음 괘	—		

11획 掛 掛 掛 掛 掛 掛 掛 掛 掛 掛

玄関の壁に夫が描いた海の絵画を掛けた。 현관 벽에 남편이 그린 바다 그림을 걸었다.

料理は不慣れで、作るのにとても時間が掛かる。 요리는 익숙하지 않아서, 만드는 데 매우 시간이 걸린다.

贈

훈 보낼	おく(る)	**贈る** 보내다 **贈り物** 선물	
음 증	ぞう	**贈与** (금품을) 줌, 증여 **贈呈** 증정	
	そう	**寄贈** 기증	

18획 贈 贈 贈 贈 贈 贈 贈 贈 贈 贈 贈 贈 贈 贈 贈 贈 贈 贈

보낼 증

今年で定年を迎える上司に花束を**贈った**。 올해로 정년을 맞이하는 상사에게 꽃다발을 보냈다.

結婚費用として息子に現金を**贈与**するつもりだ。 결혼 비용으로 아들에게 현금을 줄 생각이다.

践

훈 밟을	—		
음 천	せん	**実践**★ 실천	

13획 践 践 践 践 践 践 践 践 践 践 践 践 践

밟을 천

助言をもらっても、**実践**しなくては意味がない。 조언을 받아도, 실천하지 않으면 의미가 없다.

掘

훈 팔	ほ(る)	**掘る** 파다, 구멍을 뚫다	
음 굴	くつ	**発掘**★ 발굴 **採掘** 채굴 **掘削** 굴착	

11획 掘 掘 掘 掘 掘 掘 掘 掘 掘 掘 掘

팔 굴

土に穴を**掘って**ユリの球根を植えた。 흙에 구멍을 파서 백합의 구근을 심었다.

福井県で恐竜の化石が多く**発掘**されている。 후쿠이 현에서 공룡 화석이 많이 발굴되고 있다.

昇

훈 오를	のぼ(る)	**昇る**★ 오르다, (해·달이) 떠오르다
음 승	しょう	**上昇**★ 상승 **昇進**★ 승진 **昇降** 승강, 오르고 내림

8획 昇 昇 昇 昇 昇 昇 昇 昇

오를 승

この会社で、いずれは役員まで**昇り**たい。 이 회사에서, 언젠가는 임원까지 올라가고 싶다.

物価の**上昇**が国民の生活を圧迫している。 물가 상승이 국민 생활을 압박하고 있다.

헷갈리는 단어 모아보기

동음이의어	昇る	떠오르다	夏は日が昇るのが早い。 여름은 해가 떠오르는 것이 빠르다.
	登る	올라가다	山に登る。 산에 올라간다.
	上る	오르다	階段を上る。 계단을 오른다.

昇る・登る・上る는 모두 のぼる로 발음된다. 昇る는 해나 달이 떠오르다, 登る는 산 등의 높은 곳을 오르다, 上る는 위쪽 방향을 향해서 오르다라는 뜻이다.

0812 [N2] □□□

뜰 부

훈 뜰	う(く)	**浮く** 뜨다　**浮き輪** 튜브　**浮き沈み** 흥망성쇠
	う(かぶ)	**浮かぶ**＊ 뜨다
	う(かべる)	**浮かべる**＊ 뜨게 하다, 띄우다
	う(かれる)	**浮かれる** 들뜨다
음 부	ふ	**浮上** 부상, 대두　**浮力** 부력　**浮沈** 부침, 흥망

10획 浮浮浮浮浮浮浮浮浮浮

鍋に**浮いて**きた肉の脂をお玉ですくった。 냄비에 떠 오른 고기 기름을 국자로 떠냈다.

AIの普及に伴い、倫理的問題も**浮上**してきている。 AI 보급에 따라, 윤리적 문제도 부상하기 시작하고 있다.

0813 [N3] □□□

잠길 침

훈 잠길	しず(む)	**沈む**＊ 가라앉다, 지다　**浮き沈み** 흥망성쇠
	しず(める)	**沈める** 가라앉히다
음 침	ちん	**沈下**＊ 침하　**沈黙** 침묵　**沈没** 침몰　**撃沈** 격침

7획 沈沈沈沈沈沈沈

明日、海に**沈んだ**船の引き揚げ作業が行われる。 내일, 바다에 가라앉은 배의 인양 작업이 진행된다.

今回の地震によって広範囲で地盤が**沈下**した。 이번 지진으로 인해 광범위하게 지반이 침하했다.

流

흐를 류(유)

훈 흐를	なが(れる)	**流れる**★ 흐르다, 흘러가다	**流れ**★ 흐름	**流れ星** 별똥별
	なが(す)	**流す**★ 흘리다, 흐르게 하다	**流し** 흘림, 개수대	
음 류(유)	りゅう	**流行**★ 유행　**流動** 유동　**合流**★ 합류　**交流**★ 교류		
	る	**流布** 유포　**流浪** 유랑, 방랑		

10획　流 流 流 流 流 流 流 流 流 流

会場内に式の始まりを告げる音楽が**流れた**。 회장 내에 식의 시작을 알리는 음악이 흘렀다.

冬はインフルエンザが**流行**しやすい。 겨울에는 인플루엔자가 유행하기 쉽다.

揺

흔들릴 요

훈 흔들릴	ゆ(れる)	**揺れる**★ 흔들리다	**揺れ** 요동, 흔들림
	ゆ(らぐ)	**揺らぐ**★ 요동하다	
	ゆ(る)	**揺り返し** 반동, 여진	**揺り籠** 요람
	ゆ(るぐ)	**揺るぐ** 동요하다	**揺るぎない** 흔들림 없다, 변함없다
	ゆ(する)	**揺する** 흔들다	**貧乏揺すり** 다리 떨기
	ゆ(さぶる)	**揺さぶる** 뒤흔들다	
	ゆ(すぶる)	**揺すぶる** 뒤흔들다, 요동치게 하다	
음 요	よう	**動揺**★ 동요	

12획　揺 揺 揺 揺 揺 揺 揺 揺 揺 揺 揺 揺

急な貧血で地面が**揺れる**ような感覚に襲われた。
갑작스러운 빈혈로 지면이 흔들리는 듯한 감각에 사로잡혔다.

面接で予期せぬ質問をされ、**動揺**してしまった。 면접에서 예기치 못한 질문을 받아, 동요하고 말았다.

散

흩을 산

훈	흩을	ち(る)	散る 지다, 흩어지다　散り散り 뿔뿔이
		ち(らす)	散らす 흩뜨리다
		ち(らかす)	散らかす★ 어지르다
		ち(らかる)	散らかる 어질러지다
음	산	さん	発散★ 발산　散歩★ 산책, 산보　解散★ 해산　分散 분산

12획 散 散 散 散 散 散 散 散 散 散 散 散

雨が降って紅葉がほとんど**散って**しまった。 비가 내려서 단풍이 거의 져 버렸다.

運動を通してストレスを**発散**している。 운동을 통해 스트레스를 발산하고 있다.

衝

찌를 충

| 훈 | 찌를 | — | |
| 음 | 충 | しょう | 衝突★ 충돌　衝撃的★ 충격적　衝動 충동　折衝 절충 |

15획 衝 衝 衝 衝 衝 衝 衝 衝 衝 衝 衝 衝 衝 衝 衝

高速道路で自動車とトラックが**衝突**した。 고속도로에서 자동차와 트럭이 충돌했다.

国民的アイドルグループの解散は**衝撃的**だった。 국민적인 아이돌 그룹의 해산은 충격적이었다.

突

갑자기 돌

| 훈 | 갑자기 | つ(く) | 突く★ 찌르다　突き当たり★ 막다른 곳　一突き 단번에 찌름 |
| 음 | 돌 | とつ | 突然★ 갑자기, 돌연　衝突★ 충돌　突破★ 돌파　追突 추돌 |

8획 突 突 突 突 突 突 突 突

縫い物をしていたら針で指を**突いて**しまって血が出た。
바느질을 하고 있었는데 바늘로 손가락을 찔러 버려서 피가 나왔다.

駅で**突然**、見知らぬ人に声を掛けられた。 역에서 갑자기, 모르는 사람에게 말을 걸렸다.

縮

줄일 **축**

훈 줄일	ちぢ(む)	**縮む**＊ 줄어들다, 오그라들다 **伸び縮み** 신축
	ちぢ(まる)	**縮まる** 짧아지다
	ちぢ(める)	**縮める**＊ 줄이다, 단축하다
	ちぢ(れる)	**縮れる** 오그라지다, 곱슬곱슬해지다 **縮れ毛** 곱슬머리
	ちぢ(らす)	**縮らす** 오그라들게 하다, 곱슬곱슬하게 만들다
음 축	しゅく	**縮小**＊ 축소 **凝縮**＊ 응축 **恐縮**＊ 송구함, 죄송함

17획 縮縮縮縮縮縮縮縮縮縮縮縮縮縮縮縮縮

お湯で洗濯したせいか服が**縮ん**でしまった。 뜨거운 물로 세탁해서인지 옷이 줄어들고 말았다.
賃金格差の**縮小**は政府の重要な課題の一つだ。 임금 격차의 축소는 정부의 중요한 과제 중 하나이다.

震

벼락 **진**

훈 벼락	ふる(える)	**震える** 흔들리다, 떨리다 **震え** 떨림
	ふる(う)	**震う** 흔들리다, 달달거리다 **身震い** 몸이 떨림, 몸서리
음 진	しん	**地震**＊ 지진 **震災** 진재, 지진 재해 **震動** 진동

15획 震震震震震震震震震震震震震震震

台風で、風が吹くたびに家の窓が**震える**音がする。
태풍으로, 바람이 불 때마다 집의 창문이 흔들리는 소리가 난다.

地震の際は机の下に潜り落下物から身を守りましょう。
지진 시에는 책상 아래에 숨어 낙하물로부터 몸을 지킵시다.

漏

샐 **루(누)**

물(氵)과 새다(屚)를 합
쳐 물이 새는 것을 나타
낸 글자

훈 샐	も(れる)	**漏れる**＊ 새다, 빠지다, 누설되다
	も(らす)	**漏らす**＊ 새게 하다, 누설하다
	も(る)	**漏る** 새다 **雨漏り** 비가 샘, 새어 들어온 빗물
음 루(누)	ろう	**漏電** 누전 **漏水** 누수 **脱漏** 탈루, 빼냄

14획 漏漏漏漏漏漏漏漏漏漏漏漏漏漏

企業秘密がどこから**漏れた**のか分からない。 기업 비밀이 어디에서 샜는지 알 수 없다.
漏電している機械に触れると感電する恐れがある。 누전된 기계에 닿으면 감전할 우려가 있다.

燃

탈 연

훈 탈	も(える)	**燃える**★ 타다, 불타다　**燃え尽きる** 완전히 타버리다
	も(やす)	**燃やす**★ 불태우다
	も(す)	**燃す** 태우다, 지피다
음 연	ねん	**燃料** 연료　**燃焼** 연소　**可燃性** 가연성

16획 燃 燃 燃 燃 火 火 火 火 燃 燃 燃 燃 燃 燃 燃 燃

消防士の服は**燃え**ない素材で作られている。 소방관의 옷은 타지 않는 소재로 만들어져 있다.

環境に優しい**燃料**の開発に多くの国が取り組んでいる。
환경친화적인 연료의 개발에 많은 나라가 힘쓰고 있다.

騰

오를 등

| 훈 오를 | — | |
| 음 등 | とう | **沸騰**★ (액체가) 끓어오름, 비등　**高騰**★ (가격이) 오름, 등귀 |

20획 騰

鍋に卵と水を入れて、**沸騰**したら火を弱めてください。
냄비에 계란과 물을 넣고, 끓어오르면 불을 약하게 해 주세요.

ガスの輸入価格が上昇し、電気代が**高騰**した。 가스 수입 가격이 상승하여, 전기세가 올랐다.

躍

뛸 약

| 훈 뛸 | おど(る) | **躍る** 뛰다, 뛰어오르다　**躍り上がる** 펄쩍 뛰어오르다 |
| 음 약 | やく | **躍進**★ 약진　**飛躍** 비약　**躍動** 약동 |

21획 躍

週末に行く海外旅行のことを考えると胸が**躍る**。 주말에 가는 해외 여행을 생각하면 가슴이 뛴다.

Ａ社は激化する市場競争の中で**躍進**を続けています。
A사는 격화되는 시장 경쟁 속에서 약진을 계속하고 있습니다.

徐

천천히 할 **서**

훈	천천히 할	—		
음	서	じょ	**徐々に**★ 서서히 **徐行** 서행	

10획 徐 徐 徐 徐 徐 徐 徐 徐 徐 徐

入社 3 年目に入り、仕事にも**徐々に**慣れてきた。 입사 3년째에 들어, 일에도 서서히 익숙해졌다.
交差点を曲がるときは**徐行**しなければならない。 교차로를 돌 때에는 서행하지 않으면 안 된다.

溶

녹을 **용**

훈	녹을	と(ける)	**溶ける**★ 녹다
		と(かす)	**溶かす**★ 녹이다
		と(く)	**溶く** (액체에) 풀다, 녹이다
음	용	よう	**溶岩** 용암 **溶接** 용접 **溶液** 용액 **溶解** 용해

13획 溶 溶 溶 溶 溶 溶 溶 溶 溶 溶 溶 溶 溶

早く食べないと、アイスが**溶け**ちゃうよ。 빨리 먹지 않으면, 아이스크림이 녹아 버려.
噴火した山からは、とめどなく**溶岩**が流れ出ている。 분화한 산에서는, 끊임없이 용암이 흘러나오고 있다.

연습문제

색이 있는 한자의 발음을 밑줄에 쓴 다음, 괄호 안에 단어의 뜻을 써 보세요.

01	拡張	かく_____	(	)	21	卑しい	_____しい	( )
02	投げる	_____げる	(	)	22	簡潔	かん_____	( )
03	敏感	_____かん	(	)	23	駆使	_____し	( )
04	黙る	_____る	(	)	24	収集	_____しゅう	( )
05	返品	_____ぴん	(	)	25	賢い	_____い	( )
06	移す	_____す	(	)	26	捨てる	_____てる	( )
07	打者	_____しゃ	(	)	27	衝突	_____とつ	( )
08	縮小	_____しょう	(	)	28	昇る	_____る	( )
09	握る	_____る	(	)	29	退く	_____く	( )
10	燃料	_____りょう	(	)	30	従う	_____う	( )
11	実践	じっ_____	(	)	31	折る	_____る	( )
12	抜く	_____く	(	)	32	素材	_____ざい	( )
13	登校	_____こう	(	)	33	流行	_____こう	( )
14	散る	_____る	(	)	34	優れる	_____れる	( )
15	諦める	_____める	(	)	35	特徴	とく_____	( )
16	慎む	_____む	(	)	36	勇ましい	_____ましい	( )
17	頑固	_____こ	(	)	37	改善	かい_____	( )
18	提出	_____しゅつ	(	)	38	包む	_____む	( )
19	愚かだ	_____かだ	(	)	39	沈下	_____か	( )
20	寄与	き_____	(	)	40	震える	_____える	( )

정답 01 かくちょう 확장 02 なげる 던지다 03 びんかん 민감 04 だまる 말을 하지 않다 05 へんぴん 반품 06 うつす 옮기다, 이동시키다 07 だしゃ 타자
08 しゅくしょう 축소 09 にぎる 잡다, 쥐다 10 ねんりょう 연료 11 じっせん 실천 12 ぬく 뽑다 13 とうこう 등교 14 ちる 지다, 흩어지다
15 あきらめる 포기하다, 체념하다 16 つつしむ 삼가하다, 조심하다 17 がんこ 완고 18 ていしゅつ 제출 19 おろかだ 어리석다, 못나다 20 きよ 기여
21 いやしい 상스럽다, 천하다 22 かんけつ 간결 23 くし 구사 24 しゅうしゅう 수집 25 かしこい 현명하다, 영리하다 26 すてる 버리다
27 しょうとつ 충돌 28 のぼる 오르다, (해·달이) 떠오르다 29 しりぞく 물러나다 30 したがう 따르다, 좇다 31 おる 꺾다, 접다 32 そざい 소재
33 りゅうこう 유행 34 すぐれる 뛰어나다, 우수하다 35 とくちょう 특징 36 いさましい 용맹하다 37 かいぜん 개선 38 つつむ 감싸다 39 ちんか 침하
40 ふるえる 흔들리다, 떨리다

생활·생김새·동식물

MP3 바로 듣기

생활

0827 [N3] □□□

活

살 **활**

훈 살	—				
음 활	かつ	生活★ 생활	活動★ 활동	活気★ 활기	活力 활력

9획 活活活活活活活活活

仕事で忙しい**生活**を送っている。 일로 바쁜 생활을 보내고 있다.

彼はプロの作家として**活動**している。 그는 프로 작가로 활동하고 있다.

0828 [N3] □□□

暮

저물 **모**

훈 저물	く(らす)	暮らす★ 생활하다	暮らし 생활
	く(れる)	暮れる 저물다	暮れ 해질녘　夕暮れ 황혼, 해질녘
음 모	ぼ	お歳暮 오세이보 (연말에 선물을 보내는 풍습, 연말 선물)	

14획 暮暮暮暮暮暮暮暮暮暮暮暮暮暮

お年寄りが一人で**暮らす**世帯が急増している。 노인이 혼자서 생활하는 세대가 급증하고 있다.

お歳暮はお世話になった人へ年末に贈り物をする風習だ。
오세이보는 신세를 진 사람에게 연말에 선물을 하는 풍습이다.

0829 [N2] □□□

浴

목욕할 **욕**

물(氵)과 골짜기(谷)를 합쳐 계곡에서 목욕하는 것을 나타낸 글자

훈 목욕할	あ(びる)	浴びる 쬐다, 뒤집어쓰다	水浴び 물을 끼얹음	
	あ(びせる)	浴びせる 끼얹다, 퍼붓다		
음 욕	よく	浴室 욕실　入浴 입욕	浴場 목욕탕	海水浴 해수욕

10획 浴浴浴浴浴浴浴浴浴浴

日光を**浴びる**と心を安定させるホルモンが出るらしい。
햇볕을 쬐면 마음을 안정시키는 호르몬이 나온다고 한다.

お風呂上がりに**浴室**の水気を取った。 목욕 후에 욕실의 물기를 제거했다.

0830 [N3] ☐☐☐

泊
머무를 박

훈	머무를	と(まる)	**泊まる**＊ 묵다, 숙박하다　**泊まり** 묵음, 숙박
		と(める)	**泊める** 숙박시키다
음	박	はく	**宿泊**＊ 숙박　**二泊**＊ 2박　**外泊** 외박　**停泊** 정박

8획 泊泊泊泊泊泊泊泊

今日は東京湾が一望できるホテルに**泊まり**ます。 오늘은 도쿄만을 한눈에 바라볼 수 있는 호텔에 묵습니다.

繁忙期は通常の**宿泊**料金の３倍になることもある。 성수기는 통상 숙박 요금의 3배가 되는 경우도 있다.

0831 [N2] ☐☐☐

濯
씻을 탁

훈	씻을	―	
음	탁	たく	**洗濯**＊ 세탁　**洗濯物**＊ 세탁물

17획 濯濯濯濯濯濯濯濯濯濯濯濯濯濯濯濯濯

子供が多いので、週に４回は**洗濯**します。 아이가 많기 때문에, 주에 4번은 세탁합니다.

部屋干しすると、**洗濯物**が臭うかもしれない。 실내 건조를 하면, 세탁물에서 냄새가 날지도 모른다.

0832 [N2] ☐☐☐

掃
쓸 소

손(扌)과 빗자루(帚)를 합쳐 비질하는 것을 나타낸 글자

훈	쓸	は(く)	**掃く** 쓸다　**掃き集める**＊ 쓸어 모으다
음	소	そう	**掃除**＊ 청소, 비질　**掃除機**＊ 청소기　**清掃**＊ 청소　**一掃** 일소

11획 掃掃掃掃掃掃掃掃掃掃掃

ほうきで庭の落ち葉を**掃いて**くれる？ 빗자루로 정원의 낙엽을 쓸어 줄래?

久しぶりに部屋を**掃除**したら、気分まですっきりした。
오랜만에 방을 청소했더니, 기분까지 개운해졌다.

0833 [N2] ☐☐☐

磨
갈 마

훈	갈	みが(く)	**磨く**＊ 닦다, 윤을 내다　**歯磨き** 양치질
음	마	ま	**研磨** 연마

16획 磨磨磨磨磨磨磨磨磨磨磨磨磨磨磨磨

寝る前に忘れずに歯を**磨き**なさい。 자기 전에 잊지 말고 이를 닦으세요.

研磨したダイヤモンドはさらに輝きを増した。 연마한 다이아몬드는 더욱 반짝임을 더했다.

0834 [N3] □□□

整
가지런할 **정**

훈	가지런할	ととの(える)	^{ととの}整 **える** 정돈하다, 조정하다		
		ととの(う)	^{ととの}整 **う** 정돈되다, 가지런해지다		
음	정	せい	^{せいり}整理★ 정리	^{せいれつ}整列 정렬	^{せいび}整備 정비	^{ちょうせい}調整★ 조정

16획 整 整 整 整 整 整 整 整 整 整 整 整 整 整 整 整

^{めんせつ}面接の^{まえ}前に^{かがみ}鏡を^み見て^み身なりを^{ととの}整えた。 면접 전에 거울을 보고 옷차림을 정돈했다.

^{ひ だ}引き出しの^{なか}中の^{もの}物を^{しゅるいべつ}種類別に^{せいり}整理した。 서랍 속의 물건을 종류별로 정리했다.

0835 [N3] □□□

干
마를 **건**
방패 **간**

나무로 엮어 만든 방패
모양을 본뜬 글자

훈	마를/방패	ほ(す)	^ほ干す★ 말리다		
		ひ(る)	^{ひ あ}干上がる 바싹 마르다	^{ひ もの}干物 건어물	^{しおひ が}潮干狩り 조개잡이
음	건/간	かん	^{かんしょう}干渉★ 간섭	^{じゃっかん}若干★ 약간	

3획 干 干 干

^{にっこう}日光を^あ当てて^ほ干した^{ふとん}布団はぽかぽかしていた。 햇볕을 쬐여 말린 이불은 따끈따끈했다.

^{みぢか}身近な^{ひと}人にでも^{し せいかつ}私生活を^{かんしょう}干渉されたくない。 가까운 사람에게라도 사생활을 간섭 받고 싶지 않다.

헷갈리는 단어 모아보기

유의어	^ほ干す	말리다	^{せんたくもの ほ}洗濯物を干した。 세탁물을 말렸다.
	^{かわ}乾かす	말리다	^{かみ かわ}髪を乾かした。 머리카락을 말렸다.

^{ほ かわ}干すと乾かす는 모두 '말리다'라는 뜻을 가진다. ^ほ干す는 세탁물 등을 바람이 잘 통하는 장소에 내놓거나 햇빛이 잘 드는 곳에 둘 때, ^{かわ}乾かす는 젖은 머리카락이나 옷 등을 말릴 때 사용한다.

0836 [N3] □□□

門
문 **문**

양쪽으로 여닫는 문 모
양을 본뜬 글자

훈	문	かど	^{かど}門 문, 문 앞	^{かどまつ}門松 가도마쓰 (새해의 소나무 장식)		
음	문	もん	^{もん}門 문, 출입구	^{こうもん}校門 교문	^{せんもん}専門★ 전문	^{にゅうもん}入門★ 입문

8획 門 門 門 門 門 門 門 門

^{に ほん}日本では^{しょうがつ}お正月になると^{げんかん}玄関の^{まえ}前に^{かどまつ}門松を^{かざ}飾る。
일본에서는 설날이 되면 현관 앞에 가도마쓰를 장식한다.

^{こうもん}校門の^{まえ}前で^{ともだち}友達が^ま待っていた。 교문 앞에서 친구가 기다리고 있었다.

0837 [N2] □□□

戸

집 **호**

| 훈 | 집 | と | **戸** 문, 대문   **雨戸** 덧문   **戸締まり*** 문단속   **井戸*** 우물 |
| 음 | 호 | こ | **一戸建て** 단독 주택   **戸外** 집밖, 옥외   **戸籍** 호적 |

4획 戸戸戸戸

戸をしっかり閉めてください。 문을 꼭 닫아 주세요.

私はマンションより**一戸建て**に住みたい。 나는 맨션보다 단독 주택에 살고 싶다.

0838 [N2] □□□

床

평상 **상**

훈	평상	ゆか	**床** 마루 **床下** 마루 밑
		とこ	**床** 잠자리, 마루 **寝床** 침상, 잠자리
음	상	しょう	**起床** 기상 **病床** 병상 **温床** 온상

7획 床床床床床床床

弟が**床**に寝転がってテレビを見ている。 남동생이 마루에 드러누워 텔레비전을 보고 있다.

平日は大体6時に**起床**して出勤の準備をします。 평일은 대체로 6시에 기상해서 출근 준비를 합니다.

0839 [N3] □□□

庭

뜰 **정**

| 훈 | 뜰 | にわ | **庭*** 마당, 뜰   **裏庭** 뒷마당, 뒤뜰   **庭師** 정원사 |
| 음 | 정 | てい | **校庭*** 교정   **家庭*** 가정   **庭園** 정원 |

10획 庭庭庭庭庭庭庭庭庭

庭が付いている一戸建てで暮らしたい。 마당이 딸려 있는 단독 주택에서 살고 싶다.

先生と学生が集まって**校庭**に植木を植えた。 선생님과 학생이 모여서 교정에 정원수를 심었다.

0840 [N2] □□□

庫

곳집 **고**

집(广)과 수레(車)를 합쳐 수레를 보관하는 창고를 나타낸 글자

훈	곳집	―	
음	고	こ	**冷蔵庫*** 냉장고 **車庫** 차고 **倉庫*** 창고 **金庫** 금고
		く	**庫裏** 고리 (절의 부엌)

10획 庫庫庫庫庫庫庫庫庫庫

冷蔵庫のドアをちゃんと閉めてください。 냉장고의 문을 제대로 닫아 주세요.

年が変わる前に**車庫**を一度片付けよう。 해가 바뀌기 전에 차고를 한번 치우자.

0841 [N2] ☐☐☐

훈	곳간	くら	蔵 창고, 곳간	酒蔵 술 창고

くら: 蔵 / さかぐら: 酒蔵

음	장	ぞう	貯蔵 저장	埋蔵 매장	冷蔵庫★ 냉장고	蔵書 장서

ちょぞう: 貯蔵 / まいぞう: 埋蔵 / れいぞう こ: 冷蔵庫 / ぞうしょ: 蔵書

15획 蔵蔵蔵蔵蔵蔵蔵蔵蔵蔵蔵蔵蔵蔵蔵

곳간 **장**

さいきんふる くら かいそう いんしょくてん にんき あつ
最近古い蔵を改装した飲食店が人気を集めている。
최근 낡은 창고를 리모델링한 음식점이 인기를 모으고 있다.

むかし あな ほ つち なか しょくりょう ちょぞう
昔は穴を掘って土の中に食料を貯蔵していた。 옛날에는 구멍을 파서 땅속에 식량을 저장했었다.

0842 [N2] ☐☐☐

훈	처마/집	のき	軒 처마, 차양	軒先 처마 끝, 집 앞

のき: 軒 / のきさき: 軒先

음	헌	けん	一軒 한 채	軒数 동수, 호수

いっけん: 一軒 / けんすう: 軒数

10획 軒軒軒軒軒軒軒軒軒軒

처마/집 **헌**

のき やくわり ひと あめかぜ いえ まも
軒の役割の一つは、雨風から家を守ることだ。 처마의 역할 중 하나는, 비바람으로부터 집을 지키는 것이다.

あた いま むかし いえ いっけん
この辺りは今にぎやかだが、昔は家が一軒もなかった。
이 주변은 지금 번화해 있지만, 옛날에는 집이 한 채도 없었다.

0843 [N2] ☐☐☐

훈	기둥	はしら	柱 기둥	帆柱 돛대	霜柱 서릿발

はしら: 柱 / ほばしら: 帆柱 / しもばしら: 霜柱

음	주	ちゅう	電柱★ 전신주	鉄柱 쇠기둥	円柱 원주, 원기둥

でんちゅう: 電柱 / てっちゅう: 鉄柱 / えんちゅう: 円柱

9획 柱柱柱柱柱柱柱柱柱

기둥 **주**

ど だい はしら た と つ
土台に柱を立ててフェンスを取り付けた。 토대에 기둥을 세우고 펜스를 달았다.

でんちゅう
バイクのサイドミラーが電柱にぶつかった。 오토바이의 사이드 미러가 전신주에 부딪혔다.

0844	[N3] ☐☐☐		
畳	훈 겹쳐질	たたみ	<ruby>畳<rt>たたみ</rt></ruby>★ 다다미 (일본식 장판)
		たた(む)	<ruby>畳<rt>たた</rt></ruby>む★ 접다, 꺾어 접다　<ruby>折<rt>お</rt></ruby>り<ruby>畳<rt>たた</rt></ruby>み 접어 작게 함
	음 첩	じょう	<ruby>一畳<rt>いちじょう</rt></ruby> (다다미) 한 장 (약 182cm×91cm)　<ruby>重畳<rt>ちょうじょう</rt></ruby> 중첩

겹쳐질 첩

12획 畳 畳 畳 畳 畳 畳 畳 畳 畳 畳 畳 畳

<ruby>畳<rt>たたみ</rt></ruby>の<ruby>部屋<rt>へや</rt></ruby>にお<ruby>客<rt>きゃく</rt></ruby>さんを<ruby>案内<rt>あんない</rt></ruby>してお<ruby>茶<rt>ちゃ</rt></ruby>でもてなした。 다다미 방으로 손님을 안내하고 차를 대접했다.

うちのトイレは<ruby>一畳<rt>いちじょう</rt></ruby>くらいの<ruby>広<rt>ひろ</rt></ruby>さでちょっと<ruby>狭<rt>せま</rt></ruby>い。 우리 집 화장실은 다다미 한 장 정도의 넓이라 좀 좁다.

0845	[N2] ☐☐☐		
壁	훈 벽	かべ	<ruby>壁<rt>かべ</rt></ruby>★ 벽　<ruby>壁紙<rt>かべがみ</rt></ruby> 벽지
	음 벽	へき	<ruby>壁画<rt>へきが</rt></ruby> 벽화　<ruby>壁面<rt>へきめん</rt></ruby> 벽면　<ruby>外壁<rt>がいへき</rt></ruby> 외벽　<ruby>岸壁<rt>がんぺき</rt></ruby> 안벽, 물가의 벼랑

벽 벽

16획 壁 壁 壁 壁 壁 壁 壁 壁 壁 壁 壁 壁 壁 壁 壁 壁

<ruby>清潔感<rt>せいけつかん</rt></ruby>がある<ruby>部屋<rt>へや</rt></ruby>にしたいので<ruby>壁<rt>かべ</rt></ruby>は<ruby>白<rt>しろ</rt></ruby>にします。 청결감이 있는 방으로 하고 싶으니 벽은 흰색으로 하겠습니다.

<ruby>洞窟<rt>どうくつ</rt></ruby>で<ruby>見<rt>み</rt></ruby>つかった<ruby>壁画<rt>へきが</rt></ruby>には<ruby>馬<rt>うま</rt></ruby>が<ruby>描<rt>えが</rt></ruby>かれていた。 동굴에서 발견된 벽화에는 말이 그려져 있었다.

생김새

0846	[N3] ☐☐☐		
形	훈 모양	かたち	<ruby>形<rt>かたち</rt></ruby>★ 모양, 형태, 상태
		かた	<ruby>形<rt>かた</rt></ruby> 모양, 자국　<ruby>形見<rt>かたみ</rt></ruby> 유품, 유물, 추억거리　<ruby>手形<rt>てがた</rt></ruby> 어음, 손도장
	음 형	けい	<ruby>形成<rt>けいせい</rt></ruby> 형성　<ruby>形態<rt>けいたい</rt></ruby> 형태　<ruby>図形<rt>ずけい</rt></ruby> 도형, 그림　<ruby>三角形<rt>さんかくけい</rt></ruby>★ 삼각형
		ぎょう	<ruby>人形<rt>にんぎょう</rt></ruby>★ 인형, 꼭두각시　<ruby>形相<rt>ぎょうそう</rt></ruby> 형상, 얼굴 생김새, 표정

모양 형

7획 形 形 形 形 形 形 形

りんごをウサギの<ruby>形<rt>かたち</rt></ruby>に<ruby>切<rt>き</rt></ruby>った。 사과를 토끼 모양으로 잘랐다.

<ruby>太陽系<rt>たいようけい</rt></ruby>がどのように<ruby>形成<rt>けいせい</rt></ruby>されたか<ruby>知<rt>し</rt></ruby>りたい。 태양계가 어떻게 형성되었는지 알고 싶다.

0847 [N2] □□□

型

모형 **형**

훈 모형	かた	**型** 틀, 본, 거푸집	**大型** 대형	**小型** 소형	**新型** 신형
음 형	けい	**模型** 모형	**原型** 원형	**体型** 체형	

9획 型 型 型 刑 型 型 型 型

生地から**型**を抜いて焼いたらクッキーの完成だ。 반죽에서 틀을 빼내고 구우면 쿠키 완성이다.
東京タワーの**模型**を作った。 도쿄 타워의 모형을 만들었다.

0848 [N2] □□□

状

형상 **상**
문서 **장**

훈 형상/문서	─				
음 상/장	じょう	**状況** 상황	**症状** 증상	**白状** 자백	

7획 状 状 状 状 状 状 状

診察までの待ち**状況**をアプリで確認できる。 진찰까지의 대기 상황을 앱으로 확인할 수 있다.
薬を飲んでも**症状**が改善されない。 약을 먹어도 증상이 개선되지 않는다.

0849 [N2] □□□

模

본뜰 **모**

훈 본뜰	─			
음 모	も	**模範**★ 모범	**模型**★ 모형	**模倣** 모방
	ぼ	**規模**★ 규모		

14획 模 模 模 模 模 模 模 模 模 模 模 模 模 模

高橋部長は部下たちの**模範**になるような人物だ。 다카하시 부장은 부하들의 모범이 될 만한 인물이다.
規模が大きい音楽イベントの運営を任された。 규모가 큰 음악 이벤트의 운영을 맡았다.

0850 [N3] □□□

様

모양 **양**

훈 모양	さま	**様**★ 모양, 모습	**様々**★ 여러 가지	**王様** 임금님	
음 양	よう	**様式** 양식	**様子**★ 상태, 상황	**模様**★ 무늬, 모양	

14획 様 様 様 様 様 様 様 様 様 様 様 様 様 様

日本各地の**様々**な夏祭りが新聞に紹介された。 일본 각지의 여러 가지 여름 축제가 신문에 소개되었다.
時代の変化とともに生活の**様式**も変わった。 시대의 변화와 함께 생활 양식도 변했다.

0851 [N3] □□□

点

점 **점**

훈	점	—				
음	점	てん	**要点** 요점	**点線** 점선	**採点** 채점	**問題点**✴ 문제점

9획 点 点 点 点 点 卢 点 点 点

簡単に**要点**だけまとめて話した。 간단히 요점만 정리해서 말했다.

点線に沿って切ってください。 점선을 따라 잘라 주세요.

0852 [N3] □□□

線

줄 **선**

훈	줄	—				
음	선	せん	**線**✴ 선, 줄	**線路**✴ 선로	**直線** 직선	**光線** 광선

15획 線 線 線 線 線 線 線 紿 紿 線 紿 線 線 線 線

重要な部分には**線**を引いている。 중요한 부분에는 선을 긋고 있다.

電車が**線路**の上を走っている。 전철이 선로 위를 달리고 있다.

0853 [N2] □□□

垂

드리울 **수**

식물의 가지와 잎이 드리워져 있는 모양을 본 뜬 글자

훈	드리울	た(らす)	**垂らす** 늘어뜨리다	
		た(れる)	**垂れる** 늘어지다	**雨垂れ** 낙숫물
음	수	すい	**垂直**✴ 수직	**懸垂** 매달림, 턱걸이

8획 垂 垂 垂 垂 垂 垂 垂 垂

犬がしっぽを**垂らして**しょんぼりしている。 개가 꼬리를 늘어뜨리고 풀죽어 있다.

三角形の底辺に**垂直**な線を引いてください。 삼각형의 밑변에 수직인 선을 그어 주세요.

0854 [N3] ☐☐☐

直

곧을/바를 **직**

훈	곧을/바를	なお(す)	直す★ 고치다, 정정하다	手直し 손질, 수정
		なお(る)	直る 고쳐지다, 바로잡히다	仲直り 화해
		ただ(ちに)	直ちに 곧, 즉각	
음	직	じき	正直★ 솔직, 정직	直筆 자필
		ちょく	直接★ 직접　直立 직립　直面 직면　直線 직선	

8획 直直直方右有直直

これを**直す**にはどれぐらい時間がかかりますか。 이것을 고치려면 어느 정도 시간이 걸리나요?
全ての質問に**正直**に答えてください。 모든 질문에 솔직하게 대답해 주세요.

0855 [N3] ☐☐☐

丸

둥글 **환**

사람이 앞으로 몸을 둥글게 만 모양을 본 뜬 글자

훈	둥글	まる(い)	丸い★ 둥글다　丸み 둥그스름함　丸さ 둥굶
		まる(める)	丸める★ 둥글게 하다	
		まる	丸 동그라미, 원　丸ごと 통째로　丸洗い 통째로 세탁함
음	환	がん	一丸 한 덩어리　弾丸 탄환　砲丸 포환

3획 丿九丸

赤ちゃんの顔が**丸くて**かわいい。 아기의 얼굴이 둥글고 귀엽다.
みんな**一丸**となって応援しましょう。 모두 한 덩어리가 되어 응원합시다.

0856 [N2] ☐☐☐

柄

자루 **병**

훈	자루	がら	柄 무늬, 체격　人柄★ 인품　小柄だ★ 몸집이 작다
		え	柄 자루, 손잡이	
음	병	へい	横柄 거만함, 건방짐　権柄ずく 전횡적으로 굴다

9획 柄柄柄柄柄柄柄柄柄

このチェックの**柄**のシャツは何にでも合う。 이 체크 무늬 셔츠는 어느 것에도 어울린다.
いくら客でも店員に**横柄**な態度を取ってはいけない。
아무리 손님이라도 점원에게 거만한 태도를 취해서는 안 된다.

似

닮을 사

훈	닮을	に(る)	**似る**＊닮다 **似合う**＊어울리다 **お似合い**＊잘 어울림
음	사	じ	**類似** 유사 **近似** 근사, 거의 같음 **疑似** 비슷함, 유사

7획 似 似 似 似 似 似 似

私は父に**似て**いるとよく言われます。 저는 아빠와 닮았다고 자주 듣습니다.
意味が**類似**した言葉は使い分けが難しい。 의미가 유사한 말은 가려 쓰기가 어렵다.

細

가늘 세

훈	가늘	ほそ(い)	**細い**＊가늘다, 좁다 **心細い**＊불안하다
		ほそ(る)	**細る** 가늘어지다, 여위다
		こま(かい)	**細かい**＊잘다, 작다, 미세하다
		こま(か)	**細かだ** 자세하다, 세세하다
음	세	さい	**細心**＊세심 **詳細**＊상세 **細工** 세공 **細胞** 세포

11획 細 細 細 細 細 細 細 細 細 細 細

私は**細い**ネクタイをよくつける。 나는 가는 넥타이를 자주 맨다.
運転するときは**細心**の注意を払うべきだ。 운전할 때는 세심한 주의를 기울여야 한다.

鋭

날카로울 예

훈	날카로울	するど(い)	**鋭い**＊날카롭다, 예민하다 **鋭さ** 날카로움, 예민함
음	예	えい	**精鋭** 정예 **鋭利** 예리 **鋭敏** 예민

15획 鋭 鋭 鋭 鋭 鋭 鋭 鋭 鋭 鋭 鋭 鋭 鋭 鋭 鋭

刃先が**鋭い**のではさみを使うときは気をつけてください。
날 끝이 날카로우므로 가위를 사용할 때는 주의해 주세요.

精鋭の講師陣が行う塾の特別クラスに申し込んだ。
정예 강사진이 진행하는 학원의 특별 클래스에 신청했다.

0860 [N2] ☐☐☐

훈 둔할	にぶ(る)	鈍る* 둔해지다
	にぶ(い)	鈍い* 둔하다　鈍さ 둔함
음 둔	どん	鈍感 둔감　鈍器 둔기　愚鈍 우둔

둔할 **둔**

12획 鈍 鈍 鈍 鈍 鈍 鈍 鈍 鈍 鈍 鈍 鈍 鈍

包丁の切れ味が**鈍った**ので研ぎ直した。 식칼의 잘리는 느낌이 둔해져서 다시 갈았다.

嫌味を言われているのに気づかないなんて全く**鈍感**だな。
비꼬는 말을 듣고 있는데도 눈치 채지 못하다니 정말 둔감하네.

0861 [N2] ☐☐☐

| 훈 클 | ― | |
| 음 거 | きょ | 巨大* 거대　巨匠 거장　巨万 거만, 매우 큰 수 |

클 **거**

5획 巨 巨 巨 巨 巨

この水族館にはジンベイザメが住む**巨大**な水槽がある。
이 수족관에는 고래 상어가 사는 거대한 수조가 있다.

山田シェフは国内で最も有名な中華料理の**巨匠**だ。
야마다 셰프는 국내에서 가장 유명한 중화 요리의 거장이다.

0862 [N2] ☐☐☐

| 훈 바퀴 | わ | 輪* 고리, 원형　指輪* 반지 |
| 음 륜(윤) | りん | 車輪* (차)바퀴　年輪 연륜　一輪 꽃 한 송이　競輪 경륜 |

바퀴 **륜(윤)**

15획 輪 輪 輪 輪 輪 輪 輪 輪 輪 輪 輪 輪 輪 輪 輪

土星の**輪**はほとんどが氷でできている。 토성의 고리는 대부분이 얼음으로 되어 있다.

安全のために自転車の古い**車輪**を交換した。 안전을 위해 자전거의 낡은 바퀴를 교환했다.

0863	[N2] □□□

棒

막대 봉

훈	막대	—	
음	봉	ぼう	**棒** 막대, 봉 **鉄棒** 철봉 **綿棒** 면봉

12획 棒 棒 棒 棒 棒 棒 棒 棒 棒 棒 棒 棒

アイスの**棒**に「当たり」の文字が書かれていた。 아이스크림의 막대에 '당첨' 글자가 쓰여 있었다.

公園の**鉄棒**で父と逆上がりの練習をした。 공원 철봉에서 아버지와 거꾸로 오르기 연습을 했다.

0864	[N2] □□□

紅

붉을 홍

훈	붉을	べに	**紅** 연지 **紅色** 붉은색, 홍색 **口紅** 입술 연지
		くれない	**紅** 다홍색, 주홍색
음	홍	こう	**紅白** 붉은색과 흰색, 홍백 **紅葉**★ 단풍, 홍엽 **紅茶** 홍차
		く	**真紅** 진홍색

9획 紅 紅 紅 紅 紅 紅 紅 紅 紅

鮮やかな**紅色**のハスの花が水面に咲いた。 선명한 붉은색의 연꽃이 수면에 피었다.

日本で**紅白**はおめでたいときに用いる色です。 일본에서 붉은색과 흰색은 경사스러운 때에 쓰는 색입니다.

0865	[N3] □□□

緑

초록빛 록(녹)

훈	초록빛	みどり	**緑**★ 초록 **薄緑** 담녹색, 연두색
음	록(녹)	りょく	**緑茶** 녹차 **緑地** 녹지 **常緑樹** 상록수
		ろく	**緑青** 녹청, 녹

14획 緑 緑 緑 緑 緑 緑 緑 緑 緑 緑 緑 緑 緑 緑

緑は目の疲れを和らげてくれる。 초록색은 눈의 피로를 완화시켜 준다.

緑茶にはカフェインが含まれている。 녹차에는 카페인이 포함되어 있다.

초급 한자 해카스 일본어 상용한자 2136

0866 [N2] ☐☐☐

黄

누를 황

훈 누를	き	黄 노랑　黄色 노란색　黄色い 노랗다	
	こ	黄金 금, 황금	
음 황	おう	黄金 황금　黄土 황토　卵黄 난황, 노른자위	
	こう	黄葉 황엽, 노란 단풍잎　黄砂 황사	

11획 黄 黄 黄 黄 黄 黄 黄 黄 黄 黄 黄

子供が黄色の風船を持っている。 아이가 노란색 풍선을 들고 있다.
「金閣寺」は黄金に輝く美しいお寺だ。 '금각사'는 황금으로 빛나는 아름다운 절이다.

0867 [N2] ☐☐☐

濃

짙을 농

훈 짙을	こ(い)	濃い★ 짙다, 진하다　濃さ★ 진함, 진한 정도	
음 농	のう	濃厚 농후　濃度 농도　濃縮 농축　濃淡 농담	

16획 濃 濃 濃 濃 濃 濃 濃 濃 濃 濃 濃 濃 濃 濃 濃 濃

結婚写真を撮るのでいつもより化粧を濃くした。 결혼 사진을 찍기 때문에 평소보다 화장을 짙게 했다.

ここのシチューは魚介の旨みが濃厚でおいしい。 이곳의 스튜는 해산물 맛이 농후해서 맛있다.

0868 [N2] ☐☐☐

濁

흐릴 탁

훈 흐릴	にご(る)	濁る★ 탁해지다, 흐려지다　濁り 탁함, 흐림	
	にご(す)	濁す 흐리다	
음 탁	だく	濁流 탁류　濁音 탁음　清濁 청탁	

16획 濁 濁 濁 濁 濁 濁 濁 濁 濁 濁 濁 濁 濁 濁 濁 濁

大量の黄砂が舞っていて、空気が濁っている。 대량의 황사가 흩날리고 있어서, 공기가 탁해져 있다.

河川が氾濫し、道路に濁流が流れ込んできた。 하천이 범람하여, 도로에 탁류가 흘러 들어왔다.

훈 채색	いろど(る)	<ruby>彩<rt>いろど</rt></ruby>る 물들이다, 색칠하다	<ruby>彩<rt>いろど</rt></ruby>り 채색, 색 배합
음 채	さい	<ruby>多彩<rt>た さい</rt></ruby>★ 다채(로움)	<ruby>色彩<rt>しきさい</rt></ruby> 색채 <ruby>彩色<rt>さいしょく</rt></ruby> 채색

11획 彩 彩 彩 彩 彩 彩 彩 彩 彩 彩 彩

채색 **채**

<ruby>紅葉<rt>こうよう</rt></ruby>で<ruby>山<rt>やま</rt></ruby>が<ruby>赤<rt>あか</rt></ruby>やオレンジに<ruby>彩<rt>いろど</rt></ruby>られている。 단풍으로 산이 빨강과 주황으로 물들여져 있다.

<ruby>当園<rt>とうえん</rt></ruby>では<ruby>園児<rt>えんじ</rt></ruby>の<ruby>成長<rt>せいちょう</rt></ruby>に<ruby>応<rt>おう</rt></ruby>じた<ruby>多彩<rt>た さい</rt></ruby>な<ruby>野外活動<rt>や がいかつどう</rt></ruby>を<ruby>行<rt>おこな</rt></ruby>っている。
이 유치원에서는 원아의 성장에 따른 다채로운 야외 활동을 하고 있다.

훈 고울/생선	あざ(やか)	<ruby>鮮<rt>あざ</rt></ruby>やかだ★ 선명하다	
음 선	せん	<ruby>新鮮<rt>しんせん</rt></ruby>★ 신선	<ruby>鮮明<rt>せんめい</rt></ruby> 선명 <ruby>鮮魚<rt>せんぎょ</rt></ruby> 생선

17획 鮮 鮮 鮮 鮮 鮮 鮮 鮮 鮮 鮮 鮮 鮮 鮮 鮮 鮮 鮮 鮮 鮮

고울/생선 **선**

<ruby>最近<rt>さいきん</rt></ruby>は<ruby>鮮<rt>あざ</rt></ruby>やかでさわやかなブルーのスカーフが<ruby>人気<rt>にん き</rt></ruby>です。
최근에는 선명하고 산뜻한 파란색 스카프가 인기입니다.

こちらは<ruby>新鮮<rt>しんせん</rt></ruby>なお<ruby>刺身<rt>さし み</rt></ruby>を<ruby>使<rt>つか</rt></ruby>った<ruby>海鮮丼<rt>かいせんどん</rt></ruby>です。 이것은 신선한 회를 사용한 가이센동입니다.

훈 비칠	て(らす)	<ruby>照<rt>て</rt></ruby>らす 비추다	
	て(れる)	<ruby>照<rt>て</rt></ruby>れる 수줍어하다	
	て(る)	<ruby>照<rt>て</rt></ruby>る 비치다 <ruby>日照<rt>ひで</rt></ruby>り 가뭄, 볕이 쬠	
음 조	しょう	<ruby>照明<rt>しょうめい</rt></ruby>★ 조명 <ruby>照会<rt>しょうかい</rt></ruby>★ 조회	<ruby>参照<rt>さんしょう</rt></ruby>★ 참조 <ruby>対照的<rt>たいしょうてき</rt></ruby> 대조적

13획 照 照 照 照 照 照 照 照 照 照 照 照 照

비칠 **조**

ランプで<ruby>暗<rt>くら</rt></ruby>いところを<ruby>照<rt>て</rt></ruby>らした。 램프로 어두운 곳을 비췄다.

<ruby>出<rt>で</rt></ruby>かける<ruby>前<rt>まえ</rt></ruby>に<ruby>部屋<rt>へ や</rt></ruby>の<ruby>照明<rt>しょうめい</rt></ruby>を<ruby>消<rt>け</rt></ruby>した。 외출하기 전에 방의 조명을 껐다.

0869 [N2] □□□

0870 [N3] □□□

0871 [N2] □□□

0872 [N3] ☐☐☐

| 훈 | 빛날 | かがや(く) | かがや
輝く★ 빛나다, 반짝이다 かがや
輝かしい★ 빛나다, 훌륭하다 |
| 음 | 휘 | き | こうき
光輝 빛남, 광휘 |

15획 輝 輝 輝 輝 輝 輝 輝 輝 輝 輝 輝 輝 輝 輝 輝

빛날 **휘**

かいめん　たいよう　ひかり　て　　　かがや
海面が太陽の光に照らされて**輝いて**いる。 해면이 태양의 빛에 비쳐 빛나고 있다.

まち　こうき　　　でんとう　まも
この町の**光輝**ある伝統を守っていきたい。 이 마을의 빛나는 전통을 지켜 가고 싶다.

0873 [N3] ☐☐☐

| 훈 | 그림자 | かげ | かげ
影 그림자 ひとかげ
人影 인영, 사람 그림자 おもかげ
面影 (옛) 모습 |
| 음 | 영 | えい | えいきょう
影響★ 영향 さつえい
撮影★ 촬영 いんえい
陰影 음영 |

15획 影 影 影 影 影 影 影 影 影 影 影 影 影 影 影

그림자 **영**

なが　の　　　かげ　じめん　うつ
長く伸びた**影**が地面に映っている。 길게 늘어진 그림자가 지면에 비치고 있다.

うきよえ　　　せいよう　がか　　　おお　　えいきょう　あた
浮世絵は、西洋の画家にも大きな**影響**を与えた。 우키요에는, 서양의 화가에게도 큰 영향을 주었다.

0874 [N2] ☐☐☐

훈	통할	す(ける)	す **透ける**★ 비치다
		す(かす)	す **透かす** 틈을 만들다
		す(く)	す **透く** 틈이 생기다, 들여다보이다
음	투	とう	とうめい **透明**★ 투명 しんとう **浸透** 침투 とうし **透視** 투시 とうしゃ **透写** 투사

10획 透 透 透 透 透 透 透 透 透 透

통할 **투**

きじ　うす　なか　す　み
このシャツは生地が薄くて中が**透けて**見える。 이 셔츠는 천이 얇아서 속이 비쳐 보인다.

しげん　　　とうめい　ふくろ　い　だ
資源ごみは**透明**な袋に入れて出してください。 재활용 쓰레기는 투명한 봉지에 넣어서 배출해 주세요.

0875 [N3] □□□

虫

벌레 **충**

애벌레의 모양을 본뜬 글자

훈	벌레	むし	**虫** 벌레	**虫歯**＊ 충치	**毛虫** 모충, 송충이	**水虫** 무좀
음	충	ちゅう	**昆虫** 곤충	**幼虫** 유충	**害虫** 해충	**殺虫剤** 살충제

6획 虫 虫 虫 中 虫 虫

私は昔から**虫**が嫌いだった。 나는 옛날부터 벌레를 싫어했다.

子供の頃、よく**昆虫**を採集した。 어릴 적, 자주 곤충을 채집했다.

0876 [N3] □□□

馬

말 **마**

말이 갈기를 휘날리며 다리를 치켜드는 모양을 본뜬 글자

훈	말	うま	**馬**＊ 말	**子馬** 망아지	**馬小屋** 외양간	
		ま	**絵馬** 에마 (그림·글을 써서 소원을 비는 나무판)		**馬子** 마부	
음	마	ば	**馬車** 마차	**競馬** 경마	**乗馬** 승마	**出馬**＊ 출마

10획 馬 馬 馬 馬 馬 馬 馬 馬 馬 馬

馬に乗ったまま弓を射ることはとても難しい。 말을 탄 채 활을 쏘는 것은 매우 어렵다.

パレードで**馬車**に乗った人が手を振っている。 퍼레이드에서 마차에 탄 사람이 손을 흔들고 있다.

0877 [N3] □□□

象

코끼리 **상**

코끼리의 코와 귀를 본뜬 글자

훈	코끼리	—				
음	상	ぞう	**象** 코끼리			
		しょう	**象徴** 상징	**現象** 현상	**対象** 대상	**印象** 인상

12획 象 象 象 象 象 象 象 象 象 象 象 象

象は長い鼻を使って食べ物を口に運んだ。 코끼리는 긴 코를 사용해서 음식을 입으로 가져갔다.

ハトは平和を**象徴**する鳥として知られている。 비둘기는 평화를 상징하는 새로 알려져 있다.

0878 [N3] □□□

羽

깃 **우**

새의 날개 모양을 본뜬 글자

훈 깃	はね	羽 날개, 깃털　羽飾り 깃털 장식　羽布団 깃털 이불
	は	白羽の矢 흰 깃이 달린 화살
	わ	一羽 한 마리 (새, 토끼를 세는 단위)　二羽 두 마리
음 우	う	羽毛 깃털, 새털　羽化 우화

6획 羽 羽 羽 羽 羽 羽

鳥は羽を広げて空へ飛んで行った。 새는 날개를 펼치고 하늘로 날아갔다.
鳥の羽毛は水をはじく性質がある。 새의 깃털은 물을 튕겨내는 성질이 있다.

0879 [N2] □□□

飛

날 **비**

새가 날개 치는 모양을 본뜬 글자

훈 날	と(ぶ)	飛ぶ* 날다　飛び散る* 흩날리다, 튀다　飛び火 불똥
	と(ばす)	飛ばす 날리다
음 비	ひ	飛行 비행　飛行機* 비행기　飛躍 비약

9획 飛 飛 飛 飛 飛 飛 飛 飛 飛

世界には飛べない鳥が約40種いる。 세계에는 날지 못하는 새가 약 40종 있다.
朝8時の飛行機に乗って東京に向かった。 아침 8시 비행기를 타고 도쿄로 향했다.

0880 [N3] □□□

鳴

울 **명**

새(鳥)와 입(口)을 합쳐 새가 울고 있는 것을 나타낸 글자

훈 울	な(く)	鳴く (새·짐승 등이) 울다　鳴き声 (새·짐승 등의) 울음소리
	な(る)	鳴る 소리가 나다, 울리다　耳鳴り 이명, 귀울림
	な(らす)	鳴らす 소리를 내다, 울리다
음 명	めい	悲鳴 비명　共鳴 공명　雷鳴 천둥소리

14획 鳴 鳴 鳴 鳴 鳴 鳴 鳴 鳴 鳴 鳴 鳴 鳴 鳴 鳴

朝になると鶏が元気よく鳴く。 아침이 되면 닭이 힘차게 운다.
部屋にゴキブリが出て悲鳴を上げた。 방에 바퀴벌레가 나와서 비명을 질렀다.

匹

짝 **필**

훈	짝	ひき	いっぴき **一匹**[★] 한 마리	すうひき **数匹** 수 마리	なんびき **何匹** 몇 마리
음	필	ひつ	ひってき **匹敵** 필적	ひっぷ **匹夫** 필부, 한 남자	ばひつ **馬匹** 마필, 말

4획 匹 匹 匹 匹

わ　や　ねこ　いぬ　いっぴき　か
我が家では猫と犬を**一匹**ずつ飼っています。 우리 집에서는 고양이와 개를 한 마리씩 기르고 있습니다.

ひってき　さっきょくか　だれ　おも
ベートーヴェンに**匹敵**する作曲家は誰だと思いますか。
베토벤에 필적하는 작곡가는 누구라고 생각합니까?

畜

가축 **축**

훈	가축	—			
음	축	ちく	かちく **家畜** 가축	ちくさん **畜産** 축산	ちくさんぎょう **畜産業** 축산업	ぼくちく **牧畜** 목축

10획 畜 畜 畜 畜 畜 畜 畜 畜 畜 畜

ぼくじょう　うし　にわとり　かちく　しいく
うちの牧場では牛や 鶏 などの**家畜**を飼育しています。
우리 목장에서는 소나 닭 등의 가축을 사육하고 있습니다.

ちち　ほっかいどう　いなか　ちくさんぎょう　いとな
父は北海道の田舎で**畜産業**を営んでいる。 아버지는 홋카이도의 시골에서 축산업을 경영하고 있다.

群

무리 **군**

훈	무리	む(れ)	む **群れ** 무리		
		む(れる)	む **群れる** 떼 짓다, 군집하다		
		むら	むらくも **群雲** 떼구름	むら **群がる** 떼 지어 모이다, 운집하다	
음	군	ぐん	ぐんしゅう **群集**[★] 군중, 군집	ばつぐん **抜群**[★] 발군	たいぐん **大群** 대군, 큰 떼

13획 群 群 群 群 群 群 群 群 群 群 群 群 群

む　つく　だいひょうてき　どうぶつ
オオカミは**群れ**を作る代表的な動物だ。 늑대는 무리를 짓는 대표적인 동물이다.

にんき　げいのうじん　まちなか　あらわ　ぐんしゅう　お　よ
人気の芸能人が街中に現れて**群集**が押し寄せた。 인기 연예인이 길거리에 나타나서 군중이 몰려들었다.

풀 **초**

훈 풀	くさ	草 풀	草花★ 화초	草木 초목	草色 초록빛, 풀빛
음 초	そう	雑草 잡초	牧草 목초	草案 초안	

9획 草草草草草草草草草

牧場で羊が草を食べている。 목장에서 양이 풀을 먹고 있다.

先週雑草を抜いたのにまた生えてきた。 지난주에 잡초를 뽑았는데 또 자라났다.

葉

잎 **엽**

훈 잎	は	葉★ 잎	落ち葉★ 낙엽, 떨어진 잎	葉書★ 엽서
음 엽	よう	紅葉★ 단풍, 홍엽	落葉 낙엽	葉緑素 엽록소

12획 葉葉葉葉葉葉葉葉葉葉葉葉

ビルの入り口に積もっている落ち葉を掃いた。 빌딩 입구에 쌓여있는 낙엽을 쓸었다.

11月になり紅葉がピークを迎えている。 11월이 되자 단풍이 피크를 맞이하고 있다.

대 **죽**

대나무 줄기와 잎 모양
을 본뜬 글자

훈 대	たけ	竹★ 대나무	竹の子 죽순	竹やぶ 대숲, 대밭
음 죽	ちく	竹林 대나무 숲, 죽림	竹馬 죽마	

6획 竹竹竹竹竹竹

この箸は竹で作られた。 이 젓가락은 대나무로 만들어졌다.

竹林に竹の子を採りに行った。 대나무 숲으로 죽순을 따러 갔다.

根

뿌리 근

훈	뿌리	ね	根* 뿌리	根元 근원	根強い 뿌리깊다	屋根* 지붕
음	근	こん	根拠* 근거	根本 근본	根性 근성	根気 끈기

10획 根 根 根 根 根 根 根 根 根 根

植物は**根**から水分を吸い上げる。 식물은 뿌리에서 수분을 빨아올린다.

校内に**根拠**のないうわさが流れている。 교내에 근거 없는 소문이 떠돌고 있다.

枝

가지 지

훈	가지	えだ	枝* 가지, 갈래	枝豆 풋콩
음	지	し	爪楊枝 이쑤시개	枝葉 지엽, 가지와 잎

8획 枝 枝 枝 枝 枝 枝 枝 枝

植木の**枝**を切って形を整えた。 정원수의 가지를 잘라서 모양을 정돈했다.

爪楊枝でたこ焼きを食べた。 이쑤시개로 다코야키를 먹었다.

種

씨 종

훈	씨	たね	種 씨, 종자	火種 불씨
음	종	しゅ	種類* 종류	品種 품종	人種 인종

14획 種 種 種 種 種 種 種 種 種 種 種 種 種 種

アサガオの**種**を垣根の周りにまいた。 나팔꽃의 씨를 울타리 주변에 뿌렸다.

ベジタリアンも基準によって**種類**が分かれる。 채식주의자도 기준에 따라 종류가 나뉜다.

0890 [N2] □□□

咲

필/웃음 **소**

훈	필/웃음	さ(く)	咲く* (꽃이) 피다 **遅咲き** 늦게 핌
음	소	―	

9획 咲 咲 咲 咲 咲 咲 咲 咲 咲

花壇に植えたチューリップがきれいに**咲いた**。 화단에 심은 튤립이 예쁘게 피었다.

北海道では５月の上旬が見頃の**遅咲き**の桜が見られる。
홋카이도에서는 5월 상순이 절정인 늦게 피는 벚꽃을 볼 수 있다.

0891 [N3] □□□

枯

마를 **고**

나무(木)와 오래되다(古)
를 합쳐 나무가 오래되어
마른 것을 나타낸 글자

훈	마를	か(れる)	枯れる* 시들다 **枯れ葉** 마른 잎 **枯れ木** 고목, 마른 나무
		か(らす)	枯らす 말리다, 시들게 하다
음	고	こ	枯渇* 고갈 **枯死** 고사, (초목이) 말라 죽음

9획 枯 枯 枯 枯 枯 枯 枯 枯 枯

窓際に飾っていた花瓶の花が**枯れて**しまった。 창가에 장식되어 있던 꽃병의 꽃이 시들어 버렸다.

このままの経営状態では資金が**枯渇**してしまう。 이대로의 경영 상태로는 자금이 고갈되고 말 것이다.

연습문제

색이 있는 한자의 발음을 밑줄에 쓴 다음, 괄호 안에 단어의 뜻을 써 보세요.

01	整理	＿＿＿り	(	)		21	枝	＿＿＿	(	)
02	柱	＿＿＿	(	)		22	磨く	＿＿＿く	(	)
03	影	＿＿＿	(	)		23	庭	＿＿＿	(	)
04	丸い	＿＿＿い	(	)		24	彩る	＿＿＿る	(	)
05	校門	こう＿＿＿	(	)		25	干す	＿＿＿す	(	)
06	生活	せい＿＿＿	(	)		26	冷蔵庫	れいぞう＿＿＿	(	)
07	形成	＿＿＿せい	(	)		27	紅色	＿＿＿いろ	(	)
08	洗濯	せん＿＿＿	(	)		28	透明	＿＿＿めい	(	)
09	虫	＿＿＿	(	)		29	濁る	＿＿＿る	(	)
10	垂らす	＿＿＿らす	(	)		30	正直	しょう＿＿＿	(	)
11	悲鳴	ひ＿＿＿	(	)		31	似る	＿＿＿る	(	)
12	家畜	か＿＿＿	(	)		32	馬車	＿＿＿しゃ	(	)
13	草	＿＿＿	(	)		33	模範	＿＿＿はん	(	)
14	濃厚	＿＿＿こう	(	)		34	鋭い	＿＿＿い	(	)
15	照らす	＿＿＿らす	(	)		35	飛行機	＿＿＿こうき	(	)
16	要点	よう＿＿＿	(	)		36	巨大	＿＿＿だい	(	)
17	鈍感	＿＿＿かん	(	)		37	細い	＿＿＿い	(	)
18	輝く	＿＿＿く	(	)		38	種類	＿＿＿るい	(	)
19	暮らす	＿＿＿らす	(	)		39	根拠	＿＿＿きょ	(	)
20	黄金	＿＿＿ごん	(	)		40	枯れる	＿＿＿れる	(	)

정답 01 せいり 정리 02 はしら 기둥 03 かげ 그림자 04 まるい 둥글다 05 こうもん 교문 06 せいかつ 생활 07 けいせい 형성 08 せんたく 세탁
09 むし 벌레 10 たらす 늘어뜨리다 11 ひめい 비명 12 かちく 가축 13 くさ 풀 14 のうこう 농후 15 てらす 비추다 16 ようてん 요점
17 どんかん 둔감 18 かがやく 빛나다, 반짝이다 19 くらす 생활하다 20 おうごん 황금 21 えだ 가지, 갈래 22 みがく 닦다, 윤을 내다 23 にわ 마당, 뜰
24 いろどる 물들이다, 색칠하다 25 ほす 말리다 26 れいぞうこ 냉장고 27 べにいろ 붉은색, 홍색 28 とうめい 투명 29 にごる 탁해지다, 흐려지다
30 しょうじき 솔직, 정직 31 にる 닮다 32 ばしゃ 마차 33 もはん 모범 34 するどい 날카롭다, 예민하다 35 ひこうき 비행기 36 きょだい 거대
37 ほそい 가늘다, 좁다 38 しゅるい 종류 39 こんきょ 근거 40 かれる 시들다

물건

0892 [N3] ☐☐☐

粉

가루 **분**

쌀(米)과 나누다(分)를
합쳐 쌀을 조각조각 나
눠 가루로 만든 것을 나
타낸 글자

훈 가루	こな	粉★ 가루	粉々★ 산산조각	粉雪 가랑눈	粉薬 가루약
	こ	粉 분, 가루	小麦粉 밀가루		
음 분	ふん	花粉 꽃가루	粉末 분말	粉砕 분쇄	

10획 粉 粉 粉 粉 粉 粉 粉 粉 粉 粉

ボウルにパンケーキの粉と水を入れてよく混ぜてください。
사발에 팬케이크 가루와 물을 넣고 잘 섞어 주세요.

花粉がひどいときは窓を開けないようにしている。 꽃가루가 심할 때는 창문을 열지 않도록 하고 있다.

0893 [N2] ☐☐☐

粒

낟알 **립(입)**

훈 낟알	つぶ	粒 알갱이, 낟알	豆粒 콩알
음 립(입)	りゅう	粒子 입자	顆粒 과립, 알갱이

11획 粒 粒 粒 粒 粒 粒 粒 粒 粒 粒 粒

海岸などで見つかる金の粒を砂金という。 해안 등에서 발견되는 금 알갱이를 사금이라고 한다.

理科の時間に顕微鏡で花粉の粒子を観察した。 이과 시간에 현미경으로 꽃가루 입자를 관찰했다.

0894 [N3] ☐☐☐

液

진 **액**

훈 진	—				
음 액	えき	液体 액체	血液型★ 혈액형	液状 액상	溶液 용액

11획 液 液 液 液 液 液 液 液 液 液 液

液体タイプの洗剤を使用して洗濯している。 액체 타입의 세제를 사용해서 세탁하고 있다.

私の家族は全員血液型が同じだ。 우리 가족은 모두 혈액형이 같다.

0895	[N3] □□□					
	훈	거품	あわ	泡* 거품　水の泡* 물거품　泡立つ 거품이 일다		
	음	포	ほう	気泡 기포　水泡 수포　発泡 발포		

8획 泡 泡 泡 泡 泡 泡 泡 泡

거품 포

食器についた洗剤の泡を洗い流した。 식기에 붙은 세제의 거품을 씻어 냈다.

スマホの画面に保護フィルムを気泡が入らないように貼った。
스마트폰 화면에 보호 필름을 기포가 들어가지 않게 붙였다.

0896	[N2] □□□						
	훈	재	はい	灰 재　灰色 회색, 잿빛　灰皿 재떨이　火山灰 화산재			
	음	회	かい	石灰 석회　灰白色 회백색			

6획 灰 灰 灰 灰 灰 灰

재 회

たばこの吸い殻や灰を道に捨ててはいけません。 담배꽁초나 재를 길에 버려서는 안 됩니다.

石灰は肥料として農業に幅広く使われている。 석회는 비료로 농업에 폭넓게 쓰이고 있다.

0897	[N2] □□□						
	훈	숯	すみ	炭 숯　炭火 숯불			
	음	탄	たん	石炭 석탄　木炭 목탄　炭鉱 탄광　炭素 탄소			

9획 炭 炭 炭 炭 炭 炭 炭 炭 炭

숯 탄

冷蔵庫に炭を入れておくと悪臭がなくなる。 냉장고에 숯을 넣어두면 악취가 없어진다.

石炭火力発電所は温室ガスを多く排出する。 석탄 화력 발전소는 온실가스를 많이 배출한다.

0898	[N3] □□□						
	훈	재목	—				
	음	재	ざい	材料* 재료　人材* 인재　素材* 소재　取材* 취재			

7획 材 材 材 材 材 材 材

재목 재

ボウルにサラダの材料を入れて混ぜ合わせた。 사발에 샐러드 재료를 넣고 버무렸다.

当社の未来を担う人材を募集しています。 우리 회사의 미래를 짊어질 인재를 모집하고 있습니다.

板

널 **판**

훈 널	いた	**板** 판자	**まな板** 도마	**板倉** 판자로 만든 창고
음 판	ばん	**看板** 간판	**黒板** 칠판	**掲示板** 게시판
	はん	**鉄板** 철판		

8획 板 板 板 板 板 板 板 板

板にくぎを打ったら割れてしまった。 판자에 못을 박았더니 갈라져 버렸다.

お店に**看板**を付けるため業者を呼んだ。 가게에 간판을 달기 위해 업자를 불렀다.

玉

구슬 **옥**

세 개의 구슬이 꿰어져
있는 모양을 본뜬 글자

훈 구슬	たま	**玉** 공, 구슬, 옥	**水玉** 물방울	**目玉** 눈알
음 옥	ぎょく	**玉石** 옥석	**玉座** 옥좌	

5획 玉 丅 干 王 玉

サウナに入ると、全身から**玉**のような汗が出てきた。 사우나에 들어가니, 전신에서 구슬 같은 땀이 났다.

たくさんの情報の中で**玉石**を分けることは難しい。 많은 정보 중에서 옥석을 가리는 것은 어렵다.

宝

보배 **보**

훈 보배	たから	**宝** 보배, 보물	**宝物** 보물	**宝くじ** 복권	**子宝** 자식
음 보	ほう	**国宝** 국보	**重宝** 귀중한 보물, 소중히 여김	**宝石** 보석	

8획 宝 宝 宝 宝 宝 宝 宝 宝

彼は韓国の演劇界を背負う**宝**です。 그는 한국의 연극계를 짊어질 보배입니다.

この寺には**国宝**の仏像が所蔵されている。 이 절에는 국보인 불상이 소장되어 있다.

球

공 **구**

뜻을 나타내는 구슬(玉)
과 음을 나타내는 求(구)
를 합친 글자

훈 공	たま	**球** 공, 구체		
음 구	きゅう	**地球** 지구	**野球** 야구	**電球** 전구

11획 球 球 球 球 球 球 球 球 球 球 球

打者は速い**球**を見事に打ち返した。 타자는 빠른 공을 멋지게 되받아 쳤다.

地球は完全な球形ではない。 지구는 완전한 구형이 아니다.

0903 [N2] ☐☐☐

系

이어맬 **계**

훈	이어맬	—				
음	계	けい	系統* 계통	家系 가문, 가계	体系* 체계	系列 계열

7획 系 系 系 系 系 系 系

家具を同じ系統の色で統一した。 가구를 같은 계통의 색으로 통일했다.

彼女は代々続く医者の家系に生まれた。 그녀는 대대로 이어지는 의사 가문에서 태어났다.

0904 [N3] ☐☐☐

類

무리 **류(유)**

훈	무리	たぐ(い)	類い 부류, 종류			
음	류(유)	るい	分類* 분류	種類* 종류	書類* 서류	衣類* 의류

18획 類 類 類 類 類 類 類 類 類 類 類 類 類 類 類 類 類 類

パソコンなど電子機器の類いには疎いほうだ。 컴퓨터 등 전자기기 부류에는 어두운 편이다.

この教材は単語がテーマ別に分類されている。 이 교재는 단어가 테마별로 분류되어 있다.

0905 [N2] ☐☐☐

筆

붓 **필**

대나무(⺮)와 붓(聿)을
합쳐 자루가 대나무로
된 붓을 나타낸 글자

훈	붓	ふで	筆* 붓	筆先 붓끝, 운필	絵筆 화필, 그림 붓	
음	필	ひつ	筆力 필력	執筆* 집필	鉛筆* 연필	筆記 필기

12획 筆 筆 筆 筆 筆 筆 筆 筆 筆 筆 筆 筆

書道用の筆を何本か買った。 서예용 붓을 몇 자루 샀다.

筆力があればネタがつまらなくても面白い文が書ける。
필력이 있으면 글감이 시시해도 재미있는 글을 쓸 수 있다.

0906 [N2] ☐☐☐

筒

대통 **통**

훈	대통	つつ	筒 통, 관		
음	통	とう	水筒* 물통, 수통	封筒* 봉투	円筒形 원통형

12획 筒 筒 筒 筒 筒 筒 筒 筒 筒 筒 筒 筒

看板商品は竹の筒に入った水ようかんです。
간판 상품은 대나무 통에 들어 있는 물양갱입니다.

熱中症対策に水筒に麦茶を入れて持ち歩いている。
열사병 대책으로 물통에 보리차를 넣어서 가지고 다닌다.

0907 [N3] ☐☐☐

箱

상자 **상**

훈 상자	はこ	**箱**[★] 상자　**本箱** 책장　**ごみ箱** 쓰레기통　**小箱** 작은 상자	
음 상	—		

15획 箱 箱 箱 箱 箱 箱 箱 箱 箱 箱 箱 箱 箱 箱 箱

不要なものを**箱**の中にしまっておいた。 불필요한 것을 상자 안에 넣어 두었다.

本箱を作ろうと、くぎとかなづちを用意した。 책장을 만들려고, 못과 망치를 준비했다.

0908 [N3] ☐☐☐

的

과녁 **적**

훈 과녁	まと	**的** 과녁, 대상, 목표　**的外れ** 빗나감, 요점을 벗어남	
음 적	てき	**目的** 목적　**代表的**[★] 대표적　**的確** 적확, 정확　**的中** 적중	

8획 的 的 的 的 的 的 的 的

矢が**的**の真ん中に命中した。 화살이 과녁의 한가운데에 명중했다.

こちらに訪日した**目的**を書いてください。 이쪽에 일본을 방문한 목적을 써 주세요.

0909 [N2] ☐☐☐

灯

등잔 **등**

훈 등잔	ひ	**灯** 불빛, 등불	
음 등	とう	**電灯** 전등　**灯火** 등불　**街灯** 가로등　**点灯** 점등	

6획 灯 灯 灯 灯 灯 灯

街灯の**灯**に虫が集まって来た。 가로등 불빛으로 벌레가 모여 들었다.

玄関の**電灯**をセンサー付きのものに換えた。 현관의 전등을 센서가 달린 것으로 바꿨다.

0910 [N3] ☐☐☐

機

틀/기계 **기**

훈 틀/기계	はた	**機** 베틀, 베　**機織り** 베틀로 베를 짬	
음 기	き	**機関**[★] 기관　**契機**[★] 계기　**機能**[★] 기능　**機嫌**[★] 기분, 비위	

16획 機 機 機 機 機 機 機 機 機 機 機 機 機 機 機 機

博物館で初めて実物の**機**を見た。 박물관에서 처음으로 실물의 베틀을 보았다.

WWFは自然を守る国際的な**機関**である。 WWF는 자연을 보전하는 국제적인 기관이다.

0911 [N3] □□□

械

기계 **계**

훈	기계	—		
음	계	かい	機械* 기계	器械* 도구, 기구

11획 械 械 械 械 械 械 械 械 械 械 械

最近は**機械**で注文を受ける店が多い。 최근에는 기계로 주문을 받는 가게가 많다.

ナースが手術の**器械**を医者に渡した。 간호사가 수술 도구를 의사에게 건네주었다.

헷갈리는 단어 모아보기

동음이의어	機械	기계	機械が自動で動く。 기계가 자동으로 움직인다.
	器械	도구, 기구	フラスコなどの器械がある。 플라스크 등의 도구가 있다.

機械와 器械는 모두 きかい로 발음된다. 機械는 동력을 필요로 하는 기계, 器械는 동력이 필요 없는 도구나 기구라는 뜻이다.

옷

0912 [N2] □□□

衣

옷 **의**

사람이 옷을 입고 여민 모양을 본뜬 글자

훈	옷	ころも	衣 옷, 의복	衣替え 계절 옷 정리	羽衣 날개옷
음	의	い	衣装* 의상	衣服 의복	衣類* 의류	衣食住 의식주

6획 衣 衣 衣 衣 衣 衣

冬になる前に**衣替え**を行うつもりだ。 겨울이 되기 전에 계절 옷 정리를 할 예정이다.

コンクールで着る**衣装**を用意した。 콩쿠르에서 입을 의상을 준비했다.

0913 [N2] □□□

布

베/펼 **포**

훈	베/펼	ぬの	布* 천	布地 직물, 피륙		
음	포	ふ	毛布* 담요, 모포	布団* 이불	配布* 배포	分布 분포

5획 布 布 布 布 布

眼鏡のレンズは柔らかい**布**で拭いてください。 안경의 렌즈는 부드러운 천으로 닦아 주세요.

ソファーで眠っている娘に**毛布**をかけてあげた。 소파에서 자고 있는 딸에게 담요를 덮어 주었다.

革

훈	가죽/고칠	かわ	革* 가죽　靴 가죽 구두
음	혁	かく	改革* 개혁　革新 혁신　革命 혁명

9획 革 革 革 革 革 革 革 革 革

가죽/고칠 혁

동물의 가죽을 손으로 벗기는 모양을 본뜬 글자

就職祝いに父が革の財布を買ってくれた。 취직 축하로 아빠가 가죽 지갑을 사 주었다.

教育制度の改革で入試の形態が変わるそうだ。 교육 제도 개혁으로 입시의 형태가 바뀐다고 한다.

針

훈	바늘	はり	針* 바늘, 침　針金 철사
음	침	しん	方針* 방침　秒針 초침

10획 針 針 針 針 針 針 針 針 針 針

바늘 침

大人になっても注射の針が苦手だ。 어른이 되어도 주삿바늘이 질색이다.

調査の結果を踏まえ今後の方針を決めた。 조사 결과에 입각하여 앞으로의 방침을 정했다.

綿

훈	솜	わた	綿 솜　真綿 풀솜, 명주솜　綿菓子 솜사탕
음	면	めん	綿 면, 목화　綿密 면밀

14획 綿 綿 綿 綿 綿 綿 綿 綿 綿 綿 綿 綿 綿 綿

솜 면

布団に穴が空いて綿がはみ出ていた。 이불에 구멍이 뚫려서 솜이 비어져 나와 있었다.

このTシャツは綿で作られていて肌に優しい。 이 티셔츠는 면으로 만들어져 있어서 피부에 순하다.

編

훈	엮을	あ(む)	編む 짜다, 엮다　編み物 뜨개질　手編み 손뜨개질
음	편	へん	編集 편집　編成 편성　長編 장편

15획 編 編 編 編 編 編 編 編 編 編 編 編 編 編 編

엮을 편

毛糸でセーターを編んで母にプレゼントした。 털실로 스웨터를 짜서 어머니에게 선물했다.

スマホで撮影した動画を自分で編集した。 스마트폰으로 촬영한 영상을 스스로 편집했다.

織

짤 직

훈 짤	お(る)	織る 짜다 織物 직물
음 직	しき	組織★ 조직
	しょく	紡織 방직 製織 제직

18획 織織織織織織織織織織織織織織織織織織

ここでは機を使って布を織る体験ができる。 여기에서는 베틀을 사용해서 천을 짜는 체험을 할 수 있다.

組織の一員として与えられた役割を果たすべきだ。 조직의 일원으로서 주어진 역할을 다해야 한다.

繰

고치 켤 조

훈 고치 켤	く(る)	繰る 조면하다, (실 등을) 감다 繰り返す★ 반복하다
음 조	—	

19획 繰繰繰繰繰繰繰繰繰繰繰繰繰繰繰繰繰繰繰

この工場では今でも手作業で糸を繰っている。 이 공장에서는 지금도 수작업으로 실을 조면하고 있다.

発音が難しい単語は繰り返して練習するしかない。 발음이 어려운 단어는 반복해서 연습하는 수밖에 없다.

袋

자루 대

훈 자루	ふくろ	袋★ 주머니, 봉지, 자루 手袋★ 장갑 紙袋 봉지, 봉투
음 대	たい	風袋 겉포장, 저울판

11획 袋袋袋袋袋袋袋袋袋袋袋

娘のためにリコーダーを入れる袋を作ってあげた。 딸을 위해 리코더를 넣을 주머니를 만들어 줬다.

商品を包装している風袋は商品の重量に含まれません。
상품을 포장하고 있는 겉포장은 상품 중량에 포함되지 않습니다.

帯

띠 대

훈 띠	おび	帯 띠
	お(びる)	帯びる★ 띠다, 기미가 있다
음 대	たい	携帯★ 휴대, 휴대 전화 地帯 지대 包帯 붕대 連帯 연대

10획 帯帯帯帯帯帯帯帯帯帯

母に着物の帯を結んでもらった。 어머니가 기모노의 띠를 묶어 주었다.

手荒れがひどくて常にハンドクリームを携帯している。
손이 트는 것이 심해서 항상 핸드 크림을 휴대하고 있다.

0922 [N3] □□□

緒

실마리 **서**

훈	실마리	お	**緒** 끈, 실 **鼻緒** (일본 나막신의) 끈
음	서	しょ	**一緒**＊ 함께 **内緒**＊ 비밀 **由緒**＊ 유서, 내력 **端緒** 단서
		ちょ	**情緒** 정서

14획 緒 緒 緒 緒 緒 緒 緒 緒 緒 緒 緒 緒 緒

ほどけていた羽織の**緒**を結び直した。 풀어져 있던 일본 전통 겉옷의 끈을 다시 묶었다.

今度、親しい先輩と**一緒**に旅行に行く。 이번에, 친한 선배와 함께 여행을 간다.

0923 [N3] □□□

懐

품을 **회**

훈	품을	ふところ	**懐** 호주머니, 품 **内懐** 내막, 내심
		なつ(かしい)	**懐かしい**＊ 그립다, 반갑다
		なつ(かしむ)	**懐かしむ** 그리워하다, 반가워하다
		なつ(く)	**懐く** 따르다
		なつ(ける)	**懐ける** 따르게 하다, 길들이다
음	회	かい	**懐妊** 회임, 임신 **懐中** 회중, 호주머니 속 **懐古** 회고

16획 懐 懐 懐 懐 懐 懐 懐 懐 懐 懐 懐 懐 懐 懐

スーツの**懐**にきれいに収まる薄い財布が欲しい。 정장 호주머니에 깔끔하게 들어가는 얇은 지갑을 갖고 싶다.

部長は奥様がご**懐妊**されたそうで、とても嬉しそうだ。 부장님은 부인분이 회임하셨다고 해서, 매우 기쁜 것 같다.

0924 [N2] □□□

帽

모자 **모**

훈	모자	—	
음	모	ぼう	**帽子**＊ 모자 **脱帽** (모자를 벗어) 경의를 표함

12획 帽 帽 帽 帽 帽 帽 帽 帽 帽 帽 帽 帽

強い日差しを避けるため、**帽子**をかぶって外出した。 강한 햇빛을 피하기 위해, 모자를 쓰고 외출했다.

あの特大ホームランには相手投手も**脱帽**するしかなかった。 그 특대 홈런에는 상대 투수도 경의를 표할 수밖에 없었다.

0925 [N2] ☐☐☐

靴

가죽신 **화**

훈	가죽신	くつ	**靴**[★] 신발, 구두　**靴下**[★] 양말　**革靴** 가죽 구두
음	화	か	**軍靴** 군화　**製靴** 제화

13획 靴 靴 靴 靴 靴 靴 靴 靴 靴 靴 靴 靴 靴

座敷席は**靴**を脱いでお上がりください。 다다미 좌석은 신발을 벗고 올라가 주세요.
軍靴をモチーフにしたブーツを買った。 군화를 모티브로 한 부츠를 샀다.

0926 [N3] ☐☐☐

締

맺을 **체**

훈	맺을	し(める)	**締める**[★] (졸라) 매다, 긴장시키다　**締め切り**[★] 마감
		し(まる)	**締まる** 단단히 죄이다, 긴장하다　**戸締まり**[★] 문단속
음	체	てい	**締結** 체결

15획 締 締 締 締 締 締 締 締 締 締 締 締 締 締 締

面接会場に入る前にネクタイをしっかりと**締めた**。 면접 회장에 들어가기 전에 넥타이를 단단히 맺다.
両国は条約の**締結**に至るまで多くの困難があった。
양국은 조약 체결에 이르기까지 많은 어려움이 있었다.

0927 [N2] ☐☐☐

装

꾸밀 **장**

훈	꾸밀	よそお(う)	**装う**[★] 치장하다, 그런 체하다　**装い** 치장, 단장
음	장	そう	**改装**[★] 리모델링, 개장　**服装**[★] 복장　**包装**[★] 포장
		しょう	**衣装**[★] 의상

12획 装 装 装 装 装 装 装 装 装 装 装 装

着物で**装い**親族の結婚式に出席した。 기모노로 치장하고 친척의 결혼식에 참석했다.
足が悪い祖母のために家をバリアフリーに**改装**した。
다리가 안 좋은 할머니를 위해서 집을 배리어 프리로 리모델링했다.

0928 [N3] ☐☐☐

米

쌀 **미**

쌀의 낟알 모양을 본뜬
글자

훈 쌀	こめ	米[★] 쌀 米粒 쌀알		
음 미	まい	白米 흰쌀밥, 백미	新米 햅쌀, 신참	精米 정미, 도정
	べい	米麦 쌀과 보리	欧米[★] 유럽과 미국	

6획 米 米 米 米 米 米

日本は米を主食とする。 일본은 쌀을 주식으로 한다.

朝ご飯はたいてい白米とみそ汁だ。 아침 식사는 대개 흰쌀밥과 된장국이다.

0929 [N3] ☐☐☐

豆

콩 **두**

훈 콩	まめ	豆[★] 콩 豆粒 콩알 枝豆 풋콩 煮豆 콩자반		
음 두	とう	豆腐 두부	豆乳 두유	納豆 낫토 (일본의 콩 발효 식품)
	ず	大豆 대두, 콩		

7획 豆 豆 豆 豆 豆 豆 豆

コーヒー豆の名前には地名がつくことが多い。 커피 콩의 이름에는 지명이 붙는 경우가 많다.

豆腐は高血圧の予防に効果がある。 두부는 고혈압 예방에 효과가 있다.

0930 [N3] ☐☐☐

芋

토란 **우**

훈 토란	いも	芋[★] 고구마, 감자, 토란 焼き芋 군고구마 里芋 토란		
음 우	―			

6획 芋 芋 芋 芋 芋 芋

子供たちが土まみれになりながら芋を掘っている。 아이들이 흙투성이가 되면서 고구마를 캐고 있다.

肌寒い季節になると焼き芋が食べたくなる。 쌀쌀한 계절이 되면 군고구마가 먹고 싶어진다.

0931 [N3] ☐☐☐

貝

조개 패

껍질이 벌어진 조개 모
양을 본뜬 글자

훈	조개	かい	貝* 조개 貝殻* 조개껍데기 魚貝類 어패류
음	패	—	

7획 貝 貝 貝 貝 貝 貝 貝

偶然拾った貝の中に真珠が入っていた。 우연히 주운 조개 안에 진주가 들어 있었다.

友達が貝殻とビーズでネックレスを作ってくれた。 친구가 조개껍데기와 비즈로 목걸이를 만들어 주었다.

0932 [N2] ☐☐☐

麦

보리 맥

훈	보리	むぎ	麦 보리, 밀, 귀리 麦茶 보리차 小麦* 밀, 소맥
음	맥	ばく	麦芽 맥아, 엿기름

7획 麦 麦 麦 麦 麦 麦 麦

白米より麦を混ぜて炊いたご飯が好きだ。 흰쌀밥보다 보리를 섞어 지은 밥을 좋아한다.

麦芽はビールやウイスキーの原料として使われる。 맥아는 맥주나 위스키의 원료로 쓰인다.

0933 [N2] ☐☐☐

菓

과자 과

훈	과자	—	
음	과	か	菓子* 과자 和菓子 화과자, 일본 전통과자 製菓 제과

11획 菓 菓 菓 菓 菓 菓 菓 菓 菓 菓 菓

めいが遊びに来るからお菓子をたくさん買っておいた。 조카가 놀러 오기 때문에 과자를 잔뜩 사 두었다.

この和菓子は見た目も美しいので手土産にいい。 이 화과자는 겉보기도 아름다워서 간단한 선물로 좋다.

0934 [N3] ☐☐☐

実

열매 실

훈	열매	み	実 열매, 씨 実入り 열매가 여묾, 결실
		みの(る)	実る 열매를 맺다, 결실하다 実り 결실, 성과
음	실	じつ	実力* 실력 果実 과실 充実 충실 実に* 실로, 정말

8획 実 実 実 実 実 実 実 実

この木の実は毒があるので食べられません。 이 나무의 열매는 독이 있기 때문에 먹을 수 없습니다.

毎日テニスの練習をしていたら実力がついてきた。 매일 테니스 연습을 했더니 실력이 붙었다.

0935 [N2] □□□

卵

알 **란(난)**

곤충의 알 모양을 본뜬
글자

훈	알	たまご	卵 ^{たまご} ★달걀, 알			
음	란(난)	らん	産卵 ^{さんらん} 산란	鶏卵 ^{けいらん} 계란	卵黄 ^{らんおう} 난황, 노른자	卵白 ^{らんぱく} 난백, 흰자

7획 卵 卵 卵 卵 卵 卵 卵

卵^{たまご}は色々^{いろいろ}な料理^{りょうり}に使^{つか}える万能^{ばんのう}な食材^{しょくざい}です。 달걀은 여러 가지 요리에 사용할 수 있는 만능 식재료입니다.

ウミガメは水辺^{みずべ}の砂^{すな}の中^{なか}に産卵^{さんらん}する。 바다거북은 물가의 모래 속에 산란한다.

0936 [N2] □□□

乳

젖 **유**

훈	젖	ちち	乳 ^{ちち} 젖, 유방		
		ち	乳飲み子 ^{ちのみご} 젖먹이		
음	유	にゅう	牛乳 ^{ぎゅうにゅう} 우유	乳製品 ^{にゅうせいひん} 유제품	乳児 ^{にゅうじ} 유아

8획 乳 乳 乳 乳 乳 乳 乳 乳

ヤギの乳^{ちち}で作^{つく}られたチーズは臭^{くさ}みがなくおいしい。 염소의 젖으로 만들어진 치즈는 구린내가 없고 맛있다.

牛乳^{ぎゅうにゅう}にはカルシウムが豊富^{ほうふ}に含^{ふく}まれている。 우유에는 칼슘이 풍부하게 함유되어 있다.

0937 [N3] □□□

酒

술 **주**

훈	술	さけ	酒 ^{さけ} ★술	甘酒 ^{あまざけ} 감주, 단술	
		さか	居酒屋 ^{いざかや} ★선술집	酒場 ^{さかば} 술집	酒盛り ^{さかもり} 술잔치
음	주	しゅ	禁酒 ^{きんしゅ} 금주	飲酒 ^{いんしゅ} 음주	洋酒 ^{ようしゅ} 양주	日本酒 ^{にほんしゅ} 일본주

10획 酒 酒 酒 酒 酒 酒 酒 酒 酒 酒

父親^{ちちおや}は酒^{さけ}をあまり好^{この}まない。 아버지는 술을 별로 좋아하지 않는다.

健康^{けんこう}のために先月^{せんげつ}から禁酒^{きんしゅ}している。 건강을 위해 지난달부터 금주하고 있다.

0938 [N2] ☐☐☐

餅

훈 떡	もち	**餅** 떡 **餅屋** 떡집, 떡장수 **尻餅** 엉덩방아
음 병	へい	**煎餅**★ 전병 (일본의 건과자)

15획 餅 餅 餅 餅 餅 餅 餅 餅 餅 餅 餅 餅 餅 餅 餅

떡 **병**

お雑煮に入る**餅**は地域によって形が違うらしい。
일본식 떡국에 들어가는 떡은 지역에 따라 모양이 다르다고 한다.

香ばしい**煎餅**が緑茶によく合いますね。 고소한 전병이 녹차와 잘 어울리네요.

0939 [N2] ☐☐☐

稲

훈 벼	いね	**稲** 벼 **稲刈り** 벼 베기
	いな	**稲作** 벼농사 **稲穂** 벼 이삭 **稲妻** 번개
음 도	とう	**水稲** 논벼, 수도 **陸稲** 밭벼, 육도

14획 稲 稲 稲 稲 稲 稲 稲 稲 稲 稲 稲 稲 稲 稲

벼 **도**

実りの時を迎え、金色に輝く**稲**を収穫した。 결실의 때를 맞아, 금색으로 빛나는 벼를 수확했다.

台風による**水稲**の被害は極めて大きかった。 태풍에 의한 논벼의 피해가 지극히 컸다.

0940 [N3] ☐☐☐

皿

훈 그릇	さら	**皿**★ 접시 **小皿** 작은 접시 **灰皿** 재떨이 **皿洗い** 설거지
음 명	―	

5획 皿 皿 皿 皿 皿

그릇 **명**

그릇 모양을 본뜬 글자

洗った**皿**を水切りかごに立てておいた。 씻은 접시를 식기 건조대에 세워 두었다.

料理を**小皿**に取り分けて食べる。 요리를 작은 접시에 덜어 먹는다.

0941 [N3] ☐☐☐

缶

훈 두레박	―	
음 관	かん	**缶**★ 캔, 깡통 **空き缶**★ 빈 캔 **缶詰** 통조림

6획 缶 缶 缶 缶 缶 缶

두레박 **관**

猫に餌をあげようとキャットフードの**缶**を開けた。 고양이에게 먹이를 주려고 캣푸드 캔을 열었다.

美術館に**空き缶**を使ったアート作品が展示されていた。
미술관에 빈 캔을 사용한 예술 작품이 전시되어 있었다.

0942 [N2] ☐☐☐

杯

잔 배

훈	잔	さかずき	<ruby>杯<rt>さかずき</rt></ruby> 술잔

| 음 | 배 | はい | <ruby>精一杯<rt>せいいっぱい</rt></ruby>★ 힘껏　<ruby>乾杯<rt>かんぱい</rt></ruby>★ 건배　<ruby>一杯<rt>いっぱい</rt></ruby>★ 한 잔　<ruby>祝杯<rt>しゅくはい</rt></ruby> 축배 |

8획 杯杯杯杯杯杯杯杯

<ruby>父<rt>ちち</rt></ruby>は **杯** にあふれそうなほどの<ruby>日本酒<rt>にほんしゅ</rt></ruby>を<ruby>注<rt>そそ</rt></ruby>いだ。 아버지는 술잔에 넘칠 정도의 일본주를 따랐다.

<ruby>志望校<rt>しぼうこう</rt></ruby>に<ruby>合格<rt>ごうかく</rt></ruby>するため**精一杯**<ruby>努力<rt>どりょく</rt></ruby>してきました。 지망 학교에 합격하기 위해 힘껏 노력해 왔습니다.

0943 [N2] ☐☐☐

瓶

병 **병**

훈	병	―	

| 음 | 병 | びん | <ruby>瓶<rt>びん</rt></ruby>★ 병　<ruby>花瓶<rt>かびん</rt></ruby>★ 꽃병, 화병　<ruby>ガラス瓶<rt>びん</rt></ruby>★ 유리병 |

11획 瓶瓶瓶瓶瓶瓶瓶瓶瓶瓶

<ruby>飲<rt>の</rt></ruby>んだウイスキーの**瓶**を<ruby>捨<rt>す</rt></ruby>てずに<ruby>飾<rt>かざ</rt></ruby>っておきました。
마신 위스키 병을 버리지 않고 장식해 두었습니다.

<ruby>花<rt>はな</rt></ruby>が<ruby>映<rt>は</rt></ruby>えるようにシンプルな**花瓶**を<ruby>買<rt>か</rt></ruby>った。 꽃이 돋보이도록 심플한 꽃병을 샀다.

0944 [N2] ☐☐☐

保

지킬 **보**

훈	지킬	たも(つ)	<ruby>保<rt>たも</rt></ruby>つ★ 유지하다, 지키다

| 음 | 보 | ほ | <ruby>保証<rt>ほしょう</rt></ruby>★ 보증　<ruby>保存<rt>ほぞん</rt></ruby>★ 보존　<ruby>確保<rt>かくほ</rt></ruby>★ 확보　<ruby>保育<rt>ほいく</rt></ruby> 보육 |

9획 保保保保保保保保保

<ruby>走行中<rt>そうこうちゅう</rt></ruby>は<ruby>前<rt>まえ</rt></ruby>の<ruby>車<rt>くるま</rt></ruby>との<ruby>距離<rt>きょり</rt></ruby>を**保**つべきだ。 주행 중에는 앞차와의 거리를 유지해야 한다.

<ruby>当社<rt>とうしゃ</rt></ruby>では<ruby>製品<rt>せいひん</rt></ruby>の<ruby>品質<rt>ひんしつ</rt></ruby>を1<ruby>年間<rt>ねんかん</rt></ruby>**保証**します。 당사에서는 제품의 품질을 1년간 보증합니다.

0945 [N2] ☐☐☐

管

대롱 **관**

훈	대롱	くだ	<ruby>管<rt>くだ</rt></ruby> 관, 대롱

| 음 | 관 | かん | <ruby>保管<rt>ほかん</rt></ruby>★ 보관　<ruby>管理<rt>かんり</rt></ruby>★ 관리　<ruby>血管<rt>けっかん</rt></ruby> 혈관 |

14획 管管管管管管管管管管管管管管

<ruby>腕<rt>うで</rt></ruby>に<ruby>点滴<rt>てんてき</rt></ruby>の**管**がつながっていて<ruby>動<rt>うご</rt></ruby>きにくい。 팔에 링거 관이 연결되어 있어서 움직이기 어렵다.

ごま<ruby>油<rt>あぶら</rt></ruby>は<ruby>日<rt>ひ</rt></ruby>の<ruby>当<rt>あ</rt></ruby>たらないところに**保管**してください。 참기름은 햇빛이 닿지 않는 곳에 보관해 주세요.

0946 [N3] □□□

焦

탈 **초**

훈 탈	こ(げる)	**焦げる**[★] 타다, 눋다 　**黒焦げ** 검게 눌음, 탐
	こ(がす)	**焦がす** 태우다, 눌리다
	こ(がれる)	**焦がれる** 연모하다, 몹시 동경하다
	あせ(る)	**焦る**[★] 안달하다, 초조하게 굴다 　**焦り**[★] 초조해 함
음 초	しょう	**焦点**[★] 초점

12획 焦 焦 焦 焦 焦 焦 焦 焦 焦 焦 焦 焦

ちょっと目を離した隙に、魚の皮が**焦げ**てしまった。 잠깐 눈을 뗀 사이에, 생선 껍질이 타고 말았다.
眼鏡がないと遠くのものは**焦点**が合わず見えにくい。
안경이 없으면 멀리 있는 것은 초점이 맞지 않아 잘 보이지 않는다.

0947 [N3] □□□

焼

불사를 **소**

훈 불사를	や(く)	**焼く**[★] 굽다, 태우다 　**焼肉**[★] 불고기
	や(ける)	**焼ける**[★] 타다, 구워지다 　**夕焼け** 노을, 저녁놀
음 소	しょう	**焼却** 소각 　**燃焼** 연소 　**全焼** 전소

12획 焼 焼 焼 焼 焼 焼 焼 焼 焼 焼 焼 焼

中火でサバをこんがりと**焼い**た。 중불로 고등어를 노릇노릇하게 구웠다.
空き地でごみを**焼却**してはいけません。 공터에서 쓰레기를 소각하면 안 됩니다.

0948 [N2] □□□

煙

연기 **연**

훈 연기	けむり	**煙**[★] 연기
	けむ(る)	**煙る** 연기가 나다, 흐려 보이다
	けむ(い)	**煙い** 매캐하다 　**煙たい** 거북하다
음 연	えん	**喫煙**[★] 흡연 　**禁煙**[★] 금연 　**煙突** 굴뚝

13획 煙 煙 煙 煙 煙 煙 煙 煙 煙 煙 煙 煙 煙

バーベキューの**煙**が目に染みて痛い。 바베큐의 연기가 눈에 들어가 아프다.
店内に**喫煙**可能なスペースがあります。 가게 안에 흡연 가능한 공간이 있습니다.

종급 한자 해커스 일본어 상용한자 2136

0949 [N3] ☐☐☐

練

익힐 **련(연)**

훈	익힐	ね(る)	練る* 반죽하다, 다듬다　練り物 반죽
음	련(연)	れん	練習* 연습　訓練* 훈련　試練 시련　熟練 숙련

14획 練練練練練練練練練練練練練練

兄は手打ちうどんを作ろうと小麦粉を練っている。 형은 수타 우동을 만들려고 밀가루를 반죽하고 있다.
試合の直前まで練習を続けるつもりだ。 시합 직전까지 연습을 계속할 작정이다.

0950 [N3] ☐☐☐

油

기름 **유**

훈	기름	あぶら	油* 기름　油揚げ 유부　ごま油 참기름　油絵* 유화
음	유	ゆ	石油 석유　油田 유전　醤油 간장　油断* 방심

8획 油油油油油油油油

油で揚げた玉ねぎはカリカリしておいしい。 기름에 튀긴 양파는 바삭바삭해서 맛있다.
世界で石油を一番多く使う国はアメリカである。 세계에서 석유를 제일 많이 쓰는 나라는 미국이다.

헷갈리는 단어 모아보기

유의어			
	油	(액체) 기름	フライパンに油をひいた。 프라이팬에 기름을 둘렀다.
	脂	(고체) 기름	この肉は脂がよく乗っている。 이 고기는 지방이 잘 올라 있다.

油와 脂는 모두 '기름'이라는 뜻을 가진다. 油는 상온에서 액체인 기름, 주로 식물성 기름이거나 원유에 사용하고, 脂는 상온에서 고체인 기름, 주로 동물성 기름에 사용한다.

0951 [N2] ☐☐☐

湯

끓일 **탕**

훈	끓일	ゆ	お湯 (뜨거운) 물, 온수　湯気 김, 수증기　湯船 욕조, 목욕통
음	탕	とう	熱湯 끓는 물, 열탕　銭湯 대중목욕탕

12획 湯湯湯湯湯湯湯湯湯湯湯湯

カップ麺にお湯を入れて３分間待つ。 컵라면에 뜨거운 물을 넣고 3분간 기다린다.
手に熱湯がかかり、やけどしてしまった。 손에 끓는 물이 튀어, 데고 말았다.

沸

끓을 **비**

훈 끓을	わ(く)	**沸く** 끓다　**沸き上がる**＊ 끓어오르다, 들끓다
	わ(かす)	**沸かす** 데우다, 끓이다　**湯沸かし** 물을 끓이는 주전자
음 비	ふつ	**沸騰**＊ 끓어오름, 비등　**沸点** 비점, 끓는점

8획　沸沸沸沸沸沸沸沸

お湯が**沸き**始めたら麺を入れて10分間待ちます。 물이 끓기 시작하면 면을 넣고 10분간 기다립니다.

水は100度で**沸騰**すると言われています。 물은 100도에서 끓어오른다고 말해지고 있습니다.

漬

담글 **지**

훈 담글	つ(ける)	**漬ける** 담그다, 절이다　**勉強漬け**＊ 공부에 열중임
	つ(かる)	**漬かる** 익다, 맛이 들다
음 지	—	

14획　漬漬漬漬漬漬漬漬漬漬漬漬漬漬

洗濯物の汚れが落ちやすいように水に**漬けて**おいた。 세탁물의 때가 지워지기 쉽도록 물에 담가 두었다.

キムチは浅漬けよりよく**漬かった**ものが好きだ。 김치는 겉절이보다 잘 익은 것을 좋아한다.

塩

소금 **염**

| 훈 소금 | しお | **塩**＊ 소금　**塩辛い** 짜다 |
| 음 염 | えん | **塩分** 염분　**食塩** 식염　**塩酸** 염산 |

13획　塩塩塩塩塩塩塩塩塩塩塩塩塩

塩と砂糖は二つとも白くて見分けがつかない。 소금과 설탕은 둘 다 하얘서 분간이 가지 않는다.

塩分の少ない食べ物を取るように心掛けている。 염분이 적은 음식을 섭취하도록 유의하고 있다.

0955 [N2] ☐☐☐

蒸

찔 **증**

훈 찔	む(す)	蒸す 찌다　蒸し暑い 무덥다
	む(れる)	蒸れる 뜸들다
	む(らす)	蒸らす 뜸들이다
음 증	じょう	蒸気 증기　水蒸気 수증기　蒸発 증발

13획 蒸 蒸 蒸 蒸 茐 茐 茐 茐 茐 蒸 蒸 蒸 蒸

これは白身魚を野菜と一緒に蒸した料理です。 이것은 흰 살 생선을 야채와 함께 찐 요리입니다.

昔は蒸気の力で動く汽車が主流だった。 옛날에는 증기의 힘으로 움직이는 기차가 주류였다.

0956 [N2] ☐☐☐

喫

먹을 **끽**

| 훈 먹을 | ― | |
| 음 끽 | きつ | 満喫★ 만끽　喫茶店★ 찻집, 카페　喫煙★ 흡연 |

12획 喫 喫 喫 喫 喫 喫 喫 喫 喫 喫 喫 喫

沖縄やハワイに行ってきれいな海を満喫したい。 오키나와나 하와이에 가서 예쁜 바다를 만끽하고 싶다.

この喫茶店はマロンクリームの乗ったプリンが有名だ。 이 찻집은 마롱 크림이 올라간 푸딩이 유명하다.

색이 있는 한자의 발음을 밑줄에 쓴 다음, 괄호 안에 단어의 뜻을 써 보세요.

01	目的	もく_____	(	)	21	瓶	_____	(	)
02	貝	_____	(	)	22	衣装	_____しょう	(	)
03	靴	_____	(	)	23	泡	_____	(	)
04	編集	_____しゅう	(	)	24	機関	_____かん	(	)
05	粉	_____	(	)	25	油	_____	(	)
06	電灯	でん_____	(	)	26	牛乳	ぎゅう_____	(	)
07	袋	_____	(	)	27	針	_____	(	)
08	保証	_____しょう	(	)	28	織る	_____る	(	)
09	蒸す	_____す	(	)	29	実力	_____りょく	(	)
10	豆	_____	(	)	30	皿	_____	(	)
11	卵	_____	(	)	31	液体	_____たい	(	)
12	焼く	_____く	(	)	32	塩分	_____ぶん	(	)
13	帽子	_____し	(	)	33	箱	_____	(	)
14	喫煙	きつ_____	(	)	34	材料	_____りょう	(	)
15	締める	_____める	(	)	35	布	_____	(	)
16	酒	_____	(	)	36	玉	_____	(	)
17	菓子	_____し	(	)	37	装う	_____う	(	)
18	分類	ぶん_____	(	)	38	白米	はく_____	(	)
19	缶	_____	(	)	39	看板	かん_____	(	)
20	宝	_____	(	)	40	沸騰	_____とう	(	)

정답
01 もくてき 목적 02 かい 조개 03 くつ 신발, 구두 04 へんしゅう 편집 05 こな 가루 06 でんとう 전등 07 ふくろ 주머니, 봉지, 자루
08 ほしょう 보증 09 むす 찌다 10 まめ 콩 11 たまご 달걀, 알 12 やく 굽다, 태우다 13 ぼうし 모자 14 きつえん 흡연
15 しめる (졸라) 매다, 긴장시키다 16 さけ 술 17 かし 과자 18 ぶんるい 분류 19 かん 캔, 깡통 20 たから 보배, 보물 21 びん 병 22 いしょう 의상
23 あわ 거품 24 きかん 기관 25 あぶら 기름 26 ぎゅうにゅう 우유 27 はり 바늘, 침 28 おる 짜다 29 じつりょく 실력 30 さら 접시
31 えきたい 액체 32 えんぶん 염분 33 はこ 상자 34 ざいりょう 재료 35 ぬの 천 36 たま 공, 구슬, 옥 37 よそおう 치장하다, 그런 체하다
38 はくまい 흰쌀밥, 백미 39 かんばん 간판 40 ふっとう 끓어오름, 비등

자연·장소·교통

MP3 바로 듣기

★은 JLPT/JPT 기출 단어입니다.

0957 [N3] ☐☐☐

季

계절 **계**

훈	계절	—		
음	계	き	**季節**★ 계절　**四季** 사계　**雨季** 우기	

8획 季 季 季 季 季 季 季 季

焼き芋が食べたくなる**季節**がやってきた。 군고구마가 먹고 싶어지는 계절이 찾아왔다.

韓国は**四季**がはっきりしている国だ。 한국은 사계가 뚜렷한 나라이다.

0958 [N2] ☐☐☐

節

마디 **절**

훈	마디	ふし	**節** 마디, 옹이, 관절　**節穴** 옹이구멍	
음	절	せつ	**節約**★ 절약　**調節**★ 조절　**関節** 관절	
		せち	**お節料理** 새해 요리	

13획 節 節 節 節 節 節 節 節 節 節 節 節 節

竹が折れにくいのは**節**に理由があるそうだ。 대나무가 꺾이기 어려운 것은 마디에 이유가 있다고 한다.

電気代を**節約**するためヒーターは必要なときにだけつけている。
전기 요금을 절약하기 위해 히터는 필요한 때에만 틀고 있다.

0959 [N2] ☐☐☐

候

기후/살필 **후**

훈	기후/살필	そうろう	**居候** 얹혀 삶, 식객	
음	후	こう	**天候**★ 날씨　**気候** 기후　**候補** 후보　**兆候** 징후	

10획 候 候 候 候 候 候 候 候 候 候

私は大学の先輩の家に**居候**している。 나는 대학 선배의 집에 얹혀살고 있다.

体調は**天候**に左右されることもある。 몸 상태는 날씨에 좌우되는 경우도 있다.

0960 [N3] ☐☐☐

暑

더울 서

훈	더울	あつ(い)	暑い★ 덥다　暑さ★ 더위
음	서	しょ	残暑 늦더위　寒暑 한서, 추위와 더위　酷暑 혹서, 심한 더위

12획 暑 暑 暑 暑 暑 暑 暑 暑 暑 暑 暑 暑

今年の夏は暑くて寝苦しい日が多かった。 올해 여름은 더워서 잠들기 어려운 날이 많았다.
10月初旬なのに残暑が厳しい。 10월 초순인데도 늦더위가 심하다.

0961 [N2] ☐☐☐

曇

흐릴 담

해(日)와 구름(雲)을 합쳐 구름에 해가 가려 흐린 것을 나타낸 글자

훈	흐릴	くも(る)	曇る★ 흐리다, 흐려지다　曇り★ 흐림
음	담	どん	曇天 흐린 날씨, 담천　晴曇 청담, 맑음과 흐림

16획 曇 曇 曇 曇 曇 曇 曇 曇 曇 曇 曇 曇 曇 曇 曇 曇

空が曇ってきたかと思ったら、急に雨が降り出した。
하늘이 흐려졌다고 생각했더니, 갑자기 비가 내리기 시작했다.
曇天でなければ展望台から海も見えるらしい。 흐린 날씨가 아니라면 전망대에서 바다도 보인다고 한다.

0962 [N3] ☐☐☐

暖

따뜻할 난

훈	따뜻할	あたた(か)	暖かだ 따스하다
		あたた(かい)	暖かい★ 따뜻하다
		あたた(まる)	暖まる 따뜻해지다
		あたた(める)	暖める 따뜻하게 하다
음	난	だん	温暖★ 온난　暖房★ 난방　暖流 난류

13획 暖 暖 暖 暖 暖 暖 暖 暖 暖 暖 暖 暖 暖

居間に暖かな日差しが降り注いでいる。 거실에 따스한 햇살이 내리쬐고 있다.
温暖な気候の地域では果物がよく採れる。 온난한 기후의 지역에서는 과일이 잘 수확된다.

헷갈리는 단어 모아보기

유의어			
暖かい	따뜻하다, 포근하다	今日は暖かい日です。	오늘은 따뜻한 날입니다.
温かい	따뜻하다	温かいお湯を飲んだ。	따뜻한 물을 마셨다.

暖かいと温かいは모두 '따뜻하다'라는 뜻이다. 暖かい는 기온이 따뜻하거나 색감이 따뜻하게 느껴질 때, 温かい는 어떤 물체의 온도가 따뜻할 때 사용한다.

0963 [N2] ☐☐☐

晴

갤 청

뜻을 나타내는 해(日)
와 음을 나타내는 청
(青)을 합친 글자

훈 갤	は(れる)	晴れる★ (하늘이) 개다　晴れやかだ 쾌청하다, 명랑하다
	は(らす)	晴らす (기분을) 풀다　素晴らしい★ 훌륭하다
음 청	せい	快晴 쾌청　晴天★ 청천, 맑게 갠 하늘

12획 晴晴晴晴晴晴晴晴晴晴晴晴

多分、明日は晴れるだろう。 아마, 내일은 갤 것이다.
今日は雲一つない快晴だ。 오늘은 구름 하나 없이 쾌청하다.

0964 [N2] ☐☐☐

凍

얼 동

뜻을 나타내는 얼음(冫)
과 음을 나타내는 동(東)
을 합친 글자

훈 얼	こお(る)	凍る★ 얼다, 차가워지다　凍り付く 얼어붙다
	こご(える)	凍える 얼다, (추위로 손발이) 곱다
음 동	とう	冷凍★ 냉동　凍結 동결　解凍 해동　凍死 동사

10획 凍凍凍凍凍凍凍凍凍凍

あまりの寒さであの大きい川まで凍ってしまった。 심한 추위로 저 큰 강까지 얼어 버렸다.
肉や魚は冷凍して保存しています。 고기와 생선은 냉동해서 보존하고 있습니다.

0965 [N2] ☐☐☐

涼

서늘할 량(양)

훈 서늘할	すず(しい)	涼しい★ 시원하다　涼しさ 시원함
	すず(む)	涼む 시원한 바람을 쐬다, 더위를 피하다
음 량(양)	りょう	清涼 청량　清涼剤 청량제　涼味 시원한 맛

11획 涼涼涼涼涼涼涼涼涼涼涼

エアコンが効いた涼しい部屋で仮眠を取った。 에어컨이 켜진 시원한 방에서 선잠을 잤다.
夏は清涼感のあるシャンプーを使っています。 여름에는 청량감이 있는 샴푸를 사용하고 있습니다.

0966 [N2]·□□□

零

떨어질 **령(영)**

훈	떨어질	―	
음	령(영)	れい	^{れいか}零下 영하 ^{れいさい}零細 영세 ^{れいらく}零落 영락, 몰락

13획 零 零 零 零 零 零 零 零 零 零 零 零 零

シベリアは^{きおん}気温が零下70度まで^さ下がることもあるらしい。
시베리아는 기온이 영하 70도까지 내려가는 경우도 있다고 한다.

うちは^{じゅうぎょういん}従業員が10^{にん}人だけの零細^{きぎょう}企業です。 우리는 종업원이 10명뿐인 영세 기업입니다.

0967 [N2] □□□

滴

물방울 **적**

훈	물방울	しずく	^{しずく}滴 물방울
		したた(る)	^{したた}滴る 방울져 떨어지다, 싱싱함이 넘쳐 흐르다 ^{したた}滴り 물방울
음	적	てき	^{すいてき}水滴* 물방울, 수적 ^{てんてき}点滴 물방울, 링거 주사

14획 滴 滴 滴 滴 滴 滴 滴 滴 滴 滴 滴 滴 滴 滴

^こ木の^は葉から^お落ちた滴が^{ひたい}額に^あ当たった。 나뭇잎에서 떨어진 물방울을 이마에 맞았다.

このグラスは^{つめ}冷たい^{もの}物を^{そそ}注いでも水滴が^つ付きません。
이 유리잔은 차가운 것을 따라도 물방울이 맺히지 않습니다.

0968 [N2] □□□

湿

젖을 **습**

훈	젖을	しめ(る)	^{しめ}湿る* 습기 차다, 축축해지다 ^{しめ}湿っぽい* 축축하다
		しめ(す)	^{しめ}湿す 적시다, 축이다
음	습	しつ	^{しつど}湿度 습도 ^{しっち}湿地 습지 ^{たしつ}多湿 다습

12획 湿 湿 湿 湿 湿 湿 湿 湿 湿 湿 湿 湿

^{さくばん}昨晩^ほ干した^{せんたくもの}洗濯物はまだ^{じゃっかん}若干湿っていた。 어젯밤에 넌 세탁물은 아직 약간 습기 차 있었다.

^{きょう}今日は湿度が^{たか}高くてじめじめする。 오늘은 습도가 높아서 축축하다.

燥

마를 조

훈	마를	—	
음	조	そう	乾燥* 건조 焦燥 초조

17획 燥 燥 燥 燥 燥 燥 燥 燥 燥 燥 燥 燥 燥 燥 燥 燥 燥

空気が**乾燥**するこの時期は火災が起こりやすい。 공기가 건조한 이 시기는 화재가 일어나기 쉽다.

納期までに製品を納品できなそうで、**焦燥**に駆られた。
납기까지 제품을 납품할 수 없을 것 같아서, 초조함에 사로잡혔다.

宇

집 우

훈	집	—	
음	우	う	宇宙* 우주

6획 宇 宇 宇 宇 宇 宇

旅行で**宇宙**に行ける日もそう遠くはないだろう。
여행으로 우주에 갈 수 있는 날도 그렇게 멀지는 않을 것이다.

星

별 성

훈	별	ほし	星 별 流れ星 별똥별 星空 별이 총총한 하늘
음	성	せい	流星 유성 北極星 북극성 星座 성좌, 별자리
		しょう	明星 금성, 샛별

9획 星 星 星 星 星 星 星 星 星

夜空にたくさんの**星**がきらめいていた。 밤하늘에 수많은 별이 반짝이고 있었다.

流星はあっという間に消えてしまった。 유성은 눈 깜짝할 새에 사라지고 말았다.

陽

볕 양

훈	볕	—	
음	양	よう	太陽 태양 陽気* 쾌활함 夕陽 석양 陽性 양성

12획 陽 陽 陽 陽 陽 陽 陽 陽 陽 陽 陽 陽

地球は**太陽**の周りを回っている。 지구는 태양의 주위를 돌고 있다.

彼女はお酒を飲むととても**陽気**になる。 그녀는 술을 마시면 몹시 쾌활해진다.

0973 [N3] ☐☐☐

岩

바위 **암**

훈	바위	いわ	岩* 바위	岩山 바위산	岩場 바위 밭
음	암	がん	岩石 암석	火成岩 화성암	溶岩 용암

8획 岩岩岩岩岩岩岩岩

この山は**岩**が多くて登りにくい。 이 산은 바위가 많아서 오르기 어렵다.

岩石が山から車道に落ちた。 암석이 산에서 차도로 떨어졌다.

0974 [N3] ☐☐☐

모래 **사**

훈	모래	すな	砂* 모래	砂浜* 모래사장	砂場 모래밭
음	사	さ	砂漠 사막	砂丘 사구, 모래 언덕	
		しゃ	土砂 토사, 흙과 모래		

9획 砂砂砂砂砂砂砂砂砂

子供たちが**砂**で城を作って遊んでいる。 아이들이 모래로 성을 만들며 놀고 있다.

砂漠に暮らす動物は夜行性のものが多いらしい。 사막에 사는 동물은 야행성인 것이 많다고 한다.

0975 [N3] ☐☐☐

쇠 **철**

훈	쇠	ー			
음	철	てつ	電鉄* 전철	鉄道 철도	鉄筋 철근	鉄鋼 철강

13획 鉄鉄鉄鉄鉄鉄鉄鉄鉄鉄鉄鉄鉄

京成**電鉄**に乗れば成田空港まで行けます。 게이세이 전철을 타면 나리타 공항까지 갈 수 있습니다.

日本は**鉄道**が発達していて便利だ。 일본은 철도가 발달해 있어서 편리하다.

0976 [N2] ☐☐☐

鉱

쇳돌 **광**

훈	쇳돌	ー			
음	광	こう	鉱山 광산	鉱物 광물	鉄鉱 철광	鉱石 광석

13획 鉱鉱鉱鉱鉱鉱鉱鉱鉱鉱鉱鉱鉱

この**鉱山**で採掘される金は年間で200トンを超える。 이 광산에서 채굴되는 금은 연간에 200톤을 넘는다.

火山灰にはいろんな**鉱物**が含まれている。 화산재에는 다양한 광물이 포함되어 있다.

0977 [N2] □□□

銅

구리 **동**

뜻을 나타내는 금(金)과 음을 나타내는 同(동)을 합친 글자

훈	구리	—			
음	동	どう	銅 동, 구리	銅像 동상	銅メダル 동메달	青銅 청동

14획 銅 銅 銅 銅 銅 銅 銅 銅 銅 銅 銅 銅 銅 銅

本社のロビーに創業者の銅像がある。 본사의 로비에 창업자의 동상이 있다.

日本は柔道種目で12個の銅メダルを取った。 일본은 유도 종목에서 12개의 동메달을 땄다.

0978 [N3] □□□

泥

진흙 **니**

훈	진흙	どろ	泥* 진흙	泥沼 수렁	泥棒 도둑
음	니	でい	泥酔 만취	雲泥 운니, 큰 차이가 남	泥土 이토, 진흙

8획 泥 泥 泥 泥 泥 泥 泥 泥

野外授業で田植えをして、体操着が泥だらけになった。
야외 수업으로 모내기를 해서, 체육복이 진흙투성이가 되었다.

飲み放題のカクテルを飲み過ぎて泥酔してしまった。 무제한 칵테일을 너무 마셔서 만취해 버렸다.

장소

0979 [N3] □□□

市

저자 **시**

훈	저자	いち	市 장, 시장	市場 시장	競り市 경매 시장
음	시	し	市* 시	市内* 시내	市外 시외	市民* 시민

5획 市 市 市 市 市

市場に行って夕食の食材を買った。 시장에 가서 저녁 식사 재료를 샀다.

名古屋に遊びに来たいとこに市内を案内した。 나고야에 놀러 온 사촌에게 시내를 안내했다.

훈 고을	—		
음 현	けん	**県*** 현 **県民** 현민, 현의 주민 **県立** 현립 **県庁** 현청	

9획 県 県 県 県 県 県 県 県 県

고을 **현**

<ruby>仕事<rt>しごと</rt></ruby>の<ruby>都合<rt>つごう</rt></ruby>で<ruby>千葉<rt>ちば</rt></ruby><ruby>県<rt>けん</rt></ruby>に<ruby>引<rt>ひ</rt></ruby>っ<ruby>越<rt>こ</rt></ruby>すことになった。 일의 사정으로 지바현으로 이사하게 되었다.

<ruby>県民<rt>けんみん</rt></ruby>であればこの<ruby>施設<rt>しせつ</rt></ruby>を<ruby>無料<rt>むりょう</rt></ruby>で<ruby>利用<rt>りよう</rt></ruby>できます。 현민이라면 이 시설을 무료로 이용할 수 있습니다.

훈 마을	—		
음 부	ふ	**政府** 정부 **都道府県** 도도부현 (일본의 행정 구역의 총칭)	

8획 府 府 府 府 府 府 府 府

마을 **부**

<ruby>我<rt>わ</rt></ruby>が<ruby>社<rt>しゃ</rt></ruby>は<ruby>政府<rt>せいふ</rt></ruby>のサポートで<ruby>海外進出<rt>かいがいしんしゅつ</rt></ruby>に<ruby>成功<rt>せいこう</rt></ruby>した。 우리 회사는 정부의 지원으로 해외 진출에 성공했다.

<ruby>日本<rt>にほん</rt></ruby>は47<ruby>個<rt>こ</rt></ruby>の<ruby>都道府県<rt>とどうふけん</rt></ruby>に<ruby>分<rt>わ</rt></ruby>かれている。 일본은 47개의 도도부현으로 나뉘어 있다.

훈 고을	す	**州** 모래톱 **三角州** 삼각주	
음 주	しゅう	**州** 주 **州立** 주립 **六大州** 육대주, 육대륙	

6획 州 州 州 州 州 州

고을 **주**

중간 중간에 모래톱이 있는 하천 모양을 본뜬 글자

<ruby>地球上<rt>ちきゅうじょう</rt></ruby>で<ruby>最<rt>もっと</rt></ruby>も<ruby>大<rt>おお</rt></ruby>きい<ruby>三角州<rt>さんかくす</rt></ruby>はエジプトにある。 지구상에서 가장 큰 삼각주는 이집트에 있다.

<ruby>友人<rt>ゆうじん</rt></ruby>はアリゾナ<ruby>州<rt>しゅう</rt></ruby>にある<ruby>大学<rt>だいがく</rt></ruby>に<ruby>通<rt>かよ</rt></ruby>っている。 친구는 애리조나주에 있는 대학에 다니고 있다.

훈 성 밖	—		
음 교	こう	**郊外*** 교외 **近郊** 근교	

9획 郊 郊 郊 郊 郊 郊 郊 郊 郊

성 밖 **교**

<ruby>都市<rt>とし</rt></ruby>の<ruby>中心<rt>ちゅうしん</rt></ruby>よりは<ruby>閑静<rt>かんせい</rt></ruby>で<ruby>自然豊<rt>しぜんゆた</rt></ruby>かな<ruby>郊外<rt>こうがい</rt></ruby>に<ruby>住<rt>す</rt></ruby>みたい。
도시의 중심보다는 한적하고 자연이 풍부한 교외에 살고 싶다.

<ruby>東京近郊<rt>とうきょうきんこう</rt></ruby>のベッドタウンに<ruby>家<rt>いえ</rt></ruby>を<ruby>購入<rt>こうにゅう</rt></ruby>した。 도쿄 근교의 주택 지역에 집을 구입했다.

欧

구라파 **구**

훈	구라파	—		
음	구	おう	欧米* 구미, 유럽과 미국 　欧州 유럽 　西欧 서구	

8획 欧 欧 欧 欧 欧 欧 欧 欧

日本が**欧米**の文化を取り入れ始めたのは明治時代からだ。
일본이 구미의 문화를 받아들이기 시작한 것은 메이지 시대부터다.

国内より**欧州**のサッカーリーグをよく見ます。 국내보다 유럽의 축구 리그를 자주 봅니다.

域

지경 **역**

훈	지경	—			
음	역	いき	地域* 지역 　区域 구역 　領域 영역 　海域 해역		

11획 域 域 域 域 域 域 域 域 域 域 域

市長は**地域**の経済活性化に特に力を入れている。 시장은 지역의 경제 활성화에 특히 힘을 쏟고 있다.

ここは遊泳が禁止されている**区域**です。 이곳은 수영이 금지되어 있는 구역입니다.

境

지경 **경**

훈	지경	さかい	境 경계, 기로 　境目 갈림길		
음	경	きょう	国境 국경 　境界 경계 　環境* 환경 　境地 경지, 처지		
		けい	境内 경내		

14획 境 境 境 境 境 境 境 境 境 境 境

車道と歩道の**境**に段差がある。 차도와 보도의 경계에 높낮이의 차가 있다.

グローバル化によって**国境**という概念が薄れている。 세계화로 인해 국경이라는 개념이 흐려지고 있다.

坂

고개 **판**

훈	고개	さか	坂 고개 　坂道 비탈길 　下り坂 내리막 　上り坂 오르막길
음	판	はん	急坂 가파른 언덕 　登坂 (차량이) 비탈길을 오름

7획 坂 坂 坂 坂 坂 坂 坂

私の母校は**坂**の向こう側にあります。 저의 모교는 고개 너머에 있습니다.

自転車で**急坂**を一気に登った。 자전거로 가파른 언덕을 한 번에 올랐다.

0988 [N2] ☐☐☐

陸

뭍 **륙(육)**

뜻을 나타내는 언덕(阝)
과 음을 나타내는 坴(륙)
을 합친 글자

훈	뭍	―			
음	륙(육)	りく	離**陸**★ 이륙	着**陸** 착륙	**陸**地 육지

11획 陸 陸 陸 陸 陸 陸 陸 陸 陸 陸

離陸を待ちながら携帯を機内モードに変えた。 이륙을 기다리면서 휴대 전화를 기내 모드로 바꿨다.

インチョン発の飛行機が成田空港に**着陸**した。 인천발 비행기가 나리타 공항에 착륙했다.

0989 [N2] ☐☐☐

岸

언덕 **안**

훈	언덕	きし	**岸**★ 물가, 벼랑	**岸**辺 강가, 물가	川**岸** 강기슭
음	안	がん	海**岸** 해안	沿**岸** 연안	**岸**壁 안벽, 부두

8획 岸 岸 岸 岸 岸 岸 岸 岸

今の時期は**岸**の近くにクラゲが出て危ない。 지금 시기는 물가 근처에 해파리가 나와서 위험하다.

海岸に座って日の入りを見た。 해안에 앉아서 일몰을 보았다.

0990 [N3] ☐☐☐

島

섬 **도**

훈	섬	しま	**島**★ 섬	**島**国 섬나라	離れ**島** 외딴섬
음	도	とう	列**島** 열도	半**島** 반도	**島**民 도민	無人**島** 무인도

10획 島 島 島 島 島 島 島 島 島 島

島と**島**をつなぐ橋が架けられた。 섬과 섬을 잇는 다리가 걸렸다.

日本列**島**は火山が多くて地震がよく起こる。 일본 열도는 화산이 많아서 지진이 자주 일어난다.

0991 [N2] ☐☐☐

谷

골 **곡**

훈	골	たに	**谷** 골짜기, 산골짜기	**谷**あい 산골짜기, 골짜기 안
음	곡	こく	渓**谷** 계곡	峡**谷** 협곡	幽**谷** 깊은 산골짜기

7획 谷 谷 谷 谷 谷 谷 谷

ある山奥の**谷**に小さい村があった。 어느 깊은 산속 골짜기에 작은 마을이 있었다.

渓谷でメダカを何匹か捕まえた。 계곡에서 송사리를 몇 마리 잡았다.

泉

샘 **천**

물의 근원지에서 물이
흘러나오는 모양을 본
뜬 글자

훈	샘	いずみ	**泉** 샘, 원천
음	천	せん	**温泉**★ 온천　**源泉** 원천

9획 泉泉泉泉泉泉泉泉泉

泉から清らかな水が湧き出ている。 샘에서 맑은 물이 솟아 나오고 있다.

温泉につかって日々の疲れをいやしたい。 온천에 몸을 담그고 하루하루의 피로를 풀고 싶다.

原

언덕 **원**

훈	언덕	はら	**原** 벌판　**野原**★ 들, 들판　**原っぱ** 공터, 들
음	원	げん	**原因**★ 원인　**原料**★ 원료　**原稿**★ 원고　**原理** 원리

10획 原原原原原原原原原原

春になると山や**野原**にきれいな花が咲く。 봄이 되면 산이나 들에 예쁜 꽃이 핀다.

実験が失敗した**原因**を考えてみよう。 실험이 실패한 원인을 생각해 보자.

源

근원 **원**

훈	근원	みなもと	**源** 원천, 근원, 시초
음	원	げん	**起源** 기원, 근원　**資源**★ 자원　**電源**★ 전원　**水源** 수원

13획 源源源源源源源源源源源源源

私の元気の**源**は子供たちの笑顔です。 제 기력의 원천은 아이들의 웃는 얼굴입니다.

ひな祭りは古代中国の風習が**起源**だと言われている。
히나마쓰리는 고대 중국의 풍습이 기원이라고 일컬어지고 있다.

河

물 **하**

훈	물	かわ	**河** 강
음	하	か	**河川** 하천　**河流** 하류　**河口** 하구, 강어귀　**運河** 운하

8획 河河河河河河河河

家の近くに大きな**河**が流れている。 집 근처에 큰 강이 흐르고 있다.

多くの市民が**河川**の清掃活動に参加した。 많은 시민이 하천 청소 활동에 참가했다.

0996 [N2] ☐☐☐

沢

훈	못	さわ	沢 저습지, (산간의) 계곡
음	택	たく	贅沢* 사치　光沢 광택　潤沢 윤택　沢山 많이

7획 沢 沢 沢 沢 沢 沢 沢

못 택

友人と小さな沢で魚釣りを楽しみました。 친구와 작은 저습지에서 낚시를 즐겼습니다.

一泊10万円の温泉宿なんて贅沢すぎるよ。 1박 10만 엔인 온천 숙소라니 너무 사치스러워.

0997 [N3] ☐☐☐

波

훈	물결	なみ	波* 파도　津波 해일　人波 인파　荒波 거센 파도
음	파	は	余波* 여파　電波* 전파　音波 음파　波及 파급

8획 波 波 波 波 波 波 波 波

물결 파

片方の靴が波に流されてしまった。 한쪽 신발이 파도에 떠내려가 버렸다.

台風の余波で風が強くなった。 태풍의 여파로 바람이 강해졌다.

0998 [N2] ☐☐☐

沿

훈	따를	そ(う)	沿う* 따르다　線路沿い* 철길을 따라 난 길
음	연	えん	沿岸 연안　沿海 연해　沿線 연선, 선로를 따라 있는 땅

8획 沿 沿 沿 沿 沿 沿 沿 沿

따를 연

小川に沿ってイチョウの木が並んでいる。 개울을 따라 은행나무가 늘어서 있다.

海に近い沿岸エリアでは強風に注意してください。
바다에 가까운 연안 지역에서는 강풍에 주의해 주세요.

0999 [N2] ☐☐☐

湾

훈	물굽이	―	
음	만	わん	港湾 항만　湾内 만내, 만의 안쪽　台湾 대만

12획 湾 湾 湾 湾 湾 湾 湾 湾 湾 湾 湾 湾

물굽이 만

港湾では大きな船舶が停泊していた。 항만에서는 커다란 선박이 정박하고 있었다.

アジやサバは湾内でも比較的釣りやすい魚です。
전갱이와 고등어는 만내에서도 비교적 낚기 쉬운 물고기입니다.

1000 [N3] □□□

宅

집 택

훈	집	—			
음	택	たく	自宅★ 자택	帰宅★ 귀가	住宅★ 주택

6획 宅宅宅宅宅宅

母は自宅で料理教室を開いている。 엄마는 자택에서 요리 교실을 열고 있다.

帰宅した後はすぐに手を洗うようにしている。 귀가한 뒤에는 바로 손을 씻도록 하고 있다.

1001 [N2] □□□

庁

관청 청

훈	관청	—				
음	청	ちょう	気象庁 기상청	県庁 현청	官庁 관청	庁舎 청사

5획 庁庁庁庁庁

気象庁は北海道に大雪注意報を発表した。 기상청은 홋카이도에 대설 주의보를 발표했다.

まもなく県庁で県知事の記者会見が行われる。 곧 현청에서 현지사의 기자 회견이 진행된다.

1002 [N3] □□□

局

판 국

훈	판	—			
음	국	きょく	薬局★ 약국	郵便局 우체국	結局★ 결국

7획 局局局局局局局

薬局で買ったドリンク剤を飲んだら疲れが取れた。 약국에서 산 드링크제를 마셨더니 피로가 풀렸다.

寒かったけど結局いつも通り冷たい飲み物を頼んだ。 추웠지만 결국 여느 때처럼 차가운 음료를 시켰다.

1003 [N2] □□□

署

관청 서

훈	관청	—				
음	서	しょ	部署★ 부서	署名 서명	消防署★ 소방서	署長 서장

13획 署署署署署署署署署署署署署

社内に海外営業担当の部署ができるそうだ。 사내에 해외 영업 담당 부서가 생긴다고 한다.

書類の内容をよく読んでから署名しましょう。 서류의 내용을 잘 읽고 나서 서명합시다.

1004 [N2] □□□

層

층 **층**

훈 층	―				
음 층	そう	**高層** 고층	**一層**★ 한층	**階層** 계층	**断層** 단층

14획 層層層層層層層層層層層層層層

この辺りは**高層**ビルが立ち並ぶオフィス街だ。 이 주변은 고층 빌딩이 줄지어 선 오피스가이다.

時間が経つにつれ、雨は**一層**強くなった。 시간이 지남에 따라, 비는 한층 강해졌다.

1005 [N3] □□□

園

동산 **원**

훈 동산	その	**園** 동산	**花園** 화원, 꽃동산	**学びの園** 배움의 동산, 학교
음 원	えん	**公園**★ 공원	**遊園地**★ 유원지	**幼稚園**★ 유치원

13획 園園園園園園園園園園園園園

花園に色とりどりの花が咲いている。 화원에 형형색색의 꽃이 피어 있다.

公園で子供たちが楽しく遊んでいる。 공원에서 아이들이 즐겁게 놀고 있다.

1006 [N2] □□□

城

성 **성**

훈 성	しろ	**城** 성, 성곽	**城跡** 성터	
음 성	じょう	**城内** 성내	**城門** 성문	**落城** 낙성, 성이 함락됨

9획 城城城城城城城城城

この**城**は日本の国宝に指定されている。 이 성은 일본의 국보로 지정되어 있다.

城内が広くて一通り回るのに1時間もかかった。 성내가 넓어서 대강 도는 데 1시간이나 걸렸다.

1007 [N2] □□□

塔

탑 **탑**

훈 탑	―				
음 탑	とう	**塔** 탑	**管制塔** 관제탑	**電波塔** 전파탑	**石塔** 석탑, 묘석

12획 塔塔塔塔塔塔塔塔塔塔塔塔

エッフェル**塔**を背景に記念写真を撮りました。 에펠탑을 배경으로 기념 사진을 찍었습니다.

空港の**管制塔**では航空機に離着陸の許可を出している。
공항의 관제탑에서는 항공기에 이착륙 허가를 내주고 있다.

殿

대궐 **전**

훈	대궐	との	とのさま **殿様** 영주, 주군　とのがた **殿方** 남자 분
		どの	やまだどの **山田殿** 야마다님, 야마다 귀하
음	전	でん	きゅうでん **宮殿** 궁전　しんでん **神殿** 신전　でんどう **殿堂** 전당　きでん **貴殿** 귀하
		てん	ごてん **御殿** 저택

13획 殿 殿 殿 殿 殿 殿 殿 殿 殿 殿 殿 殿 殿

とのさま　つか　けらい　かしん　よ
殿様に仕える家来を家臣と呼んだ。 영주를 섬기는 종자를 가신이라고 불렀다.

きゅうでん　こくおう　こうてい　しょう
バッキンガム**宮殿**は国王の公邸として使用されている。 버킹엄 궁전은 국왕의 공저로 사용되고 있다.

跡

자취 **적**

| 훈 | 자취 | あと | あと
跡 자국, 자취　あとち
跡地★ 철거지　あしあと
足跡 발자국　きずあと
傷跡 상처 자국 |
| 음 | 적 | せき | いせき
遺跡★ 유적　ついせき
追跡 추적　きせき
奇跡 기적 |

13획 跡 跡 跡 跡 跡 跡 跡 跡 跡 跡 跡 跡 跡

ゆうえんち　あとち　おお　しょうぎょうしせつ
遊園地の**跡地**には大きな商業施設ができるらしい。
놀이공원의 철거지에는 커다란 상업 시설이 생긴다고 한다.

いせき　たいりょう　どき　はっくつ
この**遺跡**からは大量の土器が発掘されています。 이 유적에서는 대량의 토기가 발굴되고 있습니다.

교통

舟

배 **주**

조그만 배 모양을 본뜬
글자

훈	배	ふね	ふね **舟** 배　こぶね **小舟** 작은 배　わたぶね **渡し舟** 나룻배
		ふな	ふなあそ **舟遊び** 뱃놀이　ふなうた **舟歌** 뱃노래
음	주	しゅう	しゅううん **舟運** 주운, 배에 의한 교통　しゅうてい **舟艇** 주정, 작은 배

6획 舟 舟 舟 舟 舟 舟

て こ　すす ふね の　かわ くだ
手で漕ぎながら進む**舟**に乗って川を下った。 손으로 노를 저어가며 나아가는 배를 타고 강을 내려갔다.

どうろ　てつどう　はったつ　まえ　おも　しゅううん　もの　ゆそう
道路や鉄道が発達する前は、主に**舟運**で物を輸送していた。
도로와 철도가 발달하기 전에는, 주로 주운으로 물건을 운송하고 있었다.

航

훈	배	—			
음	항	こう	**航空** 항공 **航海** 항해 **運航** 운항 **欠航** 결항		

10획 航 航 航 航 航 航 航 航 航 航

배 **항**

こうくう　ゆそう　ふなびん　くら　　かくだん　はや
航空での輸送は船便に比べて格段に速い。 항공으로의 수송은 배편에 비해서 현격하게 빠르다.

とうだい　せんぱく　あんぜん　こうかい　たす
灯台は船舶の安全な**航海**を助けるためにある。 등대는 선박의 안전한 항해를 돕기 위해 있다.

券

훈	문서	—			
음	권	けん	**乗車券**★ 승차권 **割引券**★ 할인권 **入場券**★ 입장권		

8획 券 券 券 券 券 券 券 券

문서 **권**

しんかんせん　の　　じょうしゃけん　とっきゅうけん　りょうほうひつよう
新幹線に乗るには**乗車券**と特急券が両方必要だ。 신칸센을 타려면 승차권과 특급권이 둘 다 필요하다.

わりびきけん　つか　すべ　しょうひん　はんがく　か
この**割引券**を使えば全ての商品が半額で買える。 이 할인권을 쓰면 모든 상품을 반값에 살 수 있다.

符

훈	부호	—			
음	부	ふ	**切符**★ 표 **音符** 음표 **符号** 부호		

11획 符 符 符 符 符 符 符 符 符 符 符

부호 **부**

きっぷ　おうふく　か　　うんちん　わりび
切符を往復で買うと運賃が1割引きになります。 표를 왕복으로 사면 운임이 10% 할인됩니다.

がくふ　おんぷ　よ　　むずか
楽譜の**音符**を読むのはまだ難しい。 악보의 음표를 읽는 것은 아직 어렵다.

座

훈	자리	すわ(る)	**座る**★ 앉다 **居座る** 눌러앉다 **座り込み** 농성, 눌러앉음		
음	좌	ざ	**座席**★ 좌석 **即座**★ 즉시 **座布団** 방석 **座談** 좌담		

10획 座 座 座 座 座 座 座 座 座 座

자리 **좌**

집(广)과 앉다(坐)를 합쳐 집 안의 앉는 자리를 나타낸 글자

ちょうじかんおな　たいせい　すわ　つづ　　からだ　よ
長時間同じ体勢で**座り続ける**のは体に良くない。
장시간 같은 자세로 계속 앉아 있는 것은 몸에 좋지 않다.

ひこうき　ざせき　　つうろがわ　よやく
飛行機の**座席**はいつも通路側を予約している。 비행기의 좌석은 언제나 통로 쪽을 예약하고 있다.

1015 [N3] ☐☐☐

席

자리 석

훈	자리	—				
음	석	せき	席★ 자리	出席★ 출석	欠席★ 결석	空席★ 공석

10획 席 席 席 席 席 席 席 席 席 席

電車の**席**が空いていたので座って行けた。 전철의 자리가 비어 있었기 때문에 앉아서 갈 수 있었다.

知り合いの結婚式に多くの人が**出席**していた。 지인의 결혼식에 많은 사람이 출석했다.

1016 [N2] ☐☐☐

街

거리 가

훈	거리	まち	街 (번화한) 거리	街角★ 길모퉁이, 길목	
음	가	がい	商店街★ 상점가	住宅街★ 주택가	街頭 길거리, 가두
		かい	街道 가도, 큰 길		

12획 街 街 街 街 街 街 街 街 街 街 街 街

街で約100人の市民を対象にアンケートを行った。
거리에서 약 100명의 시민을 대상으로 설문 조사를 했다.

気晴らしに**商店街**を歩き回った。 기분 전환 삼아 상점가를 돌아다녔다.

1017 [N3] ☐☐☐

路

길 로(노)

발(足)과 각자(各)를 합쳐 저마다 각각 걸어다니는 곳인 길을 나타낸 글자

훈	길	じ	家路 집으로 가는 길	旅路 여행길	
음	로(노)	ろ	路上★ 길거리, 노상	通路★ 통로	道路★ 도로

13획 路 路 路 路 路 路 路 路 路 路 路 路 路

ペットに会いたくて**家路**を急いだ。 반려동물이 보고 싶어서 집으로 가는 길을 재촉했다.

路上に車を止めないでください。 길거리에 자동차를 세우지 말아 주세요.

1018 [N3] ☐☐☐

距

떨어질 거

훈	떨어질	—		
음	거	きょ	距離★ 거리	

12획 距 距 距 距 距 距 距 距 距 距 距 距

今住んでいるアパートは駅から少し**距離**がある。 지금 살고 있는 아파트는 역에서 조금 거리가 있다.

離

떠날 리(이)

훈 떠날	はな(れる)	**離れる**[★] 떨어지다	**現実離れ**[★] 현실에서 동떨어짐
	はな(す)	**離す**[★] 떼다, 떨어뜨리다	
음 리(이)	り	**分離** 분리 **離別** 이별	**支離滅裂**[★] 지리멸렬

18획 離 離 離 離 離 離 離 離 離 離 離 離 離 離 離 離 離 離

大学進学を機に実家を**離れ**、一人暮らしを始めます。 대학 진학을 계기로 본가를 떠나, 자취를 시작합니다.

マヨネーズは保存方法を誤ると油が**分離**してしまいます。
마요네즈는 보존 방법을 틀리면 기름이 분리되어 버립니다.

橋

다리 교

훈 다리	はし	**橋**[★] 다리 **石橋** 돌다리	**吊り橋** 현수교, 흔들다리
음 교	きょう	**歩道橋** 육교 **鉄橋** 철교	

16획 橋 橋 橋 橋 橋 橋 橋 橋 橋 橋 橋 橋 橋 橋 橋 橋

東京湾アクアラインは日本で一番長い**橋**である。 도쿄만 아쿠아라인은 일본에서 가장 긴 다리이다.

安全のため８車線道路に**歩道橋**が設置された。 안전을 위해 8차선 도로에 육교가 설치되었다.

角

뿔 각

짐승의 뿔 모양을 본뜬 글자

훈 뿔	つの	**角**[★] 뿔	
	かど	**角**[★] 귀퉁이 **街角** 길모퉁이	**四つ角** 네 모퉁이, 사거리
음 각	かく	**角度**[★] 각도 **方角**[★] 방향	**三角形**[★] 삼각형

7획 角 角 角 角 角 角 角

シカの**角**は毎年生え変わるそうだ。 사슴의 뿔은 매년 새로 자란다고 한다.

後方がよく見えるよう自動車のミラーの**角度**を調整した。
후방이 잘 보이도록 자동차 미러의 각도를 조정했다.

1022 [N2] □□□

寄
부칠/이를 기

훈 부칠/이를	よ(る)	寄る★ 들르다, 다가가다 　最寄り★ 가장 가까움
	よ(せる)	寄せる★ 밀려오다 　人寄せ 사람을 불러 모음
음 기	き	寄付★ 기부 　寄与★ 기여 　寄贈 기증

11획 寄寄寄寄寄寄寄寄寄寄寄

帰る途中、カフェのドライブスルーに寄った。 돌아가는 도중, 카페의 드라이브 스루에 들렀다.

このジュースを買うと商品価格の一部が寄付される。 이 주스를 사면 상품 가격의 일부가 기부된다.

1023 [N2] □□□

戻
어그러질 려(여)

훈 어그러질	もど(す)	戻す★ 되돌리다 　取り戻す★ 되찾다, 회복하다
	もど(る)	戻る★ 되돌아가다 　後戻り 되돌아옴, 퇴보
음 려(여)	れい	返戻 반려, 반환 　返戻金 반환금

7획 戻戻戻戻戻戻戻

駐車の時、切ったハンドルを戻すタイミングが分からない。
주차할 때, 꺾은 핸들을 되돌리는 타이밍을 모르겠다.

保険の契約が満期を迎え、返戻金を受け取った。 보험 계약이 만기를 맞이, 반환금을 수취했다.

1024 [N3] □□□

停
머무를 정

| 훈 머무를 | — | |
| 음 정 | てい | 停留所★ 정류장 　停止 정지 　停車 정차 　停電★ 정전 |

11획 停停停停停停停停停停停

行き先も確認せず停留所のバスに乗り込んだ。 행선지도 확인하지 않고 정류장의 버스에 올라탔다.

モーターが過熱すると自動的に運転が停止します。 모터가 과열되면 자동적으로 운전이 정지됩니다.

1025 [N3] ☐☐☐

到

이를 도

뜻을 나타내는 이르다(至)
와 음을 나타내는 刂(도)
를 합친 글자

훈	이를	―			
음	도	とう	**到着** ★ 도착　**殺到** ★ 쇄도　**到底** ★ 도저히		

8획　到 到 到 到 到 到 到 到

<ruby>道<rt>みち</rt></ruby>が<ruby>込<rt>こ</rt></ruby>んでいて**到着**の<ruby>時間<rt>じ かん</rt></ruby>が<ruby>少<rt>すこ</rt></ruby>し<ruby>遅<rt>おく</rt></ruby>れそうだ。　길이 막혀서 도착 시간이 조금 늦어질 것 같다.

<ruby>新商品<rt>しんしょうひん</rt></ruby>の<ruby>発売<rt>はつばい</rt></ruby>にあたり<ruby>問<rt>と</rt></ruby>い<ruby>合<rt>あ</rt></ruby>わせが**殺到**した。　신상품 발매를 앞두고 문의가 쇄도했다.

1026 [N3] ☐☐☐

駐

머무를 주

훈	머무를	―			
음	주	ちゅう	**駐車** ★ 주차　**駐車場** ★ 주차장　**駐在** 주재		

15획　駐 駐 駐 駐 駐 駐 駐 駐 馬 駐 駐 駐 駐 駐 駐

駐車<ruby><rt>ちゅうしゃ</rt></ruby>は<ruby>指定<rt>し てい</rt></ruby>されたところにのみお<ruby>願<rt>ねが</rt></ruby>いします。　주차는 지정된 곳에만 부탁드립니다.

<ruby>妻<rt>つま</rt></ruby>はベトナム<ruby>現地記者<rt>げん ち き しゃ</rt></ruby>としてハノイに**駐在**<ruby><rt>ちゅうざい</rt></ruby>している。
아내는 베트남 현지 기자로서 하노이에 주재하고 있다.

1027 [N3] ☐☐☐

滞

막힐 체

훈	막힐	とどこお(る)	**滞る** ★ 정체하다, 밀리다		
음	체	たい	**滞在** ★ 체재　**渋滞** ★ 정체, 밀림　**停滞** 정체, 침체		

13획　滞 滞 滞 滞 滞 滞 滞 滞 滞 滞 滞 滞 滞

<ruby>交差点<rt>こう さ てん</rt></ruby>であった<ruby>玉突<rt>たまつ</rt></ruby>き<ruby>事故<rt>じ こ</rt></ruby>で<ruby>交通<rt>こうつう</rt></ruby>が**滞**<ruby><rt>とどこお</rt></ruby>っている。
교차로에서 있었던 연쇄 추돌 사고로 교통이 정체되어 있다.

<ruby>出張中<rt>しゅっちょうちゅう</rt></ruby>は<ruby>大阪駅周辺<rt>おおさかえきしゅうへん</rt></ruby>のホテルに**滞在**<ruby><rt>たいざい</rt></ruby>する<ruby>予定<rt>よ てい</rt></ruby>です。
출장 중에는 오사카역 주변의 호텔에 체재할 예정입니다.

1028 [N3] ☐☐☐

迷

미혹할 **미**

훈	미혹할	まよ(う)	迷う★ 헤매다	迷い 헤맴

음	미	めい	迷惑★ 폐, 귀찮음, 성가심	迷路 미로	迷信 미신

9획 迷 迷 迷 迷 迷 迷 迷 迷 迷

道に迷って待ち合わせの時間に遅れてしまった。 길을 헤매서 약속 시간에 늦어 버렸다.

他人に迷惑を掛けないようにしている。 타인에게 폐를 끼치지 않도록 하고 있다.

연습문제

색이 있는 한자의 발음을 밑줄에 쓴 다음, 괄호 안에 단어의 뜻을 써 보세요.

01	政府	せい＿＿	（ ）	21	薬局	やっ＿＿	（ ）
02	流星	りゅう＿＿	（ ）	22	砂	＿＿	（ ）
03	宇宙	＿＿ちゅう	（ ）	23	泉	＿＿	（ ）
04	地域	ち＿＿	（ ）	24	鉱山	＿＿ざん	（ ）
05	岩	＿＿	（ ）	25	湿る	＿＿る	（ ）
06	原因	＿＿いん	（ ）	26	乾燥	かん＿＿	（ ）
07	切符	きっ＿＿	（ ）	27	滴	＿＿	（ ）
08	跡地	＿＿ち	（ ）	28	沿う	＿＿う	（ ）
09	島	＿＿	（ ）	29	泥	＿＿	（ ）
10	寄付	＿＿ふ	（ ）	30	晴れる	＿＿れる	（ ）
11	座る	＿＿る	（ ）	31	太陽	たい＿＿	（ ）
12	到着	＿＿ちゃく	（ ）	32	国境	こっ＿＿	（ ）
13	市場	＿＿ば	（ ）	33	岸	＿＿	（ ）
14	谷	＿＿	（ ）	34	節約	＿＿やく	（ ）
15	郊外	＿＿がい	（ ）	35	凍る	＿＿る	（ ）
16	迷う	＿＿う	（ ）	36	源	＿＿	（ ）
17	離れる	＿＿れる	（ ）	37	涼しい	＿＿しい	（ ）
18	商店街	しょうてん＿＿	（ ）	38	席	＿＿	（ ）
19	公園	こう＿＿	（ ）	39	戻す	＿＿す	（ ）
20	角度	＿＿ど	（ ）	40	駐車	＿＿しゃ	（ ）

정답　01 せいふ 정부　02 りゅうせい 유성　03 うちゅう 우주　04 ちいき 지역　05 いわ 바위　06 げんいん 원인　07 きっぷ 표　08 あとち 철거지　09 しま 섬　10 きふ 기부　11 すわる 앉다　12 とうちゃく 도착　13 いちば 시장　14 たに 골짜기, 산골짜기　15 こうがい 교외　16 まよう 헤매다　17 はなれる 떨어지다　18 しょうてんがい 상점가　19 こうえん 공원　20 かくど 각도　21 やっきょく 약국　22 すな 모래　23 いずみ 샘, 원천　24 こうざん 광산　25 しめる 습기 차다, 축축해지다　26 かんそう 건조　27 しずく 물방울　28 そう 따르다　29 どろ 진흙　30 はれる (하늘이) 개다　31 たいよう 태양　32 こっきょう 국경　33 きし 물가, 벼랑　34 せつやく 절약　35 こおる 얼다, 차가워지다　36 みなもと 원천, 근원, 시초　37 すずしい 시원하다　38 せき 자리　39 もどす 되돌리다　40 ちゅうしゃ 주차

신앙·문화예술·학습

MP3 바로 듣기

★은 JLPT/JPT 기출 단어입니다.

1029 [N3] ☐☐☐

神

신 **신**

훈 신	かみ	**神** 신 **神様** 하느님, 신님
	かん	**神主** 신사의 신관
	こう	**神々しい** 성스럽다
음 신	しん	**精神** 정신 **神経** 신경 **神父** 신부 **神話** 신화
	じん	**神社** 신사 **神宮** 신궁

9획 神 神 神 神 神 神 神 神 神

私は**神**の存在を信じている。 나는 신의 존재를 믿고 있다.

深く息をすると**精神**が安定する。 깊게 숨을 쉬면 정신이 안정된다.

1030 [N2] ☐☐☐

祭

제사 **제**

훈 제사	まつ(り)	**祭り**★ 축제, 제사 **秋祭り** 가을 축제
	まつ(る)	**祭る** 제사 지내다, 모시다 **祭り上げる** 추대하다, 떠받들다
음 제	さい	**祭日**★ 경축일, 신사의 제사일 **祭礼** 제례 **祭典** 제전

11획 祭 祭 祭 祭 祭 祭 祭 祭 祭 祭 祭

さっぽろの雪**祭り**は世界でも有名だ。 삿포로의 눈 축제는 세계에서도 유명하다.

祭日もいつも通り営業いたします。 경축일도 언제나처럼 영업합니다.

1031　[N2] ☐☐☐

儀

훈	거동/예절	—			
음	의	ぎ	**儀式**[★] 의식　ぎしき	**行儀** 예절, 행동거지　ぎょうぎ	**礼儀** 예의　れいぎ

15획　儀 儀 儀 儀 儀 儀 儀 儀 儀 儀 儀 儀 儀 儀 儀

거동/예절 의

七五三のお参りは子供の健やかな成長を祝う**儀式**です。
しちごさん　　まい　　　こども　すこ　　　　　せいちょう　いわ　　ぎしき
시치고산 참배는 아이의 건강한 성장을 비는 의식입니다.

おいはまだ４歳なのに、食事のときも**行儀**がいい。
　　　　　さい　　　　　しょくじ　　　　ぎょうぎ
조카는 아직 4살인데, 식사할 때도 예절이 바르다.

1032　[N3] ☐☐☐

式

훈	법	—			
음	식	しき	**公式** 공식　こうしき	**非公式**[★] 비공식　ひこうしき	**入学式**[★] 입학식　にゅうがくしき　**形式** 형식　けいしき

6획　式 式 式 式 式 式

법 식

その政治家は自分の発言を**公式**に謝った。　그 정치가는 자신의 발언을 공식으로 사죄했다.
　　せいじか　　じぶん　はつげん　こうしき　あやま

明日は**入学式**だからスーツを着て行こう。　내일은 입학식이니까 정장을 입고 가자.
あした　にゅうがくしき　　　　　　き　　い

1033　[N2] ☐☐☐

催

훈	재촉할	もよお(し)	**催し**[★] 행사, 주최　もよお		
		もよお(す)	**催す**[★] 개최하다, 열다　もよお		
음	최	さい	**開催** 개최　かいさい　**催促** 재촉　さいそく	**主催** 주최　しゅさい	**催眠** 최면　さいみん

13획　催 催 催 催 催 催 催 催 催 催 催 催 催

재촉할 최

百貨店で各国のチョコレートが買える**催し**をしている。
ひゃっかてん　かっこく　　　　　　　　か　　　もよお
백화점에서 각국의 초콜릿을 살 수 있는 행사를 하고 있다.

東京オリンピックは2021年に**開催**された。　도쿄 올림픽은 2021년에 개최되었다.
とうきょう　　　　　　　　　　ねん　　かいさい

1034　[N2] ☐☐☐

仏

훈	부처	ほとけ	**仏** 부처, 불타　ほとけ	**仏様** 부처님　ほとけさま	
음	불	ぶつ	**仏教** 불교　ぶっきょう	**仏像**[★] 불상　ぶつぞう	**念仏** 염불　ねんぶつ

4획　仏 仏 仏 仏

부처 불

仏様に家族の健康と幸せを祈った。　부처님에게 가족의 건강과 행복을 빌었다.
ほとけさま　かぞく　けんこう　しあわ　いの

仏教は6世紀に日本に伝わった。　불교는 6세기에 일본에 전해졌다.
ぶっきょう　せいき　にほん　つた

1035 [N3] ☐☐☐

훈	이바지할	そな(える)	供える 바치다, 올리다　お供え 제물, 공물
		とも	お供 모시고 따라감, 수행원　子供* 아이, 어린이
음	공	きょう	提供* 제공　供給 공급　自供 자백　供述 진술
		く	供養 공양

8획 供 供 供 供 供 供 供 供

이바지할 **공**

祖父のお墓に**供える**花を買ってお墓参りに行った。 할아버지의 묘에 바칠 꽃을 사서 성묘하러 갔다.
彼女は多くの歌手に曲を**提供**している作曲家だ。 그녀는 많은 가수에게 곡을 제공하고 있는 작곡가다.

1036 [N3] ☐☐☐

| 훈 | 절 | てら | お寺* 절　お寺参り 예불 |
| 음 | 사 | じ | 寺院 사원, 사찰　仏寺 사찰, 불가 |

6획 寺 寺 寺 寺 寺 寺

절 **사**

静かな**お寺**に鐘の音だけが響いている。 조용한 절에 종소리만이 울려 퍼지고 있다.
ここは千年の歴史がある**寺院**だ。 여기는 천 년의 역사가 있는 사원이다.

1037 [N2] ☐☐☐

| 훈 | 마귀 | ― | |
| 음 | 마 | ま | 悪魔 악마　魔法 마법　邪魔* 방해 |

21획 魔 魔 魔 魔 魔 魔 魔 魔 魔 魔 魔 魔 魔 魔 魔 魔 魔 魔 魔

마귀 **마**

뜻을 나타내는 귀신(鬼)
과 음을 나타내는 麻(마)
를 합친 글자

西洋でヤギは**悪魔**の象徴と考えられている。 서양에서 염소는 악마의 상징이라고 생각되고 있다.
もし**魔法**が使えたら、時間を巻き戻してみたい。 만약 마법을 쓸 수 있다면, 시간을 되돌려 보고 싶다.

1038 [N3] ☐☐☐

| 훈 | 복 | ― | |
| 음 | 복 | ふく | 福 복　福祉* 복지　祝福 축복　幸福 행복　裕福 유복 |

13획 福 福 福 福 福 福 福 福 福 福 福 福 福

복 **복**

「笑う門には**福**来る」ということわざが好きだ。 '웃는 집에는 복이 온다'라는 속담을 좋아한다.
市は老人向けの様々な**福祉**サービスを提供している。
시는 노인을 위한 다양한 복지 서비스를 제공하고 있다.

1039 [N2] ☐☐☐

吉

길할 **길**

훈	길할	—			
음	길	きち	**吉日** きちじつ 길일, 좋은 날	**大吉** だいきち 대길	**吉例** きちれい 길례, 좋은 선례
		きつ	**不吉** ふきつ 불길	**吉報** きっぽう 길보, 희소식	

6획 吉 吉 吉 吉 吉 吉

縁起のいい**吉日**を選んで引っ越しをしようと思う。 재수가 좋은 길일을 골라 이사를 하려고 한다.

日本では鏡が割れることを**不吉**な前兆と考えたりする。
일본에서는 거울이 깨지는 것을 불길한 징조로 생각하기도 한다.

문화예술

1040 [N3] ☐☐☐

芸

재주 **예**

훈	재주	—			
음	예	げい	**園芸**★ えんげい 원예	**工芸** こうげい 공예	**芸術**★ げいじゅつ 예술 **芸能**★ げいのう 예능, 연예

7획 芸 芸 芸 芸 芸 芸 芸

園芸に興味を持ち、トマトを育ててみることにした。 원예에 흥미를 갖고, 토마토를 길러보기로 했다.

職人が弟子に**工芸**の技術を伝授した。 장인이 제자에게 공예 기술을 전수했다.

1041 [N3] ☐☐☐

術

재주 **술**

훈	재주	—			
음	술	じゅつ	**芸術**★ げいじゅつ 예술	**手術** しゅじゅつ 수술	**技術**★ ぎじゅつ 기술 **美術館**★ びじゅつかん 미술관

11획 術 術 術 術 術 術 術 術 術 術 術

近年、趣味で**芸術**を学びたいと思う人が多いようだ。
근래, 취미로 예술을 배우고 싶다고 생각하는 사람이 많은 것 같다.

母は先月胃の**手術**を受けた。 어머니는 지난달 위 수술을 받았다.

句

훈 글귀 —

음 구　く　　文句* 불평, 불만　句読点 구두점　語句 어구

5획 句 句 句 句 句

글귀 **구**

この宿のおもてなしと値段については**文句**がない。 이 숙소의 대접과 가격에 대해서는 불만이 없다.
句読点は文章を読みやすくする役割を担う。 구두점은 글을 읽기 쉽게 하는 역할을 담당한다.

章

훈 글 —

음 장　しょう　　文章* 글　序章 서장, 서막　楽章 악장　憲章 헌장

11획 章 章 章 章 章 章 章 章 章 章 章

글 **장**

自分の考えを**文章**にすることは難しい。 자신의 생각을 글로 쓰는 것은 어렵다.
小説の**序章**には登場人物の紹介が書かれていた。 소설의 서장에는 등장인물의 소개가 쓰여 있었다.

刊

훈 새길 —

음 간　かん　　刊行 간행　新刊 신간　朝刊* 조간　発刊 발간

5획 刊 刊 刊 刊 刊

새길 **간**

뜻을 나타내는 칼(刂)
과 음을 나타내는 干(간)
을 합친 글자

この出版社は主に科学に関する本を**刊行**している。 이 출판사는 주로 과학에 관한 책을 간행하고 있다.
書店の**新刊**コーナーに面白そうな本がたくさん置いてあった。
서점의 신간 코너에 재미있어 보이는 책이 많이 놓여 있었다.

誌

훈 기록할 —

음 지　し　　雑誌* 잡지　週刊誌* 주간지　日誌 일지　誌面 지면

14획 誌 誌 誌 誌 誌 誌 誌 誌 誌 誌 誌 誌 誌 誌

기록할 **지**

うちの出版社では十代向けの**雑誌**を刊行している。
우리 출판사에서는 십대를 대상으로 한 잡지를 간행하고 있다.
議員の違法行為が**週刊誌**にスクープされた。 의원의 위법 행위가 주간지에 특종 기사화되었다.

1046 [N2] ☐☐☐

訂

바로잡을 **정**

훈	바로잡을	—		
음	정	てい	**訂正**[★] 정정 ｜ **改訂** 개정	

9획 訂 訂 訂 訂 訂 訂 訂 訂 訂

<ruby>案内<rt>あんない</rt></ruby>の<ruby>日付<rt>ひづけ</rt></ruby>に<ruby>誤<rt>あやま</rt></ruby>りがあったから**訂正**しておいて。 안내 날짜에 오류가 있었으니까 정정해 둬.

<ruby>研究結果<rt>けんきゅうけっか</rt></ruby>を<ruby>反映<rt>はんえい</rt></ruby>して<ruby>教科書<rt>きょうかしょ</rt></ruby>を**改訂**した。 연구 결과를 반영해서 교과서를 개정했다.

1047 [N2] ☐☐☐

版

판목 **판**

훈	판목	—			
음	판	はん	**版画** 판화 ｜ **出版**[★] 출판 ｜ **改訂版**[★] 개정판 ｜ **版権**[★] 판권		

8획 版 版 版 版 版 版 版 版

版画は<ruby>同<rt>おな</rt></ruby>じ<ruby>作品<rt>さくひん</rt></ruby>を<ruby>大量<rt>たいりょう</rt></ruby>に<ruby>生産<rt>せいさん</rt></ruby>できる。 판화는 같은 작품을 대량으로 생산할 수 있다.

この<ruby>小説<rt>しょうせつ</rt></ruby>は 20 か<ruby>国語<rt>こくご</rt></ruby>に<ruby>翻訳<rt>ほんやく</rt></ruby>され<ruby>多<rt>おお</rt></ruby>くの<ruby>国<rt>くに</rt></ruby>で**出版**された。
이 소설은 20개국어로 번역되어 많은 나라에서 출판되었다.

1048 [N3] ☐☐☐

辞

말씀/사퇴할 **사**

훈	말씀/사퇴할	や(める)	**辞める**[★] 그만두다, 사직하다			
음	사	じ	**辞書**[★] 사전 ｜ **辞退**[★] 사퇴 ｜ **辞任**[★] 사임 ｜ **お辞儀**[★] 인사, 절			

13획 辞 辞 辞 辞 辞 辞 辞 辞 辞 辞 辞 辞 辞

<ruby>個人的<rt>こじんてき</rt></ruby>な<ruby>事情<rt>じじょう</rt></ruby>で<ruby>会社<rt>かいしゃ</rt></ruby>を**辞**めざるを<ruby>得<rt>え</rt></ruby>なかった。 개인적인 사정으로 회사를 그만둘 수밖에 없었다.

<ruby>私<rt>わたし</rt></ruby>は<ruby>電子<rt>でんし</rt></ruby>**辞書**<rt>じしょ</rt>より<ruby>紙<rt>かみ</rt></ruby>の**辞書**<rt>じしょ</rt>が<ruby>好<rt>す</rt></ruby>きだ。 나는 전자사전보다 종이 사전을 좋아한다.

헷갈리는 단어 모아보기

동음이의어

辞める 그만두다, 사직하다　　<ruby>会社<rt>かいしゃ</rt></ruby>を**辞**めた。 회사를 그만뒀다.

止める 그만두다, 중지하다　　<ruby>旅行<rt>りょこう</rt></ruby>に<ruby>行<rt>い</rt></ruby>くのを**止**めた。 여행을 가는 것을 그만뒀다.

辞める와 **止める**는 모두 やめる로 발음된다. **辞める**는 직무나 직책을 그만두고 사직하다, **止める**는 하고 있던 일이나 예정된 일을 그만두거나 중지하다라는 뜻이다.

1049 [N2] ☐☐☐

典

법 전

훈	법	—			
음	전	てん	辞典 사전	古典 고전	式典 식전, 의식

8획 典 典 典 典 典 典 典 典

意味が分からない言葉を**辞典**で調べた。 의미를 모르는 말을 사전으로 조사했다.

古典を読むことで思考が深められる。 고전을 읽는 것으로 사고를 깊게 할 수 있다.

1050 [N2] ☐☐☐

著

나타날 저

훈	나타날	いちじる(しい)	著しい* 두드러지다, 현저하다	著しさ 두드러짐, 현저함	
		あらわ(す)	著す 저술하다		
음	저	ちょ	著者 저자	著書* 저서	著名 저명	顕著だ* 현저하다

11획 著 著 著 著 著 著 著 著 著 著 著

前回のテストより化学の成績が **著しく**上がった。 지난 번 테스트보다 화학 성적이 두드러지게 올랐다.

本の頭に**著者**のプロフィールが書かれていた。 책머리에 저자의 프로필이 쓰여 있었다.

1051 [N2] ☐☐☐

籍

문서 적

훈	문서	—			
음	적	せき	書籍* 서적	在籍* 재적	戸籍 호적	移籍 이적

20획 籍

便利なので最近は電子**書籍**をよく買っている。 편리하기 때문에 최근에는 전자 서적을 자주 사고 있다.

本校に**在籍**している学生は約 2 万人です。 본 학교에 재적해 있는 학생은 약 2만 명입니다.

1052 [N3] ☐☐☐

印

도장 인

훈	도장	しるし	印* 표시, 표지	矢印 화살표	目印 표적, 표지
음	인	いん	印象* 인상	印刷 인쇄	

6획 印 印 印 印 印 印

先生に質問したいところに**印**をつけておいた。 선생님에게 질문하고 싶은 곳에 표시를 해 두었다.

映画の主人公のするどい目付きが**印象**に残った。 영화 주인공의 날카로운 눈매가 인상에 남았다.

刷

인쇄할 쇄

훈	인쇄할	す(る)	**刷る** 인쇄하다, 찍다
음	쇄	さつ	**印刷** 인쇄　**増刷** 증쇄

8획 刷 刷 刷 刷 刷 刷 刷 刷

セールのチラシを**刷って**街で配った。 세일 광고지를 인쇄해서 거리에서 나눠 주었다.

モバイルチケットは**印刷**しなくても結構です。 모바일 티켓은 인쇄하지 않아도 괜찮습니다.

그림 회

훈	그림	—	
음	회	え	**絵**＊ 그림　**絵本**＊ 그림책
		かい	**絵画** 회화, 그림

12획 絵 絵 絵 絵 絵 絵 絵 絵 絵 絵 絵 絵

この**絵**はゴッホの最後の作品だ。 이 그림은 고흐의 마지막 작품이다.

定年後、**絵画**を学び始めた。 정년퇴직 후, 회화를 배우기 시작했다.

뽑을/뺄 추

훈	뽑을/뺄	—	
음	추	ちゅう	**抽選**＊ 추첨　**抽象的**＊ 추상적　**抽出** 추출

8획 抽 抽 抽 抽 抽 抽 抽 抽

チケットは**抽選**で当選した方のみ購入可能です。 티켓은 추첨으로 당첨된 사람만 구입 가능합니다.

カンディンスキーは**抽象的**な画風で有名な画家である。
칸딘스키는 추상적인 화풍으로 유명한 화가이다.

像

모양 상

훈	모양	—	
음	상	ぞう	**映像**＊ 영상　**想像**＊ 상상　**画像** 화상　**現像** (필름) 현상

14획 像 像 像 像 像 像 像 像 像 像 像 像

子供の成長を**映像**で記録している。 아이의 성장을 영상으로 기록하고 있다.

友達との旅行は**想像**するだけでときめく。 친구와의 여행은 상상하는 것만으로 설렌다.

1057 [N2] □□□

塗

칠할 도

훈 칠할	ぬ(る)	塗る* 바르다, 칠하다 　塗り 칠 　塗り薬 바르는 약
음 도	と	塗装 도료를 칠함, 도장 　塗料 도료 　塗布 도포

13획 塗塗塗塗塗塗塗塗塗塗塗塗塗

焼いたパンにバターを塗って食べた。 구운 빵에 버터를 발라 먹었다.

自宅の外壁に塗装を施したら、まるで新築のようだ。 자택 외벽에 도료를 칠했더니, 마치 신축 같다.

1058 [N3] □□□

混

섞을 혼

훈 섞을	ま(ぜる)	混ぜる* 섞다, 혼합하다
	ま(じる)	混じる* 섞이다, 융합하다
	ま(ざる)	混ざる* 섞이다
	こ(む)	混む 붐비다, 복작거리다 　人混み 붐빔, 북새통
음 혼	こん	混乱* 혼란 　混雑* 혼잡 　混合 혼합 　混同 혼동

11획 混混混混混混混混混混混

赤色と青色を混ぜるとむらさき色になる。 빨간색과 파란색을 섞으면 보라색이 된다.

大規模な停電により都市は混乱に陥った。 대규모 정전에 의해서 도시는 혼란에 빠졌다.

1059 [N3] □□□

展

펼 전

훈 펼	—	
음 전	てん	展開* 전개 　発展* 발전 　展望 전망 　展示* 전시

10획 展展展展展展展展展展

今話題のドラマはストーリーの展開が早くて面白い。
지금 화제인 드라마는 스토리 전개가 빨라서 재미있다.

科学の発展は私たちに豊かな暮らしをもたらした。
과학의 발전은 우리들에게 풍족한 생활을 가져다 주었다.

示

보일 시

훈 보일	しめ(す)	**示す**[★] 보이다, 가리키다	**示し** 모범, 본보기
음 시	じ	**展示**[★] 전시　**掲示**[★] 게시　**指示**[★] 지시　**示威** 시위	
	し	**示唆** 시사, 암시	

5획 示 示 示 示 示

研究結果についてデータを**示して**説明した。 연구 결과에 대해서 데이터를 보이며 설명했다.

市立美術館でピカソの作品を**展示**している。 시립 미술관에서 피카소의 작품을 전시하고 있다.

技

재주 기

훈 재주	わざ	**技**[★] 기술, 기법, 솜씨, 재주
음 기	ぎ	**演技**[★] 연기　**技術**[★] 기술　**技能** 기능　**特技** 특기

7획 技 技 技 技 技 技 技

選手達は大会に向けて**技**を磨いている。 선수들은 대회를 위해서 기술을 연마하고 있다.

彼はこの映画で見事な**演技**を見せてくれた。 그는 이 영화에서 훌륭한 연기를 보여주었다.

撮

사진 찍을 촬

훈 사진 찍을	と(る)	**撮る**[★] (사진을) 찍다
음 촬	さつ	**撮影**[★] 촬영　**写真撮影**[★] 사진 촬영　**記念撮影**[★] 기념 촬영

15획 撮 撮 撮 撮 撮 撮 撮 撮 撮 撮 撮 撮 撮 撮 撮

山頂できれいな景色を背景に写真を**撮った**。 산꼭대기에서 예쁜 경치를 배경으로 사진을 찍었다.

この間、テレビ番組の**撮影**をしている場面に遭遇した。
요전에, 텔레비전 프로그램의 촬영을 하고 있는 현장을 조우했다.

趣

뜻 취

훈 뜻	おもむき	**趣** 정취, 분위기
음 취	しゅ	**趣味**[★] 취미, 취향　**趣旨**[★] 취지　**趣向** 취향

15획 趣 趣 趣 趣 趣 趣 趣 趣 趣 趣 趣 趣 趣 趣 趣

お寺にある庭園は伝統と**趣**が感じられた。 절에 있는 정원은 전통과 정취가 느껴졌다.

週末は友人と**趣味**の釣りに行くことが多い。 주말에는 친구와 취미인 낚시를 하러 가는 일이 많다.

훈	불	ふ(く)	ふ **吹く** 불다	

음	취	すい	すいそう **吹奏** 취주, 관악기 연주	すいそうがく **吹奏楽** 취주악	こ すい **鼓吹** 고취

7획 吹 吹 吹 吹 吹 吹 吹

불 취

입(口)과 하품(欠)을 합
쳐 입을 벌려 숨을 내쉬
는 것을 나타낸 글자

ふ　　　　　　　　　　　　　　　　　　　　まいにちれんしゅう
フルートがうまく**吹ける**ようになりたくて毎日練習している。
플루트를 잘 불 수 있게 되고 싶어서 매일 연습하고 있다.

せんぱい　　　　えんそう　　かんどう　　すいそうがく ぶ　　にゅうぶ　き
先輩たちの演奏に感動して**吹奏楽**部への入部を決めた。
선배들의 연주에 감동해서 취주악부에의 입부를 결정했다.

훈	아뢸/ 연주할	かな(でる)	かな **奏でる** 연주하다	

음	주	そう	ばんそう **伴奏**★ 반주	えんそう **演奏**★ 연주	がっそう **合奏** 합주	どくそう **独奏** 독주

9획 奏 奏 奏 奏 奏 奏 奏 奏 奏

아뢸/연주할 주

かな　　おと　　　　ここち よ
バイオリンを**奏でる**音がとても心地良かった。 바이올린을 연주하는 소리가 매우 기분 좋았다.

ばんそう　　あ　　かしゅ　うた はじ
きれいなピアノの**伴奏**に合わせて歌手が歌い始めた。
아름다운 피아노 반주에 맞춰 가수가 노래하기 시작했다.

훈	펼	—	

음	연	えん	えんぜつ **演説**★ 연설	えんそう **演奏**★ 연주	えん ぎ **演技**★ 연기	こうえん **講演**★ 강연

14획 演 演 演 演 演 演 演 演 演 演 演 演 演 演

펼 연

ちょうしゅう　かのじょ　えんぜつ　みみ　かたむ
聴衆は彼女の**演説**に耳を傾けた。 청중은 그녀의 연설에 귀를 기울였다.

えんそう
バイオリンをプロのように**演奏**したい。 바이올린을 프로처럼 연주하고 싶다.

훈	심할	—	

음	극	げき	げき **劇** 극, 연극	えんげき **演劇**★ 연극	げきじょう **劇場**★ 극장	げきだん **劇団** 극단

15획 劇 劇 劇 劇 劇 劇 劇 劇 劇 劇 劇 劇 劇 劇 劇

심할 극

むすめ　えんげき　しゅじんこう　みごと　えん　き
娘は**演劇**の主人公を見事に演じ切った。 딸은 연극의 주인공을 훌륭하게 연기해냈다.

こうえん　み　げきじょう　おお　かんきゃく　あつ
オペラ公演を見ようと**劇場**に多くの観客が集まった。 오페라 공연을 보려고 극장에 많은 관객이 모였다.

1068 [N2] ☐☐☐

俳

배우 **배**

훈 배우	—		
음 배	はい	**俳優** 배우	**俳句** 하이쿠 (일본의 짧은 시)

10획 俳 俳 俳 俳 俳 俳 俳 俳 俳 俳

最近はアイドル出身の**俳優**が多い。 최근에는 아이돌 출신의 배우가 많다.

俳句とは五・七・五の十七音からなる短い詩のことだ。
하이쿠란 5·7·5의 17음으로 구성된 짧은 시를 말한다.

1069 [N3] ☐☐☐

録

기록할 **록(녹)**

훈 기록할	—				
음 록(녹)	ろく	**録音**★ 녹음	**記録**★ 기록	**録画** 녹화	**仮登録**★ 가등록

16획 録 録 録 録 録 録 録 録 録 録 録 録 録 録 録 録

ライブ会場内での撮影や**録音**はお止めください。 라이브 회장 내에서의 촬영이나 녹음은 하지 말아 주세요

祖父は毎朝血圧を測って**記録**している。 할아버지는 매일 아침 혈압을 재서 기록하고 있다.

1070 [N3] ☐☐☐

響

울릴 **향**

뜻을 나타내는 소리(音)
와 음을 나타내는 鄕(향)
을 합친 글자

훈 울릴	ひび(く)	**響く** 울려퍼지다, 울리다	**響き** 음향, 반향	
음 향	きょう	**影響**★ 영향	**悪影響**★ 악영향	**音響** 음향

20획 響

ホール内に美しいビオラの音が**響いた**。 홀 내에 아름다운 비올라 소리가 울려퍼졌다.

大雪の**影響**で、高速道路が通行止めになった。 많은 눈의 영향으로, 고속도로가 통행금지되었다.

1071 [N2] ☐☐☐

舞

춤출 **무**

사람이 소맷자락을 나
풀거리며 춤추는 모양
을 본뜬 글자

훈 춤출	まい	**舞** 춤, 무용	**舞扇** 무용 부채
	ま(う)	**舞う** 흩날리다, 춤추다	**仕舞う**★ 정리하다, 치우다
음 무	ぶ	**舞台**★ 무대	**歌舞伎**★ 가부키 (일본의 전통 연극)

15획 舞 舞 舞 舞 舞 舞 舞 舞 舞 舞 舞 舞 舞 舞 舞

踊り手の優雅な**舞**に見入ってしまった。 무용수의 우아한 춤에 넋을 잃고 보고 말았다.

劇の主役として**舞台**に立った娘はとても堂々としていた。 연극 주연으로 무대에 선 딸은 매우 당당했다.

1072 [N2] ☐☐☐

踊

뛸 **용**

훈 뛸	おど(る)	<ruby>踊<rt>おど</rt></ruby>る★ 춤추다
	おど(り)	<ruby>踊<rt>おど</rt></ruby>り★ 춤
음 용	よう	<ruby>舞踊<rt>ぶよう</rt></ruby> 무용

14획 踊 踊 踊 踊 踊 踊 踊 踊 踊 踊 踊 踊 踊 踊

<ruby>息子<rt>むすこ</rt></ruby>は<ruby>音楽<rt>おんがく</rt></ruby>に<ruby>合<rt>あ</rt></ruby>わせて<ruby>楽<rt>たの</rt></ruby>しそうに<ruby>踊<rt>おど</rt></ruby>っている。 아들은 음악에 맞춰 즐거운 듯이 춤추고 있다.
<ruby>日本<rt>にほん</rt></ruby><ruby>舞踊<rt>ぶよう</rt></ruby>のしなやかで<ruby>上品<rt>じょうひん</rt></ruby>な<ruby>動<rt>うご</rt></ruby>きに<ruby>引<rt>ひ</rt></ruby>き<ruby>込<rt>こ</rt></ruby>まれた。
일본 무용의 유연하고 품격 있는 움직임에 빠져 들었다.

1073 [N2] ☐☐☐

師

스승 **사**

훈 스승	—	
음 사	し	<ruby>教師<rt>きょうし</rt></ruby>★교사 <ruby>医師<rt>いし</rt></ruby>★의사 <ruby>看護師<rt>かんごし</rt></ruby>★간호사 <ruby>師匠<rt>ししょう</rt></ruby> 스승, 선생

10획 師 師 師 師 師 師 師 師 師 師

<ruby>学生<rt>がくせい</rt></ruby>に<ruby>信頼<rt>しんらい</rt></ruby>される<ruby>教師<rt>きょうし</rt></ruby>を<ruby>目指<rt>めざ</rt></ruby>している。 학생에게 신뢰받는 교사를 목표로 하고 있다.
<ruby>医師<rt>いし</rt></ruby>に<ruby>言<rt>い</rt></ruby>われ、<ruby>健康<rt>けんこう</rt></ruby>な<ruby>食事<rt>しょくじ</rt></ruby>を<ruby>心掛<rt>こころが</rt></ruby>けている。 의사에게 들어, 건강한 식사를 명심하고 있다.

1074 [N2] ☐☐☐

徒

무리 **도**

훈 무리	—	
음 도	と	<ruby>生徒<rt>せいと</rt></ruby>★학생 <ruby>徒歩<rt>とほ</rt></ruby> 도보

10획 徒 徒 徒 徒 徒 徒 徒 徒 徒 徒

<ruby>各地<rt>かくち</rt></ruby>の<ruby>生徒<rt>せいと</rt></ruby>たちが<ruby>修学旅行<rt>しゅうがくりょこう</rt></ruby>で<ruby>京都<rt>きょうと</rt></ruby>に<ruby>来<rt>き</rt></ruby>ていた。 각지의 학생들이 수학여행으로 교토에 와 있었다.
<ruby>運動<rt>うんどう</rt></ruby>をかねて<ruby>徒歩<rt>とほ</rt></ruby>で<ruby>通勤<rt>つうきん</rt></ruby>しています。 운동을 겸하여 도보로 통근하고 있습니다.

1075 [N3] ☐☐☐

科

과목 **과**

훈	과목	—				
음	과	か	科目 과목	科学★ 과학	学科 학과	教科書 교과서

9획 科 科 科 科 科 科 科 科 科

好きな**科目**は国語と数学だ。 좋아하는 과목은 국어와 수학이다.

科学の進歩は人々の生活を便利にした。 과학의 진보는 사람들의 생활을 편리하게 했다.

1076 [N2] ☐☐☐

課

과정/매길 **과**

훈	과정/매길	—				
음	과	か	課 과	日課 일과	課程 (교육) 과정	課長★ 과장

15획 課 課 課 課 課 課 課 課 課 課 課 課 課 課 課

会社のお金を管理する**課**を経理課という。 회사의 돈을 관리하는 과를 경리과라고 한다.

昼食後の散歩が毎日の**日課**になっている。 점심 후의 산책이 매일의 일과가 되어 있다.

1077 [N3] ☐☐☐

修

닦을 **수**

훈	닦을	おさ(める)	修める (학문을) 닦다, 수양하다
		おさ(まる)	修まる 단정해지다, (품행이) 바르게 되다
음	수	しゅう	修理★ 수리 修正 수정 改修 개수, 수리 修復★ 수복, 복원
		しゅ	修行 수행

10획 修 修 修 修 修 修 修 修 修 修

学問を**修める**のに近道はない。 학문을 닦는 데 지름길은 없다.

テレビが故障して**修理**に出した。 텔레비전이 고장 나서 수리를 맡겼다.

1078 [N3] ☐☐☐

養

기를 **양**

훈	기를	やしな(う)	養う★ 기르다, 부양하다
음	양	よう	養育 양육 養成 양성 休養★ 휴양 養子 양자

15획 養 養 養 養 養 養 養 養 養 養 養 養 養 養 養

人前でスムーズに話せる能力を**養い**たい。 남들 앞에서 원활하게 이야기할 수 있는 능력을 기르고 싶다.

養育の方針について夫婦で話し合った。 양육 방침에 대해서 부부끼리 상의했다.

1079 [N3] □□□

訓

가르칠 훈

말(言)과 강(川)을 합쳐 강물이 흐르듯이 조리 있게 말하는 것을 나타낸 글자

훈	가르칠	—				
음	훈	くん	**訓練**★ 훈련 くんれん	**教訓**★ 교훈 きょうくん	**家訓** 가훈 かくん	**音訓** 음훈 おんくん

10획 訓 訓 訓 訓 訓 訓 訓 訓 訓 訓

訓練された犬が目の見えない人の歩行をサポートしている。
훈련받은 개가 눈이 보이지 않는 사람의 보행을 서포트하고 있다.

経験を通じて得た**教訓**をみんなに伝えた。 경험을 통해서 얻은 교훈을 모두에게 전했다.

1080 [N2] □□□

識

알 식

훈	알	—				
음	식	しき	**常識** 상식 じょうしき	**知識**★ 지식 ちしき	**意識**★ 의식 いしき	**面識**★ 면식 めんしき

19획 識 識 識 識 識 識 識 識 識 識 識 識 識 識 識 識 識 識 識

人の物を盗んではいけないというのは**常識**だ。 다른 사람의 물건을 훔쳐서는 안 된다는 것은 상식이다.

プログラミングに関する基礎的な**知識**を習得したい。 프로그래밍에 관한 기초적인 지식을 습득하고 싶다.

1081 [N3] □□□

択

가릴 택

훈	가릴	—			
음	택	たく	**選択**★ 선택 せんたく	**採択** 채택 さいたく	**二者択一** 양자택일 にしゃたくいつ

7획 択 択 択 択 択 択 択

あなたの進路なんだから自分で**選択**しなさい。 너의 진로이니까 스스로 선택하렴.

学校で使用する教科書の**採択**は教育委員会で行われる。
학교에서 사용하는 교과서의 채택은 교육위원회에서 진행된다.

1082 [N3] □□□

例

법식 례(예)

훈	법식	たと(える)	**例える** 비유하다, 예를 들다 たと	**例えば** 예컨대 たと	**例え** 비유, 예 たと
음	례(예)	れい	**例文** 예문 れいぶん	**比例**★ 비례 ひれい	**用例** 용례 ようれい	**例外** 예외 れいがい

8획 例 例 例 例 例 例 例 例

自分を動物に**例える**とキリンだと思う。 나를 동물에 비유한다면 기린이라고 생각한다.

この英語教材は**例文**が多くて勉強に役立つ。 이 영어 교재는 예문이 많아서 공부에 도움이 된다.

1083 [N2] ☐☐☐

講

훈	강론할	—				
음	강	こう	**講師**★ 강사 こうし	**受講** 수강 じゅこう	**講演**★ 강연 こうえん	**聴講** 청강 ちょうこう

17획 講 講 講 講 講 講 講 講 講 講 講 講 講 講 講 講 講

강론할 **강**

かのじょ すうがく こうし かつやく
彼女は数学の**講師**として活躍している。 그녀는 수학 강사로 활약하고 있다.

こ てんぶんがく かん じゅぎょう じゅこう
古典文学に関する授業を**受講**しています。 고전 문학에 관한 수업을 수강하고 있습니다.

1084 [N2] ☐☐☐

義

훈	옳을	—				
음	의	ぎ	**正義** 정의 せいぎ	**意義**★ 의의 いぎ	**義務** 의무 ぎむ	**講義**★ 강의 こうぎ

13획 義 義 義 義 義 義 義 義 義 義 義 義 義

옳을 **의**

せいぎ めがみぞう しほうきかん
正義の女神像は司法機関のシンボルとされている。 정의의 여신상은 사법 기관의 심벌로 여겨지고 있다.

さんか いぎ
オリンピックは参加することに**意義**がある。 올림픽은 참가하는 것에 의의가 있다.

1085 [N2] ☐☐☐

賞

훈	상줄	—				
음	상	しょう	**賞** 상 しょう	**文学賞**★ 문학상 ぶんがくしょう	**賞品** 상품 しょうひん	**鑑賞** 감상 かんしょう

15획 賞 賞 賞 賞 賞 賞 賞 賞 賞 賞 賞 賞 賞 賞 賞

상줄 **상**

しょうがくせい とき しょう
小学生の時にピアノのコンクールで**賞**をもらったことがある。
초등학생 때 피아노 콩쿠르에서 상을 받은 적이 있다.

こ とし ぶんがくしょう じゅしょうしゃ はっぴょう
今年の**文学賞**の受賞者が発表された。 올해의 문학상 수상자가 발표되었다.

1086 [N3] ☐☐☐

卒

훈	마칠	—			
음	졸	そつ	**卒業**★ 졸업 そつぎょう	**新卒者**★ (그 해의) 새 졸업자 しんそつしゃ	**脳卒中** 뇌졸중 のうそっちゅう

8획 卒 卒 卒 卒 卒 卒 卒 卒

마칠 **졸**

こ とし がつ だいがく そつぎょう
今年の3月に大学を**卒業**した。 올해 3월에 대학을 졸업했다.

こんかい しんそつしゃ さいよう よてい
今回は**新卒者**のみを採用する予定だ。 이번에는 새 졸업자만을 채용할 예정이다.

1087 [N3] ☐☐☐

導

인도할 도

훈	인도할	みちび(く)	**導く**★ 이끌다, 인도하다	**導き** 인도, 이끎
음	도	どう	**指導**★ 지도　**導入**★ 도입　**誘導** 유도　**半導体** 반도체	

15획 導 導 導 導 芎 芦 苜 首 首 淳 道 道 道 導

部長の的確な判断がプロジェクトを成功に**導**いた。
부장님의 정확한 판단이 프로젝트를 성공으로 이끌었다.

歴史研究で名高い山田教授の**指導**の下、博士課程を終えた。
역사 연구로 저명한 야마다 교수의 지도 아래, 박사 과정을 마쳤다.

1088 [N3] ☐☐☐

基

터 기

훈	터	もと	**基** 토대　**基づく** 의거하다, 기초를 두다
		もとい	**基** 근본, 원인
음	기	き	**基本** 기본　**基準** 기준　**基礎** 기초　**基地** 기지, 근거지

11획 基 基 基 基 其 其 其 基 基 基

このドラマは実話を**基**に制作されたそうだ。 이 드라마는 실화를 토대로 제작되었다고 한다.

ベトナム語が**基本**から学べる本を探している。 베트남어를 기본부터 배울 수 있는 책을 찾고 있다.

1089 [N3] ☐☐☐

算

셈할 산

훈	셈할	—	
음	산	さん	**計算**★ 계산　**予算**★ 예산　**算数** 산수　**精算**★ 정산

14획 算 算 算 算 算 笪 笪 笪 算 算 算 算 算

私は子供のころから**計算**が得意だった。 나는 어릴 적부터 계산이 특기였다.

毎月決まった**予算**の中で生活している。 매월 정해진 예산 안에서 생활하고 있다.

1090 [N3] ☐☐☐

測

헤아릴 측

훈	헤아릴	はか(る)	**測る** (길이 등을) 재다
음	측	そく	**予測** 예측　**観測** 관측　**測定** 측정　**推測** 추측

12획 測 測 測 測 洴 洴 洴 洲 測 測 測 測

毎月息子の身長を**測**って記録している。 매달 아들의 키를 재서 기록하고 있다.

ビッグデータを用いて経済の動向を**予測**します。 빅 데이터를 이용해 경제 동향을 예측합니다.

解

풀 해

훈 풀	と(く)	^と解く 풀다, 뜯다			
	と(かす)	^と解かす 녹이다, 빗다			
	と(ける)	^と解ける 풀리다, 끌러지다, 해제되다			
음 해	かい	^{かいしょう}解消★ 해소 **解決**★ 해결 **理解**★ 이해 **解約**★ 해약			
	げ	^{げ ねつざい}解熱剤 해열제 **解毒剤** 해독제			

13획 解 解 解 角 角 角 角 解 解 解 解

^{しけん もくぜん じっせんけいしき もんだい と}
試験を目前にして実戦形式の問題を**解いて**みた。 시험을 눈앞에 두고 실전 형식의 문제를 풀어 보았다.
^{おおごえ うた うた かいしょう}
大声で歌を歌うとストレスが**解消**される。 큰 소리로 노래를 부르면 스트레스가 해소된다.

析

쪼갤 석

나무(木)와 도끼(斤)를 합쳐 나무를 쪼개는 것을 나타낸 글자

훈 쪼갤	—		
음 석	せき	^{ぶんせき}分析★ 분석 ^{かいせき}解析 해석	

8획 析 析 析 析 析 析 析 析

^{こども あた えいきょう ぶんせき}
スマートフォンが子供に与える影響を**分析**しました。 스마트폰이 아이에게 주는 영향을 분석했습니다.
^{じんこうえいせい かいせき たいき へんか はあく}
人工衛星のデータを**解析**し、大気の変化を把握している。
인공위성 데이터를 해석하여, 대기 변화를 파악하고 있다.

詳

자세할 상

훈 자세할	くわ(しい)	^{くわ}詳しい★ 자세하다, 소상하다 ^{くわ}詳しさ 상세함	
음 상	しょう	^{しょうさい}詳細★ 자세한 내용, 상세 ^{ふしょう}不詳 미상, 불상 ^{みしょう}未詳 미상	

13획 詳 詳 詳 詳 詳 詳 詳 詳 詳 詳 詳

^{ぶんがくし くわ しら としょかん い}
文学史について**詳しく**調べようと図書館に行った。 문학사에 대해 자세히 알아보려고 도서관에 갔다.
^{せんじつ かじ かん けいさつ しょうさい ちょうさ}
先日の火事に関して警察が**詳細**を調査している。
요전의 화재에 관해서 경찰이 자세한 내용을 조사하고 있다.

1094 [N3] ☐☐☐

概

대개 **개**

훈	대개	—			
음	개	がい	**概略** がいりゃく 개략, 대략	**概念** がいねん 개념	**大概** たいがい 대개, 대부분

14획 概 概 概 概 概 概 概 概 概 概 概 概 概 概

面接官に院での研究について問われ、**概略**を説明した。
면접관에게 대학원에서의 연구에 대해서 질문받아, 개략을 설명했다.

この本は哲学の**概念**を易しく解説していて読みやすい。
이 책은 철학의 개념을 쉽게 해설하고 있어 읽기 쉽다.

연습문제

색이 있는 한자의 발음을 밑줄에 쓴 다음, 괄호 안에 단어의 뜻을 써 보세요.

01	辞める	_____める ( )	21	奏でる	_____でる ( )
02	文章	ぶん_____ ( )	22	教師	きょう_____ ( )
03	芸術	げい_____ ( )	23	修理	_____り ( )
04	催し	_____し ( )	24	測る	_____る ( )
05	吹く	_____く ( )	25	俳優	_____ゆう ( )
06	悪魔	あく_____ ( )	26	例える	_____える ( )
07	映像	えい_____ ( )	27	雑誌	ざっ_____ ( )
08	祭り	_____り ( )	28	供える	_____える ( )
09	舞	_____ ( )	29	著しい	_____しい ( )
10	導く	_____く ( )	30	公式	こう_____ ( )
11	選択	せん_____ ( )	31	書籍	しょ_____ ( )
12	基本	_____ほん ( )	32	混ぜる	_____ぜる ( )
13	詳しい	_____しい ( )	33	辞典	じ_____ ( )
14	演劇	えん_____ ( )	34	文句	もん_____ ( )
15	技	_____ ( )	35	示す	_____す ( )
16	展開	_____かい ( )	36	福	_____ ( )
17	養う	_____う ( )	37	神	_____ ( )
18	生徒	せい_____ ( )	38	響く	_____く ( )
19	訓練	_____れん ( )	39	科目	_____もく ( )
20	塗る	_____る ( )	40	踊る	_____る ( )

정답 01 やめる 그만두다, 사직하다 02 ぶんしょう 글 03 げいじゅつ 예술 04 もよおし 행사, 주최 05 ふく 불다 06 あくま 악마 07 えいぞう 영상
08 まつり 축제, 제사 09 まい 춤, 무용 10 みちびく 이끌다, 인도하다 11 せんたく 선택 12 きほん 기본 13 くわしい 자세하다, 소상하다
14 えんげき 연극 15 わざ 기술, 기법, 솜씨, 재주 16 てんかい 전개 17 やしなう 기르다, 부양하다 18 せいと 학생 19 くんれん 훈련
20 ぬる 바르다, 칠하다 21 かなでる 연주하다 22 きょうし 교사 23 しゅうり 수리 24 はかる (길이 등을) 재다 25 はいゆう 배우
26 たとえる 비유하다, 예를 들다 27 ざっし 잡지 28 そなえる 바치다, 올리다 29 いちじるしい 두드러지다, 현저하다 30 こうしき 공식
31 しょせき 서적 32 まぜる 섞다, 혼합하다 33 じてん 사전 34 もんく 불평, 불만 35 しめす 보이다, 가리키다 36 ふく 복 37 かみ 신
38 ひびく 울려퍼지다, 울리다 39 かもく 과목 40 おどる 춤추다

비즈니스

★은 JLPT/JPT 기출 단어입니다.

1095 [N3] ☐☐☐

就

이룰 **취**

훈 이룰	つ(く)	**就く**★ 취직하다, 취임하다
	つ(ける)	**就ける** 지위에 앉히다, 자리에 오르게 하다
음 취	しゅう	**就任** 취임 **就職**★ 취직 **就業** 취업 **就寝** 취침
	じゅ	**成就** 성취

12획 就 就 就 就 就 就 就 就 就 就 就 就

新しい仕事に**就**いて半年が経った。 새로운 일에 취직하고 반 년이 지났다.

この度、理事に**就任**しました青山です。 이번에, 이사에 취임한 아오야마입니다.

1096 [N3] ☐☐☐

職

직분 **직**

| 훈 직분 | ― |
| 음 직 | しょく | **就職**★ 취직 **職員**★ 직원 **職業**★ 직업 **職場** 직장 |

18획 職 職 職 職 職 職 職 職 職 職 職 職 職 職 職 職 職 職

卒業したら日本で**就職**したいと思う。 졸업하면 일본에서 취직하고 싶다고 생각한다.

姉は大学で国際交流課の**職員**として働いている。 언니는 대학에서 국제교류과 직원으로 일하고 있다.

1097 [N2] ☐☐☐

雇

품 살 **고**

| 훈 품 살 | やと(う) | **雇う** 고용하나 **日雇い** 일용, 일용직, 날품팔이 |
| 음 고 | こ | **雇用**★ 고용 **解雇**★ 해고 |

12획 雇 雇 雇 雇 雇 雇 雇 雇 雇 雇 雇 雇

この店舗では10人のアルバイトを**雇**っている。 이 점포에서는 10명의 아르바이트를 고용하고 있다.

少子高齢化が進む中、外国人の**雇用**が増え続けている。
저출산 고령화가 진행되는 중에, 외국인 고용이 계속해서 늘고 있다.

1098 [N3] ☐☐☐

募

모을 모

| 훈 | 모을 | つの(る) | **募る**★ 모으다, 모집하다 |
| 음 | 모 | ぼ | **募集**★ 모집　**応募**★ 응모　**募金** 모금 |

12획 募募募募募募募募募募募募

ひんこん か てい　　し えん　　　　　　　　　　き ふ きん　つの
貧困家庭を支援するために寄付金を**募って**います。
빈곤 가정을 지원하기 위해서 기부금을 모으고 있습니다.

ほん や　　　　　　　　　　　　　ぼ しゅう　　　　　　　　　もう こ
本屋でアルバイトを**募集**していたので申し込んでみた。
서점에서 아르바이트를 모집하고 있어서 신청해 보았다.

1099 [N3] ☐☐☐

部

나눌 부

| 훈 | 나눌 | — | |
| 음 | 부 | ぶ | **部分**★ 부분　**部品**★ 부품　**部署** 부서　**全部**★ 전부 |

11획 部部部部部部部部部部部

ろんぶん　ないよう　せつめい　た　　　　　ぶぶん
論文の内容に説明が足りない**部分**があります。　논문의 내용에 설명이 부족한 부분이 있습니다.

がいしゃ　ぶ ひん　たか　　　しゅうり だい　たか
外車は**部品**が高いので修理代も高い。　외제차는 부품이 비싸기 때문에 수리비도 비싸다.

1100 [N3] ☐☐☐

組

짤 조

훈	짤	く(む)	**組む**★ 짜다, 동료가 되다　**組み込む** 짜 넣다, 동료로 들이다
		くみ	**組**★ 반, 학급　**組立て** 조립　**組長** 조장, 반장
음	조	そ	**組織**★ 조직　**組成** 조성, 구성

11획 組組組組組組組組組組組

つぎ　はっぴょう　　　　　く
次の発表はチームを**組んで**やることにした。　다음 발표는 팀을 짜서 하기로 했다.

そ しき　もっと　だい じ　　　ひと
組織で最も大事なのは人だ。　조직에서 가장 중요한 것은 사람이다.

1101 [N2] ☐☐☐

属

무리 속

| 훈 | 무리 | — | |
| 음 | 속 | ぞく | **所属** 소속　**付属** 부속　**属する**★ (단체에) 속하다 |

12획 属属属属属属属属属属属属

がくせい じ だい　えんげき ぶ　しょぞく
学生時代は演劇部に**所属**していた。　학생 시절에는 연극부에 소속되어 있었다.

かのじょ　だいがく　ふ ぞく　けんきゅうじょ　しょちょう
彼女は大学に**付属**する研究所の所長だ。　그녀는 대학에 부속된 연구소의 소장이다.

1102 [N3] ☐☐☐

役

부릴 **역**

훈 부릴	—				
음 역	やく	役目* 임무, 책임	役所* 관공서	役員 임원	役割 역할
	えき	現役 현역	懲役 징역	使役 사역	兵役 병역

7획 役 役 役 役 役 役 役

チーム内で重要な役目を任された。 팀 내에서 중요한 임무를 맡았다.

弟 は現役の野球選手です。 남동생은 현역 야구 선수입니다.

1103 [N3] ☐☐☐

勤

부지런할 **근**

훈 부지런할	つと(める)	勤める* 근무하다	勤め先 근무처		
	つと(まる)	勤まる 감당하다			
음 근	きん	出勤* 출근	通勤* 통근	転勤* 전근	勤勉 근면
	ごん	勤行 근행, 불전에서 독경함			

12획 勤 勤 勤 勤 勤 勤 勤 勤 勤 勤 勤 勤

大学で学んだことが生かせる企業に勤めたい。 대학에서 배운 것을 살릴 수 있는 기업에서 근무하고 싶다.

我が社の社員たちは毎朝 8時までに出勤している。 우리 회사 사원들은 매일 아침 8시까지 출근하고 있다.

1104 [N2] ☐☐☐

務

힘쓸 **무**

뜻을 나타내는 힘(力)
과 음을 나타내는 敄(무)
를 합친 글자

훈 힘쓸	つと(める)	務める* (임무를) 맡다	務め 맡은 직분, 임무		
	つと(まる)	務まる 잘 수행해 내다, 감당해 내다			
음 무	む	勤務* 근무	債務* 채무	総務* 총무	事務 사무

11획 務 務 務 務 務 務 務 務 務 務 務

同窓会の幹事を務めることになった。 동창회의 간사를 맡게 되었다.

週 5日勤務が可能な人を募集している。 주 5일 근무가 가능한 사람을 모집하고 있다.

1105 [N3] □□□

任

맡길 **임**

훈 맡길	まか(せる)	**任せる** 맡기다, 일임하다	**人任せ** 남에게 맡김
	まか(す)	**任す** 위임하다, 맡기다	
음 임	にん	**任務** 임무　**責任** 책임	**任意** 임의　**委任** 위임

6획 任 任 任 任 任 任

料理は母に**任せて**いるが後片付けは自分でやる。 요리는 어머니에게 맡기고 있지만 뒷정리는 내가 한다.
警察官の**任務**は市民の安全を守ることだ。 경찰관의 임무는 시민의 안전을 지키는 것이다.

1106 [N2] □□□

担

멜 **담**

훈 멜	にな(う)	**担う** 떠맡다, 짊어지다	
	かつ(ぐ)	**担ぐ** 메다, 지다	
음 담	たん	**担当** 담당　**負担** 부담	**分担** 분담　**担任** 담임

8획 担 担 担 担 担 担 担 担

新入社員の教育係を**担う**ことになった。 신입 사원의 교육 담당을 떠맡게 되었다.
商品開発を**担当**する部署で働いている。 상품 개발을 담당하는 부서에서 일하고 있다.

1107 [N3] □□□

努

힘쓸 **노**

뜻을 나타내는 힘(力)
과 음을 나타내는 奴
(노)를 합친 글자

훈 힘쓸	つと(める)	**努める** 힘쓰다, 노력하다	**努めて** 가능한 한
음 노	ど	**努力** 노력	

7획 努 努 努 努 努 努 努

新しいレシピの開発に**努めて**いる。 새로운 레시피 개발에 힘쓰고 있다.
美容師になりたくて夜昼なしに**努力**を重ねた。 미용사가 되고 싶어서 밤낮없이 노력을 거듭했다.

헷갈리는 단어 모아보기

동음이의어	努める 힘쓰다, 노력하다	治療薬を開発することに努めています。 치료약을 개발하는 것에 힘쓰고 있습니다.
	勤める 근무하다	役所に勤めています。 관공서에 근무하고 있습니다.
	務める (임무를) 맡다	監督を務めることになった。 감독을 맡게 되었다.

努める・勤める・務める는 모두 つとめる로 발음된다. 努める는 어떤 일에 힘쓰고 노력하다,
勤める는 직원으로서 어딘가에서 근무하다, 務める는 어떤 역할이나 임무를 맡다라는 뜻이다.

1108 [N3] ☐☐☐

일할 로(노)

훈	일할	—							
음	로(노)	ろう	きんろう **勤労** 근로	ひろう **疲労** 피로	くろう **苦労**★ 고생	ろうりょく **労力** 수고, 일손

7획 労 労 労 労 労 労 労

きんろう　せいしんろうどうおよ　にくたいろうどう　い
勤労とは精神労働及び肉体労働を言う。 근로란 정신노동 및 육체노동을 말한다.

ひろう　かいふく　よ
アロマテラピーは**疲労**の回復に良いそうだ。 아로마 테라피는 피로 회복에 좋다고 한다.

1109 [N3] ☐☐☐

응할 응

훈	응할	こた(える)	こた **応える**★ 응하다, 부응하다			
음	응	おう	たいおう **対応**★ 대응	おうえん **応援**★ 응원	おうぼ **応募** 응모	おうよう **応用**★ 응용

7획 応 応 応 応 応 応 応

しょうひしゃ　　　　　　　こた　しんしょうひん　かいはつ
消費者のニーズに**応えて**新商品を開発した。 소비자의 요구에 응하여 신상품을 개발했다.

きんきゅうじたい　　すみ　　　　　たいおう　　　たいせい　ととの
緊急事態にも速やかに**対応**できる体制が整っている。
긴급 사태에도 신속하게 대응할 수 있는 체제가 갖추어져 있다.

1110 [N2] ☐☐☐

도모할 기

사람(人)과 발(止)을 합쳐 사람이 어떤 일을 시작하려고 발돋움한 것을 나타낸 글자

훈	도모할	くわだ(てる)	くわだ **企てる** 계획하다, 기도하다		くわだ **企て** 기획, 기도	
음	기	き	きかく **企画**★ 기획	きかくあん **企画案**★ 기획안	きぎょう **企業**★ 기업

6획 企 企 企 企 企 企

ぎんこうごうとう　くわだ　　にんぐみ　たいほ
銀行強盗を**企てた**５人組が逮捕されました。 은행 강도를 계획한 5인조가 체포되었습니다.

　　　　　ていあん　しんしょうひん　きかく　とお　　うれ
プレゼンで提案した新商品の**企画**が通って嬉しい。
프레젠테이션에서 제안한 신상품 기획이 통과해서 기쁘다.

1111 [N2] ☐☐☐

곳 처

훈	곳	—				
음	처	しょ	しょり **処理**★ 처리	しょち **処置**★ 처치	しょぶん **処分**★ 처분	しょばつ **処罰** 처벌

5획 処 処 処 処 処

こうえん　　　　　　　　しょり　かくじおこな
公園でのごみの**処理**は各自行わなければならない。 공원에서의 쓰레기 처리는 각자 하지 않으면 안 된다.

いし　てきせつ　しょち　いちめい　と　と
医師の適切な**処置**で一命を取り留めた。 의사의 적절한 처치로 목숨을 건졌다.

添

더할 첨

훈 더할	そ(える)	**添える** 곁들이다, 첨부하다　**添え手紙** 곁들이는 편지
	そ(う)	**添う** 곁에서 떨어지지 않다　**付き添う** 곁에서 시중 들다
음 첨	てん	**添付**★ 첨부　**添加** 첨가　**添削** 첨삭

11획 添添添添添添添添添添添

母の誕生日にプレゼントに手紙を**添えて**渡した。 어머니의 생일에 선물에 편지를 곁들여 건넸다.

メールに会場の位置を表示した地図を**添付**しました。
이메일에 회장의 위치를 표시한 지도를 첨부했습니다.

付

붙일 부

훈 붙일	つ(ける)	**付ける**★ 붙이다, 달다　**名付け** 이름 지어 줌
	つ(く)	**付く**★ 붙다　**気付く** 깨닫다, 눈치 채다
음 부	ふ	**交付** 교부　**寄付**★ 기부　**添付** 첨부　**付近** 부근

5획 付付付付付

SNSにハッシュタグを**付けて**デザートの写真を投稿した。
SNS에 해시 태그를 붙여서 디저트 사진을 투고했다.

学生証は明日から**交付**いたします。 학생증은 내일부터 교부합니다.

渉

건널 섭

| 훈 건널 | — | |
| 음 섭 | しょう | **交渉**★ 교섭　**干渉**★ 간섭　**渉外** 섭외 |

11획 渉渉渉渉渉渉渉渉渉渉渉

取引先との**交渉**の末、両社が納得できる条件で合意した。
거래처와의 교섭 끝에, 두 회사가 납득할 수 있는 조건으로 합의했다.

うちの親は子供にあまり**干渉**しないタイプだった。
우리 부모님은 아이에게 그다지 간섭하지 않는 타입이었다.

1115 [N3] ☐☐☐

達

통달할 달

훈 통달할	—				
음 달	たつ	**達人** 달인 (たつじん)	**達成**★ 달성 (たっせい)	**発達**★ 발달 (はったつ)	**調達**★ 조달 (ちょうたつ)

12획 達 達 達 達 達 達 達 達 達 達 達 達

ホテルでシェフをしている 妹 は料理の**達人**だ。 호텔에서 셰프를 하고 있는 여동생은 요리의 달인이다.
(いもうと) (りょうり) (たつじん)

目標を**達成**したときは自分自身を褒めてあげよう。 목표를 달성했을 때는 자기 자신을 칭찬해 주자.
(もくひょう) (たっせい) (じぶんじしん) (ほ)

1116 [N3] ☐☐☐

成

이룰 성

훈 이룰	な(る)	**成る** 이루어지다 (な)	**成り立つ** 성립하다 (な) (た)		
	な(す)	**成す** 이루다 (な)	**成し遂げる** 끝까지 해내다 (な) (と)		
음 성	せい	**成立**★ 성립 (せいりつ)	**完成**★ 완성 (かんせい)	**成功**★ 성공 (せいこう)	**賛成**★ 찬성 (さんせい)
	じょう	**成就** 성취 (じょうじゅ)	**成仏** 성불, 죽음 (じょうぶつ)		

6획 成 成 成 成 成 成

人間の体は約60兆個の細胞から**成る**。 인간의 몸은 약 60조 개의 세포로 이루어진다.
(にんげん) (からだ) (やく) (ちょうこ) (さいぼう) (な)

相手の要求を受け入れることで取引は**成立**した。 상대의 요구를 수용하는 것으로 거래는 성립되었다.
(あいて) (ようきゅう) (う) (い) (とりひき) (せいりつ)

1117 [N3] ☐☐☐

果

열매/이룰 과

나무 위에 열매가 맺힌
모양을 본뜬 글자

훈 열매/이룰	は(たす)	**果たす**★ 다하다, 달성하다 (は)	**果たして** 과연, 역시 (は)		
	は(てる)	**果てる** 끝나다 (は)			
	は(て)	**果て** 끝 (は)			
음 과	か	**成果**★ 성과 (せいか)	**結果**★ 결과 (けっか)	**効果**★ 효과 (こうか)	**果実**★ 과실 (かじつ)

8획 果 果 果 果 果 果 果 果

人事部はグローバル人材を育成する役割を**果たして**いる。
(じんじぶ) (じんざい) (いくせい) (やくわり) (は)
인사부는 글로벌 인재를 육성하는 역할을 다하고 있다.

見事な**成果**を上げたチームに賞与が支給された。 훌륭한 성과를 올린 팀에 상여금이 지급되었다.
(みごと) (せいか) (あ) (しょうよ) (しきゅう)

1118	[N3] ☐☐☐

才

훈	재주	—	
음	재	さい	**才能**⭐ 재능　**天才** 천재　**秀才** 수재

3획　才 才 才

재주 재

さいのう　　　　　　　かのじょ　うらや
才能にあふれる彼女が羨ましい。 재능이 넘치는 그녀가 부럽다.

てんさい　　　いちわり　さいのう　きゅうわり　どりょく　　な
天才とは一割の**才能**と九割の努力から成る。 천재란 1할의 재능과 9할의 노력으로 이루어진다.

1119	[N3] ☐☐☐

能

훈	능할	—	
음	능	のう	**能力** 능력　**機能** 기능　**可能** 가능　**性能** 성능

10획　能 能 能 能 能 能 能 能 能 能

능할 능

じぶん　のうりょく　い　　　しごと
自分の**能力**を生かせる仕事がしたい。 자신의 능력을 살릴 수 있는 일을 하고 싶다.

そうじき　　きのう　ついか　　つか
この掃除機は**機能**が追加されて使いやすくなった。 이 청소기는 기능이 추가되어서 쓰기 쉬워졌다.

1120	[N2] ☐☐☐

功

훈	공	—	
음	공	こう	**成功**⭐ 성공　**功績** 공적　**功労** 공로

5획　功 功 功 功 功

공 공

せいこう　　　　どりょく　　　　　うん　い
成功するには努力はもちろん運も要る。 성공하려면 노력은 물론 운도 필요하다.

かれ　　　　　　　しょうじゅしょう　こうせき　のこ
彼はアカデミー賞受賞という**功績**を残した。 그는 아카데미상 수상이라는 공적을 남겼다.

1121	[N3] ☐☐☐

績

훈	길쌈할	—	
음	적	せき	**成績**⭐ 성적　**業績** 업적　**実績** 실적　**功績** 공적

17획　績 績 績 績 績 績 績 績 績 績 績 績 績 績 績 績 績

길쌈할 적

がくせいじだい　　　　せいせき　よ
学生時代はいつも**成績**が良かった。 학생 시절에는 항상 성적이 좋았다.

よ　　　　いだい　ぎょうせき　のこ　　ひと　いじん
世のために偉大な**業績**を残した人を偉人という。
세상을 위해서 위대한 업적을 남긴 사람을 위인이라고 한다.

1122 [N2] ☐☐☐

揮

훈 휘두를 　—

음 휘　き　**発揮**⭐ 발휘　**指揮** 지휘

12획 揮揮揮揮揮揮揮揮揮揮揮揮

휘두를 휘

손(扌)과 군사(軍)를 합쳐 군사들을 지휘하는 것을 나타낸 글자

かわさき
川崎さんはリーダーシップを**発揮**し、チームをまとめた。
가와사키 씨는 리더십을 발휘해, 팀을 하나로 모았다.

こん き　　くに だいひょう　　　　し き　と
今季から国の代表チームの**指揮**を執ることになった。 이번 시즌부터 국가 대표 팀의 지휘를 맡게 되었다.

1123 [N3] ☐☐☐

標

훈 표할 　—

음 표　ひょう　**目標**⭐ 목표　**標準** 표준　**標本** 표본　**座標** 좌표

15획 標標標標標標標標標標標標標標標

표할 표

めいかく もくひょう も　　　　どう き づ
明確な**目標**を持つことは動機付けになる。 명확한 목표를 가지는 것은 동기 부여가 된다.

みせ ひょうじゅん おお　　　　　　い るい と あつか
この店は**標準**より大きいサイズの衣類を取り扱っている。
이 가게는 표준보다 큰 사이즈의 의류를 취급하고 있다.

산업

1124 [N2] ☐☐☐

農

훈 농사 　—

음 농　のう　**農業**⭐ 농업　**農場**⭐ 농장　**農家**⭐ 농가　**農具** 농기구

13획 農農農農農農農農農農農農農

농사 농

のうぎょう はってん せつめい
これからの**農業**の発展について説明します。 앞으로의 농업의 발전에 대해서 설명하겠습니다.

そ ぼ いなか おお　　のうじょう
祖母は田舎で大きな**農場**をやっている。 할머니는 시골에서 큰 농장을 하고 있다.

1125 [N2] ☐☐☐

豊

훈 풍년　ゆた(か)　**豊かだ**⭐ 풍부하다

음 풍　ほう　**豊作** 풍작　**豊富**⭐ 풍부　**豊満** 풍만　**豊年** 풍년

13획 豊豊豊豊豊豊豊豊豊豊豊豊豊

풍년 풍

ろう ご　　し ぜん ゆた
老後は自然が**豊か**なところに住みたい。 노후에는 자연이 풍부한 곳에서 살고 싶다.

まいとし がつ ほうさく いの まつ おこな
毎年2月に**豊作**を祈る祭りが行われる。 매년 2월에 풍작을 기원하는 축제가 진행된다.

368 무료 학습 자료 제공 japan.Hackers.com

畑

화전 전

훈	화전	はたけ	**畑** 밭, 분야　**麦畑**(むぎばたけ) 보리밭　**畑違い**(はたけちがい) 전문 분야가 다름
		はた	**畑**(はた) 밭　**畑作**(はたさく) 밭농사　**田畑**(たはた) 논밭
음	전	―	

9획　畑 畑 畑 畑 畑 畑 畑 畑 畑

車窓(しゃそう)の向(む)こうに黄金(おうごん)の**畑**(はたけ)が広(ひろ)がった。 차창 너머에 황금색 밭이 펼쳐졌다.

畑違い(はたけちがい)のチームに行くことになった。 전문 분야가 다른 팀으로 가게 되었다.

植

심을 식

나무(木)와 곧다(直)를
합쳐 나무를 곧게 심는
것을 나타낸 글자

훈	심을	う(える)	**植える**★(うえる) 심다　**植木**(うえき) 정원수　**田植え**(たうえ) 모내기
		う(わる)	**植わる**(うわる) 심어지다
음	식	しょく	**植物**★(しょくぶつ) 식물　**移植**(いしょく) 이식　**植民地**(しょくみんち) 식민지

12획　植 植 植 植 植 植 植 植 植 植 植 植

このカフェは庭(にわ)にひまわりが**植えられて**(うえられて)いる。 이 카페는 정원에 해바라기가 심어져 있다.

毎朝(まいあさ)**植物**(しょくぶつ)に水(みず)やりをしている。 매일 아침 식물에 물 주기를 하고 있다.

採

캘 채

| 훈 | 캘 | と(る) | **採る**(とる) 캐다, 뽑다 |
| 음 | 채 | さい | **採用**★(さいよう) 채용　**採取**(さいしゅ) 채취　**採集**(さいしゅう) 채집　**採血**(さいけつ) 채혈 |

11획　採 採 採 採 採 採 採 採 採 採 採

国立公園(こくりつこうえん)では許可(きょか)なしに植物(しょくぶつ)を**採って**(とって)はいけない。 국립 공원에서는 허가 없이 식물을 캐서는 안 된다.

採用(さいよう)が決(き)まったらメールでお知(し)らせします。 채용이 결정되면 이메일로 알려 드리겠습니다.

摘

딸 적

| 훈 | 딸 | つ(む) | **摘む**(つむ) 따다, 뜯다 |
| 음 | 적 | てき | **指摘**★(してき) 지적　**摘発**(てきはつ) 적발　**摘出**(てきしゅつ) 적출　**摘要**(てきよう) 적요, 요약 |

14획　摘 摘 摘 摘 摘 摘 摘 摘 摘 摘 摘 摘 摘 摘

庭(にわ)で**摘んだ**(つんだ)ハーブを使(つか)った自家製(じかせい)のお茶(ちゃ)です。 정원에서 딴 허브를 사용한 집에서 만든 차입니다.

専門家(せんもんか)は仮想通貨(かそうつうか)の危険性(きけんせい)を**指摘**(してき)している。 전문가는 가상 통화의 위험성을 지적하고 있다.

1130 [N2] ☐☐☐

耕

밭 갈 **경**

훈	밭 갈	たがや(す)	耕す (논밭을) 갈다
음	경	こう	耕作 경작　耕地 경지,경작지　農耕 농경

10획　耕 耕 耕 耕 耕 耕 耕 耕 耕 耕

畑を**耕す**前に雑草を抜いておいた。 밭을 갈기 전에 잡초를 뽑아 두었다.

この農家では化学肥料を使わずに**耕作**している。 이 농가에서는 화학 비료를 쓰지 않고 경작하고 있다.

1131 [N2] ☐☐☐

穫

거둘 **확**

훈	거둘	―	
음	확	かく	収穫 수확

18획　穫 穫 穫 穫 穫 穫 穫 穫 穫 穫 穫 穫 穫 穫 穫 穫 穫 穫

この農園ではいちごを**収穫**する体験ができます。 이 농원에서는 딸기를 수확하는 체험이 가능합니다.

1132 [N2] ☐☐☐

栽

심을 **재**

훈	심을	―	
음	재	さい	栽培* 재배　盆栽 분재

10획　栽 栽 栽 栽 栽 栽 栽 栽 栽 栽

トマトは初心者でも**栽培**しやすい野菜だという。 토마토는 초심자라도 재배하기 쉬운 야채라고 한다.

小さな鉢で自然の雄大さが表せるのが**盆栽**の魅力だ。
작은 화분으로 자연의 웅대함을 표현할 수 있는 것이 분재의 매력이다.

1133 [N2] ☐☐☐

培

북돋울 **배**

훈	북돋울	つちか(う)	培う 기르다, 가꾸다
음	배	ばい	培養 배양　栽培* 재배

11획　培 培 培 培 培 培 培 培 培 培 培

幼児期は社会性の基礎を**培う**大切な時期である。 유아기는 사회성의 기초를 기르는 중요한 시기이다.

乳酸菌を**培養**し、自分でヨーグルトを作っている。 유산균을 배양해, 스스로 요구르트를 만들고 있다.

1134 [N2] ☐☐☐

훈	고기 잡을	—		
음	어	ぎょ	**漁業** 어업 ｜ **漁村** 어촌 ｜ **漁船** 어선	
		りょう	**漁師** 어부 ｜ **大漁** 풍어 ｜ **不漁** 흉어	

14획 漁漁漁漁漁漁漁漁漁漁漁漁漁漁

고기 잡을 어

日本は海に囲まれ、**漁業**が発達している。 일본은 바다에 둘러싸여, 어업이 발달해 있다.

祖母は若いころ**漁師**だったらしい。 할머니는 젊을 적 어부였다고 한다.

1135 [N3] ☐☐☐

훈	값	あたい	**価** 값, 가격		
음	가	か	**価格**★ 가격 ｜ **価値**★ 가치 ｜ **評価**★ 평가 ｜ **原価**★ 원가		

8획 価価価価価価価価

값 가

学生向けの商品は**価**を安めに設定している。 학생용 상품은 값을 싸게 설정하고 있다.

2021年4月から税込み**価格**の表示が義務化された。
2021년 4월부터 세금 포함 가격의 표시가 의무화되었다.

1136 [N3] ☐☐☐

훈	격식	—			
음	격	かく	**性格**★ 성격 ｜ **価格**★ 가격 ｜ **規格** 규격 ｜ **格式** 격식	
		こう	**格子** 격자, 격자문, 격자창		

10획 格格格格格格格格格格

격식 격

人は環境によって**性格**が変わったりもする。 사람은 환경에 의해 성격이 바뀌기도 한다.

価格が高くても質の良いものを買うようにしている。 가격이 비싸도 질이 좋은 것을 사려고 하고 있다.

1137 [N3] ☐☐☐

훈	팔	—			
음	판	はん	**販売**★ 판매 ｜ **市販** 시판, 시중 판매 ｜ **通販** 통판, 통신 판매	

11획 販販販販販販販販販販販

팔 판

期間限定のかぼちゃプリンの**販売**を開始します。 기간 한정인 호박 푸딩 판매를 개시합니다.

母の手作りクッキーは**市販**のものよりおいしい。 어머니의 수제 쿠키는 시판인 것보다 맛있다.

1138 [N3] ☐☐☐

客

손 **객**

훈	손	—
음	객	きゃく
		かく

きゃく: **乗客**[★] 승객 じょうきゃく | **観客**[★] 관객 かんきゃく | **客席** 객석 きゃくせき | **客間** 응접실 きゃくま

かく: **旅客** 여객 りょかく

9획 客客客客客客客客客

つうきんでんしゃ　じょうきゃく　おお　そうぞう
通勤電車は**乗客**が多くて想像するだけでつらい。 통근 전철은 승객이 많아서 상상하는 것만으로 괴롭다.

けっしょうせん　　　まんにん　　かんきゃく　あつ
決勝戦だけあって３万人もの**観客**が集まった。 결승전인 만큼 3만 명이나 되는 관객이 모였다.

1139 [N3] ☐☐☐

商

장사 **상**

훈	장사	あきな(う)
음	상	しょう

あきな(う): **商う** 팔다, 장사하다 あきな | **商い** 거래, 교역, 장사 あきな

しょう: **商売**[★] 장사 しょうばい | **商業**[★] 상업 しょうぎょう | **商品**[★] 상품 しょうひん | **商人** 상인 しょうにん

11획 商商商商商商商商商商商

ろじょう　た　もの　あきな　みせ　なら
路上に食べ物を**商う**店が並んでいる。 길거리에 먹을 것을 파는 가게가 늘어서 있다.

しょうらい　かいしゃ　や　なに　しょうばい
将来は会社を辞めて何か**商売**をやってみたい。 장래에는 회사를 그만두고 무엇인가 장사를 해보고 싶다.

1140 [N3] ☐☐☐

貿

무역할 **무**

훈	무역할	—
음	무	ぼう

ぼう: **貿易** 무역 ぼうえき

12획 貿貿貿貿貿貿貿貿貿貿貿貿

とうなん　　　　　　みなみ　　　　　むす　ぼうえき　ちゅうしんち
マラッカは東南アジアと南アジアを結ぶ**貿易**の中心地だ。
말라카는 동남아시아와 남아시아를 잇는 무역의 중심지이다.

1141 [N2] ☐☐☐

届

이를 **계**

훈	이를	とど(く)
		とど(ける)
음	계	—

とど(く): **届く**[★] 도착하다, 닿다 とど | **行き届く** 구석구석까지 미치다 ゆ　とど

とど(ける): **届ける**[★] 전하다, 보내다 とど | **届け** 보내 줌, 신고, 신고서 とど

8획 届届届届届届届届

とりひきさき　とど　　　　　　かくにん
取引先から**届いた**メールを確認した。 거래처로부터 도착한 메일을 확인했다.

ゆうびんはいたついん　がんじつ　あさ　かくかてい　ねんがじょう　とど
郵便配達員は元日の朝、各家庭に年賀状を**届けた**。 우편배달원은 설날 아침, 각 가정에 연하장을 전했다.

1142 [N3] ☐☐☐

荷

멜 하

어깨에 짐을 메고 가는
사람 모양을 본뜬 글자

| 훈 | 멜 | に | 荷* 짐 荷物* 화물, 짐 荷札 꼬리표, 짐표 |
| 음 | 하 | か | 出荷* 출하 入荷 입하 負荷 부하 荷重 하중 |

10획 荷荷荷荷荷荷荷荷荷荷

大量の荷物は船で運んだほうが安い。 대량의 화물은 배로 옮기는 편이 싸다.

商品は月曜日に出荷される予定です。 상품은 월요일에 출하될 예정입니다.

1143 [N3] ☐☐☐

郵

우편 우

| 훈 | 우편 | ― | |
| 음 | 우 | ゆう | 郵送* 우송, 우편 발송 郵便局* 우체국 郵便* 우편 |

11획 郵郵郵郵郵郵郵郵郵郵郵

賞品は追ってご自宅に郵送いたします。 상품은 추후에 자택으로 우송하겠습니다.

小包を送るため郵便局に行った。 소포를 보내기 위해 우체국에 갔다.

1144 [N2] ☐☐☐

製

지을 제

| 훈 | 지을 | ― | |
| 음 | 제 | せい | 製品* 제품 製造* 제조 製作 제작 金属製* 금속제 |

14획 製製製製製製製製製製製製製製

製品を使用する前に説明書を読んだ。 제품을 사용하기 전에 설명서를 읽었다.

当社では自動車の部品を製造しています。 당사에서는 자동차 부품을 제조하고 있습니다.

1145 [N2] ☐☐☐

造

지을 조

| 훈 | 지을 | つく(る) | 造る 만들다, 짓다 |
| 음 | 조 | ぞう | 製造* 제조 改造 개조 無造作* 아무렇게나 함 |

10획 造造造造造造造造造造

地元の米で造ったお酒が人気だ。 본고장의 쌀로 만든 술이 인기이다.

ここでは天然素材を原料とした化粧品を製造している。
이곳에서는 천연 소재를 원료로 한 화장품을 제조하고 있다.

1146 [N2] □□□

築

쌓을 **축**

훈	쌓을	きず(く)	築く 쌓다　築き上げる 쌓아 올리다

음	축	ちく	建築★ 건축　新築★ 신축　改築 개축, 개수　構築 구축

16획 築築築築築築築築築築築築築築築築

挨拶は良い人間関係を築くための第一歩です。 인사는 좋은 인간관계를 쌓기 위한 첫걸음입니다.

本館の隣に別館が建築される予定だ。 본관 옆에 별관이 건축될 예정이다.

경제

1147 [N3] □□□

富

부유할 **부**

훈	부유할	とみ	富 부, 재산
		と(む)	富む 부유하다, 풍부하다　富み栄える 번성하다, 번영하다
음	부	ふ	豊富★ 풍부　貧富★ 빈부　富裕 부유　富強 부강
		ふう	富貴 부귀

12획 富富富富富富富富富富富富

彼女はユニークな事業で大きな富を手に入れた。 그녀는 독특한 사업으로 큰 부를 손에 넣었다.

このスーパーは品物が豊富にそろっている。 이 슈퍼는 물건이 풍부하게 갖추어져 있다.

1148 [N2] □□□

益

더할 **익**

물(水)과 그릇(皿)을 합
쳐 그릇 밖으로 물이 넘
치는 것을 나타낸 글자

훈	더할	—	
음	익	えき	利益★ 이익　収益 수익　有益 유익　実益★ 실익, 실리
		やく	御利益 부처님의 은혜

10획 益益益益益益益益益益

株式投資で大きな利益を上げた。 주식 투자로 큰 이익을 올렸다.

この公演の収益は全て寄付されます。 이 공연의 수익은 전부 기부됩니다.

1149 [N3] ☐☐☐

훈	재물	—

음	재	ざい	**財産** 재산　**財政** 재정　**文化財** 문화재
		さい	**財布** 지갑

10획 財 財 財 財 財 財 財 財 財 財

재물 재

事業の成功によって莫大な**財産**を築いた。 사업의 성공으로 인해 막대한 재산을 쌓았다.

カードをたくさん収納できる**財布**を買うつもりだ。 카드를 많이 수납할 수 있는 지갑을 살 작정이다.

1150 [N2] ☐☐☐

훈	재물	—

음	화	か	**貨幣** 화폐　**貨物** 화물　**通貨** 통화　**硬貨**★ 동전

11획 貨 貨 貨 貨 貨 貨 貨 貨 貨 貨 貨

재물 화

父の趣味は外国の**貨幣**を集めることだ。 아버지의 취미는 외국의 화폐를 모으는 것이다.

送料は**貨物**の重量やサイズによって異なります。 송료는 화물의 중량이나 사이즈에 따라 다릅니다.

1151 [N3] ☐☐☐

훈	재물	—

음	자	し	**資金** 자금　**資源** 자원　**資格** 자격　**資料** 자료

13획 資 資 資 資 資 資 資 資 資 資 資 資 資

재물 자

中小企業に無担保で**資金**を融資する制度があるそうだ。
중소기업에 무담보로 자금을 융자하는 제도가 있다고 한다.

限られた化石燃料に代わる**資源**が開発されている。 한정된 화석 연료를 대신할 자원이 개발되고 있다.

1152 [N3] ☐☐☐

훈	품삯	—

음	임	ちん	**運賃**★ 운임　**家賃**★ 집세　**賃金**★ 임금　**電車賃**★ 전철 요금

13획 賃 賃 賃 賃 賃 賃 賃 賃 賃 賃 賃 賃 賃

품삯 임

来月からバスの**運賃**が値上げされるらしい。 다음 달부터 버스 운임이 인상된다고 한다.

固定費を減らすために**家賃**が安い物件を探している。
고정비를 줄이기 위해서 집세가 싼 물건을 찾고 있다.

1153 [N3] ▢▢▢

給

훈 줄 　 —

음 급 　 きゅう 　 **支給**＊지급 　 **給料**＊급료 　 **給与**＊급여 　 **時給**＊시급
　 　 　 しきゅう 　 きゅうりょう 　 きゅうよ 　 じきゅう

12획 給 給 給 給 給 給 給 給 給 給 給 給

줄 **급**

結婚支援金を**支給**する自治体もある。결혼 지원금을 지급하는 지자체도 있다.
けっこん しえんきん　しきゅう　　じちたい

人事評価に基づいて**給料**が決まる。인사 평가에 의거하여 급료가 정해진다.
じんじひょうか　もと　　きゅうりょう　き

1154 [N3] ▢▢▢

得

훈 얻을 　 え(る) 　 **得る**＊얻다 　 **やむを得ない**＊어쩔 수 없다
　 　 　 え 　 　 　 え

　 　 う(る) 　 **あり得る**＊있을 수 있다 　 **書き得る** 쓸 수 있다
　 　 　 う 　 　 　 か う

음 득 　 とく 　 **所得** 소득 　 **得意**＊잘함 　 **納得**＊납득 　 **取得** 취득
　 　 　 しょとく 　 とくい 　 なっとく 　 しゅとく

11획 得 得 得 得 得 得 得 得 得 得 得

얻을 **득**

館内撮影は事前に許可を**得る**必要があります。관내 촬영은 사전에 허가를 얻을 필요가 있습니다.
かんないさつえい　じぜん　きょか　え　ひつよう

地域間の**所得**の格差が拡大している。지역 간의 소득 격차가 확대되고 있다.
ちいきかん　しょとく　かくさ　かくだい

1155 [N2] ▢▢▢

損

훈 덜 　 そこ(なう) 　 **損なう**＊해치다, 파손하다 　 **見損なう** 잘못 보다
　 　 　 そこ 　 　 　 みそこ

　 　 そこ(ねる) 　 **損ねる** 상하게 하다, 해치다
　 　 　 そこ

음 손 　 そん 　 **損害**＊손해 　 **破損**＊파손 　 **損失** 손실
　 　 　 そんがい 　 はそん 　 そんしつ

13획 損 損 損 損 損 損 損 損 損 損 損 損 損

덜 **손**

睡眠不足は健康を**損なう**恐れがある。수면 부족은 건강을 해칠 우려가 있다.
すいみんぶそく　けんこう　そこ　　おそ

今回の台風で相当な**損害**を受けた。이번 태풍으로 상당한 손해를 입었다.
こんかい　たいふう　そうとう　そんがい　う

1156 [N2] ▢▢▢

乏

훈 모자랄 　 とぼ(しい) 　 **乏しい**＊모자라다, 가난하다 　 **乏しさ** 모자람, 궁핍함
　 　 　 とぼ 　 　 　 とぼ

음 핍 　 ぼう 　 **貧乏** 가난함, 빈핍 　 **欠乏** 결핍
　 　 　 びんぼう 　 けつぼう

4획 乏 乏 乏 乏

모자랄 **핍**

天然資源が**乏しい**日本はその多くを輸入に頼っている。
てんねんしげん　とぼ　　にほん　　おお　ゆにゅう　たよ
천연 자원이 모자란 일본은 그 대부분을 수입에 의지하고 있다.

ビジネスに成功して、**貧乏**な生活から**抜け**出したい。
せいこう　　びんぼう　せいかつ　ぬ　だ
비즈니스에 성공해서, 가난한 생활에서 벗어나고 싶다.

1157 [N2] ☐☐☐

貧

가난할 **빈**

훈	가난할	まず(しい)	**貧しい** 가난하다 **貧しさ** 가난함
음	빈	ひん	**貧富** 빈부 **貧困** 빈곤 **貧弱** 빈약
		びん	**貧乏** 궁핍, 가난

11획

ユニセフは**貧しい**国の子供たちを支援している。 유니세프는 가난한 나라의 아이들을 지원하고 있다.

資本主義の下で**貧富**の差が拡大し続けている。 자본주의 아래에서 빈부의 차가 계속 확대되고 있다.

1158 [N3] ☐☐☐

費

쓸 **비**

훈	쓸	つい(やす)	**費やす** 쓰다, 소비하다
		つい(える)	**費える** 줄다, 낭비되다
음	비	ひ	**消費** 소비 **経費** 경비 **会費** 회비 **費用** 비용

12획

彼女は英語学習にかなりの時間を**費やして**いる。 그녀는 영어 학습에 상당한 시간을 쓰고 있다.

健康への関心が高まり、サプリメントの**消費**が増加した。
건강으로의 관심이 높아져, 건강 보조 식품의 소비가 증가했다.

1159 [N3] ☐☐☐

札

패/편지 **찰**

훈	패/편지	ふだ	**札** 팻말, 표 **値札** 가격표 **名札** 명찰, 명패
음	찰	さつ	**お札**[★] 지폐 **入札** 입찰 **改札**[★] 개찰 **表札** 표찰, 문패

5획

服を買うときに**値札**から確認する癖がある。 옷을 살 때 가격표부터 확인하는 버릇이 있다.

ATMから引き出した**お札**を財布に入れた。 ATM에서 인출한 지폐를 지갑에 넣었다.

1160 [N2] ☐☐☐

削

깎을 **삭**

훈	깎을	けず(る)	**削る**[★] 줄이다, 깎다
음	삭	さく	**削減**[★] 삭감 **削除**[★] 삭제 **添削** 첨삭

9획 削 削 削 削 削 削 削 削 削

学生の頃は睡眠時間を**削って**でも遊んでいた。 학생 시절은 수면 시간을 줄여서라도 놀았었다.

利益の拡大のためにコストの**削減**を試みた。 이익의 확대를 위해 비용 삭감을 시도했다.

減

덜 감

훈 덜	へ(る)	減る★ 줄다, 적어지다
	へ(らす)	減らす 줄이다, 덜다, 빼다
음 감	げん	削減 삭감★　減少★ 감소　加減★ 가감　増減★ 증감

12획　減 減 減 減 減 減 減 減 減 減 減 減

少子高齢化で労働人口は減っていく一方だ。 저출산 고령화로 노동 인구는 줄어가고만 있다.

人件費を削減するためにリストラを行った。 인건비를 삭감하기 위해서 구조 조정을 했다.

預

맡길 예

훈 맡길	あず(ける)	預ける★ 맡기다
	あず(かる)	預かる★ 맡아 놓다
음 예	よ	預金 예금　預託 예탁

13획　預 預 預 預 預 預 預 預 預 預 預 預 預

荷物はフロントに預けてください。 짐은 프런트에 맡겨 주세요.

現金が必要になって預金を下ろした。 현금이 필요해져서 예금을 찾았다.

蓄

쌓을 축

| 훈 쌓을 | たくわ(える) | 蓄える★ 비축하다, 저축하다　蓄え 저장, 저금 |
| 음 축 | ちく | 貯蓄 저축　蓄積 축적　蓄電池 축전지, 배터리 |

13획　蓄 蓄 蓄 蓄 蓄 蓄 蓄 蓄 蓄 蓄 蓄 蓄 蓄

災害に備えて、食料や水を蓄えておいたほうがいい。
재해에 대비해서, 식재료나 물을 비축해 두는 편이 좋다.

将来、一戸建てを建てるために貯蓄しています。 장래에, 단독 주택을 짓기 위해서 저축하고 있습니다.

연습문제

색이 있는 한자의 발음을 밑줄에 쓴 다음, 괄호 안에 단어의 뜻을 써 보세요.

01	所属	しょ_____	(	)	21	就く	_____く	(	)
02	部分	_____ぶん	(	)	22	募る	_____る	(	)
03	担う	_____う	(	)	23	努力	_____りょく	(	)
04	添える	_____える	(	)	24	処理	_____り	(	)
05	収穫	しゅう_____	(	)	25	任せる	_____せる	(	)
06	培う	_____う	(	)	26	交渉	こう_____	(	)
07	役目	_____め	(	)	27	就職	しゅう_____	(	)
08	成績	せい_____	(	)	28	応える	_____える	(	)
09	乏しい	_____しい	(	)	29	雇う	_____う	(	)
10	削る	_____る	(	)	30	採用	_____よう	(	)
11	資金	_____きん	(	)	31	企てる	_____てる	(	)
12	荷物	_____もつ	(	)	32	栽培	_____ばい	(	)
13	摘む	_____む	(	)	33	畑	_____	(	)
14	建築	けん_____	(	)	34	勤務	きん_____	(	)
15	財産	_____さん	(	)	35	商う	_____う	(	)
16	損害	_____がい	(	)	36	得る	_____る	(	)
17	預ける	_____ける	(	)	37	消費	しょう_____	(	)
18	才能	_____のう	(	)	38	貯蓄	ちょ_____	(	)
19	減る	_____る	(	)	39	豊かだ	_____かだ	(	)
20	届く	_____く	(	)	40	利益	り_____	(	)

정답 01 しょぞく 소속 02 ぶぶん 부분 03 になう 떠맡다, 짊어지다 04 そえる 곁들이다, 첨부하다 05 しゅうかく 수확 06 つちかう 기르다, 가꾸다
07 やくめ 임무, 책임 08 せいせき 성적 09 とぼしい 모자라다, 가난하다 10 けずる 줄이다, 깎다 11 しきん 자금 12 にもつ 화물, 짐
13 つむ 따다, 뜯다 14 けんちく 건축 15 ざいさん 재산 16 そんがい 손해 17 あずける 맡기다 18 さいのう 재능 19 へる 줄다, 적어지다
20 とどく 도착하다, 닿다 21 つく 취직하다, 취임하다 22 つのる 모으다, 모집하다 23 どりょく 노력 24 しょり 처리 25 まかせる 맡기다, 일임하다
26 こうしょう 교섭 27 しゅうしょく 취직 28 こたえる 응하다, 부응하다 29 やとう 고용하다 30 さいよう 채용 31 くわだてる 계획하다, 기도하다
32 さいばい 재배 33 はたけ 밭, 분야 34 きんむ 근무 35 あきなう 팔다, 장사하다 36 える 얻다 37 しょうひ 소비 38 ちょちく 저축
39 ゆたかだ 풍부하다 40 りえき 이익

법률

★은 JLPT/JPT 기출 단어입니다.

1164 [N3] □□□

法
법 **법**

훈	법	—		
음	법	ほう	**法** 법　**法律**★ 법률　**方法**★ 방법　**法則** 법칙　**文法** 문법
		はつ	**法度** 금령, (무가 시대의) 법령
		ほつ	**法体** 법체, 승려의 몸　**法界** 법계, 불교도의 사회

8획 法 法 法 法 法 法 法 法

法は国民の安全な生活を保障するためにある。 법은 국민의 안전한 생활을 보장하기 위해 있다.
子供の集中力を高める**方法**が知りたい。 아이의 집중력을 높이는 방법을 알고 싶다.

1165 [N3] □□□

律
법칙 **률(율)**

훈	법칙	—		
음	률(율)	りつ	**法律**★ 법률　**一律**★ 일률　**規律** 규율
		りち	**律儀** 의리 있음

9획 律 律 律 律 律 律 律 律 律

表現の自由は**法律**で保障されている。 표현의 자유는 법률로 보장되어 있다.
教え子が毎年**律儀**に年賀状を送ってくれる。 제자가 매년 의리 있게 연하장을 보내 준다.

1166 [N3] □□□

禁
금할 **금**

훈	금할	—		
음	금	きん	**禁止**★ 금지　**禁煙** 금연　**禁物**★ 금물　**禁じる**★ 금하다

13획 禁 禁 禁 禁 禁 禁 禁 禁 禁 禁 禁 禁 禁

空港周辺はドローンの飛行が**禁止**されている。 공항 주변은 드론의 비행이 금지되어 있다.
新年から**禁煙**を始めるつもりだ。 새해부터 금연을 시작할 예정이다.

1167 [N3] ☐☐☐

規

법 규

훈	법	—				
음	규	き	**規則** 규칙	**規制** 규제	**規律** 규율	**法規** 법규

11획 ー ニ 扌 扏 扏 却 押 却 規 規 規

規則を違反すると罰則が与えられる。 규칙을 위반하면 벌칙이 주어진다.

シンガポールではたばこの広告が**規制**されている。 싱가포르에서는 담배 광고가 규제되고 있다.

1168 [N3] ☐☐☐

則

법칙 칙

훈	법칙	—				
음	칙	そく	**原則** 원칙	**法則** 법칙	**反則** 반칙	**鉄則** 철칙

9획 丨 冂 冂 月 月 月 則 則

法律には**原則**だけでなく例外もあります。 법률에는 원칙뿐 아니라 예외도 있습니다.

万有引力の**法則**はニュートンが発見した。 만유인력의 법칙은 뉴턴이 발견했다.

1169 [N3] ☐☐☐

制

절제할 제

훈	절제할	—				
음	제	せい	**規制**⋆ 규제	**制限**⋆ 제한	**制度**⋆ 제도	**強制**⋆ 강제

8획 丿 仁 午 午 与 制 制 制

通信販売に対する**規制**が強化された。 통신 판매에 대한 규제가 강화되었다.

このゲームはユーザーの年齢を**制限**している。 이 게임은 유저의 연령을 제한하고 있다.

1170 [N3] ☐☐☐

条

가지/조목 조

훈	가지/조목	—			
음	조	じょう	**条件**⋆ 조건	**条約** 조약	**条例** 조례

7획 ノ ク タ 冬 条 条 条

希望する**条件**にぴったり合うバイト先が見つかった。 희망하는 조건에 딱 맞는 알바처를 찾았다.

不平等な**条約**の改正に力を入れている。 불평등한 조약의 개정에 힘을 쏟고 있다.

改

고칠 **개**

훈	고칠	あらた(める)	**改める** ☆ 고치다, 새롭게 하다	**改めて** 딴 기회에, 또다시
		あらた(まる)	**改まる** 고쳐지다	
음	개	かい	**改正** ☆ 개정 **改革** ☆ 개혁 **改善** 개선	

7획 改 改 改 改 改 改 改

悪い食習慣を**改め**ようと自炊をしている。 나쁜 식습관을 고치려고 직접 요리를 하고 있다.

法律は時代の変化にともなって**改正**されてきた。 법률은 시대의 변화에 따라 개정되어 왔다.

犯

범할 **범**

| 훈 | 범할 | おか(す) | **犯す** 저지르다, 범하다 | | |
| 음 | 범 | はん | **犯人** ☆ 범인 **犯罪** 범죄 **犯行** 범행 **共犯** 공범 | | |

5획 犯 犯 犯 犯 犯

彼らは再び同じ犯罪を**犯して**しまった。 그들은 재차 같은 범죄를 저질러 버렸다.

ひき逃げ事件の**犯人**が逮捕された。 뺑소니 사건의 범인이 체포되었다.

罪

허물 **죄**

| 훈 | 허물 | つみ | **罪** ☆ 죄 | | |
| 음 | 죄 | ざい | **犯罪** 범죄 **有罪** 유죄 **無罪** 무죄 **謝罪** 사죄 | | |

13획 罪 罪 罪 罪 罪 罪 罪 罪 罪 罪 罪 罪 罪

彼は自ら**罪**を認めて反省している。 그는 스스로 죄를 인정하고 반성하고 있다.

最近、少年**犯罪**が増加している。 최근, 소년 범죄가 증가하고 있다.

被

입을 **피**

| 훈 | 입을 | こうむ(る) | **被る** ☆ (은혜나 피해를) 입다, 받다 | |
| 음 | 피 | ひ | **被害** ☆ 피해 **被害者** ☆ 피해자 **被告** 피고 | |

10획 被 被 被 被 被 被 被 被 被 被

子会社の倒産で親会社も大きな損害を**被った**。 자회사의 도산으로 모회사도 큰 손해를 입었다.

ネット詐欺の**被害**に遭う人が増えています。 인터넷 사기 피해를 입는 사람이 늘고 있습니다.

1175 [N2] ☐☐☐

害

해할 해

훈	해할	—		
음	해	がい	**害** 해, 지장　**損害**˚ 손해　**被害**˚ 피해	

10획 害害害害害害害害害害

お酒は体に**害**を及ぼさない程度に飲んでいる。 술은 몸에 해를 끼치지 않을 정도로만 마시고 있다.

加害者は被害者の**損害**を補償する必要がある。 가해자는 피해자의 손해를 보상할 필요가 있다.

1176 [N3] ☐☐☐

奪

빼앗을 탈

훈	빼앗을	うば(う)	**奪う**˚ 빼앗다　**奪い取る** 빼앗다, 탈취하다	
음	탈	だつ	**奪回** 탈환　**争奪** 쟁탈　**奪取** 탈취　**強奪** 강탈	

14획 奪奪奪奪奪奪奪奪奪奪奪奪奪奪

バイクに乗った男が私のかばんを**奪って**逃げていった。
오토바이를 탄 남자가 내 가방을 빼앗아 달아났다.

A党は今回の選挙で政権の**奪回**を目指している。 A당은 이번 선거에서 정권 탈환을 목표로 하고 있다.

1177 [N2] ☐☐☐

盗

도둑 도

훈	도둑	ぬす(む)	**盗む** 훔치다　**盗み** 훔침, 도둑질	
음	도	とう	**盗難** 도난　**強盗** 강도　**窃盗** 절도　**盗用** 도용	

11획 盗盗盗盗盗盗盗盗盗盗盗

店の商品を**盗んだ**女を捕まえ、警察に通報した。 가게의 상품을 훔친 여자를 붙잡아, 경찰에 신고했다.

自転車の**盗難**を防止するため、必ず鍵をかけましょう。
자전거 도난을 방지하기 위해, 반드시 열쇠를 채웁시다.

1178 [N3] ☐☐☐

破

깨트릴 파

훈	깨트릴	やぶ(る)	**破る**˚ 깨다, 찢다　**型破り** 관행을 깸, 색다름	
		やぶ(れる)	**破れる**˚ 깨지다, 찢어지다　**破れ** 찢어짐, 갈라진 틈	
음	파	は	**破壊** 파괴　**破損**˚ 파손　**破棄** 파기　**破片**˚ 파편	

10획 破破破破破破破破破破

社会の一員として社会のルールを**破って**はいけません。
사회의 일원으로서 사회의 규칙을 깨서는 안 됩니다.

ビタミンCは熱に弱く、加熱すると**破壊**される。 비타민 C는 열에 약해서, 가열하면 파괴된다.

1179 [N2] ☐☐☐

殺

죽일 **살**
빠를 **쇄**

훈	죽일/빠를	ころ(す)	殺す 죽이다	殺し 죽임, 살인	見殺し 못 본 체함
음	살/쇄	さつ	殺菌★ 살균	殺到★ 쇄도	殺人 살인 殺害 살해
		さい	相殺 상쇄		
		せつ	殺生 살생		

10획 殺 殺 殺 殺 殺 殺 殺 殺 殺 殺

申請なしに害虫を**殺す**ため畑を焼くことは違法だ。
신청 없이 해충을 죽이기 위해 밭을 불태우는 것은 위법이다.

店内の全てのテーブルと椅子をアルコールで**殺菌**した。
점내의 모든 테이블과 의자를 알코올로 살균했다.

1180 [N2] ☐☐☐

警

깨우칠 **경**

훈	깨우칠	—			
음	경	けい	警備★ 경비	警戒 경계	警察★ 경찰 警官 경관, 경찰관

19획 警 警 警 警 警 警 警 警 警 警 警 警 警 警 警 警 警 警 警

大統領の来日に備え、空港の**警備**が強化された。 대통령의 방일에 대비하여, 공항의 경비가 강화되었다.

余震が多発しているため引き続き**警戒**が必要です。 여진이 다발하고 있으므로 계속 경계가 필요합니다.

1181 [N3] ☐☐☐

察

살필 **찰**

훈	살필	—			
음	찰	さつ	警察★ 경찰	考察 고찰	察する★ 헤아리다

14획 察 察 察 察 察 察 察 察 察 察 察 察 察 察

警察の使命は国民の安全を守ることです。 경찰의 사명은 국민의 안전을 지키는 것입니다.

国内の広告市場について**考察**した論文を発表した。 국내 광고 시장에 대해 고찰한 논문을 발표했다.

1182 [N3] ☐☐☐

官

벼슬 **관**

훈	벼슬	—			
음	관	かん	面接官★ 면접관	警官 경관, 경찰관	官庁 관청

8획 官 官 官 官 官 官 官 官

彼は**面接官**の質問にスマートに答えた。 그는 면접관의 질문에 재치 있게 대답했다.

市民の安全を守る**警官**に憧れている。 시민의 안전을 지키는 경관을 동경하고 있다.

1183 [N3] □□□

追

쫓을 **추**

훈	쫓을	お(う)	追う* 쫓다, 따르다　追い風 순풍　追い越す 추월하다
음	추	つい	追求 추구　追加* 추가　追放 추방　追跡 추적

9획 追 追 追 追 追 追 追 追 追

田中警官はあの未解決事件を追い続けたという。 다나카 경관은 그 미해결 사건을 계속 쫓았다고 한다.

この企業は環境に優しい商品を追求している。 이 기업은 친환경적인 상품을 추구하고 있다.

1184 [N3] □□□

尋

찾을 **심**

훈	찾을	たず(ねる)	尋ねる* 찾다, 묻다　尋ね人 찾는 사람
음	심	じん	尋問 심문　尋常 심상, 평범　千尋 헤아릴 수 없는 깊이

12획 尋 尋 尋 尋 尋 尋 尋 尋 尋 尋 尋 尋

恩師を尋ねて母校に行ったが、既に退職していた。 은사를 찾아 모교에 갔지만, 이미 퇴직해 있었다.

法廷で尋問を受ける際、うそをついてはいけない。 법정에서 심문을 받을 때, 거짓말을 해서는 안 된다.

1185 [N2] □□□

捜

찾을 **수**

훈	찾을	さが(す)	捜す 찾다, 수색하다
음	수	そう	捜査 수사　捜索 수색

10획 捜 捜 捜 捜 捜 捜 捜 捜 捜 捜

なくしたスマートフォンを捜しています。 잃어버린 스마트폰을 찾고 있습니다.

捜査を続けるうちに新たな容疑者が浮上した。 수사를 계속하는 중에 새로운 용의자가 부상했다.

헷갈리는 단어 모아보기

유의어 ┌ 捜す 찾다, 수색하다　行方不明者を捜している。 실종자를 찾고 있다.

└ 探す 찾다, 구하다　次に読む本を探している。 다음에 읽을 책을 찾고 있다.

捜す와 探す는 모두 '찾다'라는 뜻이다. 捜す는 잃어버렸거나 행방이 묘연한 물건 또는 사람을 찾을 때, 探す는 원하는 것을 찾을 때 사용한다.

1186 [N2] □□□

捕

잡을 **포**

훈	잡을	つか(まる)	**捕まる**(つか)★ 잡히다, 붙잡히다
		つか(まえる)	**捕まえる**(つか) 붙잡다
		と(る)	**捕る**(と) 잡다 **捕り物**(とりもの) 죄인을 잡는 일
		と(らえる)	**捕らえる**(と) 붙잡다
		と(らわれる)	**捕らわれる**(と) 붙잡히다
음	포	ほ	**捕獲**(ほかく) 포획 **逮捕**(たいほ) 체포 **捕虜**(ほりょ) 포로 **捕捉**(ほそく) 포착

10획 捕 捕 捕 捕 捕 捕 捕 捕 捕 捕

逃走(とうそう)を続(つづ)けていた犯罪者(はんざいしゃ)がやっと**捕まった**(つか)そうだ。
도주를 계속하고 있던 범죄자가 드디어 잡혔다고 한다.

飼(か)い主(ぬし)の家(いえ)から脱走(だっそう)した巨大亀(きょだいがめ)が無事(ぶじ)**捕獲**(ほかく)されました。
주인의 집에서 탈주한 거대 거북이가 무사히 포획되었습니다.

1187 [N2] □□□

証

증거 **증**

훈	증거	—	
음	증	しょう	**証拠**(しょうこ)★ 증거 **証明**(しょうめい) 증명 **保証**(ほしょう)★ 보증 **証言**(しょうげん) 증언

12획 証 証 証 証 証 証 証 証 証 証 証 証

事件現場(じけんげんば)に決定的(けっていてき)な**証拠**(しょうこ)が残(のこ)っていた。사건 현장에 결정적인 증거가 남아 있었다.

受験当日(じゅけんとうじつ)は身分(みぶん)を**証明**(しょうめい)できる書類(しょるい)をお持(も)ちください。
수험 당일에는 신분을 증명할 수 있는 서류를 가져와 주세요.

1188 [N2] □□□

絞

목맬 **교**

훈	목맬	しぼ(る)	**絞る**(しぼ)★ (쥐어)짜다 **絞り上げる**(しぼあ) 짜내다 **絞り**(しぼ) 짬
		し(める)	**絞める**(し) 졸라매다, 조르다
		し(まる)	**絞まる**(し) 단단히 졸라지다
음	교	こう	**絞首刑**(こうしゅけい) 교수형 **絞殺**(こうさつ) 교살

12획 絞 絞 絞 絞 絞 絞 絞 絞 絞 絞 絞 絞

雑巾(ぞうきん)はしっかり**絞って**(しぼ)から床(ゆか)を拭(ふ)きましょう。걸레는 꽉 쥐어짜고 나서 바닥을 닦읍시다.

日本(にほん)の法律(ほうりつ)では、**絞首刑**(こうしゅけい)が認(みと)められている。일본 법률에서는, 교수형이 인정되고 있다.

1189 [N2] □□□

公

공평할 **공**

훈	공평할	おおやけ	<ruby>公<rt>おおやけ</rt></ruby> 공공, 국가		
음	공	こう	<ruby>公平<rt>こうへい</rt></ruby> 공평	<ruby>公共<rt>こうきょう</rt></ruby>* 공공	<ruby>非公式<rt>ひこうしき</rt></ruby>* 비공식 <ruby>公開<rt>こうかい</rt></ruby>* 공개

4획 公 公 公 公

<ruby>公<rt>おおやけ</rt></ruby>の<ruby>施設<rt>しせつ</rt></ruby>はきれいに<ruby>使<rt>つか</rt></ruby>いましょう。 공공의 시설은 깨끗하게 사용합시다.

おやつをクラスの<ruby>全員<rt>ぜんいん</rt></ruby>に<ruby>公平<rt>こうへい</rt></ruby>に<ruby>分<rt>わ</rt></ruby>けた。 간식을 학급 전원에게 공평하게 나누었다.

1190 [N3] □□□

民

백성 **민**

훈	백성	たみ	<ruby>民<rt>たみ</rt></ruby> 백성		
음	민	みん	<ruby>市民<rt>しみん</rt></ruby>* 시민	<ruby>住民<rt>じゅうみん</rt></ruby>* 주민	<ruby>民族<rt>みんぞく</rt></ruby> 민족 <ruby>国民<rt>こくみん</rt></ruby> 국민

5획 民 民 民 民 民

<ruby>民<rt>たみ</rt></ruby>に<ruby>愛<rt>あい</rt></ruby>された<ruby>王<rt>おう</rt></ruby>の<ruby>銅像<rt>どうぞう</rt></ruby>が<ruby>建<rt>た</rt></ruby>てられた。 백성에게 사랑받던 왕의 동상이 세워졌다.

<ruby>市役所<rt>しやくしょ</rt></ruby>の<ruby>前<rt>まえ</rt></ruby>に<ruby>多<rt>おお</rt></ruby>くの<ruby>市民<rt>しみん</rt></ruby>が<ruby>集<rt>あつ</rt></ruby>まった。 시청 앞에 많은 시민이 모였다.

1191 [N3] □□□

税

세금 **세**

훈	세금	—			
음	세	ぜい	<ruby>税金<rt>ぜいきん</rt></ruby>* 세금	<ruby>増税<rt>ぞうぜい</rt></ruby>* 증세	<ruby>関税<rt>かんぜい</rt></ruby>* 관세 <ruby>免税<rt>めんぜい</rt></ruby> 면세

12획 税 税 税 税 税 税 税 税 税 税 税 税

<ruby>資産<rt>しさん</rt></ruby>が<ruby>多<rt>おお</rt></ruby>い<ruby>人<rt>ひと</rt></ruby>には<ruby>多<rt>おお</rt></ruby>くの<ruby>税金<rt>ぜいきん</rt></ruby>が<ruby>課<rt>か</rt></ruby>せられる。 자산이 많은 사람에게는 많은 세금이 부과된다.

<ruby>度重<rt>たびかさ</rt></ruby>なる<ruby>増税<rt>ぞうぜい</rt></ruby>に<ruby>国民<rt>こくみん</rt></ruby>から<ruby>不満<rt>ふまん</rt></ruby>の<ruby>声<rt>こえ</rt></ruby>が<ruby>上<rt>あ</rt></ruby>がった。 거듭되는 증세에 국민으로부터 불만의 목소리가 높아졌다.

문제집 바당 중급 한자 해커스일본어 상용한자 2136

1192 [N3] ☐☐☐

納

들일 **납**

훈	들일	おさ(める)	**納める**[★] 내다, 납입하다	
		おさ(まる)	**納まる** 납입되다	**納まり** 매듭짓는 일, 수습
음	납	のう	**収納**[★] 수납	**納品**[★] 납품
		なっ	**納得**[★] 납득	**納豆** 낫토 (일본의 전통 발효 식품)
		な	**納屋** 헛간	
		なん	**納戸** 옷·세간 따위를 두는 방	
		とう	**出納** 출납	

10획 納 納 納 納 納 納 約 納 納

税金を**納める**のは国民の義務です。 세금을 내는 것은 국민의 의무입니다.

押し入れに**収納**していた来客用の座布団を出した。 벽장에 수납했던 손님용 방석을 꺼냈다.

1193 [N2] ☐☐☐

祉

복**지**

훈	복	―		
음	지	し	**福祉**[★] 복지	

8획 祉 祉 祉 祉 祉 祉 祉 祉

国は障害者や高齢者に色々な**福祉**サービスを提供している。
국가는 장애인이나 고령자에게 여러 가지 복지 서비스를 제공하고 있다.

1194 [N2] ☐☐☐

補

기울/도울 **보**

훈	기울/도울	おぎな(う)	**補う**[★] 보충하다, 메우다	**補い** 보충, 벌충		
음	보	ほ	**補助** 보조	**補足**[★] 보족, 보충	**補充** 보충	**補欠** 보결, 보궐

12획 補 補 補 補 補 補 補 補 補 補 補 補

まぶたが震えるときはマグネシウムを**補う**といい。 눈꺼풀이 떨릴 때에는 마그네슘을 보충하면 좋다.

自治体から**補助**を受けて安く引っ越しができた。 지자체로부터 보조를 받아 싸게 이사할 수 있었다.

1195 [N3] ☐☐☐

設

베풀 **설**

훈	베풀	もう(ける)	**設ける** 마련하다, 만들다

음	설	せつ	**施設*** 시설　**建設*** 건설　**設備*** 설비　**開設*** 개설

11획　設 設 設 設 設 設 設 設 設 設 設

会社のホームページにお問い合わせフォームを**設けた**。 회사 홈페이지에 문의 폼을 마련했다.

60歳以上なら無料でこの**施設**を利用できます。 60세 이상이라면 무료로 이 시설을 이용할 수 있습니다.

1196 [N3] ☐☐☐

政

정사 **정**

훈	정사	まつりごと	**政** 나라를 다스리는 일, 정사

음	정	せい	**政治** 정치　**行政** 행정　**政策** 정책　**家政** 집안 살림
		しょう	**摂政** 섭정

9획　政 政 政 政 政 政 政 政 政

政を行う人は国民の意見に耳を傾けるべきだ。
나라를 다스리는 일을 하는 사람은 국민의 의견에 귀를 기울여야 한다.

選挙は市民が**政治**に参加する方法の一つだ。 선거는 시민이 정치에 참가하는 방법 중 하나이다.

1197 [N2] ☐☐☐

権

권세 **권**

훈	권세	—	

음	권	けん	**権利** 권리　**権力** 권력　**人権** 인권　**権威** 권위
		ごん	**権化** 권화, 화신

15획　権 権 権 権 権 権 権 権 権 権 権 権 権 権 権

会社は労働者の**権利**を保障するべきだ。 회사는 노동자의 권리를 보장해야 한다.

国の**権力**は国会、内閣、裁判所の三つに分かれている。
국가의 권력은 국회, 내각, 재판소 3개로 나뉘어 있다.

1198 [N2] □□□

統

거느릴 통

훈	거느릴	す(べる)	**統べる** 총괄하다, 다스리다			
음	통	とう	**統一** 통일	**伝統** 전통	**統計** 통계	**統治** 통치

12획 統 統 統 統 統 統 統 統 統 統 統 統

大**統**領が国政全般を**統**べている。 대통령이 국정 전반을 총괄하고 있다.

名前の表記はひらがなに**統一**してください。 이름의 표기는 히라가나로 통일해 주세요.

1199 [N2] □□□

領

거느릴 령(영)

명령(令)과 머리(頁)를 합쳐 조직의 우두머리가 명령을 내려 거느리는 것을 나타낸 글자

훈	거느릴	—				
음	령(영)	りょう	**大統領** 대통령	**要領** *요령	**領域** 영역	**領収書** *영수증

14획 領 領 領 領 領 領 領 領 領 領 領 領 領 領

アメリカの**大統領**が来月の13日に訪日するそうだ。
미국 대통령이 다음 달 13일에 일본을 방문한다고 한다.

彼女は**要領**が良くて仕事ができる。 그녀는 요령이 좋아서 일을 잘한다.

1200 [N3] □□□

王

임금 왕

훈	임금	—				
음	왕	おう	**王** 왕	**王様** *임금님, 왕	**王子** 왕자	**王位** 왕위

4획 王 王 王 王

この国の**王様**は国民から愛されている。 이 나라의 임금님은 국민에게 사랑받고 있다.

王子が**王位**を継いで**王**になった。 왕자가 왕위를 계승하여 왕이 되었다.

1201 [N2] □□□

臣

신하 신

왕을 쳐다보지 못하고 내리깐 신하의 눈 모양을 본뜬 글자

훈	신하	—		
음	신	じん	**大臣** *대신, 장관	**副大臣** *부대신, 차관
		しん	**臣下** 신하	**君臣** 군신, 군주와 신하

7획 臣 臣 臣 臣 臣 臣 臣

総理**大臣**が国民の質問に直接答える時間が設けられた。
총리대신이 국민의 질문에 직접 대답하는 시간이 마련되었다.

王は**臣下**に民の生活を調査するよう命じた。 왕은 신하에게 백성의 생활을 조사하도록 명했다.

1202 [N2] ☐☐☐

票

훈	표	—

| 음 | 표 | ひょう | **投票**[★] 투표　**伝票** 전표　**得票** 득표　**開票** 개표 |

投票<small>とうひょう</small>　伝票<small>でんぴょう</small>　得票<small>とくひょう</small>　開票<small>かいひょう</small>

11획 票 票 票 票 票 票 票 票 票 票 票

표 표

組合の代表は年に一回**投票**で決める。 조합의 대표는 한 해에 한 번 투표로 정한다.
<small>くみあい　だいひょう　ねん　いっかいとうひょう　き</small>

伝票は会計係がまとめて管理している。 전표는 회계 담당이 한데 모아 관리하고 있다.
<small>でんぴょう　かいけいがかり　かんり</small>

1203 [N2] ☐☐☐

党

훈	무리	—

| 음 | 당 | とう | **政党** 정당　**与党** 여당　**野党** 야당　**党派** 당파 |

政党<small>せいとう</small>　与党<small>よとう</small>　野党<small>やとう</small>　党派<small>とうは</small>

10획 党 党 党 党 党 党 党 党 党 党

무리 당

予算案をめぐって**政党**内で対立が起きた。 예산안을 둘러싸고 정당 내에서 대립이 일어났다.
<small>よさんあん　せいとうない　たいりつ　お</small>

与党とは政権を握っている政党のことです。 여당이란 정권을 쥐고 있는 정당을 말합니다.
<small>よとう　せいけん　にぎ　せいとう</small>

1204 [N3] ☐☐☐

派

훈	갈래	—

| 음 | 파 | は | **派生** 파생　**派手**[★] 화려함　**派遣** 파견　**賛成派**[★] 찬성파 |

派生<small>はせい</small>　派手<small>はで</small>　派遣<small>はけん</small>　賛成派<small>さんせいは</small>

9획 派 派 派 派 派 派 派 派 派

갈래 파

물(氵)과 갈래(㲹)를 합쳐 물줄기가 갈라진 것을 나타낸 글자

スペイン語はラテン語から**派生**した言語だ。 스페인어는 라틴어로부터 파생한 언어이다.
<small>ご　ご　はせい　げんご</small>

司会者は人目を引く**派手**なドレスで登場した。 사회자는 남의 눈을 끄는 화려한 드레스로 등장했다.
<small>しかいしゃ　ひとめ　ひ　はで　とうじょう</small>

1205 [N2] ☐☐☐

歴

훈	지낼	—

| 음 | 력(역) | れき | **経歴**[★] 경력　**学歴** 학력　**履歴** 이력　**歴代** 역대 |

経歴<small>けいれき</small>　学歴<small>がくれき</small>　履歴<small>りれき</small>　歴代<small>れきだい</small>

14획 歴 歴 歴 歴 歴 歴 歴 歴 歴 歴 歴 歴 歴 歴

지낼 력(역)

関連業務に関する**経歴**は詳しく書いてください。 관련 업무에 관한 경력은 자세하게 써 주세요.
<small>かんれんぎょうむ　かん　けいれき　くわ　か</small>

学歴と知識の量が必ずしも比例するわけではない。 학력과 지식의 양이 반드시 비례하는 것은 아니다.
<small>がくれき　ちしき　りょう　かなら　ひれい</small>

1206 [N2] ☐☐☐

史

사기 사

	훈 사기	—				
	음 사	し	歴史★ 역사	世界史 세계사	国史 국사	史上 사상

5획 史 史 史 史 史

歴史と政治は互いに深い関わりを持ち、影響を与え合っている。
역사와 정치는 서로 깊은 관련을 가지고, 영향을 서로 주고 있다.

世界史を勉強するとき、年代を覚えるのが大変だった。
세계사를 공부할 때, 연대를 외우는 것이 힘들었다.

1207 [N2] ☐☐☐

災

재앙 재

	훈 재앙	わざわ(い)	災い 화, 재앙			
	음 재	さい	災害 재해	防災★ 방재	火災 화재	災難 재난

7획 災 災 災 災 災 災 災

うっかり言った言葉が災いを招いてしまった。 무심코 한 말이 화를 부르고 말았다.

大雨や台風による災害が毎年発生している。 큰비나 태풍에 의한 재해가 매년 발생하고 있다.

1208 [N2] ☐☐☐

荒

거칠 황

풀(艹)과 강(川), 없다(亡)를 합쳐 풀과 강이 없는 황무지를 나타낸 글자

	훈 거칠	あら(い)	荒い★ 거칠다	荒々しい 몹시 서칠나, 매우 난폭하다
		あ(らす)	荒らす 휩쓸다	倉庫荒らし 창고 털이
		あ(れる)	荒れる★ 거칠어지다	荒れ地 황무지
	음 황	こう	荒廃 황폐	荒涼 황량 破天荒 전대미문

9획 荒 荒 荒 荒 荒 荒 荒 荒 荒

台風が近づいているせいか、今日はいつもより波が荒い。
태풍이 가까워지고 있는 탓인지, 오늘은 평소보다 파도가 거칠다.

山火事によって荒廃した森林を再生させたい。 산불로 인해 황폐해진 삼림을 재생시키고 싶다.

1209 [N3] ☐☐☐

溺

| 훈 | 빠질 | おぼ(れる) | **溺れる**★ 익사하다, 빠져 죽다, 탐닉하다 | |
| 음 | 닉(익) | でき | **溺死** 익사 **溺愛** 익애, 열애 | |

13획 溺溺溺溺溺溺溺溺溺溺溺溺溺

빠질 닉(익)

海で**溺れ**ないようにライフジャケットを着用しよう。 바다에서 익사하지 않도록 구명조끼를 착용하자.

海水浴をしていた児童が海で**溺死**する事故が起きた。
해수욕을 하고 있던 아동이 바다에서 익사하는 사고가 일어났다.

1210 [N2] ☐☐☐

騒

| 훈 | 떠들 | さわ(ぐ) | **騒ぐ**★ 떠들다, 소란 피우다 **大騒ぎ**★ 크게 소란을 피움 | | |
| 음 | 소 | そう | **物騒**★ 뒤숭숭함 **騒然**★ 시끄러움, 어수선함 **騒音**★ 소음 | |

18획 騒騒騒騒騒騒騒騒騒騒騒騒騒騒騒騒騒騒

떠들 소

図書館では走ったり、**騒い**だりしてはいけません。 도서관에서는 달리거나, 떠들거나 해서는 안 됩니다.

最近、暴行や強盗など**物騒**な事件が増えているようだ。
최근, 폭행이나 강도 등 뒤숭숭한 사건이 늘고 있는 것 같다.

1211 [N2] ☐☐☐

救

| 훈 | 구원할 | すく(う) | **救う**★ 구하다, 돕다 **救い** 구함, 도움 | | |
| 음 | 구 | きゅう | **救助** 구조 **救急** 구급 **救援** 구원 **救命** 구명 |

11획 救救救救救救救救救救救

구원할 구

溺れた子供を**救う**ために川に飛び込んだ。 물에 빠진 아이를 구하기 위해서 강에 뛰어들었다.

山で遭難した登山者を**救助**した。 산에서 조난된 등산객을 구조했다.

1212 [N3] ☐☐☐

助

훈	도울	たす(ける)	**助ける**★ 돕다, 살리다 **助け** 도움 **手助け** 거듦, 도움		
		たす(かる)	**助かる**★ 살아나다, 면하다 **大助かり** 큰 도움	
		すけ	**助太刀** 조력을 함, 도와줌 **助っ人** 조력자	
음	조	じょ	**援助**★ 원조 **補助**★ 보조 **救助** 구조 **助言** 조언

7획 助助助助助助助

도울 조

ホームレスを**助ける**ために募金をした。 노숙자를 돕기 위해서 모금을 했다.

今回の事業は国からの**援助**があった。 이번 사업은 국가로부터의 원조가 있었다.

1213 [N2] ☐☐☐

陥

빠질 **함**

훈	빠질	おちい(る)	<ruby>陥<rt>おちい</rt></ruby> る 빠지다, 빠져들다		
		おとしい(れる)	<ruby>陥<rt>おとしい</rt></ruby> れる 빠뜨리다, 함락시키다		
음	함	かん	<ruby>欠陥<rt>けっかん</rt></ruby> 결함*	<ruby>陥没<rt>かんぼつ</rt></ruby> 함몰	<ruby>陥落<rt>かんらく</rt></ruby> 함락

10획 陥 陥 陥 陥 陥 陥 陥 陥 陥 陥

その<ruby>国<rt>くに</rt></ruby>は<ruby>財政運営<rt>ざいせいうんえい</rt></ruby>の<ruby>失敗<rt>しっぱい</rt></ruby>により<ruby>経済危機<rt>けいざいきき</rt></ruby>に<ruby>陥<rt>おちい</rt></ruby>っている。
그 나라는 재정 운영의 실패로 인해 경제 위기에 빠져 있다.

<ruby>購入<rt>こうにゅう</rt></ruby>したばかりのマンションに<ruby>欠陥<rt>けっかん</rt></ruby>が<ruby>見<rt>み</rt></ruby>つかった。 구입한지 얼마 안 된 맨션에서 결함이 발견되었다.

1214 [N2] ☐☐☐

覆

다시 **복**
덮을 **부**

훈	다시/덮을	おお(う)	<ruby>覆<rt>おお</rt></ruby>う* 덮다 <ruby>覆<rt>おお</rt></ruby>い 씌움, 씌우개, 덮개	
		くつがえ(す)	<ruby>覆<rt>くつがえ</rt></ruby>す* 뒤집다, 뒤집어 엎다	
		くつがえ(る)	<ruby>覆<rt>くつがえ</rt></ruby>る 뒤집히다	
음	복/부	ふく	<ruby>転覆<rt>てんぷく</rt></ruby> 전복	<ruby>覆面<rt>ふくめん</rt></ruby> 복면

18획 覆 覆 覆 覆 覆 覆 覆 覆 覆 覆 覆 覆 覆 覆 覆 覆 覆 覆

<ruby>昨夜<rt>さくや</rt></ruby>の<ruby>雨<rt>あめ</rt></ruby>で<ruby>桜<rt>さくら</rt></ruby>が<ruby>散<rt>ち</rt></ruby>り、<ruby>地面<rt>じめん</rt></ruby>は<ruby>花<rt>はな</rt></ruby>びらで<ruby>覆<rt>おお</rt></ruby>われていた。
어젯밤의 비로 벚꽃이 지고, 지면은 꽃잎으로 덮여 있었다.

<ruby>船<rt>ふね</rt></ruby>が<ruby>転覆<rt>てんぷく</rt></ruby>する<ruby>事故<rt>じこ</rt></ruby>が<ruby>起<rt>お</rt></ruby>こったが、<ruby>負傷者<rt>ふしょうしゃ</rt></ruby>はいなかった。
배가 전복되는 사고가 일어났지만, 부상자는 없었다.

1215 [N2] ☐☐☐

暴

사나울 **폭**

훈	사나울	あば(れる)	<ruby>暴<rt>あば</rt></ruby>れる* 날뛰다, 난폭하게 굴다	<ruby>大暴<rt>おおあば</rt></ruby>れ 심하게 날뜀	
		あば(く)	<ruby>暴<rt>あば</rt></ruby>く 파헤치다, 들추어내다	<ruby>暴<rt>あば</rt></ruby>き<ruby>出<rt>だ</rt></ruby>す 까발리다	
음	폭	ぼう	<ruby>暴力<rt>ぼうりょく</rt></ruby>* 폭력	<ruby>乱暴<rt>らんぼう</rt></ruby>* 난폭	<ruby>暴言<rt>ぼうげん</rt></ruby> 폭언 <ruby>横暴<rt>おうぼう</rt></ruby> 횡포
		ばく	<ruby>暴露<rt>ばくろ</rt></ruby> 폭로		

15획 暴 暴 暴 暴 暴 暴 暴 暴 暴 暴 暴 暴 暴 暴 暴

<ruby>馬<rt>うま</rt></ruby>が<ruby>暴<rt>あば</rt></ruby>れて<ruby>乗<rt>の</rt></ruby>っていた<ruby>人<rt>ひと</rt></ruby>が<ruby>落<rt>お</rt></ruby>ちてしまった。 말이 날뛰어서 타고 있던 사람이 떨어져 버렸다.

<ruby>暴力<rt>ぼうりょく</rt></ruby>には<ruby>身体的<rt>しんたいてき</rt></ruby>なものに<ruby>限<rt>かぎ</rt></ruby>らず、<ruby>精神的<rt>せいしんてき</rt></ruby>なものもある。
폭력에는 신체적인 것뿐만 아니라, 정신적인 것도 있다.

爆

터질 **폭**

훈	터질	—	
음	폭	ばく	**爆発** 폭발　**爆弾** 폭탄　**原爆** 원폭

19획 爆爆爆爆爆爆爆爆爆爆爆爆爆爆爆爆

港の近くで燃料貯蔵タンクが**爆発**する事故が起こった。
항구 근처에서 연료 저장 탱크가 폭발하는 사고가 일어났다.

駅に**爆弾**を仕掛けたという爆破予告は結局うそだった。
역에 폭탄을 설치했다는 폭파 예고는 결국 거짓이었다.

戦

싸움 **전**

훈	싸움	たたか(う)	**戦う**★ 싸우다　**戦い** 싸움
		いくさ	**戦** 전투　**勝ち戦** 이긴 싸움, 싸움에서 이김
음	전	せん	**戦争**★ 전쟁　**挑戦**★ 도전　**苦戦** 고전　**決勝戦**★ 결승전

13획 戦戦戦戦戦戦戦戦戦戦戦戦戦

世界大会でブラジルと**戦う**ことが我がチームの目標だ。
세계 대회에서 브라질과 싸우는 것이 우리 팀의 목표이다.

外交の問題が**戦争**にまでつながった。외교 문제가 전쟁으로까지 이어졌다.

争

다툴 **쟁**

훈	다툴	あらそ(う)	**争う**★ 다투다　**争い** 다툼
음	쟁	そう	**競争**★ 경쟁　**論争**★ 논쟁　**紛争** 분쟁

6획 争争争争争争

昔は村同士が食料や土地をめぐって**争って**いた。 옛날에는 마을끼리 식량이나 토지를 둘러싸고 다퉜다.

競争はルールを守って公正に行うべきだ。 경쟁은 룰을 지켜서 공정하게 해야 한다.

軍

군사 **군**

훈	군사	—	
음	군	ぐん	**軍人** 군인　**空軍** 공군　**軍備** 군비

9획 軍軍軍軍軍軍軍軍軍

国を守りたいという思いで**軍人**になった。 나라를 지키고 싶다는 마음으로 군인이 되었다.

空軍は24時間、国の領空を守っている。 공군은 24시간, 국가의 영공을 지키고 있다.

1220 [N2] ☐☐☐

兵

병사 병

도끼(斤)와 받들다(廾)
를 합쳐 무기를 양손으
로 들고 있는 것을 나타
낸 글자

훈 병사	—	
음 병	へい	兵士 병사　兵器 병기　兵隊 병대, 군대
	ひょう	兵糧 군량, 병량

7획 兵 兵 兵 兵 兵 兵 兵

一列に並んだ**兵士**たちが上官に敬礼した。 일렬로 늘어선 병사들이 상관에게 경례했다.

ウイルスなどの生物を**兵器**として使うこともある。 바이러스 등의 생물을 병기로 쓰는 경우도 있다.

1221 [N2] ☐☐☐

乱

**어지러울
란(난)**

훈 어지러울	みだ(れる)	乱れる★ 흐트러지다, 혼란해지다　乱れ 흐트러짐, 혼란
	みだ(す)	乱す 어지럽히다, 흩뜨리다
음 란(난)	らん	混乱★ 혼란　乱暴★ 난폭, 난동　反乱 반란

7획 乱 乱 乱 乱 乱 乱 乱

大雪で電車のダイヤが**乱れて**しまった。 대설로 전철의 운행 예정이 흐트러져 버렸다.

戦争による**混乱**で生き別れた兄弟が感動の再会をした。
전쟁에 의한 혼란으로 생이별한 형제가 감동의 재회를 했다.

1222 [N2] ☐☐☐

抵

거스를 저

훈 거스를	—	
음 저	てい	抵抗★ 저항　大抵★ 대개, 대부분　抵触 저촉

8획 抵 抵 抵 抵 抵 抵 抵 抵

独裁政権に**抵抗**した人々の物語を描いた映画を見た。
독재 정권에 저항한 사람들의 이야기를 그린 영화를 봤다.

お休みの日は**大抵**何をしていますか。 쉬는 날에는 내개 무엇을 하고 있습니까?

1223 [N2] □□□

抗

막을/겨룰 **항**

훈	막을/겨룰	—			
음	항	こう	<ruby>対<rt>たい</rt></ruby><ruby>抗<rt>こう</rt></ruby> 대항	<ruby>拮<rt>きっ</rt></ruby><ruby>抗<rt>こう</rt></ruby>* 팽팽함, 길항, 대치	<ruby>抵<rt>てい</rt></ruby><ruby>抗<rt>こう</rt></ruby>* 저항

7획 抗 抗 抗 抗 抗 抗 抗

<ruby>製<rt>せい</rt></ruby><ruby>品<rt>ひん</rt></ruby><ruby>価<rt>か</rt></ruby><ruby>格<rt>かく</rt></ruby>が<ruby>安<rt>やす</rt></ruby>い<ruby>他<rt>た</rt></ruby><ruby>社<rt>しゃ</rt></ruby>に**対抗**して<ruby>大<rt>おお</rt></ruby><ruby>幅<rt>はば</rt></ruby>な<ruby>値<rt>ね</rt></ruby><ruby>下<rt>さ</rt></ruby>げを<ruby>行<rt>おこな</rt></ruby>った。
제품 가격이 싼 타사에 대항해서 대폭적인 가격 인하를 시행했다.

<ruby>両<rt>りょう</rt></ruby><ruby>選<rt>せん</rt></ruby><ruby>手<rt>しゅ</rt></ruby>の<ruby>力<rt>ちから</rt></ruby>は**拮抗**し、<ruby>引<rt>ひ</rt></ruby>き<ruby>分<rt>わ</rt></ruby>けのまま<ruby>試<rt>し</rt></ruby><ruby>合<rt>あい</rt></ruby>が<ruby>終<rt>お</rt></ruby>わった。
두 선수의 힘은 팽팽해서, 무승부인 채로 시합이 끝났다.

1224 [N3] □□□

防

막을 **방**

훈	막을	ふせ(ぐ)	<ruby>防<rt>ふせ</rt></ruby>ぐ* 막다	<ruby>防<rt>ふせ</rt></ruby>ぎ 방어	
음	방	ぼう	<ruby>予<rt>よ</rt></ruby><ruby>防<rt>ぼう</rt></ruby>* 예방	<ruby>防<rt>ぼう</rt></ruby><ruby>止<rt>し</rt></ruby>* 방지	<ruby>防<rt>ぼう</rt></ruby><ruby>水<rt>すい</rt></ruby> 방수 <ruby>防<rt>ぼう</rt></ruby><ruby>備<rt>び</rt></ruby> 방비

7획 防 防 防 防 防 防 防

この<ruby>軍<rt>ぐん</rt></ruby><ruby>服<rt>ぷく</rt></ruby>は<ruby>弾<rt>だん</rt></ruby><ruby>丸<rt>がん</rt></ruby>を**防**ぐ<ruby>素<rt>そ</rt></ruby><ruby>材<rt>ざい</rt></ruby>になっている。 이 군복은 탄환을 막는 소재로 되어 있다.

<ruby>正<rt>ただ</rt></ruby>しい<ruby>手<rt>て</rt></ruby><ruby>洗<rt>あら</rt></ruby>いは<ruby>風<rt>かぜ</rt></ruby><ruby>邪<rt></rt></ruby>の**予防**に<ruby>効<rt>こう</rt></ruby><ruby>果<rt>か</rt></ruby><ruby>的<rt>てき</rt></ruby>だ。 올바른 손 씻기는 감기 예방에 효과적이다.

1225 [N2] □□□

武

호반/무인 **무**

훈	호반/무인	—			
음	무	ぶ	<ruby>武<rt>ぶ</rt></ruby><ruby>力<rt>りょく</rt></ruby>* 무력, 병력	<ruby>武<rt>ぶ</rt></ruby><ruby>器<rt>き</rt></ruby> 무기	<ruby>武<rt>ぶ</rt></ruby><ruby>士<rt>し</rt></ruby> 무사
		む	<ruby>荒<rt>あら</rt></ruby><ruby>武<rt>む</rt></ruby><ruby>者<rt>しゃ</rt></ruby> (무용은 있으되) 예의와 멋을 모르는 우악스러운 무사		

8획 武 武 武 武 武 武 武 武

武力を<ruby>使<rt>つか</rt></ruby>わずに<ruby>対<rt>たい</rt></ruby><ruby>話<rt>わ</rt></ruby>で<ruby>紛<rt>ふん</rt></ruby><ruby>争<rt>そう</rt></ruby>を<ruby>解<rt>かい</rt></ruby><ruby>決<rt>けつ</rt></ruby>してほしい。 무력을 쓰지 않고 대화로 분쟁을 해결했으면 한다.

<ruby>博<rt>はく</rt></ruby><ruby>物<rt>ぶつ</rt></ruby><ruby>館<rt>かん</rt></ruby>には<ruby>戦<rt>せん</rt></ruby><ruby>国<rt>ごく</rt></ruby><ruby>時<rt>じ</rt></ruby><ruby>代<rt>だい</rt></ruby>の**武器**が<ruby>展<rt>てん</rt></ruby><ruby>示<rt>じ</rt></ruby>されていた。 박물관에는 전국 시대의 무기가 전시되어 있었다.

1226 [N2] □□□

刀

칼 **도**

칼날 끝이 두 갈래로 굽은 칼 모양을 본뜬 글자

훈	칼	かたな	<ruby>刀<rt>かたな</rt></ruby>* 검, 큰 칼		
음	도	とう	<ruby>刀<rt>とう</rt></ruby><ruby>剣<rt>けん</rt></ruby> 도검	<ruby>短<rt>たん</rt></ruby><ruby>刀<rt>とう</rt></ruby> 단도, 단검	<ruby>日<rt>に</rt></ruby><ruby>本<rt>ほん</rt></ruby><ruby>刀<rt>とう</rt></ruby> 일본도

2획 刀 刀

この**刀**は<ruby>戦<rt>せん</rt></ruby><ruby>国<rt>ごく</rt></ruby><ruby>時<rt>じ</rt></ruby><ruby>代<rt>だい</rt></ruby>のものだそうだ。 이 검은 전국시대 것이라고 한다.

刀剣を<ruby>所<rt>しょ</rt></ruby><ruby>持<rt>じ</rt></ruby>するには<ruby>登<rt>とう</rt></ruby><ruby>録<rt>ろく</rt></ruby>が<ruby>必<rt>ひつ</rt></ruby><ruby>要<rt>よう</rt></ruby>だ。 도검을 소지하려면 등록이 필요하다.

1227 [N2] ☐☐☐

剣

훈 칼	つるぎ	<ruby>剣<rt>つるぎ</rt></ruby> 검, 양날칼	
음 검	けん	<ruby>真剣<rt>しんけん</rt></ruby>★ 진지함 <ruby>剣道<rt>けんどう</rt></ruby> 검도 <ruby>剣舞<rt>けんぶ</rt></ruby> 검무, 칼춤

10획 剣 剣 剣 剣 剣 剣 剣 剣 剣 剣

칼 검

<ruby>西洋<rt>せいよう</rt></ruby>では<ruby>紀元前<rt>きげんぜん</rt></ruby>から<ruby>剣<rt>つるぎ</rt></ruby>が<ruby>武器<rt>ぶき</rt></ruby>として<ruby>使<rt>つか</rt></ruby>われたという。
서양에서는 기원전부터 검이 무기로서 사용되었다고 한다.

<ruby>将来<rt>しょうらい</rt></ruby>についてもっと<ruby>真剣<rt>しんけん</rt></ruby>に<ruby>考<rt>かんが</rt></ruby>えたほうがいいよ。 장래에 대해서 더 진지하게 생각하는 편이 좋아.

1228 [N2] ☐☐☐

矛

훈 창	ほこ	<ruby>矛<rt>ほこ</rt></ruby> 창 <ruby>矛先<rt>ほこさき</rt></ruby> 창끝	
음 모	む	<ruby>矛盾<rt>むじゅん</rt></ruby>★ 모순

5획 矛 矛 矛 矛 矛

창 모

창의 모양을 본뜬 글자

<ruby>矛<rt>ほこ</rt></ruby>とは<ruby>棒<rt>ぼう</rt></ruby>の<ruby>先<rt>さき</rt></ruby>に<ruby>刃<rt>は</rt></ruby>が<ruby>付<rt>つ</rt></ruby>いた<ruby>攻撃用<rt>こうげきよう</rt></ruby>の<ruby>武器<rt>ぶき</rt></ruby>である。
창이란 막대기 끝에 칼날이 붙어 있는 공격용 무기이다.

<ruby>言葉<rt>ことば</rt></ruby>と<ruby>行動<rt>こうどう</rt></ruby>が<ruby>矛盾<rt>むじゅん</rt></ruby>している<ruby>人<rt>ひと</rt></ruby>は<ruby>信用<rt>しんよう</rt></ruby>できないと<ruby>思<rt>おも</rt></ruby>う。
말과 행동이 모순된 사람은 신용할 수 없다고 생각한다.

1229 [N2] ☐☐☐

盾

훈 방패	たて	<ruby>盾<rt>たて</rt></ruby> 방패 <ruby>後ろ盾<rt>うしろだて</rt></ruby> 후원, 뒷배	
음 순	じゅん	<ruby>矛盾<rt>むじゅん</rt></ruby>★ 모순

9획 盾 盾 盾 盾 盾 盾 盾 盾

방패 순

<ruby>盾<rt>たて</rt></ruby>を<ruby>構<rt>かま</rt></ruby>えた<ruby>警察<rt>けいさつ</rt></ruby>たちが、デモ<ruby>隊<rt>たい</rt></ruby>の<ruby>前<rt>まえ</rt></ruby>に<ruby>並<rt>なら</rt></ruby>んでいる。 방패를 쥔 경찰들이, 시위대 앞에 줄지어 있다.

<ruby>彼<rt>かれ</rt></ruby>の<ruby>行動<rt>こうどう</rt></ruby>は<ruby>以前<rt>いぜん</rt></ruby>の<ruby>発言<rt>はつげん</rt></ruby>と<ruby>矛盾<rt>むじゅん</rt></ruby>しているではないか。 그의 행동은 이전의 발언과 모순되지 않은가.

맞은 개수: /40

색이 있는 한자의 발음을 밑줄에 쓴 다음, 괄호 안에 단어의 뜻을 써 보세요.

01 奪う	_____う	(	)	
02 警備	_____び	(	)	
03 原則	げん_____	(	)	
04 統一	_____いつ	(	)	
05 捕まる	_____まる	(	)	
06 災い	_____い	(	)	
07 追う	_____う	(	)	
08 規則	_____そく	(	)	
09 殺す	_____す	(	)	
10 公	_____	(	)	
11 税金	_____きん	(	)	
12 絞る	_____る	(	)	
13 条件	_____けん	(	)	
14 盗む	_____む	(	)	
15 爆発	_____はつ	(	)	
16 乱れる	_____れる	(	)	
17 兵士	_____し	(	)	
18 設ける	_____ける	(	)	
19 援助	えん_____	(	)	
20 政治	_____じ	(	)	

21 争う _____う ( )
22 被る _____る ( )
23 歴史 れき_____ ( )
24 犯す _____す ( )
25 尋ねる _____ねる ( )
26 市民 し_____ ( )
27 収納 しゅう_____ ( )
28 投票 とう_____ ( )
29 溺れる _____れる ( )
30 罪 _____ ( )
31 権利 _____り ( )
32 救う _____う ( )
33 戦争 _____そう ( )
34 経歴 けい_____ ( )
35 捜査 _____さ ( )
36 騒ぐ _____ぐ ( )
37 証拠 _____こ ( )
38 防ぐ _____ぐ ( )
39 暴れる _____れる ( )
40 破壊 _____かい ( )

정답 01 うばう 빼앗다 02 けいび 경비 03 げんそく 원칙 04 とういつ 통일 05 つかまる 잡히다, 붙잡히다 06 わざわい 화, 재앙 07 おう 쫓다, 따르다
08 きそく 규칙 09 ころす 죽이다 10 おおやけ 공공, 국가 11 ぜいきん 세금 12 しぼる (쥐어)짜다 13 じょうけん 조건 14 ぬすむ 훔치다
15 ばくはつ 폭발 16 みだれる 흐트러지다, 혼란해지다 17 へいし 병사 18 もうける 마련하다, 만들다 19 えんじょ 원조 20 せいじ 정치
21 あらそう 다투다 22 こうむる (은혜나 피해를) 입다, 받다 23 れきし 역사 24 おかす 저지르다, 범하다 25 たずねる 찾다, 묻다 26 しみん 시민
27 しゅうのう 수납 28 とうひょう 투표 29 おぼれる 익사하다, 빠져 죽다, 탐닉하다 30 つみ 죄 31 けんり 권리 32 すくう 구하다, 돕다
33 せんそう 전쟁 34 けいれき 경력 35 そうさ 수사 36 さわぐ 떠들다, 소란 피우다 37 しょうこ 증거 38 ふせぐ 막다
39 あばれる 날뛰다, 난폭하게 굴다 40 はかい 파괴

둘째 마당 마무리 문제

✅ 밑줄 친 단어의 읽는 법으로 가장 적절한 것을 하나 고르세요.

01 ゆでた<u>豆</u>をサラダに<u>加えた</u>。

① まめ   ② いも   ③ かい   ④ たまご

02 給料によって納める<u>税金</u>が異なります。

① ちょきん   ② りょうきん   ③ ぜいきん   ④ げんきん

03 研修を受けるため、本社へ<u>出張</u>に行く。

① しゅっとう   ② しゅつとう   ③ しゅっちょう   ④ しゅつちょう

04 ライバルの相手チームと優勝を<u>争って</u>いる。

① きそって   ② まさって   ③ たたかって   ④ あらそって

05 講演の依頼を受けたが、今回は<u>辞退</u>することにした。

① したい   ② じたい   ③ しだい   ④ じだい

06 空気が<u>乾燥</u>している冬は火災が発生しやすい。

① かんそ   ② けんそ   ③ かんそう   ④ けんそう

07 高校時代の写真を見たら<u>懐かしい</u>気持ちになった。

① なつかしい   ② はずかしい   ③ むずかしい   ④ もどかしい

08 この作品について<u>率直</u>な感想が聞きたい。

① そっちょく   ② そっじき   ③ そくちょく   ④ そくじき

09 読んだ本は元の場所に<u>返して</u>ください。

① うつして   ② もどして   ③ わたして   ④ かえして

10 部下は上司の<u>命令</u>に従った。

① めいせい   ② めいれい   ③ みょうせい   ④ みょうれい

밑줄 친 단어의 한자 표기로 가장 적절한 것을 하나 고르세요.

11 地震により一部地域で<u>ていでん</u>が起きている。

① 低雷   ② 低電   ③ 停雷   ④ 停電

12 新商品について<u>ふくすう</u>の問い合わせがあった。

① 複数   ② 復数   ③ 複量   ④ 復量

13 イタリアには１週間ほど<u>たいざい</u>する予定です。

① 滞存   ② 滞在   ③ 帯存   ④ 帯在

14 紅茶を使って<u>ぬの</u>を茶色に染めた。

① 革   ② 絹   ③ 服   ④ 布

15 お腹が痛くて病院に行ったら、食中毒だと<u>しんだん</u>された。

① 診断   ② 診察   ③ 訂断   ④ 訂察

16 この国の経済は<u>きゅうげき</u>に成長している。

① 急劇   ② 急激   ③ 鋭劇   ③ 鋭激

17 隣の家の騒音にいつも<u>こまっ</u>ている。

① 迷って   ② 悩って   ③ 困って   ④ 揺って

18 製品の使い方を<u>くわしく</u>説明してください。

① 詳しく   ② 証しく   ③ 訳しく   ④ 論しく

19 窓が割れ、ガラスの<u>はへん</u>が散らばっていた。

① 被辺   ② 被片   ③ 破辺   ④ 破片

20 保険に入らないかと<u>しつこくかんゆう</u>された。

① 歓誘   ② 勧誘   ③ 歓裕   ④ 勧裕

정답 및 해석 p.662

일본어도 역시,
1위 해커스

셋째 마당

고급 한자

JLPT N1에
나오는 한자

셋째 마당에는 고급 한자 907자가 수록되어 있습니다.
산업, 역사, 법률 등의 주제와 관련된 JLPT N1 수준의 한자를
단어와 함께 학습해 봅시다.

수

★은 JLPT/JPT 기출 단어입니다.

1230 [N1] ☐☐☐

壱

훈 한	一	
음 일	いち	**壱万円** 일만 엔 いちまんえん

7획 壱 壱 壱 壱 壱 壱 壱

한 일

領収書には1万円を**壱万円**と漢数字で書いたりもする。
りょうしゅうしょ　　まんえん　いちまんえん　かんすうじ　か
영수증에는 1만 엔을 일만 엔이라고 한자 숫자로 쓰기도 한다.

1231 [N1] ☐☐☐

弐

훈 두	一	
음 이	に	**弐万円** 이만 엔 にまんえん

6획 弐 弐 弐 弐 弐 弐

두 이

ご祝儀に**弐万円**を包むのは縁起が悪いとされている。
しゅうぎ　にまんえん　つつ　えんぎ　わる
축의금으로 이만 엔을 넣는 것은 재수가 좋지 않다고 여겨진다.

1232 [N1] ☐☐☐

桁

훈 배다리	けた	**桁** 자릿수 **桁違い** (차이가) 현격함, 단위가 틀림 けた　　けたちが
음 항	一	

10획 桁 桁 桁 桁 桁 桁 桁 桁 桁

배다리 항

あの子は10**桁**を超える数の暗算ができる神童だ。
こ　けた　こ　かず　あんざん　しんどう
그 아이는 10자릿수가 넘는 수의 암산을 할 수 있는 신동이다.

この家は今まで住んできた家に比べて**桁違い**に広い。
いえ　いま　す　いえ　くら　けたちが　ひろ
이 집은 지금까지 살아 온 집에 비해서 현격히 넓다.

1233 [N1] ☐☐☐

唯

오직 유

훈	오직	—	
음	유	ゆい	**唯一** 유일　**唯我独尊** 유아독존
		い	**唯々諾々** 유유낙낙, 순종함

11획 唯 唯 唯 唯 唯 唯 唯 唯 唯 唯 唯

国内で**唯一**パンダが見られる動物園です。　국내에서 유일하게 판다를 볼 수 있는 동물원입니다.

唯々諾々とは人の意見に何でも従うことを指す。
유유낙낙이란 남의 의견에 무엇이든 따르는 것을 가리킨다.

1234 [N1] ☐☐☐

僅

겨우 근

훈	겨우	わず(か)	**僅かだ** 조금이다, 사소하다
음	근	きん	**僅差** 근소한 차이

13획 僅 僅 僅 僅 僅 僅 僅 僅 僅 僅 僅 僅 僅

野菜なら駅前のスーパーよりここのほうが**僅か**に安い。　야채라면 역 앞 슈퍼보다 여기 쪽이 조금 싸다.

森選手は**僅差**でメダルを逃し、悔しいと語った。
모리 선수는 근소한 차이로 메달을 놓쳐, 분하다고 이야기했다.

1235 [N1] ☐☐☐

寡

적을 과

훈	적을	—	
음	과	か	**寡黙**★ 과묵　**寡婦** 과부, 이혼녀　**多寡** 다과, 많고 적음

14획 寡 寡 寡 寡 寡 寡 寡 寡 寡 寡 寡 寡 寡 寡

兄は**寡黙**だと思われることが多いが実はおしゃべりだ。
형은 과묵하다고 생각되는 경우가 많지만 실은 수다쟁이이다.

夫を亡くし、**寡婦**として一人で生きてきた。　남편을 잃고, 과부로 혼자서 살아왔다.

1236 [N1] ☐☐☐

累

묶을 루(누)

훈	묶을	—	
음	루(누)	るい	**累計** 누계　**累積** 누적　**係累** 계루, 부양 가족

11획 累 累 累 累 累 累 累 累 累 累 累

電気自動車の国内外販売台数が**累計**百万台を超えた。
전기 자동차의 국내외 판매 대수가 누계 백만 대를 넘었다.

赤字が**累積**した企業の再建は簡単なことじゃない。　적자가 누적된 기업의 재건은 간단한 일이 아니다.

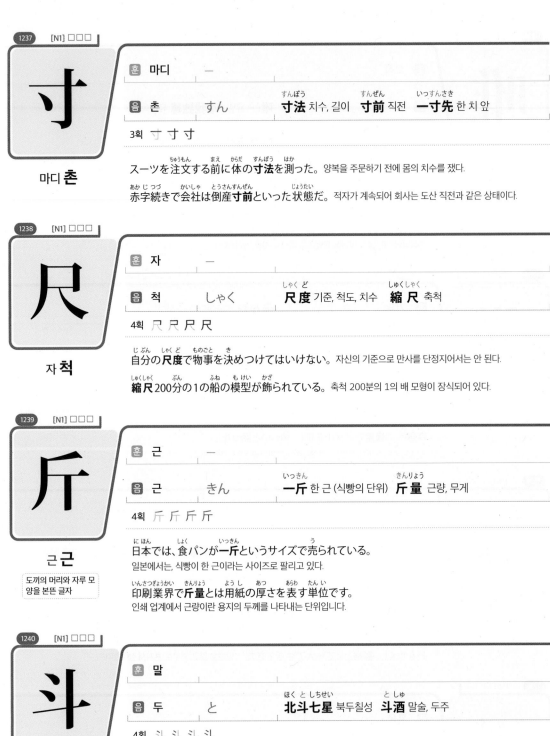

1237 [N1] □□□

寸

마디 촌

훈	마디	—			
음	촌	すん	**寸法** 치수, 길이	**寸前** 직전	**一寸先** 한 치 앞

3획 寸 寸 寸

スーツを注文する前に体の**寸法**を測った。 양복을 주문하기 전에 몸의 치수를 쟀다.

赤字続きで会社は倒産**寸前**といった状態だ。 적자가 계속되어 회사는 도산 직전과 같은 상태이다.

1238 [N1] □□□

尺

자 척

훈	자	—		
음	척	しゃく	**尺度** 기준, 척도, 치수	**縮尺** 축척

4획 尺 尺 尺 尺

自分の**尺度**で物事を決めつけてはいけない。 자신의 기준으로 만사를 단정지어서는 안 된다.

縮尺200分の1の船の模型が飾られている。 축척 200분의 1의 배 모형이 장식되어 있다.

1239 [N1] □□□

斤

근 근

도끼의 머리와 자루 모양을 본뜬 글자

훈	근	—		
음	근	きん	**一斤** 한 근 (식빵의 단위)	**斤量** 근량, 무게

4획 斤 斤 斤 斤

日本では、食パンが**一斤**というサイズで売られている。
일본에서는, 식빵이 한 근이라는 사이즈로 팔리고 있다.

印刷業界で**斤量**とは用紙の厚さを表す単位です。
인쇄 업계에서 근량이란 용지의 두께를 나타내는 단위입니다.

1240 [N1] □□□

斗

말 두

훈	말		
음	두	と	**北斗七星** 북두칠성	**斗酒** 말술, 두주

4획 斗 斗 斗 斗

澄んだ夜空に**北斗七星**がはっきりと見えます。 맑은 밤하늘에 북두칠성이 선명하게 보입니다.

斗酒を用意して、来客をもてなした。 말술을 준비해서, 손님을 접대했다.

1241 [N1] ☐☐☐

升

| 훈 | 되 | ます | **升** 되, 곡물·액체의 양을 재는 사각형 나무 그릇 |
| 음 | 승 | しょう | **一升** 한 되 **一升瓶** 한 됫병 |

4획 升 升 升 升

되**승**

この店で日本酒を頼むと升に注がれて出てくる。 이 가게에서 일본주를 주문하면 되에 따라져 나온다.

一度に一升の米が炊ける容量の大きい炊飯器を買った。
한 번에 한 되의 쌀을 취사할 수 있는 용량의 큰 밥솥을 샀다.

1242 [N1] ☐☐☐

坪

| 훈 | 평평할/들 | つぼ | **坪** 평 **坪数** 평수 |
| 음 | 평 | — | |

8획 坪 坪 坪 坪 坪 坪 坪 坪

평평할/들 **평**

1坪は約3.3平方メートルです。 1평은 약 3.3평방미터입니다.

家を建てるなら、坪数は最低30坪ほど欲しい。 집을 짓는다면, 평수는 최소 30평 정도 원한다.

1243 [N1] ☐☐☐

箇

| 훈 | 낱 | — | |
| 음 | 개 | か | **箇所** 곳, 개소 **箇条書き** 조항별로 씀 |

14획 箇 箇 箇 箇 箇 箇 箇 箇 箇 箇 箇 箇 箇 箇

낱 **개**

修正が必要な箇所があれば教えてください。 수정이 필요한 곳이 있으면 알려 주세요.

議事録は分かりやすく箇条書きにしましょう。 의사록은 알기 쉽게 조항별로 씁시다.

1244 [N1] ☐☐☐

房

| 훈 | 방 | ふさ | **房** 송이 **一房** 한 송이 **乳房** 유방 |
| 음 | 방 | ぼう | **暖房**★ 난방 **冷房** 냉방 **文房具**★ 문방구 **独房** 독방 |

8획 房 房 房 房 房 房 房 房

방**방**

特売日でぶどうが一房400円で売られていた。 세일 날이라 포도가 한 송이 400엔에 팔리고 있었다.

少し寒いので、暖房を入れてもいいですか。 조금 추우니, 난방을 틀어도 될까요?

1245 [N1] ☐☐☐

厘

훈 다스릴 —

음 리(이) りん 二厘 2리 一分一厘 아주 조금

9획 厘厘厘厘厘厘厘厘厘

다스릴 리(이)

木村選手の打率は二割二厘に下がりました。 기무라 선수의 타율은 2할 2리로 내려갔습니다.

人工衛星の設計には一分一厘の誤差も許されない。
인공위성 설계에는 아주 조금의 오차도 허용되지 않는다.

1246 [N1] ☐☐☐

序

훈 차례 —

음 서 じょ 順序★ 순서 秩序 질서 序列 서열 序論 서론

7획 序序序序序序序

차례 서

物事は順序を立てて実行するようにしている。 모든 일은 순서를 정해서 실행하도록 하고 있다.

公共の秩序を乱す行動をしてはいけない。 공공의 질서를 어지럽히는 행동을 해서는 안 된다.

1247 [N1] ☐☐☐

甲

훈 갑옷 —

음 갑 こう 手の甲 손등 装甲車 장갑차 甲殻類 갑각류

かん 甲板 갑판 甲高い 새되다, 앙칼지다

5획 甲甲甲甲甲

갑옷 갑

새싹이 아직 단단한 씨
앗 껍질을 뒤집어쓴 모
양을 본뜬 글자

手洗いをするときは手の甲もしっかり擦りましょう。 손을 씻을 때는 손등도 확실히 문지릅시다.

船の甲板に上って、カモメに餌をやった。 배의 갑판에 올라가, 갈매기에게 먹이를 주었다.

1248 [N1] ☐☐☐

乙

훈 새 —

음 을 おつ 甲乙 갑을, 첫째와 둘째 乙種 을종, 둘째 종류

1획 乙

새 을

どちらの作品も優れていて甲乙をつけがたい。 어느 쪽의 작품도 뛰어나서 갑을을 정하기 어렵다.

この試験には甲種、乙種、丙種の3種類がある。 이 시험에는 갑종, 을종, 병종 3종류가 있다.

丙

셋째 천간 **병**

훈	셋째 천간	—		
음	병	へい	**丙** 병, 셋째	**丙種** 병종, 셋째 종류

5획 丙 丙 丙 丙 丙

けいやくしょ　よ　　　　　　　　　　　　　　なまえ　こう おつ へい　あらわ
契約書では読みやすくするため名前を甲・乙・丙で表す。
계약서에서는 읽기 쉽게 하기 위해 이름을 갑·을·병으로 나타낸다.

き けんぶつとりあつかいしゃ　し かく　へいしゅ　ごうかく
危険物取 扱 者の資格の**丙種**に合格した。 위험물 취급자 자격 병종에 합격했다.

准

승인할/준할 **준**

훈	승인할/ 준할	—			
음	준	じゅん	**批准** 비준	**准教授** 준교수, 부교수	**准将** 준장

10획 准 准 准 准 准 准 准 准 准 准

わ　くに　かんきょうほ ぜん　かん　　こくさいじょうやく　ひ じゅん
我が国は環境保全に関する国際条約に**批准**した。 우리나라는 환경 보전에 관한 국제 조약에 비준했다.

しんり がく　こう ぎ　じゅんきょうじゅ　いしはらせんせい　おこな
心理学の講義は**准教授**の石原先生が行います。 심리학 강의는 부교수 이시하라 선생님이 진행합니다.

逐

쫓을 **축**

훈	쫓을	—			
음	축	ちく	**逐一** 하나하나	**逐次** 순차	**駆逐** 구축

10획 逐 逐 逐 逐 逐 逐 逐 逐 逐 逐

たんとう　あんけん　しんちょく　　　　　　　　ちくいちほうこく
担当の案件に進捗があれば、**逐一**報告してください。
담당 안건에 진척이 있으면, 하나하나 보고해 주세요.

せい ど　あ　　　　　　　　　　　　　ちく じ かいぜん　すす
システムの精度を上げるため、**逐次**改善を進めている。
시스템의 정밀도를 올리기 위해, 순차로 개선을 진행하고 있다.

시간

宵

밤 **소**

훈	밤	よい	**宵** 초저녁, 저녁	**今宵** 오늘 밤
음	소	しょう	**徹宵** 밤샘, 철야	

10획 宵 宵 宵 宵 宵 宵 宵 宵 宵 宵

あき　よい　しず　　　すこ さび　　　かん
秋の**宵**は静かで少し寂しい感じがする。 가을의 초저녁은 조용하고 조금 쓸쓸한 느낌이 든다.

ひさ　　　　あ　　ともだち　てっしょうかた　あ
久しぶりに会った友達と**徹宵**語り合った。 오랜만에 만난 친구와 밤새워 이야기를 나눴다.

1253 [N1] ☐☐☐

暁

새벽 **효**

훈 새벽	あかつき	**暁** _{あかつき} 새벽, 그때	
음 효	ぎょう	**今暁** _{こんぎょう} 오늘 새벽	**暁天** _{ぎょうてん} 새벽녘

12획 暁 暁 暁 暁 暁 暁 暁 暁 暁 暁 暁 暁

暁 の静かな町に 鶏 の鳴き声が響いた。 새벽의 조용한 마을에 닭의 울음소리가 울려 퍼졌다.

今暁 に東京を出発し、今やっと家に着いた。 오늘 새벽에 도쿄를 출발해서, 방금 드디어 집에 도착했다.

1254 [N1] ☐☐☐

弥

두루 미칠 **미**

훈 두루 미칠	や	**弥生** _{やよい} 음력 3월	
음 미	—		

8획 弥 弥 弥 弥 弥 弥 弥 弥

昔は睦月、**弥生**のように旧暦が使われていた。
옛날에는 음력 정월, 음력 3월과 같이 구력이 사용되고 있었다.

1255 [N1] ☐☐☐

曽

일찍 **증**

훈 일찍	—		
음 증	そう	**曽祖父** _{そうそふ} 증조부	**曽孫** _{そうそん} 증손주
	ぞ	**未曽有** _{みぞう} 미증유, 전대미문	

11획 曽 曽 曽 曽 曽 曽 曽 曽 曽 曽 曽

曽祖父の代から続く和菓子屋を営んでいます。 증조부 대부터 이어진 화과자 가게를 경영하고 있습니다.

今回の大地震は**未曽有**の被害をもたらした。 이번 대지진은 미증유의 피해를 초래했다.

1256 [N1] ☐☐☐

既

이미 **기**

훈 이미	すで(に)	**既に**★ _{すで} 이미, 벌써	
음 기	き	**既婚** _{きこん} 기혼 **既成** _{きせい} 기성	**既製品** _{きせいひん} 기성품

10획 既 既 既 既 既 既 既 既 既 既

このユーザー名は**既に**使用されています。 이 유저명은 이미 사용되고 있습니다.

既婚の友達に結婚についてアドバイスをもらった。 기혼인 친구에게 결혼에 대해서 조언을 받았다.

1257 [N1] □□□

눈깜박일 **순**

훈	눈깜박일	またた(く)	またた **瞬く** 깜빡이다　またき **瞬き** 깜빡임
음	순	しゅん	しゅんかん **瞬間** 순간　いっしゅん **一瞬** 일순　しゅん じ **瞬時** 순시, 순간

18획 瞬 瞬 瞬 瞬 瞬 瞬 瞬 瞬 瞬 瞬 瞬 瞬 瞬 瞬 瞬 瞬 瞬 瞬

よ ぞら　ほし　　　　　　　 またた　 み
夜空の星がきらきらと**瞬いて**見える。 밤하늘의 별이 반짝반짝하며 깜빡여 보인다.

お　　　 しゅんかん　ね ぼう　　　　　　　　 き　 つ
起きた**瞬間**、寝坊したことに気が付いた。 일어난 순간, 늦잠 잔 것을 깨달았다.

1258 [N1] □□□

절 **찰**

훈	절	—	
음	찰	さつ	こ さつ **古刹** 고찰, 오래된 절　めいさつ **名刹** 명찰, 유명한 절
		せつ	せつ な **刹那** 찰나

8획 刹 刹 刹 刹 刹 刹 刹 刹

れきし　い じん　 おとず　　　　　　　　 こ さつ　 さんぱい
歴史の偉人も訪れたという**古刹**に参拝してきた。 역사적 위인도 방문했다고 하는 고찰에 참배하고 왔다.

かれ　 でん わ　　　　　　　 せつ な　 む　　　　　　 か
彼に電話しようとした**刹那**、向こうから掛かってきた。
그에게 전화하려고 한 찰나, 상대편으로부터 걸려 왔다.

1259 [N1] □□□

어찌 **나**

훈	어찌	—	
음	나	な	せつ な **刹那** 찰나　だん な **旦那** 남편, 주인

7획 那 那 那 那 那 那 那

かれ　 あとさきかんが　　　 せつ な　 かいらく　 もと　　　 い
彼は後先考えず**刹那**の快楽を求めて生きているようだ。
그는 앞뒤 생각하지 않고 찰나의 쾌락을 추구하며 살고 있는 것 같다.

だん な　 せいじつ　　　 ひ　　　 けっこん　き
旦那の誠実さに引かれて結婚を決めた。 남편의 성실함에 끌려서 결혼을 결정했다.

1260 [N1] □□□

잠깐 **잠**

훈	잠깐	—	
음	잠	ざん	ざんてい **暫定** 잠정, 임시　ざん じ **暫時** 잠시

15획 暫 暫 暫 暫 暫 暫 暫 暫 暫 暫 暫 暫 暫 暫 暫

たいかい　 で　　 もりせんしゅ　 ざんてい　 い　 しょにち　 お
ゴルフの大会に出た森選手は**暫定**1位で初日を終えた。
골프 대회에 나간 모리 선수는 잠정 1위로 첫날을 마쳤다.

ざん じ きゅうけい
ではここで、**暫時**休憩といたします。 그러면 여기서, 잠시 휴식하겠습니다.

1261 [N1] ☐☐☐

훈	자주	—			
음	빈	ひん	**頻繁**★ 빈번	**頻度** 빈도	**頻発** 빈발

17획 頻 頻 頻 頻 頻 頻 頻 頻 頻 頻 頻 頻 頻 頻 頻 頻 頻

자주 빈

今年は去年よりも地震が**頻繁**に発生している。 올해는 작년보다도 지진이 빈번하게 발생하고 있다.

節約するために外食の**頻度**を減らした。 절약하기 위해서 외식 빈도를 줄였다.

1262 [N1] ☐☐☐

훈	번성할	—			
음	번	はん	**繁盛**★ 번성, 번창	**繁殖**★ 번식	**頻繁**★ 빈번	**繁栄** 번영

16획 繁 繁 繁 繁 繁 繁 繁 繁 繁 繁 繁 繁 繁 繁 繁 繁

번성할 번

この店は開店当時から人気があって今も**繁盛**している。
이 가게는 개점 당시부터 인기가 있어서 지금도 번성하고 있다.

カビは湿度が70%を超えると**繁殖**しやすくなるらしい。
곰팡이는 습도가 70%를 넘으면 번식하기 쉬워진다고 한다.

1263 [N1] ☐☐☐

훈	항상	—			
음	항	こう	**恒例** 항상 하는 일, 항례	**恒久** 영원, 항구	**恒常** 항상

9획 恒 恒 恒 恒 恒 恒 恒 恒 恒

항상 항

家族そろって年末に大掃除をするのが毎年の**恒例**です。
가족이 모여서 연말에 대청소를 하는 것이 매년 항상 하는 일입니다.

この世界から全ての苦しみが**恒久**に消えることを願っている。
이 세계에서 모든 고통이 영원히 사라지기를 바라고 있다.

1264 [N1] ☐☐☐

훈	따를	—			
음	수	ずい	**随時**★ 수시	**随分**★ 몹시, 매우	**追随** 추종

12획 随 随 随 随 随 随 随 随 随 随 随 随

따를 수

パートタイムの従業員を**随時**募集しております。 파트타임 종업원을 수시 모집하고 있습니다.

ここ数年忙しく、実家に帰るのも**随分**久しぶりだった。
요 몇 년 바빠서, 본가에 돌아가는 것도 몹시 오랜만이었다.

1265 [N1] ☐☐☐

漸

점점 **점**

훈	점점	—	
음	점	ぜん	**漸進的** 점진적 **漸次** 점차

14획 漸 漸 漸 漸 漸 漸 漸 漸 漸 漸 漸 漸 漸 漸

けいきかいふく ぜんしんてき かいかく ひつよう
景気回復には**漸進的**な改革が必要です。 경기 회복에는 점진적인 개혁이 필요합니다.

ざいたくきんむ どうにゅう きぎょう ぜんじ ふ
在宅勤務を導入する企業が**漸次**増えている。 재택근무를 도입하는 기업이 점차 늘고 있다.

상태

1266 [N1] ☐☐☐

塊

덩어리 **괴**

훈	덩어리	かたまり	**塊** 덩어리, 뭉치 **一塊** 한 덩어리
음	괴	かい	**金塊** 금괴

13획 塊 塊 塊 塊 塊 塊 塊 塊 塊 塊 塊 塊 塊

てつ かたまり ふね みず う りゆう ふりょく はたら
鉄の**塊**の船が水に浮く理由は浮力が働いているためだ。
쇳덩어리인 배가 물에 뜨는 이유는 부력이 작용하고 있기 때문이다.

むかし とうきょうわん たいりょう きんかい はっけん
昔、東京湾から大量の**金塊**が発見されたことがある。
옛날에, 도쿄만에서 대량의 금괴가 발견된 적이 있다.

1267 [N1] ☐☐☐

枢

지도리 **추**

훈	지도리	—		
음	추	すう	**中枢**★ 중추 **枢要** 긴요하고 중요함 **枢軸** 추축, 주축

8획 枢 枢 枢 枢 枢 枢 枢 枢

けいえいきかくぶ かいしゃけいえい ちゅうすう にな ぶしょ
経営企画部は会社経営の**中枢**を担う部署である。 경영기획부는 회사 경영의 중추를 담당하는 부서다.

おおさか にしにほん すうよう とし
大阪は西日本において**枢要**な都市です。 오사카는 서일본에 있어서 긴요하고 중요한 도시입니다.

1268 [N1] ☐☐☐

衡

저울대 **형**

훈	저울대	—	
음	형	こう	**均衡** 균형 **平衡** 평형 **度量衡** 도량형

16획 衡 衡 衡 衡 衡 衡 衡 衡 衡 衡 衡 衡 衡 衡 衡 衡

し よさん しゅうし きんこう こうりょ へんせい
市の予算は収支の**均衡**を考慮して、編成しています。
시의 예산은 수지 균형을 고려해서, 편성하고 있습니다.

みみ からだ へいこう たも きかん
耳には体の**平衡**を保つ器官があります。 귀에는 몸의 평형을 유지하는 기관이 있습니다.

1269 [N1] ☐☐☐

徹

통할 철

훈	통할	—			
음	철	てつ	**徹底** 철저 (てってい)	**徹夜** 철야 (てつや)	**貫徹** 관철 (かんてつ)

15획 徹 徹 徹 徹 徹 徹 徹 徹 徹 徹 徹 徹 徹 徹 徹

食品工場では**徹底**した衛生管理が重要です。 식품 공장에서는 철저한 위생 관리가 중요합니다.
(しょくひんこうじょう・てってい・えいせいかんり・じゅうよう)

徹夜で勉強したから試験で満点が取れるといいな。
(てつや・べんきょう・しけん・まんてん・と)
철야로 공부했으니까 시험에서 만점 받을 수 있으면 좋겠다.

1270 [N1] ☐☐☐

顕

나타날 현

훈	나타날	—		
음	현	けん	**顕著**★ 현저 (けんちょ)	**顕微鏡** 현미경 (けんびきょう)

18획 顕 顕 顕 顕 顕 顕 顕 顕 顕 顕 顕 顕 顕 顕 顕 顕 顕 顕

塾を変える以前と現在では、成績に**顕著**な差がある。
(じゅく・か・いぜん・げんざい・せいせき・けんちょ・さ)
학원을 바꾸기 이전과 현재와는, 성적에 현저한 차이가 있다.

細菌や微生物も**顕微鏡**を使えば観察できます。 세균과 미생물도 현미경을 사용하면 관찰할 수 있습니다.
(さいきん・びせいぶつ・けんびきょう・つか・かんさつ)

1271 [N1] ☐☐☐

噴

뿜을 분

훈	뿜을	ふ(く)	**噴く** 내뿜다 (ふ)	**噴き出す**★ 내뿜다, 분출하다 (ふ・だ)	
음	분	ふん	**噴水**★ 분수 (ふんすい)	**噴火** 분화 (ふんか)	**噴出** 분출 (ふんしゅつ)

15획 噴 噴 噴 噴 噴 噴 噴 噴 噴 噴 噴 噴 噴 噴 噴

クルーズ旅行中にクジラが潮を**噴く**姿が見られました。
(りょこうちゅう・しお・ふ・すがた・み)
크루즈 여행 중에 고래가 바닷물을 내뿜는 모습을 볼 수 있었습니다.

子供たちが広場の**噴水**で楽しそうに水遊びしている。
(こども・ひろば・ふんすい・たの・みずあそ)
아이들이 광장의 분수에서 즐거운 듯이 물놀이하고 있다.

헷갈리는 단어 모아보기

동음이의어			
	噴く (ふ)	내뿜다	火山が火を**噴く**いている。 화산이 불을 내뿜고 있다. (かざん・ひ・ふ)
	吹く (ふ)	불다	気持ちいい風が**吹く**いている。 기분 좋은 바람이 불고 있다. (きも・かぜ・ふ)

噴く와 **吹く**는 모두 ふく로 발음된다. **噴く**는 기체나 액체가 기세 좋게 밖으로 나오다, **吹く**는 바람이나 입김 등 공기가 흘러 이동하다라는 뜻이다.

湧

샘솟을 용

훈	샘솟을	わ(く)	湧く* 샘솟다, 솟다
음	용	ゆう	湧出 용출, 분출　湧水 용수, 솟아나는 물

12획 湧 湧 湧 湧 湧 湧 湧 湧 湧 湧 湧 湧

友人に励まされ、好きな子に告白する勇気が湧いた。
친구에게 격려 받아, 좋아하는 애에게 고백할 용기가 샘솟았다.

草津温泉では毎日大量の温泉が湧出しています。
구사쓰 온천에서는 매일 대량의 온천이 용출하고 있습니다.

凝

엉길 응

훈	엉길	こ(る)	凝る 열중하다, 응고하다　凝り性 열중하는 기질
		こ(らす)	凝らす 한곳에 집중하다
음	응	ぎょう	凝縮* 응축　凝視* 응시　凝固 응고　凝結 응결

16획 凝 凝 凝 凝 凝 凝 凝 凝 凝 凝 凝 凝 凝 凝 凝 凝

母は退職してからガーデニングに凝っている。　어머니는 퇴직하고 나서 가드닝에 열중하고 있다.

魚介のうま味が凝縮されたラーメンスープの味が最高だ。
해산물의 감칠맛이 응축된 라멘 국물 맛이 최고다.

融

화할 융

훈	화할	—	
음	융	ゆう	融通* 융통성, 융통　融資 융자　金融 금융　融和 융화

16획 融 融 融 融 融 融 融 融 融 融 融 融 融 融 融 融

黒田さんは生真面目で、仕事に関しては融通が利かない。
구로다 씨는 고지식해서, 일에 관해서는 융통성이 없다.

起業時に銀行から500万円の融資を受けた。 사업을 시작할 때 은행으로부터 500만 엔의 융자를 받았다.

膨

부를 팽

훈 부를	ふく(らむ)	**膨らむ** 부풀다 **膨らみ** 부풂
	ふく(れる)	**膨れる** 부풀다, 뽀로통해지다 **青膨れ** 파랗게 부어오름
음 팽	ぼう	**膨大**＊ 방대, 팽대 **膨張** 팽창

16획 膨膨膨膨膨膨膨膨膨膨膨膨膨膨膨膨

冷蔵庫にパン生地を入れて**膨らむ**のを待ちます。 냉장고에 빵 반죽을 넣고 부푸는 것을 기다립니다.

休み明けで朝から**膨大**な量のメールの処理に追われた。
휴가가 끝나고 아침부터 방대한 양의 이메일 처리에 쫓겼다.

遍

두루 편

| 훈 두루 | ― | |
| 음 편 | へん | **普遍** 보편 **何遍**＊ 몇 번 **一遍** 한 번 **遍歴** 편력 |

12획 遍遍遍遍遍遍遍遍遍遍遍遍

音楽は人類**普遍**の言語だと言われている。 음악은 인류 보편의 언어라고 말해지고 있다.

数学の応用問題を**何遍**計算しても、答えが合わない。
수학 응용 문제를 몇 번 계산해도, 답이 맞지 않는다.

迅

빠를 신

| 훈 빠를 | ― | |
| 음 신 | じん | **迅速** 신속 **疾風迅雷** 질풍신뢰 |

6획 迅迅迅迅迅迅

医療の現場では常に**迅速**な対応が求められる。 의료 현장에서는 항상 신속한 대응이 요구된다.

彼女は**疾風迅雷**の勢いで次々と点を決めてみせた。
그녀는 질풍신뢰의 기세로 연달아 점수를 내 보였다.

沃

기름질 옥

| 훈 기름질 | ― | |
| 음 옥 | よく | **肥沃** 비옥 |

7획 沃沃沃沃沃沃沃

おいしい農作物を作るには**肥沃**な土壌が不可欠です。
맛있는 농작물을 만들기 위해서는 비옥한 토양이 불가결합니다.

1279 [N1] □□□

汎

넓을 범

훈	넓을	—	
음	범	はん	**汎用** 범용, 널리 사용함

6획 汎 汎 汎 汎 汎 汎

さまざま びょうき ちりょうやく はんよう
ステロイドは様々な病気の治療薬に**汎用**されている。
스테로이드는 다양한 병의 치료약으로 범용되고 있다.

1280 [N1] □□□

漠

사막/넓을 막

물(氵)과 없다(莫)를 합쳐 물이 없는 사막을 나타낸 글자

훈	사막/넓을	—	
음	막	ばく	**砂漠** 사막 **漠然**★ 막연

13획 漠 漠 漠 漠 漠 漠 漠 漠 漠 漠 漠 漠 漠

こうだい さばく の おうだん
広大な**砂漠**をラクダに乗って横断しました。 광대한 사막을 낙타를 타고 횡단했습니다.
かのじょ ばくぜん ぐたいせい か
彼女のアイデアは**漠然**としていて具体性に欠ける。 그녀의 아이디어는 막연하고 구체성이 부족하다.

1281 [N1] □□□

附

붙을 부

훈	붙을	—	
음	부	ふ	**附属** 부속 **寄附** 기부

8획 附 附 附 附 附 附 附 附

めいもん し りつだいがく ふ ぞくしょうがっこう かよ
めいは名門私立大学の**附属**小学校に通っています。
조카딸은 명문 사립 대학의 부속 초등학교에 다니고 있습니다.

し し みんたいいくかん けんせつ き ふ つの
市は市民体育館を建設するための**寄附**を募っている。
시는 시민 체육관을 건설하기 위한 기부를 모으고 있다.

1282 [N1] □□□

粘

붙을 점

훈	붙을	ねば(る)	**粘る**★ 차지게 붙다, 달라붙다 **粘り** 끈기 **粘り強い**★ 끈질기다
음	점	ねん	**粘土** 점토 **粘着** 점착 **粘膜** 점막 **粘液** 점액

11획 粘 粘 粘 粘 粘 粘 粘 粘 粘 粘 粘

き じ ねば
パン生地は**粘る**までよくこねてください。 빵 반죽은 차지게 붙을 때까지 잘 반죽해 주세요.
むすこ て さき きよう ねん ど せんさい さくひん つく
息子は手先が器用で、**粘土**で繊細な作品も作れる。
아들은 손재주가 좋아서, 점토로 섬세한 작품도 만들 수 있다.

狭

좁을 협

훈 좁을	せま(い)	**狭い**[★] 좁다	**狭苦しい** 비좁다, 옹색하다
	せば(まる)	**狭まる** 좁아지다, 좁혀지다	
	せば(める)	**狭める** 좁히다, 남을 괴롭히다	
음 협	きょう	**偏狭** 편협	**狭量** 협량, 옹졸함

9획 狭 狭 狭 狭 狭 狭 狭 狭 狭

予約したホテルが思ったより**狭くて**がっかりした。 예약한 호텔이 생각보다 좁아서 실망했다.

あんな**偏狭**な考えでは人格的成長が難しいだろう。
저런 편협한 생각으로는 인격적 성장이 어려울 것이다.

緻

촘촘할 치

훈 촘촘할	―	
음 치	ち	**緻密** 치밀 **精緻** 정교하고 치밀함

16획 緻 緻 緻 緻 緻 緻 緻 緻 緻 緻 緻 緻 緻 緻 緻 緻

観光名所を効率的に回るため**緻密**な計画を練った。
관광 명소를 효율적으로 돌기 위해 치밀한 계획을 짰다.

サンプルが多いほど、より**精緻**な分析が可能になる。
샘플이 많을수록, 보다 정교하고 치밀한 분석이 가능해진다.

斬

벨 참

훈 벨	き(る)	**斬る** 베다
음 참	ざん	**斬新** 참신 **斬殺** 참살, 베어 죽임

11획 斬 斬 斬 斬 斬 斬 斬 斬 斬 斬

敵を**斬る**シーンでの役者の演技は迫力がすごかった。
적을 베는 장면에서의 배우의 연기는 박력이 대단했다.

彼のアイデアはいつも**斬新**で面白い。 그의 아이디어는 항상 참신하고 재미있다.

1286 [N1] □□□

如

같을 여

훈	같을	—		
음	여	じょ	**突如** 갑자기, 별안간	**欠如** 결여
		にょ	**如実**[★] 여실	**如来** 여래, 부처

6획 如 如 如 如 如 如

突如雨が降り出し、急いで建物の中へ入った。 갑자기 비가 내리기 시작해, 서둘러 건물 안으로 들어갔다.

このドラマは 現代の社会問題が**如実**に表現されている。
이 드라마는 현대의 사회 문제가 여실히 표현되고 있다.

1287 [N1] □□□

須

모름지기 **수**

훈	모름지기	—	
음	수	す	**必須** 필수 　**急須** 찻주전자

12획 須 須 須 須 須 須 須 須 須 須 須 須

業務をするうえで基本的なパソコンスキルは**必須**だ。
업무를 하는 데 있어서 기본적인 컴퓨터 기술은 필수다.

急須で入れたお茶をお客さんに出した。 찻주전자로 끓인 차를 손님에게 내었다.

1288 [N1] □□□

堅

굳을 **견**

땅(土)과 굳다(臤)를 합쳐 단단한 땅을 나타낸 글자

훈	굳을	かた(い)	**堅い**[★] 단단하다, 딱딱하다	**堅苦しい**[★] 너무 엄격하다
음	견	けん	**堅実**[★] 견실 　**堅固** 견고	**中堅** 중견

12획 堅 堅 堅 堅 堅 堅 堅 堅 堅 堅 堅 堅

この材木は**堅**くて、加工するのが容易ではない。 이 목재는 단단해서, 가공하는 것이 쉽지 않다.

就職したら、老後に備えて**堅実**に貯金をしようと思う。
취직하면, 노후를 대비해서 견실하게 저금을 하려고 생각한다.

헷갈리는 단어 모아보기

유의어
┌ **堅い** 　단단하다, 딱딱하다. 　このチームは**守備**が**堅い**。 이 팀은 수비가 단단하다.
└ **硬い** 　딱딱하다, 단단하다 　ダイヤモンドより**硬い宝石**はない。
　　　　　　　　　　　　　　　　　다이아몬드보다 딱딱한 보석은 없다.

堅い와 **硬い**는 모두 '딱딱하다, 단단하다'라는 뜻이다. **堅い**는 주로 목재나 사람의 의지 등의 성질이 단단하여 갈라지거나 꺾이지 않을 때, **硬い**는 주로 광물 등의 성질이 딱딱하여 깨지거나 부서지지 않을 때 사용한다.

호걸 호

높다(高)와 돼지(豕)를 합쳐 우두머리 돼지와 같이 뛰어난 자를 나타낸 글자

훈 호걸	—				
음 호	ごう	豪快 호쾌	豪雨 호우	文豪 문호	豪華 호화

14획 豪 豪 豪 豪 豪 豪 豪 豪 豪 豪 豪 豪 豪 豪

豪快に笑う彼女を見ていると私まで楽しくなる。 호쾌하게 웃는 그녀를 보고 있으면 나까지 즐거워진다.

先月の豪雨で、土砂災害が発生しました。 지난달 호우로, 토사 재해가 발생했습니다.

1290 [N1] ☐☐☐

빛날 화

풀(艹)과 드리우다(垂)를 합쳐 버드나무 가지가 아름답게 늘어진 것을 나타낸 글자

훈 빛날	はな	華やか★ 화려함	華々しい★ 매우 화려하다, 눈부시다	
음 화	か	豪華★ 호화	華麗 화려함	繁華街 번화가
	け	香華 향화 (불전에 공양하는 향과 꽃)		

10획 華 華 華 華 華 華 華 華 華 華

今日のメイクはいつもより華やかに見えるね。 오늘 화장은 평소보다 화려해 보이네.

せっかくの新婚旅行だし、豪華なホテルに泊まりたい。
모처럼의 신혼여행이니까, 호화로운 호텔에 묵고 싶다.

1291 [N1] ☐☐☐

빠질 몰

훈 빠질	—				
음 몰	ぼつ	没頭★ 몰두	出没 출몰	没収 몰수	日没 일몰

7획 没 没 没 没 没 没 没

学生時代はバンド活動に没頭していました。 학생 시절에는 밴드 활동에 몰두하고 있었습니다.

住宅地にイノシシが出没したとのニュースが相次いだ。
주택지에 멧돼지가 출몰했다는 뉴스가 잇따랐다.

1292 [N1] ☐☐☐

넘칠 범

훈 넘칠	—	
음 범	はん	氾濫★ 범람

5획 氾 氾 氾 氾 氾

川の水位が上がり、いつ氾濫してもおかしくない状態だ。
강의 수위가 올라, 언제 범람해도 이상하지 않은 상태다.

1293 [N1] □□□

濫

훈 넘칠 　—

음 람(남) 　らん 　　氾濫* はんらん 범람 　濫用 らんよう 남용 　濫費 らんぴ 낭비

18획 濫 濫 濫 濫 濫 濫 濫 濫 濫 濫 濫 濫 濫 濫 濫 濫 濫 濫

넘칠 **람(남)**

大雨で河川が氾濫し、近隣の住宅が浸水した。 큰 비로 하천이 범람하여, 근처 주택이 침수했다.

必要以上に外来語を濫用するのはやめてほしい。
필요 이상으로 외래어를 남용하는 것은 그만해줬으면 좋겠다.

1294 [N1] □□□

潰

훈 무너질 　つぶ(す) 　　潰す* つぶ 찌부러뜨리다, 으깨다 　暇潰し ひまつぶ 시간 때우기

　　　　　 つぶ(れる) 　　潰れる* つぶ 짜부라지다, 찌그러지다

음 궤 　かい 　　潰瘍 かいよう 궤양 　胃潰瘍 いかいよう 위궤양

15획 潰 潰 潰 潰 潰 潰 潰 潰 潰 潰 潰 潰 潰 潰 潰

무너질 **궤**

空き缶は水洗いしてから軽く潰して捨ててください。
빈 캔은 물로 헹구고 나서 가볍게 찌부러뜨려 버려 주세요.

胃カメラ検査で、胃に潰瘍が見つかった。 위 내시경 검사에서, 위에 궤양이 발견됐다.

1295 [N1] □□□

狂

훈 미칠 　くる(う) 　　狂う* くる 이상해지다, 미치다

　　　　　 くる(おしい) 　　狂おしい くる 미칠 것 같다

음 광 　きょう 　　熱狂 ねっきょう 열광 　狂気 きょうき 광기

7획 狂 狂 狂 狂 狂 狂 狂

미칠 **광**

重要な試験を控え、緊張で気が狂いそうだ。 중요한 시험을 앞두고, 긴장으로 정신이 이상해질 것 같다.

人気バンドの圧倒的な演奏にファンたちは熱狂した。 인기 밴드의 압도적인 연주에 팬들은 열광했다.

1296 [N1] □□□

屯

진칠 둔

훈	진칠	—		
음	둔	とん	駐屯 주둔	駐屯地 주둔지

4획 屯 屯 屯 屯

横浜にはイギリスとフランスの軍隊が駐屯していた。
요코하마에는 영국과 프랑스의 군대가 주둔하고 있었다.

沖縄にある米軍の駐屯地で日米共同演習が行われた。
오키나와에 있는 미군 주둔지에서 미일 공동 훈련이 행해졌다.

1297 [N1] □□□

窮

다할/궁할 궁

훈	다할/궁할	きわ(める)	窮める 한도에 이르다, 극하다
		きわ(まる)	窮まる 극히 ~하다, ~이 최상이다
음	궁	きゅう	窮屈 답답함, 거북함　窮極 궁극

15획 窮 窮 窮 窮 窮 窮 窮 窮 窮 窮 窮 窮 窮 窮 窮

福祉業界の人手確保は困難を窮めている。 복지 업계의 인력 확보는 곤란함이 한도에 이르고 있다.

母の車は後部座席に3人座ると少々窮屈だ。 어머니의 차는 뒷좌석에 3명 앉으면 조금 답답하다.

1298 [N1] □□□

維

지탱할 유

훈	지탱할	—			
음	유	い	維持* 유지	維新 유신, 쇄신	繊維 섬유

14획 維 維 維 維 維 維 維 維 維 維 維 維 維 維

健康を維持するには、適度な運動が欠かせない。
건강을 유지하기 위해서는, 적당한 운동을 빠트릴 수 없다.

日本は維新を経て、近代化を成し遂げました。 일본은 유신을 거쳐, 근대화를 이루어냈습니다.

1299 [N1] □□□

秘

숨길 비

훈	숨길	ひ(める)	秘める* (내부에) 가지다, 숨기다		
음	비	ひ	秘密* 비밀	秘書 비서	神秘 신비

10획 秘 秘 秘 秘 秘 秘 秘 秘 秘 秘

誰もが無限の可能性を秘めている。 누구나가 무한한 가능성을 가지고 있다.

私には絶対ばれたくない秘密が一つある。 나에게는 절대 들키고 싶지 않은 비밀이 하나 있다.

1300 [N1] □□□

裕

훈 넉넉할 —

음 유 ゆう 余裕* 여유 裕福 유복 富裕層 부유층

12획 裕 裕 裕 裕 裕 裕 裕 裕 裕 裕 裕 裕

넉넉할 **유**

家計の赤字が続き、生活に余裕がなくなってきた。 가계 적자가 계속돼, 생활에 여유가 없어졌다.

裕福な家庭で育った私は何不自由なく暮らしてきた。
유복한 가정에서 자란 나는 아무런 불편 없이 살아 왔다.

1301 [N1] □□□

匿

훈 숨을 —

음 닉 とく 匿名 익명 隠匿 은닉 秘匿 비닉, 몰래 감춤

10획 匿 匿 匿 匿 匿 匿 匿 匿 匿 匿

숨을 **닉**

他人のSNSに匿名で悪口を書き込むなんて卑怯すぎる。
타인의 SNS에 익명으로 험담을 쓰다니 너무 비겁하다.

覚醒剤を隠匿して密輸しようとしていた男が逮捕された。
각성제를 은닉해 밀수하려고 했던 남자가 체포되었다.

1302 [N1] □□□

蔽

훈 덮을 —

음 폐 へい 隠蔽 은폐 遮蔽 가림, 차폐

15획 蔽 蔽 蔽 蔽 蔽 蔽 蔽 蔽 蔽 蔽 蔽 蔽 蔽 蔽 蔽

덮을 **폐**

A社がパワハラを隠蔽していた事実が発覚した。
A사가 직장 내 괴롭힘을 은폐하고 있었던 사실이 발각되었다.

カーテンで窓から入る日光を遮蔽している。 커튼으로 창문에서 들어오는 햇볕을 가리고 있다.

1303 [N1] □□□

堕

훈 떨어질 —

음 타 だ 堕落 타락

12획 堕 堕 堕 堕 堕 堕 堕 堕 堕 堕 堕 堕

떨어질 **타**

平気で人に暴言を吐く彼は道徳的に堕落している。
태연하게 남에게 폭언을 뱉는 그는 도덕적으로 타락해 있다.

墜

떨어질 **추**

훈	떨어질	—				
음	추	つい	墜落 추락	失墜 실추	撃墜 격추	墜死 추락사

15회 墜 墜 墜 墜 墜 墜 墜 墜 墜 墜 墜 墜 墜 墜 墜

<ruby>農薬<rt>のうやく</rt></ruby>をまいていた<ruby>無人<rt>むじん</rt></ruby>ヘリコプターが<ruby>畑<rt>はたけ</rt></ruby>に<ruby>墜落<rt>ついらく</rt></ruby>した。　농약을 뿌리던 무인 헬리콥터가 밭에 추락했다.

うその<ruby>報道<rt>ほうどう</rt></ruby>はメディアに<ruby>対<rt>たい</rt></ruby>する<ruby>信頼<rt>しんらい</rt></ruby>を<ruby>失墜<rt>しっつい</rt></ruby>させた。　거짓 보도는 미디어에 대한 신뢰를 실추시켰다.

璧

구슬 **벽**

훈	구슬	—		
음	벽	へき	完璧★ 완벽	双璧 쌍벽

18회 璧 璧 璧 璧 璧 璧 璧 璧 璧 璧 璧 璧 璧 璧 璧 璧 璧 璧

<ruby>消防車<rt>しょうぼうしゃ</rt></ruby>の<ruby>模型<rt>もけい</rt></ruby>は<ruby>内部<rt>ないぶ</rt></ruby>まで<ruby>完璧<rt>かんぺき</rt></ruby>に<ruby>再現<rt>さいげん</rt></ruby>されている。　소방차의 모형은 내부까지 완벽하게 재현되어 있다.

ミュージカル<ruby>界<rt>かい</rt></ruby>で<ruby>双璧<rt>そうへき</rt></ruby>をなす<ruby>二人<rt>ふたり</rt></ruby>が<ruby>共演<rt>きょうえん</rt></ruby>するなんて。
뮤지컬계에서 쌍벽을 이루는 두 사람이 함께 공연한다니.

색이 있는 한자의 발음을 밑줄에 쓴 다음, 괄호 안에 단어의 뜻을 써 보세요.

01	桁	＿＿＿	( )	21	唯一	＿＿＿いつ ( )
02	頻繁	＿＿＿ぱん	( )	22	暖房	だん＿＿＿ ( )
03	均衡	きん＿＿＿	( )	23	暁	＿＿＿ ( )
04	宵	＿＿＿	( )	24	寡黙	＿＿＿もく ( )
05	狭い	＿＿＿い	( )	25	噴く	＿＿＿く ( )
06	突如	とつ＿＿＿	( )	26	汎用	＿＿＿よう ( )
07	瞬く	＿＿＿く	( )	27	湧く	＿＿＿く ( )
08	附属	＿＿＿ぞく	( )	28	秘める	＿＿＿める ( )
09	粘る	＿＿＿る	( )	29	華やか	＿＿＿やか ( )
10	箇所	＿＿＿しょ	( )	30	融通	＿＿＿ずう ( )
11	匿名	＿＿＿めい	( )	31	必須	ひつ＿＿＿ ( )
12	斬る	＿＿＿る	( )	32	僅かだ	＿＿＿かだ ( )
13	窮める	＿＿＿める	( )	33	普遍	ふ＿＿＿ ( )
14	寸法	＿＿＿ぽう	( )	34	坪	＿＿＿ ( )
15	既に	＿＿＿に	( )	35	順序	じゅん＿＿＿ ( )
16	恒例	＿＿＿れい	( )	36	塊	＿＿＿ ( )
17	徹底	＿＿＿てい	( )	37	潰す	＿＿＿す ( )
18	狂う	＿＿＿う	( )	38	随時	＿＿＿じ ( )
19	批准	ひ＿＿＿	( )	39	凝る	＿＿＿る ( )
20	膨らむ	＿＿＿らむ	( )	40	堅い	＿＿＿い ( )

정답 01 けた 자릿수 02 ひんぱん 빈번 03 きんこう 균형 04 よい 초저녁, 저녁 05 せまい 좁다 06 とつじょ 갑자기, 별안간 07 またたく 깜빡이다
08 ふぞく 부속 09 ねばる 차지게 붙다, 달라붙다 10 かしょ 곳, 개소 11 とくめい 익명 12 きる 베다 13 きわめる 한도에 이르다, 극하다
14 すんぽう 치수, 길이 15 すでに 이미, 벌써 16 こうれい 항상 하는 일, 항례 17 てってい 철저 18 くるう 이상해지다, 미치다 19 ひじゅん 비준
20 ふくらむ 부풀다 21 ゆいいつ 유일 22 だんぼう 난방 23 あかつき 새벽, 그때 24 かもく 과묵 25 ふく 내뿜다 26 はんよう 범용, 널리 사용함
27 わく 샘솟다, 솟다 28 ひめる (내부에) 가지다, 숨기다 29 はなやか 화려함 30 ゆうずう 융통성, 융통 31 ひっす 필수
32 わずかだ 조금이다, 사소하다 33 ふへん 보편 34 つぼ 평 35 じゅんじょ 순서 36 かたまり 덩어리, 뭉치 37 つぶす 찌부러뜨리다, 으깨다
38 ずいじ 수시 39 こる 열중하다, 응고하다 40 かたい 단단하다, 딱딱하다

사람

★은 JLPT/JPT 기출 단어입니다.

1306 [N1] ☐☐☐

己

몸 기

훈 몸	おのれ	己 자신, 자기 자신	
음 기	こ	自己★ 자기 利己 이기	
	き	知己 지기, 지인 克己 극기	

3획 己 己 己

新人賞受賞は己を信じて努力してきた結果です。 신인상 수상은 자신을 믿고 노력해 온 결과입니다.

自己の判断による薬の服用は危険だ。 자기 판단에 따른 약의 복용은 위험하다.

1307 [N1] ☐☐☐

僕

종 복

뜻을 나타내는 사람(亻)
과 음을 나타내는 菐(복)
을 합친 글자

훈 종	—		
음 복	ぼく	僕★ (남자의 자칭) 나, 하인	

14획 僕 僕 僕 僕 僕 僕 僕 僕 僕 僕 僕 僕 僕 僕

僕は大学で国際経営学を勉強しているよ。 나는 대학에서 국제 경영학을 공부하고 있어.

1308 [N1] ☐☐☐

俺

나 엄

뜻을 나타내는 사람(亻)
과 음을 나타내는 奄(엄)
을 합친 글자

훈 나	おれ	俺 (남자의 자칭) 나	
음 엄	—		

10획 俺 俺 俺 俺 俺 俺 俺 俺 俺 俺

俺は授業が終わったら、バイトに行かなきゃ。 나는 수업이 끝나면, 아르바이트에 가야 해.

1309 [N1] □□□

嬢

훈	계집	—			
음	냥(양)	じょう	**お嬢さん**[じょう]★ 아가씨, 따님	**令嬢**[れいじょう] 영애	**愛嬢**[あいじょう] 사랑하는 따님

16획 嬢 嬢 嬢 嬢 嬢 嬢 嬢 嬢 嬢 嬢 嬢 嬢 嬢 嬢 嬢 嬢

계집 냥(양)

隣[となり]の家[いえ]の**お嬢[じょう]さん**が大学[だいがく]を卒業[そつぎょう]したらしい。 이웃집 아가씨가 대학을 졸업했다고 한다.

うちの娘[むすめ]は社長[しゃちょう]の**令嬢[れいじょう]**と同級生[どうきゅうせい]だ。 우리 집 딸은 사장의 영애와 동급생이다.

1310 [N1] □□□

媛

훈	여자	—	
음	원	えん	**才媛**[さいえん] 재원, 재능 있는 여성

12획 媛 媛 媛 媛 媛 媛 媛 媛 媛 媛 媛 媛

여자 원

あの女子大学[じょしだいがく]には上品[じょうひん]な**才媛[さいえん]**が集[あつ]まってくる。 그 여자 대학에는 고상하고 재능 있는 여성이 모여든다.

1311 [N1] □□□

훈	늙은이		
음	옹	おう	**老翁**[ろうおう] 노옹, 늙은 남자

10획 翁 翁 翁 翁 翁 翁 翁 翁 翁 翁

늙은이 옹

バスを待[ま]っていると、ある**老翁[ろうおう]**に道[みち]を聞[き]かれた。 버스를 기다리고 있으니, 어느 노옹이 길을 물었다.

1312 [N1] □□□

훈	할머니	—		
음	파	ば	**老婆**[ろうば] 노파	**産婆**[さんば] 산파

11획 婆 婆 婆 婆 婆 婆 婆 婆 婆 婆 婆

할머니 파

女優[じょゆう] A はこの作品[さくひん]で実年齢[じつねんれい]と離[はな]れた**老婆[ろうば]**の役[やく]を演[えん]じる。
여배우 A는 이 작품에서 실제 나이와 떨어진 노파 역을 연기한다.

かつて助産師[じょさんし]は**産婆[さんば]**と呼[よ]ばれていた。 예전에 조산사는 산파라고 불렸다.

1313 [N1] ☐☐☐

輩

훈 무리 —

음 배 はい 　輩出 배출　先輩★ 선배　後輩★ 후배　同輩 동배

15획 　輩 輩 輩 輩 輩 輩 輩 輩 輩 輩 輩 輩 輩 輩 輩

무리 배

メダリストを多数**輩出**する柔道の名門校に入学した。
메달리스트를 다수 배출하는 유도 명문 학교에 입학했다.

優しくて仕事ができる**先輩**は私の憧れです。　상냥하고 일을 잘하는 선배는 저의 우상이에요.

1314 [N1] ☐☐☐

衆

훈 무리 —

음 중 しゅう 　公衆★ 공중　聴衆 청중　民衆 민중

　　　 しゅ 　衆生 중생

12획 　衆 衆 衆 衆 衆 衆 衆 衆 衆 衆 衆 衆

무리 중

最近、**公衆**電話をあまり見かけなくなった。　최근, 공중전화를 그다지 볼 수 없게 되었다.

政治家の街頭演説に多くの**聴衆**が集まった。　정치가의 가두연설에 많은 청중이 모였다.

1315 [N1] ☐☐☐

曹

훈 무리/마을 —

음 조 そう 　法曹 법조　御曹司 (명문가) 자제

11획 　曹 曹 曹 曹 曹 曹 曹 曹 曹 曹 曹

무리/마을 조

弁護士のドラマがきっかけで**法曹**の道に進んだ。　변호사 드라마를 계기로 법조의 길로 나아갔다.

友人は大企業の社長の**御曹司**である。　친구는 대기업 사장의 자제이다.

1316 [N1] ☐☐☐

賓

훈 손 —

음 빈 ひん 　来賓 내빈　国賓 국빈　主賓 주빈　賓客 빈객, 귀빈

15획 　賓 賓 賓 賓 賓 賓 賓 賓 賓 賓 賓 賓 賓 賓 賓

손 빈

創立記念式典には社外から大勢の**来賓**がご出席になる。
창립 기념 식전에는 사외에서 많은 내빈이 출석하신다.

スペインの国王が明日**国賓**として来日されます。　스페인 국왕이 내일 국빈으로서 방일하십니다.

1317 [N1] ☐☐☐

紳

훈 띠	—	
음 신	しん	**紳士** 신사 **紳士服** 신사복

11획 紳 紳 紳 紳 紳 紳 紳 紳 紳 紳

띠 **신**

ある**紳士**が、階段で私の荷物を代わりに運んでくれた。
어느 신사가, 계단에서 내 짐을 대신 옮겨 주었다.

本館 5 階はフロア全体が**紳士服**の店です。 본관 5층은 층 전체가 신사복 매장입니다.

1318 [N1] ☐☐☐

훈 성씨	うじ	**氏** 성, 가문 **氏神** 고장의 수호신, 조상신
음 씨	し	**氏名** 성명 **彼氏** 남자친구, 그이

4획 氏 氏 氏 氏

성씨 **씨**

家族で**氏神**様のところへ初詣に行った。 가족끼리 고장의 수호신님이 있는 곳에 새해 첫 참배하러 갔다.

ここに**氏名**を書いてください。 여기에 성명을 써 주세요.

1319 [N1] ☐☐☐

훈 맏	—	
음 백	はく	**画伯** 화백

7획 伯 伯 伯 伯 伯 伯 伯

맏 **백**

印象派の代表的な**画伯**にモネやゴッホがいます。 인상파의 대표적인 화백으로 모네와 고흐가 있습니다.

1320 [N1] ☐☐☐

叔

훈 아재비	—	
음 숙	しゅく	**伯叔** 백숙, 형과 아우, 백부와 숙부

8획 叔 叔 叔 叔 叔 叔 叔 叔

아재비 **숙**

「**伯叔**」は兄と 弟 、もしくは両親の兄と 弟 にあたる。
'백숙'은 형과 남동생, 혹은 부모님의 형과 남동생에 해당한다.

1321 [N1] □□□

嫡

훈 정실 　—

음 적 　ちゃく 　嫡出子 적출자, 적자 　嫡流 정통 유파, 본가 혈통

14획 嫡 嫡 嫡 嫡 嫡 嫡 嫡 嫡 嫡 嫡 嫡 嫡 嫡 嫡

정실 **적**

夫婦の間に生まれた子を嫡出子と言う。 부부 사이에서 태어난 아이를 적출자라고 한다.

本家は有名な将軍の嫡流である。 본가는 유명한 장군의 정통 유파.

1322 [N1] □□□

婿

훈 사위 　むこ 　婿 사위, 신랑 　花婿 신랑, 새신랑 　婿養子 데릴사위

음 서 　せい 　女婿 사위, 여서

12획 婿 婿 婿 婿 婿 婿 婿 婿 婿 婿 婿 婿

사위 **서**

バージンロードを歩く花婿は緊張した表情だった。
버진 로드를 걷는 신랑은 긴장한 표정이었다.

社長が退任したら女婿が会社を継ぐそうです。 사장님이 퇴임하면 사위가 회사를 잇는다고 합니다.

1323 [N1] □□□

郎

훈 사내 　—

음 랑(낭) 　ろう 　新郎 신랑

9획 郎 郎 郎 郎 郎 郎 郎 郎 郎

사내 **랑(낭)**

新郎は披露宴の最後に出席者へ謝辞を述べた。
신랑은 피로연의 마지막에 출석자에게 감사의 말을 전했다.

1324 [N1] □□□

嫁

훈 시집갈 　よめ 　嫁 며느리, 아내 　花嫁 신부, 새색시

　　　とつ(ぐ) 　嫁ぐ 시집가다, 출가하다 　嫁ぎ先 시집간 곳, 시집

음 가 　か 　転嫁 전가 　再嫁 재가, 재혼 　嫁する 시집가다, 전가하다

13획 嫁 嫁 嫁 嫁 嫁 嫁 嫁 嫁 嫁 嫁 嫁 嫁 嫁

시집갈 **가**

正月は息子と嫁がうちに来てくれてにぎやかに過ごした。
설날에는 아들과 며느리가 우리집에 와 주어서 떠들썩하게 보냈다.

上司に怒られるからって私に責任を転嫁するなんて。 상사에게 혼난다며 나에게 책임을 전가하다니.

1325 [N1] ☐☐☐

嗣

훈	이을	—		
음	사	し	**嗣**子 대를 이을 아들 ㄴㄴ	嫡**嗣** 적자, 본처의 아들 ちゃく し

13획 嗣 嗣 嗣 嗣 嗣 嗣 嗣 嗣 嗣 嗣 嗣 嗣 嗣

이을 사

祖父は老舗呉服店の**嗣**子だったらしい。 할아버지는 대대로 이어진 포목점의 대를 이을 아들이었다고 한다.
そ ふ しにせ ご ふくてん し し

王と正妻の間に嫡**嗣**がお生まれになった。 왕과 정실의 사이에서 적자가 탄생하셨다.
おう せいさい あいだ ちゃく し う

신체

1326 [N1] ☐☐☐

眼

훈	눈	まなこ	**眼** 눈알, 눈 まなこ	血**眼** 혈안 ち まなこ		
음	안	がん	**眼**科 안과 がん か	**眼**球 안구 がんきゅう	老**眼** 노안 ろうがん	主**眼** 주안, 주안점 しゅがん
		げん	開**眼** 개안 (불상에 눈을 그려 넣어 부처의 영혼을 맞아들임) かいげん			

11획 眼 眼 眼 眼 眼 眼 眼 眼 眼 眼 眼

눈 안

警察は血**眼**になって犯人を捜している。 경찰은 혈안이 되어 범인을 찾고 있다.
けいさつ ち まなこ はんにん さが

急に物がぼやけて見えて**眼**科で診てもらった。 갑자기 사물이 흐리게 보여서 안과에서 진찰받았다.
きゅう もの み がん か み

1327 [N1] ☐☐☐

瞳

훈	눈동자	ひとみ	**瞳** 눈동자 ひとみ
음	동	どう	**瞳**孔 동공 どうこう

17획 瞳 瞳 瞳 瞳 瞳 瞳 瞳 瞳 瞳 瞳 瞳 瞳 瞳 瞳 瞳 瞳 瞳

눈동자 동

彼女は青く澄んだ**瞳**がとても魅力的だ。 그녀는 파랗고 맑은 눈동자가 매우 매력적이다.
かのじょ あお す ひとみ み りょくてき

瞳孔は光が当たると、縮小する性質を持っている。 동공은 빛이 닿으면, 축소하는 성질을 가지고 있다.
どうこう ひかり あ しゅくしょう せいしつ も

1328 [N1] □□□

眉

눈썹 **미**

눈썹과 눈 모양을 본
뜬 글자

훈	눈썹	まゆ	**眉毛*** 눈썹	
음	미	び	**焦眉** 초미, 매우 위급함	**眉目** 용모, 외관
		み	**眉間** 미간	

9획 眉 眉 眉 眉 眉 眉 眉 眉 眉

眉毛を整えるだけで顔の印象が大きく変わる。 눈썹을 정리하는 것만으로도 얼굴의 인상이 크게 변한다.

日本の少子高齢化は**焦眉**の問題です。 일본의 저출산 고령화는 초미의 문제입니다.

1329 [N1] □□□

舌

혀 **설**

동물의 혓바닥 모양을
본뜬 글자

훈	혀	した	**舌** 혀 **舌先** 혀끝 **舌打ち** 혀를 참	
음	설	ぜつ	**弁舌** 말재주가 좋음, 변설	**毒舌** 독설

6획 舌 舌 舌 舌 舌 舌

キリンは**舌**の長さが30センチを超える。 기린은 혀 길이가 30센티를 넘는다.

部長は**弁舌**で誰をも納得させてしまう。 부장님은 말재주가 좋아서 누구든지 납득시켜 버린다.

1330 [N1] □□□

唇

입술 **순**

훈	입술	くちびる	**唇** 입술
음	순	しん	**口唇** 구순, 입술

10획 唇 唇 唇 唇 唇 唇 唇 唇 唇 唇

冬は**唇**が乾燥しやすく、保湿ケアが欠かせない。 겨울은 입술이 건조해지기 쉬워, 보습 케어를 빠뜨릴 수 없다.

口唇ヘルペスは**唇**に水膨れができる感染症です。 구순 포진은 입술에 물집이 생기는 감염증입니다.

1331 [N1] □□□

唾

침 **타**

훈	침	つば	**唾** 침
음	타	だ	**唾液** 타액

11획 唾 唾 唾 唾 唾 唾 唾 唾 唾 唾

扁桃腺が腫れて**唾**を飲み込むのも痛い。 편도선이 부어서 침을 삼키는 것도 아프다.

唾液の分泌が少ないと虫歯になりやすいそうだ。 타액의 분비가 적으면 충치에 걸리기 쉽다고 한다.

1332 [N1] □□□

頰

빰 협

훈 빰	ほお	頰* 빰	頰張る (음식을) 입안 한가득 넣다
음 협	—		

15획 頰 頰 頰 頰 頰 頰 頰 頰 頰 頰 頰 頰 頰 頰 頰

みんなの前で先生に褒められた彼女は頰を赤らめた。
모두의 앞에서 선생님에게 칭찬 받은 그녀는 빰을 붉혔다.

息子はおいしそうに大好きなお菓子を頰張った。
아들은 맛있다는 듯이 아주 좋아하는 과자를 입안 한가득 넣었다.

1333 [N1] □□□

顎

턱 악

훈 턱	あご	顎 턱, 아래턱	
음 악	がく	顎関節 턱관절	

18획 顎 顎 顎 顎 顎 顎 顎 顎 顎 顎 顎 顎 顎 顎 顎 顎 顎 顎

写真を撮るときに顎を引くと写真写りが良くなります。 사진을 찍을 때 턱을 당기면 사진이 잘 나옵니다.

顎が痛くて病院に行ったところ顎関節症だと言われた。
턱이 아파서 병원에 가 보니 턱관절증이라고 들었다.

1334 [N1] □□□

咽

목구멍 인

훈 목구멍	—		
음 인	いん	咽喉 목, 인후	咽頭 인두

9획 咽 咽 咽 咽 咽 咽 咽 咽 咽

熱があるし咽喉が痛いから、風邪かもしれない。 열이 있고 목이 아프니까, 감기일지도 모른다.

咽頭とは、鼻の奥から食道の入り口までを言う。 인두라는 것은, 코 안쪽부터 식도의 입구까지를 말한다.

1335 [N1] □□□

喉

목구멍 후

훈 목구멍	のど	喉 목구멍 喉飴 목캔디	喉元 목구멍 맨 안쪽
음 후	こう	喉頭 후두	咽喉 목, 인후

12획 喉 喉 喉 喉 喉 喉 喉 喉 喉 喉 喉 喉

焼き魚を食べていたら喉に魚の骨が刺さってしまった。
구운 생선을 먹고 있었는데 목구멍에 생선 가시가 박혀 버렸다.

喉頭には呼吸や発声などの重要な働きがある。 후두에는 호흡이나 발성 등의 중요한 기능이 있다.

1336 [N1] ☐☐☐

孔

4획 孔 孔 孔 孔

구멍 **공**

훈	구멍	—	
음	공	こう	**鼻孔** ^{びこう} 콧구멍, 비공 **気孔** ^{きこう} 기공, 숨구멍

<ruby>鼻孔<rt>びこう</rt></ruby>が<ruby>狭<rt>せま</rt></ruby>い<ruby>人<rt>ひと</rt></ruby>は<ruby>鼻<rt>はな</rt></ruby>から<ruby>入<rt>い</rt></ruby>れる<ruby>内視鏡検査<rt>ないしきょうけんさ</rt></ruby>が<ruby>難<rt>むずか</rt></ruby>しい。
콧구멍이 좁은 사람은 코로 넣는 내시경 검사가 어렵다.

<ruby>植物<rt>しょくぶつ</rt></ruby>には<ruby>二酸化炭素<rt>にさんかたんそ</rt></ruby>を<ruby>取<rt>と</rt></ruby>り<ruby>込<rt>こ</rt></ruby>むための<ruby>気孔<rt>きこう</rt></ruby>という<ruby>穴<rt>あな</rt></ruby>がある。
식물에는 이산화탄소를 흡수하기 위한 기공이라는 구멍이 있다.

1337 [N1] ☐☐☐

裸

13획 裸 裸 裸 裸 裸 裸 裸 裸 裸 裸 裸 裸 裸

벗을 **라(나)**

훈	벗을	はだか	**裸** 알몸 **丸裸** ^{まるはだか} 맨몸, 빈털터리
음	라(나)	ら	**赤裸々** ^{せきらら} 적나라 **裸体** ^{らたい} 나체 **裸身** ^{らしん} 나신, 나체

いつまでも<ruby>裸<rt>はだか</rt></ruby>でいたら<ruby>風邪<rt>かぜ</rt></ruby>を<ruby>引<rt>ひ</rt></ruby>くから<ruby>早<rt>はや</rt></ruby>く<ruby>服<rt>ふく</rt></ruby>を<ruby>着<rt>き</rt></ruby>なさい。
계속해서 알몸으로 있으면 감기에 걸리니까 빨리 옷을 입으렴.

<ruby>彼女<rt>かのじょ</rt></ruby>は<ruby>番組<rt>ばんぐみ</rt></ruby>で<ruby>闘病生活<rt>とうびょうせいかつ</rt></ruby>について<ruby>赤裸々<rt>せきらら</rt></ruby>に<ruby>語<rt>かた</rt></ruby>った。
그녀는 방송에서 투병 생활에 대해 적나라하게 이야기했다.

1338 [N1] ☐☐☐

胴

10획 胴 胴 胴 胴 胴 胴 胴 胴 胴 胴

몸통 **동**

훈	몸통	—	
음	동	どう	**胴体** ^{どうたい} 몸통, 동체 **胴上げ** ^{どうあ} 헹가래

<ruby>保護<rt>ほご</rt></ruby>された<ruby>野生<rt>やせい</rt></ruby>のきつねの<ruby>胴体<rt>どうたい</rt></ruby>には<ruby>多数<rt>たすう</rt></ruby>の<ruby>傷<rt>きず</rt></ruby>があった。
보호된 야생 여우의 몸통에는 다수의 상처가 있었다.

<ruby>大会<rt>たいかい</rt></ruby>で<ruby>優勝<rt>ゆうしょう</rt></ruby>したチームの<ruby>選手<rt>せんしゅ</rt></ruby>たちが<ruby>監督<rt>かんとく</rt></ruby>を<ruby>胴上<rt>どうあ</rt></ruby>げした。
대회에서 우승한 팀의 선수들이 감독을 헹가래 쳤다.

1339 [N1] ☐☐☐

肘

7획 肘 肘 肘 肘 肘 肘 肘

팔꿈치 **주**

훈	팔꿈치	ひじ	**肘**[★] 팔꿈치 **肘掛け** ^{ひじか} 팔걸이
음	주	—	

<ruby>肘<rt>ひじ</rt></ruby>をけがしてテニスを<ruby>辞<rt>や</rt></ruby>めざるを<ruby>得<rt>え</rt></ruby>なくなった。   팔꿈치를 다쳐서 테니스를 그만둘 수밖에 없게 되었다.

<ruby>作業<rt>さぎょう</rt></ruby>するとき<ruby>楽<rt>らく</rt></ruby>なので<ruby>肘掛<rt>ひじか</rt></ruby>けのある<ruby>椅子<rt>いす</rt></ruby>が<ruby>買<rt>か</rt></ruby>いたいです。
작업할 때 편하기 때문에 팔걸이가 있는 의자를 사고 싶습니다.

1340 [N1] ☐☐☐

脇

겨드랑이 협

훈	겨드랑이	わき	**脇**★ 겨드랑이	**両脇** 양 겨드랑이	**脇腹** 옆구리
음	협	―			

10획 脇 脇 脇 脇 脇 脇 脇 脇 脇 脇

きんちょう ばめん わき あせ
緊張する場面では**脇**に汗をかきやすい。 긴장되는 상황에는 겨드랑이에 땀이 나기 쉽다.

ひんけつ たお ゆうじん りょうわき かか ほけんしつ つ
貧血で倒れた友人の**両脇**を抱え保健室に連れていった。
빈혈로 쓰러진 친구의 양 겨드랑이를 껴안아 보건실로 데려갔다.

1341 [N1] ☐☐☐

爪

손톱 조

손톱으로 무언가를 긁는 모양을 본뜬 글자

훈	손톱	つめ	**爪**★ 손톱	**爪切り** 손톱깎이	**生爪** 생손톱
		つま	**爪先** 발가락 끝, 손톱 끝	**爪楊枝** 이쑤시개	
음	조	―			

4획 爪 爪 爪 爪

しゅうかん かい つめ き
2週間に1回は**爪**を切っている。 2주에 1번은 손톱을 자르고 있다.

さき くつ は つまさき いた
先がとがった靴を履いたせいで**爪先**が痛い。 끝이 뾰족한 구두를 신은 탓에 발가락 끝이 아프다.

1342 [N1] ☐☐☐

拳

주먹 권

훈	주먹	こぶし	**拳** 주먹	**握り拳** 맨주먹	
음	권	けん	**拳銃** 권총	**拳法** 권법	

10획 拳 拳 拳 拳 拳 拳 拳 拳 拳 拳

からて ししょう こぶし き いた つぎつぎ わ
空手の師匠は**拳**で木の板を次々と割ってみせた。
가라테 스승님은 주먹으로 나무 판을 연달아 깨뜨려 보였다.

けいさつがっこう しゃげきじょう がくせい けんじゅう う くんれん
警察学校の射撃場で学生が**拳銃**を撃つ訓練をしている。
경찰 학교 사격장에서 학생이 권총을 쏘는 훈련을 하고 있다.

1343 [N1] ☐☐☐

掌

손바닥 장

훈	손바닥	―			
음	장	しょう	**掌握** 장악	**車掌** 차장	**掌中** 수중, 손바닥 안

12획 掌 掌 掌 掌 掌 掌 掌 掌 掌 掌 掌 掌

に ほん むかし ぶし せいけん しょうあく
日本では昔、武士が政権を**掌握**していた。 일본에서는 옛날에, 무사가 정권을 장악하고 있었다.

しゃない ちえん し しゃしょう なが
車内に遅延を知らせる**車掌**のアナウンスが流れている。
차내에 지연을 알리는 차장의 방송이 흘러나오고 있다.

脚

다리 각

훈 다리	あし	脚 다리　**机の脚** 책상 다리	
음 각	きゃく	**脚本**[*] 각본　**失脚**[*] 실각　**三脚** 삼각	
	きゃ	**脚立** 접는 사다리　**行脚** (승려의) 행각, 도보 여행	

11획 脚 脚 脚 脚 脚 脚 脚 脚 脚 脚 脚

キリンの実物を見たら首はもちろん**脚**も結構長かった。 기린 실물을 보니 목은 물론 다리도 꽤 길었다.

このドラマの**脚本**は原作がないオリジナルだ。 이 드라마의 각본은 원작이 없는 오리지널이다.

헷갈리는 단어 모아보기

유의어
- 脚 다리　　彼女は脚が長い。 그녀는 다리가 길다.
- 足 다리, 발　足のサイズは26センチです。 발 사이즈는 26센티미터입니다.

脚와 足는 모두 '다리'라는 뜻이다. 脚는 골반부터 그 아래의 다리 부분만을 말할 때, 足는 다리와 더불어 발을 말할 때에도 사용한다.

膝

무릎 슬

훈 무릎	ひざ	**膝**[*] 무릎　**膝枕** 무릎 베개　**膝掛け** 무릎 담요	
음 슬	―		

15획 膝 膝 膝 膝 膝 膝 膝 膝 膝 膝 膝 膝 膝 膝 膝

加齢のせいか階段を上り下りすると**膝**が痛む。 노화 탓인지 계단을 오르내리면 무릎이 아프다.

娘は遊び疲れたのか、私の**膝枕**で寝てしまった。 딸은 놀다 지쳤는지, 내 무릎 베개에 잠들어 버렸다.

股

넓적다리 고

훈 넓적다리	また	**股** 가랑이, 넓적다리　**内股** 허벅다리　**大股** 보폭이 큼	
음 고	こ	**股間** 고간, 사타구니　**股関節** 고관절	

8획 股 股 股 股 股 股 股 股

そんなに**股**を広げて座ると隣の人に迷惑です。 그렇게 가랑이를 벌리고 앉으면 옆 사람에게 민폐입니다.

股間は字の通り、股の間という意味だ。 고간은 글씨 그대로, 가랑이 사이라는 의미이다.

1347	[N1] □□□

肢

훈	팔다리	—		
음	지	し	**下肢** 하지, 다리 　**選択肢** 선택지 　**肢体** 지체, 수족	

8획 肢 肢 肢 肢 肢 肢 肢 肢

팔다리 지

テレビで見た**下肢**を鍛える体操を毎朝やっている。
텔레비전에서 본 하지를 단련하는 체조를 매일 아침 하고 있다.

４つの**選択肢**から正しいものを１つ選んでください。　4개의 선택지에서 올바른 것을 1개 골라 주세요.

1348	[N1] □□□

尻

훈	꽁무니	しり	**尻** 엉덩이, 뒤 　**目尻** 눈꼬리, 눈초리 　**尻込み** 뒷걸음질	
음	고	—		

5획 尻 尻 尻 尻 尻

꽁무니 고

ニホンザルは**尻**が赤いのが特徴です。　일본원숭이는 엉덩이가 빨간 것이 특징입니다.

私たち姉妹は父に似て**目尻**が下がっている。　우리 자매는 아버지를 닮아 눈꼬리가 내려가 있다.

1349	[N1] □□□

尿

훈	오줌	—		
음	뇨(요)	にょう	**尿意** 요의, 오줌 마려운 느낌 　**糖尿病** 당뇨병 　**排尿** 배뇨	

7획 尿 尿 尿 尿 尿 尿 尿

오줌 뇨(요)

急に**尿意**をもよおしてトイレに駆け込んだ。　갑자기 요의를 느껴서 화장실로 뛰어 들어갔다.

糖尿病なので低糖質な食事を心掛けています。
당뇨병이어서 저당질의 식사에 유의하고 있습니다.

1350	[N1] □□□

腸

훈	창자	—		
음	장	ちょう	**腸** 장, 창자 　**胃腸** 위장 　**大腸** 대장 　**腸炎** 장염	

13획 腸 腸 腸 腸 腸 腸 腸 腸 腸 腸 腸 腸 腸

창자 장

ヨーグルトは**腸**の調子を整える効果があるらしい。
요구르트는 장의 상태를 조절하는 효과가 있다고 한다.

胃腸が弱くて、辛いものは食べないようにしている。
위장이 약해서, 매운 것은 먹지 않도록 하고 있다.

1351 [N1] ☐☐☐

肺

허파 **폐**

훈	허파	—
음	폐	はい	肺 폐　肺炎 폐렴　肺活量 폐활량

9획 肺 肺 肺 肺 肺 肺 肺 肺 肺

たばこは**肺**に炎症を起こし得る有害なものだ。 담배는 폐에 염증을 일으킬 수 있는 유해한 것이다.
肺炎にかかったが軽症だったので入院せずにすんだ。
폐렴에 걸렸지만 경증이어서 입원하지 않고 해결되었다.

1352 [N1] ☐☐☐

肝

간 **간**

훈	간	きも	肝 간　肝試し 담력 시험　肝っ玉 배짱, 간덩이
음	간	かん	肝心★ 중요함　肝臓★ 간장, 간　肝胆 간담, 간과 쓸개

7획 肝 肝 肝 肝 肝 肝 肝

レバーと呼ばれる牛の**肝**を食べると、鉄分が補える。
리버라고 불리는 소의 간을 먹으면, 철분을 보충할 수 있다.
初期の虫歯は自覚しにくいため定期的な検診が**肝心**だ。
초기의 충치는 자각하기 어렵기 때문에 정기적인 검진이 중요하다.

1353 [N1] ☐☐☐

胆

쓸개 **담**

훈	쓸개	—
음	담	たん	落胆★ 낙담　大胆 대담　魂胆 넋, 혼백과 간담

9획 胆 胆 胆 胆 胆 胆 胆 胆 胆

妹は志望校に落ちて**落胆**している様子だ。 여동생은 지망 학교에 떨어져서 낙담하고 있는 모양이다.
彼は**大胆**にも長年勤めた役所を辞め医学部に入学した。
그는 대담하게도 오랜 기간 근무해 온 관공서를 그만두고 의학부에 입학했다.

1354 [N1] ☐☐☐

胞

세포 **포**

훈	세포	—
음	포	ほう	細胞 세포　胞子 포자　同胞 동포

9획 胞 胞 胞 胞 胞 胞 胞 胞 胞

アメーバは単一の**細胞**で出来ている生物です。 아메바는 단일 세포로 이루어져 있는 생물입니다.
キノコは種ではなく**胞子**で繁殖する。 버섯은 씨앗이 아니라 포자로 번식한다.

1355 [N1] ☐☐☐

肪

기름 **방**

훈	기름	—	
음	방	ぼう	**脂肪** 지방 しぼう

8획 肪 肪 肪 肪 肪 肪 肪 肪

お腹周りの**脂肪**を落とすには食事制限が重要です。
배 주위의 지방을 빼기 위해서는 식사 제한이 중요합니다.

1356 [N1] ☐☐☐

膜

꺼풀 **막**

훈	꺼풀	—	
음	막	まく	**粘膜** 점막 ねんまく **鼓膜** 고막 こまく **膜質** 막질 まくしつ

14획 膜 膜 膜 膜 膜 膜 膜 膜 膜 膜 膜 膜 膜 膜

鼻の**粘膜**が弱いらしく、よく鼻血が出る。 코의 점막이 약한 듯, 자주 코피가 난다.
鼓膜はちょっと破れただけなら自然に再生するそうだ。
고막은 조금 찢어진 것 뿐이라면 자연적으로 재생된다고 한다.

1357 [N1] ☐☐☐

腺

샘 **선**

훈	샘	—	
음	선	せん	**扁桃腺** 편도선 へんとうせん **涙腺** 눈물샘 るいせん **前立腺** 전립선 ぜんりつせん **汗腺** 땀샘 かんせん

13획 腺 腺 腺 腺 腺 腺 腺 腺 腺 腺 腺 腺 腺

扁桃腺が腫れて、40度以上の高熱が出た。 편도선이 붓고, 40도 이상의 고열이 났다.
年を取って**涙腺**が緩くなった気がする。 나이를 먹고 눈물샘이 약해진 느낌이 든다.

1358 [N1] ☐☐☐

泌

분비할 **비**

훈	분비할	—	
음	비	ひつ	**分泌** 분비 ぶんぴつ
		ひ	**泌尿器科** 비뇨기과 ひにょうきか

8획 泌 泌 泌 泌 泌 泌 泌 泌

興奮したり緊張したりするとアドレナリンが**分泌**される。
흥분하거나 긴장하거나 하면 아드레날린이 분비된다.

頻尿の症状があって、**泌尿器科**を受診した。 빈뇨 증상이 있어, 비뇨기과에서 진찰받았다.

1359 [N1] ☐☐☐

筋

훈 힘줄	すじ	すじ **筋** 힘줄, 줄거리	おおすじ **大筋**★ 요점, 대강	ほんすじ **本筋**★ 본론
음 근	きん	きんにく **筋肉** 근육	きんりょく **筋力** 근력	きんこつ てっきん **筋骨** 근골, 체격 **鉄筋** 철근

12획 筋 筋 筋 筋 筋 筋 筋 筋 筋 筋 筋 筋

힘줄 근

はなし おおすじ じかん
話の**大筋**をつかむのにあまり時間はかからなかった。
이야기의 요점을 파악하는 데에 그다지 시간은 걸리지 않았다.

うんどうまえ じゅん び たいそう きんにく の
運動前は準備体操をして**筋肉**をしっかり伸ばそう。 운동 전에는 준비 체조를 해서 근육을 충분히 늘이자.

1360 [N1] ☐☐☐

腎

훈 콩팥	—		
음 신	じん	じんぞう **腎臓** 신장, 콩팥	かんじん **肝腎** 긴요, 중요

13획 腎 腎 腎 腎 腎 腎 腎 腎 腎 腎 腎 腎 腎

콩팥 신

じんぞう はたら わる からだ
腎臓の働きが悪くなると、体がむくみやすくなる。 신장의 기능이 나빠지면, 몸이 붓기 쉬워진다.

がいこく ご がくしゅう かんじん ふくしゅう おも
外国語学習で**肝腎**なのはこまめな復習だと思う。
외국어 학습에서 긴요한 것은 바지런한 복습이라고 생각한다.

1361 [N1] ☐☐☐

脊

훈 등골뼈	—		
음 척	せき	せきずい **脊髄** 척수, 등골	せきつい せきちゅう **脊椎** 척추 **脊柱** 척주, 등뼈

10획 脊 脊 脊 脊 脊 脊 脊 脊 脊 脊

등골뼈 척

こうつうじ こ せきずい そんしょう
交通事故で**脊髄**を損傷してしまった。 교통사고로 척수가 손상되고 말았다.

だいひょうてき なんたいどうぶつ せきつい
イカやタコは代表的な軟体動物で、**脊椎**がありません。
오징어와 문어는 대표적인 연체동물이며, 척추가 없습니다.

1362 [N1] ☐☐☐

椎

훈 등골	—		
음 추	つい	せきつい **脊椎** 척추	ついかんばん **椎間板** 추간판, 추간 연골

12획 椎 椎 椎 椎 椎 椎 椎 椎 椎 椎 椎 椎

등골 추

て あし せきつい げんいん
手足のしびれは**脊椎**のゆがみが原因だった。 손발의 저림은 척추의 뒤틀림이 원인이었다.

どう なが けんしゅ ついかんばん
胴の長い犬種は**椎間板**ヘルニアになりやすい。 몸통이 긴 견종은 추간판 헤르니아에 걸리기 쉽다.

1363 [N1] ☐☐☐

骸

해골 해

훈	해골	—		
음	해	がい	**骸骨** 해골 ^{がいこつ}	**死骸** 사해, 송장 ^{しがい}

16획 骸 骸 骸 骸 骸 骸 骸 骸 骸 骸 骸 骸 骸 骸 骸 骸

多くの小学校で、理科室に**骸骨**の模型が置かれている。
おお しょうがっこう り か しつ がいこつ も けい お
많은 초등학교에서, 이과실에 해골 모형이 놓여 있다.

道で動物の**死骸**を発見したときは市にご連絡ください。
みち どうぶつ し がい はっけん し れんらく
길에서 동물의 사해를 발견했을 때는 시에 연락해 주세요.

1364 [N1] ☐☐☐

髄

골수 수

훈	골수	—			
음	수	ずい	**髄** 골, 골수 ^{ずい}	**骨髄** 골수 ^{こつずい}	**脳髄** 뇌수 ^{のうずい}

19획 髄 髄 髄 髄 髄 髄 髄 髄 髄 髄 髄 髄 髄 髄 髄 髄 髄 髄 髄

帰り道、冷たい雨に降られて骨の**髄**まで冷え切った。
かえ みち つめ あめ ふ ほね ずい ひ き
돌아가는 길, 차가운 비에 맞아 뼛골까지 차가워졌다.

白血病を患っている母のために**骨髄**の移植を決めた。
はっけつびょう わずら はは こつずい い しょく き
백혈병을 앓고 있는 어머니를 위해서 골수 이식을 결정했다.

건강

1365 [N1] ☐☐☐

疫

전염병 역

병들다(疒)와 몽둥이(殳)
를 합쳐 병들어 몽둥이로
맞은 듯이 아픈 것을 나타
낸 글자

훈	전염병	—				
음	역	えき	**免疫** 면역 ^{めんえき}	**疫病** 역병, 유행병 ^{えきびょう}	**検疫** 검역 ^{けんえき}	**防疫** 방역 ^{ぼうえき}
		やく	**疫病神** 역귀 ^{やくびょうがみ}			

9획 疫 疫 疫 疫 疫 疫 疫 疫 疫

笑うことで体内の**免疫**が高まるそうだ。 웃는 것으로 체내의 면역이 높아진다고 한다.
わら たいない めんえき たか

昔は**疫病神**のせいで疫病がはやると考えられていた。
むかし やくびょうがみ えきびょう かんが
옛날에는 역귀 탓에 역병이 유행한다고 생각되고 있었다.

1366 [N1] □□□

疾

병 **질**

훈	병	—			
음	질	しつ	**疾患** 질환	**疾走** 질주	**悪疾** 악질, 고질

10획 疾疾疾疾疾疾疾疾疾疾

この保険は**疾患**がある人でも入ることができます。
이 보험은 질환이 있는 사람이라도 가입할 수 있습니다.

徒競走で**疾走**したが、1位にはなれなかった。 달리기 경주에서 질주했지만, 1위는 되지 못했다.

1367 [N1] □□□

痘

역질 **두**

훈	역질	—			
음	두	とう	**天然痘** 천연두	**種痘** 종두 (천연두 예방 접종)	**水痘** 수두

12획 痘痘痘痘痘痘痘痘痘痘痘痘

天然痘は非常に感染力が強い疾患である。 천연두는 매우 감염력이 강한 질환이다.

種痘が普及したことで天然痘の感染者が減ったという。
종두가 보급된 것으로 천연두의 감염자가 줄었다고 한다.

1368 [N1] □□□

설사 **리(이)**

훈	설사	—	
음	리(이)	り	**下痢** 설사

12획 痢痢痢痢痢痢痢痢痢痢痢痢

吐き気を伴う**下痢**の場合は食中毒が疑われる。 구토를 동반한 설사인 경우에는 식중독이 의심된다.

1369 [N1] □□□

瘍

종기 **양**

훈	종기	—	
음	양	よう	**腫瘍** 종양	**胃潰瘍** 위궤양

14획 瘍瘍瘍瘍瘍瘍瘍瘍瘍瘍瘍瘍瘍瘍

来週、腸にできた**腫瘍**を取り除く手術を受ける。 다음 주에, 장에 생긴 종양을 제거하는 수술을 받는다.

暴飲暴食を続けたせいで**胃潰瘍**を患った。 폭음 폭식을 계속한 탓에 위궤양을 앓았다.

1370 [N1] ☐☐☐

痕

흉터 **흔**

훈	흉터	あと	痕 흉터 傷痕 상처 자국
음	흔	こん	痕跡 흔적 血痕 혈흔

11획 痕 痕 痕 痕 痕 痕 痕 痕 痕 痕 痕

手術の傷はもう痛くないが、**痕**がまだ残っている。
수술의 상처는 이제 아프지 않지만, 흉터가 아직 남아 있다.

事件現場に犯人が侵入した**痕跡**はなかった。 사건 현장에 범인이 침입한 흔적은 없었다.

1371 [N1] ☐☐☐

癒

병 나을 **유**

훈	병 나을	い(やす)	癒やす 치유하다, 고치다
		い(える)	癒える 낫다, 아물다
음	유	ゆ	治癒★ 치유 癒着 유착

18획 癒 癒 癒 癒 癒 癒 癒 癒 癒 癒 癒 癒 癒 癒 癒 癒 癒 癒

子供の笑顔を見ると、心が**癒**やされます。 아이의 웃는 얼굴을 보면, 마음이 치유됩니다.

額の傷が**治癒**するまで数週間かかるでしょう。 이마의 상처가 치유되기까지 몇 주간 걸릴 것입니다.

1372 [N1] ☐☐☐

菌

버섯 **균**

훈	버섯	—	
음	균	きん	菌 균 殺菌★ 살균 ばい菌★ 균, 세균 細菌 세균

11획 菌 菌 菌 菌 菌 菌 菌 菌 菌 菌 菌

納豆やチーズは**菌**の働きによって発酵させた食品です。
낫토나 치즈는 균의 작용에 의해 발효시킨 식품입니다.

ほとんどの食中毒菌は加熱によって**殺菌**できる。 대부분의 식중독균은 가열에 의해 살균할 수 있다.

1373 [N1] ☐☐☐

盲

눈멀 **맹**

잃다(亡)와 눈(目)를 합쳐 눈을 잃은 것을 나타낸 글자

훈	눈멀	—	
음	맹	もう	盲点 맹점 盲導犬 안내견 盲目 맹목 文盲 문맹

8획 盲 盲 盲 盲 盲 盲 盲 盲

専門家は日本の教育制度の**盲点**を突き改善案を述べた。
전문가는 일본 교육 제도의 맹점을 찌르고 개선안을 말했다.

盲導犬は視覚障害者の目の代わりをしている。 안내견은 시각 장애인의 눈을 대신하고 있다.

吐
토할 토

훈	토할	は(く)	吐く 뱉다, 토하다　吐き気 구역질, 욕지기
음	토	と	吐血 각혈, 피를 토한　吐息 한숨　嘔吐 구토　吐露 토로

6획 吐 吐 吐 吐 吐 吐

不安なときは息を深く吸ってゆっくりと吐いてみましょう。
불안할 때는 숨을 깊이 마시고 천천히 뱉어 봅시다.

吐血を引き起こした原因は胃がんだった。 각혈을 일으킨 원인은 위암이었다.

捻
비틀 념(염)

훈	비틀	—	
음	념(염)	ねん	捻挫* (관절을) 삠, 염좌　捻出 생각해 냄, 짜냄, 염출

11획 捻 捻 捻 捻 捻 捻 捻 捻 捻 捻 捻

スパイクを打つ際、着地に失敗して足首を捻挫した。
스파이크를 때릴 때, 착지에 실패해서 발목을 삐었다.

企画会議までにアイデアを捻出しなくてはならない。
기획 회의까지 아이디어를 생각해 내지 않으면 안 된다.

挫
꺾을 좌

훈	꺾을	—	
음	좌	ざ	捻挫* (관절을) 삠, 염좌　挫折 좌절

10획 挫 挫 挫 挫 挫 挫 挫 挫 挫 挫

捻挫したときは、患部を冷やして安静にしましょう。
삐었을 때에는, 환부를 식히고 안정을 취합시다.

幾度の挫折を乗り越えて、司法試験に合格した。 몇 번의 좌절을 극복하고, 사법 시험에 합격했다.

腫
부스럼 종

훈	부스럼	は(れる)	腫れる 붓다　腫れ 부음
		は(らす)	腫らす 붓게 하다
음	종	しゅ	腫瘍 종양

13획 腫 腫 腫 腫 腫 腫 腫 腫 腫 腫 腫 腫 腫

昨晩泣いたせいで、起きたら目が腫れていた。 어젯밤 운 탓에, 일어나니 눈이 부어 있었다.

健康診断で肝臓に腫瘍が見つかった。 건강 진단에서 간에 종양이 발견되었다.

1378 [N1] ☐☐☐

睡

졸음 수

눈(目)과 드리우다(垂)
를 합쳐 눈이 아래로
늘어져 졸린 것을 나타
낸 글자

훈	졸음	—
음	수	すい

睡眠 수면（すいみん）　**睡魔** 수마, 졸음（すいま）　**熟睡** 숙면（じゅくすい）　**午睡** 낮잠（ごすい）

13획 睡 睡 睡 睡 睡 睡 睡 睡 睡 睡 睡 睡 睡

質の良い**睡眠**は健康な体作りの基本です。 질 좋은 수면은 건강한 몸 만들기의 기본입니다.

夜更かししたせいで授業中に**睡魔**が襲ってきた。 밤을 새운 탓에 수업 중에 수마가 엄습해 왔다.

1379 [N1] ☐☐☐

窒

막을 질

훈	막을	—
음	질	ちつ

窒息 질식（ちっそく）　**窒素** 질소（ちっそ）

11획 窒 窒 窒 窒 窒 窒 窒 窒 窒 窒 窒

餅を喉に詰まらせ、**窒息**しそうになった。 떡이 목에 걸려, 질식할 뻔했다.

空気の約8割を**窒素**が占めています。 공기의 약 8할을 질소가 차지하고 있습니다.

1380 [N1] ☐☐☐

梗

막힐 경

훈	막힐	—
음	경	こう

脳梗塞 뇌경색（のうこうそく）　**心筋梗塞** 심근경색（しんきんこうそく）

11획 梗 梗 梗 梗 梗 梗 梗 梗 梗 梗 梗

脳梗塞は高血圧や糖尿病などが原因とされている。
뇌경색은 고혈압과 당뇨병 등이 원인으로 알려져 있다.

心筋梗塞は突然心臓発作が起こる病気です。 심근경색은 갑자기 심장 발작이 일어나는 병입니다.

1381 [N1] ☐☐☐

篤

도타울 독

훈	도타울	—
음	독	とく

危篤 위독（きとく）　**篤実** 독실, 정이 두텁고 성실함（とくじつ）

16획 篤 篤 篤 篤 篤 篤 篤 篤 篤 篤 篤 篤 篤 篤 篤 篤

祖母の**危篤**の知らせに、すぐ病院へ向かった。 할머니가 위독하다는 소식에, 바로 병원으로 향했다.

部長は**篤実**な人で部署の全員から慕われています。
부장은 독실한 사람으로 부서 전원에게 사랑받고 있습니다.

1382 [N1] ☐☐☐

弊

폐단 폐

훈	폐단	—	
음	폐	へい	**弊害** 폐해 **疲弊** 피폐 **弊社** 폐사 (자기 회사의 겸칭)

15획 弊 弊 弊 弊 弊 弊 弊 弊 弊 弊 弊 弊 弊

みせいねん いんしゅ のう はったつ た だい へいがい およ
未成年の飲酒は脳の発達に多大な**弊害**を及ぼす。 미성년의 음주는 뇌의 발달에 다대한 폐해를 끼친다.
ちょうじ かんろうどう げんば さぎょういん ひ へい
長時間労働で現場の作業員は**疲弊**している。 장시간 노동으로 현장의 작업원은 피폐해져 있다.

1383 [N1] ☐☐☐

剖

쪼갤 부

훈	쪼갤	—	
음	부	ぼう	**解剖** 해부

10획 剖 剖 剖 剖 剖 剖 剖 剖 剖 剖

し いん きゅうめい いたい かいぼう おこな
死因を究明するため、遺体の**解剖**が行われた。 사인을 규명하기 위해, 시체의 해부가 진행되었다.

1384 [N1] ☐☐☐

剤

약제 제

훈	약제	—	
음	제	ざい	**洗剤** 세제 **薬剤師** 약제사 **錠剤** 정제, 알약

10획 剤 剤 剤 剤 剤 剤 剤 剤 剤 剤

だいどころ せんざい すこ
台所の**洗剤**がもう少しでなくなりそうだ。 부엌의 세제가 조금 있으면 다 떨어질 것 같다.
やくざい し くすり いちにち かい の い
薬剤師に、薬を一日3回飲むよう言われた。 약제사에게, 약을 하루 3번 먹도록 들었다.

1385 [N1] ☐☐☐

鎮

진압할 진

훈	진압할	しず(める)	**鎮める** 가라앉히다, 평정하다
		しず(まる)	**鎮まる** 사그라들다
음	진	ちん	**鎮静** 진정 **鎮圧** 진압 **鎮痛剤** 진통제 **重鎮** 중진

18획 鎮 鎮 鎮 鎮 鎮 鎮 鎮 鎮 鎮 鎮 鎮 鎮 鎮 鎮 鎮 鎮 鎮 鎮

くすり えんしょう しず こうか
この薬には炎症を**鎮める**効果があります。 이 약에는 염증을 가라앉히는 효과가 있습니다.
ぼうどう ちんせい おおぜい けいさつかん は けん
暴動を**鎮静**するため、大勢の警察官が派遣された。 폭동을 진정시키기 위해, 많은 경찰관이 파견되었다.

색이 있는 한자의 발음을 밑줄에 쓴 다음, 괄호 안에 단어의 뜻을 써 보세요.

01	眼科	_____か	(	)	21	窒息	_____そく	(	)
02	顎	_____	(	)	22	腸	_____	(	)
03	輩出	_____しゅつ	(	)	23	爪	_____	(	)
04	紳士	_____し	(	)	24	脂肪	し_____	(	)
05	頬	_____	(	)	25	免疫	めん_____	(	)
06	落胆	らく_____	(	)	26	痕	_____	(	)
07	吐く	_____く	(	)	27	鎮める	_____める	(	)
08	裸	_____	(	)	28	新郎	しん_____	(	)
09	股	_____	(	)	29	嫁	_____	(	)
10	舌	_____	(	)	30	唾液	_____えき	(	)
11	骸骨	_____こつ	(	)	31	眉毛	_____げ	(	)
12	癒やす	_____やす	(	)	32	公衆	こう_____	(	)
13	肝	_____	(	)	33	花婿	はな_____	(	)
14	下痢	げ_____	(	)	34	瞳	_____	(	)
15	解剖	かい_____	(	)	35	脇	_____	(	)
16	腫れる	_____れる	(	)	36	自己	じ_____	(	)
17	分泌	ぶん_____	(	)	37	細胞	さい_____	(	)
18	筋肉	_____にく	(	)	38	粘膜	ねん_____	(	)
19	脚本	_____ほん	(	)	39	肘	_____	(	)
20	喉	_____	(	)	40	俺	_____	(	)

정답 01 がんか 안과 02 あご 턱, 아래턱 03 はいしゅつ 배출 04 しんし 신사 05 ほお 뺨 06 らくたん 낙담 07 はく 뱉다, 토하다 08 はだか 알몸
09 また 가랑이, 넓적다리 10 した 혀 11 がいこつ 해골 12 いやす 치유하다, 고치다 13 きも 간 14 げり 설사 15 かいぼう 해부 16 はれる 붓다
17 ぶんぴつ 분비 18 きんにく 근육 19 きゃくほん 각본 20 のど 목구멍 21 ちっそく 질식 22 ちょう 장, 창자 23 つめ 손톱 24 しぼう 지방
25 めんえき 면역 26 あと 흉터 27 しずめる 가라앉히다, 평정하다 28 しんろう 신랑 29 よめ 며느리, 아내 30 だえき 타액 31 まゆげ 눈썹
32 こうしゅう 공중 33 はなむこ 신랑, 새신랑 34 ひとみ 눈동자 35 わき 겨드랑이 36 じこ 자기 37 さいぼう 세포 38 ねんまく 점막 39 ひじ 팔꿈치
40 おれ (남자의 자칭) 나

느낌·감정·생각

느낌

★은 JLPT/JPT 기출 단어입니다.

1386 [N1] ☐☐☐

看

볼 간

손(手)과 눈(目)을 합쳐
손을 눈 언저리에 대고
살펴보는 것을 나타낸
글자

훈	볼	—
음	간	かん

看板★ 간판　看病 간병　看護 간호

9획 看 看 看 看 看 看 看 看 看

お店までは大通りの**看板**を目印にお越しください。 가게까지는 큰길의 간판을 표지로 삼아 와 주세요.

風邪を引いた息子を寝ずに**看病**した。 감기에 걸린 아들을 자지 않고 간병했다.

1387 [N1] ☐☐☐

監

살필 감

훈	살필	—
음	감	かん

監視 감시　監督★ 감독　総監 총감, 총감독

15획 監 監 監 監 監 監 監 監 監 監 監 監 監 監 監

高速道路に交通状況を**監視**する機械が設置された。
고속 도로에 교통 상황을 감시하는 기계가 설치되었다.

監督の的確な指示がチームを勝利に導いたと思う。
감독의 정확한 지시가 팀을 승리로 이끌었다고 생각한다.

1388 [N1] ☐☐☐

覧

볼 람

훈	볼	—
음	람	らん

閲覧★ 열람　一覧★ 일람　観覧 관람　展覧会 전람회

17획 覧 覧 覧 覧 覧 覧 覧 覧 覧 覧 覧 覧 覧 覧 覧 覧 覧

転職を目標に毎日求人サイトを**閲覧**している。 이직을 목표로 매일 구인 사이트를 열람하고 있다.

電車の中で新着ニュースの**一覧**に軽く目を通した。
전철 안에서 새로 도착한 뉴스 일람을 가볍게 훑어보았다.

1389	[N1] ☐☐☐			
훈	바라볼	なが(める)	**眺める** 바라보다, 전망하다	**眺め** 바라봄, 경치, 풍경
음	조	ちょう	**眺望** 조망, 전망	

11획 眺 眺 眺 眺 眺 眺 眺 眺 眺 眺 眺

바라볼 **조**

夜空に輝く天の川をうっとり**眺めて**いた。 밤하늘에 반짝이는 은하수를 황홀히 바라보고 있었다.

ホテルの客室から美しい海が**眺望**できます。 호텔의 객실에서 아름다운 바다를 조망할 수 있습니다.

1390	[N1] ☐☐☐		
훈	맡을	か(ぐ)	**嗅ぐ** (냄새를) 맡다
음	후	きゅう	**嗅覚** 후각

13획 嗅 嗅 嗅 嗅 嗅 嗅 嗅 嗅 嗅 嗅 嗅 嗅 嗅

맡을 **후**

アロマの匂いを**嗅ぐ**と、心が落ち着く。 아로마 향기를 맡으면, 마음이 진정된다.

犬の**嗅覚**は人間よりはるかに優れている。 개의 후각은 인간보다 훨씬 뛰어나다.

1391	[N1] ☐☐☐			
훈	냄새	くさ(い)	**臭い** (고약한) 냄새가 나다	**臭み** 구린 냄새
		にお(う)	**臭う** 냄새가 나다, 악취가 나다	**臭い** 냄새, 악취
음	취	しゅう	**悪臭** 악취 **臭気** 취기, 악취	**消臭** 제취, 탈취

9획 臭 臭 臭 臭 臭 臭 臭 臭 臭

냄새 **취**

エアコンが**臭い**のは内部のカビが原因かもしれない。
에어컨에서 고약한 냄새가 나는 것은 내부의 곰팡이가 원인일지도 모른다.

下水道から**悪臭**がすると市民から苦情があった。
하수도에서 악취가 난다고 시민으로부터 불평이 있었다.

1392	[N1] ☐☐☐			
훈	향내	にお(う)	**匂う** (좋은) 냄새가 나다	**匂い** (좋은) 냄새, 향기
음	내	―		

4획 匂 匂 匂 匂

향내 **내**

外を散歩しているとラベンダーが**匂った**。 바깥을 산책하고 있으니 라벤더 냄새가 났다.

カレーのいい**匂い**に誘われ、店に入った。 카레의 좋은 냄새에 이끌려, 가게에 들어갔다.

1393 [N1] □□□

芳

꽃다울 **방**

훈 꽃다울	かんば(しい)	**芳しい** 향기롭다, 훌륭하다	**芳しさ** 향기로움		
음 방	ほう	**芳香剤** 방향제	**芳紀** 방기, 방년		

7획 芳 芳 芳 芳 芳 芳 芳

ジャスミンの**芳しい**匂いにはリラックス効果がある。 자스민의 향기로운 냄새에는 진정 효과가 있다.

玄関にバラの香りの**芳香剤**を置いている。 현관에 장미 향의 방향제를 두고 있다.

1394 [N1] □□□

薫

향초 **훈**

훈 향초	かお(る)	**薫る** 상쾌하게 느껴지다	**薫り** 향기, 좋은 냄새	
음 훈	くん	**薫風** 훈풍	**薫陶** 훈도, 훈육	

16획 薫 薫 薫 薫 薫 薫 薫 薫 薫 薫 薫 薫 薫 薫 薫 薫

心地よい風が**薫る**5月、いかがお過ごしですか。
기분 좋은 바람이 상쾌하게 느껴지는 5월, 어떻게 지내고 계십니까?

初夏を知らせる**薫風**が気持ちいい。 초여름을 알리는 훈풍이 기분 좋다.

1395 [N1] □□□

聴

들을 **청**

훈 들을	き(く)	**聴く** (귀기울여) 듣다, 승낙하다			
음 청	ちょう	**視聴者*** 시청자	**聴覚** 청각	**聴衆** 청중	**傍聴** 방청

17획 聴 聴 聴 聴 聴 聴 聴 聴 聴 聴 聴 聴 聴 聴 聴 聴 聴

政治家は国民の声をきちんと**聴く**べきです。 정치가는 국민의 목소리를 제대로 귀기울여 들어야 합니다.

番組の**視聴者**から出演者に質問が届きました。
프로그램의 시청자로부터 출연자에게 질문이 도착했습니다.

헷갈리는 단어 모아보기

유의어		
聴く (귀 기울여) 듣다	演奏を聴く。 연주를 듣다.
聞く 듣다	話を聞く。 이야기를 듣다.

聴く와 聞く는 모두 '듣다'라는 뜻이다. 聴く는 무언가를 적극적으로 귀 기울여 듣는 상황에 사용하고, 聞く는 모든 듣는 상황에 사용한다.

1396 酸

[N1] □□□

훈	실	す(い)	**酸い** 산미가 있다, 시다 **酸っぱい** 시다, 시큼하다
음	산	さん	**酸味** 신맛, 산미 **酸素** 산소 **酸性** 산성 **炭酸** 탄산

14획 酸 酸 酸 酸 酸 酸 酸 酸 酸 酸 酸 酸 酸 酸

실 **산**

酸っぱいみかんはもむと甘くなるそうだ。 신 귤은 주무르면 달아진다고 한다.

私は苦味より**酸味**が強いコーヒーのほうが好みだ。 나는 쓴맛보다 신맛이 강한 커피 쪽이 취향이다.

1397 醒

[N1] □□□

훈	깰	—	
음	성	せい	**覚醒** 각성

16획 醒 醒 醒 醒 醒 醒 醒 醒 醒 醒 醒 醒 醒 醒 醒 醒

깰 **성**

カフェインを取ると脳が**覚醒**し寝つきにくくなります。 카페인을 먹으면 뇌가 각성해서 잠들기 어려워집니다.

1398 雰

[N1] □□□

훈	안개	—	
음	분	ふん	**雰囲気**★ 분위기

12획 雰 雰 雰 雰 雰 雰 雰 雰 雰 雰 雰 雰

안개 **분**

このカフェ、落ち着いた**雰囲気**で居心地がいいね。 이 카페, 차분한 분위기라서 있기 편하네.

1399 尚

[N1] □□□

훈	오히려	—	
음	상	しょう	**高尚** 고상 **時期尚早** 시기상조

8획 尚 尚 尚 尚 尚 尚 尚 尚

오히려 **상**

社長夫人はオペラ鑑賞など**高尚**な趣味をお持ちです。 사장님의 부인은 오페라 감상 등 고상한 취미를 가지고 계십니다.

有能だとはいえ、彼を昇進させるのは**時期尚早**だろう。 유능하다고는 해도, 그를 승진시키는 것은 시기상조일 것이다.

1400 [N1] ☐☐☐

閑

훈 한가할 —

음 한 かん 閑静 조용함, 고요함 閑散 한산

12획 閑 閑 閑 閑 閑 閑 閑 閑 閑 閑 閑 閑

한가할 한

にぎやかな街中より閑静な住宅街に住みたい。 북적이는 시내보다 조용한 주택가에 살고 싶다.

その商業ビルは空室が多く、閑散としていた。 그 상업 빌딩은 공실이 많아, 한산했다.

1401 [N1] ☐☐☐

剛

훈 굳셀 —

음 강 ごう 剛健 강건 剛球 강속구

10획 剛 剛 剛 剛 剛 剛 剛 剛 剛 剛

굳셀 강

あの武将の像からは剛健な気風が感じられる。 그 무장의 조각상에서는 강건한 기풍이 느껴진다.

投手が投げた剛球に応援席から歓声が湧いた。 투수가 던진 강속구에 응원석에서 함성이 끓어올랐다.

1402 [N1] ☐☐☐

滑

훈 미끄러울/ すべ(る) 滑る 미끄러지다, 입을 잘못 놀리다 滑り 미끄러짐
어지러울
なめ(らか) 滑らかだ 미끄럽다

음 활/골 かつ 円滑 원활 滑走 활주 滑走路 활주로 滑降 활강

こつ 滑稽 골계, 익살

13획 滑 滑 滑 滑 滑 滑 滑 滑 滑 滑 滑 滑 滑

미끄러울 활
어지러울 골

タイヤにチェーンを巻けば、凍った道路でも滑らない。
타이어에 체인을 말면, 언 도로에서도 미끄러지지 않는다.

取引先との契約が円滑に進んでほっとしている。 거래처와의 계약이 원활하게 진행되어 안심하고 있다.

1403 [N1] ☐☐☐

稽

훈 상고할 —

음 계 けい 滑稽 익살, 골계 稽古 (무술·예술) 수업, 연습

15획 稽 稽 稽 稽 稽 稽 稽 稽 稽 稽 稽 稽 稽 稽 稽

상고할 계

その映画は滑稽で笑える場面が多かった。 그 영화는 익살맞아서 웃을 수 있는 장면이 많았다.

元日本チャンピオンの先生に空手の稽古を受けている。
전 일본 챔피언인 선생님에게 가라테 수업을 받고 있다.

1404 [N1] ☐☐☐

雅

훈	맑을	—	
음	아	が	優雅 우아 風雅 풍아, 고상하고 우아함

13획 雅 雅 雅 雅 雅 雅 雅 雅 雅 雅 雅 雅 雅

맑을 아

公演で見たバレリーナの**優雅**な踊りに感動した。 공연에서 본 발레리나의 우아한 춤에 감동했다.

竹細工のインテリアは**風雅**な趣が魅力的だ。 대나무 세공 인테리어는 풍아한 정취가 매력적이다.

1405 [N1] ☐☐☐

猛

훈	사나울	—				
음	맹	もう	猛烈* 맹렬 猛反対* 맹반대 猛暑 혹서, 폭염 猛獣 맹수

11획 猛 猛 猛 猛 猛 猛 猛 猛 猛 猛 猛

사나울 맹

猛烈な寒波に見舞われ、氷点下20度を記録した。 맹렬한 한파가 덮쳐, 영하 20도를 기록했다.

周りの**猛反対**を押し切ってでも彼女と結婚したい。
주변의 맹반대를 무릅쓰고서라도 그녀와 결혼하고 싶다.

1406 [N1] ☐☐☐

烈

훈	세찰	—				
음	렬(열)	れつ	強烈 강렬 痛烈 통렬 猛烈* 맹렬 壮烈 장렬

10획 烈 烈 烈 烈 烈 烈 烈 烈 烈 烈

세찰 렬(열)

谷選手は相手に**強烈**なパンチを決め、KO勝ちした。
다니 선수는 상대에게 강렬한 펀치를 날리고, KO승했다.

専門家は政府の経済政策を**痛烈**に批判した。 전문가는 정부의 경제 정책을 통렬하게 비판했다.

1407 [N1] ☐☐☐

粛

훈	엄숙할	—				
음	숙	しゅく	自粛* 자숙 厳粛 엄숙 静粛 정숙 粛清 숙청

11획 粛 粛 粛 粛 粛 粛 粛 粛 粛 粛 粛

엄숙할 숙

その女優は不祥事を起こして芸能活動を**自粛**した。
그 여배우는 불상사를 일으켜 연예 활동을 자숙했다.

厳粛な雰囲気の中、記念式典が開催された。 엄숙한 분위기 속, 기념 식전이 개최되었다.

1408 [N1] ☐☐☐

悠

멀 유

훈	멀	—		
음	유	ゆう	**悠長** ゆうちょう 느긋함, 유장	**悠然** ゆうぜん 침착함, 유연

11획 悠 悠 悠 悠 悠 悠 悠 悠 悠 悠 悠

寝坊したから、**悠長**に朝ご飯を食べる時間はない。
늦잠을 잤기 때문에, 느긋하게 아침밥을 먹을 시간은 없다.

部長は取引先からの急な要求にも**悠然**と対応した。
부장님은 거래처로부터의 갑작스러운 요구에도 침착하게 대응했다.

1409 [N1] ☐☐☐

畏

두려워할 외

훈	두려워할	おそ(れる)	**畏れる** おそれる 경외하다	**畏れ** おそれ 두려움
음	외	い	**畏敬** いけい 경외, 외경	**畏怖** いふ 외포, 두려워함

9획 畏 畏 畏 畏 畏 畏 畏 畏 畏

この絵は先人がいかに神を**畏れて**いたか教えてくれる。
이 그림은 옛사람이 얼마나 신을 경외하고 있었는지 가르쳐 준다.

人間は昔から山や海に対して**畏敬**の念を抱いてきた。
인간은 옛날부터 산과 바다에 대해 경외의 마음을 품어 왔다.

1410 [N1] ☐☐☐

慄

떨릴 률(율)

훈	떨릴	—		
음	률(율)	りつ	**戦慄** せんりつ 전율	**慄然** りつぜん 소름 끼침

13획 慄 慄 慄 慄 慄 慄 慄 慄 慄 慄 慄 慄 慄

世間を**戦慄**させた連続殺人の犯人が捕まった。 세상을 전율케 한 연쇄 살인의 범인이 잡혔다.

ニュースで津波が町を飲み込む様子を見て**慄然**とした。
뉴스에서 해일이 마을을 삼키는 모습을 보고 소름 끼쳤다.

1411 [N1] ☐☐☐

虚

빌 허

훈	빌	—				
음	허	きょ	**虚偽** きょぎ 허위	**謙虚** けんきょ 겸허	**空虚** くうきょ 공허	**虚無** きょむ 허무
		こ	**虚空** こくう 허공			

11획 虚 虚 虚 虚 虚 虚 虚 虚 虚 虚 虚

SNSで**虚偽**のニュースが拡散され、問題となっている。 SNS에서 허위 뉴스가 확산돼, 문제가 되고 있다.

彼女はぼうっと**虚空**を見つめていた。 그녀는 멍하니 허공을 바라보고 있었다.

1412 [N1] ☐☐☐

歓

기뻐할 환

훈	기뻐할	—			
음	환	かん	**歓迎**＊ 환영	**歓迎会**＊ 환영회	**歓声** 환성, 환호성

15획 歓 歓 歓 歓 歓 歓 歓 歓 歓 歓 歓 歓 歓 歓 歓

来週、学生寮で新入生の**歓迎会**を開く。 다음 주, 학생 기숙사에서 신입생 환영회를 연다.

森選手がホームランを打つと客席から**歓声**が上がった。
모리 선수가 홈런을 치니 객석에서 환성이 높아졌다.

1413 [N1] ☐☐☐

悦

기쁠 열

훈	기쁠	—		
음	열	えつ	**喜悦** 희열	**満悦** 만족스러워 기쁨, 만열

10획 悦 悦 悦 悦 悦 悦 悦 悦 悦 悦

長年の夢だった富士山の登頂に成功し、**喜悦**を感じた。 오랜 꿈이었던 후지산 등정에 성공해, 희열을 느꼈다.

家族に還暦を祝われた祖母はご**満悦**の様子だった。
가족에게 환갑을 축하받은 할머니는 만족스러워 기쁜 모양이었다.

1414 [N1] ☐☐☐

誇

자랑할 과

말씀(言)과 자랑(夸)을
합쳐 자랑하는 말을 나
타낸 글자

훈	자랑할	ほこ(る)	**誇る**＊ 자랑하다, 뽐내다	**誇り** 자랑, 긍지	
음	과	こ	**誇張**＊ 과장	**誇大** 과대	**誇示** 과시

13획 誇 誇 誇 誇 誇 誇 誇 誇 誇 誇 誇 誇 誇

日本のアニメは世界中で絶大な人気を**誇って**いる。
일본의 애니메이션은 전 세계에서 절대적인 인기를 자랑하고 있다.

彼はエピソードを**誇張**して話す癖があるようだ。 그는 에피소드를 과장해 말하는 습관이 있는 것 같다.

1415 [N1] ☐☐☐

慶

경사 경

훈	경사	—			
음	경	けい	**慶弔** 경조	**慶賀** 축하, 경하	**慶祝** 경축

15획 慶 慶 慶 慶 慶 慶 慶 慶 慶 慶 慶 慶 慶 慶 慶

多くの会社に、**慶弔**の際取得できる特別休暇がある。
많은 회사에, 경조 때 취득할 수 있는 특별 휴가가 있다.

今年は本校創立100年という**慶賀**すべき年です。 올해는 본교 창립 100년이라는 축하해야 할 해입니다.

1416 [N1] ☐☐☐

시원할 **상**

훈	시원할	さわ(やか)	爽やかだ 시원하다
음	상	そう	爽快 상쾌　颯爽★ 씩씩함, 당당함

11획 爽 爽 爽 爽 爽 爽 爽 爽 爽 爽 爽

窓を開けると爽やかな風が入ってきました。 창문을 여니 시원한 바람이 들어왔습니다.

このビールは炭酸が強くて飲み心地が爽快です。 이 맥주는 탄산이 강해서 목 넘김이 상쾌합니다.

1417 [N1] ☐☐☐

슬플 **애**

훈	슬플	あわ(れ)	哀れ 불쌍함, 가련함　哀れがる 불쌍해하다
		あわ(れむ)	哀れむ 불쌍히 여기다　哀れみ 불쌍히 여김
음	애	あい	悲哀 비애　哀愁 애수　哀願 애원

9획 哀 哀 哀 哀 哀 哀 哀 哀 哀

その時代劇は、家来に裏切られる哀れな将軍の物語だ。
그 시대극은, 신하에게 배신당하는 불쌍한 장군의 이야기이다.

最近彼女と別れた友達は悲哀に満ちていた。 최근 여자친구와 헤어진 친구는 비애에 차 있었다.

1418 [N1] ☐☐☐

근심할 **우**

훈	근심할	おそれ	虞 우려, 염려
음	우	―	

13획 虞 虞 虞 虞 虞 虞 虞 虞 虞 虞 虞 虞 虞

このまま売り上げが回復しなければ倒産の虞もある。
이대로 매출이 회복되지 않으면 도산할 우려도 있다.

1419 [N1] ☐☐☐

부러워할 **선**

훈	부러워할	うらや(む)	羨む 부러워하다
		うらや(ましい)	羨ましい 부럽다
음	선	せん	羨望 선망

13획 羨 羨 羨 羨 羨 羨 羨 羨 羨 羨 羨 羨 羨

人それぞれ個性があるのだから、他人を羨む必要はない。
사람은 저마다 개성이 있는 것이니까, 타인을 부러워할 필요는 없다.

昇進した同期に羨望の目を向けた。 승진한 동기에게 선망의 눈길을 보냈다.

1420 [N1] □□□

羞

부끄러울 **수**

훈	부끄러울	—	
음	수	しゅう	羞恥心 수치심

11획 羞 羞 羞 羞 羞 羞 羞 羞 羞 羞 羞

子供は 1 歳から 4 歳ごろに 羞恥心が育つという。　아이는 1살부터 4살 즈음에 수치심이 자란다고 한다.

1421 [N1] □□□

怨

원망할 **원**

훈	원망할	—	
음	원	おん	怨念 원념
		えん	怨恨 원한

9획 怨 怨 怨 怨 怨 怨 怨 怨 怨

怨念を持った幽霊が人々を襲うという内容の映画を見た。
원념을 가진 유령이 사람들을 덮친다는 내용의 영화를 봤다.

犯人は被害者に以前から怨恨を抱いていたという。
범인은 피해자에게 이전부터 원한을 품고 있었다고 한다.

1422 [N1] □□□

憂

근심 **우**

훈	근심	うれ(い)	憂い 근심, 걱정, 우려
		う(い)	憂い 괴롭다, 안타깝다　憂き目 쓰라림, 괴로운 체험
		うれ(える)	憂える 걱정하다, 근심하다　憂え 걱정, 근심
음	우	ゆう	憂慮 우려　憂鬱 우울　憂愁 우수, 우려

15획 憂 憂 憂 憂 憂 憂 憂 憂 憂 憂 憂 憂 憂 憂 憂

就職先が決まらない娘の表情は憂いに満ちていた。
취직 자리가 정해지지 않는 딸의 표정은 근심으로 가득 차 있었다.

少子化が加速することで国力の低下が憂慮されます。
저출산이 가속됨으로써 국력 저하가 우려됩니다.

1423 [N1] □□□

愁

근심 **수**

훈	근심	うれ(い)	**愁い** 근심, 슬픔, 한탄
		うれ(える)	**愁える** 슬픔에 잠기다, 비탄하다
음	수	しゅう	**哀愁** 애수 **憂愁** 우수 **愁傷** 상심

13획 愁 愁 愁 愁 愁 愁 愁 愁 愁 愁 愁 愁 愁

絵画の女性は**愁い**を帯びた目をしている。 그림의 여성은 근심을 띤 눈을 하고 있다.
元気な曲より**哀愁**が漂う切ない曲のほうが好きだ。 활기찬 곡보다 애수가 감도는 애절한 곡 쪽이 좋다.

1424 [N1] □□□

답답할 **울**

| 훈 | 답답할 | — | |
| 음 | 울 | うつ | **憂鬱** 우울 **鬱病** 우울증 |

29획 鬱 (생략)

じめじめした日が続き、**憂鬱**な気持ちになる。 축축한 날이 이어져, 우울한 기분이 든다.
世界的に、**鬱病**の患者が年々増えているという。 세계적으로, 우울증 환자가 해마다 늘고 있다고 한다.

1425 [N1] □□□

恨

한할 **한**

훈	한할	うら(む)	**恨む**★ 원망하다 **恨み** 원한, 양심
		うら(めしい)	**恨めしい** 원망스럽다
음	한	こん	**痛恨** 통한 **悔恨** 회한 **遺恨** 여한

9획 恨 恨 恨 恨 恨 恨 恨 恨 恨

思春期の頃は厳しい親を**恨んだ**こともあった。 사춘기일 적에는 엄격한 부모님을 원망한 적도 있었다.
劇でセリフを忘れる**痛恨**のミスを犯してしまった。 연극에서 대사를 잊어버리는 통한의 실수를 저질러 버렸다.

1426 [N1] □□□

悼

슬퍼할 **도**

| 훈 | 슬퍼할 | いた(む) | **悼む** 애도하다, 슬퍼하다 |
| 음 | 도 | とう | **追悼** 추도 **哀悼** 애도 |

11획 悼 悼 悼 悼 悼 悼 悼 悼 悼 悼 悼

若くしてこの世を去った教え子の死を**悼んだ**。 젊어서 이 세상을 떠난 제자의 죽음을 애도했다.
震災の犠牲者に**追悼**の意を込めて、黙とうを捧げた。
지진 재해의 희생자에게 추도의 뜻을 담아, 묵도를 바쳤다.

1427 [N1] □□□

憤

분할 분

마음(忄)과 크다(賁)를 합쳐 큰 분노로 마음이 끓어오른 것을 나타낸 글자

| 훈 분할 | いきどお(る) | 憤る★ 분개하다, 성내다 | 憤り★ 분개, 분노 |
| 음 분 | ふん | 鬱憤 울분　憤慨 분개　発憤 발분, 분발 | |

15획 憤 憤 憤 憤 憤 憤 憤 憤 憤 憤 憤 憤 憤 憤 憤

連日、深夜を過ぎても騒ぎ続ける隣人に**憤**った。
연일, 심야를 지나서도 계속해서 소란스럽게 하는 옆집 사람에게 분개했다.

お酒で日頃の**鬱憤**を晴らすことはあまり健康的とは言えない。
술로 평소의 울분을 푸는 것은 딱히 건강하다고 할 수 없다.

1428 [N1] □□□

慨

분개할 개

| 훈 분개할 | — |
| 음 개 | がい | 憤慨 분개　感慨 감회, 감개　慨嘆 개탄 |

13획 慨 慨 慨 慨 慨 慨 慨 慨 慨 慨 慨 慨 慨

人権を踏みにじるような事件に**憤慨**を覚える。　인권을 짓밟는 것과 같은 사건에 분개를 느낀다.

古いアルバムを見て**感慨**に浸っていた。　오래된 앨범을 보고 감회에 잠겨 있었다.

1429 [N1] □□□

憾

섭섭할 감

| 훈 섭섭할 | — |
| 음 감 | かん | 遺憾★ 유감 |

16획 憾 憾 憾 憾 憾 憾 憾 憾 憾 憾 憾 憾 憾 憾 憾 憾

円安により**遺憾**ながら値上げさせていただきます。
엔화 약세로 인해 유감이지만 가격 인상을 하겠습니다.

1430 [N1] □□□

惨

참혹할 참

훈 참혹할	みじ(め)	惨めだ 비참하다		
음 참	さん	悲惨 비참　惨劇 참극　陰惨 어둡고 비참함		
	ざん	惨敗 참패　惨殺 참살　惨死 참사		

11획 惨 惨 惨 惨 惨 惨 惨 惨 惨 惨 惨

仕事でミスを連発し、**惨**めな気持ちになった。　일에서 실수를 연발하여, 비참한 기분이 되었다.

テレビで見た戦場の**悲惨**な光景が頭から離れない。
텔레비전에서 본 전장의 비참한 광경이 머리에서 떠나지 않는다.

1431 [N1] □□□

孤

외로울 고

훈	외로울	—	
음	고	こ	孤独 고독　孤立 고립　孤児 고아

9획 孤 孤 孤 孤 孤 孤 孤 孤 孤

一人暮らしは楽しい反面**孤独**を感じることもある。 자취는 재미있는 반면 고독을 느끼는 경우도 있다.

社会的な**孤立**は心身に悪影響を及ぼし得る。 사회적인 고립은 심신에 악영향을 미칠 수 있다.

1432 [N1] □□□

嫉

미워할 질

훈	미워할	—	
음	질	しつ	嫉妬 질투

13획 嫉 嫉 嫉 嫉 嫉 嫉 嫉 嫉 嫉 嫉 嫉 嫉 嫉

幼い頃、弟が両親に褒められていると**嫉妬**したものだ。
어릴 때, 남동생이 부모님에게 칭찬받고 있으면 질투하곤 했다.

1433 [N1] □□□

妬

샘낼 투

훈	샘낼	ねた(む)	妬む 샘하다, 질투하다
음	투	と	嫉妬 질투

8획 妬 妬 妬 妬 妬 妬 妬 妬

若くして役職に就いた林さんを**妬ん**でいる人も多い。
젊어서부터 관리직에 취임한 하야시 씨를 샘하고 있는 사람도 많다.

彼女が他の男と話しているだけで**嫉妬**してしまう。
그녀가 다른 남자와 이야기하고 있는 것만으로 질투해 버린다.

1434 [N1] □□□

嘆

탄식할 탄

훈	탄식할	なげ(く)	嘆く 한탄하다　嘆き 한탄
		なげ(かわしい)	嘆かわしい 한심스럽다, 한탄스럽다
음	탄	たん	感嘆 감탄　驚嘆★ 경탄　悲嘆 비탄　嘆願 탄원

13획 嘆 嘆 嘆 嘆 嘆 嘆 嘆 嘆 嘆 嘆 嘆 嘆 嘆

彼は境遇を**嘆く**だけで、問題を解決しようとしない。
그는 처지를 한탄할 뿐, 문제를 해결하려고 하지 않는다.

高橋君の熱心な仕事ぶりには**感嘆**するばかりです。
다카하시 군의 열심히 일하는 모습에는 감탄할 뿐입니다.

1435	[N1] □□□			

훈	비웃을	あざけ(る)	**嘲る** 비웃다, 조소하다	
음	조	ちょう	**嘲笑** 비웃음, 조소 **自嘲** 자조	

15획 丨 冂 冂 冊 冊 吧 吧 咄 咘 啮 嘲 嘲 嘲 嘲

비웃을 **조**

他人の不幸を**嘲る**なんてひどすぎるよ。 타인의 불행을 비웃다니 너무해.

間抜けな失敗をした自分を**嘲笑**した。 얼빠진 실수를 한 스스로를 비웃었다.

생각

1436	[N1] □□□

훈	생각할	—			
음	려(여)	りょ	**考慮**★ 고려 **遠慮**★ 사양, 겸손 **配慮**★ 배려 **無慮** 무려

15획 慮 慮 厃 庐 庐 庐 庐 庐 庐 庐 庐 慮 慮 慮

생각할 **려(여)**

給与はスキルや経験を**考慮**して決定します。 급여는 기술이나 경험을 고려해서 결정합니다.

遠慮せずにたくさん召し上がってくださいね。 사양하지 말고 많이 드세요.

1437	[N1] □□□

훈	마음대로	—	
음	자	し	**恣意的** 자의적

10획 恣 恣 恣 恣 次 次 次 恣 恣 恣

마음대로 **자**

業務は**恣意的**にせず、マニュアル通りに行いましょう。
업무는 자의적으로 하지 말고, 매뉴얼대로 진행합시다.

1438	[N1] □□□

훈	미혹할	まど(う)	**惑う** 망설이다, 혹하다 **惑い** 미혹		
음	혹	わく	**迷惑**★ 민폐 **思惑**★ 생각, 의도 **誘惑** 유혹 **惑星** 혹성

12획 惑 惑 惑 惑 或 或 或 或 惑 惑 惑 惑

미혹할 **혹**

美容師を辞めて、大学に進学すべきか**惑って**いる。
미용사를 그만두고, 대학에 진학해야 할지 망설이고 있다.

食堂でコップを割ってしまい、店員に**迷惑**をかけた。 식당에서 컵을 깨 버려서, 점원에게 민폐를 끼쳤다.

1439 [N1] ☐☐☐

妄

망령될 **망**

훈 망령될	—		
음 망	もう	**妄想** 망상 **妄信** 망신, 무턱대고 믿음	
	ぼう	**妄言** 망언	

6획 妄 妄 妄 妄 妄 妄

ふと、好きな芸能人とのデートを**妄想**してみた。 잠시, 좋아하는 연예인과의 데이트를 망상해 보았다.

しょっちゅう**妄言**を吐く彼の言うことは信じられない。 종종 망언을 뱉는 그가 말하는 것은 믿을 수 없다.

1440 [N1] ☐☐☐

衷

속마음 **충**

훈 속마음	—		
음 충	ちゅう	**折衷** 절충 **苦衷** 고충 **衷心** 충심, 진심	

9획 衷 衷 衷 衷 衷 衷 衷 衷 衷

野党は政府の予算案に対し、**折衷**案を提示した。 야당은 정부의 예산안에 대해, 절충안을 제시했다.

慣れない土地で働く娘の**苦衷**を思うと胸が痛い。
익숙하지 않은 땅에서 일하는 딸의 고충을 생각하면 가슴이 아프다.

1441 [N1] ☐☐☐

悟

깨달을 **오**

훈 깨달을	さと(る)	**悟る** 깨닫다 **悟り** 깨달음, 득도	
음 오	ご	**覚悟** 각오 **悟性** 오성, 지성	

10획 悟 悟 悟 悟 悟 悟 悟 悟 悟 悟

高校野球で自分の限界を**悟り**、進路を変えた。 고교 야구에서 자신의 한계를 깨닫고, 진로를 바꿨다.

ペットを飼うには責任と**覚悟**が必要です。 반려동물을 기르기 위해서는 책임과 각오가 필요합니다.

1442 [N1] ☐☐☐

拙

못날 **졸**

훈 못날	つたな(い)	**拙い** 서투르다, 어리석다	
음 졸	せつ	**稚拙** 미숙함, 치졸 **拙劣** 졸렬 **拙速** 졸속	

8획 拙 拙 拙 拙 拙 拙 拙 拙

私の**拙い**英語でも、意外と現地の人と会話ができた。
내 서투른 영어라도, 의외로 현지 사람과 대화가 가능했다.

稚拙な原稿ですが、先生に読んでいただきたいです。
미숙한 원고입니다만, 선생님이 읽어주셨으면 합니다.

煩

번거로울 번

머리(頁)와 불(火)을 합쳐 머리에 불이 날 만큼 번거로운 것을 나타낸 글자

훈	번거로울	わずら(わす)	煩わす 수고가 들게 하다, 번거롭게 하다
		わずら(う)	煩う 걱정하다 煩い 걱정 煩わしい* 번거롭다, 귀찮다
음	번	はん	煩雑* 번잡
		ぼん	煩悩 번뇌

13획 煩 煩 煩 煩 煩 煩 煩 煩 煩 煩 煩 煩 煩

ロボット掃除機を使えば掃除に**煩わされる**時間が減る。
로봇 청소기를 사용하면 청소에 수고가 드는 시간이 준다.

行政サービスのデジタル化で**煩雑**な手続きが楽になった。
행정 서비스의 디지털화로 번잡한 수속이 편해졌다.

錯

어긋날 착

훈	어긋날	—	
음	착	さく	錯覚* 착각 交錯* 교착 錯誤 착오

16획 錯 錯 錯 錯 錯 錯 錯 錯 錯 錯 錯 錯 錯 錯 錯 錯

もう4月だと言うのに、冬だと**錯覚**するほどの寒さだ。
벌써 4월이라고 하는데, 겨울이라고 착각할 정도의 추위이다.

留学に行く飛行機の中で様々な思いが**交錯**していた。
유학하러 가는 비행기 안에서 여러 가지 생각이 교착했다.

是

옳을 시

훈	옳을	—	
음	시	ぜ	是非* 시비, 옳고 그름, 제발 是正 시정 是認 시인

9획 是 是 是 是 是 是 是 是 是

憲法改正の**是非**を問う国民投票が行われた。 헌법 개정의 시비를 묻는 국민 투표가 진행되었다.

広がる所得格差を**是正**する政策が急がれる。 벌어지는 소득 격차를 시정하는 정책이 시급하다.

1446 [N1] □□□

甚

심할 **심**

훈	심할	はなは(だ)	**甚**だ 매우, 몹시
		はなは(だしい)	**甚**だしい 심하다, 대단하다
음	심	じん	**甚大** 막대, 심대 **激甚** 극심, 격심 **幸甚** 다행

9획 甚 甚 甚 甚 甚 甚 甚 甚 甚

この成績だと志望校に合格するのは**甚**だ困難だ。 이 성적이라면 지망 학교에 합격하는 것은 매우 어렵다.

A社は内部告発によって**甚大**な損失を被った。 A사는 내부 고발에 의해 막대한 손실을 입었다.

1447 [N1] □□□

排

밀칠 **배**

손(扌)과 아니다(非)를 합쳐 손으로 아닌 것을 밀쳐내는 것을 나타낸 글자

| 훈 | 밀칠 | — | |
| 음 | 배 | はい | **排除** 배제 **排出** 배출 **排気** 배기 **排斥** 배척 |

11획 排 排 排 排 排 排 排 排 排 排 排

報道機関への政治の介入は**排除**されるべきだ。 보도 기관으로의 정치 개입은 배제되어야 한다.

環境保全のために二酸化炭素の**排出**量が規制されている。
환경 보전을 위해서 이산화탄소 배출량이 규제되고 있다.

1448 [N1] □□□

擁

안을 **옹**

| 훈 | 안을 | — | |
| 음 | 옹 | よう | **抱擁** 포옹 **擁護** 옹호 **擁立** 옹립 |

16획 擁 擁 擁 擁 擁 擁 擁 擁 擁 擁 擁 擁 擁 擁

10年ぶりに会った友人と熱い**抱擁**を交わした。 10년 만에 만난 친구와 뜨거운 포옹을 나누었다.

依頼人の人権を**擁護**するのが弁護士の仕事だ。 의뢰인의 인권을 옹호하는 것이 변호사의 일이다.

1449 [N1] □□□

苛

가혹할 **가**

| 훈 | 가혹할 | — | |
| 음 | 가 | か | **苛酷** 가혹 **苛烈** 치열, 가열 |

8획 苛 苛 苛 苛 苛 苛 苛 苛

苛酷な労働を強いる企業が社会問題になっている。 가혹한 노동을 강요하는 기업이 사회 문제가 되고 있다.

苛烈なレースの結果、井上選手が一位でゴールした。
치열한 레이스 결과, 이노우에 선수가 1위로 결승선을 통과했다.

1450 [N1] □□□

酷

독할 **혹**

훈 독할	—		
음 혹	こく	**残酷** 잔혹 **過酷** 가혹, 참혹 **冷酷** 냉혹 **酷似** 흡사, 혹사	

14획 酷 酷 酷 酷 酷 酷 酷 酷 酷 酷 酷 酷 酷 酷

この漫画は**残酷**な場面があって子供に読ませたくない。
이 만화는 잔혹한 장면이 있어서 아이가 읽게 하고 싶지 않다.

校則を破っただけで退学とは、**過酷**な処分だと思う。
교칙을 어긴 것만으로 퇴학이라니, 가혹한 처분이라고 생각한다.

1451 [N1] □□□

乞

빌 **걸**

훈 빌	こ(う)	**乞う** 청하다, 원하다 **雨乞い** 기우제	
음 걸	—		

3획 乞 乞 乞

卒論の実験方法について担当教授に教えを**乞うた**。
졸업 논문의 실험 방법에 대해서 담당 교수에게 가르침을 청했다.

農民たちは雨が降ることを願って**雨乞い**をした。 농민들은 비가 오는 것을 바라며 기우제를 드렸다.

1452 [N1] □□□

請

청할 **청**

뜻을 나타내는 말(言)
과 음을 나타내는 青(청)
을 합친 글자

훈 청할	こ(う)	**請う** 청하다, 기원하다	
	う(ける)	**請ける** (일을) 인수하다 **下請け** 하청	
음 청	せい	**要請**★ 요청 **申請**★ 신청 **請求書**★ 청구서	
	しん	**普請** 건축·토목 공사	

15획 請 請 請 請 請 請 請 請 請 請 請 請 請 請 請

誠意を込めて謝り、彼に許しを**請う**つもりだ。 성의를 담아 사과하고, 그에게 용서를 청할 생각이다.

事件の目撃者に捜査への協力を**要請**した。 사건의 목격자에게 조사에의 협력을 요청했다.

嘱

부탁할 촉

훈	부탁할	—		
음	촉	しょく	**嘱託** しょくたく 촉탁, 청탁	**委嘱** いしょく 위촉, 위탁

15획 嘱 嘱 嘱 嘱 嘱 嘱 嘱 嘱 嘱 嘱 嘱 嘱 嘱 嘱 嘱

老人ホームから**嘱託**され、施設内で医師として働いています。
요양원에서 촉탁받아, 시설 내에서 의사로서 일하고 있습니다.

審議会は政府から**委嘱**を受けたメンバーから成る。 심의회는 정부로부터 위촉을 받은 멤버로 구성된다.

唆

부추길 사

훈	부추길	そそのか(す)	**唆す** そそのか 부추기다, 꼬드기다	
음	사	さ	**示唆** しさ 시사, 암시	**教唆** きょうさ 교사

10획 唆 唆 唆 唆 唆 唆 唆 唆 唆 唆

彼は友人たちに詐欺まがいの悪事を**唆した**。 그는 친구들에게 사기 비슷한 나쁜 짓을 부추겼다.

このデータは子供の体力低下を**示唆**している。 이 데이터는 어린이의 체력 저하를 시사하고 있다.

託

부탁할 탁

훈	부탁할	—			
음	탁	たく	**託す**★ たく 맡기다, 부탁하다	**受託** じゅたく 위탁받음, 수탁	**委託** いたく 위탁

10획 託 託 託 託 託 託 託 託 託 託

自分の代で成せなかった全国制覇の夢を後輩に**託した**。
자신의 대에서 이루지 못했던 전국 제패의 꿈을 후배에게 맡겼다.

A社からホームページの制作業務を**受託**した。 A사로부터 홈페이지 제작 업무를 위탁받았다.

諾

허락할/대답할 낙(락)

훈	허락할/대답할	—			
음	낙(락)	だく	**承諾**★ しょうだく 승낙	**受諾** じゅだく 수락	**快諾** かいだく 쾌락, 흔쾌히 수락함

15획 諾 諾 諾 諾 諾 諾 諾 諾 諾 諾 諾 諾 諾 諾 諾

結婚の**承諾**を得るため、彼女の両親に挨拶に行った。
결혼 승낙을 받기 위해, 그녀의 부모님에게 인사하러 갔다.

ワーキングホリデービザの申請が無事**受諾**された。 워킹 홀리데이 비자 신청이 무사히 수락되었다.

励

훈	힘쓸	はげ(む)	励む★ 힘쓰다 励み 노력, 격려
		はげ(ます)	励ます 북돋다, 격려하다 励まし 격려, 자극
음	려(여)	れい	激励 격려 奨励 장려

7획 励 励 励 励 励 励 励

힘쓸 려(여)

がんの新薬を開発するために、日々研究に励んでいます。
암의 신약을 개발하기 위해서, 매일 연구에 힘쓰고 있습니다.

市長が市の成人式にて新成人に激励の言葉を送った。
시장이 시의 성인식에서 갓 성인이 된 사람들에게 격려의 말을 보냈다.

推

훈	밀	お(す)	推す 추천하다, 헤아리다
음	추	すい	推進★ 추진 推移★ 추이 推薦 추천 推理★ 추리

11획 推 推 推 推 推 推 推 推 推 推

밀 추

部長は水野さんを次期係長に推した。 부장님은 미즈노 씨를 차기 계장으로 추천했다.

政府は再生可能エネルギーの導入を推進している。 정부는 재생 가능 에너지의 도입을 추진하고 있다.

薦

훈	천거할	すす(める)	薦める 추천하다, 권하다
음	천	せん	推薦 추천 自薦 자천, 자기추천

16획 薦 薦 薦 薦 薦 薦 薦 薦 薦 薦 薦 薦 薦 薦 薦 薦

천거할 천

友人に薦められた株は買って正解でした。 친구에게 추천받은 주식은 사는 것이 정답이었습니다.

党代表の後任に鈴木議員が推薦されている。 당 대표 후임으로 스즈키 의원이 추천되고 있다.

헷갈리는 단어 모아보기

유의어		
薦める	추천하다, 권하다	彼を委員長に薦めるよ。 그를 위원장으로 추천할게.
勧める	권하다, 권유하다	読書クラブへの入会を勧めた。
		독서 클럽으로의 가입을 권했다.

薦める와 勧める는 모두 '권하다'라는 뜻이다. 薦める는 적절한 사람이나 물건을 권할 때, 勧める는 어떤 행동을 권할 때 사용한다.

1460 [N1] ☐☐☐

褒

기릴 **포**

훈 기릴	ほ(める)	<ruby>褒<rt>ほ</rt></ruby>める 칭찬하다		
음 포	ほう	<ruby>褒美<rt>ほうび</rt></ruby> 상, 포상	<ruby>褒賞<rt>ほうしょう</rt></ruby> 포상	<ruby>過褒<rt>かほう</rt></ruby> 과찬 <ruby>褒章<rt>ほうしょう</rt></ruby> 포장

15획 褒 褒 褒 褒 褒 褒 褒 褒 褒 褒 褒 褒 褒

<ruby>先生<rt>せんせい</rt></ruby>に<ruby>課題<rt>かだい</rt></ruby>の<ruby>出来<rt>でき</rt></ruby>を<ruby>褒<rt>ほ</rt></ruby>められて<ruby>嬉<rt>うれ</rt></ruby>しかった。 선생님에게 과제의 완성도를 칭찬받아서 기뻤다.

<ruby>試験<rt>しけん</rt></ruby>で<ruby>満点<rt>まんてん</rt></ruby>を<ruby>取<rt>と</rt></ruby>ったご<ruby>褒美<rt>ほうび</rt></ruby>にゲームを<ruby>買<rt>か</rt></ruby>ってもらった。
시험에서 만점을 받은 상으로 게임을 사 받았다.

1461 [N1] ☐☐☐

罵

욕할 **매**

훈 욕할	ののし(る)	<ruby>罵<rt>ののし</rt></ruby>る 욕하다, 매도하다	
음 매	ば	<ruby>罵倒<rt>ばとう</rt></ruby> 매도	<ruby>罵声<rt>ばせい</rt></ruby> 욕하는 소리

15획 罵 罵 罵 罵 罵 罵 罵 罵 罵 罵 罵 罵 罵

<ruby>子供<rt>こども</rt></ruby>には<ruby>相手<rt>あいて</rt></ruby>を<ruby>罵<rt>ののし</rt></ruby>る<ruby>言葉<rt>ことば</rt></ruby>を<ruby>使<rt>つか</rt></ruby>ってほしくない。 아이가 상대를 욕하는 말을 쓰지 않았으면 좋겠다.

<ruby>店長<rt>てんちょう</rt></ruby>はミスした<ruby>社員<rt>しゃいん</rt></ruby>を<ruby>客<rt>きゃく</rt></ruby>の<ruby>前<rt>まえ</rt></ruby>で<ruby>罵倒<rt>ばとう</rt></ruby>した。 점장은 실수한 사원을 손님 앞에서 매도했다.

1462 [N1] ☐☐☐

辱

욕될 **욕**

훈 욕될	はずかし(める)	<ruby>辱<rt>はずかし</rt></ruby>める 창피를 주다, 욕보이다	<ruby>辱<rt>はずかし</rt></ruby>め 욕, 치욕	
음 욕	じょく	<ruby>屈辱<rt>くつじょく</rt></ruby> 굴욕	<ruby>侮辱<rt>ぶじょく</rt></ruby> 모욕	<ruby>恥辱<rt>ちじょく</rt></ruby> 치욕 <ruby>雪辱<rt>せつじょく</rt></ruby> 설욕

10획 辱 辱 辱 辱 辱 辱 辱 辱 辱 辱

<ruby>仕事<rt>しごと</rt></ruby>の<ruby>失敗<rt>しっぱい</rt></ruby>を<ruby>皆<rt>みな</rt></ruby>の<ruby>前<rt>まえ</rt></ruby>で<ruby>馬鹿<rt>ばか</rt></ruby>にされ、<ruby>辱<rt>はずかし</rt></ruby>められた。
업무 실패를 모두의 앞에서 바보 취급당해, 창피를 당했다

<ruby>僕<rt>ぼく</rt></ruby>たちは<ruby>予選敗退<rt>よせんはいたい</rt></ruby>という<ruby>屈辱<rt>くつじょく</rt></ruby>を<ruby>味<rt>あじ</rt></ruby>わった。 우리들은 예선 패배라는 굴욕을 맛보았다.

1463 [N1] ☐☐☐

誓

맹세할 **서**

훈 맹세할	ちか(う)	<ruby>誓<rt>ちか</rt></ruby>う 맹세하다, 서약하다	<ruby>誓<rt>ちか</rt></ruby>い 맹세	
음 서	せい	<ruby>誓約書<rt>せいやくしょ</rt></ruby> 서약서	<ruby>宣誓<rt>せんせい</rt></ruby> 선서	<ruby>誓詞<rt>せいし</rt></ruby> 서사, 맹세의 말

14획 誓 誓 誓 誓 誓 誓 誓 誓 誓 誓 誓 誓 誓 誓

<ruby>健康<rt>けんこう</rt></ruby>のためにたばこを<ruby>断<rt>た</rt></ruby>つと<ruby>心<rt>こころ</rt></ruby>に<ruby>誓<rt>ちか</rt></ruby>った。 건강을 위해서 담배를 끊겠다고 마음속으로 맹세했다.

<ruby>契約<rt>けいやく</rt></ruby>にあたり、<ruby>誓約書<rt>せいやくしょ</rt></ruby>に<ruby>署名<rt>しょめい</rt></ruby>していただきます。 계약에 앞서, 서약서에 서명해 주세요.

맞은 개수: /40

색이 있는 한자의 발음을 밑줄에 쓴 다음, 괄호 안에 단어의 뜻을 써 보세요.

01 喜悦	き_____	(	)		
02 羞恥心	_____ちしん	(	)		
03 眺める	_____める	(	)		
04 愁い	_____い	(	)		
05 錯覚	_____かく	(	)		
06 悟る	_____る	(	)		
07 煩わす	_____わす	(	)		
08 恨む	_____む	(	)		
09 閲覧	えつ_____	(	)		
10 屈辱	くつ_____	(	)		
11 唆す	_____す	(	)		
12 誓う	_____う	(	)		
13 悪臭	あく_____	(	)		
14 残酷	ざん_____	(	)		
15 推薦	すい_____	(	)		
16 閑静	_____せい	(	)		
17 甚だ	_____だ	(	)		
18 惨めだ	_____めだ	(	)		
19 悼む	_____む	(	)		
20 孤独	_____どく	(	)		

21 匂う	_____う	(	)
22 歓迎	_____げい	(	)
23 畏れる	_____れる	(	)
24 憤慨	ふん_____	(	)
25 視聴者	し_____しゃ	(	)
26 誇る	_____る	(	)
27 遺憾	い_____	(	)
28 妬む	_____む	(	)
29 哀れ	_____れ	(	)
30 雰囲気	_____いき	(	)
31 爽やかだ	_____やかだ	(	)
32 嘆く	_____く	(	)
33 薫風	_____ぷう	(	)
34 酸味	_____み	(	)
35 妄想	_____そう	(	)
36 拙い	_____い	(	)
37 考慮	こう_____	(	)
38 排除	_____じょ	(	)
39 褒める	_____める	(	)
40 罵る	_____る	(	)

셋째 마당

고급 한자 해커스 일본어 상용한자 2136

정답 01 きえつ 희열 02 しゅうちしん 수치심 03 ながめる 바라보다, 전망하다 04 うれい 근심, 슬픔, 한탄 05 さっかく 착각 06 さとる 깨닫다
07 わずらわす 수고가 들게 하다, 번거롭게 하다 08 うらむ 원망하다 09 えつらん 열람 10 くつじょく 굴욕 11 そそのかす 부추기다, 꼬드기다
12 ちかう 맹세하다, 서약하다 13 あくしゅう 악취 14 ざんこく 잔혹 15 すいせん 추천 16 かんせい 조용함, 고요함 17 はなはだ 매우, 몹시
18 みじめだ 비참하다 19 いたむ 애도하다, 슬퍼하다 20 こどく 고독 21 におう (좋은) 냄새가 나다 22 かんげい 환영 23 おそれる 경외하다
24 ふんがい 분개 25 しちょうしゃ 시청자 26 ほこる 자랑하다, 뽐내다 27 いかん 유감 28 ねたむ 샘하다, 질투하다 29 あわれ 불쌍함, 가련함
30 ふんいき 분위기 31 さわやかだ 시원하다 32 なげく 한탄하다 33 くんぷう 훈풍 34 さんみ 신맛, 산미 35 もうそう 망상
36 つたない 서투르다, 어리석다 37 こうりょ 고려 38 はいじょ 배제 39 ほめる 칭찬하다 40 ののしる 욕하다, 매도하다

생활

★은 JLPT/JPT 기출 단어입니다.

1464 [N1] ☐☐☐

扉

훈	사립문	とびら	扉 ★ 문, 문짝　非常扉 비상문
음	비	ひ	開扉 개비, 문짝을 엶　門扉 대문, 문짝

12획 扉扉扉扉扉扉扉扉扉扉扉扉

사립문 **비**

前に立つ人のかばんが電車の扉に挟まってしまった。 앞에 선 사람의 가방이 전철 문에 끼이고 말았다.
登校時間を過ぎると、学校の門扉が閉められる。 등교 시간이 지나면, 학교의 대문이 닫힌다.

1465 [N1] ☐☐☐

呂

훈	등뼈/법칙	—	
음	려(여)	ろ	風呂 ★ 욕조, 목욕탕　語呂 어조, 말의 가락

7획 呂呂呂呂呂呂呂

등뼈/법칙 **려(여)**

사람의 등뼈가 이어진
모양을 본뜬 글자

風呂にゆっくり浸かれば、一日の疲れが取れていく。 욕조에 느긋하게 잠기면, 하루의 피로가 풀어진다.
強いメッセージと語呂のいい歌詞がラップの特徴です。
강한 메시지와 어조가 좋은 가사가 랩의 특징입니다.

1466 [N1] ☐☐☐

棚

훈	사다리	たな	棚 ★ 선반　戸棚 찬장　大陸棚 대륙붕
음	붕	—	

12획 棚棚棚棚棚棚棚棚棚棚棚棚

사다리 **붕**

趣味で集めているフィギュアを飾る棚が欲しい。 취미로 모으고 있는 피규어를 장식할 선반을 갖고 싶다.
戸棚には皿や茶碗などの食器が入っている。 찬장에는 접시나 밥그릇 등의 식기가 들어 있다.

1467 [N1] ☐☐☐

鍵

열쇠 **건**

훈	열쇠	かぎ	鍵* 열쇠　合鍵 여벌 열쇠　鍵穴 열쇠 구멍
음	건	けん	鍵盤 건반

17획 鍵 鍵 鍵 鍵 鍵 鍵 鍵 鍵 鍵 鍵 鍵 鍵 鍵 鍵 鍵 鍵 鍵

家の鍵をなくしたので夫が帰るまで外で待つしかない。
집 열쇠를 잃어버려서 남편이 돌아올 때까지 밖에서 기다릴 수밖에 없다.

ピアノが上手な彼は、鍵盤を見なくても弾けるらしい。
피아노를 잘 치는 그는, 건반을 보지 않고도 칠 수 있다고 한다.

1468 [N1] ☐☐☐

錠

덩이 **정**

훈	덩이	—	
음	정	じょう	施錠* 시정, 잠금　手錠 수갑　錠剤 정제, 알약

16획 錠 錠 錠 錠 錠 錠 錠 錠 錠 錠 錠 錠 錠 錠 錠 錠

外出時はすべての窓を必ず施錠してください。 외출 시에는 모든 창문을 반드시 잠금해 주세요.
警察に捕まった犯人の手には手錠が掛けられた。 경찰에게 잡힌 범인의 손에는 수갑이 채워졌다.

1469 [N1] ☐☐☐

垣

담 **원**

훈	담	かき	垣 울타리, 담　石垣 돌담　垣根 울타리, 담 밑
음	원	—	

9획 垣 垣 垣 垣 垣 垣 垣 垣 垣

沖縄の伝統的な家は石垣で囲まれている。 오키나와의 전통적인 집은 돌담으로 둘러싸여 있다.
垣根の向こうはお隣さんの敷地です。 울타리 너머는 이웃집 부지입니다.

1470 [N1] ☐☐☐

柵

울타리 **책**

훈	울타리	—	
음	책	さく	柵 울타리　鉄柵 철책, 쇠 울타리

9획 柵 柵 柵 柵 柵 柵 柵 柵 柵

庭を柵で囲い、中で愛犬が走り回れるようにしている。
정원을 울타리로 둘러싸, 안에서 반려견이 뛰어다닐 수 있도록 하고 있다.
塗装が剥がれてきたベランダの鉄柵をペンキで塗り直した。
도색이 벗겨진 베란다의 철책을 페인트로 다시 칠했다.

1471 [N1] □□□

塀

담 **병**

훈	담	—	
음	병	へい	塀[★] 담 板塀 판자 울타리

12획 塀 塀 塀 塀 塀 塀 塀 塀 塀 塀 塀 塀

家の前の狭い道で塀に車を擦り、傷をつけてしまった。
집 앞의 좁은 길에서 담에 차를 긁어, 흠집을 내고 말았다.

板塀の中に入るとそこは風情ある温泉旅館です。
판자 울타리 안으로 들어가면 그곳은 운치 있는 온천 여관입니다.

1472 [N1] □□□

溝

도랑 **구**

훈	도랑	みぞ	溝[★] 홈, 도랑
음	구	こう	排水溝 배수구 下水溝 하수구

13획 溝 溝 溝 溝 溝 溝 溝 溝 溝 溝 溝 溝 溝

車のタイヤが道路の溝にはまって動かせない。 자동차 타이어가 도로의 홈에 끼여서 움직일 수 없다.

掃除をさぼっていたせいで排水溝から嫌な臭いがする。
청소를 게을리 한 탓에 배수구에서 불쾌한 냄새가 난다.

1473 [N1] □□□

井

우물 **정**

우물 모양을 본뜬 글자

훈	우물	い	井戸[★] 우물
음	정	しょう	天井 천장
		せい	油井 유정, 석유갱, 유전

4획 井 井 井 井

井戸から水をくみ上げた。 우물에서 물을 퍼 올렸다.

金色の星の飾りが天井からぶら下がっていた。 금색의 별 장식이 천장에 매달려 있었다.

1474 [N1] □□□

瓦

기와 **와**

기와가 맞물린 모양을 본뜬 글자

훈	기와	かわら	瓦 기와 瓦屋根 기와지붕
음	와	が	瓦礫 잔해, 깨진 기와 瓦解 와해, 무너짐

5획 瓦 瓦 瓦 瓦 瓦

屋根の瓦が割れていたらすぐに補修しないといけない。
지붕의 기와가 깨져 있다면 바로 보수하지 않으면 안 된다.

被災地で瓦礫を撤去するボランティアを募集している。
피해지에서 잔해를 철거하는 자원봉사를 모집하고 있다.

<table>
<tr>
<td>

1475 [N1] ☐☐☐

妊

아이 밸 **임**

</td>
<td>

훈	아이 밸	—			
음	임	にん	**妊婦** 임신부	**避妊** 피임	**懐妊** 회임

7획 妊 妊 妊 妊 妊 妊 妊

</td>
</tr>
</table>

妊婦の姉は臨月に入り、歩くのも大変そうだ。 임신부인 언니는 만삭에 접어들어, 걷는 것도 힘든 것 같다.

青少年に**避妊**に対する正しい知識を教えるべきだ。
청소년에게 피임에 대한 올바른 지식을 가르쳐야 한다.

<table>
<tr>
<td>

1476 [N1] ☐☐☐

娠

아이 밸 **신**

</td>
<td>

훈	아이 밸	—	
음	신	しん	**妊娠** 임신

10획 娠 娠 娠 娠 娠 娠 娠 娠 娠 娠

</td>
</tr>
</table>

妹から**妊娠**したという嬉しい報告をもらった。 여동생으로부터 임신했다는 기쁜 보고를 받았다.

<table>
<tr>
<td>

1477 [N1] ☐☐☐

胎

아이 밸 **태**

</td>
<td>

훈	아이 밸	—			
음	태	たい	**胎児** 태아	**胎動** 태동	**母胎** 모태

9획 胎 胎 胎 胎 胎 胎 胎 胎 胎

</td>
</tr>
</table>

胎児と呼ばれるのは受精して8週が経ってからだそうだ。
태아라고 불리는 것은 수정되고 8주가 지나고 나서라고 한다.

初めての**胎動**に生命を感じて感動しました。 첫 태동에 생명을 느끼고 감동했습니다.

<table>
<tr>
<td>

1478 [N1] ☐☐☐

葬

장사 지낼 **장**

풀(艹)과 죽다(死)를 합쳐 죽은 사람을 풀 아래 매장하는 것을 나타낸 글자

</td>
<td>

훈	장사 지낼	ほうむ(る)	**葬る** 매장하다		
음	장	そう	**葬儀** 장례식	**葬式** 장례	**埋葬** 매장

12획 葬 葬 葬 葬 葬 葬 葬 葬 葬 葬 葬 葬

</td>
</tr>
</table>

琉球王国の歴代国王が**葬られて**いるお墓を見てきた。
류큐 왕국의 역대 국왕이 매장되어 있는 무덤을 보고 왔다.

あの人気歌手の**葬儀**は関係者だけで行われるらしい。
그 인기 가수의 장례식은 관계자만으로 진행되는 것 같다.

첫째 마당

고급 한자 해커스 일본어 상용한자 2136

弔

훈	조상할	とむら(う)	弔う 조문하다, 애도하다　弔い 조문, 애도, 장례식
음	조	ちょう	弔辞 조의문, 조사　弔問 조문　慶弔 경조　弔客 조문객

4획 弔 弔 弔 弔

조상할 조

遺族を弔うため、お葬式に参列した。 유족을 조문하기 위해, 장례식에 참석했다.

社長の葬儀で、社員を代表して弔辞を読んだ。
사장님의 장례식에서, 사원을 대표하여 조의문을 읽었다.

喪

훈	잃을	も	喪 상, 상중　喪服★ 상복　喪主 상주
음	상	そう	喪失 상실

12획 喪 喪 喪 喪 喪 喪 喪 喪 喪 喪 喪 喪

잃을 상

葬儀には喪服を着て参加するのが慣例だ。 장례식에는 상복을 입고 참가하는 것이 관례다.

営業成績を後輩に抜かれ、自信を喪失した。 영업 성적을 후배가 앞질러서, 자신감을 상실했다.

棺

훈	널	―	
음	관	かん	棺おけ 관　出棺 출관 (관을 집 밖으로 내어 모시는 것)

12획 棺 棺 棺 棺 棺 棺 棺 棺 棺 棺 棺 棺

널 관

棺おけに入った故人を見て、涙が止まらなかった。
관에 들어간 고인을 보고, 눈물이 멈추지 않았다.

出棺が終わると、遺族は火葬場へと向かいます。 출관이 끝나면, 유족은 화장터로 향합니다.

墓

훈	무덤	はか	墓 묘　お墓参り 성묘
음	묘	ぼ	墓地 묘지　墓石 묘비　墓穴 묘혈, 무덤구덩이

13획 墓 墓 墓 墓 墓 墓 墓 墓 墓 墓 墓 墓 墓

무덤 묘

없다(莫)와 흙(土)을 합쳐 죽은 사람이 흙에 묻혀 없어졌다는 것을 나타낸 글자

毎年母の命日にはお墓参りに行っている。 매년 어머니의 기일에는 성묘하러 가고 있다.

日本では墓地が住宅街にある場合もある。 일본에서는 묘지가 주택가에 있는 경우도 있다.

1483 [N1] ☐☐☐

訃

부고 부

훈	부고	—	
음	부	ふ	**訃報** ふほう 부고

9획 訃 訃 訃 訃 訃 訃 訃 訃 訃

叔母の突然の**訃報**に思わず耳を疑った。 숙모의 갑작스러운 부고에 나도 모르게 귀를 의심했다.

1484 [N1] ☐☐☐

逝

갈 서

훈	갈	い(く)	**逝く** 저승으로 가다, 죽다
		ゆ(く)	**逝く** 죽다, 가서 돌아오지 않다
음	서	せい	**逝去** せいきょ 서거 **急逝** きゅうせい 급서 (급사의 높임말)

10획 逝 逝 逝 折 折 折 折 逝 逝 逝

大好きだった愛犬が**逝って**、もう5年が過ぎた。 정말 좋아했던 반려견이 죽고, 벌써 5년이 지났다.

高校時代にお世話になった先生が**逝去**されました。
고등학교 시절에 신세졌던 선생님께서 서거하셨습니다.

1485 [N1] ☐☐☐

享

누릴 향

훈	누릴	—	
음	향	きょう	**享受** きょうじゅ 향유, 향수 **享年** きょうねん 향년 **享楽** きょうらく 향락 **享有** きょうゆう 향유

8획 享 享 享 享 享 享 享 享

豊かさを**享受**する国もあれば、貧困にあえぐ国もある。
풍요로움을 향유하는 나라도 있고, 빈곤에 허덕이는 나라도 있다.

母方の祖母は祖父を残し、**享年**90で亡くなった。
어머니 쪽의 할머니는 할아버지를 남기고, 향년 90세로 돌아가셨다.

1486 [N1] ☐☐☐

寿

목숨 수

훈	목숨	ことぶき	**寿** ことぶき 축하, 경사, 장수
음	수	じゅ	**寿命** じゅみょう 수명 **長寿** ちょうじゅ 장수 **米寿** べいじゅ 미수, 88세

7획 寿 寿 寿 寿 寿 寿 寿

謹んで新年の**寿**を申し上げます。 삼가 새해 축하를 아룁니다.

医療の発達により人間の**寿命**はどんどん伸びている。
의료의 발달로 인해 인간의 수명은 점점 길어지고 있다.

1487 [N1] ☐☐☐

훈 물가	—	
음 애	がい	しょうがい **生涯** 생애

11획 涯 涯 涯 涯 涯 涯 涯 涯 涯 涯 涯

물가 애

물(氵)과 언덕(厓)을 합쳐 강기슭의 돌로 된 물가를 나타낸 글자

さいご しゅんかん しあわ しょうがい おも
最後の瞬間に幸せな**生涯**だったと思いたい。 최후의 순간에 행복한 생애였다고 생각하고 싶다.

1488 [N1] ☐☐☐

훈 갓/관례	かんむり	かんむり **冠** 관		
음 관	かん	おうかん **王冠** 왕관	かんこんそうさい **冠婚葬祭** 관혼상제	えいかん **栄冠** 영관, 성공, 명예

9획 冠 冠 冠 冠 冠 冠 冠 冠 冠

갓/관례 관

マラソンで優勝した選手にメダルと**冠**が贈呈された。 마라톤에서 우승한 선수에게 메달과 관이 증정되었다.
おうかん こくおう しきてん すがた あらわ
王冠をかぶった国王が式典に姿を現した。 왕관을 쓴 국왕이 식전에 모습을 드러냈다.

소통

1489 [N1] ☐☐☐

훈 말씀	—			
음 변	べん	べんかい **弁解*** 변명	べんとう **弁当*** 도시락	べんごし **弁護士*** 변호사

5획 弁 弁 弁 弁 弁

말씀 변

いま べんかい だれ しん
今さら**弁解**しても誰も信じてくれないよ。 이제 와서 변명해도 아무도 믿어 주지 않을 거야.
しょくひ せつやく まいにちべんとう じさん
食費を節約するため毎日**弁当**を持参している。 식비를 절약하기 위해 매일 도시락을 지참하고 있다.

1490 [N1] ☐☐☐

훈 뜻	むね	むね **旨** 뜻, 취지		
음 지	し	しゅし **趣旨*** 취지	ようし **要旨** 요지	ほんし **本旨** 본지, 본디 취지

6획 旨 旨 旨 旨 旨 旨

뜻 지

さいようないてい じたい むね じんじたんとうしゃ った
採用内定を辞退するという**旨**を人事担当者に伝えた。 채용 내정을 사퇴한다는 뜻을 인사 담당자에게 전달했다.
かいぎ しゅし きそんしょうひん かいぜんてん はな あ
会議の**趣旨**は、既存商品の改善点を話し合うことです。
회의의 취지는, 기존 상품의 개선점을 서로 이야기하는 것입니다.

1491 [N1] ☐☐☐

彙

훈	모을	—	
음	휘	い	**語彙** 어휘

13획 彙 彙 彙 彙 彙 彙 彙 彙 彙 彙 彙 彙 彙

모을 **휘**

子供の**語彙**を増やすために毎日一緒に絵本を読んでいる。
아이의 어휘를 늘리기 위해서 매일 함께 그림책을 읽고 있다.

1492 [N1] ☐☐☐

喩

훈	깨우칠	—	
음	유	ゆ	**比喩** 비유

12획 喩 喩 喩 喩 喩 喩 喩 喩 喩 喩 喩 喩

깨우칠 **유**

比喩を用いると分かりやすく説明することができます。
비유를 사용하면 알기 쉽게 설명할 수 있습니다.

1493 [N1] ☐☐☐

偽

훈	거짓	にせ	**偽** 가짜, 모조 **偽物** 가짜, 위조품
		いつわ(る)	**偽る** 거짓말하다, 속이다 **偽り**＊ 거짓, 허구
음	위	ぎ	**真偽** 진위 **虚偽** 허위 **偽造** 위조 **偽名** 위명, 가명

11획 偽 偽 偽 偽 偽 偽 偽 偽 偽 偽 偽

거짓 **위**

市場で**偽**のブランド品が大量に売られていた。 시장에서 가짜 명품이 대량으로 팔리고 있었다.

その女優が引退するといううわさがあるが、**真偽**は不明だ。
그 여배우가 은퇴한다는 소문이 있지만, 진위는 불명이다.

1494 [N1] ☐☐☐

称

훈	일컬을	—	
음	칭	しょう	**名称** 명칭 **称賛** 칭찬 **称する** 일컫다, 칭하다

10획 称 称 称 称 称 称 称 称 称 称

일컬을 **칭**

アメリカの正式な**名称**はアメリカ合衆国です。 미국의 정식 명칭은 미합중국입니다.

その映画は世界中の評論家から**称賛**を浴びた。 그 영화는 전 세계 평론가로부터 칭찬을 받았다.

1495 [N1] ☐☐☐

捉

잡을 착

손(扌)과 발(足)을 합쳐 도망가는 사람을 붙잡는 것을 나타낸 글자

훈	잡을	とら(える)	**捉える** 잡다, 붙잡다
음	착	そく	**捕捉** 포착

10획 捉 捉 捉 捉 捉 捉 捉 捉 捉 捉

この風刺画は当時の各国の状況をうまく捉えている。
이 풍자화는 당시 각국의 상황을 잘 잡아내고 있다.

船に搭載されたレーダーが違法漁船を捕捉した。 배에 탑재된 레이더가 위법 어선을 포착했다.

1496 [N1] ☐☐☐

叱

꾸짖을 질

훈	꾸짖을	しか(る)	**叱る** 꾸짖다, 야단치다
음	질	しつ	**叱責** 질책

5획 叱 叱 叱 叱 叱

先日、無断で欠勤したバイト生を叱った。 요전에, 무단으로 결근한 아르바이트생을 꾸짖었다.

ミスした部下への叱責は上司としてすべきことである。
실수한 부하에게의 질책은 상사로서 해야 할 일이다.

1497 [N1] ☐☐☐

喝

꾸짖을 갈

훈	꾸짖을	—	
음	갈	かつ	**恐喝** 공갈 **一喝** 일갈

11획 喝 喝 喝 喝 喝 喝 喝 喝 喝 喝 喝

店員を脅して金を奪った少年は恐喝の罪に問われた。
점원을 위협하여 돈을 빼앗은 소년은 공갈죄를 추궁당했다.

散々喧嘩していた子供たちは妻の一喝で静かになった。
실컷 싸우고 있던 아이들은 아내의 일갈로 조용해졌다.

1498 [N1] ☐☐☐

陳

늘어놓을 진

훈	늘어놓을	—			
음	진	ちん	**陳述** 진술	**陳列**★ 진열	**開陳** 개진, 피력

11획 陳 陳 陳 陳 陳 陳 陳 陳 陳 陳 陳

裁判で原告の代理人が事件について意見を陳述した。
재판에서 원고의 대리인이 사건에 대해 의견을 진술했다.

商品をどう陳列するかで売り上げも変わってくる。 상품을 어떻게 진열하는지로 매출도 달라진다.

1499	[N1] □□□

釈

훈	풀	—	
음	석	しゃく	**釈明**[★] 해명, 석명　**解釈** 해석　**注釈** 주석　**釈放** 석방

11획 釈 釈 釈 釈 釈 釈 釈 釈 釈 釈 釈

풀 **석**

その議員は会見を開き、失言について**釈明**した。 그 의원은 회견을 열어, 실언에 대해 해명했다.

古文を**解釈**するには時代背景を理解することも重要だ。
고문을 해석하려면 시대 배경을 이해하는 것도 중요하다.

1500	[N1] □□□

叙

훈	펼/차례	—	
음	서	じょ	**叙述** 서술　**叙勲** 서훈, 훈장 수여

9획 叙 叙 叙 叙 叙 叙 叙 叙 叙

펼/차례 **서**

読書感想文には自分の感想を詳しく**叙述**してください。
독서 감상문에는 자신의 감상을 상세하게 서술해 주세요.

政府は医療の発展に寄与した原教授への**叙勲**を決めた。
정부는 의료 발전에 기여한 하라 교수에게의 서훈을 결정했다.

1501	[N1] □□□

項

훈	항목	—	
음	항	こう	**事項** 사항　**項目** 항목　**条項** 조항

12획 項 項 項 項 項 項 項 項 項 項 項 項

항목 **항**

ではまずこちらに必要な**事項**を記入してください。 그럼 우선 이쪽에 필요한 사항을 기입해 주세요.

車検は、50を超える**項目**に不具合がないかを検査する。
차량 검사는, 50개가 넘는 항목에 결함이 없는지를 검사한다.

1502	[N1] □□□

款

훈	항목	—	
음	관	かん	**定款** 정관, 법인의 근본 규칙　**借款** 차관, 외국에서 자금을 빌림

12획 款 款 款 款 款 款 款 款 款 款 款 款

항목 **관**

会社を設立する際には、**定款**の作成が必須です。 회사를 설립할 때에는, 정관 작성이 필수입니다.

政府はある開発途上国への**借款**を決定したという。
정부는 어느 개발 도상국으로의 차관을 결정했다고 한다.

1503 [N1] □□□

欄

난간 **란(난)**

훈	난간	—	
음	란(난)	らん	欄★ 란 空欄 공란 欄干 난간 備考欄 비고란

21획 欄欄欄欄欄欄欄欄欄欄欄欄欄欄欄欄欄欄欄欄欄

こちらの**欄**にお名前とご住所をご記入ください。 이쪽 란에 이름과 주소를 기입해 주세요.

問題の正解が分からなくても**空欄**を埋める努力はした。
문제의 정답을 몰라도 공란을 채우는 노력은 했다.

1504 [N1] □□□

簿

장부 **부**

훈	장부	—	
음	부	ぼ	名簿 명부 帳簿 장부

19획 簿簿簿簿簿簿簿簿簿簿簿簿簿簿簿簿簿簿簿

就職説明会の参加者の**名簿**を作成してください。 취직 설명회의 참가자 명부를 작성해 주세요.

この**帳簿**には今までの取引内容が全て記載されている。
이 장부에는 지금까지의 거래 내용이 모두 기재되어 있다.

1505 [N1] □□□

箋

기록할 **전**

훈	기록할	—	
음	전	せん	処方箋 처방전 便箋 편지지 付箋 접착식 메모지

14획 箋箋箋箋箋箋箋箋箋箋箋箋箋箋

処方箋は薬局で薬剤師に渡してください。 처방전은 약국에서 약제사에게 건네 주세요.

花柄のピンクの**便箋**に手紙を書きました。 꽃무늬의 분홍색 편지지에 편지를 썼습니다.

1506 [N1] □□□

併

아우를 **병**

훈	아우를	あわ(せる)	併せる 아우르다, 합치다 併せて 아울러
음	병	へい	合併★ 합병 併合 병합 併用 병용

8획 併併併併併併併併

添付した資料も**併せて**ご確認ください。 첨부한 자료도 아울러서 확인해 주세요.

四つの町が**合併**され、人口5万の新しい市が生まれた。
네 개의 마을이 합병되어, 인구 5만의 새로운 시가 탄생했다.

1507 [N1] ☐☐☐

載

실을 **재**

훈	실을	の(る)	<ruby>載<rt>の</rt></ruby>る★ 실리다, 얹히다
		の(せる)	<ruby>載<rt>の</rt></ruby>せる★ 얹다, 싣다
음	재	さい	<ruby>掲載<rt>けいさい</rt></ruby>★ 게재 <ruby>記載<rt>きさい</rt></ruby> 기재 <ruby>搭載<rt>とうさい</rt></ruby> 탑재 <ruby>積載<rt>せきさい</rt></ruby> 적재

13획 載 載 載 載 載 載 載 載 載 載 載 載 載

<ruby>県<rt>けん</rt></ruby>の<ruby>美術展<rt>びじゅつてん</rt></ruby>で<ruby>賞<rt>しょう</rt></ruby>を<ruby>取<rt>と</rt></ruby>り、<ruby>名前<rt>なまえ</rt></ruby>が<ruby>新聞<rt>しんぶん</rt></ruby>に**<ruby>載<rt>の</rt></ruby>った**。 현의 미술전에서 상을 받아, 이름이 신문에 실렸다.

<ruby>合格者<rt>ごうかくしゃ</rt></ruby>の<ruby>受験番号<rt>じゅけんばんごう</rt></ruby>は<ruby>本校<rt>ほんこう</rt></ruby>ホームページに**<ruby>掲載<rt>けいさい</rt></ruby>**します。
합격자의 수험 번호는 본교 홈페이지에 게재합니다.

헷갈리는 단어 모아보기

동음이의어

<ruby>載<rt>の</rt></ruby>る 실리다, 놓이다 — <ruby>雑誌<rt>ざっし</rt></ruby>に<ruby>好<rt>す</rt></ruby>きな<ruby>俳優<rt>はいゆう</rt></ruby>のインタビューが<ruby>載<rt>の</rt></ruby>っていた。
잡지에 좋아하는 배우의 인터뷰가 실려있었다.

<ruby>乗<rt>の</rt></ruby>る 타다, 오르다 — バスに<ruby>乗<rt>の</rt></ruby>って<ruby>学校<rt>がっこう</rt></ruby>に<ruby>行<rt>い</rt></ruby>く。 버스를 타고 학교에 간다.

<ruby>載<rt>の</rt></ruby>る와 <ruby>乗<rt>の</rt></ruby>る는 모두 のる로 발음된다. <ruby>載<rt>の</rt></ruby>る는 신문이나 잡지에 실리다, 물건이 놓여 있다, <ruby>乗<rt>の</rt></ruby>る 는 탈 것에 타거나 오르다라는 뜻이다.

1508 [N1] ☐☐☐

아무 **모**

| 훈 | 아무 | — | |
| 음 | 모 | ぼう | <ruby>某<rt>ぼう</rt></ruby> 모, 아무개 <ruby>某所<rt>ぼうしょ</rt></ruby> 모처, 어떤 곳 <ruby>某氏<rt>ぼうし</rt></ruby> 모씨, 어떤 분 |

9획 某 某 某 某 某 某 某 某 某

<ruby>西議員<rt>にしぎいん</rt></ruby>は<ruby>以前<rt>いぜん</rt></ruby>、**<ruby>某<rt>ぼう</rt></ruby>**<ruby>大手銀行<rt>おおてぎんこう</rt></ruby>で<ruby>勤務<rt>きんむ</rt></ruby>されていたそうです。
니시 의원은 이전에, 모 대형 은행에서 근무하셨다고 합니다.

<ruby>都内<rt>とない</rt></ruby>**<ruby>某所<rt>ぼうしょ</rt></ruby>**で<ruby>有名歌手<rt>ゆうめいかしゅ</rt></ruby>のサイン<ruby>会<rt>かい</rt></ruby>が<ruby>行<rt>おこな</rt></ruby>われるらしい。
도내 모처에서 유명 가수의 사인회가 진행된다고 한다.

1509 [N1] ☐☐☐

마땅할 **의**

| 훈 | 마땅할 | — | |
| 음 | 의 | ぎ | <ruby>適宜<rt>てきぎ</rt></ruby> 적절함, 알맞음 <ruby>便宜<rt>べんぎ</rt></ruby> 편의 |

8획 宜 宜 宜 宜 宜 宜 宜 宜

お<ruby>客様<rt>きゃくさま</rt></ruby>の<ruby>要求<rt>ようきゅう</rt></ruby>には**<ruby>適宜<rt>てきぎ</rt></ruby>**<ruby>対応<rt>たいおう</rt></ruby>してください。 손님의 요구에는 적절히 대응해 주세요.

<ruby>便宜<rt>べんぎ</rt></ruby><ruby>上<rt>じょう</rt></ruby>、1<ruby>円<rt>えん</rt></ruby>を10ウォンと<ruby>仮定<rt>かてい</rt></ruby>して<ruby>計算<rt>けいさん</rt></ruby>します。 편의상, 1엔을 10원이라고 가정하고 계산하겠습니다.

1510 [N1] □□□

갖출/마땅 **해**

훈	갖출/마땅	—
음	해	がい

該当★ 해당 　当該 당해, 해당 　該博 해박

13획 該 該 該 該 該 該 該 該 該 該 該 該 該

次の条件に**該当**する者は給付金を受けることができる。
다음 조건에 해당하는 자는 급부금을 받을 수 있다.

個人情報は**当該**の業務遂行のためにのみ利用します。
개인 정보는 당해 업무 수행을 위해서만 이용합니다.

1511 [N1] □□□

설명할 **전**

훈	설명할	—
음	전	せん

所詮 결국 　詮索 깊이 파고듦

13획 詮 詮 詮 詮 詮 詮 詮 詮 詮 詮 詮 詮 詮

所詮、歌手になるなんて夢でしかなかった。 결국, 가수가 된다니 꿈에 불과했다.

公人だからと私生活まで**詮索**されるのはかわいそうだ。
공인이라고 사생활까지 깊이 파고들어지는 것은 불쌍하다.

1512 [N1] □□□

다만 **단**

훈	다만	ただ(し)
음	단	—

但し 단, 다만 　但し書き 조건, 예외

7획 但 但 但 但 但 但 但

但し、団体客の場合は事前予約が必要です。 단, 단체 손님의 경우는 사전 예약이 필요합니다.

アルバイトの募集要項に**但し書き**を加えた。 아르바이트 모집 요강에 조건을 더했다.

1513 [N1] □□□

또 **우**

훈	또	また
음	우	—

又 또 　又は 또는

2획 又 又

今回の会議でも結論が出ず、**又**会議を開くことになった。
이번 회의에서도 결론이 나오지 않아, 또 회의를 열게 되었다.

ご質問は電話**又は**メールでお問い合わせください。 질문은 전화 또는 이메일로 문의해 주세요.

1514

且

훈 또　か(つ)　**且つ** 동시에, 또한, 한편

음 차　—

5획　且 且 且 且 且

또 차

顧客の要望に対し丁寧且つ迅速な対応を心掛けている。
고객의 요망에 대해 정중한 동시에 신속한 대응을 명심하고 있다.

1515

兼

훈 겸할　か(ねる)　**兼ねる*** 겸하다

음 겸　けん　**兼業** 겸업　**兼職** 겸직　**兼用** 겸용　**兼任** 겸임

10획　兼 兼 兼 兼 兼 兼 兼 兼 兼 兼

겸할 겸

두 개의 벼(禾)와 손(又)을 합쳐 한 번에 여러 일을 겸하고 있는 것을 나타낸 글자

ご挨拶も兼ねてお伺いしたいと思っています。 인사도 겸해서 찾아뵙고 싶다고 생각하고 있습니다.

農業と副業で生計を立てる兼業の農家が多い。 농업과 부업으로 생계를 이어나가는 겸업 농가가 많다.

1516

致

훈 이를　いた(す)　**致す*** 하다 (する의 겸양어)

음 치　ち　**合致*** 합치　**誘致*** 유치　**致命** 치명　**一致** 일치

10획　致 致 致 致 致 致 致 致 致 致

이를 치

まず初めに、企画の趣旨からご説明を致します。 우선 처음으로, 기획 취지부터 설명하겠습니다.

夫婦の意見が合致して旅行先はハワイに決まった。
부부의 의견이 합치해서 여행지는 하와이로 정해졌다.

1517

賜

훈 줄　たまわ(る)　**賜る*** (윗사람에게) 받다

음 사　し　**下賜** 하사　**恩賜** 은사, 임금 등에게서 물건을 받음

15획　賜 賜 賜 賜 賜 賜 賜 賜 賜 賜 賜 賜 賜 賜 賜

줄 사

只今ご紹介を賜りました市長の本田です。 지금 막 소개를 받은 시장 혼다입니다.

天皇は毎年、優秀な福祉団体に金一封を下賜している。
천황은 매년, 우수한 복지 단체에 금일봉을 하사하고 있다.

1518 [N1] □□□

戴

일 대

훈	일	—	
음	대	たい	**戴冠式** 대관식 **頂戴** 받음 (もらうこと의 겸양어)

17획 戴 戴 戴 戴 戴 戴 戴 戴 戴 戴 戴 戴 戴 戴 戴 戴 戴

イギリス国王の**戴冠式**には各国の首脳が参列した。 영국 국왕의 대관식에는 각국의 정상이 참석했다.

論文を読んだ先生からお褒めの言葉を**頂戴**しました。
논문을 읽은 선생님으로부터 칭찬을 받았습니다.

교류

1519 [N1] □□□

挨

두들길 애

훈	두들길	—	
음	애	あい	**挨拶** ★ 인사

10획 挨 挨 挨 挨 挨 挨 挨 挨 挨 挨

家の近くですれ違ったご近所さんに**挨拶**をした。 집 근처에서 스쳐 지나간 이웃에게 인사를 했다.

1520 [N1] □□□

拶

다그칠 찰

훈	다그칠	—	
음	찰	さつ	**挨拶** ★ 인사

9획 拶 拶 拶 拶 拶 拶 拶 拶 拶

年が明けて初出勤の日、同僚と新年の**挨拶**を交わした。
새해가 밝고 첫 출근 날, 동료와 새해 인사를 나누었다.

1521 [N1] □□□

縁

가선/인연 연

훈	가선/인연	ふち	**縁** ★ 테두리, 가장자리 **額縁** 액자, 사진틀
음	연	えん	**縁** 인연 **血縁** 혈연 **縁側** 마루, 툇마루

15획 縁 縁 縁 縁 縁 縁 縁 縁 縁 縁 縁 縁 縁 縁 縁

彼は普段、**縁**が太い眼鏡をかけている。 그는 평소, 테두리가 두꺼운 안경을 쓰고 있다.

今年こそ良いご**縁**がありますように。 올해야말로 좋은 인연이 있기를.

1522 [N1] ☐☐☐

훈	만날	—
음	우	ぐう

待遇★ 대우　境遇 처지　優遇 우대　遇する 대우하다

12획 遇 遇 遇 遇 遇 昌 遇 遇 遇 遇 遇 遇

만날 우

今より待遇が良い会社に転職したい。 지금보다 대우가 좋은 회사로 이직하고 싶다.

夫とは全く違う境遇で育ったが、考え方が似ている。
남편과는 전혀 다른 처지에서 자랐지만, 사고방식이 닮아 있다.

1523 [N1] ☐☐☐

훈	화목할	—
음	목	ぼく

親睦 친목　和睦 화목

13획 睦 睦 睦 睦 睦 睦 睦 睦 睦 睦 睦 睦 睦

화목할 목

住民の親睦を深めるために交流会を行います。
주민의 친목을 다지기 위해서 교류회를 진행하겠습니다.

両国の和睦に向け、両首脳による会談が開かれる。 양국의 화목을 향해, 두 정상에 의한 회담이 열린다.

1524 [N1] ☐☐☐

훈	성길	うと(い)	疎い 잘 모르다, (사정에) 어둡다
		うと(む)	疎む 싫어하다　疎ましい 매우 싫다, 지겹다
음	소	そ	疎遠 소원　疎外 소외

12획 疎 疎 疎 疎 疎 疎 疎 疎 疎 疎 疎 疎

성길 소

ファッションに興味がない彼はブランドに疎い。 패션에 흥미가 없는 그는 브랜드를 잘 모른다.

卒業して20年、高校の同級生とは疎遠になった。 졸업하고 20년, 고등학교의 동급생과는 소원해졌다.

1525 [N1] ☐☐☐

훈	도울	—
음	부	ふ

扶養 부양　扶助 부조　扶育 부육

7획 扶 扶 扶 扶 扶 扶 扶

도울 부

親には子供が自立するまで扶養する義務がある。 부모에게는 아이가 자립할 때까지 부양할 의무가 있다.

国は生活が困難な人たちを経済的に扶助している。
국가는 생활이 곤란한 사람들을 경제적으로 부조하고 있다.

1526 [N1] □□□

償

갚을 상

사람(亻)과 상(賞)을 합쳐
사람이 상을 주어 보상하
는 것을 나타낸 글자

훈 갚을	つぐな(う)	償う 보상하다, 속죄하다	償い 보상, 보답
음 상	しょう	無償★ 무상, 무료　賠償 배상　弁償 변상	

17획 償償償償償償償償償償償償償償償償償

事故で破損させた相手の車の修理費用を償った。 사고로 파손시킨 상대방 차의 수리 비용을 보상했다.
本団体は地域の子供たちに無償で食事を提供している。
본 단체는, 지역의 아이들에게 무상으로 식사를 제공하고 있다.

1527 [N1] □□□

敵

대적할 적

훈 대적할	かたき	敵 적, 원수　目の敵 눈엣가시　敵役 악역
음 적	てき	敵★ 적　素敵★ 매우 근사함　天敵 천적　敵意 적의

15획 敵敵敵敵敵敵敵敵敵敵敵敵敵敵敵

彼はみんなから目の敵にされた。 그는 모두에게 눈엣가시로 여겨졌다.

クワガタは敵が現れると死んだふりをする。 사슴벌레는 적이 나타나면 죽은 척을 한다.

1528 [N1] □□□

恩

은혜 은

훈 은혜	—	
음 은	おん	恩 은혜, 은공　恩恵 은혜　恩人 은인　恩師 은사

10획 恩恩恩恩恩恩恩恩恩恩

就職活動をサポートしてくれた大学の教授に恩を返したい。
취직 활동을 서포트해 준 대학교 교수님께 은혜를 갚고 싶다.
彼女は私を救ってくれた命の恩人だ。 그녀는 나를 구해 준 생명의 은인이다.

1529 [N1] □□□

孝

효도 효

늙다(耂)와 아들(子)을
합쳐 늙은이를 아들이
봉양하는 것을 나타낸
글자

훈 효도	—	
음 효	こう	親孝行 효도　親不孝 불효

7획 孝孝孝孝孝孝孝

親孝行したくて両親を温泉旅行に連れて行った。
효도하고 싶어서 부모님을 온천 여행에 데리고 갔다.
親に借金を残して消えるなんて親不孝な息子だ。
부모에게 빚을 남기고 사라지다니 불효 자식이다.

1530 [N1] □□□

慕

훈	그리워할	した(う)	慕う* 그리워하다, 사모하다　慕わしい 그립다
음	모	ぼ	思慕 사모　慕情 모정, 그리움　敬慕 경모, 흠모

14획

遠く離れた祖国にいる母を慕っている。 멀리 떨어진 조국에 있는 어머니를 그리워하고 있다.

叶わない恋かもしれないが彼への思慕は募るばかりだ。
이루어지지 않는 사랑일지도 모르지만 그를 향한 사모는 깊어만 간다.

그리워할 **모**

1531 [N1] □□□

賀

훈	하례할	―	
음	하	が	祝賀 축하　年賀状 연하장　賀する 축하하다

12획

大会優勝を記念して祝賀パーティーが開かれた。 대회 우승을 기념하여 축하 파티가 열렸다.

年賀状に新年の挨拶を書いて友達に送った。 연하장에 새해 인사를 적어서 친구에게 보냈다.

하례할 **하**

1532 [N1] □□□

遣

훈	보낼	つか(う)	遣う 쓰다, 사용하다　気遣い* 걱정, 염려　心遣い* 배려
		つか(わす)	遣わす 보내다, 주다
음	견	けん	派遣 파견　遣外 견외, 해외 파견

13획

お気遣いいただきありがとうございます。 걱정해 주셔서 감사합니다.

土砂崩れが起きた地域に自衛隊が派遣された。 산사태가 일어난 지역에 자위대가 파견되었다.

보낼 **견**

1533 [N1] □□□

憬

훈	동경할	―	
음	경	けい	憧憬 동경

15획 憬 憬 憬 憬 憬 憬 憬 憬 憬 憬 憬 憬 憬 憬

入社当時から憧憬してきた上司に認められて嬉しい。
입사 당시부터 동경해 왔던 상사에게 인정받아 기쁘다.

동경할 **경**

誠

정성 **성**

훈	정성	まこと	**誠** 진심, 진실	**誠に**★ 진심으로, 참으로
음	성	せい	**誠実** 성실	**誠意** 성의

13획 誠 誠 誠 誠 誠 誠 誠 誠 訮 訮 訹 誠 誠

ご多忙の中、ご来場いただき**誠に**ありがとうございます。
바쁘신 가운데, 와 주셔서 진심으로 감사합니다.

彼は**誠実**で仕事仲間から信頼が厚い。 그는 성실해서 직장 동료로부터 신뢰가 두텁다.

侮

업신여길 **모**

훈	업신여길	あなど(る)	**侮る** 깔보다, 경시하다	**侮り** 모멸, 모욕
음	모	ぶ	**侮辱** 모욕	**軽侮** 경멸, 멸시

8획 侮 侮 侮 侮 佸 侮 侮 侮

たかが風邪だと**侮って**いたが、肺炎と診断され驚いた。
고작 감기라고 깔보고 있었는데, 폐렴이라고 진단받아 놀랐다.

どんな理由であれ、他人を**侮辱**するのは間違った言動だ。
어떤 이유이든, 타인을 모욕하는 것은 잘못된 언동이다.

蔑

업신여길 **멸**

훈	업신여길	さげす(む)	**蔑む** 업신여기다, 얕보다	
음	멸	べつ	**軽蔑** 경멸	**蔑視** 멸시

14획 蔑 蔑 蔑 蔑 蔑 蔑 蔑 蔑 蔑 蔑 蔑 蔑 蔑 蔑

職業で人を**蔑む**行為は自分の品格を下げるだけだよ。
직업으로 사람을 업신여기는 행위는 자신의 품격을 낮출 뿐이야.

相手の不幸を願ったり、喜んだりする人を**軽蔑**する。
상대의 불행을 바라거나, 기뻐하거나 하는 사람을 경멸한다.

弄

희롱할 **롱(농)**

훈	희롱할	もてあそ(ぶ)	**弄ぶ** 가지고 놀다, 농락하다	
음	롱(농)	ろう	**翻弄** 번롱	**愚弄** 우롱

7획 弄 弄 弄 弄 弄 弄 弄

人の気持ちを**弄ぶ**ようなことはやめてください。 사람의 마음을 가지고 노는 것은 그만해 주세요.

根も葉もないうわさに**翻弄**されてはいけない。 근거 없는 소문에 번롱 당해서는 안 된다.

색이 있는 한자의 발음을 밑줄에 쓴 다음, 괄호 안에 단어의 뜻을 써 보세요.

01	施錠	せ_____	(	)	**21**	葬る	_____る	(	)
02	寿命	_____みょう	(	)	**22**	棚	_____	(	)
03	扉	_____	(	)	**23**	生涯	しょう_____	(	)
04	偽	_____	(	)	**24**	慕う	_____う	(	)
05	疎い	_____い	(	)	**25**	誠実	_____じつ	(	)
06	扶養	_____よう	(	)	**26**	軽蔑	けい_____	(	)
07	恐喝	きょう_____	(	)	**27**	石垣	いし_____	(	)
08	旨	_____	(	)	**28**	胎児	_____じ	(	)
09	併せる	_____せる	(	)	**29**	喪失	_____しつ	(	)
10	便宜	べん_____	(	)	**30**	遣う	_____う	(	)
11	某	_____	(	)	**31**	弄ぶ	_____ぶ	(	)
12	陳述	_____じゅつ	(	)	**32**	比喩	ひ_____	(	)
13	語彙	ご_____	(	)	**33**	鍵	_____	(	)
14	弔う	_____う	(	)	**34**	叱る	_____る	(	)
15	名簿	めい_____	(	)	**35**	翻弄	ほん_____	(	)
16	叙述	_____じゅつ	(	)	**36**	且つ	_____つ	(	)
17	事項	じ_____	(	)	**37**	捉える	_____える	(	)
18	致す	_____す	(	)	**38**	侮る	_____る	(	)
19	兼ねる	_____ねる	(	)	**39**	但し	_____し	(	)
20	天井	てん_____	(	)	**40**	墓地	_____ち	(	)

정답 01 せじょう 시정; 잠금 02 じゅみょう 수명 03 とびら 문, 문짝 04 にせ 가짜, 모조 05 うとい 잘 모르다, (사정에) 어둡다 06 ふよう 부양
07 きょうかつ 공갈 08 むね 뜻, 취지 09 あわせる 아우르다, 합치다 10 べんぎ 편의 11 ぼう 모, 아무개 12 ちんじゅつ 진술 13 ごい 어휘
14 とむらう 조문하다, 애도하다 15 めいぼ 명부 16 じょじゅつ 서술 17 じこう 사항 18 いたす 하다 (する의 겸양어) 19 かねる 겸하다
20 てんじょう 천장 21 ほうむる 매장하다 22 たな 선반 23 しょうがい 생애 24 したう 그리워하다, 사모하다 25 せいじつ 성실 26 けいべつ 경멸
27 いしがき 돌담 28 たいじ 태아 29 そうしつ 상실 30 つかう 쓰다, 사용하다 31 もてあそぶ 가지고 놀다, 농락하다 32 ひゆ 비유 33 かぎ 열쇠
34 しかる 꾸짖다, 야단치다 35 ほんろう 번롱 36 かつ 동시에, 또한, 한편 37 とらえる 잡다, 붙잡다 38 あなどる 깔보다, 경시하다 39 ただし 단, 다만
40 ぼち 묘지

★은 JLPT/JPT 기출 단어입니다.

성향

1538 [N1] □□□

忠

훈	충성	—			
음	충	ちゅう	忠実 충실	忠告★ 충고	忠誠 충성

8획 忠 忠 忠 忠 忠 忠 忠 忠

충성 충

가운데(中)와 마음(心)을 합쳐 마음에 중심이 잡혀 있어 충성스러운 것을 나타낸 글자

報告書には災害当時の様子が**忠実**に記録されていた。
보고서에는 재해 당시의 상황이 충실히 기록되어 있었다.

医者の**忠告**を聞いて毎日運動をするように心掛けている。
의사의 충고를 듣고 매일 운동을 하도록 유의하고 있다.

1539 [N1] □□□

慈

훈	사랑	いつく(しむ)	慈しむ 자애를 베풀다	慈しみ 자애로움
음	자	じ	慈善 자선　慈悲 자비　慈愛 자애	

13획 慈 慈 慈 慈 慈 慈 慈 慈 慈 慈 慈 慈 慈

사랑 자

自然をたたえ、生き物を**慈しみ**ましょう。 자연을 찬미하고, 생물에 자애를 베풉시다.
本団体は**慈善**活動として貧困地域に学校を建てている。
본 단체는 자선 활동으로 빈곤 지역에 학교를 세우고 있다.

1540 [N1] □□□

恭

훈	공손할	うやうや(しい)	恭しい 공손하다, 정중하다
음	공	きょう	恭順 공손히 따름, 공순

10획 恭 恭 恭 恭 恭 恭 恭 恭 恭 恭

공손할 공

お客様には**恭しい**態度で接客するようにしている。 손님에게는 공손한 태도로 접객하도록 하고 있다.
家来たちは新しい王に**恭順**の意を表した。 가신들은 새로운 왕에게 공손히 따를 것이라는 뜻을 표했다.

1541 [N1] ☐☐☐

仁

어질 인

훈	어질	—	
음	인	じん	**仁義** 인의　**仁愛** 인애
		に	**仁王** 인왕

4획 仁 仁 仁 仁

私の上司は**仁義**を重んじて行動する人だ。 나의 상사는 인의를 중시하며 행동하는 사람이다.

仁王は仏教の守り神と言われている。 인왕은 불교의 수호신이라고 일컬어지고 있다.

1542 [N1] ☐☐☐

傲

거만할 오

훈	거만할	—	
음	오	ごう	**傲慢** 오만　**傲然** 거만, 오연

13획 傲 傲 傲 傲 傲 傲 傲 傲 傲 傲 傲 傲 傲

課長は人を見下す**傲慢**な態度を取るので苦手だ。
과장은 사람을 내려다보는 오만한 태도를 취해서 대하기 어렵다.

彼は自分に非がないと**傲然**と言い放った。 그는 자신에게 잘못이 없다고 거만하게 단언했다.

1543 [N1] ☐☐☐

敢

감히 감

훈	감히	—	
음	감	かん	**勇敢**[*] 용감　**果敢** 과감　**敢然** 감연, 과감

12획 敢 敢 敢 敢 敢 敢 敢 敢 敢 敢 敢 敢

すりを目撃した男は**勇敢**にも犯人を追い掛けていった。
소매치기를 목격한 남자는 용감하게도 범인을 뒤쫓아 갔다.

目標があるなら失敗を恐れず**果敢**に挑みましょう。
목표가 있다면 실패를 두려워하지 말고 과감하게 도전합시다.

1544 [N1] ☐☐☐

辣

매울 랄(날)

훈	매울	—	
음	랄(날)	らつ	**辛辣** 신랄　**辣腕** 민완, 솜씨가 뛰어남

14획 辣 辣 辣 辣 辣 辣 辣 辣 辣 辣 辣 辣 辣 辣

評論家は料理に対し**辛辣**に批評した。 평론가는 요리에 대해 신랄하게 비평했다.

畑中先生は負け知らずの**辣腕**な弁護士です。 하타나카 선생님은 패배를 모르는 민완한 변호사입니다.

1545 [N1] ☐☐☐

朗

훈	밝을/ 소리 높을	ほが(らか)	ほが 朗らかだ★ 명랑하다, 쾌활하다	ほが 朗らかさ 명랑함, 쾌활함
음	랑(낭)	ろう	ろうほう 朗報★ 낭보　ろうどく 朗読★ 낭독	めいろう 明朗 명랑　ろうろう 朗々と 낭랑하게

10획 朗 朗 朗 朗 朗 朗 朗 朗 朗 朗

밝을/소리 높을
랑(낭)

ほけん　　せんせい　　ひとがら　　ほが　　　　はな
保健の先生は人柄が**朗らか**で話しかけやすい。 보건 선생님은 성품이 명랑해서 말을 걸기 쉽다.

ゆうじん　　だいいっし　　たんじょう　　ろうほう　　とど
友人から第一子が誕生したと**朗報**が届いた。 친구로부터 첫째가 탄생했다고 낭보가 도착했다.

1546 [N1] ☐☐☐

頓

훈	조아릴/ 둔할	—		
음	돈/둔	とん	せいりせいとん 整理整頓★ 정리 정돈	む とんちゃく 無頓着 무관심함, 개의치 않음

13획 頓 頓 頓 頓 頓 頓 頓 頓 頓 頓 頓 頓 頓

조아릴 **돈**
둔할 **둔**

しょるい　　　　　　　　　　ち　　　　　　つくえ　うえ　　せいりせいとん
書類やファイルで散らかった机の上を**整理整頓**した。 서류나 파일로 어질러진 책상 위를 정리 정돈했다.

いもうと　　　　　　　　　む とんちゃく　がいけん　き
妹 はおしゃれに**無頓着**で外見を気にしない。 여동생은 멋부림에 무관심해서 외관을 신경 쓰지 않는다.

1547 [N1] ☐☐☐

寛

훈	너그러울	—		
음	관	かん	かんだい 寛大 관대	かんよう 寛容 관용

13획 寛 寛 寛 寛 寛 寛 寛 寛 寛 寛 寛 寛 寛

너그러울 **관**

ちち　かんだい　こころ　も　　ぬし　　　　　　　　　　おこ
父は**寛大**な心の持ち主で、むやみに怒ったりしない。
아버지는 관대한 마음의 소유자라서, 무턱대고 화내거나 하지 않는다.

ひと　　　かんよう　せいしん　ゆる　ひと
どんな人でも**寛容**な精神で許せる人になりたい。
어떤 사람이라도 관용의 정신으로 용서할 수 있는 사람이 되고 싶다.

1548 [N1] ☐☐☐

廉

훈	청렴할/ 살필	—		
음	렴(염)	れん	れん か 廉価 염가, 저렴한 가격	せいれん 清廉 청렴　は れん ち 破廉恥 파렴치

13획 廉 廉 廉 廉 廉 廉 廉 廉 廉 廉 廉 廉 廉

청렴할/살필
렴(염)

すいはん き　　　　はん　た　　　　　　　　　れんか　もの　じゅうぶん
炊飯器はご飯が炊ければいいので**廉価**な物で十分です。
밥솥은 밥을 지을 수만 있으면 괜찮기 때문에 염가인 것으로 충분합니다.

せいじ か　　けんりょく　しゅうちゃく　　　せいれん
政治家は権力に執着せず、**清廉**であるべきだ。 정치가는 권력에 집착하지 않고, 청렴해야 한다.

1549 [N1] □□□

謙

훈	겸손할	—	
음	겸	けん	**謙虚** 겸허　**謙譲語** 겸양어

17획 謙 謙 謙 謙 謙 謙 謙 謙 謙 謙 謙 謙 謙 謙 謙 謙 謙

겸손할 겸

役職が上がっても**謙虚**な心が必要だと思う。　직책이 올라가도 겸허한 마음이 필요하다고 생각한다.

謙譲語は自分をへりくだることで相手を敬う言葉です。
겸양어는 자신을 낮춤으로써 상대를 공경하는 말입니다.

1550 [N1] □□□

遜

훈	겸손할	—	
음	손	そん	**謙遜** 겸손　**遜色** 손색　**不遜** 불손

14획 遜 了 孖 孑 孫 孫 孫 孫 孫 孫 孫 遜 遜 遜

겸손할 손

上司に功績を褒められた彼はみんなのおかげだと**謙遜**した。
상사에게 공적을 칭찬받은 그는 모두의 덕분이라며 겸손했다.

彼女の腕前は一流シェフと比べても**遜色**がない。　그녀의 실력은 일류 셰프와 비교해도 손색이 없다.

1551 [N1] □□□

凡

훈	무릇	—	
음	범	ぼん	**平凡**＊ 평범　**凡人** 범인, 보통 사람
		はん	**凡例** 범례

3획 凡 凡 凡

무릇 범

平凡な人生から抜け出そうと留学を決意しました。
평범한 인생에서 빠져나오려고 유학을 결심했습니다.

書物の初めには使用法などの**凡例**が書かれている。　책의 첫머리에는 사용법 등의 범례가 적혀 있다.

1552 [N1] □□□

庸

훈	쓸	—	
음	용	よう	**凡庸** 평범, 범용　**中庸** 중용, 중도

11획 庸 庸 庸 庸 庸 庸 庸 庸 庸 庸 庸

쓸 용

作家になる前はどこにでもいる**凡庸**な会社員でした。
작가가 되기 전에는 어디에나 있는 평범한 회사원이었습니다.

西くんは委員長として**中庸**を保ち、クラスをまとめてくれる。
니시 군은 위원장으로서 중용을 지키고, 학급을 하나로 모아준다.

1553 [N1] □□□

誉

기릴 예

훈 기릴	ほま(れ)	**誉れ** 명성, 명예, 영예
음 예	よ	**名誉** 명예 **栄誉** 영예

13획 誉誉誉誉誉誉誉誉誉誉誉誉誉

彼は幼い頃から秀才の**誉れ**が高かった。 그는 어린 시절부터 수재로 명성이 높았다.

代表の不祥事は会社の**名誉**に関わります。 대표의 불상사는 회사의 명예에 관련됩니다.

1554 [N1] □□□

蛮

오랑캐 만

훈 오랑캐	—	
음 만	ばん	**野蛮** 야만 **蛮行** 만행 **蛮人** 야만인

12획 蛮蛮蛮蛮蛮蛮蛮蛮蛮蛮蛮蛮

無差別殺人は極めて卑怯で、**野蛮**な行為だと思う。
무차별 살인은 지극히 비겁하고, 야만적인 행위라고 생각한다.

国連は軍が捕虜に**蛮行**を働いたとして強く非難した。
국제 연합은 군이 포로에게 만행을 저질렀다며 강하게 비난했다.

1555 [N1] □□□

魅

매혹할 매

훈 매혹할	—	
음 매	み	**魅力** 매력 **魅了** 매료 **魅惑** 매혹 **魅する** 매혹하다

15획 魅魅魅魅魅魅魅魅魅魅魅魅魅魅魅

JPOPの**魅力**は何より美しい歌詞にあると思う。 JPOP의 매력은 무엇보다 아름다운 가사에 있다고 생각한다.

彼女の透き通るような歌声は聴く人を**魅了**する。 그녀의 맑은 노랫소리는 듣는 사람을 매료시킨다.

1556 [N1] □□□

怠

게으를 태

훈 게으를	おこた(る)	**怠る** 소홀히 하다
	なま(ける)	**怠ける** 게으름을 피우다 **怠け者** 게으름뱅이
음 태	たい	**怠慢** 태만 **怠惰** 나태 **倦怠期** 권태기

9획 怠怠怠怠怠怠怠怠怠

庭の手入れを**怠**ったら、雑草だらけになっていた。
정원 손질을 소홀히 했더니, 잡초투성이가 되어 있었다.

市の**怠慢**な行政に不満の声が上がっている。 시의 태만한 행정에 불만의 목소리가 높아지고 있다.

1557 [N1] □□□

惰

게으를 **타**

훈	게으를	—
음	타	だ	怠惰 나태 惰性 타성 惰気 타기, 나태심

12획 惰 惰 惰 惰 惰 惰 惰 惰 惰 惰 惰 惰

学校が夏休みに入り、**怠惰**な生活を送るようになった。
학교가 여름방학에 들어가, 나태한 생활을 보내게 되었다.

今や新人の頃の熱意は消え、**惰性**で仕事を続けている。
이제는 신입 시절의 열의는 사라지고, 타성으로 일을 계속하고 있다.

1558 [N1] □□□

淑

맑을 **숙**

훈	맑을	—
음	숙	しゅく	淑女 숙녀 私淑 사숙, 본받아 배움 貞淑 정숙

11획 淑 淑 淑 淑 淑 淑 淑 淑 淑 淑 淑

紳士**淑女**の皆様、ご出席賜りありがとうございます。 신사 숙녀 여러분, 참석해 주셔서 감사합니다.

私はピカソを**私淑**し、絵を学んでいる。 나는 피카소를 사숙해서, 그림을 배우고 있다.

1559 [N1] □□□

淫

음란할 **음**

훈	음란할	みだ(ら)	淫らだ 음란하다
음	음	いん	淫行 음행 淫乱 음란

11획 淫 淫 淫 淫 淫 淫 淫 淫 淫 淫 淫

仏教には**淫ら**な行為を禁じる教えがあります。 불교에는 음란한 행위를 금지하는 가르침이 있습니다.

淫行は条例で厳しく取り締まられている。 음행은 조례로 엄격하게 단속되고 있다.

1560 [N1] □□□

壮

씩씩할 **장**

훈	씩씩할	—
음	장	そう	壮大★ 장대 壮絶 장렬 強壮 강건

6획 壮 壮 壮 壮 壮 壮

岡田監督の作品の**壮大**な世界観には圧倒された。 오카다 감독 작품의 장대한 세계관에는 압도당했다.

両者一歩も譲らない**壮絶**な戦いが繰り広げられている。
양측 한 치의 양보도 없는 장렬한 싸움이 펼쳐지고 있다.

1561 [N1] □□□

俊

훈	준수할	—	
음	준	しゅん	**俊敏** 뛰어나고 재빠름, 준민 **俊才** 수재, 준재 **俊秀** 준수

9획 俊 俊 俊 俊 俊 俊 俊 俊 俊

준수할 **준**

後藤選手は**俊敏**な動きで相手の攻撃を次々と阻止した。
고토 선수는 뛰어나고 재빠른 움직임으로 상대의 공격을 잇따라 저지했다.

サッカーの**俊才**である彼は卒業後プロの選手になった。 축구 수재인 그는 졸업 후 프로 선수가 되었다.

1562 [N1] □□□

朴

훈	순박할	—	
음	박	ぼく	**素朴** 소박 **純朴** 순박

6획 朴 朴 朴 朴 朴 朴

순박할 **박**

ぜいたくしなくても、**素朴**な幸せがあれば十分だ。 사치부리지 않아도, 소박한 행복이 있으면 충분하다.

小学生のおいは**純朴**で、とても人懐こい。 초등학생인 조카는 순박하고, 정말 사람을 잘 따른다.

1563 [N1] □□□

旺

훈	왕성할	—	
음	왕	おう	**旺盛**★ 왕성

8획 旺 旺 旺 旺 旺 旺 旺 旺

왕성할 **왕**

娘は好奇心が**旺盛**で、色んなことを大人に質問する。
딸은 호기심이 왕성해서, 다양한 것을 어른에게 질문한다.

1564 [N1] □□□

忍

훈	참을	しの(ばせる)	**忍ばせる** 숨기다, 숨겨 놓다
		しの(ぶ)	**忍ぶ** 남이 모르게 행동하다 **忍び足** 살금살금 걸음
음	인	にん	**忍耐**★ 인내 **忍者** 닌자 **残忍** 잔인

7획 忍 忍 忍 忍 忍 忍 忍

참을 **인**

友達を驚かせようと足音を**忍ばせて**近づいた。 친구를 놀래키려고 발소리를 숨기고 다가갔다.

わがままばかり言う弟に私の**忍耐**も限界に達した。
제멋대로인 말만 하는 남동생에게 나의 인내도 한계에 다다랐다.

1565 [N1] □□□

耐

견딜 **내**

훈	견딜	た(える)	耐える 견디다　耐えがたい★ 견디기 힘들다
음	내	たい	耐久 내구　耐震 내진　耐火 내화, 불에 견딤　忍耐★ 인내

9획　耐 耐 耐 耐 耐 耐 耐 耐 耐

優勝するために厳しい練習にも耐えてきた。　우승하기 위해서 혹독한 연습에도 견뎌 왔다.

値段が高くても、耐久性が高いベッドを買うつもりだ。　가격이 비싸도, 내구성이 높은 침대를 살 생각이다.

1566 [N1] □□□

懇

정성 **간**

훈	정성	ねんご(ろ)	懇ろだ 친절하다, 친밀하다
음	간	こん	懇親会 친목회　懇切 간절, 친절　懇願 간절히 원함

17획　懇 懇 懇 懇 懇 懇 懇 懇 懇 懇 懇 懇 懇 懇 懇 懇 懇

上司は懇ろに私の相談を聞いてくれた。　상사는 친절하게 나의 상담을 들어주었다.

内定者と社員の交流を深めるため、懇親会を行います。
내정자와 사원의 교류를 다지기 위해, 친목회를 진행합니다.

1567 [N1] □□□

倹

검소할 **검**

훈	검소할	—	
음	검	けん	倹約 검약　勤倹 근검　節倹 절약, 검약

10획　倹 倹 倹 倹 倹 倹 倹 倹 倹 倹

お金をためるために倹約に努めようと思う。　돈을 모으기 위해서 검약에 힘써보려고 한다.

勤倹な生活を送る両親と違って、私は浪費が多い。
근검한 생활을 보내는 부모님과 달리, 나는 낭비가 많다.

1568 [N1] □□□

抑

누를 **억**

훈	누를	おさ(える)	抑える 억누르다, 누르다, 꺾다　抑え 누름, 지배
음	억	よく	抑制 억제　抑圧 억압　抑揚 억양

7획　抑 抑 抑 抑 抑 抑 抑

部下の無礼な態度に怒りを抑えることができなかった。　부하의 무례한 태도에 화를 억누를 수가 없었다.

歯磨きは食欲を抑制するのに効果的です。　양치질은 식욕을 억제하는 데 효과적입니다.

셋째 마당

고급 한자 해커스 일본어 상용한자 2136

控

당길 **공**

훈 당길	ひか(える)	**控える** 삼가다	**控え** 대기함, 예비
음 공	こう	**控除** 공제	**控訴** 공소, 항소

11획 控 控 控 控 控 控 控 控 控 控 控

最近、健康のために飲酒を**控えて**います。 최근, 건강을 위해서 음주를 삼가고 있습니다.

一定の条件を満たすと所得税が**控除**される制度がある。
일정 조건을 채우면 소득세가 공제되는 제도가 있다.

謹

삼갈 **근**

훈 삼갈	つつし(む)	**謹む** 삼가다, 근신하다	**謹んで** 삼가, 정중히
음 근	きん	**謹賀** 근하, 삼가 축하의 말씀을 드림	**謹慎** 근신

17획 謹 謹 謹 謹 謹 謹 謹 謹 謹 謹 謹 謹 謹 謹 謹 謹 謹

皆様のご卒業を**謹んで**お祝い申し上げます。 여러분의 졸업을 삼가 축하드립니다.

毎年「**謹賀**新年」と書いた年賀状を親戚に出している。
매년 '근하신년'이라고 쓴 연하장을 친척에게 보내고 있다.

堪

견딜 **감**

훈 견딜	た(える)	**堪える** 견디다, 할만하다
음 감	かん	**堪忍** 감내, 인내 **堪能** 감능, 숙달

12획 堪 堪 堪 堪 堪 堪 堪 堪 堪 堪 堪 堪

昨日の昼間は**堪えられ**ないぐらい暑かった。 어제 낮은 참을 수 없을 정도로 더웠다.

いくら子供でもあんな傲慢な態度は**堪忍**できない。 아무리 아이라도 저런 오만한 태도는 감내할 수 없다.

헷갈리는 단어 모아보기

유의어

堪える ~할만하다, 견디다 　　あのアニメは大人の鑑賞にも**堪える**。
　　　　　　　　　　　　　　　그 애니메이션은 어른도 감상할만한다.

耐える 견디다, 참다 　　　辛い治療に**耐え**、ついに完治しました。
　　　　　　　　　　　　　　괴로운 치료를 견디고, 마침내 완치되었습니다.

堪える와 耐える는 모두 '견디다'라는 뜻이다. 堪える는 어떤 것을 할 가치가 있을 때도 사용할 수 있고, 耐える는 아픔이나 어려움을 견디고 참을 때 사용한다.

1572 [N1] ☐☐☐

臨

임할 **림(임)**

훈	임할	のぞ(む)	^{のぞ}臨む* 임하다, 당면하다		
음	림(임)	りん	^{りん じ}臨時* 임시	^{りんしょう}臨床 임상	^{くんりん}君臨 군림

18획 臨 臨 臨 臨 臨 臨 臨 臨 臨 臨 臨 臨 臨 臨 臨 臨 臨 臨

^{ふくしゅう}復習を^{かさ}重ねて^{ばんぜん}万全の^{たいせい}態勢で^{しけん}試験に^{のぞ}臨んだ。 복습을 거듭해서 만전의 태세로 시험에 임했다.

^{しょくいん}職員が^{しゅっさんきゅうか}出産休暇で^ぬ抜ける^{あいだ}間、^{りんじ}臨時にアルバイトを^{やと}雇った。
직원이 출산 휴가로 빠지는 동안, 임시로 아르바이트를 고용했다.

1573 [N1] ☐☐☐

冒

무릅쓸 **모**

훈	무릅쓸	おか(す)	^{おか}冒す 무릅쓰다, 모독하다		
음	모	ぼう	^{ぼうけん}冒険 모험	^{ぼうとう}冒頭 서두, 첫머리	^{かんぼう}感冒 감기

9획 冒 冒 冒 冒 冒 冒 冒 冒 冒

^{せんち}戦地を^{しゅざい}取材するため、^{きけん}危険を^{おか}冒して^{げんば}現場に^む向かった。
전장을 취재하기 위해, 위험을 무릅쓰고 현장으로 향했다.

^{さいきん}最近、^{しゅじんこう}主人公が^{うちゅう}宇宙を^{ぼうけん}冒険する^{まんが}漫画が^{だいにんき}大人気です。
최근, 주인공이 우주를 모험하는 만화가 큰 인기입니다.

1574 [N1] ☐☐☐

克

이길 **극**

훈	이길	―			
음	극	こく	^{こくふく}克服* 극복	^{こくめい}克明* 극명	^{こっき}克己 극기

7획 克 克 克 克 克 克 克

^{めいい}名医による^{ちりょう}治療のおかげでがんを^{こくふく}克服できた。 명의에 의한 치료 덕분에 암을 극복할 수 있었다.

^{ぐんじん}軍人が^{せんじちゅう}戦時中の^{ようす}様子を^{こくめい}克明に^{しる}記した^{しゅき}手記を^よ読んだ。
군인이 전시 중의 상황을 극명하게 적은 수기를 읽었다.

1575 [N1] ☐☐☐

萎

시들 **위**

훈	시들	な(える)	^な萎える 시들다, 쇠약해지다	
음	위	い	^{いしゅく}萎縮 위축	

11획 萎 萎 萎 萎 萎 萎 萎 萎 萎 萎 萎

^{あめ}雨の^ひ日は^{なん}何だか^{きも}気持ちが^な萎えてしまう。 비 오는 날은 왠지 마음이 시들어 버린다.

^わ我が^{しゃ}社を^{しゃいん}社員が^{いしゅく}萎縮せず^{いけん}意見が^だ出せる^{そしき}組織にしたい。
우리 회사를 사원이 위축되지 않고 의견을 낼 수 있는 조직으로 하고 싶다.

위엄 위

훈	위엄	—				
음	위	い	**威力** 위력	**威厳** 위엄	**威圧** 위압	**示威** 시위

9획 威 威 威 威 威 威 威 威 威

この洗剤は頑固な汚れにも**威力**を発揮してくれる。 이 세제는 끈질긴 얼룩에도 위력을 발휘해 준다.
父は**威厳**がありながらも時に優しい人だった。 아버지는 위엄이 있으면서도 때때로 상냥한 사람이었다.

떨칠 분

훈	떨칠	ふる(う)	**奮う** (용기를) 내다, 떨치다	**奮い立つ** 분기하다, 분발하다		
음	분	ふん	**興奮** 흥분	**奮起** 분기, 분발	**奮発** 분발	**奮闘** 분투

16획 奮 奮 奮 奮 奮 奮 奮 奮 奮 奮 奮 奮 奮 奮 奮 奮

勇気を**奮**って部活のキャプテンに立候補した。 용기를 내서 부 활동의 주장에 입후보했다.
修学旅行の前日は**興奮**して眠れなかった。 수학여행 전날은 흥분해서 잘 수 없었다.

탐할 탐

훈	탐할	むさぼ(る)	**貪る** 탐하다, 탐내다
음	탐	どん	**貪欲** 탐욕

11획 貪 貪 貪 貪 貪 貪 貪 貪 貪 貪 貪

違法取引で不当な利益を**貪**っていた組織が摘発された。
불법 거래로 부당한 이익을 탐하고 있던 조직이 적발되었다.
金に**貪欲**な彼はついに違法ビジネスにまで手を出した。
돈에 탐욕적인 그는 결국 불법 사업에까지 손을 댔다.

지극할 지

훈	지극할	—	
음	지	し	**真摯** 진지

15획 摯 摯 摯 摯 摯 摯 摯 摯 摯 摯 摯 摯 摯 摯 摯

頂いた意見を**真摯**に受け止めサービス向上に努めます。
받은 의견을 진지하게 받아들여 서비스 향상에 힘쓰겠습니다.

1580 [N1] ☐☐☐

朱

훈	붉을	—

음	주	しゅ	**朱色** 주홍색 **朱肉** 인주

6획 朱 朱 朱 朱 朱 朱

붉을 주

神社の鳥居が鮮やかな**朱色**でとてもきれいだ。 신사의 기둥문이 선명한 주홍색이라 매우 예쁘다.

はんこに**朱肉**をまんべんなくつけてください。 도장에 인주를 골고루 발라 주세요.

1581 [N1] ☐☐☐

丹

훈	붉을	—

음	단/란(난)	たん	**丹念*** 공들임, 정성 들여 함 **丹精** 정성을 다함 **牡丹** 모란

4획 丹 丹 丹 丹

붉을 단/란(난)

丹念に取材を行ったおかげで、いい記事が書けた。 공들여 취재를 한 덕분에, 좋은 기사를 쓸 수 있었다.

これは職人が**丹精**を込めて作り上げたスーツです。 이것은 장인이 정성을 다해 만들어 낸 정장입니다.

1582 [N1] ☐☐☐

훈	감색	—

음	감	こん	**紺** 감색 **濃紺** 짙은 감색 **紺屋** 염색집 **紺青** 감청색

11획 紺 紺 紺 紺 紺 紺 紺 紺 紺 紺 紺

감색 감

こちらの手袋は白、黒、**紺**の３色をご用意しております。
이 장갑은 흰색, 검은색, 감색의 3색을 준비하고 있습니다.

就活用に**濃紺**のスーツを買おうと思う。 취직 활동용으로 짙은 감색 정장을 사려고 한다.

1583 [N1] ☐☐☐

훈	갈색	—

음	갈	かつ	**褐色** 갈색 **茶褐色** 다갈색

13획 褐 褐 褐 褐 褐 褐 褐 褐 褐 褐 褐 褐 褐

갈색 갈

自転車のハンドルに**褐色**のさびができていた。 자전거 핸들에 갈색 녹이 슬어 있었다.

茶褐色の湯が特徴的なこの温泉は神経痛に効くという。
다갈색의 물이 특징적인 이 온천은 신경통에 효과가 있다고 한다.

藍

훈	쪽	あい	藍色 남색 藍染め 쪽 염색

음	람(남)	らん	出藍の誉れ 청출어람

18획 藍 藍 藍 藍 藍 藍 藍 藍 藍 藍 藍 藍 藍 藍 藍 藍 藍 藍

쪽 람(남)

今日は**藍色**のスカートに白いシャツを合わせた。 오늘은 남색 스커트에 하얀 셔츠를 맞춰 입었다.

教師にとって**出藍の誉れ**ほど嬉しいことはない。 교사에게 있어 청출어람만큼 기쁜 일은 없다.

紫

훈	자줏빛	むらさき	紫 자주색, 보라색 紫色 자색, 보라색

음	자	し	紫外線 자외선 紫煙 담배 연기, 보랏빛 연기

12획 紫 紫 紫 紫 紫 紫 紫 紫 紫 紫 紫 紫

자줏빛 자

校庭に濃い**紫**のアサガオが咲いている。 교정에 짙은 자주색의 나팔꽃이 피어 있다.

紫外線を浴びるとシミができやすくなるそうだ。 자외선을 쬐면 기미가 생기기 쉬워진다고 한다.

玄

훈	검을	—	

음	현	げん	玄関* 현관 玄米 현미 幽玄 유현, 그윽함

5획 玄 玄 玄 玄 玄

검을 현

玄関を入ると、愛犬が尻尾を振って出迎えてくれた。
현관에 들어가니, 반려견이 꼬리를 흔들며 맞이해 주었다.

玄米と白米のカロリーはほとんど変わらない。 현미와 백미의 칼로리는 거의 다르지 않다.

虹

훈	무지개	にじ	虹 무지개

음	홍	—	

9획 虹 虹 虹 虹 虹 虹 虹 虹 虹

무지개 홍

雨上がりの空を見上げると**七色の虹**が架かっていた。
비가 그친 뒤의 하늘을 올려다보니 일곱 색의 무지개가 걸려 있었다.

染

물들 **염**

훈	물들	そ(める)	**染める** 염색하다, 물들이다 　**染め物** 염색, 염색물
		そ(まる)	**染まる** 물들다
		し(みる)	**染みる**★ 스며들다, 배다
		し(み)	**染み** 얼룩, 기미
음	염	せん	**汚染**★ 오염　**染料** 염료　**染色** 염색　**伝染** 전염

9획 染染染染染染染染染

印象を変えたくて髪を明るく**染めた**。 인상을 바꾸고 싶어서 머리를 밝게 염색했다.
大気の**汚染**で空がくすんで見える。 대기 오염으로 하늘이 칙칙해 보인다.

淡

묽을 **담**

| 훈 | 묽을 | あわ(い) | **淡い**★ 옅다　**淡雪** 담설, 옅게 깔린 눈 |
| 음 | 담 | たん | **濃淡** 농담　**冷淡** 냉담　**淡水** 담수 |

11획 淡淡淡淡淡淡淡淡淡淡淡

桜の**淡い**ピンク色の花びらがとてもきれいです。 벚꽃의 옅은 분홍색 꽃잎이 매우 예쁩니다.
鉛筆の**濃淡**だけでここまで立体的な絵が描けるなんて。
연필의 농담만으로 이렇게까지 입체적인 그림을 그릴 수 있다니.

瞭

밝을 **료(요)**

| 훈 | 밝을 | ― | |
| 음 | 료(요) | りょう | **明瞭** 명료　**一目瞭然** 일목요연 |

17획 瞭瞭瞭瞭瞭瞭瞭瞭瞭瞭瞭瞭瞭瞭瞭瞭瞭

アレルギー表示は**明瞭**に記載する必要がある。 알레르기 표시는 명료하게 기재할 필요가 있다.
どれがプロの作品かなんて**一目瞭然**に分かるよ。 어느 것이 프로의 작품인지 일목요연하게 알겠어.

闇

어두운 모양 **암**

| 훈 | 어두운 모양 | やみ | **闇** 어둠, 암흑　**暗闇** 어둠　**闇夜** 암야, 어두운 밤 |
| 음 | 암 | ― | |

17획 闇闇闇闇闇闇闇闇闇闇闇闇闇闇闇闇闇

週刊誌が現代社会の**闇**を報じた。 주간지가 현대 사회의 어둠을 보도했다.
停電に襲われ、街は突然**暗闇**に包まれた。 정전이 덮쳐, 마을은 갑자기 어둠에 휩싸였다.

1592 [N1] ☐☐☐

陰

응달 **음**

훈 응달	かげ	陰 그늘	日陰 응달, 음지	木陰 나무 그늘
	かげ(る)	陰る 그늘지다, 흐려지다	陰り 그늘	
음 음	いん	陰性 음성	陰気 음기	光陰 광음, 세월

11획 陰 陰 陰 陰 陰 陰 陰 陰 陰 陰

日差しはぽかぽかとしていても**陰**に入ると肌寒い。 햇빛은 포근해도 그늘에 들어가면 쌀쌀하다.

病院でインフルエンザの検査をしたが、**陰性**だった。 병원에서 인플루엔자 검사를 했는데, 음성이었다.

1593 [N1] ☐☐☐

態

모습 **태**

훈 모습	—				
음 태	たい	状態 상태	形態 형태	態度 태도	態勢 태세

14획 態 態 態 態 態 態 態 態 態 態 態 態 態 態

現在サーバー障害のためサイトに接続できない**状態**です。
현재 서버 장애 때문에 사이트에 접속할 수 없는 상태입니다.

授業で魚類の多様な**形態**や習性について学んだ。 수업에서 어류의 다양한 형태와 습성에 대해서 배웠다.

1594 [N1] ☐☐☐

泰

클 **태**

훈 클	—		
음 태	たい	安泰 안태, 안녕	泰然 태연

10획 泰 泰 泰 泰 泰 泰 泰 泰 泰 泰

神社の神主が祭事で国家の**安泰**を祈願した。 신사의 신관이 제사에서 국가의 안태를 기원했다.

緊急事態でも、部長は**泰然**と対応した。 긴급 사태에도, 부장은 태연히 대응했다.

1595 [N1] ☐☐☐

微

작을 **미**

훈 작을	—				
음 미	び	微妙 미묘	微笑 미소	微生物 미생물	微細 미세

13획 微 微 微 微 微 微 微 微 微 微 微 微 微

今の審判の判定が正しいかどうかは**微妙**なところだ。
방금 심판의 판정이 올바른지 어떤지는 미묘한 부분이다.

彼は褒められて照れくさいのか**微笑**を浮かべた。 그는 칭찬받아서 쑥스러운지 미소를 띠었다.

1596 [N1] □□□

지름길 **경**

훈	지름길	—

음	경	けい	^{ちょっけい} **直径** 지름, 직경　^{はんけい} **半径** 반지름, 반경　^{けいろ} **径路** 경로

8획 径 径 径 径 径 径 径 径

^{ちょっけい　　　　　　　　　　　　　　　　なべ　さが}
直径20センチぐらいの鍋を探している。 지름 20센티 정도의 냄비를 찾고 있다.

^{えんしゅう　　えん　はんけい　もと　　こうしき　なら}
円周から円の**半径**を求める公式を習った。 원둘레로부터 원의 반지름을 구하는 공식을 배웠다.

1597 [N1] □□□

오목할 **요**

중앙이 오목하게 들어
간 모양을 본뜬 글자

훈	오목할	—

음	요	おう	^{おうとつ} **凹凸**★ 요철　^{おうめんきょう} **凹面鏡** 오목 거울　^{おう} **凹レンズ** 오목 렌즈

5획 凹 凹 凹 凹 凹

^{き　ひょうめん　おうとつ　　　　　　かみ　　　みが}
木の表面に**凹凸**がないように紙やすりで磨いた。 나무 표면에 요철이 없도록 사포로 갈았다.

^{おうめんきょう　ひかり　いってん　あつ　　せいしつ}
凹面鏡は光を一点に集める性質があります。 오목 거울은 빛을 한 점으로 모으는 성질이 있습니다.

1598 [N1] □□□

볼록할 **철**

중앙이 볼록하게 나온
모양을 본뜬 글자

훈	볼록할	—

음	철	とつ	^{おうとつ} **凹凸**★ 요철　^{とつ} **凸レンズ** 볼록 렌즈　^{とっぱん} **凸版** 철판, 볼록판

5획 凸 凸 凸 凸 凸

^{うんどうぐつ　うら　おうとつ　　　　　　　すべ}
この運動靴は裏に**凹凸**があるので滑りにくくていい。
이 운동화는 바닥에 요철이 있어서 쉽게 미끄러지지 않아 좋다.

^{とつ　　　　　　けんびきょう　むしめがね　　りよう}
凸レンズは顕微鏡や虫眼鏡に利用されている。 볼록 렌즈는 현미경과 돋보기에 이용되고 있다.

1599 [N1] □□□

비낄 **사**

훈	비낄	なな(め)	^{なな} **斜め** 경사짐, 기욺

음	사	しゃ	^{けいしゃ} **傾斜**★ 경사　^{しゃめん} **斜面** 사면　^{しゃせん} **斜線** 사선, 빗금

11획 斜 斜 斜 斜 斜 斜 斜 斜 斜 斜 斜

^{か　おく　や　ね　なな　　　　　　　　　　あまみず　なが}
家屋の屋根は**斜め**にすることで雨水が流れやすくなる。
가옥의 지붕은 경사지게 함으로써 빗물이 흘러내리기 쉬워진다.

^{みち　けいしゃ　はげ　　ゆき　つ　　　　きけん}
この道は**傾斜**が激しく、雪が積もると危険だ。 이 길은 경사가 심해서, 눈이 쌓이면 위험하다.

1600 [N1] □□□

緩

느릴 **완**

훈 느릴	ゆる(やか)	**緩やかだ** 완만하다, 느릿하다
	ゆる(い)	**緩い** 느슨하다, 엄하지 않다
	ゆる(む)	**緩む** 느슨해지다, 긴장이 풀리다 **緩み** 느슨해짐
	ゆる(める)	**緩める** 풀다, 늦추다

| 음 완 | かん | **緩和** 완화 **緩急** 완급 **緩慢** 완만 |

15획 緩 緩 緩 緩 緩 緩 緩 緩 緩 緩 緩 緩 緩 緩 緩

緩やかな坂道を上ったところに学校があった。 완만한 언덕길을 올라간 곳에 학교가 있었다.

歯の痛みを緩和する薬を処方してもらった。 치아의 통증을 완화하는 약을 처방 받았다.

1601 [N1] □□□

斑

얼룩 **반**

| 훈 얼룩 | ─ | |

| 음 반 | はん | **斑点** 반점, 얼룩점 **蒙古斑** 몽고점 |

12획 斑 斑 斑 斑 斑 斑 斑 斑 斑 斑 斑 斑

このてんとう虫は赤い羽に七つの斑点がある。 이 무당벌레는 빨간 날개에 7개의 반점이 있다.

赤ん坊のお尻にある蒙古斑は自然に消えるそうだ。
아기의 엉덩이에 있는 몽고점은 자연스럽게 사라진다고 한다.

1602 [N1] □□□

紋

무늬 **문**

| 훈 무늬 | ─ | |

| 음 문 | もん | **指紋** 지문 **波紋** 파문 **紋章** 문장, 상징 표지 |

10획 紋 紋 紋 紋 紋 紋 紋 紋 紋 紋

犯行現場から犯人のものと見られる指紋が検出された。
범행 현장에서 범인의 것으로 보이는 지문이 검출되었다.

ある議員の女性を軽視する発言が波紋を呼んでいる。
어느 의원의 여성을 경시하는 발언이 파문을 일으키고 있다.

弧

활 호

훈 활	―	
음 호	こ	弧 호, 원호　括弧★ 괄호　弧状 반달 모양

9획 弧 弧 弧 弧 弧 弧 弧 弧 弧

彼女のシュートはきれいな**弧**を描いてゴールに入った。 그녀의 슛은 깔끔한 호를 그리며 골에 들어갔다.

数式は**括弧**の中を先に計算するのが基本です。 수식은 괄호 안을 먼저 계산하는 것이 기본입니다.

痩

여윌 수

훈 여윌	や(せる)	痩せる 살이 빠지다, 마르다
음 수	そう	痩身 여윈 몸

12획 痩 痩 痩 痩 痩 痩 痩 痩 痩 痩 痩 痩

短期間で**痩せ**ようと、無理をするのは駄目だよ。 단기간에 살을 빼려고, 무리를 하는 것은 안 돼.

病院のベッドに横たわる祖母の**痩身**が痛々しい。 병원 침대에 누운 할머니의 여윈 몸이 애처롭다.

肥

살찔 비

훈 살찔	こ(える)	肥える 살찌다
	こえ	肥 거름, 분뇨
	こ(やす)	肥やす 살찌우다
	こ(やし)	肥やし 거름, 비료
음 비	ひ	肥満★ 비만　肥大 비대　肥料 비료

8획 肥 肥 肥 肥 肥 肥 肥 肥

私は最近運動不足で**肥え**てしまった。 나는 최근 운동 부족으로 살쪄 버렸다.

食べる速度が速い人は**肥満**になりやすいらしい。 먹는 속도가 빠른 사람은 비만이 되기 쉽다고 한다.

1606 [N1] ☐☐☐

醜

추할 **추**

훈	추할	みにく(い)	醜い 추하다, 못생기다	醜さ 추함, 못생김
음	추	しゅう	醜悪 추악	醜態 추태

17획 醜 醜 醜 醜 醜 醜 醜 醜 醜 醜 醜 醜 醜 醜 醜 醜 醜

揚げ足を取るような醜い言い争いはしたくない。 말꼬리를 잡는 듯한 추한 언쟁은 하고 싶지 않다.

人を差別するのは醜悪な行為だと思う。 사람을 차별하는 것은 추악한 행위라고 생각한다.

1607 [N1] ☐☐☐

佳

아름다울 **가**

훈	아름다울	—		
음	가	か	佳人 가인, 미녀	佳作 가작, 걸작

8획 佳 佳 佳 佳 佳 佳 佳 佳

小野小町は絶世の佳人として知られる歌人である。 오노노 고마치는 절세의 가인으로 알려져 있는 시인이다.

私の作品が書道コンクールで佳作に選ばれた。 내 작품이 서예 콩쿠르에서 가작으로 뽑혔다.

1608 [N1] ☐☐☐

麗

고울 **려(여)**

훈	고울	うるわ(しい)	麗しい 곱다, 아름답다	麗しさ 고움, 아름다움	
음	려(여)	れい	華麗 화려	端麗 단려, 단정하고 아름다움	美麗 미려

19획 麗 麗 麗 麗 麗 麗 麗 麗 麗 麗 麗 麗 麗 麗 麗 麗 麗 麗 麗

麗しい外見の彼女はいつも周囲の視線を独占する。 고운 외관의 그녀는 항상 주위의 시선을 독점한다.

出演者は華麗なパフォーマンスで観客を魅了した。 출연자는 화려한 퍼포먼스로 관객을 매료시켰다.

1609 [N1] ☐☐☐

倣

본뜰 **방**

훈	본뜰	なら(う)	倣う 따르다, 모방하다
음	방	ほう	模倣 모방

10획 倣 倣 倣 倣 倣 倣 倣 倣 倣 倣

英会話教室に通う友人に倣って私も習い始めた。 영어 회화 교실에 다니는 친구를 따라서 나도 배우기 시작했다.

他人の作品を模倣した絵はコンテストに応募できません。 타인의 작품을 모방한 그림은 콘테스트에 응모할 수 없습니다.

1610 [N1] ☐☐☐

擬

훈	비길	—	
음	의	ぎ	模擬 모의　擬声語 의성어　擬人法 의인법

17획 擬 擬 擬 擬 擬 擬 擬 擬 擬 擬 擬 擬 擬 擬 擬 擬 擬

비길 **의**

模擬試験では一応合格点を取ることができた。 모의시험에서는 일단 합격점을 따낼 수 있었다.

同じ音を表す擬声語でも言語によって発音が全く違う。
같은 소리를 나타내는 의성어라도 언어에 따라 발음이 전혀 다르다.

1611 [N1] ☐☐☐

粹

훈	순수할	いき	粋 세련됨
음	수	すい	純粋 순수　抜粋* 발췌　粋人 풍류인

10획 粋 粋 粋 粋 粋 粋 粋 粋 粋 粋

순수할 **수**

今時友達の結婚式に伝統衣装を着てくるとは粋ですね。
요즘 시대에 친구의 결혼식에 전통 의상을 입고 오다니 세련됐네요.

星空を眺めるだけで、純粋な気持ちになれる。 별이 많은 하늘을 보는 것만으로, 순수한 기분이 들 수 있다.

1612 [N1] ☐☐☐

粗

훈	거칠	あら(い)	粗い 거칠다
음	조	そ	粗末 허술함, 변변치 않음　粗野 조야, 거칢

11획 粗 粗 粗 粗 粗 粗 粗 粗 粗 粗 粗

거칠 **조**

年のせいか、最近肌のキメが粗くなってきた。 나이 탓인지, 최근 피부결이 거칠어지기 시작했다.

このジャケットの作りは粗末すぎて買ったのを後悔した。
이 재킷의 만듦새는 너무 허술해서 산 것을 후회했다.

헷갈리는 단어 모아보기

유의어
- 粗い (꺼칠꺼칠하여) 거칠다　乾燥で肌のキメが粗くなった。 건조로 피부결이 거칠어졌다.
- 荒い (난폭하고) 거칠다　台風の影響で波が荒い。 태풍의 영향으로 파도가 거칠다.

粗い와 荒い는 모두 '거칠다'라는 뜻이다. 粗い는 어떤 것의 상태나 느낌이 거칠고 꺼칠꺼칠할 때,
荒い는 어떤 상황의 기세가 거칠고 난폭할 때 사용한다.

1613 [N1] □□□

粧

단장할 장

훈	단장할	—		
음	장	しょう	**化粧** 화장	**化粧室** 화장실

12획 粧 粧 粧 粧 粧 粧 粧 粧 粧 粧 粧 粧

今朝は寝坊して、**化粧**をする暇がなかった。 오늘 아침은 늦잠 자서, 화장을 할 틈이 없었다.

ここをまっすぐ行くと右手に**化粧室**があります。 여기를 곧장 가면 오른쪽에 화장실이 있습니다.

1614 [N1] □□□

飾

꾸밀 식

훈	꾸밀	かざ(る)	**飾る**★ 장식하다, 꾸미다	**飾り**★ 장식, 꾸밈	
음	식	しょく	**装飾** 장식	**修飾** 수식	**服飾** 복식

13획 飾 飾 飾 飾 飾 飾 飾 飾 飾 飾 飾 飾 飾

12月になり、居間にクリスマスツリーを**飾**った。 12월이 되어서, 거실에 크리스마스 트리를 장식했다.

保育園の部屋にある**装飾**はすべて先生の手作りです。
보육원의 방에 있는 장식은 모두 선생님이 직접 만든 것입니다.

1615 [N1] □□□

艶

고울 염

색(色)과 풍부하다(豊)
를 합쳐 색이 풍부하여
고운 것을 나타낸 글자

훈	고울	つや	**艶** 윤기, 광택	**艶やか** 반들반들함	**色艶** 윤기, 재미
음	염	えん	**妖艶** 요염		

19획 艶 艶 艶 艶 艶 艶 艶 艶 艶 艶 艶 艶 艶 艶 艶 艶 艶 艶 艶

一度も染めたことがない娘の髪は**艶**があってきれいだ。
한 번도 염색한 적이 없는 딸의 머리카락은 윤기가 있어 예쁘다.

あのモデルは**妖艶**な雰囲気をまとっている。 그 모델은 요염한 분위기를 띠고 있다.

1616 [N1] □□□

貌

모양 모

훈	모양	—			
음	모	ぼう	**美貌** 미모	**変貌** 변모	**全貌** 전모

14획 貌 貌 貌 貌 貌 貌 貌 貌 貌 貌 貌 貌 貌 貌

人気アイドルだった A は今も完璧な**美貌**を保っている。
인기 아이돌이었던 A는 지금도 완벽한 미모를 유지하고 있다.

古民家がリフォームでおしゃれな喫茶店に**変貌**した。
오래된 민가가 리모델링으로 멋진 찻집으로 변모했다.

색이 있는 한자의 발음을 밑줄에 쓴 다음, 괄호 안에 단어의 뜻을 써 보세요.

01	耐える	_____える	(	)	21	慈しむ	_____しむ	(	)

01 耐える _____える (   )
02 勇敢 ゆう_____ (   )
03 俊敏 _____びん (   )
04 怠る _____る (   )
05 辛辣 しん_____ (   )
06 倹約 _____やく (   )
07 朗らかだ _____らかだ (   )
08 藍色 _____いろ (   )
09 明瞭 めい_____ (   )
10 虹 _____ (   )
11 冒す _____す (   )
12 臨む _____む (   )
13 玄関 _____かん (   )
14 抑える _____える (   )
15 装飾 そう_____ (   )
16 醜い _____い (   )
17 肥える _____える (   )
18 堪忍 _____にん (   )
19 淡い _____い (   )
20 忠実 _____じつ (   )

21 慈しむ _____しむ (   )
22 旺盛 _____せい (   )
23 魅力 _____りょく (   )
24 誉れ _____れ (   )
25 克服 _____ふく (   )
26 控える _____える (   )
27 寛大 _____だい (   )
28 奮う _____う (   )
29 丹念 _____ねん (   )
30 粗い _____い (   )
31 麗しい _____しい (   )
32 模倣 も_____ (   )
33 懇ろだ _____ろだ (   )
34 斜め _____め (   )
35 萎える _____える (   )
36 威力 _____りょく (   )
37 謙虚 _____きょ (   )
38 安泰 あん_____ (   )
39 平凡 へい_____ (   )
40 状態 じょう_____ (   )

정답 01 たえる 견디다 02 ゆうかん 용감 03 しゅんびん 뛰어나고 재빠름, 준민 04 おこたる 소홀히 하다 05 しんらつ 신랄 06 けんやく 검약
07 ほがらかだ 명랑하다, 쾌활하다 08 あいいろ 남색 09 めいりょう 명료 10 にじ 무지개 11 おかす 무릅쓰다, 모독하다 12 のぞむ 임하다, 당면하다
13 げんかん 현관 14 おさえる 억누르다, 누르다, 꺾다 15 そうしょく 장식 16 みにくい 추하다, 못생기다 17 こえる 살찌다 18 かんにん 감내, 인내
19 あわい 옅다 20 ちゅうじつ 충실 21 いつくしむ 자애를 베풀다 22 おうせい 왕성 23 みりょく 매력 24 ほまれ 명성, 명예, 영예 25 こくふく 극복
26 ひかえる 삼가다 27 かんだい 관대 28 ふるう (용기를) 내다, 떨치다 29 たんねん 공들임, 정성 들여 함 30 あらい 거칠다
31 うるわしい 곱다, 아름답다 32 もほう 모방 33 ねんごろだ 친절하다, 친밀하다 34 ななめ 경사짐, 기욺 35 なえる 시들다, 쇠약해지다
36 いりょく 위력 37 けんきょ 겸허 38 あんたい 안태, 안녕 39 へいぼん 평범 40 じょうたい 상태

움직임·비즈니스·산업

MP3 바로듣기

움직임

★은 JLPT/JPT 기출 단어입니다.

1617 [N1] ☐☐☐

為

할 **위**

훈	할	―		
음	위	い	**行為**★ 행위　**作為** 조작, 꾸밈　**無作為** 무작위	

9획 為 為 為 為 為 為 為 為 為

試験中に不正な**行為**が発覚したら、結果は無効になります。
시험 중에 부정한 행위가 발각되면, 결과는 무효가 됩니다.

その教授の論文はデータに**作為**の疑いが指摘された。
그 교수의 논문은 데이터에 조작 의혹이 지적되었다.

1618 [N1] ☐☐☐

伏

엎드릴 **복**

사람(イ)과 개(犬)를 합쳐 사람 옆에 개가 엎드려 있는 것을 나타낸 글자

훈	엎드릴	ふ(せる)	**伏せる**★ 엎드리다, 엎어놓다　**うつ伏せ** 엎드려 누움
		ふ(す)	**伏す** 엎드리다　**伏し拝む** 엎드려 절하다
음	복	ふく	**起伏**★ 기복　**潜伏** 잠복　**降伏** 항복　**伏線** 복선

6획 伏 伏 伏 伏 伏 伏

勉強中に眠くなり、机に**伏せて**仮眠を取った。 공부하는 중에 졸려져서, 책상에 엎드려 선잠을 잤다.

会社の先輩は気分屋で感情の**起伏**が激しい。 회사 선배는 기분파라서 감정의 기복이 심하다.

1619 [N1] ☐☐☐

仰

우러를 **앙**

훈	우러를	あお(ぐ)	**仰ぐ** 우러러보다
		おお(せ)	**仰せ** 분부, 말씀
음	앙	ぎょう	**仰天**★ 깜짝 놀람　**仰視** 앙시, 우러러 봄
		こう	**信仰** 신앙

6획 仰 仰 仰 仰 仰 仰

空を**仰ぐ**と、満天の星が輝いていた。 하늘을 우러러보니, 만천에 별이 빛나고 있었다.

そのニュースは世界中の人を**仰天**させた。 그 뉴스는 전 세계의 사람을 깜짝 놀라게 했다.

1620 [N1] ☐☐☐

拭

훈 닦을	ふ(く)	拭く* 닦다, 훔치다
	ぬぐ(う)	拭う 닦다, 씻다 手拭い* 수건
음 식	しょく	払拭 불식

닦을 **식**

9획 拭 拭 拭 拭 拭 拭 拭 拭 拭

料理を並べる前に、テーブルの上を**拭いて**ね。 요리를 늘어놓기 전에, 테이블 위를 닦아줘.

一度ついた負のイメージを**払拭**するのは簡単ではない。
한 번 붙은 부정적인 이미지를 불식하는 것은 간단하지 않다.

1621 [N1] ☐☐☐

擦

훈 문지를	す(る)	擦る 문지르다, 비비다 擦り傷 생채기
	す(れる)	擦れる 스치다, 비벼지다 靴擦れ 구두에 쓸려서 까짐
음 찰	さつ	摩擦 마찰 擦過傷 찰과상

문지를 **찰**

17획 擦 擦 擦 擦 擦 擦 擦 擦 擦 擦 擦 擦 擦 擦 擦

爪をやすりで**擦る**と艶が出てきれいに見える。 손톱을 네일 파일로 문지르면 윤기가 나서 예쁘게 보인다.

木と木をこすって**摩擦**を起こせば、火がおこる。 나무와 나무를 비벼서 마찰을 일으키면, 불이 일어난다.

1622 [N1] ☐☐☐

挿

| 훈 꽂을 | さ(す) | 挿す 꽂다 挿絵 삽화 |
| 음 삽 | そう | 挿入 삽입 挿話 일화, 에피소드 |

꽂을 **삽**

10획 挿 挿 挿 挿 挿 挿 挿 挿 挿 挿

夫にもらった花を花瓶に**挿して**、玄関に飾った。 남편에게 받은 꽃을 꽃병에 꽂아서, 현관에 장식했다.

文字だけじゃ分かりにくいからここに図を**挿入**しよう。
글만으로는 알기 어려우니까 여기에 그림을 삽입하자.

헷갈리는 단어 모아보기

동음이의어
- 挿す 꽂다 　　　　髪飾りを髪に挿した。 머리 장식을 머리에 꽂았다.
- 刺す 찌르다 　　　腕に注射を刺した。 팔에 주사를 찔렀다.
- 差す (우산을) 쓰다, 꽂다 　傘を差した。 우산을 썼다.

挿す・刺す・差す는 모두 さす로 발음된다. 挿す는 가늘고 긴 것을 다른 것 안에 꽂거나 끼우다,
刺す는 날카로운 것으로 찌르다, 差す는 우산을 쓰다 혹은 무언가를 꽂다라는 뜻이다.

1623 [N1] □□□

獲

얻을 획

훈	얻을	え(る)	獲る (사냥·낚시 등으로) 잡다　獲物 사냥감, 전리품
음	획	かく	獲得 획득　捕獲 포획　漁獲高 어획고, 어획량

16획 獲 獲 獲 獲 獲 獲 獲 獲 獲 獲 獲 獲 獲 獲 獲 獲

２千年前は木の実や魚、狩りで**獲た**動物が食料だった。　2천 년 전에는 나무 열매나 물고기, 사냥으로 잡은 동물이 먹거리였다.

今日の試合で勝ち点を**獲得**し、優勝に近づいた。　오늘 시합에서 승점을 획득하여, 우승에 가까워졌다.

1624 [N1] □□□

縛

묶을 박

훈	묶을	しば(る)	縛る★ 묶다　金縛り 단단히 묶음
음	박	ばく	束縛 속박　捕縛 포박

16획 縛 縛 縛 縛 縛 縛 縛 縛 縛 縛 縛 縛 縛 縛 縛

新聞はまとめてひもで**縛って**から捨ててください。　신문은 하나로 모아 끈으로 묶고 나서 버려 주세요.

時間に**束縛**されない自由な暮らしがしたい。　시간에 속박되지 않는 자유로운 삶을 살고 싶다.

1625 [N1] □□□

砕

부술 쇄

훈	부술	くだ(く)	砕く 부수다, 깨뜨리다
		くだ(ける)	砕ける★ 부서지다, 꺾이다
음	쇄	さい	粉砕 분쇄　砕石 쇄석, 돌을 부숨　砕氷 쇄빙, 얼음을 부숨

9획 砕 砕 砕 砕 砕 砕 砕 砕 砕

クッキーの生地に**砕いた**アーモンドを入れます。　쿠키 반죽에 부순 아몬드를 넣습니다.

事故を起こした車はフロントガラスが**粉砕**していた。　사고를 일으킨 차는 앞 유리가 분쇄되어 있었다.

1626 [N1] □□□

貼

붙을 첩

훈	붙을	は(る)	貼る★ 붙이다
음	첩	ちょう	貼付 부착, 붙임

12획 貼 貼 貼 貼 貼 貼 貼 貼 貼 貼 貼 貼

部屋に大好きなアイドルのポスターを**貼り**ました。　방에 가장 좋아하는 아이돌의 포스터를 붙였습니다.

切手は封筒の左上に**貼付**してください。　우표는 봉투의 왼쪽 위에 부착해 주세요.

1627	[N1] □□□

殴

훈	때릴	なぐ(る)	**殴る** (세게) 때리다
음	구	おう	**殴打** 구타

8획 殴 殴 殴 殴 殴 殴 殴 殴

때릴 구

どんな理由があっても人を**殴って**はいけない。 어떤 이유가 있어도 사람을 때려서는 안 된다.

その人は知人を**殴打**した罪に問われている。 그 사람은 지인을 구타한 죄를 추궁당하고 있다.

1628	[N1] □□□

奔

훈	달릴	—	
음	분	ほん	**奔走** 분주 **自由奔放** 자유분방 **出奔** 출분, 도주

8획 奔 奔 奔 奔 奔 奔 奔 奔

달릴 분

事業資金を調達するため、資金集めに**奔走**した。 사업 자금을 조달하기 위해, 자금 모으기에 분주했다.

自由奔放な彼女は、団体行動が苦手なようだ。 자유분방한 그녀는, 단체 행동이 서투른 것 같다.

1629	[N1] □□□

踏

훈	밟을	ふ(む)	**踏む**★ 밟다 **足踏み**★ 제자리걸음 **踏切**★ 건널목
		ふ(まえる)	**踏まえる**★ 밟아 누르다, 근거로 하다
음	답	とう	**踏襲**★ 답습 **雑踏**★ 혼잡, 붐빔 **舞踏会** 무도회

15획 踏 踏 踏 踏 踏 踏 踏 踏 踏 踏 踏 踏 踏 踏 踏

밟을 답

電車が停車する際に隣の人の足を**踏んで**しまった。 전철이 정차할 때에 옆 사람의 발을 밟고 말았다.

会長は前任者の経営方針を**踏襲**する意向を示した。
회장은 전임자의 경영 방침을 답습할 의향을 나타냈다.

1630	[N1] □□□

謁

훈	뵐	—	
음	알	えつ	**謁見** 알현 **拝謁** 배알, 찾아 뵘 **謁する** 알현하다, 뵙다

15획 謁 謁 謁 謁 謁 謁 謁 謁 謁 謁 謁 謁 謁 謁 謁

뵐 알

バチカン市国に行ったとき、ミサで教皇に**謁見**した。 바티칸 시국에 갔을 때, 미사에서 교황을 알현했다.

皇后陛下に**拝謁**することができて光栄です。 황후 폐하를 배알할 수 있어 영광입니다.

妠

방해할 방

| 훈 | 방해할 | さまた(げる) | **妨げる** 방해하다　**妨げ** 방해, 지장 |
| 음 | 방 | ぼう | ぼうがい
妨害★ 방해 |

7획 妠 妠 妠 妠 妠 妠 妠

おや か ど かんしょう こ ども せいちょう さまた
親の過度な干渉は子供の成長を**妨げ**ます。 부모의 과도한 간섭은 아이의 성장을 방해합니다.

せんきょこうほしゃ えんぜつ ぼうがい こうい つみ
選挙候補者の演説を**妨害**する行為は罪にあたる。 선거 후보자의 연설을 방해하는 행위는 죄에 해당한다.

阻

막힐 조

| 훈 | 막힐 | はば(む) | はば
阻む★ 막다, 방해하다 |
| 음 | 조 | そ | そ し　　　　そ がい　　　 けん そ
阻止 저지　**阻害** 저해　**険阻** 험조, 험준 |

8획 阻 阻 阻 阻 阻 阻 阻 阻

ぜんかいおうじゃ はやしせんしゅ れんぱ はば もの あらわ
前回王者の林選手の連覇を**阻む**者は現れるのか。
저번 챔피언인 하야시 선수의 연패를 막을 자가 나타날 것인가.

びょうき しんこう そ し くすり
この病気の進行を**阻止**できる薬はまだない。 이 병의 진행을 저지할 수 있는 약은 아직 없다.

狙

엿볼 저

| 훈 | 엿볼 | ねら(う) | ねら　　　　　　　 ねら
狙う 노리다　**狙い** 겨눔, 겨냥 |
| 음 | 저 | そ | そ げき
狙撃 저격 |

8획 狙 狙 狙 狙 狙 狙 狙 狙

かど ねら う
サーブはコートの角を**狙って**打つといいよ。 서브는 코트의 모서리를 노려서 치면 좋아.

りょうし と そげき
猟師が飛んでいるカラスを**狙撃**した。 사냥꾼이 날고 있는 까마귀를 저격했다.

撲

칠 박

| 훈 | 칠 | — | |
| 음 | 박 | ぼく | ぼくめつ　　　　だ ぼく　　　　　　　　　ぼくさつ
撲滅 박멸　**打撲** 세게 부딪힘, 타박　**撲殺** 박살 |

15획 撲 撲 撲 撲 撲 撲 撲 撲 撲 撲 撲 撲 撲 撲

がいちゅう ぼくめつ た のうやく
害虫を**撲滅**するために、田んぼに農薬をまいた。 해충을 박멸하기 위해서, 논밭에 농약을 뿌렸다.

てんとう だ ぼく お
転倒して**打撲**を負ったところがあざになっている。 굴러 넘어져서 세게 부딪힌 곳이 멍이 들어 있다.

1635 [N1] □□□

撤

훈	거둘	—

| 음 | 철 | てつ | **撤去** 철거★ **撤回** 철회★ **撤退** 철퇴★ **撤収** 철수 |

15획 撤 撤 撤 撤 撤 撤 撤 撤 撤 撤 撤 撤 撤 撤 撤

거둘 **철**

利用者の減少により、病院内の公衆電話が**撤去**された。
이용자 감소에 따라, 병원 내의 공중전화가 철거되었다.

Ａ議員は会見での不適切な発言を**撤回**し謝罪をした。
A 의원은 회견에서의 부적절한 발언을 철회하고 사죄를 했다.

1636 [N1] □□□

塡

훈	메울	—

| 음 | 전 | てん | **装塡** 장전 **補塡** 보충 |

13획 塡 塡 塡 塡 塡 塡 塡 塡 塡 塡 塡 塡 塡

메울 **전**

使用しないときは猟銃に弾丸を**装塡**してはいけない。
사용하지 않을 때는 엽총에 탄환을 장전해서는 안 된다.

火災での損害は保険金で**補塡**できた。 화재로의 손해는 보험금으로 보충할 수 있었다.

1637 [N1] □□□

呈

훈	드릴	—

| 음 | 정 | てい | **贈呈** 증정 **進呈** 드림, 진정 **呈上** 바침 |

7획 呈 呈 呈 呈 呈 呈 呈

드릴 **정**

マラソン大会の参加者全員に記念品を**贈呈**します。 마라톤 대회 참가자 전원에게 기념품을 증정합니다.

株主優待として商品券を**進呈**する会社もある。 주주 우대로 상품권을 드리는 회사도 있다.

1638 [N1] □□□

棄

훈	버릴	—

| 음 | 기 | き | **廃棄物** 폐기물★ **放棄** 포기 **棄権** 기권 **遺棄** 유기 |

13획 棄 棄 棄 棄 棄 棄 棄 棄 棄 棄 棄 棄 棄

버릴 **기**

家庭から出る**廃棄物**の処理は市町村の担当業務である。
가정에서 나오는 폐기물 처리는 시정촌의 담당 업무이다.

故人の借金は相続を**放棄**すれば払わなくてもいい。 고인의 빚은 상속을 포기하면 갚지 않아도 된다.

1639 [N1] ☐☐☐

架

시렁 가

훈	시렁	か(かる)	架かる (다리·철도 등이) 가설되다, 놓이다
		か(ける)	架ける 가설하다, 걸쳐 놓다
음	가	か	架空★ 가공 担架 담가, 들것 架橋 가교 書架 서가

9획 架 架 架 架 架 架 架 架 架

島と本土をつなぐ橋が架かり島民の生活は便利になった。
섬과 본토를 잇는 다리가 가설되어 도민들의 생활은 편리해졌다.

このドラマに登場する人物や団体は架空のものです。
이 드라마에 등장하는 인물이나 단체는 가공의 것입니다.

헷갈리는 단어 모아보기

동음이의어	架ける	가설하다, 걸쳐 놓다	川に橋を架ける。강에 다리를 가설하다.
	懸ける	걸다	優勝に命を懸ける。우승에 목숨을 걸다.
	掛ける	걸다	テレビを壁に掛ける。텔레비전을 벽에 걸다.

架ける·懸ける·掛ける는 모두 かける로 발음된다. 架ける는 다리나 철도 등을 놓다, 懸ける는 목숨, 명예 등을 담보로 걸거나 희생할 각오를 하다, 掛ける는 물건을 걸어 늘어뜨리다라는 뜻이다.

1640 [N1] ☐☐☐

避

피할 피

훈	피할	さ(ける)	避ける★ 피하다, 꺼리다
음	피	ひ	避難★ 피난 回避 회피 逃避 도피 不可避 불가피

16획 避 避 避 避 避 避 避 避 避 避 避 避 避 避 避 避

近隣住民とのトラブルはできるだけ避けたい。 인근 주민과의 트러블은 가능한 피하고 싶다.

津波が発生した場合、高台に避難してください。 해일이 발생한 경우, 높은 지대로 피난해 주세요.

1641 [N1] ☐☐☐

遮

막을 차

훈	막을	さえぎ(る)	遮る★ 가로막다, 가리다
음	차	しゃ	遮断★ 차단 遮光 차광

14획 遮 遮 遮 遮 遮 遮 遮 遮 遮 遮 遮 遮 遮 遮

彼女は人の話を遮って自分の話ばかりする。 그녀는 남의 이야기를 가로막으며 자신의 이야기만 한다.

寝室のカーテンは日光が完全に遮断できるものにした。
침실의 커튼은 햇빛을 완전히 차단할 수 있는 것으로 했다.

1642	[N1] ☐☐☐		

貫

훈	꿸	つらぬ(く)	^{つらぬ}貫く* 관철하다, 관통하다
음	관	かん	^{かんつう}貫通 관통　^{かんろく}貫禄 관록

11획 貫貫貫貫貫貫貫貫貫貫貫

꿸 관

^{りょうしん　はんたい}両親に反対されても^{じぶん　ゆめ}自分の夢を^{つらぬ}貫く^{かくご}覚悟だ。 부모님에게 반대당해도 자신의 꿈을 관철할 각오이다.

コインが手を^{かんつう}貫通する^みマジックを見て^{おどろ}驚いた。 동전이 손을 관통하는 마술을 보고 놀랐다.

1643	[N1] ☐☐☐		

揚

훈	오를	あ(がる)	^あ揚がる 높이 오르다
		あ(げる)	^あ揚げる 높이 올리다, 뭍으로 옮기다　^{に あ}荷揚げ 뱃짐을 뭍에 풂
음	양	よう	^{よくよう}抑揚 억양　^{い き ようよう}意気揚々 의기양양

12획 揚揚揚揚揚揚揚揚揚揚揚揚

오를 양

たこは^{かぜ　ちから　う}風の力を受けて^{そらたか　あ}空高く揚がった。 연은 바람의 힘을 받아 하늘 높이 올라갔다.

^{かれ　はな　かた　よくよう}彼の話し方は抑揚がなくて^{かんじょう}感情がないように^き聞こえる。
그의 말투는 억양이 없어서 감정이 없는 것처럼 들린다.

1644	[N1] ☐☐☐		

漂

훈	떠돌	ただよ(う)	^{ただよ}漂う* 떠돌다
음	표	ひょう	^{ひょうりゅう}漂流 표류　^{ひょうはく}漂白 표백　^{ひょうはくざい}漂白剤 표백제

14획 漂漂漂漂漂漂漂漂漂漂漂漂漂漂

떠돌 표

^{だいどころ}台所には^や焼きたてのパンの^{にお}匂いが^{ただよ}漂っている。 부엌에는 갓 구운 빵 냄새가 떠돌고 있다.

^{うみ　うえ}海の上をボートで^{ひょうりゅう}漂流していた^{だんせい　きゅうじょ}男性が救助された。
바다 위를 보트로 표류하고 있던 남성이 구조되었다.

1645	[N1] ☐☐☐		

潜

훈	잠길	ひそ(む)	^{ひそ}潜む 숨어 있다
		もぐ(る)	^{もぐ}潜る 잠수하다　^{もぐ こ}潜り込む 잠입하다
음	잠	せん	^{せんざいてき}潜在的 잠재적　^{せんぷく}潜伏* 잠복　^{せんすい}潜水 잠수　^{せんにゅう}潜入 잠입

15획 潜潜潜潜潜潜潜潜潜潜潜潜潜潜潜

잠길 잠

^{かわ}川をのぞくと、^{みずくさ　なか}水草の中にメダカが^{ひそ}潜んでいた。 강을 들여다보니, 수초 안에 송사리가 숨어 있었다.

^{かのじょ　じぶん　せんざいてき　のうりょく　き づ}彼女はまだ自分の潜在的な能力に気付いていない。
그녀는 아직 자신의 잠재적인 능력을 깨닫지 못하고 있다.

1646 [N1] ☐☐☐

浸

잠길 **침**

훈 잠길	ひた(す)	**浸す**[★] 담그다, 적시다	**水浸し** 물에 잠김, 침수
	ひた(る)	**浸る** 잠기다	
음 침	しん	**浸水** 침수	**浸透** 침투

10획 浸浸浸浸浸浸浸浸浸浸

生の玉ねぎはスライスして水に**浸す**と辛みが取れる。
생양파는 얇게 썰어서 물에 담그면 매운맛을 잡을 수 있다.

大雨で近くの川が増水し、自宅の一階が**浸水**した。 큰 비로 근처 강이 불어서, 우리 집 1층이 침수되었다.

1647 [N1] ☐☐☐

巡

돌 **순**

| 훈 돌 | めぐ(る) | **巡る** 돌다, 순회하다 | **巡り合う**[★] 우연히 만나다 | **巡り**[★] 순환 |
| 음 순 | じゅん | **巡回** 순회 | **一巡** 한 바퀴 돎 | |

6획 巡巡巡巡巡巡

ヨーロッパの主要都市を**巡る**ツアーに参加した。 유럽 주요 도시를 도는 투어에 참가했다.

全国を**巡回**するサーカス団がこの町にもやってきた。 전국을 순회하는 서커스단이 이 동네에도 왔다.

1648 [N1] ☐☐☐

循

돌 **순**

| 훈 돌 | — | | |
| 음 순 | じゅん | **循環** 순환 | **悪循環** 악순환 |

12획 循循循循循循循循循循循循

このバスは中心市街地を**循環**します。 이 버스는 중심 시가지를 순환합니다.

一度夜更かしすると昼夜逆転の**悪循環**に陥りやすい。
한 번 밤을 새면 밤낮이 뒤바뀌는 악순환에 빠지기 쉽다.

1649 [N1] ☐☐☐

環

고리 **환**

| 훈 고리 | — | | |
| 음 환 | かん | **環境**[★] 환경 | **一環**[★] 일환 | **循環** 순환 |

17획 環環環環環環環環環環環環環環環環環

環境を保全するため、省エネに取り組みましょう。 환경을 보전하기 위해, 에너지 절약에 임합시다.

地域貢献の**一環**として収益の一部を孤児院に寄付しています。
지역 공헌의 일환으로 수익의 일부를 고아원에 기부하고 있습니다.

1650 [N1] ☐☐☐

還

훈	돌아올	—

| 음 | 환 | かん | **還元**[★] 환원　**返還** 반환　**生還** 생환　**帰還** 귀환 |

16획 還還還還還還還還還還還還還還還還

돌아올 환

このカードは利用金額の１％がポイントで**還元**される。 이 카드는 이용 금액의 1%가 포인트로 환원된다.

大会の開会式で昨年の優勝校が優勝旗を**返還**した。
대회 개회식에서 작년 우승 학교가 우승기를 반환했다.

비즈니스

1651 [N1] ☐☐☐

司

훈	맡을	—

| 음 | 사 | し | **上司**[★] 상사　**司会**[★] 사회　**司法** 사법 |

5획 司司司司司

맡을 사

上司と相談して有休の日付を決めた。 상사와 상담해서 유급 휴가 날짜를 정했다.

市で行う成人式の**司会**を務めることになった。 시에서 시행하는 성인식의 사회를 맡게 되었다.

1652 [N1] ☐☐☐

僚

훈	동료	—

| 음 | 료(요) | りょう | **同僚**[★] 동료　**官僚** 관료　**閣僚** 각료　**僚友** 일벗, 동료 |

14획 僚僚僚僚僚僚僚僚僚僚僚僚僚僚

동료 료(요)

会社の**同僚**がデータの入力作業を手伝ってくれた。 회사 동료가 데이터 입력 작업을 도와주었다.

中央行政機関で働く国家公務員を**官僚**と呼ぶ。
중앙 행정 기관에서 일하는 국가 공무원을 관료라고 부른다.

1653 [N1] ☐☐☐

赴

훈	나아갈	おもむ(く)	**赴く** (어느 장소·방향으로) 가다

| 음 | 부 | ふ | **赴任**[★] 부임 |

9획 赴赴赴赴赴赴赴赴赴

나아갈 부

被災地に**赴いて**、現地の様子を取材するつもりだ。 피해지에 가서, 현지의 상황을 취재할 생각이다.

会社から海外支店への**赴任**を命じられた。 회사로부터 해외 지점으로의 부임을 명령받았다.

1654 [N1] ☐☐☐

迭

훈	번갈아들	—	
음	질	てつ	こうてつ **更迭** 경질, 교체

8획 迭 迭 迭 迭 迭 迭 迭 迭

번갈아들 질

チームの<ruby>成績<rt>せいせき</rt></ruby><ruby>不振<rt>ふしん</rt></ruby>が<ruby>続<rt>つづ</rt></ruby>き、<ruby>監督<rt>かんとく</rt></ruby>が**<ruby>更迭<rt>こうてつ</rt></ruby>**された。 팀의 성적 부진이 계속되어, 감독이 경질되었다.

1655 [N1] ☐☐☐

罷

훈	그만둘	—	
음	파	ひ	ひめん **罷免** 파면 ひぎょう **罷業** 파업

15획 罷 罷 罷 罷 罷 罷 罷 罷 罷 罷 罷 罷 罷 罷 罷

그만둘 파

<ruby>総理<rt>そうり</rt></ruby><ruby>大臣<rt>だいじん</rt></ruby>は<ruby>不祥事<rt>ふしょうじ</rt></ruby>を<ruby>起<rt>お</rt></ruby>こした<ruby>国務<rt>こくむ</rt></ruby><ruby>大臣<rt>だいじん</rt></ruby>を**<ruby>罷免<rt>ひめん</rt></ruby>**した。 총리대신은 불상사를 일으킨 국무 대신을 파면했다.
<ruby>従業員<rt>じゅうぎょういん</rt></ruby>たちは<ruby>賃金<rt>ちんぎん</rt></ruby>の<ruby>値上<rt>ねあ</rt></ruby>げを<ruby>求<rt>もと</rt></ruby>めて**<ruby>罷業<rt>ひぎょう</rt></ruby>**を<ruby>続<rt>つづ</rt></ruby>けている。
종업원들은 임금 인상을 요구하며 파업을 계속하고 있다.

1656 [N1] ☐☐☐

免

훈	면할	まぬか(れる)	まぬか **免れる** 면하다
음	면	めん	めんじょ **免除**＊ 면제 めんきょ **免許** 면허 ほうめん **放免** 방면

8획 免 免 免 免 免 免 免 免

면할 면

<ruby>業績<rt>ぎょうせき</rt></ruby>が<ruby>回復<rt>かいふく</rt></ruby>し、<ruby>倒産<rt>とうさん</rt></ruby>という<ruby>最悪<rt>さいあく</rt></ruby>の<ruby>事態<rt>じたい</rt></ruby>は**<ruby>免<rt>まぬか</rt></ruby>れた**。 실적이 회복되어, 도산이라는 최악의 사태는 면했다.
<ruby>入学<rt>にゅうがく</rt></ruby><ruby>試験<rt>しけん</rt></ruby>の<ruby>成績<rt>せいせき</rt></ruby><ruby>優秀者<rt>ゆうしゅうしゃ</rt></ruby>は<ruby>学費<rt>がくひ</rt></ruby>が**<ruby>免除<rt>めんじょ</rt></ruby>**されます。 입학 시험 성적 우수자는 학비가 면제됩니다.

1657 [N1] ☐☐☐

佐

훈	도울	—	
음	좌	さ	ほさ **補佐** 보좌 たいさ **大佐** 대령 (계급)

7획 佐 佐 佐 佐 佐 佐 佐

도울 좌

<ruby>来週<rt>らいしゅう</rt></ruby>から<ruby>社長<rt>しゃちょう</rt></ruby>の**<ruby>補佐<rt>ほさ</rt></ruby>**をすることになった。 다음주부터 사장님의 보좌를 하게 되었다.
<ruby>若<rt>わか</rt></ruby>くして**<ruby>大佐<rt>たいさ</rt></ruby>**になった<ruby>彼女<rt>かのじょ</rt></ruby>はまさに<ruby>伝説<rt>でんせつ</rt></ruby>だった。 젊어서 대령이 된 그녀는 실로 전설이었다.

1658	[N1] □□□		

陪
모실 배

훈	모실	—	
음	배	ばい	**陪審員** 배심원　**陪席** 배석, (상급자와) 참석함

11획 陪 陪 陪 陪 陪 陪 陪 陪 陪 陪 陪

陪審員として刑事裁判に参加することになった。　배심원으로서 형사 재판에 참가하게 되었다.

経済界のトップが集まる会食に**陪席**する予定だ。　경제계 수장이 모이는 회식에 배석할 예정이다.

1659	[N1] □□□		

諮
물을 자

훈	물을	はか(る)	**諮る** 의견을 묻다, 상의하다
음	자	し	**諮問** 자문

16획 諮 諮 諮 諮 諮 諮 諮 諮 諮 諮 諮 諮 諮 諮 諮 諮

来年度の予算案について議会に**諮る**ことになっている。
내년도 예산안에 대해 의회에 의견을 묻기로 되어 있다.

政府は専門家に**諮問**し、感染症対策を決定した。　정부는 전문가에게 자문하여, 전염병 대책을 결정했다.

1660	[N1] □□□		

執
잡을 집

훈	잡을	と(る)	**執る** (직무를) 맡다, 취하다
음	집	しつ	**執筆**★ 집필　**執務** 집무　**固執** 고집
		しゅう	**執着**★ 집착　**執念** 집념　**執心** 집심, 미련　**我執** 아집

11획 執 執 執 執 執 執 執 執 執 執 執

来シーズンも林監督が代表チームの指揮を**執る**そうだ。
다음 시즌도 하야시 감독이 대표 팀의 지휘를 맡는다고 한다.

趣味で小説を**執筆**し、投稿サイトで公開している。 취미로 소설을 집필하여, 투고 사이트에서 공개하고 있다.

1661	[N1] □□□		

携
이끌 휴

훈	이끌	たずさ(わる)	**携わる**★ 관계하다, 종사하다
		たずさ(える)	**携える** 휴대하다, 손에 들다
음	휴	けい	**連携**★ 연계　**携帯電話** 휴대 전화　**提携**★ 제휴

13획 携 携 携 携 携 携 携 携 携 携 携 携 携

本に**携わる**仕事がしたくて司書になった。 책에 관계한 일을 하고 싶어서 사서가 되었다.

新規事業は、特に他部署との**連携**が重要です。 신규 사업은, 특히 타부서와의 연계가 중요합니다.

1662 [N1] □□□

株

그루 **주**

훈 그루	かぶ	株* 주식, 그루터기　かぶしき 株式 주식　かぶぬし 株主 주주　かぶか 株価 주가	
음 주	—		

10획 株 株 株 株 株 枾 株 杵 株 株

かがく　　　　　　かぶ　も
化学メーカーの**株**を持っている。 화학 제조 회사의 주식을 가지고 있다.

かいしゃ　ねん　に かいかぶぬし　りえき　はいとう
その会社は年に二回**株主**に利益を配当している。 그 회사는 한 해에 두 번 주주에게 이익을 배당하고 있다.

1663 [N1] □□□

債

빚 **채**

훈 빚	—		
음 채	さい	さいむ 債務* 채무　ふさい 負債* 부채　こくさい 国債 국채	

13획 債 債 債 債 債 債 債 債 債 債 債 債 債

じたく　　　　じゅうたく　　　　さいむ　　のこ
自宅はまだ住宅ローンの**債務**が残っている。 우리 집은 아직 주택 대출의 채무가 남아 있다.

じぎょう　しっぱい　かか　ふさい　　　　かんさい
事業の失敗で抱えた**負債**をついに完済した。 사업 실패로 떠안은 부채를 드디어 완전히 변제했다.

1664 [N1] □□□

俸

녹 **봉**

훈 녹	—		
음 봉	ほう	ねんぽう 年俸 연봉　ほうきゅう 俸給 봉급　ほんぽう 本俸 본봉, 기본급	

10획 俸 俸 俸 俸 俸 俸 俸 俸 俸 俸

だいぎょう　てんしょく　　　ねんぽう　いぜん　　あ
大企業に転職して、**年俸**が以前より上がった。 대기업으로 이직해서, 연봉이 이전보다 올랐다.

しょうしん　ほうきゅう　ふ　ぶんせきにん　おお
昇進して**俸給**が増えた分、責任も大きくなった。 승진해서 봉급이 늘어난 만큼, 책임도 커졌다.

1665 [N1] □□□

酬

갚을 **수**

훈 갚을	—		
음 수	しゅう	ほうしゅう 報酬* 보수　おうしゅう 応酬 (말을) 주고 받음	

13획 酬 酬 酬 酬 酬 酬 酬 酬 酬 酬 酬 酬 酬

だっそう　ねこ　み　　か ぬし　ほうしゅう
脱走した猫を見つけ、飼い主に**報酬**をもらった。 탈주한 고양이를 발견해서, 주인에게 보수를 받았다.

よ やとう　しんぽう　せいてい　　　いけん　おうしゅう
与野党は新法の制定をめぐって意見を**応酬**した。
여야당은 새로운 법의 제정을 둘러싸고 의견을 주고받았다.

1666	[N1] ☐☐☐				
	훈 돈	ぜに	ぜに 銭 동전	こ ぜに 小銭* 잔돈, 적은 돈	ぜに い 銭入れ 지갑
	음 전	せん	きんせん 金銭 금전	せんとう 銭湯 목욕탕	

14획 銭 銭 銭 銭 銭 銭 銭 銭 銭 銭 銭 銭 銭 銭

돈 **전**

にほん ぎんこう こ ぜに りょうがえ て すうりょう
日本の銀行では小銭を両替すると手数料がかかる。 일본의 은행에서는 잔돈을 바꾸면 수수료가 든다.
ともだち きんせん か か
友達でも金銭の貸し借りはしないようにしている。 친구라도 금전을 꾸어 주거나 꾸지 않도록 하고 있다.

1667	[N1] ☐☐☐				
	훈 젖을/ 윤택할	うるお(う)	うるお 潤う* 축축해지다, 윤택해지다	うるお 潤い 습기, 혜택	
		うるお(す)	うるお 潤す* 축축하게 하다, 윤택하게 하다		
		うる(む)	うる 潤む 물기를 띠다, 울먹이다		
	음 윤	じゅん	り じゅん 利潤 이윤	しつじゅん 湿潤 습윤, 습기가 많음	じゅんたく 潤沢 윤택

젖을/윤택할 **윤**

뜻을 나타내는 물(氵)과
음을 나타내는 閏(윤)
을 합친 글자

15획 潤 潤 潤 潤 潤 潤 潤 潤 潤 潤 潤 潤 潤 潤 潤

ひさ あめ ふ かわ はたけ うるお
久しぶりに雨が降り、乾いた畑が潤った。 오랜만에 비가 내려, 마른 밭이 축축해졌다.
かいしゃ ふ きょう なか じゅんちょう り じゅん ふ
あの会社は不況の中でも順調に利潤を増やしてきた。
저 회사는 불황 속에서도 순조롭게 이윤을 늘려 왔다.

1668	[N1] ☐☐☐				
	훈 물결	─			
	음 랑(낭)	ろう	ろう ひ 浪費 낭비	ほうろう 放浪 방랑	ろうにん は ろう 浪人 부랑자 波浪 파랑, 물결

10획 浪 浪 浪 浪 浪 浪 浪 浪 浪 浪

물결 **랑(낭)**

まいつききゅうりょう ろう ひ ちょきん
毎月給料を浪費してしまい、貯金がほとんどない。 매달 월급을 낭비해 버려서, 저금이 거의 없다.
たび す かく ち ほうろう
旅が好きで、キャンピングカーで各地を放浪している。 여행을 좋아해서, 캠핑카로 각지를 방랑하고 있다.

1669	[N1] ☐☐☐				
	훈 드디어/ 따를	と(げる)	と 遂げる* 이루다, 얻다	な と 成し遂げる 끝까지 해내다, 완수하다	
	음 수	すい	すいこう 遂行* 수행	み すい 未遂 미수	かんすい 完遂 완수

12획 遂 遂 遂 遂 遂 遂 遂 遂 遂 遂 遂 遂

드디어/따를 **수**

くに ぶんや おお はってん と
その国はIT分野において大きな発展を遂げた。 그 나라는 IT 분야에서 큰 발전을 이루었다.
そ しき ぎょうむ すいこう ふ かけつ
組織で業務を遂行するにはチームワークが不可欠だ。
조직에서 업무를 수행하기 위해서는 팀워크가 불가결하다.

1670 [N1] ▢▢▢

捗

칠 척

훈 칠	—	
음 척	ちょく	しんちょく 進**捗** 진척

10획 捗 捗 捗 捗 捗 捗 捗 捗 捗 捗

おのおの ぎょうむ しんちょくじょうきょう しゅうかんかいぎ きょうゆう
各の業務の進**捗**状況を週間会議で共有している。
각각의 업무 진척 상황을 주간 회의에서 공유하고 있다.

1671 [N1] ▢▢▢

隆

클 륭(융)

훈 클	—			
음 륭(융)	りゅう	りゅうせい 隆盛 융성	りゅう き 隆起 융기	こうりゅう 興隆 흥륭, 번성

11획 隆 隆 隆 隆 隆 隆 隆 隆 降 降 隆

き ぎょう ちゅうごく しんしゅつ りゅうせい きわ いきお
あの企業は中国にまで進出し**隆盛**を極める勢いだ。
그 기업은 중국까지 진출하여 더없이 융성할 기세이다.

じ しん えいきょう しんげんちか じ ばん りゅう き み
地震の影響により震源近くで地盤の**隆起**が見られた。
지진의 영향으로 진원 근처에서 지반의 융기가 발견되었다.

1672 [N1] ▢▢▢

貢

바칠 공

훈 바칠	みつ(ぐ)	みつ 貢ぐ (공물로) 바치다	みつ もの 貢ぎ物 공물, 조공
음 공	こう	こうけん 貢献* 공헌	
	く	ねん ぐ 年貢 연공, 소작료	

10획 貢 貢 貢 貢 貢 貢 貢 貢 貢 貢

むかし ぜいきん か こめ みつ
昔は税金の代わりに米を**貢**いでいた。 옛날에는 세금 대신에 쌀을 바쳤다.

しょうらい じ もと こうけん し ごと
将来は地元に**貢献**できる仕事がしたい。 장래에는 고장에 공헌할 수 있는 일을 하고 싶다.

1673 [N1] ▢▢▢

献

드릴 헌

훈 드릴	—				
음 헌	けん	けんしんてき 献身的 헌신적	こうけん 貢献* 공헌	ぶんけん 文献 문헌	けんじょう 献上 헌상
	こん	こんだて 献立 메뉴, 식단	いっこん 一献 술 한 잔, 술 대접		

13획 献 献 献 献 献 献 献 献 献 献 献 献 献

かれ ひとびと く ろう けんしんてき ひと
彼は人々のために苦労をいとわない**献身的**な人だ。
그는 사람들을 위해서 고생을 마다하지 않는 헌신적인 사람이다.

こんばん こんだて や ざかな に もの おも
今晩の**献立**は焼き魚と煮物にしようと思う。 오늘 밤 메뉴는 생선구이와 조림으로 하려고 한다.

1674 [N1] ☐☐☐

勲

공 훈

훈	공	—	
음	훈	くん	**勲章** 훈장　**勲功** 공훈, 훈공　**殊勲** 수훈, 뛰어난 공로

15획 勲 勲 勲 勲 勲 勲 勲 勲 勲 勲 勲 勲 勲 勲 勲

試合でできた傷は努力の**勲章**だと思っている。 시합에서 생긴 상처는 노력의 훈장이라고 생각하고 있다.

西郷隆盛は明治維新に**勲功**があった偉人である。 사이고 다카모리는 메이지 유신에 공훈이 있던 위인이다.

1675 [N1] ☐☐☐

彰

드러날 창

훈	드러날	—	
음	창	しょう	**表彰** 표창　**表彰状** 표창장

14획 彰 彰 彰 彰 彰 彰 彰 彰 彰 章 章 章 彰 彰

夏休みの作文コンクールで**表彰**されたことがある。 여름방학 작문 콩쿠르에서 표창 받은 적이 있다.

定年退職する社員に感謝を込めて**表彰状**を贈った。
정년 퇴직하는 사원에게 감사를 담아 표창장을 보냈다.

산업

1676 [N1] ☐☐☐

苗

모 묘

훈	모	なえ	**苗** 모종　**苗木** 묘목
		なわ	**苗代** 못자리, 모를 기를 곳
음	묘	びょう	**種苗** 종묘, 씨앗과 모종

8획 苗 苗 苗 苗 苗 苗 苗 苗

ナスは**苗**を植えてから、大体40日後に収穫できます。
가지는 모종을 심고 나서, 대략 40일 후에 수확할 수 있습니다.

食品総合研究所では良質な**種苗**の開発を行っている。
식품 종합 연구소에서는 양질의 종묘 개발을 하고 있다.

1677 [N1] □□□

畝

이랑 묘

훈 이랑	うね	**畝** 논두렁	**畝間** 고랑 (うね / うねま)
음 묘	—		

10획 畝 畝 畝 畝 畝 畝 畝 畝 畝 畝

芋の苗を植えるため、土を耕して**畝**を立てた。 고구마 모종을 심기 위해서, 흙을 갈아서 논두렁을 일구었다.
(いも なえ う / つち たがや / うね た)

畝間を狭く作ったせいで、草むしりがしにくい。 고랑을 좁게 만든 탓에, 제초를 하기 어렵다.
(うねま / せま つく / くさ)

1678 [N1] □□□

穂

이삭 수

훈 이삭	ほ	**穂** 이삭	**稲穂** 벼 이삭 (ほ / いなほ)
음 수	すい	**出穂期** 출수기, 수확기 (しゅっすいき)	

15획 穂 穂 穂 穂 穂 穂 穂 穂 穂 穂 穂 穂 穂 穂 穂

麦畑で麦の**穂**が風に揺れている。 보리밭에서 보리의 이삭이 바람에 흔들리고 있다.
(むぎばたけ むぎ ほ / かぜ ゆ)

稲に花が咲き始め、田んぼは**出穂期**を迎えた。 벼에 꽃이 피기 시작해, 논밭은 출수기를 맞이했다.
(いね はな さ はじ / た / しゅっすいき むか)

1679 [N1] □□□

刈

벨 예

훈 벨	か(る)	**刈る** 베다, 깎다 **草刈り** 풀 깎기 **刈り入れ** 수확 (か / くさか / かい)	
음 예	—		

4획 刈 刈 刈 刈

ほとんどの稲が黄色になればもう稲を**刈る**時期です。
(いね きいろ / いね かじき)
대부분의 벼가 금색이 되면 이제 벼를 벨 시기입니다.

家に庭があるのは嬉しいが、**草刈り**が大変だ。 집에 마당이 있는 것은 기쁘지만, 풀 깎기가 힘들다.
(いえ にわ / うれ / くさか / たいへん)

1680 [N1] □□□

酪

쇠젖 락(낙)

훈 쇠젖	—		
음 락(낙)	らく	**酪農** 낙농, 낙농업 (らくのう)	

13획 酪 酪 酪 酪 酪 酪 酪 酪 酪 酪 酪 酪 酪

北海道の広大な牧場で**酪農**を営んでいます。 홋카이도의 광대한 목장에서 낙농업을 하고 있습니다.
(ほっかいどう こうだい ぼくじょう らくのう いとな)

1681 [N1] ☐☐☐

牧

칠 목

훈 칠	まき	牧場 목장 まきば		
음 목	ぼく	牧師 목사 ぼくし	牧場 목장, 목축장 ぼくじょう	放牧 방목 ほうぼく 遊牧 유목 ゆうぼく

8획 牧 牧 牧 牧 牧 牧 牧 牧

この**牧場**ではチーズを作る体験ができる。 이 목장에서는 치즈를 만드는 체험을 할 수 있다.
まきば つく たいけん

教会に行って**牧師**の説教を聞いた。 교회에 가서 목사의 설교를 들었다.
きょうかい い ぼくし せっきょう き

1682 [N1] ☐☐☐

伐

칠 벌

훈 칠	—				
음 벌	ばつ	伐採 벌채 ばっさい	殺伐 살벌 さつばつ	討伐 토벌 とうばつ	征伐 정벌 せいばつ

6획 伐 伐 伐 代 伐 伐

森林の**伐採**は生態系に大きな影響を及ぼす。 삼림 벌채는 생태계에 큰 영향을 미친다.
しんりん ばっさい せいたいけい おお えいきょう およ

問題でも生じたのか、職場の雰囲気が**殺伐**としていた。
もんだい しょう しょくば ふんいき さつばつ
문제라도 생긴 것인지, 직장의 분위기가 살벌했다.

1683 [N1] ☐☐☐

操

부릴 조

훈 부릴	あやつ(る)	操る* 조종하다, 다루다 あやつ	操り人形 꼭두각시 인형 あやつ にんぎょう	
	みさお	操 지조, 절개, 정조 みさお		
음 조	そう	操作 조작 そうさ	体操* 체조 たいそう	操縦 조종 そうじゅう

16획 操 操 操 操 操 操 操 操 操 操 操 操 操 操 操 操

文楽は人形を**操って**劇を行う日本の伝統芸能です。
ぶんらく にんぎょう あやつ げき おこな にほん でんとうげいのう
분라쿠는 인형을 조종해서 극을 하는 일본의 전통 예능입니다.

新しく買ったカメラの**操作**にまだ慣れていない。 새로 산 카메라의 조작에 아직 익숙하지 않다.
あたら か そうさ な

1684 [N1] ☐☐☐

縦

세로 종

훈 세로	たて	縦 세로 たて	縦書き 세로쓰기 たて が	
음 종	じゅう	操縦 조종 そうじゅう	縦断 종단 じゅうだん	縦横 종횡, 가로세로 じゅうおう

16획 縦 縦 縦 縦 縦 縦 縦 縦 縦 縦 縦 縦 縦 縦 縦 縦

トマトはへたを取って**縦**に半分に切ってください。 토마토는 꼭지를 떼고 세로로 반으로 잘라 주세요.
と たて はんぶん き

母は工事現場で重機を**操縦**する仕事をしている。
はは こうじげんば じゅうき そうじゅう しごと
어머니는 공사 현장에서 중기계를 조종하는 일을 하고 있다.

1685 [N1] □□□

鑄

훈 쇠 부어 만들 | い(る) | 鑄る 주조하다 | 鑄物 주물, 쇠로 만든 물건 | 鑄型 주형, 거푸집

음 주 | ちゅう | 鑄造 주조 | 改鑄 개주, 다시 주조함

15획 鑄 鑄 鑄 鑄 鑄 鑄 鑄 鑄 鑄 鑄 鑄 鑄 鑄 鑄 鑄

쇠 부어 만들 **주**

鐘を**鑄る**ための型を制作しています。 종을 주조하기 위한 틀을 제작하고 있습니다.
江戸時代の硬貨は一つ一つ手作業で**鑄造**された。 에도시대의 동전은 하나하나 수작업으로 주조되었다.

1686 [N1] □□□

冶

훈 풀무 | ―

음 야 | や | 冶金 야금 | 陶冶 도야, 수양

7획 冶 冶 冶 冶 冶 冶 冶

풀무 **야**

冶金とは金属を精製し加工することです。 야금이란 금속을 정제해 가공하는 것입니다.
教育の究極の目標は人格の**陶冶**である。 교육의 궁극적인 목표는 인격의 도야이다.

1687 [N1] □□□

拓

훈 넓힐/박을 | ―

음 척/탁 | たく | 開拓* 개척 | 拓本 탁본

8획 拓 拓 拓 拓 拓 拓 拓 拓

넓힐 **척**
박을 **탁**

北海道は1800年代後半、政府によって**開拓**された。 홋카이도는 1800년대 후반, 정부에 의해 개척되었다.
古墳から新たに発掘された石碑の**拓本**をとった。 고분에서 새롭게 발굴된 비석의 탁본을 떴다.

1688 [N1] □□□

墾

훈 개간할 | ―

음 간 | こん | 開墾 개간

16획 墾 墾 墾 墾 墾 墾 墾 墾 墾 墾 墾 墾 墾 墾 墾 墾

개간할 **간**

A国は食糧難の解決に向け、森林を**開墾**し畑を作った。
A국은 식량난 해결을 위해, 삼림을 개간하여 밭을 만들었다.

1689 [N1] □□□

購

훈 살 　—

음 구 　こう 　購入* こうにゅう 구입 　購買 こうばい 구매 　購読 こうどく 구독

17획 購 購 購 購 購 購 購 購 購 購 購 購 購 購 購 購 購

살 **구**

娘の小学校入学を控えて、勉強机を購入した。 딸의 초등학교 입학을 앞두고, 공부 책상을 구입했다.
むすめ しょうがっこうにゅうがく ひか べんきょうづくえ こうにゅう

消費者の購買意欲をそそることができれば商品は売れる。
しょうひしゃ こうばいいよく しょうひん う
소비자의 구매 욕구를 돋우는 것이 가능하다면 상품은 팔린다.

1690 [N1] □□□

稼

훈 심을 　かせ(ぐ) 　稼ぐ* かせ (돈을) 벌다, 돈벌이하다 　稼ぎ かせ 벌이

음 가 　か 　稼働* かどう 가동 　稼業 かぎょう 생업, 장사

15획 稼 稼 稼 稼 稼 稼 稼 稼 稼 稼 稼 稼 稼 稼 稼

심을 **가**

どんな仕事にしろお金を稼ぐのは簡単ではない。 어떤 일이든지 간에 돈을 버는 것은 간단하지 않다.
しごと かね かせ かんたん

機械の稼働を止めて、不具合がないか点検した。 기계의 가동을 멈추고, 문제가 없는지 점검했다.
きかい かどう と ふぐあい てんけん

1691 [N1] □□□

幣

훈 화폐 　—

음 폐 　へい 　貨幣 かへい 화폐 　紙幣 しへい 지폐

15획 幣 幣 幣 幣 幣 幣 幣 幣 幣 幣 幣 幣 幣 幣 幣

화폐 **폐**

趣味で外国の貨幣を収集しています。 취미로 외국의 화폐를 수집하고 있습니다.
しゅみ がいこく かへい しゅうしゅう

閉店後、レジの中にある硬貨と紙幣を数えてください。
へいてんご なか こうか しへい かぞ
폐점 후, 계산대 안에 있는 동전과 지폐를 세어 주세요.

1692 [N1] □□□

賦

훈 부세 　—

음 부 　ふ 　割賦 かっぷ 할부 　月賦 げっぷ 월부, 다달이 냄 　天賦 てんぷ 천부, 선천

15획 賦 賦 賦 賦 賦 賦 賦 賦 賦 賦 賦 賦 賦 賦 賦

부세 **부**

携帯電話本体の代金は割賦でのお支払いも可能です。
けいたいでんわほんたい だいきん かっぷ しはら かのう
휴대 전화 본체의 대금은 할부로의 지불도 가능합니다.

大学の学費として借りた奨学金は月賦で返済している。
だいがく がくひ か しょうがくきん げっぷ へんさい
대학 학비로 빌린 학자금은 월부로 변제하고 있다.

1693 [N1] □□□

括

훈 묶을	—				
음 괄	かつ	**一括** 일괄, 일시불	**括弧**★ 괄호	**包括** 포괄	**総括** 총괄

9획 括 括 括 括 括 括 括 括 括

묶을 괄

お支払いは**一括**でよろしいでしょうか。 지불은 일시불로 괜찮으십니까?

括弧の中に郵便番号を書いてください。 괄호 안에 우편 번호를 써 주세요.

1694 [N1] □□□

卸

훈 풀	おろし	**卸** 도매	**卸売業** 도매업	**卸商** 도매상
	おろ(す)	**卸す** 도매하다, 강판에 갈다		
음 사	—			

9획 卸 卸 卸 卸 卸 卸 卸 卸 卸

풀 사

ここは手芸用品が**卸**の値段で購入できる店です。
이곳은 수예 용품을 도매 가격으로 구입할 수 있는 가게입니다.

当社は県内で採れた野菜をスーパーに**卸し**ています。
우리 회사는 현내에서 수확된 야채를 슈퍼에 도매하고 있습니다.

1695 [N1] □□□

舗

훈 가게/펼	—		
음 포	ほ	**店舗** 점포	**舗装** 포장

15획 舗 舗 舗 舗 舗 舗 舗 舗 舗 舗 舗 舗 舗 舗 舗

가게/펼 포

今年度中に**店舗**の数を2倍に増やす計画だ。 이번 연도 중으로 점포의 수를 2배로 늘릴 계획이다.

道路をアスファルトで**舗装**する工事を行っている。 도로를 아스팔트로 포장하는 공사를 하고 있다.

1696 [N1] □□□

需

훈 쓰일	—			
음 수	じゅ	**需要**★ 수요	**必需品** 필수품	**需給** 수급

14획 需 需 需 需 需 需 需 需 需 需 需 需 需 需

쓰일 수

高齢化により介護士の**需要**は今後更に高まる見込みだ。
고령화에 의해 간병인의 수요는 앞으로 더욱 높아질 전망이다.

レジ袋有料化からエコバッグは**必需品**になったと思う。
비닐 봉지 유료화로 인해 에코백은 필수품이 되었다고 생각한다.

색이 있는 한자의 발음을 밑줄에 쓴 다음, 괄호 안에 단어의 뜻을 써 보세요.

01 起伏	き_____	( )		**21** 同僚	どう_____	( )	
02 潜む	_____む	( )		**22** 金銭	きん_____	( )	
03 遮る	_____る	( )		**23** 阻止	_____し	( )	
04 架空	_____くう	( )		**24** 獲る	_____る	( )	
05 還元	_____げん	( )		**25** 挿入	_____にゅう	( )	
06 拭く	_____く	( )		**26** 貼る	_____る	( )	
07 諮問	_____もん	( )		**27** 上司	じょう_____	( )	
08 浸す	_____す	( )		**28** 免れる	_____れる	( )	
09 貢ぐ	_____ぐ	( )		**29** 株	_____	( )	
10 避難	_____なん	( )		**30** 報酬	ほう_____	( )	
11 畝	_____	( )		**31** 縛る	_____る	( )	
12 購入	_____にゅう	( )		**32** 殴る	_____る	( )	
13 刈る	_____る	( )		**33** 執筆	_____ぴつ	( )	
14 操縦	そう_____	( )		**34** 潤う	_____う	( )	
15 店舗	てん_____	( )		**35** 砕く	_____く	( )	
16 操る	_____る	( )		**36** 牧場	_____ば	( )	
17 需要	_____よう	( )		**37** 赴任	_____にん	( )	
18 貫く	_____く	( )		**38** 開拓	かい_____	( )	
19 撤去	_____きょ	( )		**39** 進捗	しん_____	( )	
20 妨げる	_____げる	( )		**40** 巡る	_____る	( )	

정답 01 きふく 기복 02 ひそむ 숨어 있다 03 さえぎる 가로막다, 가리다 04 かくう 가공 05 かんげん 환원 06 ふく 닦다, 훔치다 07 しもん 자문
08 ひたす 담그다, 적시다 09 みつぐ (공물로) 바치다 10 ひなん 피난 11 うね 논두렁 12 こうにゅう 구입 13 かる 베다, 깎다 14 そうじゅう 조종
15 てんぽ 점포 16 あやつる 조종하다, 다루다 17 じゅよう 수요 18 つらぬく 관철하다, 관통하다 19 てっきょ 철거 20 さまたげる 방해하다
21 どうりょう 동료 22 きんせん 금전 23 そし 저지 24 える (사냥·낚시 등으로) 잡다 25 そうにゅう 삽입 26 はる 붙이다 27 じょうし 상사
28 まぬかれる 면하다 29 かぶ 주식, 그루터기 30 ほうしゅう 보수 31 しばる 묶다 32 なぐる (세게) 때리다 33 しっぴつ 집필
34 うるおう 축축해지다, 윤택해지다 35 くだく 부수다, 깨뜨리다 36 まきば 목장 37 ふにん 부임 38 かいたく 개척 39 しんちょく 진척
40 めぐる 돌다, 순회하다

옷

★은 JLPT/JPT 기출 단어입니다.

1697 [N1] ☐☐☐

襟

훈	옷깃	えり	襟★ 깃, 옷깃　襟首 목덜미
음	금	きん	開襟 오픈칼라　胸襟 가슴과 옷깃, 마음속　襟度 도량, 아량

18획 襟 襟 襟 襟 襟 襟 襟 襟 襟 襟 襟 襟 襟 襟 襟 襟 襟 襟

옷깃 금

ワイシャツの襟の汚れが頑固で落としにくい。　와이셔츠 깃의 얼룩이 끈질겨서 지우기 어렵다.

涼しげで夏らしい開襟のブラウスが欲しい。　시원스럽고 여름다운 오픈칼라 블라우스를 갖고 싶다.

1698 [N1] ☐☐☐

袖

훈	소매	そで	袖 소매　半袖 반소매
음	수	しゅう	領袖 우두머리

10획 袖 袖 袖 袖 袖 袖 袖 袖 袖 袖

소매 수

この服は、肩幅はちょうどいいけれど袖が長い。　이 옷은, 어깨 폭은 딱 좋은데 소매가 길다.

近藤氏は首相を支える派閥の領袖である。　곤도 씨는 수상을 지지하는 파벌의 우두머리다.

1699 [N1] ☐☐☐

裾

훈	옷자락	すそ	裾 옷자락　裾野 산기슭　お裾分け (일부를) 나누어 줌
음	거	—	

13획 裾 裾 裾 裾 裾 裾 裾 裾 裾 裾 裾 裾 裾

옷자락 거

買ったズボンの裾が長いからお直ししないといけない。
산 바지의 옷자락이 길어서 수선하지 않으면 안 된다.

窓から雄大な富士山の裾野が見える宿を取った。
창문으로 웅대한 후지산의 산기슭이 보이는 숙소를 잡았다.

1700 [N1] □□□

絹

비단 **견**

실(糸)과 벌레(肙)를 합
쳐 누에가 실을 만든 것
을 나타낸 글자

훈	비단	きぬ	**絹** 비단, 명주
음	견	けん	**絹糸** 비단실, 견사

13획 絹 絹 絹 絹 絹 絹 絹 絹 絹 絹 絹 絹 絹

群馬県は古くから**絹**の生産が盛んだった。 군마현은 옛날부터 비단 생산이 활발했다.

母から受け継いだ着物は**絹糸**でできている。 엄마로부터 물려받은 기모노는 비단실로 되어있다.

1701 [N1] □□□

錦

비단 **금**

훈	비단	にしき	**錦絵** 니시키에 (일본 전통의 색깔 목판화)
음	금	きん	**錦秋** (단풍이) 비단 같은 가을

16획 錦 錦 錦 錦 錦 錦 錦 錦 錦 錦 錦 錦 錦 錦 錦 錦

江戸時代に確立した**錦絵**は色彩豊かな点が特徴だ。
에도 시대에 확립된 니시키에는 색채가 풍부한 점이 특징이다.

11月になり、山の景色はまさに**錦秋**といった感じだ。
11월이 되니, 산의 경치는 마치 비단 같은 가을이라는 느낌이다.

1702 [N1] □□□

珠

구슬 **주**

뜻을 나타내는 구슬(王)
과 음을 나타내는 朱(주)
를 합친 글자

훈	구슬	—	
음	주	しゅ	**真珠** 진주 **珠玉** 주옥 **珠算** 수판셈, 주판셈

10획 珠 珠 珠 珠 珠 珠 珠 珠 珠 珠

両親にもらった**真珠**のネックレスは私の宝物だ。 부모님에게 받은 진주 목걸이는 나의 보물이다.

これは有名作家の**珠玉**の作品を集めた短編集です。
이것은 유명 작가의 주옥 같은 작품을 모은 단편집입니다.

1703 [N1] □□□

蚕

누에 **잠**

훈	누에	かいこ	**蚕** 누에
음	잠	さん	**蚕糸** 명주실, 잠사 **養蚕** 양잠, 누에치기 **蚕業** 잠업, 양잠업

10획 蚕 蚕 蚕 蚕 蚕 蚕 蚕 蚕 蚕 蚕

虫眼鏡で**蚕**の幼虫の観察を行った。 돋보기로 누에 유충 관찰을 했다.

昔の貴族は**蚕糸**で作った衣服を好んだという。 옛날 귀족은 명주실로 만든 의복을 선호했다고 한다.

1704 [N1] □□□

繭

고치 견

훈 고치	まゆ	<ruby>繭<rt>まゆ</rt></ruby> (누에의) 고치
음 견	けん	<ruby>繭糸<rt>けん し</rt></ruby> 견사, 비단실

18획 繭 繭 繭 繭 繭 繭 繭 繭 繭 繭 繭 繭 繭 繭 繭 繭 繭 繭

<ruby>蚕<rt>かいこ</rt></ruby>は<ruby>口<rt>くち</rt></ruby>から<ruby>糸<rt>いと</rt></ruby>を<ruby>出<rt>だ</rt></ruby>して<ruby>作<rt>つく</rt></ruby>った<ruby>繭<rt>まゆ</rt></ruby>の<ruby>中<rt>なか</rt></ruby>でさなぎになる。
누에는 입에서 실을 내어 만든 고치 속에서 번데기가 된다.

<ruby>繭<rt>まゆ</rt></ruby>からほぐした<ruby>繭糸<rt>けん し</rt></ruby>は<ruby>細<rt>ほそ</rt></ruby>くてしなやかである。 고치에서 풀어낸 견사는 가늘고 부드럽다.

1705 [N1] □□□

繊

가늘 섬

훈 가늘	—	
음 섬	せん	<ruby>繊維<rt>せん い</rt></ruby> 섬유　<ruby>繊細<rt>せんさい</rt></ruby> 섬세

17획 繊 繊 繊 繊 繊 繊 繊 繊 繊 繊 繊 繊 繊 繊 繊 繊 繊

<ruby>綿<rt>めん</rt></ruby>は<ruby>吸収性<rt>きゅうしゅうせい</rt></ruby>が<ruby>高<rt>たか</rt></ruby>い<ruby>繊維<rt>せん い</rt></ruby>で、タオルによく<ruby>使<rt>つか</rt></ruby>われる。 면은 흡수성이 높은 섬유로, 수건에 자주 사용된다.

<ruby>彼<rt>かれ</rt></ruby>の<ruby>絵<rt>え</rt></ruby>はタッチが<ruby>繊細<rt>せんさい</rt></ruby>で<ruby>色使<rt>いろづか</rt></ruby>いがきれいだ。 그의 그림은 터치가 섬세하고 배색이 아름답다.

1706 [N1] □□□

紡

자을 방

훈 자을	つむ(ぐ)	<ruby>紡<rt>つむ</rt></ruby>ぐ (실을) 뽑다, 잣다
음 방	ぼう	<ruby>紡績<rt>ぼうせき</rt></ruby> 방적　<ruby>混紡<rt>こんぼう</rt></ruby> 혼방

10획 紡 紡 紡 紡 紡 紡 紡 紡 紡 紡

<ruby>昔<rt>むかし</rt></ruby>は<ruby>一本一本<rt>いっぽんいっぽん</rt></ruby><ruby>手作業<rt>てさぎょう</rt></ruby>で<ruby>糸<rt>いと</rt></ruby>を<ruby>紡<rt>つむ</rt></ruby>いでいました。 옛날에는 한 가닥 한 가닥 수작업으로 실을 뽑았습니다.

<ruby>日本<rt>に ほん</rt></ruby>の<ruby>近代産業<rt>きんだいさんぎょう</rt></ruby>は<ruby>糸<rt>いと</rt></ruby>を<ruby>生産<rt>せいさん</rt></ruby>する<ruby>紡績<rt>ぼうせき</rt></ruby>業が<ruby>中心<rt>ちゅうしん</rt></ruby>だった。
일본의 근대 산업은 실을 생산하는 방적업이 중심이었다.

1707 [N1] □□□

脱

벗을 탈

훈 벗을	ぬ(ぐ)	<ruby>脱<rt>ぬ</rt></ruby>ぐ 벗다　<ruby>脱<rt>ぬ</rt></ruby>ぎ<ruby>捨<rt>す</rt></ruby>てる★ 벗어 던지다
	ぬ(げる)	<ruby>脱<rt>ぬ</rt></ruby>げる 벗겨지다
음 탈	だつ	<ruby>脱線<rt>だっせん</rt></ruby>★ 탈선　<ruby>逸脱<rt>いつだつ</rt></ruby>★ 일탈　<ruby>脱出<rt>だっしゅつ</rt></ruby> 탈출　<ruby>離脱<rt>り だつ</rt></ruby> 이탈

11획 脱 脱 脱 脱 脱 脱 脱 脱 脱 脱 脱

<ruby>脱<rt>ぬ</rt></ruby>いだ<ruby>靴下<rt>くつした</rt></ruby>を<ruby>床<rt>ゆか</rt></ruby>に<ruby>置<rt>お</rt></ruby>きっぱなしにしないで。 벗은 양말을 바닥에 방치하지 마.

<ruby>列車<rt>れっしゃ</rt></ruby>が<ruby>脱線<rt>だっせん</rt></ruby>したのは<ruby>線路<rt>せん ろ</rt></ruby>のゆがみが<ruby>原因<rt>げんいん</rt></ruby>だった。 열차가 탈선한 것은 선로의 뒤틀림이 원인이었다.

1708 [N1] □□□

履

신/밟을 리(이)

훈	신/밟을	は(く)	履く★ 신다　履物 신발　履き替える★ 갈아 신다
음	리(이)	り	履歴★ 이력　履歴書★ 이력서　草履★ (일본) 짚신　履行 이행

15획　履履履履履履履履履履履履履履履

遠足の日は歩きやすい靴を履いてきてください。 소풍 날은 걷기 쉬운 신발을 신고 와 주세요.

パソコンで閲覧したサイトの履歴は消すことができる。
컴퓨터에서 열람한 사이트의 이력을 지울 수 있다.

1709 [N1] □□□

穴

구멍 혈

구멍 혹은 동굴 모양을
본뜬 글자

훈	구멍	あな	穴★ 구멍, 구덩이
음	혈	けつ	墓穴 묘혈, 무덤구덩이

5획　穴穴穴穴穴

お気に入りのシャツに穴が空いた。 마음에 드는 셔츠에 구멍이 뚫렸다.

つい口が滑って墓穴を掘ってしまった。 무심코 입을 잘못 놀려서 무덤을 파 버렸다.

1710 [N1] □□□

綻

옷 터질 탄

훈	옷 터질	ほころ(びる)	綻びる (실밥이) 풀리다, (꿰맨 자리가) 터지다
음	탄	たん	破綻 파탄

14획　綻綻綻綻綻綻綻綻綻綻綻綻綻綻

エプロンが所々綻びてきたので補修しようと思う。
앞치마가 여기저기 실밥이 풀리기 시작해서 보수하려고 한다.

財政が破綻したＡ市はゴーストタウン化していた。 재정이 파탄난 A시는 유령 도시화되고 있었다.

1711 [N1] □□□

繕

기울 선

훈	기울	つくろ(う)	繕う 기우다, 수선하다　繕い 수선, 보수
음	선	ぜん	修繕 수선, 수리

18획　繕繕繕繕繕繕繕繕繕繕繕繕繕繕繕繕

母が破れたシャツの袖口を繕ってくれた。 어머니가 찢어진 셔츠 소매를 기워 주었다.

早く屋根の修繕を業者に依頼しなきゃ。 빨리 지붕의 수선을 업자에게 의뢰해야지.

縫

꿰맬 **봉**

훈	꿰맬	ぬ(う)	縫う* 꿰매다　縫いぐるみ* 봉제 인형　縫い目 실밥
음	봉	ほう	裁縫 재봉　縫製 봉제　縫合 봉합

16획 縫 縫 縫 縫 縫 縫 縫 縫 縫 縫 縫 縫 縫 縫 縫 縫

靴下に穴が開いても、捨てずに縫って履いています。
양말에 구멍이 뚫려도, 버리지 않고 꿰매서 신고 있습니다.

このクッションカバーは裁縫が得意な母の手作りだ。
이 쿠션 커버는 재봉이 특기인 어머니의 수제품이다.

음식

汁

즙 **즙**

훈	즙	しる	汁 국물　味噌汁 된장국
음	즙	じゅう	果汁 과즙　墨汁 먹물

5획 汁 汁 汁 汁 汁

もつ鍋の汁がおいしくて、全部飲み干した。 곱창 전골의 국물이 맛있어서, 전부 다 마셨다.

このアイスはマンゴーの果汁をたっぷり使いました。 이 아이스크림은 망고 과즙을 듬뿍 사용했습니다.

梨

배나무 **리(이)**

훈	배나무	なし	梨 배　山梨県 야마나시현 (지명)
음	리(이)	—	

11획 梨 梨 梨 梨 梨 梨 梨 梨 梨 梨 梨

東洋の梨と西洋の梨は味も形も違う。 동양의 배와 서양의 배는 맛도 모양도 다르다.

山梨県にはお化け屋敷で有名な遊園地がある。 야마나시현에는 유령의 집으로 유명한 유원지가 있다.

柿

감나무 **시**

훈	감나무	かき	柿 감　干し柿 곶감　渋柿 떫은 감
음	시	—	

9획 柿 柿 柿 柿 柿 柿 柿 柿 柿

家の庭に生えている柿の木に今年も実がなった。 집 마당에 나있는 감나무에 올해도 열매가 맺혔다.

木箱に入った高級な干し柿をプレゼントしてもらった。 나무 상자에 담긴 고급 곶감을 선물받았다.

桃

복숭아 **도**

훈	복숭아	もも	桃 복숭아 　 桃色 복숭아색
음	도	とう	白桃 백도 　 黄桃 황도 　 桜桃 체리 　 桃源郷 도원향

10획 桃 桃 桃 桃 桃 桃 桃 桃 桃 桃

よく熟れた**桃**でジャムを作ってみました。 잘 익은 복숭아로 잼을 만들어 보았습니다.

白桃は果汁が多く、甘味が強いのが特徴です。 백도는 과즙이 많고, 단맛이 강한 것이 특징입니다.

糖

엿 **당/탕**

뜻을 나타내는 쌀(米)
과 음을 나타내는 唐(당)
을 합친 글자

훈	엿	―	
음	당/탕	とう	糖分 당분 　 砂糖 설탕 　 糖尿病 당뇨병

16획 糖 糖 糖 糖 糖 糖 糖 糖 糖 糖 糖 糖 糖 糖 糖 糖

健康のため**糖分**を制限することにした。 건강을 위해 당분을 제한하기로 했다.

このケーキは**砂糖**を使っていません。 이 케이크는 설탕을 사용하고 있지 않습니다.

酢

초 **초**

훈	초	す	酢 식초
음	초	さく	酢酸 초산, 아세트산

12획 酢 酢 酢 酢 酢 酢 酢 酢 酢 酢 酢 酢

夏は**酢**を使ったさっぱりした料理が食べたくなる。
여름에는 식초를 사용한 산뜻한 요리가 먹고 싶어진다.

何の実験をしたのか理科室には**酢酸**の臭いが漂っていた。
무슨 실험을 한 건지 과학실에는 초산 냄새가 떠돌고 있었다.

穀

곡식 **곡**

훈	곡식	―	
음	곡	こく	穀物 곡물 　 雑穀 잡곡 　 脱穀 탈곡

14획 穀 穀 穀 穀 穀 穀 穀 穀 穀 穀 穀 穀 穀 穀

世界で一番多く生産されている**穀物**はとうもろこしだ。
세계에서 가장 많이 생산되고 있는 곡물은 옥수수이다.

雑穀には栄養素が豊富に含まれていて体にいい。
잡곡에는 영양소가 풍부하게 함유되어 있어 몸에 좋다.

1720 [N1] ☐☐☐

훈	껍질	から	殻* 껍데기, 껍질 貝殻* 조개 껍데기 吸い殻 담배 꽁초
음	각	かく	甲殻類 갑각류 地殻 지각

11획 殻 殻 殻 殻 殻 殻 殻 殻 殻 殻 殻

껍질 **각**

卵の殻は砕いて畑の肥料として使っている。 계란 껍데기는 부숴서 밭의 비료로 쓰고 있다.

アレルギーがあって甲殻類は食べられません。 알레르기가 있어서 갑각류는 먹지 못합니다.

1721 [N1] ☐☐☐

훈	밀가루	—	
음	면	めん	麺 면 麺類 면류

16획 麺 麺 麺 麺 麺 麺 麺 麺 麺 麺 麺 麺 麺 麺 麺

밀가루 **면**

細い麺がラーメンのスープによく絡んでおいしい。 얇은 면이 라멘 국물에 잘 스며들어서 맛있다.

米よりもパスタやうどんなどの麺類が好きだ。 쌀보다도 파스타나 우동 등의 면류를 좋아한다.

1722 [N1] ☐☐☐

훈	꿀	—	
음	밀	みつ	蜜 꿀 蜂蜜 벌꿀 蜜月 밀월, 신혼

14획 蜜 蜜 蜜 蜜 蜜 蜜 蜜 蜜 蜜 蜜 蜜 蜜 蜜 蜜

꿀 **밀**

アゲハ蝶が花の蜜を吸っている。 호랑나비가 꽃의 꿀을 빨고 있다.

健康を考えて、砂糖の代わりに蜂蜜を使って料理することが多い。
건강을 생각해서, 설탕 대신 벌꿀을 사용해 요리하는 경우가 많다.

1723 [N1] ☐☐☐

훈	절구	うす	臼 절구 石臼 돌절구, 맷돌
음	구	きゅう	脱臼 탈구 臼歯 어금니

6획 臼 臼 臼 臼 臼 臼

절구 **구**

臼でついた餅は弾力があってもちもちしている。 절구로 찧은 떡은 탄력이 있어 쫄깃쫄깃하다.

試合中、相手選手とぶつかって肩を脱臼した。 시합 중, 상대 선수와 부딪혀서 어깨가 탈구되었다.

1724 [N1] ☐☐☐

釜

가마 부

| 훈 | 가마 | かま | 釜 솥, 가마 |
| 음 | 부 | — | |

10획 釜 釜 釜 釜 釜 釜 釜 釜 釜 釜

釜で白米を炊くと、ふっくらと仕上がります。 솥으로 흰쌀밥을 지으면, 포슬포슬하게 완성됩니다.

1725 [N1] ☐☐☐

窯

가마 요

| 훈 | 가마 | かま | 窯 가마 炭窯 숯가마 |
| 음 | 요 | よう | 窯業 요업 |

15획 窯 窯 窯 窯 窯 窯 窯 窯 窯 窯 窯 窯 窯 窯 窯

石の窯で焼き上げたピザはかりっとしていて香ばしい。 돌 가마에서 구운 피자는 바삭하고 냄새가 좋다.

窯業とは粘土を高熱処理して製品化する工業です。
요업이란 점토를 고열 처리해서 제품화하는 공업입니다.

1726 [N1] ☐☐☐

蓋

덮을 개

| 훈 | 덮을 | ふた | 蓋★ 뚜껑, 덮개 鍋蓋 냄비 뚜껑 |
| 음 | 개 | がい | 頭蓋骨 두개골 |

13획 蓋 蓋 蓋 蓋 蓋 蓋 蓋 蓋 蓋 蓋 蓋 蓋 蓋

フライパンに蓋をして、ぎょうざを蒸しながら焼きます。
후라이팬에 뚜껑을 덮고, 교자를 찌면서 굽습니다.

人間の頭蓋骨は複数の骨が組み合わさってできている。
인간의 두개골은 여러 개의 뼈가 조합되어 만들어져 있다.

1727 [N1] ☐☐☐

鍋

노구솥 과

| 훈 | 노구솥 | なべ | 鍋★ 냄비 鍋料理 (찌개 등) 냄비 요리 鍋敷き 냄비 받침 |
| 음 | 과 | — | |

17획 鍋 鍋 鍋 鍋 鍋 鍋 鍋 鍋 鍋 鍋 鍋 鍋 鍋 鍋 鍋 鍋 鍋

ポテトサラダを作るために鍋でじゃがいもをゆでた。 감자 샐러드를 만들기 위해서 냄비에 감자를 삶았다.

寒いから鍋料理を食べて温まりましょう。 추우니까 냄비 요리를 먹고 따뜻해집시다.

1728	[N1] ☐☐☐

炊

훈	불땔	た(く)	炊く★ (밥을) 짓다, 삶다	飯炊き 밥을 지음
음	취	すい	自炊★ 손수 밥을 지음	炊事 취사 炊飯器 전기 밥솥

8획 炊 炊 炊 炊 炊 炊 炊 炊

불땔 취

おかずは作り終えたのに、ご飯を炊くのを忘れていた。 반찬은 다 만들었는데, 밥을 짓는 것을 잊고 있었다.
最近は仕事が忙しくて自炊はめったにしない。 최근에는 일이 바빠서 손수 밥 짓는 일은 거의 하지 않는다.

1729	[N1] ☐☐☐

煎

훈	달일	い(る)	煎る 볶다 煎り豆 볶은 콩
음	전	せん	煎餅★ 전병 (일본의 건과자) 煎茶 달인 엽차 煎じる 달이다

13획 煎 煎 煎 煎 煎 煎 煎 煎 煎 煎 煎 煎 煎

달일 전

この喫茶店では店内でコーヒー豆を煎っている。 이 찻집에서는 가게 안에서 원두를 볶고 있다.
香ばしい煎餅が緑茶によく合いますね。 구수한 냄새의 전병이 녹차와 잘 어울리네요.

1730	[N1] ☐☐☐

煮

훈	삶을	に(る)	煮る 조리다, 삶다, 익히다 煮込む 푹 삶다
		に(える)	煮える 삶아지다, 익다 生煮え 설익음
		に(やす)	業を煮やす (화가 나서) 속 태우다, 속 끓이다
음	자	しゃ	煮沸 펄펄 끓임

12획 煮 煮 煮 煮 煮 煮 煮 煮 煮 煮 煮 煮

삶을 자

こちらは新鮮な金目鯛を贅沢に丸ごと煮たお料理です。
이것은 신선한 금눈돔을 호화롭게 통째로 조린 요리입니다.
台拭きは菌が繁殖しやすいので時々煮沸して消毒するといい。
행주는 균이 번식하기 쉬우므로 가끔씩 펄펄 끓여서 소독하면 좋다.

1731	[N1] ☐☐☐

熟

훈	익을	う(れる)	熟れる 익다, 여물다
음	숙	じゅく	成熟 성숙 熟知★ 숙지 熟練 숙련 熟成 숙성

15획 熟 熟 熟 熟 熟 熟 熟 熟 熟 熟 熟 熟 熟 熟 熟

익을 숙

桃が程よく熟れていておいしそうだ。 복숭아가 알맞게 익어 있어 맛있을 것 같다.
彼は年の割に精神的に成熟しているようだ。 그는 나이에 비해서 정신적으로 성숙한 것 같다.

剝

벗길 박

훈 벗길	は(がす)	剝がす 벗기다, 떼다
	は(がれる)	剝がれる (표면이) 벗겨지다
	は(ぐ)	剝ぐ 벗기다, 박탈하다
	は(げる)	剝げる (칠·껍질 따위가) 벗겨지다
음 박	はく	剝奪 박탈 剝製 박제

10획 剝 剝 剝 剝 剝 剝 剝 剝 剝 剝

さけの切り身を刺身にするため、まず皮を剝がします。
연어 토막살을 회로 만들기 위해, 우선 껍질을 벗깁니다.

ドーピングが発覚した優勝者はメダルを剝奪された。 도핑이 발각된 우승자는 메달을 박탈당했다.

裂

찢을 렬(열)

옷(衣)과 벌리다(列)를 합쳐 옷을 벌려 찢는 것을 나타낸 글자

훈 찢을	さ(く)	裂く 찢다, 쪼개다 八つ裂き 갈기갈기 찢음
	さ(ける)	裂ける 찢어지다, 터지다 裂け目 갈라진 곳, 금
음 렬(열)	れつ	破裂 파열 分裂 분열 決裂 결렬 支離滅裂* 지리멸렬

12획 裂 裂 裂 裂 裂 裂 裂 裂 裂 裂 裂 裂

きのこは手で裂いて、調理すると味が染み込みやすい。 버섯은 손으로 찢어서, 조리하면 맛이 배기 쉽다.

冬場は凍結による水道管の破裂に気を付けましょう。 겨울철은 동결에 의한 수도관 파열에 주의합시다.

腐

썩을 부

훈 썩을	くさ(る)	腐る 썩다
	くさ(れる)	腐れ縁 악연 ふて腐れる 뽀로통해지다
	くさ(らす)	腐らす 썩히다, 썩게 하다
음 부	ふ	腐敗 부패 豆腐 두부 腐食 부식 陳腐 진부

14획 腐 腐 腐 腐 腐 腐 腐 腐 腐 腐 腐 腐

夏は暑く、湿気が多いので食べ物が腐りやすい。 여름은 덥고, 습기가 많기 때문에 음식이 썩기 쉽다.

生ごみが腐敗して、悪臭を放っている。 음식물 쓰레기가 부패해서, 악취를 풍기고 있다.

1735 [N1] ☐☐☐

卓

높을 **탁**

훈	높을	—		
음	탁	たく	**食卓**＊ 식탁　**卓球** 탁구　**卓越** 탁월

8획 卓 卓 卓 卓 卓 卓 卓 卓

^{しょくたく} ^{はは} ^{つく} ^{わたし} ^{こうぶつ}
食卓は母が作ってくれた私の好物でいっぱいだ。
식탁에는 어머니가 만들어 준 내가 좋아하는 것으로 가득이다.

^{たっきゅう} ^{だんじょこんごう} ^{しゅもく}
卓球は男女混合ダブルスの種目があるスポーツだ。 탁구는 남녀 혼합 복식 종목이 있는 스포츠다.

1736 [N1] ☐☐☐

丼

우물 **정**

훈	우물	どんぶり	**丼** 덮밥 그릇, 덮밥　**丼飯** 덮밥
		どん	**牛丼** 소고기 덮밥　**天丼** 튀김 덮밥
음	정	—	

5획 丼 丼 丼 丼 丼

^{とうげいきょうしつ} ^{さんか} ^{おお} ^{どんぶり} ^{つく}
陶芸教室に参加して、大きな **丼** を作った。 도예 교실에 참가해서, 큰 덮밥 그릇을 만들었다.

^{れいぞうこ} ^{ぎゅうにく} ^{ちゅうしょく} ^{ぎゅうどん}
冷蔵庫に牛肉があるから昼食は **牛丼** にしよう。
냉장고에 소고기가 있으니까 점심은 소고기 덮밥으로 하자.

1737 [N1] ☐☐☐

箸

젓가락 **저**

훈	젓가락	はし	**箸** 젓가락　**箸置き** 젓가락 받침대　**割り箸** 나무젓가락
음	저	—	

15획 箸 箸 箸 箸 箸 箸 箸 箸 箸 箸 箸 箸 箸 箸 箸

^{さい} ^{むすめ} ^{はし} ^{つか} ^{しょくじ}
５歳になった娘は **箸** を使って食事できるようになった。
5살이 된 딸은 젓가락을 사용해서 식사할 수 있게 되었다.

^{はしお} ^{しょくたく} ^{よご}
箸置きがあると、食卓が汚れなくていいよ。 젓가락 받침대가 있으면, 식탁이 더러워지지 않아서 좋아.

1738 [N1] ☐☐☐

串

꼬챙이 **찬**

훈	꼬챙이	くし	**串** 꼬챙이, 꼬치　**串焼き** 꼬치구이, 산적
음	찬	—	

7획 串 串 串 串 串 串 串

^{にく} ^{やさい} ^{こうご} ^{くし} ^さ ^{あみ} ^や
肉と野菜を交互に **串** に刺し、網で焼いてください。
고기와 야채를 교차로 꼬챙이에 꽂아, 석쇠로 구워 주세요.

^{いざかや} ^{くしや} ^{やす} ^{あじ} ^{ほんかくてき}
あそこの居酒屋の **串焼き** は安いのに味が本格的だ。 저 선술집의 꼬치구이는 싼데 맛이 본격적이다.

膳

훈	반찬	—
음	선	ぜん	**膳** 밥상 **配膳** 배식

16획 膳 膳 膳 膳 膳 膳 膳 膳 膳 膳 膳 膳 膳 膳 膳

반찬 선

朝食はお食事処にて和食のお**膳**をご用意いたします。
조식은 식당에서 일식 밥상을 준비해 드리겠습니다.

披露宴会場で料理を**配膳**するスタッフをしている。
피로연 회장에서 요리를 배식하는 스태프를 하고 있다.

俵

훈	나누어줄	たわら	**俵** (쌀, 숯 등을 담는) 섬, 가마니 **米俵** 쌀가마니
음	표	ひょう	**土俵** 씨름판, 흙 포대 **一俵** 한 가마

10획 俵 俵 俵 俵 俵 俵 俵 俵 俵 俵

나누어줄 표

兄は重い**米俵**を家まで運んだ。 형은 무거운 쌀가마니를 집까지 옮겼다.
力士が**土俵**で相撲を取っている。 씨름꾼이 씨름판에서 씨름을 하고 있다.

摂

훈	다스릴	—
음	섭	せつ	**摂取** 섭취 **摂生** 섭생, 음식과 운동을 통한 건강관리

13획 摂 摂 摂 摂 摂 摂 摂 摂 摂 摂 摂 摂 摂

다스릴 섭

成長期はできるだけ栄養素をバランスよく**摂取**しよう。
성장기에는 가능한 한 영양소를 균형 좋게 섭취하자.

血圧のことを考え、日頃から**摂生**に努めている。 혈압을 생각해서, 평소부터 섭생에 힘쓰고 있다.

滋

훈	불을	—
음	자	じ	**滋養** 자양, 몸보신 **滋養強壮** 자양강장

12획 滋 滋 滋 滋 滋 滋 滋 滋 滋 滋 滋 滋

불을 자

うなぎは**滋養**に良く、疲労回復に効果がある。 장어는 자양에 좋고, 피로 회복에 효과가 있다.
滋養強壮にはこのサプリをおすすめします。 자양강장에는 이 영양제를 추천합니다.

酎

훈	전국술	—	
음	주	ちゅう	焼**酎** 소주 (しょうちゅう)

10획 酎 酎 酎 酎 酎 酎 酎 酎 酎 酎

전국술 주

鹿児島県の特産品と言えば、芋の**焼酎**です。 가고시마 현의 특산품이라고 하면, 고구마 소주입니다.
(かごしまけん とくさんひん い いも しょうちゅう)

酌

훈	따를	く(む)	**酌**む (술이나 차를) 따라 마시다 (く)
음	작	しゃく	晩**酌** 저녁 반주 (ばんしゃく)　**酌**量 참작, 감안 (しゃくりょう)

10획 酌 酌 酌 酌 酌 酌 酌 酌 酌 酌

따를 작

後輩が**酌ん**でくれた日本酒をおいしく飲んだ。 후배가 따라 준 일본주를 맛있게 마셨다.
(こうはい く にほんしゅ の)

妻と色んな話をしながら**晩酌**する時間が幸せだ。
(つま いろ はなし ばんしゃく じかん しあわ)
아내와 여러 이야기를 하면서 저녁 반주하는 시간이 행복하다.

酔

훈	취할	よ(う)	**酔**う (술에) 취하다, 멀미하다 (よ)　**酔**っ払う★ 몹시 취하다 (よ ぱら)
음	취	すい	麻**酔** 마취 (ますい)　心**酔** 심취 (しんすい)　**酔**漢 취한, 취객 (すいかん)

11획 酔 酔 酔 酔 酔 酔 酔 酔 酔 酔 酔

취할 취

彼は**酔う**と普段より陽気になって口数も多くなる。 그는 취하면 평소보다 쾌활해지고 말수도 많아진다.
(かれ よ ふだん ようき くちかず おお)

抜歯は痛みが強いため、**麻酔**をしてから行います。
(ばっし いた つよ ますい おこな)
발치는 통증이 심하기 때문에, 마취를 하고 나서 진행합니다.

酵

훈	삭힐	—	
음	효	こう	発**酵** 발효 (はっこう)　**酵**母 효모 (こうぼ)

14획 酵 酵 酵 酵 酵 酵 酵 酵 酵 酵 酵 酵 酵 酵

삭힐 효

パンは電子レンジを使って**発酵**させることもできる。 빵은 전자레인지를 사용해서 발효시킬 수도 있다.
(でんし つか はっこう)

ビールを作るうえで欠かせないのは**酵母**という菌です。
(つく か こうぼ きん)
맥주를 만드는 데 있어서 빼놓을 수 없는 것은 효모라는 균입니다.

1747 [N1] □□□

釀

빚을 양

훈	빚을	かも(す)	かも **醸す** 빚다 　かも だ **醸し出す** 빚어내다
음	양	じょう	じょうぞう **醸造** 양조 　じょうせい **醸成** 양성, 양조

20획 釀

じもと　 しゅうかく　　　　 こめ　かも　　 にほんしゅ
こちらは地元で収穫された米で**醸した**日本酒です。　이것은 고향에서 수확된 쌀로 빚은 일본주입니다.

ひんしつ　　　　　　　　　 じょうぞう　　　　　　　　 あじ　かくべつ
品質のいいブドウで**醸造**したワインの味は格別だ。　품질이 좋은 포도로 양조한 와인의 맛은 각별하다.

물건

1748 [N1] □□□

巾

수건 건

막대기에 천이 걸려 있
는 모양을 본뜬 글자

훈	수건	—	
음	건	きん	ぞうきん **雑巾** 걸레 　ず きん **頭巾** 두건

3획 巾 巾 巾

ふる　　　　　　　　　　　ぞうきん
このタオル、古くなったから**雑巾**にしよう。　이 수건, 낡아졌으니까 걸레로 하자.

ほんこう　　 さいがい じ　あたま まも　 ぼうさい ず きん　 じょうび
本校では災害時、頭を守る防災**頭巾**を常備している。
본교에서는 재해 시, 머리를 지키는 방재 두건을 상비하고 있다.

1749 [N1] □□□

枕

베개 침

훈	베개	まくら	まくら **枕** 베개 　まくらもと **枕元** 머리맡, 베갯머리 　うでまくら **腕枕** 팔베개
음	침	—	

8획 枕 枕 枕 枕 枕 枕 枕 枕

まくら　か　　　　　　　　 すいみん　 しつ　　　 あ
枕を変えるだけで睡眠の質がぐっと上がります。　베개를 바꾸는 것만으로 수면의 질이 확 올라갑니다.

しゅうしんまえ　 どくしょ　 にっか　　 まくらもと　 ほん　お
就寝前の読書が日課で**枕元**に本を置いている。
취침 전 독서가 일과라서 머리맡에 책을 두고 있다.

1750 [N1] □□□

枠

벚나무 화

훈	벚나무	わく	わく **枠**＊ 테두리, 범위 　わくぐ **枠組み** 윤곽, 틀 　まどわく **窓枠** 창틀
음	화	—	

8획 枠 枠 枠 枠 枠 枠 枠 枠

あか　わく　 めがね　 か　　　　　　　　 まわ　　 にあ　　　 ほ
赤い**枠**の眼鏡に変えたら、周りから似合うと褒められた。
빨간 테두리의 안경으로 바꿨더니, 주위로부터 어울린다고 칭찬받았다.

じだい　あ　　　　 としけいかく わくぐ　　 み なお ひつよう
時代に合わせ、都市計画の**枠組み**を見直す必要がある。
시대에 맞춰, 도시 계획의 윤곽을 재검토할 필요가 있다.

1751 [N1] ☐☐☐

炉

훈	화로	—		
음	로(노)	ろ	暖炉 난로 　原子炉 원자로 　炉辺 화롯가	

8획 炉 炉 炉 炉 炉 炉 炉 炉

화로 **로(노)**

暖炉に火をつけて、部屋を暖めた。 난로에 불을 붙여, 방을 따뜻하게 했다.

原子力発電は原子炉で発生した熱を利用して発電する。
원자력 발전은 원자로에서 발생한 열을 이용해서 발전한다.

1752 [N1] ☐☐☐

鏡

훈	거울	かがみ	鏡* 거울 　手鏡 손거울	
음	경	きょう	望遠鏡 망원경 　内視鏡 내시경 　顕微鏡 현미경	

19획 鏡 鏡 鏡 鏡 鏡 鏡 鏡 鏡 鏡 鏡 鏡 鏡 鏡 鏡 鏡 鏡 鏡 鏡 鏡

거울 **경**

鏡が無いときれいにメイクできない。 거울이 없으면 깔끔하게 메이크업 할 수 없다.

新しく買った望遠鏡で天体を観測した。 새로 산 망원경으로 천체를 관측했다.

1753 [N1] ☐☐☐

傘

훈	우산	かさ	傘* 우산, 양산 　日傘 양산 　雨傘 우산	
음	산	さん	落下傘 낙하산 　傘下 산하	

12획 傘 傘 傘 傘 傘 傘 傘 傘 傘 傘 傘 傘

우산 **산**

우산을 편 모양을 본뜬
글자

これだけ雨が強いと傘を差しても濡れるだろう。 이만큼 비가 강하면 우산을 써도 젖을 거야.

飛行機から落下傘で飛び降りるなんて怖くてできない。
비행기에서 낙하산으로 뛰어내린다니 무서워서 할 수 없다.

1754 [N1] ☐☐☐

扇

훈	부채	おうぎ	扇 부채 　舞扇 무용 부채	
음	선	せん	扇風機 선풍기 　扇子 접부채 　換気扇 환기팬	

10획 扇 扇 扇 扇 扇 扇 扇 扇 扇 扇

부채 **선**

両手に扇を持って踊る韓国の伝統舞踊を見た。 양손에 부채를 가지고 추는 한국의 전통 무용을 봤다.

暑い夏を乗り切るために扇風機は必須だ。 더운 여름을 극복하기 위해서 선풍기는 필수다.

1755 [N1] □□□

籠

훈	대바구니	かご	籠* 바구니
		こも(る)	籠る 자욱하다, 깃들다, 틀어박히다
음	롱(농)	ろう	灯籠 등롱　籠城 농성

대바구니
롱(농)

22획 籠籠籠籠籠籠籠籠籠籠籠籠籠籠籠籠籠籠籠籠

もいだ梨は**籠**に入れてそのまま持ち帰れます。 딴 배는 바구니에 넣어서 그대로 가져갈 수 있습니다.

旅館の軒先に並ぶ**灯籠**が通りを明るく照らしていた。
여관의 처마 끝에 늘어선 등롱이 길가를 밝게 비추고 있었다.

1756 [N1] □□□

栓

| 훈 | 마개 | — | |
| 음 | 전 | せん | 栓 마개　栓抜き 병따개, 오프너　消火栓 소화전 |

마개 **전**

10획 栓栓栓栓栓栓栓栓栓栓

ガスを使用しないときは**栓**を閉めてください。 가스를 사용하지 않을 때에는 마개를 잠가 주세요.

栓抜きで瓶ビールの蓋を開けた。 병따개로 병맥주의 뚜껑을 열었다.

1757 [N1] □□□

| 훈 | 밧줄 | なわ | 縄 새끼줄　沖縄県 오키나와현 (지명)　縄張 세력권 |
| 음 | 승 | じょう | 縄文 새끼줄 무늬　縄文時代 조몬 시대 (일본의 선사시대) |

밧줄 **승**

15획 縄縄縄縄縄縄縄縄縄縄縄縄縄縄縄

沖縄県はシーサーという守り神が有名だ。 오키나와현은 시사라는 수호신이 유명하다.

夫は**縄文時代**を研究する考古学者だ。 남편은 조몬 시대를 연구하는 고고학자이다.

1758 [N1] □□□

| 훈 | 벼리 | つな | 綱 밧줄 |
| 음 | 강 | こう | 要綱 요강, 주요 내용　大綱 대강　綱領 강령 |

벼리 **강**

14획 綱綱綱綱綱綱綱綱綱綱綱綱綱綱

綱を引っ張り合う綱引きは運動会の定番競技だ。 밧줄을 서로 당기는 줄다리기는 운동회의 단골 경기다.

会社のホームページで採用試験の**要綱**が公開された。 회사 홈페이지에 채용 시험 요강이 공개되었다.

1759 [N1] ☐☐☐

網

그물 **망**

훈 그물	あみ	網 [★] 그물 ｜ 網戸 방충망, 철망을 친 문	
음 망	もう	通信網 통신망 ｜ 漁網 어망 ｜ 網羅 [★] 망라 ｜ 網膜 망막	

14획 網 網 網 網 網 網 網 網 網 網 網 網 網 網

昨晩仕掛けた網には魚が大量に引っ掛かっていた。
어젯밤 설치한 그물에는 물고기가 대량으로 걸려 있었다.

5Gは高速のネット通信を可能にする通信網である。 5G는 고속 인터넷 통신을 가능하게 하는 통신망이다.

1760 [N1] ☐☐☐

羅

그물 **라(나)**

훈 그물	—		
음 라(나)	ら	網羅 [★] 망라 ｜ 羅列 나열 ｜ 羅針盤 나침반	

19획 羅 羅 羅 羅 羅 羅 羅 羅 羅 羅 羅 羅 羅 羅 羅 羅 羅 羅 羅

この単語帳は大学受験に必要な英単語を網羅している。
이 단어장은 대학 수험에 필요한 영단어를 망라하고 있다.

会議で出たアイデアをホワイトボードに羅列した。 회의에서 나온 아이디어를 화이트보드에 나열했다.

1761 [N1] ☐☐☐

鎖

쇠사슬 **쇄**

훈 쇠사슬	くさり	鎖 [★] 쇠사슬	
음 쇄	さ	閉鎖 [★] 폐쇄 ｜ 連鎖 연쇄 ｜ 封鎖 봉쇄 ｜ 鎖国 쇄국	

18획 鎖 鎖 鎖 鎖 鎖 鎖 鎖 鎖 鎖 鎖 鎖 鎖 鎖 鎖 鎖 鎖 鎖 鎖

さびていたブランコの鎖が新しいものに交換された。
녹슬어 있던 그네의 쇠사슬이 새로운 것으로 교체되었다.

駅の改修工事に伴い、一時トイレを閉鎖いたします。
역 보수 공사에 따라, 일시적으로 화장실을 폐쇄합니다.

1762 [N1] ☐☐☐

鈴

방울 **령(영)**

훈 방울	すず	鈴 방울 ｜ 鈴虫 방울벌레	
음 령(영)	りん	風鈴 풍경, 풍령 ｜ 呼び鈴 초인종	
	れい	予鈴 예비종 ｜ 振鈴 종을 흔듦	

13획 鈴 鈴 鈴 鈴 鈴 鈴 鈴 鈴 鈴 鈴 鈴 鈴 鈴

鍵に鈴のキーホルダーを付けている。 열쇠에 방울 키홀더를 달고 있다.

風鈴が風に揺られ、チリンチリンと音を鳴らしている。
풍경이 바람에 흔들려, 딸랑딸랑하고 소리를 내고 있다.

1763	[N1] □□□

鐘

훈 종	かね	**鐘** 종
음 종	しょう	**警鐘** 경종

20획 鐘

종 **종**

丘の上にある教会から鐘の音が聞こえた。 언덕 위에 있는 교회에서 종소리가 들려왔다.

警察は多発する水難事故に警鐘を鳴らしている。 경찰은 다발하는 수난 사고에 경종을 울리고 있다.

1764	[N1] □□□

鎌

훈 낫	かま	**鎌** 낫 **鎌倉時代** 가마쿠라 시대 (일본의 역사 시대)
음 겸	―	

18획 鎌 鎌 鎌 鎌 鎌 鎌 鎌 鎌 鎌 鎌 鎌 鎌 鎌 鎌 鎌 鎌 鎌 鎌

낫 **겸**

昔の稲刈りは、鎌を使って手作業で行われていた。
옛날의 벼 베기는, 낫을 사용해서 수작업으로 진행되었다.

鎌倉時代は神奈川県の鎌倉が政治の中心だった時代だ。
가마쿠라 시대는 가나가와현의 가마쿠라가 정치의 중심이었던 시대이다.

1765	[N1] □□□

旗

훈 기	はた	**旗**★ 깃발, 기 **白旗** 백기
음 기	き	**国旗** 국기 **旗手** 기수

14획 旗 旗 旗 旗 旗 旗 旗 旗 旗 旗 旗 旗 旗 旗

기 **기**

各チームの旗が風になびいている。 각 팀의 깃발이 바람에 나부끼고 있다.

日本の国旗は日の出の太陽を表したものである。 일본의 국기는 일출하는 태양을 표현한 것이다.

1766	[N1] □□□

据

훈 의거할	す(える)	**据える** 설치하다, 자리잡다 **据え置く** 움직이지 않도록 놓다
	す(わる)	**据わる** 가누다, 고정되다 **据わり** 안정감
음 거	―	

11획 据 据 据 据 据 据 据 据 据 据 据

의거할 **거**

業者に依頼して、新しく買った洗濯機を据えた。 업자에게 의뢰하여, 새롭게 산 세탁기를 설치했다.

おいはまだ生まれたばかりで首が据わっていない。
조카는 아직 태어난 지 얼마 안 돼서 목을 가누지 못한다.

1767 [N1] ☐☐☐

玩

훈	희롱할	—	
음	완	がん	**玩具** ^{がんぐ} 완구, 장난감　**愛玩** ^{あいがん} (물품 등을) 아끼고 귀여워함, 애완

8획　玩 玩 玩 玩 玩 玩 玩 玩

희롱할 완

子供の知能発達を促す知育**玩具**が注目されている。
^{こども ちのうはったつ うなが ちいくがんぐ ちゅうもく}
아이의 지능 발달을 촉진하는 지성 교육 완구가 주목받고 있다.

娘は幼い頃からウサギの縫いぐるみを**愛玩**している。
^{むすめ おさな ころ ぬ あいがん}
딸은 어린 시절부터 토끼 인형을 아끼고 귀여워하고 있다.

1768 [N1] ☐☐☐

敷

훈	펼	し(く)	**敷く**★ 깔다　**敷地** ^{しきち} 부지　**屋敷** ^{やしき} 집터　**敷石** ^{しきいし} 포석
음	부	ふ	**敷設** ^{ふせつ} 부설

15획　敷 敷 敷 敷 敷 敷 敷 敷 敷 敷 敷 敷 敷 敷 敷

펼 부

冬になったので防寒対策としてベッドに電気毛布を**敷いた**。
^{ふゆ ぼうかんたいさく でんきもうふ し}
겨울이 되어서 방한 대책으로 침대에 전기 담요를 깔았다.

市は渋滞解消のため、路面電車の**敷設**を検討している。
^{し じゅうたいかいしょう ろめんでんしゃ ふせつ けんとう}
시는 교통 체증 해소를 위해, 노면 전차 부설을 검토하고 있다.

1769 [N1] ☐☐☐

媒

훈	중매	—	
음	매	ばい	**媒体** ^{ばいたい} 매체　**媒介** ^{ばいかい} 매개　**触媒** ^{しょくばい} 촉매

12획　媒 媒 媒 媒 媒 媒 媒 媒 媒 媒 媒 媒

중매 매

SNSは今やテレビにも負けない重要な広告**媒体**となった。
^{いま ま じゅうよう こうこくばいたい}
SNS는 이제는 텔레비전에도 지지 않는 중요한 광고 매체가 되었다.

デング熱は蚊が病原菌を**媒介**して感染する伝染病だ。
^{ねつ か びょうげんきん ばいかい かんせん でんせんびょう}
뎅기열은 모기가 병원균을 매개하여 감염되는 전염병이다.

1770 [N1] ☐☐☐

頒

훈	나눌	—	
음	반	はん	**頒布** ^{はんぷ} 배포

13획　頒 頒 頒 頒 頒 頒 頒 頒 頒 頒 頒 頒 頒

나눌 반

駅前で**頒布**した香水の試供品が大好評だった。　역 앞에서 배포한 향수 견본이 매우 호평이었다.
^{えきまえ はんぷ こうすい しきょうひん だいこうひょう}

색이 있는 한자의 발음을 밑줄에 쓴 다음, 괄호 안에 단어의 뜻을 써 보세요.

01	麵	_____	(	)	21	酢酸	_____さん	( )
02	国旗	こっ_____	(	)	22	繊細	_____さい	( )
03	柿	_____	(	)	23	梨	_____	( )
04	墓穴	ぼ_____	(	)	24	膳	_____	( )
05	糖分	_____ぶん	(	)	25	剝がす	_____がす	( )
06	食卓	しょく_____	(	)	26	栓	_____	( )
07	腐る	_____る	(	)	27	煎餅	_____べい	( )
08	枕	_____	(	)	28	閉鎖	へい_____	( )
09	扇風機	_____ぷうき	(	)	29	煮る	_____る	( )
10	枠	_____	(	)	30	繕う	_____う	( )
11	傘	_____	(	)	31	脱ぐ	_____ぐ	( )
12	鐘	_____	(	)	32	裂く	_____く	( )
13	要綱	よう_____	(	)	33	暖炉	だん_____	( )
14	自炊	じ_____	(	)	34	風鈴	ふう_____	( )
15	酔う	_____う	(	)	35	据える	_____える	( )
16	摂取	_____しゅ	(	)	36	履く	_____く	( )
17	串	_____	(	)	37	頒布	_____ぷ	( )
18	襟	_____	(	)	38	袖	_____	( )
19	真珠	しん_____	(	)	39	縫う	_____う	( )
20	殻	_____	(	)	40	鍋	_____	( )

정답 01 めん 면 02 こっき 국기 03 かき 감 04 ぼけつ 묘혈, 무덤구덩이 05 とうぶん 당분 06 しょくたく 식탁 07 くさる 썩다 08 まくら 베개
09 せんぷうき 선풍기 10 わく 테두리, 범위 11 かさ 우산, 양산 12 かね 종 13 ようこう 요강, 주요 내용 14 じすい 손수 밥을 지음
15 よう (술에) 취하다, 멀미하다 16 せっしゅ 섭취 17 くし 꼬챙이, 꼬치 18 えり 깃, 옷깃 19 しんじゅ 진주 20 から 껍데기, 껍질
21 さくさん 초산, 아세트산 22 せんさい 섬세 23 なし 배 24 ぜん 밥상 25 はがす 벗기다, 떼다 26 せん 마개 27 せんべい 전병 (일본의 건과자)
28 へいさ 폐쇄 29 にる 조리다, 삶다, 익히다 30 つくろう 기우다, 수선하다 31 ぬぐ 벗다 32 さく 찢다, 쪼개다 33 だんろ 난로 34 ふうりん 풍경, 풍령
35 すえる 설치하다, 자리잡다 36 はく 신다 37 はんぷ 배포 38 そで 소매 39 ぬう 꿰매다 40 なべ 냄비

고급 한자 해커스 일본어 상용한자 2136

장소

★은 JLPT/JPT 기출 단어입니다.

宮

집 궁

| 1771 | [N1] □□□ |

훈	집	みや	宮 궁, 신사　お宮参り (아기가 태어나고) 지역 수호신에게 참배함
음	궁	きゅう	宮殿 궁전　宮廷 궁정, 궁궐　王宮 왕궁　子宮 자궁
		ぐう	神宮 신궁 (신사 중 격이 높은 신사)
		く	宮内庁 궁내청 (황실에 관한 사무를 맡아 보는 관청)

10획 宮宮宮宮宮宮宮宮宮宮

息子の健やかな成長を祈るためにお宮参りをした。
아들의 건강한 성장을 기원하기 위해 지역의 수호신에게 참배를 했다.

ヴェルサイユ宮殿は1979年に世界遺産として登録された。
베르사유 궁전은 1979년에 세계유산으로서 등록되었다.

舍

집 사

| 1772 | [N1] □□□ |

| 훈 | 집 | — | |
| 음 | 사 | しゃ | 校舎 교사　駅舎 역사　寄宿舎 기숙사　舎監 사감 |

8획 舍舍舍舍舍舍舍舍

4月から新しい校舎で授業を行います。 4월부터 새로운 교사에서 수업을 합니다.

この駅舎はモダンなデザインから観光名所となっている。
이 역사는 모던한 디자인으로 관광 명소가 되었다.

邸

집 저

| 1773 | [N1] □□□ |

| 훈 | 집 | — | |
| 음 | 저 | てい | 邸宅 저택　官邸 관저　公邸 공저, 공관　邸内 저택 안 |

8획 邸邸邸邸邸邸邸邸

豪華な邸宅が森の中にたたずんでいた。 호화로운 저택이 숲속에 서 있었다.

市民たちが首相官邸前で集会を開き、増税に抗議した。
시민들이 수상 관저 앞에서 집회를 열어, 증세에 항의했다.

훈	정자	—
음	정	てい	料亭 요정, 고급 일본 음식점　亭主 (숙박 업소·찻집의) 주인

9획 亭亭亭亭亭亭亭亭亭

정자 정

정자 모양을 본뜬 글자

老舗の**料亭**で豪華な懐石料理を食べた。 오래된 요정에서 호화로운 가이세키 요리를 먹었다.
この宿の**亭主**は気さくで面白い人です。 이 민박의 주인은 싹싹하고 재미있는 사람입니다.

훈	재계할	—
음	재	さい	書斎* 서재　斎場 장례식장　潔斎 목욕재계

11획 斎斎斎斎斎斎斎斎斎斎斎

재계할 재

父の**書斎**には古い本がたくさん並んでいた。 아버지의 서재에는 오래된 책이 많이 진열되어 있었다.
自宅近くの**斎場**で、亡くなった祖母を見送った。 자택 근처의 장례식장에서, 돌아가신 할머니를 배웅했다.

훈	사랑채	—
음	랑(낭)	ろう	廊下* 복도　回廊 회랑　画廊 화랑

12획 廊廊廊廊廊廊廊廊廊廊廊廊

사랑채 랑(낭)

危ないので**廊下**は走らないようにしてください。 위험하니까 복도에서는 뛰지 않도록 해주세요.
寺院の**回廊**から美しい庭園が見えます。 절의 회랑에서 아름다운 정원이 보입니다.

훈	곳집	くら	倉 곳간
음	창	そう	倉庫* 창고　弾倉 탄창

10획 倉倉倉倉倉倉倉倉倉倉

곳집 창

곡창 모양을 본뜬 글자

倉に一年間食べる新米を入れておいた。 곳간에 1년간 먹을 햅쌀을 넣어 두었다.
倉庫の中は売れ残った商品でいっぱいだ。 창고 안은 팔고 남은 상품으로 가득하다.

1778 [N1] □□□

荘

엄숙할 **장**

훈	엄숙할	—			
음	장	そう	**別荘** 별장 べっそう	**荘厳** 장엄 そうごん	**山荘** 산장 さんそう

9획 荘 荘 荘 荘 荘 荘 荘 荘 荘

海沿いにある**別荘**でバカンスを満喫した。 해안가에 있는 별장에서 바캉스를 만끽했다.
うみ ぞ べっそう まんきつ

荘厳な雰囲気の中、国王の戴冠式が進められた。 장엄한 분위기 속, 국왕의 대관식이 진행되었다.
そうごん ふんいき なか こくおう たいかんしき すす

1779 [N1] □□□

棟

마룻대 **동**

훈	마룻대	むね	**一棟** 한 동, 집 한채 ひとむね	**棟** 마룻대, 용마루 むね	**別棟** 별동, 별채 べつむね
		むな	**棟木** 마룻대로 쓰는 목재 むなぎ		
음	동	とう	**病棟** 병동 びょうとう	**棟梁** 우두머리 목수 とうりょう	

12획 棟 棟 棟 棟 棟 棟 棟 棟 棟 棟 棟 棟

隣の町で住宅**一棟**が全焼する火事が起きた。 옆 마을에서 주택 한 동이 전소하는 화재가 일어났다.
となり まち じゅうたくひとむね ぜんしょう かじ お

容態が安定し、集中治療室から一般の**病棟**に移れた。
ようだい あんてい しゅうちちりょうしつ いっぱん びょうとう うつ
병세가 안정되어, 집중 치료실에서 일반 병동으로 옮길 수 있었다.

1780 [N1] □□□

楼

다락 **루(누)**

훈	다락	—				
음	루(누)	ろう	**楼閣** 누각 ろうかく	**蜃気楼** 신기루 しんきろう	**鐘楼** 종루 しょうろう	**望楼** 망루 ぼうろう

13획 楼 楼 楼 楼 楼 楼 楼 楼 楼 楼 楼 楼 楼

楼閣とは金閣寺のような重層の建築物を指す。 누각이란 금각사와 같은 복층 건축물을 가리킨다.
ろうかく きんかくじ じゅうそう けんちくぶつ さ

空気間に温度差があると、光が屈折して**蜃気楼**が見える。
くうきかん おんどさ ひかり くっせつ しんきろう み
공기 간에 온도차가 있으면, 빛이 굴절하여 신기루가 보인다.

1781 [N1] □□□

郭

둘레/외성 **곽**

훈	둘레/외성	—			
음	곽	かく	**輪郭** 윤곽 りんかく	**城郭** 성곽 じょうかく	**外郭** 외곽 がいかく

11획 郭 郭 郭 郭 郭 郭 郭 郭 郭 郭 郭

ダイエットを始めてから顔の**輪郭**が細くなってきた。
はじ かお りんかく ほそ
다이어트를 시작하고 나서 얼굴의 윤곽이 가늘어지기 시작했다.

この**城郭**は1時間程度で見て回ることができる。 이 성곽은 1시간 정도면 둘러볼 수 있다.
じょうかく じかんていど み まわ

1782 [N1] ☐☐☐

堤

둑 제

훈	둑	つつみ	**堤**(つつみ) 둑
음	제	てい	**堤防**(ていぼう) 제방　**防波堤**(ぼうはてい) 방파제

12획 堤 堤 堤 堤 堤 堤 堤 堤 堤 堤 堤 堤

夕方(ゆうがた)、**堤**(つつみ)で愛犬(あいけん)の散歩(さんぽ)をするのが日課(にっか)です。 저녁에, 둑에서 반려견 산책을 하는 것이 일과입니다.

堤防(ていぼう)には魚釣(さかなつ)りを楽(たの)しむ人(ひと)たちがたくさんいた。 제방에는 낚시를 즐기는 사람들이 많이 있었다.

1783 [N1] ☐☐☐

堀

굴 굴

훈	굴	ほり	**堀**(ほり) 해자　**釣堀**(つりぼり) 유료 낚시터
음	굴	—	

11획 堀 堀 堀 堀 堀 堀 堀 堀 堀 堀 堀

城(しろ)の周囲(しゅうい)が**堀**(ほり)になっているのは敵(てき)の侵入(しんにゅう)を防(ふせ)ぐためだ。
성 주위가 해자로 되어 있는 것은 적의 침입을 막기 위해서다.

釣堀(つりぼり)なら道具(どうぐ)を借(か)りられるから気軽(きがる)に釣(つ)りが楽(たの)しめる。
유료 낚시터라면 도구를 빌릴 수 있으니까 가볍게 낚시를 즐길 수 있다.

1784 [N1] ☐☐☐

桟

사다리 잔

훈	사다리	—	
음	잔	さん	**桟**(さん) (문·창의) 살　**桟橋**(さんばし) 잔교, 부두

10획 桟 桟 桟 桟 桟 桟 桟 桟 桟 桟

障子(しょうじ)の**桟**(さん)が折(お)れたから、とりあえずボンドでとめた。 장지문의 살이 부러져서, 일단 본드로 고정시켰다.

桟橋(さんばし)を渡(わた)って、あの船(ふね)に乗(の)ってください。 잔교를 건너서, 저 배에 탑승해 주세요.

1785 [N1] ☐☐☐

摩

문지를 마

훈	문지를	—	
음	마	ま	**摩擦**(まさつ) 마찰　**摩天楼**(まてんろう) 마천루

15획 摩 摩 摩 摩 摩 摩 摩 摩 摩 摩 摩 摩 摩 摩 摩

手(て)をこすり合(あ)わせたら、**摩擦**(まさつ)で温(あたた)かくなった。 손을 맞대어 비볐더니, 마찰로 따뜻해졌다.

ニューヨークは**摩天楼**(まてんろう)が立(た)ち並(なら)ぶ大都会(だいとかい)です。 뉴욕은 마천루가 줄지어 선 대도시입니다.

훈 썩을	く(ちる)	朽ちる 썩다, 쇠퇴하다	
음 후	きゅう	老朽 노후　不朽 불후	

6획 朽朽朽朽朽朽

썩을 후

近々、**朽**ちかけていた神社が**修繕**されることになった。 머지않아, 다 썩어가던 신사가 수리되게 되었다.

老朽した**校舎**の**建て替え**のため**仮設校舎**が建てられた。
노후한 교사의 재건축을 위해 가설 교사가 세워졌다.

훈 버금	—		
음 아	あ	亜熱帯 아열대　亜鉛 아연　亜流 아류	

7획 亜亜亜亜亜亜亜

버금 아

亜熱帯に位置する**沖縄県**は**温暖**な**気候**が**特徴**です。
아열대에 위치하는 오키나와현은 온난한 기후가 특징입니다.

アルカリ**電池**のマイナス**極**は**亜鉛**で作られている。
알칼리 건전지의 마이너스극은 아연으로 만들어져 있다.

훈 마을	さと	里 마을, 시골　村里 시골 동네, 마을　里帰り 귀성, 친정 나들이	
음 리	り	郷里 고향, 향리　千里 천리, 먼 길	

7획 里里里里里里里

마을 리

밭(田)과 흙(土)을 합쳐 사람이 사는 마을을 나타낸 글자

冬は**野生動物**がよく**里**に下りてくる。 겨울에는 야생 동물이 자주 마을로 내려온다.

就職するために**郷里**を**離**れた。 취직하기 위해 고향을 떠났다.

훈 우리	—		
음 권	けん	圏内 권내, 범위 안　圏外 권외, 범위 밖　首都圏 수도권	

12획 圏圏圏圏圏圏圏圏圏圏圏圏

우리 권

職場から**徒歩**で**通**える**圏内**に**住**みたい。 직장에서 도보로 다닐 수 있는 권내에 살고 싶다.

山を**登**っていくとスマホが**圏外**になることもある。 산을 올라가면 스마트폰이 권외가 되는 경우도 있다.

1790 [N1] ☐☐☐

郡

고을 **군**

훈	고을	—		
음	군	ぐん	**上北郡** 가미키타군 (지명) かみきたぐん	**郡部** 군부, 군 ぐん ぶ

10획 コ ヲ ヲ 尹 尹 君 君 君 郡 郡

上北郡は青森県にある。 가미키타군은 아오모리현에 있다.
かみきたぐん　あおもりけん

郡に属する地域を**郡部**という。 군에 속하는 지역을 군부라고 한다.
ぐん　ぞく　ちいき　ぐんぶ

1791 [N1] ☐☐☐

郷

시골 **향**

훈	시골	—			
음	향	きょう	**故郷*** 고향 こ きょう	**郷土** 향토 きょう ど	**異郷** 타향 い きょう
		ごう	**郷士** 향사 (농촌의 토착 무사) ごう し		

11획 郷 郷 郷 郷 郷 郷 郷 郷 郷 郷 郷

年末年始は**故郷**に帰ってゆっくり過ごすつもりだ。 연말연시에는 고향에 돌아가 느긋이 보낼 셈이다.
ねんまつねん し　こ きょう　かえ　　す

駅弁は**郷土**の特産品を生かしたものが多い。 역에서 파는 도시락은 향토 특산품을 활용한 것이 많다.
えきべん　きょう ど　とくさんひん　い　　おお

1792 [N1] ☐☐☐

藩

울타리 **번**

훈	울타리	—		
음	번	はん	**藩** 번 (에도시대의 행정 구역) はん	**藩主** 번주 (번을 다스리는 영주) はんしゅ

18획 藩 藩 藩 藩 藩 藩 藩 藩 藩 藩 藩 藩 藩 藩 藩 藩 藩 藩

江戸時代の日本では**藩**で地域が区切られていた。
え ど じだい　にほん　はん　ち いき　く ぎ
에도시대의 일본에서는 번으로 지역이 나누어져 있었다.

藩を統治した領主は**藩主**と呼ばれました。 번을 통치한 영주는 번주라고 불렸습니다.
はん　とう ち　りょうしゅ　はんしゅ　よ

1793 [N1] ☐☐☐

傍

곁 **방**

사람(亻)과 곁(旁)을 합쳐 사람 곁에 있는 사람을 나타낸 글자

훈	곁	かたわ(ら)	**傍ら** 옆, 곁 かたわ	
음	방	ぼう	**傍聴** 방청 ぼうちょう	**路傍** 노방, 길가 ろ ぼう	**傍若無人** 방약무인 ぼうじゃく ぶ じん

12획 傍 傍 傍 傍 傍 傍 傍 傍 傍 傍 傍 傍

下校途中に道の**傍ら**に咲くタンポポを見つけた。 하교 도중에 길 옆에 핀 민들레를 발견했다.
げ こう と ちゅう　みち　かたわ　さ　　み

裁判所の外は裁判の**傍聴**に来た人々で行列ができている。
さいばんしょ　そと　さいばん　ぼうちょう　き　ひとびと　ぎょうれつ
재판소 밖은 재판을 방청하러 온 사람들로 행렬을 이루고 있다.

隙
틈 극

훈 틈	すき	隙틈	隙間 틈, 겨를, 짬
음 극	げき	間隙 간극	

13획 隙 隙 隙 隙 隙 隙 隙 隙 隙 隙 隙 隙 隙

虫は網戸とサッシの隙からも入ってくる。 벌레는 방충망과 새시의 틈으로도 들어온다.

両親とは考え方の違いで度々間隙が生じる。 부모님과는 사고 방식의 차이로 자주 간극이 생긴다.

緯
묶을 **위**

훈 묶을	—			
음 위	い	経緯* 경위	緯度 위도	北緯 북위

16획 緯 緯 緯 緯 緯 緯 緯 緯 緯 緯 緯 緯 緯 緯 緯 緯

警察が事件の経緯を詳しく調べています。 경찰이 사건의 경위를 상세하게 조사하고 있습니다.

緯度が低い地域は日差しが強くて暑い。 위도가 낮은 지역은 햇빛이 강해서 덥다.

邦
나라 **방**

훈 나라	—		
음 방	ほう	連邦 연방	本邦 (일본 입장에서의) 우리 나라

7획 邦 邦 邦 邦 邦 邦 邦

アメリカは連邦国家で、50の州は独自の憲法を有する。
미국은 연방 국가로, 50개의 주가 독자적인 헌법을 소유하고 있다.

韓国で大成功を収めた映画が本邦で公開された。
한국에서 대성공을 거둔 영화가 우리 나라에 공개되었다.

岡
언덕 **강**

훈 언덕	おか	福岡県 후쿠오카현 (지명)	静岡県 시즈오카현 (지명)
음 강	—		

8획 岡 岡 岡 岡 岡 岡 岡 岡

明太子は福岡県を代表する食べ物の一つだ。 명란젓은 후쿠오카현을 대표하는 음식 중 하나이다.

静岡県は海に面していて海水浴場が多い。 시즈오카현은 바다에 면하고 있어서 해수욕장이 많다.

1798 [N1] ☐☐☐

훈	언덕	—	
음	부	ふ	<ruby>岐<rt>ぎ</rt></ruby><ruby>阜<rt>ふ</rt></ruby><ruby>県<rt>けん</rt></ruby> 기후현 (지명)

8획 阜 阜 阜 阜 阜 阜 阜 阜

언덕 **부**

산 측면의 단층 모양을
본뜬 글자

<ruby>岐<rt>ぎ</rt></ruby><ruby>阜<rt>ふ</rt></ruby><ruby>県<rt>けん</rt></ruby>にはドラマのロケ地で<ruby>有名<rt>ゆうめい</rt></ruby>な<ruby>温泉<rt>おんせん</rt></ruby>がある。 기후현에는 드라마 촬영지로 유명한 온천이 있다.

1799 [N1] ☐☐☐

훈	어찌	—	
음	나	な	<ruby>奈<rt>な</rt></ruby><ruby>良<rt>ら</rt></ruby><ruby>県<rt>けん</rt></ruby> 나라현 (지명) <ruby>神<rt>か</rt></ruby><ruby>奈<rt>な</rt></ruby><ruby>川<rt>がわ</rt></ruby><ruby>県<rt>けん</rt></ruby> 가나가와현 (지명)

8획 奈 奈 奈 奈 奈 奈 奈 奈

어찌 **나**

<ruby>奈<rt>な</rt></ruby><ruby>良<rt>ら</rt></ruby><ruby>県<rt>けん</rt></ruby>は<ruby>神社<rt>じんじゃ</rt></ruby>やお<ruby>寺<rt>てら</rt></ruby>が<ruby>多<rt>おお</rt></ruby>く<ruby>観光業<rt>かんこうぎょう</rt></ruby>が<ruby>盛<rt>さか</rt></ruby>んだ。 나라현은 신사나 절이 많아 관광업이 왕성하다.
<ruby>神<rt>か</rt></ruby><ruby>奈<rt>な</rt></ruby><ruby>川<rt>がわ</rt></ruby><ruby>県<rt>けん</rt></ruby>には<ruby>青銅<rt>せいどう</rt></ruby>で<ruby>作<rt>つく</rt></ruby>られた<ruby>大仏<rt>だいぶつ</rt></ruby>がある。 가나가와현에는 청동으로 만들어진 대불이 있다.

1800 [N1] ☐☐☐

훈	갑	さい	<ruby>埼<rt>さい</rt></ruby><ruby>玉<rt>たま</rt></ruby><ruby>県<rt>けん</rt></ruby> 사이타마현 (지명) <ruby>埼<rt>さい</rt></ruby><ruby>京<rt>きょう</rt></ruby><ruby>線<rt>せん</rt></ruby> 사이쿄선 (일본의 철도 중 하나)
음	기	—	

11획 埼 埼 埼 埼 埼 埼 埼 埼 埼 埼 埼

갑 **기**

この<ruby>電車<rt>でんしゃ</rt></ruby>は<ruby>東京都<rt>とうきょうと</rt></ruby>から<ruby>埼<rt>さい</rt></ruby><ruby>玉<rt>たま</rt></ruby><ruby>県<rt>けん</rt></ruby>まで<ruby>乗<rt>の</rt></ruby>り<ruby>換<rt>か</rt></ruby>えなしで<ruby>行<rt>い</rt></ruby>ける。
이 전철은 도쿄도에서 사이타마현까지 환승 없이 갈 수 있다.

<ruby>新宿駅<rt>しんじゅくえき</rt></ruby>で<ruby>埼<rt>さい</rt></ruby><ruby>京<rt>きょう</rt></ruby><ruby>線<rt>せん</rt></ruby>に<ruby>乗<rt>の</rt></ruby>って<ruby>板橋駅<rt>いたばしえき</rt></ruby>まで<ruby>行<rt>い</rt></ruby>った。 신주쿠역에서 사이쿄선을 타고 이타바시역까지 갔다.

1801 [N1] ☐☐☐

훈	상수리나무	とち	<ruby>栃<rt>とち</rt></ruby>の<ruby>木<rt>き</rt></ruby> 상수리나무 <ruby>栃<rt>とち</rt></ruby><ruby>木<rt>ぎ</rt></ruby><ruby>県<rt>けん</rt></ruby> 도치기현 (지명)
음	회	—	

9획 栃 栃 栃 栃 栃 栃 栃 栃 栃

상수리나무 **회**

<ruby>栃<rt>とち</rt></ruby>の<ruby>木<rt>き</rt></ruby>の<ruby>実<rt>み</rt></ruby>はクリとよく<ruby>似<rt>に</rt></ruby>ている。 상수리나무 열매는 밤과 꼭 닮았다.
<ruby>栃<rt>とち</rt></ruby><ruby>木<rt>ぎ</rt></ruby><ruby>県<rt>けん</rt></ruby>には<ruby>世界遺産<rt>せかいいさん</rt></ruby>に<ruby>指定<rt>してい</rt></ruby>された<ruby>神社<rt>じんじゃ</rt></ruby>がある。 도치기현에는 세계 유산으로 지정된 신사가 있다.

1802 [N1] ☐☐☐

阪

언덕 **판**

훈	언덕	—		
음	판	はん	阪神 한신 (오사카와 고베)	京阪 게이한 (교토와 오사카)

7획 阪 阪 阪 阪 阪 阪 阪

^{おおさか}大阪で^{にん き}人気のある^{きゅうだん}球団は^{はんしん}阪神タイガースだそうだ。
오사카에서 인기가 있는 구단은 한신 타이거스라고 한다.

^{けいはん}京阪パスを^{こうにゅう}購入して^{おおさか}大阪と^{きょう と}京都を^{でんしゃ}電車で^{りょこう}旅行した。
게이한 패스를 구입해서 오사카와 교토를 전철로 여행했다.

1803 [N1] ☐☐☐

畿

경기 **기**

훈	경기	—		
음	기	き	近畿 긴키 (지명)	畿内 기나이 (일본의 옛 지명)

15획 畿 畿 畿 畿 畿 畿 畿 畿 畿 畿 畿 畿 畿 畿 畿

^{きん き ち ほう}近畿地方とは^{おおさか}大阪と^{きょう と}京都を^{ちゅうしん}中心とした^{ち いき}地域のことです。
긴키 지방이란 오사카와 교토를 중심으로 한 지역입니다.

^{こ だい}古代の^{に ほん}日本では^{みやこ}都の^{しゅうへん}周辺を^{き ない}畿内と^よ呼んだ。 고대의 일본에서는 도읍의 주변을 기나이라고 불렀다.

1804 [N1] ☐☐☐

韓

한국 **한**

훈	한국	—	
음	한	かん	韓国 한국

18획 韓 韓 韓 韓 韓 韓 韓 韓 韓 韓 韓 韓 韓 韓 韓 韓 韓 韓

^{かんこく}韓国の^{おんがく}音楽やドラマが^{せ かいじゅう}世界中で^{にん き}人気を^{あつ}集めている。
한국의 음악이나 드라마가 전 세계에서 인기를 모으고 있다.

1805 [N1] ☐☐☐

呉

나라 이름 **오**

훈	나라 이름	—		
음	오	ご	呉服 비단 옷감	呉越同舟 오월동주

7획 呉 呉 呉 呉 呉 呉 呉

^{ご ふく}呉服の^{せんもんてん}専門店で^{せいじんしき}成人式に^き着る^{きもの}着物を^{した}仕立てた。 비단 옷감 전문점에서 성인식에 입을 기모노를 지었다.

^{てきたい}敵対していた^{せいとうどう し}政党同士が^{せんきょ}選挙を^{まえ}前に^{ご えつどうしゅう}呉越同舟するとは。
적대하고 있던 정당끼리 선거를 앞두고 오월동주 하다니.

1806	[N1] ☐☐☐			

훈	당나라/ 당황할	から	**唐草模様** 넝쿨무늬, 당초무늬	**唐織** 중국 비단
음	당	とう	**唐突** 뜻밖, 돌연 　**唐辛子** 고추	**遣唐使** 견당사

10획　唐 唐 唐 唐 唐 唐 唐 唐 唐 唐

당나라/당황할
당

シンプルな着物に**唐草模様**の帯がかわいいね。 심플한 기모노에 넝쿨무늬 띠가 귀엽네.
先生は学生の**唐突**な質問に驚いたようだ。 선생님은 학생의 뜻밖의 질문에 놀란 것 같다.

환경

1807	[N1] ☐☐☐	

훈	집	―	
음	주	ちゅう	**宙** 공중, 하늘　**宙返り** 공중제비, 재주넘기　**宇宙**★ 우주

8획　宙 宙 宙 宙 宙 宙 宙 宙

집 **주**

ここでは体が**宙**に浮く無重力空間が体験できる。
여기에서는 몸이 공중에 뜨는 무중력 공간을 체험할 수 있다.

運動神経がいい彼は**宙返り**も余裕だ。 운동 신경이 좋은 그는 공중제비도 여유롭다.

1808	[N1] ☐☐☐	

훈	언덕	おか	**丘** 언덕	
음	구	きゅう	**丘陵**★ 구릉	**砂丘** 사구, 모래 언덕

5획　丘 丘 丘 丘 丘

언덕 **구**

市内を一望できる**丘**の上に一軒家を建てた。
시내를 한 눈에 바라볼 수 있는 언덕 위에 단독 주택을 지었다.

なだらかな**丘陵**を突き抜ける道でドライブを楽しんだ。
완만한 구릉을 통과하는 길에서 드라이브를 즐겼다.

1809 [N1] □□□

岳

큰 산 **악**

산(山)과 언덕(丘)을 합쳐 산 위에 언덕이 있을 만큼 큰 산을 나타낸 글자

훈	큰 산	たけ	やりが**岳** 야리가산
음	악	がく	**山岳** 산악　**岳**父 장인어르신

8획 岳 岳 岳 岳 岳 岳 岳 岳

関東地方にある**やりが岳**は日本で五番目に高い山だ。
관동 지방에 있는 야리가산은 일본에서 다섯 번째로 높은 산이다.

高校時代、**山岳**部に所属していて色んな山に登った。
고등학교 시절, 산악부에 소속되어 있어 다양한 산에 올랐다.

헷갈리는 단어 모아보기

유의어 ┌ ～**岳** ~산　やりが**岳** 야리가산
　　　 └ ～**山** ~산　富士**山** 후지산

~岳과 ~山은 모두 '산'이라는 뜻이다. ~岳는 봉우리가 줄지어 있는 산에 붙이고, ~山은 주로 봉우리가 하나인 산에 붙인다.

1810 [N1] □□□

岐

갈림길 **기**

훈	갈림길	—	
음	기	き	多**岐*** 여러 방면, 다기　**岐**路 기로　分**岐** 분기, 갈림길

7획 岐 岐 岐 岐 岐 岐 岐

彼女は**多岐**にわたる分野で活躍している。 그녀는 여러 방면에 걸친 분야에서 활약하고 있다.

卒業を前にして人生の**岐路**に立たされた。 졸업을 앞에 두고 인생의 기로에 서게 되었다.

1811 [N1] □□□

崎

험할 **기**

훈	험할	さき	**崎** 곶　長**崎**県 나가사키현 (지명)
음	기	—	

11획 崎 崎 崎 崎 崎 崎 崎 崎 崎 崎 崎

地蔵**崎**の灯台はフランス人が建てたものだ。 지조 곶의 등대는 프랑스인이 세운 것이다.

長崎県の長崎市は美しい港町として知られている。
나가사키현의 나가사키시는 아름다운 항구 도시로 알려져 있다.

1812 [N1] □□□

峠

고개 **상**

훈	고개	とうげ	<ruby>峠<rt>とうげ</rt></ruby> 산마루, 고개　<ruby>峠道<rt>とうげみち</rt></ruby> 고갯길
음	상	―	

9획 峠 峠 峠 峠 峠 峠 峠 峠 峠

<ruby>登山中<rt>とざんちゅう</rt></ruby>にお<ruby>腹<rt>なか</rt></ruby>がすいて<ruby>峠<rt>とうげ</rt></ruby>にある<ruby>食堂<rt>しょくどう</rt></ruby>で<ruby>昼食<rt>ちゅうしょく</rt></ruby>をとった。
등산 중에 배가 고파서 산마루에 있는 식당에서 점심을 먹었다.

<ruby>雪<rt>ゆき</rt></ruby>で<ruby>滑<rt>すべ</rt></ruby>りやすいため<ruby>峠道<rt>とうげみち</rt></ruby>を<ruby>下<rt>くだ</rt></ruby>る<ruby>際<rt>さい</rt></ruby>は<ruby>注意<rt>ちゅうい</rt></ruby>が<ruby>必要<rt>ひつよう</rt></ruby>です。
눈에 미끄러지기 쉬우므로 고갯길을 내려갈 때에는 주의가 필요합니다.

1813 [N1] □□□

峰

봉우리 **봉**

훈	봉우리	みね	<ruby>峰<rt>みね</rt></ruby> 봉우리　<ruby>剣が峰<rt>けんがみね</rt></ruby> 화산 분화구 주위
음	봉	ほう	<ruby>最高峰<rt>さいこうほう</rt></ruby> 최고봉　<ruby>連峰<rt>れんぽう</rt></ruby> 연봉, 줄지어있는 봉우리

10획 峰 峰 峰 峰 峰 峰 峰 峰 峰 峰

<ruby>山<rt>やま</rt></ruby>の<ruby>峰<rt>みね</rt></ruby>から<ruby>見<rt>み</rt></ruby>る<ruby>景色<rt>けしき</rt></ruby>は<ruby>絶景<rt>ぜっけい</rt></ruby>でした。 산봉우리에서 보는 경치는 절경이었습니다.

<ruby>世界<rt>せかい</rt></ruby>の<ruby>最高峰<rt>さいこうほう</rt></ruby>であるエベレストに<ruby>挑戦<rt>ちょうせん</rt></ruby>したい。 세계 최고봉인 에베레스트에 도전하고 싶다.

1814 [N1] □□□

陵

언덕 **릉(능)**

훈	언덕	みささぎ	<ruby>陵<rt>みささぎ</rt></ruby> 능
음	릉(능)	りょう	<ruby>丘陵<rt>きゅうりょう</rt></ruby>*구릉　<ruby>陵墓<rt>りょうぼ</rt></ruby> 능묘

11획 陵 陵 陵 陵 陵 陵 陵 陵 陵 陵 陵

<ruby>皇后<rt>こうごう</rt></ruby>の<ruby>お墓<rt>はか</rt></ruby>も<ruby>陵<rt>みささぎ</rt></ruby>というそうです。 황후의 묘도 능이라고 말한다고 합니다.

<ruby>勾配<rt>こうばい</rt></ruby>が<ruby>緩<rt>ゆる</rt></ruby>やかな<ruby>丘陵<rt>きゅうりょう</rt></ruby>はハイキングにぴったりだ。 경사면이 완만한 구릉은 하이킹에 딱이다.

1815 [N1] □□□

脈

줄기 **맥**

훈	줄기	―	
음	맥	みゃく	<ruby>人脈<rt>じんみゃく</rt></ruby>*인맥　<ruby>山脈<rt>さんみゃく</rt></ruby> 산맥　<ruby>脈絡<rt>みゃくらく</rt></ruby>*맥락　<ruby>動脈<rt>どうみゃく</rt></ruby> 동맥

10획 脈 脈 脈 脈 脈 脈 脈 脈 脈 脈

<ruby>人脈<rt>じんみゃく</rt></ruby>を<ruby>作<rt>つく</rt></ruby>るために<ruby>同好会<rt>どうこうかい</rt></ruby>に<ruby>参加<rt>さんか</rt></ruby>することにした。 인맥을 만들기 위해서 동호회에 참가하기로 했다.

アルプスは<ruby>山脈<rt>さんみゃく</rt></ruby>が<ruby>連<rt>つら</rt></ruby>なる<ruby>美<rt>うつく</rt></ruby>しい<ruby>景観<rt>けいかん</rt></ruby>で<ruby>有名<rt>ゆうめい</rt></ruby>だ。
알프스는 산맥이 줄지어 있는 아름다운 경관으로 유명하다.

1816 [N1] □□□

坑

훈 구덩이 　—

음 갱 　こう 　　坑道 갱도 　炭坑 탄갱 　廃坑 폐갱
こうどう　　　たんこう　　　はいこう

7획 坑 坑 坑 坑 坑 坑 坑

구덩이 갱

この鉱山では、以前使われていた坑道が見学できる。
こうざん　　　い ぜんつか　　　　　　こうどう　けんがく
이 광산에서는, 이전 사용되었던 갱도를 견학할 수 있다.

北海道には未だに採炭を行う炭坑が残っている。
ほっかいどう　いま　　さいたん　おこな　たんこう　のこ
홋카이도에는 아직까지도 채탄을 하는 탄갱이 남아 있다.

1817 [N1] □□□

洞

훈 골 　ほら 　　洞穴 동굴
ほらあな

음 동 　どう 　　空洞 공동, 텅 빈 구멍 　洞察 통찰 　洞窟 동굴
くうどう　　　　　　　　　どうさつ　　　どうくつ

9획 洞 洞 洞 洞 洞 洞 洞 洞 洞

골 동

外は炎天下なのに、洞穴の中はひんやり涼しかった。 바깥은 불볕 더위인데, 동굴 속은 서늘하고 시원했다.
そと　えんてんか　　　　ほらあな　なか　　　　　　すず

この大木は浸食が進み、幹が空洞になっている。 이 큰 나무는 침식이 진행되어, 줄기가 공동이 되어 있다.
たいぼく　しんしょく すす　みき　くうどう

1818 [N1] □□□

窟

훈 굴 　—

음 굴 　くつ 　　洞窟 동굴 　巣窟 소굴
どうくつ　　　そうくつ

13획 窟 窟 窟 窟 窟 窟 窟 窟 窟 窟 窟 窟 窟

굴 굴

コウモリは洞窟に住む代表的な生き物である。 박쥐는 동굴에 사는 대표적인 생물이다.
どうくつ　す　だいひょうてき　い　もの

顔が見えないネット空間は犯罪の巣窟になりかねない。
かお　み　　　　　　くうかん　はんざい　そうくつ
얼굴이 보이지 않는 인터넷 공간은 범죄의 소굴이 될 수 있다.

1819 [N1] □□□

崖

훈 벼랑/언덕 　がけ 　　崖 벼랑, 절벽 　崖下 절벽 밑
がけ　　　　　　がけした

음 애 　がい 　　断崖 낭떠러지, 단애
だんがい

11획 崖 崖 崖 崖 崖 崖 崖 崖 崖 崖 崖

벼랑/언덕 애

国道沿いの崖が崩れ、道路が塞がってしまった。 국도 변의 벼랑이 무너져, 도로가 막혀 버렸다.
こくどうぞ　　がけ　くず　どうろ　ふさ

この町には断崖の上に建つ珍しい神社がある。 이 마을에는 낭떠러지 위에 세워진 진귀한 신사가 있다.
まち　だんがい　うえ　た　めずら　じんじゃ

1820 [N1] □□□

산기슭 **록(녹)**

훈	산기슭	ふもと	麓 (산의) 기슭
음	록(녹)	ろく	山麓 산록, 산기슭

19획 麓麓麓麓麓麓麓麓麓麓麓麓麓麓麓麓麓麓麓

山の**麓**から山頂までは3時間もかかるそうです。
산기슭에서 산 정상까지는 3시간이나 걸린다고 합니다.

山麓には広大な茶畑が広がっています。 산록에는 광대한 녹차 밭이 펼쳐져 있습니다.

1821 [N1] □□□

굴대 **축**

훈	굴대	—	
음	축	じく	軸 축 地軸 지축 車軸 차축

12획 軸軸軸軸軸軸軸軸軸軸軸軸

ゴルフのスイングは**軸**がぶれるとうまくいかない。 골프 스윙은 축이 흔들리면 잘되지 않는다.

地球は**地軸**を中心にして回転している。 지구는 지축을 중심으로 해서 회전하고 있다.

1822 [N1] □□□

소반 **반**

훈	소반	—	
음	반	ばん	基盤* 기반 地盤 지반 骨盤 골반 円盤 원반

15획 盤盤盤盤盤盤盤盤盤盤盤盤盤盤盤

就職先も住居も決まり、生活の**基盤**が固まってきた。
취직 자리도 주거지도 정해지고, 생활의 기반이 다져지기 시작했다.

連日の大雨で**地盤**が緩んでいて土砂災害が警戒される。
연일 큰비로 지반이 약해져 있어 토사 재해가 경계된다.

1823 [N1] □□□

강 **강**

훈	강	え	入り江 후미
음	강	こう	江湖 세간, 세상, 강호

6획 江江江江江江

海岸が曲がって陸地に入り込んだ場所を**入り江**という。
해안이 굽어져 육지로 파고든 장소를 후미라고 한다.

発売当初、**江湖**の評判となった小説をやっと読んだ。
발매 당초, 세간의 호평을 받았던 소설을 드디어 읽었다.

1824 [N1] □□□

沼

늪 소

훈 늪	ぬま	沼 늪	沼地 늪지대
음 소	しょう	湖沼 호수와 늪	沼沢 늪과 못

8획 沼沼沼沼沼沼沼沼

たくさんの鯉が公園内の沼で泳いでいる。 많은 잉어가 공원 내의 늪에서 헤엄치고 있다.

あそこの湖沼はきれいな水色をしていることで有名だ。
저곳의 호수와 늪은 예쁜 물빛을 띠고 있는 것으로 유명하다.

1825 [N1] □□□

津

나루 진

훈 나루	つ	津波 해일	津々浦々 방방곡곡
음 진	しん	興味津々 흥미진진	

9획 津津津津津津津津津

今回の地震によって津波が発生する恐れはないそうだ。
이번 지진으로 인해 해일이 발생할 우려는 없다고 한다.

友達と芸能人の興味津々なうわさ話で盛り上がった。
친구와 연예인의 흥미진진한 소문 이야기로 열을 올렸다.

1826 [N1] □□□

渓

시내 계

훈 시내	―		
음 계	けい	渓谷 계곡	渓流 시냇물, 계류

11획 渓渓渓渓渓渓渓渓渓渓渓

登山の途中に通りかかった渓谷で一休みした。 등산 도중에 지나가던 계곡에서 잠시 쉬었다.

週末、渓流で釣りが楽しめるキャンプ場に行って来た。
주말에, 시냇물에서 낚시를 즐길 수 있는 캠핑장에 다녀왔다.

1827 [N1] □□□

滝

여울 랑(낭)

훈 여울	たき	滝 폭포	滝つぼ 용소, 폭포 아래 웅덩이
음 랑(낭)	―		

13획 滝滝滝滝滝滝滝滝滝滝滝滝滝

高さ55メートルの滝は迫力がすごかった。 높이 55미터의 폭포는 박력이 엄청났다.

滝つぼに上がる水しぶきで滝全体が白っぽく見える。
용소에 치솟는 물보라로 폭포 전체가 하얗게 보인다.

1828 [N1] □□□

瀬

여울 **뢰(뇌)**

훈	여울	せ	瀬 여울 浅瀬 얕은 여울 瀬戸際 운명의 갈림길
음	뢰(뇌)	―	

19획 瀬 瀬 瀬 瀬 瀬 瀬 瀬 瀬 瀬 瀬 瀬 瀬 瀬 瀬 瀬 瀬 瀬 瀬 瀬

瀬で釣ったアユを塩焼きにして食べた。 여울에서 낚은 은어를 소금구이해서 먹었다.

子供たちが穏やかな川の浅瀬で水遊びをしている。
아이들이 잔잔한 강의 얕은 여울에서 물놀이를 하고 있다.

1829 [N1] □□□

峡

골짜기 **협**

훈	골짜기	―	
음	협	きょう	海峡 해협 峡谷 협곡

9획 峡 峡 峡 峡 峡 峡 峡 峡 峡

関門海峡は本州と九州を隔てる海峡です。 간몬 해협은 혼슈와 규슈 사이를 가르는 해협입니다.

山々に囲まれている峡谷で水遊びをした。 산들로 둘러싸여 있는 계곡에서 물놀이를 했다.

1830 [N1] □□□

岬

곶 **갑**

훈	곶	みさき	岬 곶
음	갑	―	

8획 岬 岬 岬 岬 岬 岬 岬 岬

岬の展望台からは太平洋が一望できます。 곶의 전망대에서는 태평양을 한 눈에 바라볼 수 있습니다.

1831 [N1] □□□

畔

밭두둑 **반**

훈	밭두둑	―	
음	반	はん	湖畔 호숫가 河畔 강가

10획 畔 畔 畔 畔 畔 畔 畔 畔 畔 畔

主人と一緒に湖畔をのんびり散歩した。 남편과 함께 호숫가를 한가롭게 산책했다.

河畔に沿って美しい桜並木が続いている。 강가를 따라 아름다운 벚나무 가로수길이 이어지고 있다.

1832 [N1] ☐☐☐

화할/찌를 **충**

훈 화할/찌를	おき	**沖**[★] 먼 바다, 물가에서 멀리 떨어진 바다나 호수	
음 충	ちゅう	**沖積層** 충적층 (지층의 일종)	**沖する** 높이 올라가다

7획 沖 沖 沖 沖 沖 沖 沖

釣りをしにボートに乗って**沖**まで出た。 낚시를 하러 보트를 타고 먼 바다까지 나갔다.

沖積層は主に河川沿いで多く見られる。 충적층은 주로 하천 변에서 많이 보인다.

1833 [N1] ☐☐☐

물가 **빈**

훈 물가	はま	**浜** 해변의 모래밭	**砂浜**[★] 해변의 모래사장	**浜辺** 바닷가, 해변
음 빈	ひん	**海浜** 해변	**京浜** 게이힌 (도쿄와 요코하마)	

10획 浜 浜 浜 浜 浜 浜 浜 浜 浜 浜

小さな女の子が**浜**で貝殻を拾っていた。 어린 여자 아이가 해변의 모래밭에서 조개 껍질을 줍고 있었다.

海浜公園では海水浴やキャンプなど自然が満喫できる。
해변 공원에서는 해수욕과 캠핑 등 자연을 만끽할 수 있다.

1834 [N1] ☐☐☐

개 **포**

훈 개	うら	**浦** 후미	**津々浦々** 전국 도처, 방방곡곡
음 포	—		

10획 浦 浦 浦 浦 浦 浦 浦 浦 浦 浦

浦に打ち寄せる波の音が心を静めた。 후미에 밀려오는 파도 소리가 마음을 진정시켰다.

いつか**津々浦々**のグルメを食べて回る旅行がしたい。
언젠가 전국 도처의 음식을 먹으며 돌아다니는 여행을 하고 싶다.

1835 [N1] ☐☐☐

개펄 **석**

훈 개펄	かた	**干潟** 갯벌, 간석지	**新潟県** 니가타현 (지명)
음 석	—		

15획 潟 潟 潟 潟 潟 潟 潟 潟 潟 潟 潟 潟 潟 潟 潟

家族旅行で**干潟**に行って貝をたくさん採った。 가족 여행으로 갯벌에 가서 조개를 잔뜩 잡았다.

新潟県の冬は降水量が多く日照時間が少ないそうだ。
니가타현의 겨울은 강수량이 많고 일조 시간이 적다고 한다.

1836 [N1] ☐☐☐

往

갈 왕

훈	갈	—				
음	왕	おう	**往復**[★] 왕복	**往来** 왕래	**右往左往** 우왕좌왕	**往診** 왕진

8획 往往往往往往往往

東京から大阪までの**往復**チケットを予約した。 도쿄에서 오사카까지의 왕복 티켓을 예약했다.

駅の周辺は夜遅くまで車の**往来**が多い。 역 주변은 밤늦게까지 자동차의 왕래가 많다.

1837 [N1] ☐☐☐

搭

탈 탑

훈	탈	—			
음	탑	とう	**搭載** 탑재	**搭乗** 탑승	**搭乗券** 탑승권

12획 搭搭搭搭搭搭搭搭搭搭搭搭

空気清浄機能を**搭載**しているエアコンが欲しい。 공기 청정 기능을 탑재하고 있는 에어컨을 갖고 싶다.

手荷物検査を済ませ、無事飛行機に**搭乗**できた。
수하물 검사를 끝내고, 무사히 비행기에 탑승할 수 있었다.

1838 [N1] ☐☐☐

軌

길 궤

훈	길	—		
음	궤	き	**軌道**[★] 궤도	**常軌** 평범한 생각, 평범한 방식

9획 軌軌軌軌軌軌軌軌軌

投手のボールは放物線の**軌道**を描いて飛んで行った。 투수의 공은 포물선 궤도를 그리며 날아 갔다.

常軌を逸したアイデアがヒット商品開発に繋がる。
평범한 생각을 벗어난 아이디어가 히트 상품 개발로 이어진다.

새끼마당 고급 한자 해커스 일본어 상용한자 2136

汽

물 끓는 김 **기**

훈	물 끓는 김	—			
음	기	き	汽車 기차	汽船 증기선, 기선	汽笛 기적, 고동

7획 汽汽汽汽汽汽汽

二人の少年が汽車に乗って銀河を旅する本を読んだ。
두 명의 소년이 기차를 타고 은하를 여행하는 책을 읽었다.

この汽船に乗って東京を観光できます。 이 증기선을 타고 도쿄를 관광할 수 있습니다.

배 **박**

훈	배	—		
음	박	はく	船舶 선박	舶来品 외래품

11획 舶舶舶舶舶舶舶舶舶舶舶

港では多くの船舶が行き交っています。 항구에서는 많은 선박이 오가고 있습니다.

ワインは国内産より舶来品のほうが香り豊かだと思う。
와인은 국내산보다 외래품 쪽이 향기가 풍부하다고 생각한다.

돛 **범**

훈	돛	ほ	帆 돛	帆柱 돛대	帆前船 서양식 범선
음	범	はん	帆船 범선	出帆 출범	

6획 帆帆帆帆帆帆

風の吹く方向に合わせて船の帆を張った。 바람이 부는 방향에 맞춰서 배의 돛을 폈다.

帆船に乗って5泊6日の船旅を楽しんだ。 범선을 타고 5박 6일의 선박 여행을 즐겼다.

뱃전 **현**

훈	뱃전	—		
음	현	げん	右舷 오른쪽 뱃전, 우현	舷側 뱃전, 현측

11획 舷舷舷舷舷舷舷舷舷舷舷

クルーズ旅行で、海が見える右舷の客室に泊まった。
크루즈 여행에서, 바다가 보이는 오른쪽 뱃전의 객실에 묵었다.

小さい波が船の舷側に繰り返し打ち寄せている。 작은 파도가 배의 뱃전에 반복해서 밀려오고 있다.

1843 [N1] ☐☐☐

艦

큰배 함

훈	큰 배	—			
음	함	かん	**潜水艦** 잠수함 せんすいかん　**艦船** 함선 かんせん　**艦隊** 함대 かんたい　**軍艦** 군함 ぐんかん

21획 艦艦艦艦艦艦艦艦艦艦艦艦艦艦艦艦艦艦艦艦艦

せんすいかん　の　かいてい　たんけん
潜水艦に乗って海底を探検してみたい。
잠수함을 타고 해저를 탐험해 보고 싶다.

かいぐん　かんせん　せいみつ　さいげん　　く　た
海軍の**艦船**を精密に再現したプラモデルを組み立てた。
해군의 함선을 정밀하게 재현한 프라모델을 조립했다.

1844 [N1] ☐☐☐

艇

거룻배 정

뜻을 나타내는 배(舟)
와 음을 나타내는 廷(정)
을 합친 글자

훈	거룻배	—			
음	정	てい	**艦艇** 함정 かんてい　**競艇** 경정 きょうてい　**舟艇** 주정, 작은 배 しゅうてい

13획 艇艇艇艇艇艇艇艇艇艇艇艇

かいぐん　かんてい　とうきょう　みなと　た　よ
フランス海軍の**艦艇**が東京の港に立ち寄るらしい。　프랑스 해군의 함정이 도쿄 항구에 들른다고 한다.

じっさい　み　きょうてい　　ちが　　　　あっかん
実際に見る**競艇**はテレビと違い、スピードが圧巻だった。
실제로 보는 경정은 텔레비전과 다르게, 속도가 압권이었다.

1845 [N1] ☐☐☐

搬

옮길 반

훈	옮길	—			
음	반	はん	**運搬** 운반 うんぱん　**搬送** 운송, 반송 はんそう　**搬出** 반출 はんしゅつ　**搬入** 반입 はんにゅう

13획 搬搬搬搬搬搬搬搬搬搬搬搬搬

ほんしゃ　けんちくしざい　うんぱん　にお　おな
本社では建築資材の**運搬**から荷下ろしまで行っている。
본사에서는 건축 자재의 운반부터 짐을 내리는 것까지 하고 있다.

きゅう　いしき　うしな　きゅうきゅうしゃ　びょういん　はんそう
急に意識を失い、救急車で病院に**搬送**された。
갑자기 의식을 잃어서, 구급차로 병원에 운송되었다.

1846 [N1] ☐☐☐

宛

완연할 완

훈	완연할	あ(てる)	**宛てる** 앞으로 보내다 あ　　**宛名**★ 수신인명 あてな　　**宛先**★ 수신인 주소 あてさき
음	완	—	

8획 宛宛宛宛宛宛宛宛

こうこうじだい　おんし　あ　てがみ　か
高校時代の恩師に**宛て**て手紙を書いた。　고등학교 시절의 은사 앞으로 보낼 편지를 썼다.

はがき　　　　い　　　　　　あてな　まちが　きづ
葉書をポストに入れたあと、**宛名**の間違いに気付いた。
엽서를 우체통에 넣은 후, 수신인명이 틀렸다는 것을 깨달았다.

逓

훈	갈림/갈마들	—		
음	체	てい	**逓信** 체신, 우편이나 전신 등의 통신	**逓減** 차차 줆

10획 逓 逓 逓 逓 逓 逓 逓 逓 逓 逓

갈림/갈마들 **체**

かつて電信・電話事業は**逓信**省が担当していた。
예전에 전신·전화 사업은 체신성이 담당하고 있었다.

韓国の出生率は**逓減**し続けています。
한국의 출생률은 계속해서 차차 줄고 있습니다.

맞은 개수: /40

색이 있는 한자의 발음을 밑줄에 쓴 다음, 괄호 안에 단어의 뜻을 써 보세요.

01 料亭	りょう_____	( )	**21** 埼玉県	_____たまけん ( )
02 福岡県	ふく___けん ( )		**22** 隙	_____ ( )
03 堤	_____ ( )		**23** 山岳	さん_____ ( )
04 倉	_____ ( )		**24** 宙	_____ ( )
05 崖	_____ ( )		**25** 峰	_____ ( )
06 丘陵	きゅう_____ ( )		**26** 沼	_____ ( )
07 傍ら	_____ら ( )		**27** 経緯	けい_____ ( )
08 人脈	じん_____ ( )		**28** 海峡	かい_____ ( )
09 里	_____ ( )		**29** 麓	_____ ( )
10 入り江	いり_____ ( )		**30** 往復	_____ふく ( )
11 峠	_____ ( )		**31** 浜	_____ ( )
12 故郷	こ_____ ( )		**32** 津波	_____なみ ( )
13 亜熱帯	___ねったい ( )		**33** 丘	_____ ( )
14 運搬	うん_____ ( )		**34** 堀	_____ ( )
15 滝	_____ ( )		**35** 校舎	こう_____ ( )
16 汽車	_____しゃ ( )		**36** 廊下	_____か ( )
17 沖	_____ ( )		**37** 病棟	びょう_____ ( )
18 宮殿	_____でん ( )		**38** 輪郭	りん_____ ( )
19 別荘	べっ_____ ( )		**39** 搭載	_____さい ( )
20 圏内	_____ない ( )		**40** 朽ちる	_____ちる ( )

정답 01 りょうてい 요정, 고급 일본 음식점 02 ふくおかけん 후쿠오카현 (지명) 03 つつみ 둑 04 くら 곳간 05 がけ 벼랑, 절벽 06 きゅうりょう 구릉
07 かたわら 옆, 곁 08 じんみゃく 인맥 09 さと 마을, 시골 10 いりえ 후미 11 とうげ 산마루, 고개 12 こきょう 고향 13 あねったい 아열대
14 うんぱん 운반 15 たき 폭포 16 きしゃ 기차 17 おき 먼 바다, 물가에서 멀리 떨어진 바다나 호수 18 きゅうでん 궁전 19 べっそう 별장
20 けんない 권내, 범위 안 21 さいたまけん 사이타마현 (지명) 22 すき 틈 23 さんがく 산악 24 ちゅう 공중, 하늘 25 みね 봉우리 26 ぬま 늪
27 けいい 경위 28 かいきょう 해협 29 ふもと (산의) 기슭 30 おうふく 왕복 31 はま 해변의 모래밭 32 つなみ 해일 33 おか 언덕 34 ほり 해자
35 こうしゃ 교사 36 ろうか 복도 37 びょうとう 병동 38 りんかく 윤곽 39 とうさい 탑재 40 くちる 썩다, 쇠퇴하다

MP3 바로 듣기

★은 JLPT/JPT 기출 단어입니다.

1848 [N1] ☐☐☐

宗

마루 종

훈 마루	—			
음 종	しゅう	宗教 종교	改宗 개종	宗派 종파
	そう	宗家 종가, 큰집		

8획 宗宗宗宗宗宗宗宗

日本では宗教に関する自由が法律で守られている。
일본에서는 종교에 관한 자유가 법률로 지켜지고 있다.

私は改宗してキリスト教信者になった。 나는 개종해서 기독교 신자가 되었다.

1849 [N1] ☐☐☐

崇

높을 숭

훈 높을	—		
음 숭	すう	崇拝 숭배	崇高 숭고

11획 崇崇崇崇崇崇崇崇崇崇崇

彼は国を救った英雄として国民から崇拝されている。
그는 나라를 구한 영웅으로서 국민으로부터 숭배받고 있다.

戦地で医療活動する彼は崇高な精神の持ち主だと思う。
전장에서 의료 활동하는 그는 숭고한 정신의 소유자라고 생각한다.

1850 [N1] ☐☐☐

奉

받들 봉

훈 받들	たてまつ(る)	奉る 바치다, 받들다		
음 봉	ほう	奉仕 봉사	奉納 봉납	信奉 신봉
	ぶ	奉行 봉행, 명을 받들어 행함		

8획 奉奉奉奉奉奉奉奉

昔の人は神様に貢ぎ物を奉り、豊作を祈った。 옛날 사람은 신에게 공물을 바치고, 풍작을 빌었다.

これからも地域を守る消防士として社会に奉仕したい。
앞으로도 지역을 지키는 소방사로서 사회에 봉사하고 싶다.

1851 [N1] ☐☐☐

冥

어두울 명

훈	어두울	—	
음	명	めい	**冥福** 명복
		みょう	**冥利** 명리, (신의) 은혜　**冥加** 명가, (신의) 가호

10획　冥冥冥冥冥冥冥冥冥冥

心より故人のご**冥福**をお祈りします。　마음으로부터 고인의 명복을 빕니다.

素晴らしい賞を頂き、役者として**冥利**に尽きます。
훌륭한 상을 받아, 배우로서 은혜에 더없이 행복합니다.

1852 [N1] ☐☐☐

儒

선비 유

훈	선비	—	
음	유	じゅ	**儒教** 유교　**儒学** 유학　**儒者** 유학자, 유교학자

16획　儒儒儒儒儒儒儒儒儒儒儒儒儒儒儒儒

儒教は仏教よりも早く日本に伝わった。　유교는 불교보다도 빨리 일본에 전해졌다.

人を思いやる心は**儒学**の基本的な思想です。　사람을 헤아리는 마음은 유학의 기본적인 사상입니다.

1853 [N1] ☐☐☐

僧

중 승

훈	중	—	
음	승	そう	**僧侶** 승려　**僧院** 절, 승원　**高僧** 고승　**尼僧** 여승, 비구니

13획　僧僧僧僧僧僧僧僧僧僧僧僧僧

僧侶になるには厳しい修行に耐えなければならない。
승려가 되기 위해서는 혹독한 수행을 견디지 않으면 안 된다.

この**僧院**では10人の僧侶が暮らしています。　이 절에는 10명의 승려가 살고 있습니다.

1854 [N1] ☐☐☐

侶

짝 려(여)

훈	짝	—	
음	려(여)	りょ	**伴侶** 반려　**僧侶** 승려

9획　侶侶侶侶侶侶侶侶侶

こんな最高の**伴侶**に恵まれた私は幸せ者です。　이런 최고의 반려를 만난 나는 행복한 사람입니다.

講演会では**僧侶**が仏様の教えを語ってくれた。
강연회에서는 승려가 부처님의 가르침을 이야기해 주었다.

1855 [N1] ☐☐☐

尼

훈 여승	あま	尼 비구니	尼寺 ^{あまでら} 여승방, 여승들이 사는 절
음 니	に	尼僧 ^{に そう} 여승, 비구니	修道尼 ^{しゅうどう に} 여승, 승녀

5획 尼 尼 尼 尼 尼

여승 니

出家した女性のことを尼という。 출가한 여성을 비구니라고 한다.

尼僧の生活は早朝から始まります。 여승의 생활은 이른 아침부터 시작됩니다.

1856 [N1] ☐☐☐

禅

훈 선	—		
음 선	ぜん	座禅 ^{ざ ぜん} 좌선　禅宗 ^{ぜんしゅう} 선종	禅寺 ^{ぜんでら} 선사, 선종의 사원

13획 禅 禅 禅 禅 禅 禅 禅 禅 禅 禅 禅 禅 禅

선 선

週に1回座禅を組んで、精神統一を行っている。 한 주에 1번 좌선을 해서, 정신 통일을 하고 있다.

禅宗は18世紀に中国から伝わった仏教の一派だ。 선종은 18세기에 중국에서 전해진 불교의 일파다.

1857 [N1] ☐☐☐

詣

훈 이를	もう(でる)	詣でる ^{もう} (신전·불전에) 참배하다	初詣 ^{はつもうで} 정월의 첫 참배
음 예	けい	参詣 ^{さんけい} 참예, 신불에 참배함	

13획 詣 詣 詣 詣 詣 詣 詣 詣 詣 詣 詣 詣 詣

이를 예

お盆に家族全員で先祖の墓に詣でた。 오봉에 가족 전원이서 선조의 묘에 참배했다.

神社によって参詣のルールは少しずつ異なる。 신사에 따라 신불에 참배하는 규칙은 조금씩 다르다.

1858 [N1] ☐☐☐

聖

훈 성인	—		
음 성	せい	神聖 ^{しんせい} 신성　聖書 ^{せいしょ} 성서　聖人 ^{せいじん} 성인, 성자	聖なる ^{せい} 성스러운

13획 聖 聖 聖 聖 聖 聖 聖 聖 聖 聖 聖 聖 聖

성인 성

神社は神が宿る神聖な場所です。 신사는 신이 머무는 신성한 곳입니다.

キリスト教の聖書は世界で最も売れた本だという。
기독교 성서는 세계에서 가장 많이 팔린 책이라고 한다.

훈	곧을	—
음	정	てい	貞操 정조　不貞 부정, 외도　貞節 정절, 절개　貞淑 정숙

9획 貞 貞 貞 貞 貞 貞 貞 貞 貞

곧을 **정**

法律上、夫婦には**貞操**を守る義務があります。 법률상, 부부에게는 정조를 지킬 의무가 있습니다.

結婚した以上、**不貞**な行為は許されない。 결혼한 이상, 부정한 행위는 허용되지 않는다.

훈	덕	—
음	덕	とく	道徳 도덕　美徳 미덕　悪徳 악덕

14획 徳 徳 徳 徳 徳 徳 徳 徳 徳 徳 徳 徳 徳 徳

덕 **덕**

道徳は人が正しく行動するために必要なものだ。 도덕은 사람이 올바르게 행동하기 위해 필요한 것이다.

人の過ちが許せる広い心は**美徳**とされている。
남의 잘못을 용서할 수 있는 넓은 마음은 미덕으로 여겨지고 있다.

훈	헛보일	まぼろし	幻 환상, 환영
음	환	げん	幻想 환상　幻覚 환각　幻滅 환멸　夢幻 몽환

4획 幻 幻 幻 幻

헛보일 **환**

ツチノコは日本に生息すると言われる**幻**の動物だ。
쓰치노코는 일본에 서식한다고 말해지는 환상의 동물이다.

都会への**幻想**を抱いて上京を決めた。 도시에 대한 환상을 품고 상경을 정했다.

훈	요사할	あや(しい)	妖しい 불가사의하다, 괴이하다
음	요	よう	妖怪 요괴　妖艶 요염　妖精 요정

7획 妖 妖 妖 妖 妖 妖 妖

요사할 **요**

ブラックオパールは**妖しい**輝きが魅力の宝石です。 블랙 오팔은 불가사의한 광채가 매력인 보석입니다.

かっぱは古くから伝わる日本の**妖怪**だ。 갓파는 옛날부터 전해지는 일본의 요괴다.

1863 [N1] □□□

幽

훈	그윽할	—	
음	유	ゆう	**幽**霊 ^{ゆうれい} 유령　**幽**玄 ^{ゆうげん} 유현, 그윽함

9획 幽 幽 幽 幽 幽 幽 幽 幽 幽

그윽할 유

この廃業した病院には**幽**霊が出るらしい。 이 폐업한 병원에는 유령이 나온다고 한다.
^{はいぎょう びょういん ゆうれい で}

ライトアップされた満開の夜桜は**幽**玄な雰囲気だった。
^{まんかい よざくら ゆうげん ふんいき}
불이 켜진 만개한 밤 벚꽃은 그윽한 분위기였다.

1864 [N1] □□□

靈

훈	신령	たま	**靈** ^{たま} 넋, 영혼　御**靈** ^{みたま} 영령 (영혼의 높임말)　**靈**屋 ^{たまや} 사당, 영묘
음	령(영)	れい	精**靈** ^{せいれい} 정령　幽**靈** ^{ゆうれい} 유령　**靈**魂 ^{れいこん} 영혼　**靈**感 ^{れいかん} 영감
		りょう	悪**靈** ^{あくりょう} 악령

15획 靈 靈 靈 靈 靈 靈 靈 靈 靈 靈 靈 靈 靈 靈 靈

신령 령(영)

お盆には先祖の御**靈**を弔うため、墓参りをします。 오봉에는 선조의 영령을 기리기 위해, 성묘를 합니다.
^{ぼん せんぞ みたま とむら はかまい}

草木や水などの自然に精**靈**がいると信じている。 초목이나 물등의 자연에 정령이 있다고 믿고 있다.
^{くさき みず しぜん せいれい しん}

1865 [N1] □□□

鬼

훈	귀신	おに	**鬼** ^{おに} 귀신　**鬼**ごっこ ^{おに} 술래잡기
음	귀	き	**鬼**才 ^{きさい} 귀재　**鬼**神 ^{きじん} 귀신

10획 鬼 鬼 鬼 鬼 鬼 鬼 鬼 鬼 鬼 鬼

귀신 귀

節分の日は**鬼**にふんした夫に豆をまくのが恒例だ。
^{せつぶん ひ おに おっと まめ こうれい}
절분은 귀신으로 분장한 남편에게 콩을 뿌리는 것이 항상 하는 일이다.

この器は陶芸界の**鬼**才が手掛けた作品です。 이 그릇은 도예계의 귀재가 손수 만든 작품입니다.
^{うつわ とうげいかい きさい てが さくひん}

1866 [N1] □□□

魂

훈	넋	たましい	**魂** ^{たましい} 혼, 마음, 정신　負けじ**魂** ^{ま だましい} 투지
음	혼	こん	**魂**胆 ^{こんたん} 속셈, 넋　靈**魂** ^{れいこん} 영혼　商**魂** ^{しょうこん} 상혼, 상인의 정신

14획 魂 魂 魂 魂 魂 魂 魂 魂 魂 魂 魂 魂 魂 魂

넋 혼

> 귀신(鬼)과 구름(云)을 합쳐 영혼이 구름처럼 떠도는 것을 나타낸 글자

昔の日本人はあらゆる物に**魂**が宿ると考えていた。
^{むかし にほんじん もの たましい やど かんが}
옛날 일본인은 온갖 물건에 혼이 깃들어 있다고 생각했었다.

あの営業マンは買わせようという**魂**胆が見え見えだ。
^{えいぎょう か こんたん み み}
저 영업 사원은 사게 하려고 하는 속셈이 훤히 보인다.

1867 [N1] □□□

仙

5획 仙 仙 仙 仙 仙

신선 **선**

사람(イ)과 산(山)을 합쳐 산에 사는 신선을 나타낸 글자

훈	신선	—	
음	선	せん	仙人 선인, 신선　水仙 수선화

白いひげを生やした老人は仙人のようだった。　하얀 수염을 기른 노인은 선인 같았다.

春の訪れを告げる水仙の花が庭に咲きました。　봄의 방문을 알리는 수선화 꽃이 정원에 피었습니다.

1868 [N1] □□□

呪

8획 呪 呪 呪 呪 呪 呪 呪 呪

빌 **주**

훈	빌	のろ(う)	呪う 저주하다
음	주	じゅ	呪文 주문

呪われた家が出てくるホラー映画がとても怖かった。　저주받은 집이 나오는 호러 영화가 매우 무서웠다.

魔法使いが杖を振って呪文を唱えた。　마법사가 지팡이를 휘두르며 주문을 외웠다.

1869 [N1] □□□

凶

4획 凶 凶 凶 凶

흉할 **흉**

훈	흉할	—	
음	흉	きょう	凶悪 흉악　凶作 흉작　吉凶 길흉

最近、凶悪な事件が多くなって物騒だ。　최근, 흉악한 사건이 많아져서 세상이 뒤숭숭하다.

今年は冷夏の影響で全国的に米が凶作となった。
올해는 기온이 낮은 여름의 영향으로 전국적으로 쌀이 흉작이 되었다.

1870 [N1] □□□

厄

4획 厄 厄 厄 厄

재앙 **액**

훈	재앙	—	
음	액	やく	厄 액, 재난　厄介だ* 귀찮다　厄年 액년　災厄 재액

最近災難が続くから、厄を払いに神社に行ってみよう。
최근 재난이 계속되니, 액을 쫓으러 신사에 가보자.

忘年会の幹事という厄介な仕事を頼まれた。　송년회 간사라는 귀찮은 일을 부탁받았다.

1871 [N1] ☐☐☐

훈	꺼릴	い(む)	**忌む** 꺼리다, 미워하고 싫어하다
		い(まわしい)	**忌まわしい** 꺼림칙하다, 불길하다
음	기	き	**禁忌** 금기 **忌避** 기피

7획 忌 忌 忌 忌 忌 忌 忌

꺼릴 **기**

4は死を連想させるからといって**忌む**文化圏がある。
4는 죽음을 연상시킨다고 해서 꺼리는 문화권이 있다.

ヒンドゥー教では牛を食べることを**禁忌**としている。 힌두교에서는 소를 먹는 것을 금기로 하고 있다.

문화

1872 [N1] ☐☐☐

| 훈 | 풍속 | — | |
| 음 | 속 | ぞく | **民俗** 민속 **風俗** 풍속, 풍습 **俗称** 속칭 **俗語** 속어 |

9획 俗 俗 俗 俗 俗 俗 俗 俗 俗

풍속 **속**

大学でこの地域の**民俗**についての講義を聞いた。 대학에서 이 지역의 민속에 대한 강의를 들었다.

明治時代の産業や**風俗**について書かれた資料を読んだ。
메이지 시대의 산업이나 풍속에 대해서 쓰여진 자료를 읽었다.

1873 [N1] ☐☐☐

| 훈 | 즐길 | — | |
| 음 | 오 | ご | **娯楽** 오락 |

10획 娯 娯 娯 娯 娯 娯 娯 娯 娯 娯

즐길 **오**

田舎は自然が豊かでいいが、**娯楽**が少ないのが残念だ。
시골은 자연이 풍부해서 좋지만, 오락이 적은 것이 아쉽다.

1874 [N1] ☐☐☐

| 훈 | 겨를/틈 | ひま | **暇**★ 틈, 짬 **暇な時** 한가할 때 **暇潰し** 심심풀이, 시간 때우기 |
| 음 | 가 | か | **休暇**★ 휴가 **余暇** 여가 |

13획 暇 暇 暇 暇 暇 暇 暇 暇 暇 暇 暇 暇 暇

겨를/틈 **가**

子供は**暇**さえあればずっとスマホを見ている。 아이는 틈만 있으면 계속 스마트폰을 보고 있다.

来月久しぶりに**休暇**を取って海外旅行に行く。 다음 달 오랜만에 휴가를 내서 해외여행을 간다.

1875 [N1] ☐☐☐

憩

쉴 **게**

훈 쉴	いこ(い)	<ruby>憩<rt>いこ</rt></ruby>い* 휴식, 푹 쉼	
	いこ(う)	<ruby>憩<rt>いこ</rt></ruby>う 푹 쉬다, 휴식하다	
음 게	けい	<ruby>休憩<rt>きゅうけい</rt></ruby>* 휴게, 휴식	<ruby>休憩室<rt>きゅうけいしつ</rt></ruby>* 휴게실

16획 憩 憩 憩 憩 憩 憩 憩 憩 憩 憩 憩 憩 憩 憩 憩

<ruby>当旅館自慢<rt>とうりょかんじまん</rt></ruby>の<ruby>温泉<rt>おんせん</rt></ruby>で<ruby>憩<rt>いこ</rt></ruby>いの<ruby>時間<rt>じかん</rt></ruby>をお<ruby>過<rt>す</rt></ruby>ごしください。
저희 여관이 자랑하는 온천에서 휴식 시간을 보내 주세요.

もうすぐ<ruby>休憩<rt>きゅうけい</rt></ruby>の<ruby>時間<rt>じかん</rt></ruby>なので、それまで<ruby>頑張<rt>がんば</rt></ruby>りましょう。 이제 곧 휴게 시간이니까, 그때까지 힘냅시다.

1876 [N1] ☐☐☐

宴

잔치 **연**

| 훈 잔치 | — | | | | |
| 음 연 | えん | <ruby>宴会<rt>えんかい</rt></ruby> 연회 | <ruby>披露宴<rt>ひろうえん</rt></ruby>* 피로연 | <ruby>酒宴<rt>しゅえん</rt></ruby> 술잔치 | <ruby>宴席<rt>えんせき</rt></ruby> 연석 |

10획 宴 宴 宴 宴 宴 宴 宴 宴 宴 宴

このホテルには、100<ruby>人<rt>にん</rt></ruby>で<ruby>宴会<rt>えんかい</rt></ruby>ができる<ruby>会場<rt>かいじょう</rt></ruby>があります。
이 호텔에는, 100명이서 연회를 할 수 있는 회장이 있습니다.

<ruby>結婚<rt>けっこん</rt></ruby>の<ruby>披露宴<rt>ひろうえん</rt></ruby>で、<ruby>両親<rt>りょうしん</rt></ruby>に<ruby>感謝<rt>かんしゃ</rt></ruby>の<ruby>手紙<rt>てがみ</rt></ruby>を<ruby>読<rt>よ</rt></ruby>んだ。 결혼식의 피로연에서, 부모님에게 감사의 편지를 읽었다.

1877 [N1] ☐☐☐

棋

바둑 **기**

| 훈 바둑 | | | |
| 음 기 | き | <ruby>将棋<rt>しょうぎ</rt></ruby>* 장기 | <ruby>棋士<rt>きし</rt></ruby> (바둑·장기 등의) 기사 |

12획 棋 棋 棋 棋 棋 棋 棋 棋 棋 棋 棋 棋

<ruby>小<rt>ちい</rt></ruby>さい<ruby>頃<rt>ころ</rt></ruby>、<ruby>祖父<rt>そふ</rt></ruby>と<ruby>将棋<rt>しょうぎ</rt></ruby>で<ruby>遊<rt>あそ</rt></ruby>んだ<ruby>思<rt>おも</rt></ruby>い<ruby>出<rt>で</rt></ruby>がある。 어렸을 적, 할아버지와 장기로 놀았던 추억이 있다.

その<ruby>少年<rt>しょうねん</rt></ruby>は<ruby>史上最年少<rt>しじょうさいねんしょう</rt></ruby>でプロの<ruby>棋士<rt>きし</rt></ruby>になった。 그 소년은 역사상 최연소로 프로 기사가 되었다.

1878 [N1] ☐☐☐

碁

바둑 **기**

| 훈 바둑 | — | | | |
| 음 기 | ご | <ruby>囲碁<rt>いご</rt></ruby> 바둑 | <ruby>碁盤<rt>ごばん</rt></ruby> 바둑판 | <ruby>碁石<rt>ごいし</rt></ruby> 바둑돌 |

13획 碁 碁 碁 碁 碁 碁 碁 碁 碁 碁 碁 碁 碁

<ruby>祖父<rt>そふ</rt></ruby>は<ruby>囲碁<rt>いご</rt></ruby>の<ruby>対局<rt>たいきょく</rt></ruby>を<ruby>中継<rt>ちゅうけい</rt></ruby>するテレビ<ruby>番組<rt>ばんぐみ</rt></ruby>が<ruby>好<rt>す</rt></ruby>きだ。
할아버지는 바둑 대국을 중계하는 텔레비전 프로그램을 좋아한다.

<ruby>二人<rt>ふたり</rt></ruby>の<ruby>棋士<rt>きし</rt></ruby>は、<ruby>碁盤<rt>ごばん</rt></ruby>をじっと<ruby>凝視<rt>ぎょうし</rt></ruby>していた。 두 기사는, 바둑판을 물끄러미 응시하고 있었다.

1879 [N1] ☐☐☐

駒

망아지 구

	훈 망아지	こま	駒 장기말, 망아지
	음 구	―	

15획 駒 駒 駒 駒 駒 駒 駒 駒 駒 駒 駒 駒 駒 駒 駒

駒の動かし方にはルールがあります。 장기말을 움직이는 방법에는 규칙이 있습니다.

1880 [N1] ☐☐☐

蹴

찰 축

	훈 찰	け(る)	蹴る 차다, 거절하다 蹴飛ばす 차버리다
	음 축	しゅう	一蹴 일축, 거절, 물리침

19획 蹴 蹴 蹴 蹴 蹴 蹴 蹴 蹴 蹴 蹴 蹴 蹴 跨 蹴 蹴 蹴 蹴 蹴 蹴

森君が蹴ったボールはそのままゴールに入っていった。 모리 군이 찬 공은 그대로 골대로 들어 갔다.
入社当初は上司に提案を一蹴されてばかりだった。
입사 초기에는 상사에게 제안을 일축당하기만 했다.

1881 [N1] ☐☐☐

跳

뛸 도

	훈 뛸	は(ねる)	跳ねる 뛰다, 뛰어오르다
		と(ぶ)	跳ぶ 뛰다, 도약하다 縄跳び 줄넘기
	음 도	ちょう	跳躍 도약

13획 跳 跳 跳 跳 跳 跳 跳 跳 跳 跳 跳 跳 跳

ウサギが野原をぴょんぴょん跳ねている。 토끼가 들판을 깡충깡충 뛰고 있다.
高く跳躍するために、地面を力強く蹴った。 높이 도약하기 위해서, 지면을 힘차게 찼다.

1882 [N1] ☐☐☐

挑

돋울 도

	훈 돋울	いど(む)	挑む 도전하다
	음 도	ちょう	挑戦★ 도전 挑発 도발

9획 挑 挑 挑 挑 挑 挑 挑 挑 挑

高橋選手は明日の競技で、自身の大会記録更新に挑む。
다카하시 선수는 내일 경기에서, 자신의 대회 기록 경신에 도전한다.

今年はずっとやりたかったパン作りに挑戦したい。 올해는 쭉 하고 싶었던 빵 만들기에 도전하고 싶다.

1883 [N1] □□□

騎

훈 말 탈 —

음 기 き 騎馬 기마 騎手 기수 騎士 기사

18획 騎騎騎騎騎騎騎騎騎騎騎騎騎騎騎騎騎騎

말 탈 기

モンゴルは過去に騎馬の技術で勢力を広げた国である。
몽골은 과거에 기마 기술로 세력을 펼쳤던 나라이다.

その騎手は競走馬と息の合った走りを見せ、勝利した。
그 기수는 경주마와 호흡이 맞는 달리기를 보이며, 승리했다.

1884 [N1] □□□

鍛

훈 쇠 불릴 きた(える) 鍛える 단련하다, 불리다 鍛え方 단련법

음 단 たん 鍛錬 단련

17획 鍛鍛鍛鍛鍛鍛鍛鍛鍛鍛鍛鍛鍛鍛鍛鍛鍛

쇠 불릴 단

健康のため、出勤前にジムへ行き体を鍛えています。
건강을 위해, 출근 전에 헬스장에 가서 몸을 단련하고 있습니다.

立派な大工になるため、日々鍛錬に励んでいる。 훌륭한 목수가 되기 위해, 매일 단련에 힘쓰고 있다.

1885 [N1] □□□

錬

훈 단련할 —

음 련(연) れん 精錬 정련, 제련 鍛錬 단련 錬金術 연금술

16획 錬錬錬錬錬錬錬錬錬錬錬錬錬錬錬錬

단련할 련(연)

鉱石を精錬して不純物を取り除いた。 광석을 정련해서 불순물을 제거했다.

試合に負けたのは鍛錬が足りなかったからだろう。 시합에서 진 것은 단련이 부족했기 때문이겠지.

1886 [N1] □□□

釣

훈 낚을 つ(る) 釣る* 낚다, 잡다 釣り* 낚시 釣り合い 균형을 잡다

음 조 ちょう 釣果 조황, 낚시 성과 釣魚 조어, 낚시질

11획 釣釣釣釣釣釣釣釣釣釣釣

낚을 조

小さい頃はよく家族で魚を釣りに出かけた。 어린 시절에는 자주 가족과 함께 물고기를 낚으러 나섰다.

今日の釣果は小さいアジ2匹だけでした。 오늘의 조황은 작은 전갱이 2마리뿐이었습니다.

27일차 신앙·문화·공연예술 **585**

1887 [N1] □□□

훈 보루	—
음 루(누)	るい　**満塁** 만루　**盗塁** 도루

12획 塁 塁 塁 塁 塁 塁 塁 塁 塁 塁 塁 塁

보루 루(누)

ノーアウト、**満塁**のチャンスで打席が回ってきた。　노 아웃, 만루의 찬스에서 타석이 돌아왔다.

ピッチャーの目を盗んで**盗塁**に成功した。　투수의 눈을 속여 도루에 성공했다.

1888 [N1] □□□

훈 칠	せ(める)　**攻める** 공격하다
음 공	こう　**攻撃**★ 공격　**専攻** 전공　**攻守** 공수

7획 攻 攻 攻 攻 攻 攻 攻

칠 공

뜻을 나타내는 치다(攵)
와 음을 나타내는 工(공)
을 합친 글자

今日の試合ではどんどん**攻めて**点を取りましょう。　오늘 시합에서는 계속 공격해서 점수를 땁시다.

A国はB国の軍事施設をロケット弾で**攻撃**した。　A국은 B국의 군사 시설을 로켓탄으로 공격했다.

1889 [N1] □□□

훈 칠	う(つ)　**撃つ** (총포를) 쏘다, (탄알을) 맞히다, 공격하다
음 격	げき　**衝撃的**★ 충격적　**攻撃**★ 공격　**目撃** 목격　**反撃** 반격

15획 撃 撃 撃 撃 撃 撃 撃 撃 撃 撃 撃 撃 撃 撃 撃

칠 격

弟は的に向かって銃を**撃つ**ゲームが得意だ。　남동생은 과녁을 향해서 총을 쏘는 게임을 잘한다.

爆弾が投下された町の写真は**衝撃的**だった。　폭탄이 투하된 마을의 사진은 충격적이었다.

헷갈리는 단어 모아보기

동음이의어	撃つ (총포를) 쏘다, 공격하다	犯人を捕まえるために銃を撃った。 범인을 잡기 위해 총을 쐈다.
	打つ 박다, 치다	風呂場で転んで頭を打った。 목욕탕에서 넘어져 머리를 박았다.

撃つ·打つ는 모두 うつ로 발음된다. 撃つ는 총 등을 쏴서 공격하다, 打つ는 어떤 것에 박거나 무력으로 치다라는 뜻이다.

1890 [N1] □□□

詩

시 **시**

훈	시	—	
음	시	し	**詩人** しじん 시인　**詩集** ししゅう 시집　**詩歌** しか 시가

13획 詩 詩 詩 詩 詩 詩 詩 詩 詩 詩 詩 詩 詩

彼女は**詩人**として輝かしい名声を築いた。　그녀는 시인으로서 빛나는 명성을 쌓았다.

彼は**詩集**を手に取り読み始めた。　그는 시집을 집어 들고 읽기 시작했다.

1891 [N1] □□□

詠

읊을 **영**

훈	읊을	よ(む)	**詠む** よ 읊다, 시가를 짓다
음	영	えい	**詠嘆** えいたん 영탄, 감탄　**朗詠** ろうえい 낭영, 낭송

12획 詠 詠 詠 詠 詠 詠 詠 詠 詠 詠 詠 詠

桜について**詠まれた**俳句が何とも素敵だった。　벚꽃에 대해서 읊은 하이쿠가 참으로 멋졌다.

「な」という終助詞には**詠嘆**を表す意味がある。　'나'라고 하는 종조사에는 영탄을 나타내는 의미가 있다.

1892 [N1] □□□

諧

화할 **해**

훈	화할	—	
음	해	かい	**俳諧** はいかい 하이카이 (일본 전통 시인 하이쿠·렌쿠의 총칭)

16획 諧 諧 諧 諧 諧 諧 諧 諧 諧 諧 諧 諧 諧 諧 諧 諧

俳諧とは江戸時代、庶民に広まった日本文学である。
하이카이란 에도시대, 서민에게 널리 퍼진 일본 문학이다.

1893 [N1] □□□

楷

해서 **해**

훈	해서	—	
음	해	、かい	**楷書** かいしょ 해서, 해서체

13획 楷 楷 楷 楷 楷 楷 楷 楷 楷 楷 楷 楷 楷

こちらにお名前を**楷書**ではっきりと記入してください。　이쪽에 이름을 해서체로 명확히 기입해 주세요.

稿

훈	원고	—
음	고	こう	**原稿**★ 원고 **投稿** 투고 **草稿** 초고, 초안

15획 稿 稿 稿 稿 稿 稿 稿 稿 稿 稿 稿 稿 稿 稿 稿

担当作家さんが書いた**原稿**を受け取りに行った。 담당 작가님이 쓴 원고를 받으러 갔다.

新聞に詩を**投稿**したところ掲載されることになった。 신문에 시를 투고했더니 게재되게 되었다.

원고 **고**

吟

훈	읊을	—
음	음	ぎん	**吟味**★ 잘 조사함, 음미 **吟じる** (시를) 읊다

7획 吟 吟 吟 吟 吟 吟 吟

最新の冷蔵庫は高いのでよく**吟味**して買うつもりだ。 최신 냉장고는 비싸서 잘 조사하고 살 생각이다.

妻は趣味で和歌を**吟じる**詩吟教室に通っている。 아내는 취미로 와카를 읊는 시음 교실에 다니고 있다.

읊을 **음**

韻

훈	운	—
음	운	いん	**音韻** 음운 **余韻** 여운 **韻文** 운문 **韻律** 운율

19획 韻 韻 韻 韻 韻 韻 韻 韻 韻 韻 韻 韻 韻 韻 韻 韻 韻 韻 韻

日本語の**音韻**は比較的シンプルだと言われている。 일본어의 음운은 비교적 심플하다고 말해지고 있다.

コンサートが終わった後もしばらく**余韻**に浸っていた。
콘서트가 끝난 후에도 한동안 여운에 잠겨 있었다.

운 **운**

傑

훈	뛰어날	—
음	걸	けつ	**傑作** 걸작 **豪傑** 호걸, 대담한 사람 **傑物** 걸물, 훌륭한 인물

13획 傑 傑 傑 傑 傑 傑 傑 傑 傑 傑 傑 傑 傑

あの漫画は**傑作**なので、人気があるのもうなずける。
그 만화는 걸작이기 때문에, 인기가 있는 것도 고개가 끄덕여진다.

戦国時代は賢くて武道に優れた**豪傑**な武将が多かった。
전국시대는 현명하고 무도에 뛰어난 호걸한 장수가 많았다.

뛰어날 **걸**

1898 [N1] □□□

矯

바로잡을 교

| 훈 | 바로잡을 | た(める) | 矯める 바로잡다, 교정하다　矯め直す 고치다, 바로잡다 |
| 음 | 교 | きょう | 矯正 교정　奇矯 기교, 괴이하고 기발함 |

17획 矯矯矯矯矯矯矯矯矯矯矯矯矯矯矯矯矯

生け花教室で、茎を**矯める**技術を習った。　꽃꽂이 교실에서, 줄기를 바로잡는 기술을 배웠다.

歯並びが悪くて、歯の**矯正**を考えている。　치열이 좋지 않아서, 치아의 교정을 생각하고 있다.

1899 [N1] □□□

描

그릴 묘

훈	그릴	えが(く)	描く★ 그리다　描き出す 그려내다
		か(く)	描く★ 그리다　絵描き 그림쟁이
음	묘	びょう	描写 묘사　素描 소묘, 데생　点描 점묘

11획 描描描描描描描描描描描

この絵画は画家ピカソによって**描かれた**作品です。　이 그림은 화가 피카소에 의해 그려진 작품입니다.

小説の中で登場人物の心情がうまく**描写**されていた。
소설 속에서 등장인물의 심정이 잘 묘사되어 있었다.

1900 [N1] □□□

漫

흩어질 만

| 훈 | 흩어질 | — | |
| 음 | 만 | まん | 漫画 만화　漫才 만담　散漫 산만　漫歩 만보, 한가로운 걸음 |

14획 漫漫漫漫漫漫漫漫漫漫漫漫漫漫

このバスケ**漫画**は躍動感ある試合の描写が素晴らしい。
이 농구 만화는 약동감 있는 시합의 묘사가 굉장하다.

彼らの**漫才**はとても面白くて笑いが止まらなかった。
그들의 만담은 매우 재미있어서 웃음이 멈추지 않았다.

1901 [N1] □□□

肖

닮을 초

| 훈 | 닮을 | — | |
| 음 | 초 | しょう | 肖像 초상, 얼굴 그림　不肖 불초 (자신을 낮춘 말), 못난 자식 |

7획 肖肖肖肖肖肖肖

これは作者の恋人の**肖像**を描いた作品だそうだ。　이것은 작자의 연인의 초상을 그린 작품이라고 한다.

不肖の息子で、両親にはたくさん迷惑を掛けてきた。　불초인 아들이라, 부모님께는 많은 폐를 끼쳐 왔다.

1902 [N1] □□□

彫

새길 조

훈	새길	ほ(る)	**彫る** 새기다, 조각하다　**木彫り** 목각
음	조	ちょう	**彫刻** 조각　**彫塑** 조소　**木彫** 목조

11획 彫 刂 刂 刂 刂 彫 周 彫 彫 彫 彫

指輪の内側に彼氏と付き合った日付を**彫って**もらった。
반지 안쪽에 남자친구와 사귄 날짜를 새겨 받았다.

この**彫刻**は筋肉の様子が美しく表現されている。 이 조각은 근육의 모양이 아름답게 표현되어 있다.

1903 [N1] □□□

塑

흙 빚을 소

훈	흙 빚을	—	
음	소	そ	**可塑性** 가소성 (본래 형태로 돌아가지 않는 성질)　**塑像** 찰흙 조각상

13획 塑 塑 塑 塑 塑 朔 朔 朔 朔 朔 塑 塑 塑

可塑性を持つ粘土は子供の遊び道具にぴったりだ。 가소성을 지닌 점토는 아이의 놀이 도구로 딱이다.

寺に仏の姿を表現した**塑像**が立っています。 절에 부처의 모습을 표현한 찰흙 조각상이 세워져 있습니다.

1904 [N1] □□□

陶

질그릇 도

훈	질그릇	—	
음	도	とう	**陶器** 도기　**陶芸** 도예　**陶磁器** 도자기　**陶酔** 도취

11획 陶 陶 陶 陶 陶 阣 阣 陶 陶 陶 陶

この**陶器**のお皿に盛れば料理がとても映えるでしょう。
이 도기 접시에 담으면 요리가 매우 돋보일 것입니다.

週末、**陶芸**の体験教室で茶碗を作りました。 주말에, 도예 체험 교실에서 밥그릇을 만들었습니다.

1905 [N1] □□□

創

비롯할 창

훈	비롯할	つく(る)	**創る** 만들다
음	창	そう	**創業** 창업　**創立** 창립　**創作** 창작　**創造** 창조

12획 創 創 創 創 創 創 創 創 倉 倉 創 創

何か月も部屋に籠もって**創った**作品を出展した。 몇 개월이나 방에 틀어박혀 만든 작품을 출품했다.

この和菓子屋は百年前に**創業**した伝統あるお店だ。
이 화과자집은 백 년 전에 창업한 전통 있는 가게다.

1906 [N1] ▢▢▢

巧

공교할 교

훈	공교할	た く(み)	巧み[★] 교묘함, 솜씨가 좋음
음	교	こう	巧妙[★] 교묘 技巧 기교 精巧 정교

5획 巧 巧 巧 巧 巧

シェフの巧みな技術で作ったスイーツが当店の自慢だ。
셰프의 교묘한 기술로 만든 디저트가 우리 가게의 자랑이다.

見破るのが難しい巧妙な詐欺が増えている。 간파하기 어려운 교묘한 사기가 늘고 있다.

1907 [N1] ▢▢▢

督

살펴볼 독

훈	살펴볼	―	
음	독	とく	監督[★] 감독 督促[★] 독촉 督励 독려

13획 督 督 督 督 督 督 督 督 督 督 督 督 督

A監督の映画は家族の絆を描いたものが多い。 A감독의 영화는 가족의 유대를 그린 것이 많다.

家賃の滞納が続いている住居者に支払いを督促した。
집세 체납이 계속되고 있는 주거자에게 지불을 독촉했다.

1908 [N1] ▢▢▢

匠

장인 장

훈	장인	―	
음	장	しょう	師匠 스승, 스승님 巨匠 거장, 대가 意匠 의장, 디자인

6획 匠 匠 匠 匠 匠 匠

師匠のおかげで、書道家になることができました。 스승님 덕분에, 서예가가 될 수 있었습니다.

映画界の若き巨匠が制作した映画の公開が待ち遠しい。
영화계의 젊은 거장이 제작한 영화의 공개가 몹시 기다려진다.

1909 [N1] □□□

唱

부를 창

훈	부를	とな(える)	^{とな}唱える★ 외치다, 주장하다
음	창	しょう	^{がっしょう}合唱 합창 　^{どくしょう}独唱 독창 　^{かしょうりょく}歌唱力 가창력

11획 唱 唱 唱 唱 唱 唱 唱 唱 唱 唱

^{せい と}生徒たちが^{きび}厳しい^{こうそく}校則に^{はんたい}反対を^{とな}唱えた。 학생들이 엄격한 교칙에 반대를 외쳤다.
^{がっしょう}合唱を^{つう}通じて^{きょうちょうせい}協調性を^{やしな}養うことができる。 합창을 통해서 협조성을 기를 수 있다.

1910 [N1] □□□

唄

찬불노래 패

훈	찬불노래	うた	^{こ もりうた}子守唄 자장가 　^{こ うた}小唄 코우타 (에도시대 초기에 유행한 가요)
음	패	―	

10획 唄 唄 唄 唄 唄 唄 唄 唄 唄 唄

^{まいばん こ ども ね}毎晩子供を寝かせるときは、^{こ もりうた}子守唄を^{うた}歌っている。 매일 밤 아이를 재울 때에는, 자장가를 부르고 있다.
^{はは かよ はじ しゃ み せんきょうしつ こ うた なら}母は通い始めた三味線教室で小唄を習っているそうだ。
어머니는 다니기 시작한 샤미센 교실에서 코우타를 배우고 있다고 한다.

1911 [N1] □□□

謡

노래 요

훈	노래	うたい	^{うたい}謡 우타이 (일본 전통극 노가쿠의 가사)
		うた(う)	^{うた}謡う 노래하다
음	요	よう	^{みんよう}民謡 민요 　^{か よう}歌謡 가요 　^{どうよう}童謡 동요

16획 謡 謡 謡 謡 謡 謡 謡 謡 謡 謡 謡 謡 謡 謡 謡 謡

^{のう せりふ ぶぶん うたい}能の台詞にあたる部分を謡といいます。 노의 가사에 해당하는 부분을 우타이라고 합니다.
^{おんがく じゅぎょう じ もと みんよう うた}音楽の授業で地元の民謡を歌った。 음악 수업에서 고장의 민요를 노래했다.

1912 [N1] ☐☐☐

譜

족보 **보**

훈	족보	—				
음	보	ふ	楽譜 _{がくふ} 악보	系譜 _{けいふ} 계보	譜面 _{ふめん} 악보	年譜 _{ねんぷ} 연보, (개인의) 연대기

19획 譜 譜 譜 譜 譜 譜 譜 譜 譜 譜 譜 譜 譜 譜 譜 譜 譜 譜

知らない曲でも**楽譜**を見ればなんとか演奏できる。
모르는 곡이라도 악보를 보면 어떻게든 연주할 수 있다.

自分のルーツが気になり、我が家の**系譜**を調べてみた。
나의 뿌리가 궁금해서, 우리 집의 계보를 조사해봤다.

1913 [N1] ☐☐☐

弦

활시위 **현**

훈	활시위	つる	弦 _{つる} 현, 활줄	
음	현	げん	弦楽器 _{げんがっき} 현악기	上弦 _{じょうげん} 상현 (오른쪽으로 둥근 반달)

8획 弦 弦 弦 弦 弦 弦 弦 弦

弦から放たれた矢は的を目掛けて飛んで行った。 현에서 발사된 화살은 과녁을 목표로 날아 갔다.

弦楽器の中だと低音が心地いいチェロが一番好きだ。
현악기 중에서라면 저음이 기분 좋은 첼로를 가장 좋아한다.

1914 [N1] ☐☐☐

弾

튀길/탄알 **탄**

훈	튀길/탄알	ひ(く)	弾く* 치다, (악기를) 연주하다	弾き手 _{ひて} 연주자
		はず(む)	弾む* _{はず} 튀다	弾み _{はず} 튐, 탄력
		たま	弾 _{たま} 총알, 탄알	
음	탄	だん	弾力 _{だんりょく} 탄력 爆弾 _{ばくだん} 폭탄	弾圧 _{だんあつ} 탄압

12획 弾 弾 弾 弾 弾 弾 弾 弾 弾 弾 弾

合唱コンクールでピアノの伴奏を**弾き**ました。 합창 콩쿠르에서 피아노 반주를 쳤습니다.

香川県のさぬきうどんは**弾力**のある麺が特徴的です。
가가와 현의 사누키 우동은 탄력이 있는 면이 특징적입니다.

1915 [N1] ☐☐☐

旋

돌 선

훈	돌	—				
음	선	せん	旋律 선율	斡旋 알선	周旋 주선	旋回 선회

11획 旋 旋 旋 旋 旋 旋 旋 旋 旋 旋 旋

フルートから奏でられる**旋律**が美しい。 플루트에서 연주되는 선율이 아름답다.

本社は企業が望む人材を**斡旋**する会社です。 본사는 기업이 바라는 인재를 알선하는 회사입니다.

1916 [N1] ☐☐☐

拍

칠 박

훈	칠	—			
음	박	はく	拍手★ 박수	拍車 박차	一拍 일박, 한 박자
		ひょう	拍子★ 박자		

8획 拍 拍 拍 拍 拍 拍 拍 拍

公演が終わると、**客席**から盛大な**拍手**が沸き起こった。
연주가 끝나자, 객석에서 성대한 박수가 터져 나왔다.

曲の**拍子**に合わせて、ステップを踏みましょう。 곡의 박자에 맞춰서, 스텝을 밟읍시다.

1917 [N1] ☐☐☐

采

캘 채

훈	캘	—		
음	채	さい	采配 지휘, 지휘봉	喝采 갈채

8획 采 采 采 采 采 采 采 采

今日負けたのは監督の**采配**にミスがあったからだ。 오늘 진 것은 감독의 지휘에 실수가 있었기 때문이다.

オーケストラの演奏に観客からの**喝采**が鳴り止まない。
오케스트라의 연주에 관객으로부터의 갈채가 멈추지 않는다.

1918 [N1] ☐☐☐

琴

거문고 금

거문고의 몸통을 자른
단면을 본뜬 글자

훈	거문고	こと	琴 거문고	
음	금	きん	木琴 목금, 실로폰	手風琴 수풍금, 아코디언

12획 琴 琴 琴 琴 琴 琴 琴 琴 琴 琴 琴 琴

日本文化の授業で、**琴**を演奏したり茶道をしたりした。
일본 문화 수업에서, 거문고를 연주하거나 다도를 하거나 했다.

娘がカラフルな**木琴**のおもちゃを叩いて遊んでいる。
딸이 컬러풀한 실로폰 장난감을 두드리며 놀고 있다.

1919 [N1] ☐☐☐

笛

피리 **적**

훈	피리	ふえ	ふえ**笛** 호각, 피리　くちぶえ**口笛** 휘파람　くさぶえ**草笛** 풀피리
음	적	てき	きてき**汽笛** 기적, 고동　けいてき**警笛** 경적　こてき**鼓笛** 북과 피리

11획　笛 笛 笛 笛 笛 笛 笛 笛 笛 笛 笛

し あいしゅうりょうしふえな
試合の終了を知らせる**笛**が鳴った。　시합 종료를 알리는 호각이 울렸다.

とおふねき てきおとき
遠くから船の**汽笛**の音が聞こえた。　멀리서 배의 기적 소리가 들렸다.

1920 [N1] ☐☐☐

鼓

북 **고**

훈	북	つづみ	つづみ**鼓** 장구, 북　こ つづみ**小鼓** 소고, 작은북
음	고	こ	たい こ**太鼓** 북　こ どう**鼓動** (심장의) 고동　こ ぶ**鼓舞** 고무, 북돋움

13획　鼓 鼓 鼓 鼓 鼓 鼓 鼓 鼓 鼓 鼓 鼓 鼓 鼓

つづみてたたかろおとででんとうてきだ がっき
鼓は手で叩くと軽やかな音が出る伝統的な打楽器です。
장구는 손으로 두드리면 경쾌한 소리가 나는 전통적인 타악기입니다.

まつはじたい こおとひび
祭りが始まり、**太鼓**の音が響いている。　축제가 시작되어, 북소리가 울리고 있다.

1921 [N1] ☐☐☐

伎

재주 **기**

훈	재주	—	
음	기	き	か ぶ き**歌舞伎*** 가부키 (일본 전통 공연예술)

6획　伎 伎 伎 伎 伎 伎

か ぶ きうたおどえんぎに ほんえんげき
歌舞伎とは歌と踊り、演技からなる日本の演劇だ。　가부키란 노래와 춤, 연기로 이루어진 일본 연극이다.

1922 [N1] ☐☐☐

披

헤칠 **피**

훈	헤칠	—	
음	피	ひ	ひ ろう**披露*** 선보임, 공표　ひ ろうえん**披露宴*** 피로연

8획　披 披 披 披 披 披 披 披

ぶ しょぼうねんかいうたひ ろう
うちの部署は忘年会で歌を**披露**することになった。　우리 부서는 송년회에서 노래를 선보이게 되었다.

けっこんしきひ ろうえんきまよ
結婚式の**披露宴**でどんなドレスを着るか迷っています。
결혼식 피로연에서 어떤 드레스를 입을지 고민하고 있습니다.

1923 [N1] ☐☐☐

戯

놀 희

훈	놀	たわむ(れる)	戯れる 놀다, 장난치다, 까불다	戯れ 장난, 농담

음	희	ぎ	戯曲 희곡　遊戯 유희　児戯 치히, 어린애 장난

15획 戯 戯 戯 戯 戯 戯 戯 戯 戯 戯 戯 戯 戯 戯 戯

庭で息子が犬と楽しそうに戯れている。 정원에서 아들이 개와 즐거운 듯 놀고 있다.

シェイクスピアの戯曲は今も世界中で評価されている。
셰익스피어의 희곡은 지금도 전 세계에서 평가받고 있다.

1924 [N1] ☐☐☐

幕

장막 **막**

수건(巾)과 덮다(莫)를
합쳐 천을 덮어 가린
것을 나타낸 글자

훈	장막	—	

음	막	まく	開幕 개막　閉幕 폐막　暗幕 암막　天幕 천막
		ばく	幕府 막부 (1192~1868년에 일본을 통치한 무사 정권)

13획 幕 幕 幕 幕 幕 幕 幕 幕 莫 莫 莫 幕 幕

オリンピックの開幕を告げる花火が打ち上げられた。 올림픽 개막을 알리는 불꽃이 쏘아 올려졌다.

幕府とは将軍によって設けられた政府のことを指す。 막부란 쇼군에 의해 만들어진 정부를 가리킨다.

1925 [N1] ☐☐☐

瑠

유리 **류(유)**

훈	유리	—	

음	류(유)	る	瑠璃 청금석, 유리　浄瑠璃 조루리 (일본의 전통 극음악)

14획 瑠 瑠 瑠 瑠 瑠 瑠 瑠 瑠 瑠 瑠 瑠 瑠 瑠 瑠

瑠璃は紫色を帯びた濃い青色の宝石である。 청금석은 보라색을 띤 짙은 청색의 보석이다.

三味線を伴奏に語り手が物語を進めるのが浄瑠璃だ。
샤미센을 반주로 이야기꾼이 이야기를 진행하는 것이 조루리다.

1926 [N1] ☐☐☐

璃

유리 **리(이)**

훈	유리	—	

음	리(이)	り	瑠璃 청금석, 유리　浄瑠璃 조루리 (일본의 전통 극음악)

15획 璃 璃 璃 璃 璃 璃 璃 璃 璃 璃 璃 璃 璃 璃 璃

瑠璃はその美しさから聖なる石と呼ばれた。 청금석은 그 아름다움 때문에 거룩한 돌이라고 불렸다.

人形浄瑠璃とは江戸時代に始まった人形劇です。 인형조루리란 에도시대에 시작된 인형극입니다.

연습문제

색이 있는 한자의 발음을 밑줄에 쓴 다음, 괄호 안에 단어의 뜻을 써 보세요.

01 厄	_____ ( )		**21** 神聖	しん_____ ( )	
02 呪う	_____う ( )		**22** 奉る	_____る ( )	
03 宗教	_____きょう ( )		**23** 民俗	みん_____ ( )	
04 披露宴	____ろうえん ( )		**24** 鬼	_____ ( )	
05 道徳	どう_____ ( )		**25** 暇	_____ ( )	
06 蹴る	_____る ( )		**26** 詣でる	_____でる ( )	
07 幻	_____ ( )		**27** 憩い	_____い ( )	
08 娯楽	_____らく ( )		**28** 吟味	_____み ( )	
09 漫画	_____が ( )		**29** 魂	_____ ( )	
10 子守唄	こもり_____ ( )		**30** 彫る	_____る ( )	
11 弾く	_____く ( )		**31** 合唱	がっ_____ ( )	
12 描写	_____しゃ ( )		**32** 妖しい	_____しい ( )	
13 師匠	し_____ ( )		**33** 拍手	_____しゅ ( )	
14 戯れる	_____れる ( )		**34** 鼓	_____ ( )	
15 監督	かん_____ ( )		**35** 傑作	_____さく ( )	
16 将棋	しょう_____ ( )		**36** 笛	_____ ( )	
17 鍛える	_____える ( )		**37** 跳ねる	_____ねる ( )	
18 騎馬	_____ば ( )		**38** 挑む	_____む ( )	
19 創業	_____ぎょう ( )		**39** 忌む	_____む ( )	
20 原稿	げん_____ ( )		**40** 凶悪	_____あく ( )	

정답　01 やく 액, 재난　02 のろう 저주하다　03 しゅうきょう 종교　04 ひろうえん 피로연　05 どうとく 도덕　06 ける 차다, 거절하다　07 まぼろし 환상, 환영
08 ごらく 오락　09 まんが 만화　10 こもりうた 자장가　11 ひく 치다, (악기를) 연주하다　12 びょうしゃ 묘사　13 ししょう 스승, 스승님
14 たわむれる 놀다, 장난치다, 까불다　15 かんとく 감독　16 しょうぎ 장기　17 きたえる 단련하다, 불리다　18 きば 기마　19 そうぎょう 창업
20 げんこう 원고　21 しんせい 신성　22 たてまつる 바치다, 받들다　23 みんぞく 민속　24 おに 귀신　25 ひま 틈, 짬
26 もうでる (신전·불전에) 참배하다　27 いこい 휴식, 푹 쉼　28 ぎんみ 잘 조사함, 음미　29 たましい 혼, 마음, 정신　30 ほる 새기다, 조각하다
31 がっしょう 합창　32 あやしい 불가사의하다, 괴이하다　33 はくしゅ 박수　34 つづみ 장구, 북　35 けっさく 걸작　36 ふえ 호각, 피리
37 はねる 뛰다, 뛰어오르다　38 いどむ 도전하다　39 いむ 꺼리다, 미워하고 싫어하다　40 きょうあく 흉악

자연·동물·식물

MP3 바로듣기

★은 JLPT/JPT 기출 단어입니다.

1927 [N1] □□□

嵐

폭풍우 람

| 훈 | 폭풍우 | あらし | 嵐 폭풍, 폭풍우　砂嵐 모래 폭풍 |
| 음 | 람 | — | |

12획 嵐 嵐 嵐 嵐 嵐 嵐 嵐 嵐 嵐 嵐 嵐 嵐

嵐が発生し、電車の運転を見合わせている。 폭풍이 발생하여, 전철 운전을 보류하고 있다.

隣国で発生した砂嵐の影響で、前が見えにくい。
이웃 나라에서 발생한 모래 폭풍의 영향으로, 앞을 보기 어렵다.

1928 [N1] □□□

雷

우레 뢰(뇌)

| 훈 | 우레 | かみなり | 雷 ★천둥, 벼락 |
| 음 | 뢰(뇌) | らい | 雷雨 뇌우　落雷 낙뢰　地雷 지뢰　魚雷 어뢰 |

13획 雷 雷 雷 雷 雷 雷 雷 雷 雷 雷 雷 雷 雷

雷がゴロゴロと鳴っていて、怖くて眠れない。 천둥이 우르르하고 울리고 있어, 무서워서 잠들 수 없다.

週明けは激しい雷雨や強風にご注意ください。 돌아오는 주초에는 세찬 뇌우와 강풍에 주의해 주세요.

1929 [N1] □□□

霜

서리 상

뜻을 나타내는 비(雨)와 음을 나타내는 相(상)을 합친 글자

| 훈 | 서리 | しも | 霜 서리　霜柱 서릿발　初霜 첫서리　霜焼け 가벼운 동상 |
| 음 | 상 | そう | 晩霜 늦서리　霜害 상해, 서리로 인한 피해 |

17획 霜 霜 霜 霜 霜 霜 霜 霜 霜 霜 霜 霜 霜 霜 霜 霜 霜

今年は例年よりも寒く、もう霜が降りた。 올해는 예년보다도 추워, 벌써 서리가 내렸다.

苗は晩霜の危険がない時期に植えたほうがいい。 모종은 늦서리의 위험이 없는 시기에 심는 편이 좋다.

훈	안개	きり	霧 안개	霧雨 안개비	朝霧 아침 안개
			きり	きりさめ	あさぎり
음	무	む	濃霧 짙은 안개	噴霧器 분무기	五里霧中 오리무중
			のうむ	ふんむき	ごりむちゅう

19획 霧霧霧霧霧霧霧霧霧霧霧霧霧霧霧霧霧霧霧

안개 무

뜻을 나타내는 비(雨)와
음을 나타내는 務(무)를
합친 글자

空気が冷たい朝方は山に霧がかかりやすい。 공기가 차가운 해 뜰 무렵은 산에 안개가 끼기 쉽다.
くうき　つめ　あさがた　やま　きり

濃霧のため、今日の出航は中止となった。 짙은 안개 때문에, 오늘의 출항은 중지되었다.
のうむ　きょう　しゅっこう　ちゅうし

훈	이슬	つゆ	露 이슬	朝露 아침 이슬	夜露 밤이슬
			つゆ	あさつゆ	よつゆ
음	로(노)	ろ	暴露★ 폭로	露骨だ★ 노골적이다	露出 노출　露店 노점
			ばくろ	ろこつ	ろしゅつ　ろてん
		ろう	披露★ 피로, 공표	披露宴★ 피로연	
			ひろう	ひろうえん	

21획 露露露露露露露露露露露露露露露露露露露露露

이슬 로(노)

뜻을 나타내는 비(雨)와
음을 나타내는 路(로)를
합친 글자

早朝に窓から外を見ると、草木に露が降りていた。
そうちょう　まど　そと　み　くさき　つゆ　お
이른 아침에 창문으로 밖을 보니, 초목에 이슬이 내려 있었다.

あるブラック企業の社員が会社の悪事をSNSで暴露した。
きぎょう　しゃいん　かいしゃ　あくじ　ばくろ
어느 악덕 기업의 사원이 회사의 악행을 SNS로 폭로했다.

훈	넓을	—	
음	홍	こう	洪水 홍수
			こうずい

9획 洪洪洪洪洪洪洪洪洪

넓을 홍

夜中の間強い雨が降り続き、洪水が起こった。 한밤 사이 강한 비가 계속 내려, 홍수가 났다.
よなか　あいだつよ　あめ　ふ　つづ　こうずい　お

훈	밀물	しお	潮 바닷물, 조수, 밀물과 썰물	潮風 바닷바람
			しお	しおかぜ
음	조	ちょう	満潮 만조, 밀물　干潮 간조, 썰물	風潮 풍조
			まんちょう　かんちょう	ふうちょう

15획 潮潮潮潮潮潮潮潮潮潮潮潮潮潮潮

밀물 조

潮が引いて海面が下がった状態を干潮という。 바닷물이 빠져 해수면이 내려간 상태를 간조라고 한다.
しお　ひ　かいめん　さ　じょうたい　かんちょう

この橋は満潮になると水につかり通れない。 이 다리는 만조가 되면 물에 잠겨 지나갈 수 없다.
はし　まんちょう　みず　とお

소용돌이 **와**

훈	소용돌이	うず	渦 소용돌이 渦巻く 소용돌이치다
음	와	か	渦中 소용돌이 속, 와중

12획 渦 渦 渦 渦 渦 渦 渦 渦 渦 渦 渦 渦

流れの速さが異なる潮がぶつかると、海水が**渦**を巻く。
흐름의 속도가 다른 조수가 부딪히면, 바닷물이 소용돌이를 친다.

彼がそのスキャンダルの**渦中**にいる人物だ。 그가 그 스캔들의 소용돌이 속에 있는 인물이다.

맑을 **징**

훈	맑을	す(む)	澄む 맑다 上澄み 웃물, 액체 윗부분의 맑은 물
		す(ます)	澄ます 깨끗이 하다, 맑게 하다 澄まし顔 새초롬한 얼굴
음	징	ちょう	清澄 깨끗하고 맑음

15획 澄 澄 澄 澄 澄 澄 澄 澄 澄 澄 澄 澄 澄 澄 澄

沖縄の海は**澄**んでいて、底が見えるほどだった。 오키나와의 바다는 맑아서, 바닥이 보일 정도였다.

冬の早朝の冷たくて**清澄**な空気に目が覚めた。
겨울 이른 아침의 차갑고 깨끗하고 맑은 공기에 눈이 뜨였다.

깨끗할 **정**

훈	깨끗할	—	
음	정	じょう	浄化 정화 清浄 청정 不浄 부정

9획 浄 浄 浄 浄 浄 浄 浄 浄 浄

下水道の水は処理場で**浄化**してから自然に返します。
하수도 물은 처리장에서 정화하고 나서 자연으로 돌려보냅니다.

観葉植物には空気を**清浄**する効果を持つものもある。
관엽 식물에는 공기를 청정하는 효과를 지닌 것도 있다.

1937 [N1] □□□

炎

불꽃 염

불(火)과 불(火)을 합쳐 불길이 활활 타오르는 것을 나타낸 글자

훈	불꽃	ほのお	<ruby>炎<rt>ほのお</rt></ruby> 불꽃
음	염	えん	<ruby>火炎<rt>か えん</rt></ruby> 화염　<ruby>炎症<rt>えんしょう</rt></ruby> 염증　<ruby>炎上<rt>えんじょう</rt></ruby> 염상, 불타오름

8획　炎 炎 炎 炎 炎 炎 炎 炎

<ruby>焚<rt>た</rt></ruby>き<ruby>火<rt>び</rt></ruby>の**炎**を<ruby>見<rt>み</rt></ruby>ていると、<ruby>何<rt>なん</rt></ruby>だか<ruby>心<rt>こころ</rt></ruby>が<ruby>癒<rt>いや</rt></ruby>される。　모닥불의 불꽃을 보고 있으면, 어쩐지 마음이 치유된다.

<ruby>化学工場<rt>か がくこうじょう</rt></ruby>で<ruby>火事<rt>か じ</rt></ruby>が<ruby>起<rt>お</rt></ruby>き、<ruby>大<rt>おお</rt></ruby>きな**火炎**が<ruby>上<rt>あ</rt></ruby>がりました。
화학 공장에서 화재가 일어나, 큰 화염이 일었습니다.

1938 [N1] □□□

晶

밝을 정

해(日)를 3개 합쳐 매우 밝은것을 나타낸 글자

훈	밝을	－	
음	정	しょう	<ruby>結晶<rt>けっしょう</rt></ruby>★ 결정　<ruby>液晶<rt>えきしょう</rt></ruby> 액정　<ruby>水晶<rt>すいしょう</rt></ruby> 수정, 크리스털

12획　晶 晶 晶 晶 晶 晶 晶 晶 晶 晶 晶 晶

<ruby>雪<rt>ゆき</rt></ruby>の**結晶**は<ruby>自然<rt>し ぜん</rt></ruby>にできたものと<ruby>思<rt>おも</rt></ruby>えないほど<ruby>美<rt>うつく</rt></ruby>しい。
눈의 결정은 자연히 생긴 것이라고 생각되지 않을 정도로 아름답다.

スマホやテレビなど**液晶**を<ruby>使<rt>つか</rt></ruby>った<ruby>製品<rt>せいひん</rt></ruby>が<ruby>多<rt>おお</rt></ruby>くある。
스마트폰이나 텔레비전 등 액정을 사용한 제품이 많이 있다.

1939 [N1] □□□

鋼

강철 강

훈	강철	はがね	<ruby>鋼<rt>はがね</rt></ruby> 강철, 굳고 단단한 쇠
음	강	こう	<ruby>鉄鋼<rt>てっこう</rt></ruby> 철강　<ruby>鋼鉄<rt>こうてつ</rt></ruby> 강철　<ruby>製鋼<rt>せいこう</rt></ruby> 제강

16획　鋼 鋼 鋼 鋼 鋼 鋼 鋼 鋼 鋼 鋼 鋼 鋼 鋼 鋼 鋼 鋼

<ruby>俳優<rt>はいゆう</rt></ruby>になるという<ruby>息子<rt>むすこ</rt></ruby>の<ruby>意志<rt>い し</rt></ruby>は**鋼**のように<ruby>固<rt>かた</rt></ruby>かった。
배우가 되겠다는 아들의 의지는 강철처럼 단단했다.

鉄鋼の<ruby>生産量<rt>せいさんりょう</rt></ruby>が<ruby>年々<rt>ねんねん</rt></ruby><ruby>減少<rt>げんしょう</rt></ruby>している。　철강의 생산량이 해마다 감소하고 있다.

1940 [N1] □□□

鉛

납 연

훈	납	なまり	<ruby>鉛<rt>なまり</rt></ruby> 납　<ruby>鉛色<rt>なまりいろ</rt></ruby> 납빛
음	연	えん	<ruby>鉛筆<rt>えんぴつ</rt></ruby> 연필　<ruby>色鉛筆<rt>いろえんぴつ</rt></ruby>★ 색연필　<ruby>亜鉛<rt>あ えん</rt></ruby> 아연　<ruby>黒鉛<rt>こくえん</rt></ruby> 흑연

13획　鉛 鉛 鉛 鉛 鉛 鉛 鉛 鉛 鉛 鉛 鉛 鉛 鉛

<ruby>鉛<rt>なまり</rt></ruby>のバッテリーは<ruby>人体<rt>じんたい</rt></ruby>に<ruby>有害<rt>ゆうがい</rt></ruby>なので<ruby>注意<rt>ちゅうい</rt></ruby>が<ruby>必要<rt>ひつよう</rt></ruby>だ。
납 배터리는 인체에 유해하기 때문에 주의가 필요하다.

<ruby>解答<rt>かいとう</rt></ruby>は<ruby>必<rt>かなら</rt></ruby>ず**鉛筆**でマークしてください。　답은 반드시 연필로 마크해 주세요.

1941 [N1] ☐☐☐

硝

초석 초

훈	초석	—

음	초	しょう	**硝**酸 질산　**硝石** 질산 칼륨

12획 硝 硝 硝 硝 硝 硝 硝 硝 硝 硝 硝 硝

硝酸とはほとんどの金属を溶かせる強い酸です。　질산이란 대부분의 금속을 녹일 수 있는 강한 산입니다.

硝石は鉱物の一つで、花火の材料となる。 질산 칼륨은 광물 중 하나로, 폭죽의 재료가 된다.

1942 [N1] ☐☐☐

磁

자석 자

훈	자석	—

음	자	じ	**磁石** 자석　**磁気** 자기　陶**磁**器 도자기

14획 磁 磁 磁 磁 磁 磁 磁 磁 磁 磁 磁 磁 磁 磁

冷蔵庫に**磁石**でメモを貼っておいた。 냉장고에 자석으로 메모를 붙여 두었다.

カードは**磁気**やICチップでデータを読み取る。 카드는 자기나 IC칩으로 데이터를 읽어 들인다.

1943 [N1] ☐☐☐

礁

암초 초

훈	암초	—

음	초	しょう	さんご**礁** 산호초　岩**礁** 암초

17획 礁 礁 礁 礁 礁 礁 礁 礁 礁 礁 礁 礁 礁 礁 礁 礁 礁

シュノーケリングでカラフルな**さんご礁**を見た。 스노클링으로 알록달록한 산호초를 봤다.

タコを捕ろうとしたが、**岩礁**の隙間に隠れてしまった。
문어를 잡으려고 했는데, 암초 틈으로 숨어 버렸다.

1944 [N1] ☐☐☐

硫

유황 류(유)

훈	유황	—

음	류(유)	りゅう	**硫**酸 황산, 유산　**硫化水素** 황화 수소

12획 硫 硫 硫 硫 硫 硫 硫 硫 硫 硫 硫 硫

硫酸は劇物に指定された化学物質です。 황산은 독극물로 지정된 화학 물질입니다.

温泉施設で**硫化水素**が流出する事故が起きた。
온천 시설에서 황화 수소가 유출되는 사고가 일어났다.

1945 [N1] ☐☐☐

堆

쌓을 **퇴**

훈	쌓을	—	
음	퇴	たい	**堆積** 퇴적 **堆肥** 퇴비

11획 堆 堆 堆 堆 堆 堆 堆 堆 堆 堆 堆

三角州は流れ込んできた砂が**堆積**してできます。 삼각주는 흘러 들어온 모래가 퇴적해서 생깁니다.

玉ねぎの苗を植える前に、畑の土に**堆肥**を混ぜ込んだ。
양파 모종을 심기 전에, 밭의 흙에 퇴비를 섞었다.

1946 [N1] ☐☐☐

壌

흙덩이 **양**

훈	흙덩이	—	
음	양	じょう	**土壌** 토양

16획 壌 壌 壌 壌 壌 壌 壌 壌 壌 壌 壌 壌 壌 壌 壌 壌

スイカの栽培は水はけのいい**土壌**が適している。 수박 재배는 배수가 잘 되는 토양이 적합하다.

동물

1947 [N1] ☐☐☐

獣

짐승 **수**

훈	짐승	けもの	**獣** 짐승
음	수	じゅう	**獣医** 수의사 **鳥獣** 조수, 새와 짐승 **猛獣** 맹수

16획 獣 獣 獣 獣 獣 獣 獣 獣 獣 獣 獣 獣 獣 獣 獣 獣

山小屋に宿泊中、**獣**のうなる声が聞こえて怖くなった。
산속 오두막에서 숙박 중에, 짐승이 으르렁거리는 소리가 들려서 무서워졌다.

犬や猫が好きなので、将来は**獣医**になりたい。 개와 고양이를 좋아해서, 장래에는 수의사가 되고 싶다.

1948 [N1] ☐☐☐

羊

양 **양**

양 머리의 정면 모양을
본뜬 글자

훈	양	ひつじ	**羊** 양 **羊飼い** 양치기 **子羊** 어린 양, 새끼 양
음	양	よう	**羊毛** 양모 **羊肉** 양육, 양고기 **牧羊** 목양, 양을 기름

6획 羊 羊 羊 羊 羊 羊

眠れない時は頭の中で**羊**を数える。 잠들 수 없을 때는 머리 속으로 양을 센다.

オーストラリアは世界有数の**羊毛**の生産国だ。 호주는 세계 유수의 양모 생산국이다.

1949 [N1] □□□

鹿

사슴 **록(녹)**

수사슴의 모양을 본뜬
글자

훈 사슴	しか	**鹿** 사슴
	か	**馬鹿** 바보
음 록(녹)	—	

11획 鹿 鹿 鹿 鹿 鹿 鹿 鹿 鹿 鹿 鹿 鹿

奈良公園は**鹿**が多いことで有名だ。 나라 공원은 사슴이 많은 것으로 유명하다.

易しい問題を間違えて**馬鹿**にされた。 쉬운 문제를 틀려서 바보 취급 당했다.

1950 [N1] □□□

虎

범 **호**

호랑이의 모양을 본뜬
글자

| 훈 범 | とら | **虎** 호랑이 |
| 음 호 | こ | **猛虎** 맹호 **虎穴** 호랑이 굴 |

8획 虎 虎 虎 虎 虎 虎 虎 虎

柵越しに見た**虎**は強そうで気迫があった。 우리 너머로 본 호랑이는 강해 보이고 기백이 있었다.

この神話には意気盛んな**猛虎**が登場する。 이 신화에는 의기왕성한 맹호가 등장한다.

1951 [N1] □□□

熊

곰 **웅**

| 훈 곰 | くま | **熊**★곰 |
| 음 웅 | — | |

14획 熊 熊 熊 熊 熊 熊 熊 熊 熊 熊 熊 熊 熊 熊

蜂蜜やどんぐりは**熊**の好物だ。 벌꿀과 도토리는 곰이 좋아하는 음식이다.

1952 [N1] □□□

猿

원숭이 **원**

| 훈 원숭이 | さる | **猿** 원숭이 |
| 음 원 | えん | **犬猿の仲** 견원지간 **類人猿** 유인원 **野猿** 야생 원숭이 |

13획 猿 猿 猿 猿 猿 猿 猿 猿 猿 猿 猿 猿 猿

猿は顔が人間と似ていて、知能が高いことで知られる。
원숭이는 얼굴이 인간과 닮아 있고, 지능이 높은 것으로 알려졌다.

高橋さんと係長はいつも言い争う、まさに**犬猿の仲**だ。
다카하시 씨와 계장은 항상 말다툼하는, 그야말로 견원지간이다.

1953 [N1] □□□

돼지 **돈**

| 훈 | 돼지 | ぶた | 豚 돼지 　子豚 새끼 돼지 　豚肉 돼지고기 |
| 음 | 돈 | とん | 養豚場 양돈장 　豚カツ 돈가스 |

11획 豚豚豚豚豚豚豚豚豚豚豚

豚は意外ときれい好きで決まった場所でトイレをする。
돼지는 의외로 깨끗한 것을 좋아해서 정해진 장소에서 용변을 본다.

約5千頭の豚を飼育する養豚場を経営しています。
약 5천 마리의 돼지를 사육하는 양돈장을 경영하고 있습니다.

1954 [N1] □□□

고래 **경**

| 훈 | 고래 | くじら | 鯨 고래 |
| 음 | 경 | げい | 捕鯨 포경, 고래잡이 　鯨油 경유, 고래 기름 |

19획 鯨鯨鯨鯨鯨鯨鯨鯨鯨鯨鯨鯨鯨鯨鯨鯨鯨鯨鯨

船から間近で見た鯨はとても迫力がありました。
배에서 아주 가까이 본 고래는 매우 박력이 있었습니다.

社会の授業で、捕鯨を禁じるべきかについて討論した。
사회 수업에서, 포경을 금지해야 하는가에 대해 토론했다.

1955 [N1] □□□

거북 **귀**
틀 **균**

| 훈 | 거북/틀 | かめ | 亀 거북 |
| 음 | 귀/균 | き | 亀裂 균열 |

11획 亀亀亀亀亀亀亀亀亀亀亀

亀は寿命が長いため、長寿の象徴と考える国もある。
거북은 수명이 길기 때문에, 장수의 상징으로 생각하는 나라도 있다.

友人とけんかをして、関係に亀裂が入ってしまった。 친구와 싸움을 해서, 관계에 균열이 생기고 말았다.

1956 [N1] □□□

용 **룡(용)**

| 훈 | 용 | たつ | 竜巻 회오리 |
| 음 | 룡(용) | りゅう | 竜 용 　恐竜 공룡 　竜頭蛇尾 용두사미 |

10획 竜竜竜竜竜竜竜竜竜竜

巨大な竜巻が発生し、工場の屋根が吹き飛ばされた。
거대한 회오리가 발생해, 공장의 지붕이 날아가 버렸다.

神話によく登場する竜は伝説上の生き物です。 신화에 자주 등장하는 용은 전설상의 생물입니다.

1957 [N1] □□□	훈 뱀	へび	へび **蛇** 뱀
蛇	음 사	じゃ	じゃぐち **蛇口**★ 수도꼭지　**大蛇** 큰 뱀, 이무기
		だ	ちょうだ **長蛇** 장사, 길고 큰 뱀　**蛇足** 사족
뱀 사	11획 蛇蛇蛇蛇蛇蛇蛇蛇蛇蛇蛇		

どうぶつえん ぬ だ きょだい へび けいさつ さが
動物園を抜け出した巨大な**蛇**を警察が捜している。　동물원을 빠져나온 거대한 뱀을 경찰이 찾고 있다.

すいどうかん こお じゃぐち みず で
水道管が凍ったのか、**蛇口**をひねっても水が出ない。
수도관이 얼었는지, 수도꼭지를 틀어도 물이 나오지 않는다.

1958 [N1] □□□	훈 닭	にわとり	にわとり **鶏** 닭
鶏	음 계	けい	ようけい けいらん けいしゃ **養鶏** 양계　**鶏卵** 계란, 달걀　**鶏舎** 닭장, 계사
닭 계	19획 鶏鶏鶏鶏鶏鶏鶏鶏鶏鶏鶏鶏鶏鶏鶏鶏鶏鶏鶏		

にわとり だいたいいちにち いっこ たまご う
鶏は大体一日に一個ずつ**卵**を産むらしい。　닭은 대개 하루에 한 개씩 알을 낳는다고 한다.

しりょう ね あ ようけい のうか けいえい くる
飼料の値上がりで**養鶏**の農家が経営に苦しんでいる。
사료의 값이 올라 양계 농가가 경영에 어려움을 겪고 있다.

1959 [N1] □□□	훈 학	つる	つる せんば づる **鶴** 학, 두루미　**千羽鶴** 천 마리 종이학
鶴	음 학	—	
학 학	21획 鶴鶴鶴鶴鶴鶴鶴鶴鶴鶴鶴鶴鶴鶴鶴鶴鶴鶴鶴鶴鶴		

からだ ま しろ うつく つる みずべ た
体が真っ白で美しい**鶴**が水辺に立っています。　몸이 새하얗고 아름다운 학이 물가에 서 있습니다.

びょうき かいふく ねが にゅういんちゅう ともだち せんば づる おく
病気の回復を願って入院中の友達に**千羽鶴**を贈った。
병의 회복을 바라며 입원 중인 친구에게 천 마리 종이학을 보냈다.

1960 [N1] □□□	훈 벌레	—	
昆	음 곤	こん	こんちゅう こん ぶ **昆虫** 곤충　**昆布** 다시마
벌레 곤	8획 昆昆昆昆昆昆昆昆		

こんちゅう す むすこ か
昆虫が好きな息子はカブトムシを飼いたがっている。
곤충을 좋아하는 아들은 장수풍뎅이를 키우고 싶어 한다.

み そしる こん ぶ と
うちの味噌汁は、**昆布**でだしを取っている。　우리 집 된장국은, 다시마로 육수를 내고 있다.

1961 [N1] ☐☐☐

蛍

반딧불 형

| 훈 | 반딧불 | ほたる | 蛍 반딧불이 |
| 음 | 형 | けい | 蛍光灯 형광등　蛍光塗料 형광 도료 |

11획 蛍蛍蛍蛍蛍蛍螢螢螢蛍蛍

夜の田舎道を歩いていると蛍の光が見えた。 밤의 시골길을 걷고 있으니 반딧불이의 빛이 보였다.

部屋の蛍光灯が切れたから替えておいてくれる? 방의 형광등이 나갔으니까 바꿔 놔 줄래?

1962 [N1] ☐☐☐

蚊

모기 문

| 훈 | 모기 | か | 蚊 모기　蚊取り線香 모기향　蚊柱 모기떼 |
| 음 | 문 | — | |

10획 蚊蚊蚊蚊蚊蚊蚊蚊蚊蚊

蚊に刺されたところがかゆくて我慢できない。 모기에 물린 곳이 가려워서 참을 수 없다.

部屋の中に蚊がいるから蚊取り線香を焚こう。 방 안에 모기가 있으니 모기향을 피우자.

1963 [N1] ☐☐☐

蜂

벌 봉

| 훈 | 벌 | はち | 蜂 벌　蜜蜂 꿀벌 |
| 음 | 봉 | ほう | 蜂起 봉기　養蜂 양봉　養蜂場 양봉장 |

13획 蜂蜂蜂蜂蜂蜂蜂蜂蜂蜂蜂蜂蜂

蜂は八の字に飛びながら仲間に蜜の場所を教える。
벌은 8자로 날면서 동료에게 꿀이 있는 장소를 알린다.

18世紀、パリ市民は政府に対し蜂起を起こした。 18세기, 파리 시민은 정부에 맞서 봉기를 일으켰다.

1964 [N1] ☐☐☐

雌

암컷 자

훈	암컷	めす	雌 암컷　雌犬 암캐
		め	雌しべ 암꽃술　雌花 암꽃　雌牛 암소
음	자	し	雌雄 암수, 자웅　雌伏 순종, 복종

14획 雌雌雌雌雌雌雌雌雌雌雌雌雌雌

一部の種を除いて、雌の鹿は角が生えない。 일부의 종을 제외하고, 암컷 사슴은 뿔이 나지 않는다.

生まれたばかりの猫は雌雄の判別が難しいです。 갓 태어난 고양이는 암수 판별이 어렵습니다.

雄

수컷 웅

훈	수컷	おす	雄 수컷 雄犬 수캐
		お	雄しべ 수꽃술 雄牛 수소 雄々しい 씩씩하다
음	웅	ゆう	英雄 영웅 雄大 웅대 雄弁 웅변 雌雄 암수, 자웅

12획 雄 雄 雄 雄 雄 雄 雄 雄 雄 雄 雄 雄

ライオンの**雄**には立派なたてがみがある。 사자 수컷에게는 멋진 갈기가 있다.

彼はチームを逆転勝利に導き、今大会の**英雄**となった。
그는 팀을 역전 승리로 이끌어, 이번 대회의 영웅이 되었다.

哺

먹일 포

| 훈 | 먹일 | — | |
| 음 | 포 | ほ | 哺乳類 포유류 哺乳瓶 젖병 |

10획 哺 哺 哺 哺 哺 哺 哺 哺 哺 哺

イルカは海に住んでいますが魚類ではなく**哺乳類**です。
돌고래는 바다에 살고 있습니다만 어류가 아닌 포유류입니다.

乳児の口に触れる**哺乳瓶**は消毒が必須だ。 유아의 입에 닿는 젖병은 소독이 필수이다.

嚇

으를 하

| 훈 | 으를 | — | |
| 음 | 하 | かく | 威嚇 위협 |

17획 嚇 嚇 嚇 嚇 嚇 嚇 嚇 嚇 嚇 嚇 嚇 嚇 嚇 嚇 嚇 嚇 嚇

愛猫は知らない人を見ると毛を逆立てて**威嚇**した。 반려묘는 모르는 사람을 보면 털을 세우고 위협한다.

牙

어금니 아

위아래가 서로 맞물린
이 모양을 본뜬 글자

훈	어금니	きば	牙 엄니
음	아	が	歯牙 치아
		げ	象牙 상아

4획 牙 牙 牙 牙

アフリカゾウの**牙**は大きいもので100キログラムにも達する。
아프리카 코끼리의 엄니는 큰 것은 100킬로그램에도 달한다.

虫歯で抜歯したところに自分の**歯牙**を移植した。 충치로 발치한 곳에 자신의 치아를 이식했다.

1969 [N1] □□□

尾

꼬리 **미**

| 훈 | 꼬리 | お | 尾 꼬리　尾根 산등성이, 능선 |
| 음 | 미 | び | 尾行 미행　首尾 수미, 처음과 끝　末尾 말미　交尾 교미 |

7획 尾 尾 尾 尾 尾 尾 尾

愛犬は、おやつを見せると嬉しそうに尾を振る。 반려견은, 간식을 보여주면 기쁜 듯이 꼬리를 흔든다.

警察は気付かれないように容疑者を尾行した。 경찰은 들키지 않게 용의자를 미행했다.

1970 [N1] □□□

翼

날개 **익**

| 훈 | 날개 | つばさ | 翼 날개 |
| 음 | 익 | よく | 右翼 우익　左翼 좌익 |

17획 翼 翼 翼 翼 翼 翼 翼 翼 翼 翼 翼 翼 翼 翼 翼 翼 翼

鶴が大きな翼を広げて飛んでいった。 학이 큰 날개를 펼치고 날아 갔다.

政治に保守的な思想を持つ人たちを右翼と呼ぶ。
정치에 보수적인 사상을 가진 사람들을 우익이라고 부른다.

1971 [N1] □□□

巣

보금자리 **소**

| 훈 | 보금자리 | す | 巣 둥지, 보금자리　巣箱 새집　空き巣 빈 둥지, 빈 집 |
| 음 | 소 | そう | 卵巣 난소　巣窟 소굴 |

11획 巣 巣 巣 巣 単 単 単 単 単 単 巣

巣の中から小鳥のさえずりが聞こえてきた。 둥지 안에서 작은 새의 지저귐이 들려왔다.

卵巣は子宮の両側に一つずつ存在する。 난소는 자궁의 양쪽에 하나씩 존재한다.

1972 [N1] □□□

槽

구유 **조**

| 훈 | 구유 | — | |
| 음 | 조 | そう | 水槽 수조　浴槽 욕조 |

15획 槽 槽 槽 槽 槽 槽 槽 槽 槽 槽 槽 槽 槽 槽 槽

水槽の中を色とりどりの熱帯魚が泳いでいる。 수조 속을 색색의 열대어가 헤엄치고 있다.

浴槽は肩までつかれる深さのものがいいな。 욕조는 어깨까지 잠길 수 있는 깊이인 것이 좋겠어.

飼

기를 사

훈	기를	か(う)	飼う★ 기르다, 키우다	飼い主 (기르는) 주인
음	사	し	飼育★ 사육	飼料 사료

13획 飼 飼 飼 飼 飼 飼 飼 飼 飼 飼 飼 飼 飼

このアパートはペットを**飼う**ことが禁止されている。 이 아파트는 반려동물을 기르는 것이 금지되어 있다.

田舎の実家では50羽の 鶏 を**飼育**している。 시골의 본가에서는 50마리의 닭을 사육하고 있다.

餌

미끼 이

훈	미끼	えさ	餌★ 모이, 사료	
		え	餌食 먹이, 희생물	
음	이	じ	食餌 식이, 음식	好餌 좋은 미끼

15획 餌 餌 餌 餌 餌 餌 餌 餌 餌 餌 餌 餌 餌 餌 餌

毎朝8時にペットのインコに**餌**をやります。 매일 아침 8시에 반려동물인 잉꼬에게 모이를 줍니다.

持病の改善を願って、**食餌**療法を始めることにした。
지병의 개선을 바라며, 식이 요법을 시작하기로 했다.

식물

樹

나무 수

훈	나무	—			
음	수	じゅ	樹木★ 수목	街路樹 가로수	果樹園 과수원

16획 樹 樹 樹 樹 樹 樹 樹 樹 樹 樹 樹 樹 樹 樹 樹 樹

森に**樹木**を植えるボランティアに参加したい。 숲에 수목을 심는 자원봉사에 참가하고 싶다.

きれいに紅葉した**街路樹**を見ながら散歩した。 예쁘게 단풍 든 가로수를 보면서 산책했다.

1976 [N1] □□□

松

소나무 **송**

| 훈 | 소나무 | まつ | 松 소나무　門松 가도마쓰 (새해에 문 앞에 세우는 소나무 장식) |
| 음 | 송 | しょう | 松竹梅 송죽매 (소나무·대나무·매화나무) |

8획 松 松 松 松 松 松 松 松

若い松を日当たりがいいところに植え替えた。 어린 소나무를 햇빛이 잘 드는 곳으로 옮겨 심었다.

松竹梅は幸運を呼ぶとされ、お正月によく見られる。
송죽매는 행운을 부른다고 여겨져, 설날에 곧잘 볼 수 있다.

1977 [N1] □□□

杉

삼나무 **삼**

| 훈 | 삼나무 | すぎ | 杉 삼나무　杉並木 삼나무 가로수 |
| 음 | 삼 | | |

7획 杉 杉 杉 杉 杉 杉 杉

この時期は杉の花粉で鼻水が止まらない。 이 시기는 삼나무의 꽃가루로 콧물이 멈추지 않는다.

日本には35キロを超える世界最長の杉並木道がある。
일본에는 35킬로미터가 넘는 세계에서 가장 긴 삼나무 가로수 길이 있다.

1978 [N1] □□□

柳

버들 **류(유)**

| 훈 | 버들 | やなぎ | 柳 버드나무　柳腰 가늘고 부드러운 허리 |
| 음 | 류(유) | りゅう | 川柳 센류 (일본의 풍속시)　花柳界 화류계 |

9획 柳 柳 柳 柳 柳 柳 柳 柳 柳

柳の細く垂れている枝はなんとも風情がある。 버드나무의 가늘고 늘어져 있는 가지는 정말 운치가 있다.

川柳は俳句と違い、自然ではなく人事を歌った詩です。
센류는 하이쿠와 다르게, 자연이 아닌 인간사를 노래한 시입니다.

1979 [N1] □□□

芝

지초 **지**

| 훈 | 지초 | しば | 芝 잔디　芝生* 잔디밭　芝居 연극, 연기 |
| 음 | 지 | — | |

6획 芝 芝 芝 芝 芝 芝

ここのテニスコートは天然の芝で作られている。 여기 테니스 코트는 천연 잔디로 만들어져 있다.

公園内の芝生の上でピクニックを楽しんだ。 공원 내의 잔디밭 위에서 피크닉을 즐겼다.

1980 [N1] ☐☐☐

芽

싹 아

훈 싹	め	芽 싹 芽生える 싹트다, 움트다 新芽 새싹	
음 아	が	発芽 발아 麦芽 맥아, 엿기름	

8획 芽 芽 芽 芽 芽 芽 芽 芽

ジャガイモの芽にはソラニンという毒がある。 감자의 싹에는 솔라닌이라는 독이 있다.

作物の発芽までの期間は気温によって変わる。 작물의 발아까지의 기간은 기온에 따라 달라진다.

1981 [N1] ☐☐☐

葛

칡 갈

훈 칡	くず	葛 칡
음 갈	かつ	葛藤 갈등

12획 葛 葛 葛 葛 葛 葛 葛 葛 葛 葛 葛 葛

葛はマメ科の草で、食品や薬として使われる。 칡은 콩과의 풀로, 식품이나 약으로 쓰인다.

起業したいが、うまくいくか不安で葛藤している。
사업을 시작하고 싶지만, 잘 될지 불안해서 갈등하고 있다.

1982 [N1] ☐☐☐

藤

등나무 등

훈 등나무	ふじ	藤 등나무 藤色 등꽃색, 연보라색	
음 등	とう	葛藤 갈등	

18획 藤 藤 藤 藤 藤 藤 藤 藤 藤 藤 藤 藤 藤 藤 藤 藤

淡い紫色の藤の花が見頃を迎えています。 엷은 보라색의 등나무 꽃이 절정을 맞이하고 있습니다.

人間関係に葛藤があるとき、話し合いに勝るものはない。
인간관계에 갈등이 있을 때, 대화보다 나은 것은 없다.

1983 [N1] ☐☐☐

漆

옻 칠

훈 옻	うるし	漆 옻, 옻나무	
음 칠	しつ	漆黒 칠흑 漆器 칠기	

14획 漆 漆 漆 漆 漆 漆 漆 漆 漆 漆 漆 漆 漆 漆

漆が施された食器は高級感があって美しい。 옻을 입힌 식기는 고급감이 있고 아름답다.

漆を塗ったような光沢のある黒を漆黒と言う。 옻을 칠한 것 같은 광택 있는 검정을 칠흑이라고 한다.

桑

뽕나무 상

뽕나무의 모양을 본뜬 글자

훈	뽕나무	くわ	**桑** 뽕나무 **桑畑** 뽕밭
음	상	そう	**桑園** 뽕나무 밭

10획 桑 桑 桑 桑 桑 桑 桑 桑 桑 桑

桑の実にはビタミンCが豊富に含まれている。 뽕나무 열매에는 비타민 C가 풍부하게 포함되어 있다.

この辺りは昔、**桑園**が広がっていました。 이 부근은 옛날에, 뽕나무 밭이 펼쳐져 있었습니다.

茨

가시나무 자

훈	가시나무	いばら	**茨** 가시나무 **茨城県** 이바라키현 (지명)
음	자	―	

9획 茨 茨 茨 茨 茨 茨 茨 茨 茨

茨のとげが指に刺さってチクチクする。 가시나무의 가시가 손가락에 박혀서 따끔따끔하다.

茨城県はメロンの産地として知られている。 이바라키현은 멜론의 산지로 알려져 있다.

薪

땔나무 신

훈	땔나무	たきぎ	**薪** 장작, 땔나무
음	신	しん	**薪炭** 땔감, 장작과 숯 **薪水** 땔나무와 물

16획 薪 薪 薪 薪 薪 薪 薪 薪 薪 薪 薪 薪 薪 薪 薪 薪

薪を組んでキャンプファイヤーをした。 장작을 쌓아 캠프파이어를 했다.

田舎の祖母の家では今も**薪炭**でストーブを焚いている。
시골 할머니 집에서는 지금도 땔감으로 난로를 피우고 있다.

麻

삼 마

훈	삼	あさ	**麻** 삼, 삼실, 삼베
음	마	ま	**麻薬** 마약 **麻痺** 마비 **麻酔** 마취

11획 麻 麻 麻 麻 麻 麻 麻 麻 麻 麻 麻

麻でできたシャツは夏でも涼しく着られます。
삼으로 만들어진 셔츠는 여름에도 시원하게 입을 수 있습니다.

麻薬は人の心身をむしばむ恐ろしい薬物です。 마약은 사람의 심신을 좀먹는 무서운 약물입니다.

藻

마름 조

훈	마름	も	も 藻 수초		
음	조	そう	かいそう 海藻* 해조, 해조류	そうるい 藻類 조류, 해조류	

19획 藻藻藻藻藻藻藻藻藻藻藻藻藻藻藻藻藻藻藻

すいそう　も　は
水槽は藻が生えないよう頻繁に掃除しなくてはいけない。
수조는 수초가 자라지 않도록 빈번하게 청소하지 않으면 안 된다.

きょう　ゆうはん　や　ざかな　かいそう
今日の夕飯は焼き魚と海藻のサラダです。 오늘 저녁 식사는 생선 구이와 해조 샐러드입니다.

菊

국화 국

훈	국화	—			
음	국	きく	きく 菊 국화	きくか 菊花 국화꽃	しらぎく 白菊 흰 국화

11획 菊菊菊菊菊菊菊菊菊菊菊

はかまい　い　とちゅう　はか　そな　きく　か
お墓参りに行く途中でお墓に供える菊を買おう。 성묘하러 가는 도중에 묘에 바칠 국화를 사자.

きくか　ふる　かんぽうやく　せいぶん　つか
菊花は古くから漢方薬の成分として使われてきた。 국화꽃은 옛날부터 한방약의 성분으로 사용되어 왔다.

桜

앵두나무 앵

훈	앵두나무	さくら	さくら 桜* 벚꽃, 벚나무	さくらいろ 桜色 연분홍색	
음	앵	おう	おうか 桜花 벚꽃, 앵화		

10획 桜桜桜桜桜桜桜桜桜桜

さくら　にほん　だいひょう　はな
桜は日本を代表する花だ。 벚꽃은 일본을 대표하는 꽃이다.

こうえん　まんかい　おうか　たの　ひと
公園は満開の桜花を楽しむ人でにぎわっている。 공원은 만개한 벚꽃을 즐기는 사람으로 붐비고 있다.

梅

매화 매

훈	매화	うめ	うめ 梅 매실, 매화나무	うめしゅ 梅酒 매실주	うめ ぼ 梅干し 매실 장아찌
음	매	ばい	ばいか 梅花 매화	ばいえん 梅園 매화나무 뜰	ばい う 梅雨 장마

10획 梅梅梅梅梅梅梅梅梅梅

うめ　しお　つか　うめぼ　つく
梅と塩を使って梅干しを作った。 매실과 소금을 사용해 매실 장아찌를 만들었다.

みどり　しろ　ばいか　えが
緑のつぼに白い梅花が描かれていた。 녹색 항아리에 하얀 매화가 그려져 있었다.

1992 [N1] □□□

幹

줄기 **간**

훈	줄기	みき	**幹** (나무의) 줄기, 골자
음	간	かん	**幹部** 간부　**幹事** 간사　**新幹線**★ 신칸센 (일본의 고속 철도)

13획 幹 幹 幹 幹 幹 幹 宧 宧 幹 幹 幹 幹 幹

幹の太さで樹齢が分かる。 줄기의 두께로 나무의 나이를 알 수 있다.
彼女は入社 15 年目で**幹部**に昇進した。 그녀는 입사 15년차에 간부로 승진했다.

1993 [N1] □□□

茎

줄기 **경**

훈	줄기	くき	**茎** 줄기　**歯茎** 잇몸
음	경	けい	**球茎** 알줄기, 둥근줄기　**地下茎** 땅속줄기

8획 茎 茎 茎 茎 茎 茎 茎 茎

バラの花はきれいだが、**茎**には多くのとげがある。 장미꽃은 예쁘지만, 줄기에는 많은 가시가 있다.
里芋などの丸い形をした**茎**を**球茎**と呼ぶ。 토란 등의 둥근 모양을 한 줄기를 알줄기라고 부른다.

1994 [N1] □□□

殖

번성할 **식**

훈	번성할	ふ(える)	**殖える** 늘다, 번식하다
		ふ(やす)	**殖やす** 늘리다, 불리다
음	식	しょく	**繁殖**★ 번식　**生殖** 생식　**養殖** 양식　**利殖** 이식

12획 殖 殖 殖 殖 殖 殖 殖 殖 殖 殖 殖 殖

国家間での往来が活発になった結果、外来種が**殖えた**。
국가 간의 왕래가 활발해진 결과, 외래종이 늘었다.

カビは湿度が70%を超える環境で**繁殖**しやすい。
곰팡이는 습도가 70%를 넘는 환경에서 번식하기 쉽다.

1995 [N1] □□□

茂

무성할 **무**

훈	무성할	しげ(る)	**茂る** (초목이) 무성하다, 우거지다　**茂み** 수풀
음	무	も	**繁茂** (초목이) 우거짐, 무성함

8획 茂 茂 茂 茂 茂 茂 茂 茂

久しぶりに畑に来たら、一面に雑草が**茂って**いた。 오랜만에 밭에 왔더니, 일대에 잡초가 무성했다.
湖 に過剰に**繁茂**した水草を取り除いた。 호수에 과도하게 우거진 수초를 제거했다.

1996 [N1] □□□

鉢

바리때 **발**

훈	바리때	—
음	발	はち	鉢 화분, 공양 그릇　植木鉢 화분
		はつ	衣鉢 의발

13획 鉢 鉢 鉢 鉢 鉢 鉢 鉢 鉢 針 針 鉢 鉢 鉢

植物の成長に合わせ、一回り大きい鉢に植え替えた。　식물의 성장에 맞춰, 한층 큰 화분에 바꿔 심었다.

衣鉢とは僧侶の着物と食器を意味する言葉です。　의발이란 승려의 옷과 식기를 의미하는 말입니다.

1997 [N1] □□□

盆

동이 **분**

훈	동이	—
음	분	ぼん	盆栽 분재　盆地 분지

9획 盆 盆 盆 盆 盆 盆 盆 盆 盆

見栄えを良くするため、盆栽の葉を切り形を整えた。
보기 좋게 하기 위해, 분재 잎을 잘라 모양을 정돈했다.

盆地は山に囲まれているので、夏は暑く冬は寒い。
분지는 산에 둘러싸여 있기 때문에, 여름은 덥고 겨울은 춥다.

색이 있는 한자의 발음을 밑줄에 쓴 다음, 괄호 안에 단어의 뜻을 써 보세요.

01 洪水	＿＿＿ずい	( )		**21** 藤	＿＿＿	( )
02 嵐	＿＿＿	( )		**22** 鶏	＿＿＿	( )
03 羊毛	＿＿＿もう	( )		**23** 蛇口	＿＿＿ぐち	( )
04 土壌	ど＿＿＿	( )		**24** 葛藤	＿＿＿とう	( )
05 獣医	＿＿＿い	( )		**25** 菊	＿＿＿	( )
06 尾行	＿＿＿こう	( )		**26** 巣	＿＿＿	( )
07 亀	＿＿＿	( )		**27** 霜	＿＿＿	( )
08 蛍	＿＿＿	( )		**28** 澄む	＿＿＿む	( )
09 渦	＿＿＿	( )		**29** 磁石	＿＿＿しゃく	( )
10 牙	＿＿＿	( )		**30** 雌雄	＿＿＿ゆう	( )
11 昆虫	＿＿＿ちゅう	( )		**31** 結晶	けっ＿＿＿	( )
12 豚	＿＿＿	( )		**32** 鉛	＿＿＿	( )
13 桑	＿＿＿	( )		**33** 炎	＿＿＿	( )
14 漆黒	＿＿＿こく	( )		**34** 食餌	しょく＿＿＿	( )
15 盆栽	＿＿＿さい	( )		**35** 樹木	＿＿＿もく	( )
16 幹	＿＿＿	( )		**36** 露	＿＿＿	( )
17 繁殖	はん＿＿＿	( )		**37** 蜂起	＿＿＿き	( )
18 繁茂	はん＿＿＿	( )		**38** 麻	＿＿＿	( )
19 飼う	＿＿＿う	( )		**39** 鉢	＿＿＿	( )
20 川柳	せん＿＿＿	( )		**40** 猿	＿＿＿	( )

샛쨰마당 고급 한자 해커스일본어 상용한자 2136

정답 01 こうずい 홍수 02 あらし 폭풍, 폭풍우 03 ようもう 양모 04 どじょう 토양 05 じゅうい 수의사 06 びこう 미행 07 かめ 거북 08 ほたる 반딧불이
09 うず 소용돌이 10 きば 엄니 11 こんちゅう 곤충 12 ぶた 돼지 13 くわ 뽕나무 14 しっこく 칠흑 15 ぼんさい 분재 16 みき (나무의) 줄기, 골자
17 はんしょく 번식 18 はんも (초목이) 우거짐, 무성함 19 かう 기르다, 키우다 20 せんりゅう 센류 (일본의 풍속시) 21 ふじ 등나무 22 にわとり 닭
23 じゃぐち 수도꼭지 24 かっとう 갈등 25 きく 국화 26 す 둥지, 보금자리 27 しも 서리 28 すむ 맑다 29 じしゃく 자석 30 しゆう 암수, 자웅
31 けっしょう 결정 32 なまり 납 33 ほのお 불꽃 34 しょくじ 식이, 음식 35 じゅもく 수목 36 つゆ 이슬 37 ほうき 봉기 38 あさ 삼, 삼실, 삼베
39 はち 화분, 공양 그릇 40 さる 원숭이

학습

★은 JLPT/JPT 기출 단어입니다.

1998 [N1] ▢▢▢

塾

글방 **숙**

훈 글방	—		
음 숙	じゅく	塾 학원	塾生 학원생

14획 塾 塾 塾 塾 塾 塾 塾 塾 塾 塾 塾 塾 塾

塾で、英語と数学の授業を受けている。 학원에서, 영어와 수학 수업을 받고 있다.

塾の講師として、塾生の志望校合格が一番嬉しい。
학원 강사로서, 학원생의 지망 학교 합격이 가장 기쁘다.

1999 [N1] ▢▢▢

墨

먹 **묵**

검다(黒)와 흙(土)을 합쳐 아궁이의 그을음을 나타낸 글자

훈 먹	すみ	墨 먹	墨絵 수묵화	眉墨 눈썹먹, 눈썹연필
음 묵	ぼく	墨汁 먹물	筆墨 필묵, 붓과 먹	白墨 백묵, 분필

14획 墨 墨 墨 墨 墨 墨 墨 墨 黒 黒 黒 墨 墨 墨

ご祝儀を入れる袋に墨で名前を書いた。 축의금을 넣은 봉투에 먹으로 이름을 썼다.

書道の時間に墨汁が服に付いてしまった。 서도 시간에 먹물이 옷에 묻고 말았다.

2000 [N1] ▢▢▢

芯

골풀 **심**

훈 골풀	—	
음 심	しん	芯★ 심

7획 芯 芯 芯 芯 芯 芯 芯

シャーペンの芯が折れて、どこかに飛んでいった。 샤프심이 부러져서, 어디론가 날아가 버렸다.

2001 [N1] ☐☐☐

장막 **장**

훈	장막	—
음	장	ちょう

手帳 수첩　**几帳面*** 꼼꼼함　**通帳** 통장　**帳面** 공책
てちょう　　きちょうめん　　　つうちょう　　ちょうめん

11획 帳 帳 帳 帳 帳 帳 帳 帳 帳 帳 帳

アイデアが思い浮かぶたびに**手帳**に書いている。　아이디어가 떠오를 때마다 수첩에 적고 있다.
おも　う　　　　　　てちょう　か

夫は**几帳面**で真面目な性格だ。　남편은 꼼꼼하고 성실한 성격이다.
おっと　きちょうめん　まじめ　せいかく

2002 [N1] ☐☐☐

나눌 **반**

훈	나눌	—
음	반	はん

班 조, 반　**班長** 반장
はん　　はんちょう

10획 班 班 班 班 班 班 班 班 班 班

四つの**班**に分かれて理科の実験を行った。　네 개 조로 나뉘어 이과 실험을 했다.
よっ　　はん　わ　　　　りか　じっけん　おこな

うちの地域では町内会の**班長**を順番に任される。　우리 지역에서는 반상회의 반장을 순번대로 맡는다.
ちいき　ちょうないかい　はんちょう　じゅんばん　まか

2003 [N1] ☐☐☐

단 **단**

훈	단	—
음	단	だん
		たん

壇上 단상　**花壇** 화단　**仏壇** 불단　**文壇** 문단
だんじょう　　かだん　　ぶつだん　　ぶんだん

土壇場 막판, 마지막 순간
どたんば

16획 壇 壇 壇 壇 壇 壇 壇 壇 壇 壇 壇 壇 壇 壇

体育館の**壇上**で校長先生から卒業証書を受け取った。
たいいくかん　だんじょう　こうちょうせんせい　そつぎょうしょうしょ　う　と
체육관 단상에서 교장 선생님으로부터 졸업 증서를 받았다.

森さんは**土壇場**になると力を発揮するタイプだ。　모리 씨는 막판이 되면 힘을 발휘하는 타입이다.
もり　　どたんば　　　　ちから　はっき

2004 [N1] ☐☐☐

권면할 **장**

훈	권면할	—
음	장	しょう

推奨 추천　**奨学金** 장학금, 학자금　**奨励** 장려
すいしょう　　しょうがくきん　　しょうれい

13획 奨 奨 奨 奨 奨 奨 奨 奨 奨 奨 奨 奨 奨

メーカーが**推奨**するこの洗濯機の使用期間は７年です。
すいしょう　　せんたくき　しようきかん　ねん
제조사가 추천하는 이 세탁기의 사용 기간은 7년입니다.

給付型の**奨学金**を受けて専門学校に通っている。　급부형 장학금을 받아 전문 학교를 다니고 있다.
きゅうふがた　しょうがくきん　う　せんもんがっこう　かよ

2005 [N1] ☐☐☐

寮

동관 **료(요)**

훈	동관	—			
음	료(요)	りょう	寮* 기숙사	独身寮 독신자 기숙사	寮母 여자 사감

15획 寮寮寮寮寮寮寮寮寮寮寮寮寮寮寮

大学の**寮**の門限は深夜12時です。 대학 기숙사의 통금은 심야 12시입니다.

会社が提供する**独身寮**のおかげで家賃が節約できた。
회사가 제공하는 독신자 기숙사 덕분에 집세를 절약할 수 있었다.

2006 [N1] ☐☐☐

挙

들 **거**

훈	들	あ(げる)	挙げる* 들다, 올리다	挙げて 모두, 전부	
		あ(がる)	挙がる 오르다, 올라가다		
음	거	きょ	挙手 거수	選挙* 선거	一挙 일거　列挙 열거

10획 挙挙挙挙挙挙挙挙挙挙

例を**挙げて**説明すると内容が理解しやすくなる。 예를 들어 설명하면 내용을 이해하기 쉬워진다.

賛成の方は**挙手**をお願いします。 찬성인 분은 거수를 부탁합니다.

2007 [N1] ☐☐☐

諭

타이를 **유**

훈	타이를	さと(す)	諭す 잘 타이르다, 깨우치다	諭し 설득, 타이름, 회유
음	유	ゆ	教諭 교사	諭旨 논지

16획 諭諭諭諭諭諭諭諭諭諭諭諭諭諭諭諭

塾を休みたいと言う息子に、塾に行くように**諭した**。
학원을 쉬고 싶다고 말하는 아들에게, 학원에 가도록 잘 타일렀다.

小学校の**教諭**として勤務して20年になります。 초등학교 교사로서 근무한 지 20년이 됩니다.

2008 [N1] □□□

倫

인륜 **륜(윤)**

훈	인륜	—		
음	륜(윤)	りん	**倫理** 윤리 **不倫** 불륜 **人倫** 인륜

10획 倫 倫 倫 倫 倫 倫 倫 倫 倫 倫

クローン研究に関しては**倫**理の面から反対の声もある。
클론 연구에 관해서는 윤리 면에서 반대의 목소리도 있다.

不倫した政治家は世間から激しくバッシングされた。
불륜한 정치가는 세간으로부터 격심하게 비난받았다.

2009 [N1] □□□

戒

경계할 **계**

훈	경계할	いまし(める)	**戒める**★ 훈계하다, 경고하다 **戒め** 훈계, 제지
음	계	かい	**警戒** 경계 **戒心** 조심, 경계함 **戒律** 계율

7획 戒 戒 戒 戒 戒 戒 戒

子供には愛を持って**戒める**ことが大事だと思う。
아이에게는 사랑을 가지고 훈계하는 것이 중요하다고 생각한다.

不審者の目撃情報があるため、十分**警戒**してください。
거동 불심자 목격 정보가 있으므로, 충분히 경계해 주세요.

2010 [N1] □□□

糧

양식 **량(양)**

훈	양식	かて	**糧** 양식, 식량	
음	량(양)	りょう	**食糧** 식량 **糧食** 양식	
		ろう	**兵糧** 군량	

18획 糧 糧 糧 糧 糧 糧 糧 糧 糧 糧 糧 糧 糧 糧 糧 糧 糧 糧

娘には失敗を成長の**糧**にしてほしい。 딸이 실패를 성장의 양식으로 삼았으면 좋겠다.

この機関は飢餓で苦しむ人々に**食糧**を支援している。
이 기관은 기아로 고통받는 사람들에게 식량을 지원하고 있다.

銘

새길 명

쇠(金)와 이름(名)을 합쳐 쇠붙이에 이름을 새기는 것을 나타낸 글자

훈	새길	—	
음	명	めい	**感銘**★ 감명　**銘柄** 상표, 품명　**座右の銘** 좌우명

14획 銘 銘 銘 銘 銘 銘 銘 銘 銘 銘 銘 銘 銘 銘

恩師の言葉に**感銘**を受け、教師を目指すことにした。
은사의 말에 감명을 받아, 교사를 목표로 하기로 했다.

松阪牛は日本を代表する高級牛肉の**銘柄**です。
마쓰자카 소는 일본을 대표하는 고급 소고기 상표입니다.

鑑

거울 감

훈	거울	かんが(みる)	**鑑みる** 거울삼다
음	감	かん	**鑑定**★ 감정, 감별　**鑑賞**★ 감상　**印鑑**★ 인감　**図鑑** 도감

23획 鑑

前回の失敗に**鑑みて**、別の方法を考えてみましょう。 저번 실패를 거울삼아, 다른 방법을 생각해 봅시다.

ダイヤモンドはプロでも**鑑定**するのが難しいそうだ。 다이아몬드는 프로라도 감정하는 것이 어렵다고 한다.

顧

돌아볼 고

훈	돌아볼	かえり(みる)	**顧みる** 돌아보다, 회고하다
음	고	こ	**回顧**★ 회고　**顧客** 고객　**顧問** 고문　**顧慮** 고려

21획 顧

資料館を訪れたことが歴史を**顧みる**きっかけとなった。
자료관을 방문한 것이 역사를 돌아보는 계기가 되었다.

祖母は戦時中のことを**回顧**して涙を浮かべた。
할머니는 전시 중의 일을 회고하며 눈물을 글썽였다.

헷갈리는 단어 모아보기

동음이의어

顧みる 돌아보다, 회고하다　　　人生を顧みた。인생을 돌아보았다.
省みる 반성하다, 돌이켜보다　　　過ちを省みた。잘못을 반성했다.

顧みる와 省みる는 모두 かえりみる로 발음된다. 顧みる는 지나간 것을 돌아보다, 省みる는 스스로를 돌이켜보고 반성하다라는 뜻이다.

索

훈 찾을 —

음 색 さく 　**検索** 검색　**思索** 사색　**索引** 색인　**模索** 모색

10획 索索索索索索索索索索

찾을 색

ネットで**検索**すれば何でもすぐ分かる時代になった。
인터넷으로 검색하면 무엇이든지 바로 알 수 있는 시대가 되었다.

宗教について深く**思索**することがこの講義の目的です。
종교에 대해서 깊이 사색하는 것이 이 강의의 목적입니다.

啓

훈 열 —

음 계 けい 　**啓発** 계발　**啓蒙** 계몽　**啓示** 계시

11획 啓啓啓啓啓啓啓啓啓啓啓

열 계

本社は社員の自己**啓発**のため書籍購入費を支給します。
본사는 사원의 자기 계발을 위해 서적 구입비를 지급합니다.

大学を訪問し、学生たちに投票の重要性を**啓蒙**した。
대학을 방문해서, 학생들에게 투표의 중요성을 계몽했다.

哲

훈 밝을 —

음 철 てつ 　**哲学** 철학　**哲人** 철인, 철학자

10획 哲哲哲哲哲哲哲哲哲哲

밝을 철

哲学とは物事の本質を追求する学問です。　철학이란 사물의 본질을 추구하는 학문입니다.

読書を通して**哲人**たちの思想を学ぶことができる。　독서를 통해 철인들의 사상을 배울 수 있다.

博

훈 넓을 —

음 박 はく 　**博物館**★ 박물관　**博覧会** 박람회　**博士号** 박사 칭호

　　　 ばく 　**賭博** 도박

12획 博博博博博博博博博博博博

넓을 박

古い物だけが**博物館**に展示されるわけではない。　오래된 물건만이 박물관에 전시되는 것은 아니다.

建国100周年を記念する**博覧会**が開催された。　건국 100주년을 기념하는 박람회가 개최되었다.

세 번째 마당

고급 한자 해커스 일본어 상용한자 2136

抄

뽑을 **초**

훈	뽑을		
음	초	しょう	**抄本** 초본　**抄録** 초록

7획 抄 抄 抄 抄 抄 抄 抄

本籍のある市役所に戸籍の**抄本**を取りに行った。　본적이 있는 시청에 호적 초본을 떼러 갔다.

学会の**抄録**を読んで興味を持った発表を聞こうと思う。
학회 초록을 읽고 흥미를 가진 발표를 들으려고 한다.

把

잡을 **파**

훈	잡을	—	
음	파	は	**把握**★ 파악　**大雑把** 대략적, 대충　**把持** 파지, 꽉 쥠

7획 把 把 把 把 把 把 把

高齢者の生活状況を**把握**するため調査を実施した。
고령자의 생활 상황을 파악하기 위해 조사를 실시했다.

水道工事は**大雑把**に見積っても30万円はかかるだろう。
수도 공사는 대략적으로 견적 내도 30만 엔은 들 것이다.

礎

주춧돌 **초**

훈	주춧돌	いしずえ	**礎** 초석, 주춧돌
음	초	そ	**基礎** 기초　**礎石** 초석

18획 礎 礎 礎 礎 礎 礎 礎 礎 礎 礎 礎 礎 礎 礎 礎 礎 礎 礎

ニュートンは近代科学の**礎**を築いたと言える。　뉴턴은 근대 과학의 초석을 쌓았다고 말할 수 있다.

体育の授業でバスケの**基礎**であるドリブルを習った。　체육 수업에서 농구의 기초인 드리블을 배웠다.

閲

볼 **열**

훈	볼	—	
음	열	えつ	**閲覧**★ 열람　**校閲** 교열　**閲歴** 경력, 이력

15획 閲 閲 閲 閲 閲 閲 閲 閲 閲 閲 閲 閲 閲 閲 閲

図書館で、レポートに使う参考文献を**閲覧**した。　도서관에서, 리포트에 쓸 참고 문헌을 열람했다.

姉は出版社で原稿を**校閲**する仕事をしている。　언니는 출판사에서 원고를 교열하는 일을 하고 있다.

暦

책력 **력(역)**

훈	책력	こよみ	こよみ 暦 달력	
음	력(역)	れき	せいれき 西暦 서기	かんれき 還暦 환력, 환갑　たいようれき 太陽暦 태양력, 양력

14획 暦 暦 暦 暦 暦 暦 暦 暦 暦 暦 暦 暦 暦 暦

あたら つき はい こよみ
新しい月に入ったので、暦をめくった。 새로운 달에 접어들었기 때문에, 달력을 넘겼다.

せいれき ねん がつ にほん れいわ ねんごう つか はじ
西暦2019年の5月から日本は令和という年号を使い始めた。
서기 2019년 5월부터 일본은 레이와라는 연호를 쓰기 시작했다.

紀

벼리/쓸 **기**

훈	벼리/쓸	—			
음	기	き	せいき 世紀 세기	きげん 紀元 기원	きこう 紀行 기행, 여행기　ふうき 風紀 풍기

9획 紀 紀 紀 紀 紀 紀 紀 紀 紀

え せいき がか えが
この絵は17世紀にフランスの画家によって描かれた。
이 그림은 17세기에 프랑스 화가에 의해 그려졌다.

きげん ねん せいれき ねん よ
紀元1年は西暦1年とも呼ぶ。 기원 1년은 서기 1년이라고도 부른다.

遡

거스를 **소**

훈	거스를	さかのぼ(る)	さかのぼ 遡る 거슬러 올라가다	
음	소	そ	そきゅう 遡及 소급	そじょう 遡上 소상, 거슬러 흐름

14획 遡 遡 遡 遡 遡 遡 遡 遡 遡 遡 遡 遡 遡 遡

にんげん きげん し なが れきし さかのぼ ひつよう
人間の起源を知るには長い歴史を遡る必要がある。
인간의 기원을 알기 위해서는 긴 역사를 거슬러 올라갈 필요가 있다.

せいていまえ お じけん かん ほう そきゅう
制定前に起きた事件に関しては法が遡及されない。
제정 전에 일어난 사건에 관해서는 법이 소급되지 않는다.

昭

밝을 **소**

훈	밝을	—	
음	소	しょう	しょうわ 昭和 쇼와 (1926년~1989년까지의 일본 연호)

9획 昭 昭 昭 昭 昭 昭 昭 昭 昭

しょうわ ねん つづ なが じだい
昭和は60年も続いた長い時代だった。 쇼와는 60년이나 계속된 긴 시대였다.

2026 [N1] □□□

遺

남길 **유**

훈	남길	—			
음	유	い	遺跡* 유적	遺失物* 유실물	遺産 유산	遺棄 유기
		ゆい	遺言 유언			

15획 遺 遺 遺 遺 遺 遺 貴 貴 貴 貴 貴 貴 潰 潰 遺

考古学者になってこの巨大な**遺跡**の謎を解き明かしたい。
고고학자가 되어 이 거대한 유적의 수수께끼를 밝혀내고 싶다.

父の**遺言**は私たち家族への感謝の言葉だった。 아버지의 유언은 우리 가족에게의 감사의 말이었다.

2027 [N1] □□□

塚

무덤 **총**

훈	무덤	つか	塚 봉분	貝塚 패총, 조개더미
음	총	—		

12획 塚 塚 塚 塚 塚 塚 塚 塚 塚 塚 塚 塚

土を高く盛って作られた墓を**塚**と言います。 흙을 높게 쌓아 만들어진 묘를 봉분이라고 말합니다.

この**貝塚**が形成されたのは縄文時代だそうです。 이 패총이 형성된 것은 조몬 시대라고 합니다.

2028 [N1] □□□

墳

무덤 **분**

훈	무덤	—		
음	분	ふん	古墳 고분	墳墓 분묘, 무덤

15획 墳 墳 墳 墳 墳 墳 墳 墳 墳 墳 墳 墳 墳

古墳には遺体の他に装飾品や武器などが納められていた。
고분에는 시체 이외에 장식품이나 무기 등이 수납되어 있었다.

エジプトのピラミッドは巨大な**墳墓**として有名です。 이집트의 피라미드는 거대한 분묘로 유명합니다.

2029 [N1] □□□

皇

임금 **황**

왕의 상징인 커다란 관
이 받침 위에 있는 모양
을 본뜬 글자

훈	임금	—			
음	황	こう	皇帝 황제	皇室 황실	皇后 황후
		おう	法皇 법황 (불문에 든 선대 일왕을 이르는 말)		

9획 皇 皇 皇 皇 皇 皇 皇 皇 皇

かつて中国に女性の**皇帝**がいた。 일찍이 중국에 여성 황제가 있었다.

皇室には一般国民と違って名字がない。 황실에는 일반 국민과 달리 성씨가 없다.

帝

임금 **제**

훈	임금	—			
음	제	てい	**皇帝** 황제 こうてい	**帝国** 제국 ていこく	**帝王** 제왕 ていおう

9획 帝 帝 帝 帝 帝 帝 帝 帝 帝

秦では**皇帝**の命令で万里の長城が築かれた。 진나라에서는 황제의 명령으로 만리장성이 쌓였다.
しん こうてい めいれい ばんり ちょうじょう きず

長きに渡り存続したローマ**帝国**がなぜ滅んだのか。
なが わた そんぞく ていこく ほろ
오랜 세월에 걸쳐 존속했던 로마 제국이 어째서 멸망했을까.

后

왕후 **후**

훈	왕후	—			
음	후	こう	**后妃** 후비, 왕후 こうひ	**皇后** 황후 こうごう	**皇太后** 황태후 こうたいごう

6획 后 后 后 后 后 后

多くの**后妃**の中で正妻はたった一人だけだ。 많은 후비 중에 정실은 단 한 명뿐이다.
おお こうひ なか せいさい ひとり

皇后様は国民に向け新年の挨拶をされた。 황후님은 국민을 향해 신년 인사를 하셨다.
こうごうさま こくみん む しんねん あいさつ

宰

재상 **재**

훈	재상	—			
음	재	さい	**宰相** 재상, 수상 さいしょう	**主宰** 주재, 주관 しゅさい	**宰領** 감독 さいりょう

10획 宰 宰 宰 宰 宰 宰 宰 宰 宰 宰

宰相とは内閣総理大臣を指す通称である。 재상이란 내각 총리대신을 가리키는 통칭이다.
さいしょう ないかくそうりだいじん さ つうしょう

川中教授が**主宰**する学会が年に一度開かれます。
かわなかきょうじゅ しゅさい がっかい ねん いちどひら
가와나카 교수님이 주재하는 학회가 1년에 한 번 열립니다.

侯

제후 **후**

훈	제후	—		
음	후	こう	**諸侯** 제후 しょこう	**王侯** 왕후 おうこう

9획 侯 侯 侯 侯 侯 侯 侯 侯 侯

諸侯とは封建時代、将軍の家来だった人たちのことだ。
しょこう ほうけんじだい しょうぐん けらい ひと
제후란 봉건 시대에, 장군의 신하였던 사람들을 말한다.

沖縄のちんすこうは昔**王侯**が食べる高価な菓子だった。
おきなわ むかしおうこう た こうか かし
오키나와의 친스코는 옛날 왕후가 먹는 고가의 과자였다.

2034	[N1] ☐☐☐		
훈	왕비	—	
음	비	ひ	**王妃** 왕비 **皇太子妃** 황태자비 _{おう ひ} _{こうたい し ひ}

6획 妃 妃 妃 妃 妃 妃

왕비 비

イギリス国王と**王妃**がそろって式典に出席した。 영국 국왕과 왕비가 모여 식전에 출석했다.
_{こくおう} _{おう ひ} _{しきてん} _{しゅっせき}

皇太子妃は皇太子の配偶者を指します。 황태자비는 황태자의 배우자를 가리킵니다.
_{こうたい し ひ} _{こうたい し} _{はいぐうしゃ} _さ

2035	[N1] ☐☐☐		
훈	아씨	ひめ	**姫** 공주 **白雪姫** 백설공주 _{ひめ} _{しらゆきひめ}
음	희	—	

10획 姫 姫 姫 姫 姫 姫 姫 姫 姫 姫

아씨 희

ドレスを着た彼女はおとぎ話に出てくる**姫**のようだ。 드레스를 입은 그녀는 동화에 나오는 공주 같다.
_き _{かのじょ} _{ばなし} _で _{ひめ}

「**白雪姫**」はドイツの民話を基にした童話である。 '백설공주'는 독일 민화를 기반으로 한 동화이다.
_{しらゆきひめ} _{みん わ} _{もと} _{どう わ}

2036	[N1] ☐☐☐		
훈	종	—	
음	노	ど	**奴隷** 노예 **守銭奴** 수전노, 구두쇠 _{ど れい} _{しゅせん ど}

5획 奴 奴 奴 奴 奴

종 노

アメリカの**奴隷**制度は1865年に正式に廃止された。
_{ど れいせい ど} _{ねん} _{せいしき} _{はいし}
미국의 노예 제도는 1865년에 정식으로 폐지되었다.

彼はお金が全てだと思っている**守銭奴**のようだ。 그는 돈이 전부라고 생각하고 있는 수전노 같다.
_{かれ} _{かね} _{すべ} _{おも} _{しゅせん ど}

2037	[N1] ☐☐☐		
훈	종	—	
음	례(예)	れい	**奴隷** 노예 **隷属** 예속, 종속 **隷書** 예서, 예서체 _{ど れい} _{れいぞく} _{れいしょ}

16획 隷 隷 隷 隷 隷 隷 隷 隷 隷 隷 隷 隷 隷 隷 隷 隷

종 례(예)

地主は**奴隷**たちを強制的に働かせた。 지주는 노예들을 강제적으로 일하게 했다.
_{じぬし} _{ど れい} _{きょうせいてき} _{はたら}

インドはかつて**英国**に**隷属**する植民地だった。 인도는 예전에 영국에 예속된 식민지였다.
_{えいこく} _{れいぞく} _{しょくみん ち}

2038 [N1] ☐☐☐

爵

벼슬 작

훈	벼슬	—
음	작	しゃく	**爵位** 작위 **伯爵** 백작

17획 爵 爵 爵 爵 爵 爵 爵 爵 爵 爵 爵 爵 爵 爵 爵 爵 爵

爵位とは国から与えられる貴族の称号のことだ。 작위란 국가로부터 부여되는 귀족의 칭호를 말한다.
この邸宅はある**伯爵**の別荘だったという。 이 저택은 어느 백작의 별장이었다고 한다.

2039 [N1] ☐☐☐

尉

벼슬 위

훈	벼슬	—
음	위	い	**大尉** 대위 (계급) **尉官** 위관, 초급 장교

11획 尉 尉 尉 尉 尉 尉 尉 尉 尉 尉 尉

元陸軍の**大尉**だった男性が戦争について取材に答えた。
전 육군 대위였던 남성이 전쟁에 대해서 취재에 답했다.
彼は海上自衛隊で**尉官**という幹部の立場にいる。
그는 해상 자위대에서 위관이라는 간부의 입장에 있다.

2040 [N1] ☐☐☐

陛

대궐 섬돌 폐

훈	대궐 섬돌	—
음	폐	へい	**陛下** 폐하

10획 陛 陛 陛 陛 陛 陛 陛 陛 陛 陛

記念式典に皇后**陛下**が出席される予定です。 기념식전에 황후 폐하께서 참석하실 예정입니다.

2041 [N1] ☐☐☐

朕

나 짐

훈	나	—
음	짐	ちん	**朕** 짐 (임금의 자칭)

10획 朕 朕 朕 朕 朕 朕 朕 朕 朕 朕

ルイ14世は「**朕**は国家なり」という言葉を残した。 루이 14세는 '짐은 국가다'라는 말을 남겼다.

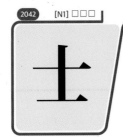

2042 [N1] ☐☐☐

士

선비 **사**

하나(一)와 열(十)을 합쳐 하나를 배우면 열을 아는 선비를 나타낸 글자

훈	선비	—				
음	사	し	**運転士**[★] 운전사	**博士** 박사	**弁護士**[★] 변호사	**紳士** 신사

3획 士 十 士

路線バスの**運転士**を募集している。 노선 버스의 운전사를 모집하고 있다.

大学院で経営学の**博士**課程を修了した。 대학원에서 경영학 박사 과정을 수료했다.

2043 [N1] ☐☐☐

吏

관리 **리(이)**

훈	관리	—		
음	리(이)	り	**官吏** 관리	**吏員** 이원, 구실아치

6획 吏 吏 吏 吏 吏 吏

明治時代、役人を指す言葉として**官吏**が使われた。
메이지 시대, 공무원을 가리키는 말로써 관리가 사용되었다.

昔は一般職の公務員を**吏員**と呼ぶこともあった。
옛날에는 일반직 공무원을 이원이라고 부르는 경우도 있었다.

2044 [N1] ☐☐☐

庶

여러 **서**

훈	여러	—		
음	서	しょ	**庶民**[★] 서민	**庶務** 서무

11획 庶 庶 庶 庶 庶 庶 庶 庶 庶 庶 庶

旅行が**庶民**に広がったのはここ300年ほどのことらしい。
여행이 서민에게 퍼진 것은 요 300년 정도의 일이라고 한다.

庶務の職員に取引先に渡す見積書の作成を頼んだ。
서무인 직원에게 거래처에 전달할 견적서 작성을 부탁했다.

	2045	[N1] □□□			

狩

사냥할 수

훈	사냥할	か(る)	**狩る** 사냥하다 **狩り込み** 일제 검거
		か(り)	**狩り** 사냥 **ぶどう狩り** 포도 따기 **潮干狩り** 조개잡이
음	수	しゅ	**狩猟** 수렵

9획 狩 狩 狩 狩 狩 狩 狩 狩 狩

おじは大きなイノシシを**狩った**ことがあるらしい。 숙부는 큰 멧돼지를 사냥한 적이 있다고 한다.

絶滅危惧種の動物を**狩猟**してはいけません。 멸종 위기종인 동물을 수렵해서는 안 됩니다.

	2046	[N1] □□□

猟

사냥 렵(엽)

| 훈 | 사냥 | | |
| 음 | 렵(엽) | りょう | **猟師** 사냥꾼 **猟犬** 사냥개 **狩猟** 수렵 **密猟** 밀렵 |

11획 猟 猟 猟 猟 猟 猟 猟 猟 猟 猟 猟

これは**猟師**の祖父が捕獲した鹿の肉です。 이것은 사냥꾼인 할아버지가 포획한 사슴 고기입니다.

猟犬を連れてキジを狩りに山へ向かった。 사냥개를 데리고 꿩을 사냥하러 산으로 향했다.

	2047	[N1] □□□

遷

옮길 천

| 훈 | 옮길 | — | |
| 음 | 천 | せん | **変遷**★ 변천 **遷都** 천도 **左遷** 좌천 |

15획 遷 遷 遷 遷 遷 遷 遷 遷 遷 遷 遷 遷 遷 遷 遷

言葉は時代とともに**変遷**するものです。 말은 시대와 함께 변천하는 것입니다.

明治時代に京都から東京への**遷都**が行われた。 메이지 시대에 교토에서 도쿄로의 천도가 이루어졌다.

	2048	[N1] □□□

詔

조서 조

| 훈 | 조서 | みことのり | **詔** 조칙 (임금의 명령서) |
| 음 | 조 | しょう | **詔書** 조서 (임금의 말을 적은 문서) |

12획 詔 詔 詔 詔 詔 詔 詔 詔 詔 詔 詔 詔

この寺は天皇が**詔**を出して建てさせたと言われている。
이 절은 일왕이 조칙을 내려 짓게 했다고 말해지고 있다.

国会召集の**詔書**が公布された。 국회 소집의 조서가 공포되었다.

훈	조서	—	
음	칙	ちょく	しょうちょく 詔勅 조칙 (임금의 명령서)　ちょくご 勅語 치어 (임금의 말)

9획 勅 勅 勅 勅 勅 勅 勅 勅 勅

조서 **칙**

せきちゅう　おう　しょうちょく　きざ
この石柱には王の**詔勅**が刻まれている。　이 돌기둥에는 왕의 조칙이 새겨져 있다.

にほん　きょういく　きほんほうしん　きょういくちょくご　すで　はいし
日本の教育の基本方針だった教育**勅語**は既に廃止された。
일본의 교육 기본 방침이었던 교육 칙어는 이전에 폐지되었다.

전쟁

훈	칼날	は	は **刃**날　はもの **刃物** 날붙이　りょうば 両**刃** 양날
음	인	じん	はくじん 白**刃** 예리한 칼날

3획 刃 刃 刃

칼날 **인**

칼(刀)에 점을 하나 찍
어서 날이 있는 곳을
나타낸 글자

かいづか　いし　は　しゅりょうよう　はっくつ
貝塚から石の**刃**がついた狩猟用のやりが発掘された。　패총에서 돌날이 달린 수렵용 창이 발굴되었다.

さむらい　はくじん　ふ　てき　おそ　か
侍は**白刃**を振りかざして敵に襲い掛かった。　사무라이는 예리한 칼날을 치켜들고 적에게 덤벼들었다.

훈	화살	や	や **矢** 화살　やじるし **矢印** 화살표　ゆみや 弓**矢** 활과 화살　やさき **矢先** 화살촉
음	시	し	いっし　むく 一**矢**を報いる (적의 공격이나 비난에 대해) 반격하다

5획 矢 矢 矢 矢 矢

화살 **시**

화살촉과 깃 모양을 본
뜬 글자

まと　む　や　と
的に向けて**矢**を飛ばした。　과녁을 향해서 화살을 쏘았다.

いっし　むく　のが
一**矢**を報いるチャンスを逃してはいけない。　반격할 찬스를 놓쳐서는 안 된다.

2052 [N1] ☐☐☐

弓

활 궁

가운데가 볼록하게 굽
은 활 모양을 본뜬 글자

훈 활	ゆみ	**弓** 활 **弓矢** 활과 화살		
음 궁	きゅう	**弓道** 궁도, 궁술 **弓状** 활 모양 **洋弓** 양궁		

3획 弓 弓 弓

選手は力強く**弓**を引いた。 선수는 힘차게 활을 당겼다.

私は高校生のときから**弓道**をやっている。 나는 고등학생 때부터 궁도를 하고 있다.

2053 [N1] ☐☐☐

銃

총 총

훈 총	—			
음 총	じゅう	**銃** 총 **銃弾** 총탄 **小銃** 소총 **銃砲** 총포		

14획 銃 銃 銃 銃 銃 銃 銃 銃 銃 銃 銃 銃 銃 銃

許可なしに個人が**銃**を所持してはならない。 허가 없이 개인이 총을 소지해서는 안 된다.

犯人が撃った**銃弾**によって市民が負傷した。 범인이 쏜 총탄에 의해 시민이 부상당했다.

2054 [N1] ☐☐☐

砲

대포 포

훈 대포	—			
음 포	ほう	**鉄砲** 총, 소총 **発砲** 발포 **大砲** 대포 **砲撃** 포격		

10획 砲 砲 砲 砲 砲 砲 砲 砲 砲 砲

時代劇の主人公は**鉄砲**を構えて敵軍を狙った。 시대극의 주인공은 총을 준비하고 적군을 노렸다.

包丁を振り回す男に警察官が銃を**発砲**した。 칼을 휘두르는 남성에게 경찰관이 총을 발포했다.

2055 [N1] ☐☐☐

碑

비석 비

훈 비석	—			
음 비	ひ	**石碑** 석비, 돌비석 **記念碑** 기념비 **碑銘** 비명, 비에 새긴 글		

14획 碑 碑 碑 碑 碑 碑 碑 碑 碑 碑 碑 碑 碑 碑

この**石碑**には戦争の教訓が刻まれています。 이 석비에는 전쟁의 교훈이 새겨져 있습니다.

中田教授の功績をたたえる**記念碑**が大学に建てられた。
나카다 교수의 업적을 칭송하는 기념비가 대학에 세워졌다.

2056 [N1] ☐☐☐

모실 **시**

| 훈 | 모실 | さむらい | 侍 사무라이, 무사 |
| 음 | 시 | じ | 侍従 시종　侍女 시녀 |

8획 侍 侍 侍 侍 侍 侍 侍 侍

侍 は自分が仕える殿のためなら命を懸けて戦った。
사무라이는 자신이 따르는 주군을 위해서라면 목숨을 걸고 싸웠다.

日本で侍従とは、天皇の世話をする職員のことだ。
일본에서 시종이란, 일왕의 시중을 드는 직원을 말한다.

2057 [N1] ☐☐☐

장수 **수**

| 훈 | 장수 | — | |
| 음 | 수 | すい | 元帥 원수　統帥 통수 |

9획 帥 帥 帥 帥 帥 帥 帥 帥 帥

マッカーサーはアメリカ陸軍の元帥であった。 맥아더는 미국 육군의 원수였다.

戦前の日本では天皇が軍を統帥する権利を持っていた。
전쟁 전 일본에서는 일왕이 군을 통수하는 권리를 가지고 있었다.

2058 [N1] ☐☐☐

갈 **정**

| 훈 | 갈 | — | |
| 음 | 정 | せい | 遠征 원정　征服 정복　出征 출정 |

8획 征 征 征 征 征 征 征 征

大会前に中国へ遠征に行って、強化試合を行う予定だ。
대회 전에 중국으로 원정을 가서, 강화 시합을 진행할 예정이다.

モンゴル帝国は周辺諸国を征服し、領土拡大を続けた。
몽골 제국은 주변 여러 국가를 정복하여, 영토 확대를 계속했다.

2059 [N1] ☐☐☐

물리칠 **척**

| 훈 | 물리칠 | — | |
| 음 | 척 | せき | 排斥 배척　斥候 척후병, 척후 |

5획 斥 斥 斥 斥 斥

江戸時代、キリスト教は幕府によって排斥された。 에도 시대, 그리스도교는 막부에 의해 배척당했다.

敵地の状況を把握するため斥候を出そう。 적지의 상황을 파악하기 위해 척후병을 보내자.

2060 [N1] ☐☐☐

闘

싸울 **투**

훈	싸울	たたか(う)	闘う 싸우다, 맞서다　闘い 싸움, 투쟁
음	투	とう	戦闘 전투　闘争 투쟁　闘志 투지　健闘 건투

18획 闘 闘 闘 闘 闘 闘 闘 闘 闘 闘 闘 闘 闘 闘 闘 闘 闘 闘

難病と闘う子供の姿に胸を打たれた。 난치병과 싸우는 아이의 모습에 가슴이 사무쳤다.

戦争が勃発して1年経った今も激しい戦闘が続いている。
전쟁이 발발하고 1년 지난 지금도 격심한 전투가 계속되고 있다.

헷갈리는 단어 모아보기

유의어	闘う	싸우다, 맞서다	母は病と闘っている。 어머니는 병과 싸우고 있다.
	戦う	싸우다	兵士たちが戦っている。 병사들이 싸우고 있다.

闘うと戦うは 모두 '싸우다'라는 뜻이다. 闘うと 눈에 보이지 않는 문제에 맞서 싸울 때, 戦うと 무력을 행사하여 싸울 때 사용한다.

2061 [N1] ☐☐☐

襲

엄습할 **습**

훈	엄습할	おそ(う)	襲う 습격하다, 덮치다
음	습	しゅう	襲撃 습격　世襲 세습

22획 襲

その軍の兵士たちは、夜中に敵軍の城を襲った。 그 군의 병사들은, 밤중에 적군의 성을 습격했다.

電車内である男が乗客を襲撃する事件が起きました。
전철 안에서 어떤 남자가 승객을 습격하는 사건이 일어났습니다.

2062 [N1] ☐☐☐

虜

사로잡을 **로(노)**

훈	사로잡을	―	
음	로(노)	りょ	捕虜 포로　虜囚 포로, 노수

13획 虜 虜 虜 虜 虜 虜 虜 虜 虜 虜 虜 虜 虜

戦争とはいえ、民間人を捕虜にするなんて非道だ。
전쟁이라고는 하지만, 민간인을 포로로 만들다니 부도덕하다.

国は虜囚の身になった国民を救出した。 국가는 포로의 몸이 된 국민을 구출했다.

滅

멸망할 **멸**

훈 멸망할	ほろ(びる)	^{ほろ}滅びる* 멸망하다	
	ほろ(ぼす)	^{ほろ}滅ぼす 멸망시키다	
음 멸	めつ	^{ぜつめつ}絶滅* 멸종, 근절 ^{めった}滅多に* 좀처럼, 거의 ^{めつぼう}滅亡 멸망	

13획 滅 滅 滅 滅 滅 滅 滅 滅 滅 滅 滅 滅 滅

^{ていこく} ^{ほろ} ^{はいけい} ^{てんねんとう} ^{だいりゅうこう}
インカ帝国が**滅びた**背景に天然痘の大流行がある。
잉카 제국이 멸망한 배경에 천연두의 대유행이 있다.

^{ぜつめつ} ^{き き} ^{どうぶつ} ^{やく} ^{まんしゅ} ^い
絶滅の危機にある動物は約4万種と言われています。
멸종 위기에 있는 동물은 약 4만종이라고 일컬어지고 있습니다.

연습문제

색이 있는 한자의 발음을 밑줄에 쓴 다음, 괄호 안에 단어의 뜻을 써 보세요.

01 倫理 ＿＿＿り （ ）

02 墨 ＿＿＿ （ ）

03 諭す ＿＿＿す （ ）

04 礎 ＿＿＿ （ ）

05 伯爵 はく＿＿＿ （ ）

06 狩る ＿＿＿る （ ）

07 芯 ＿＿＿ （ ）

08 侍 ＿＿＿ （ ）

09 王妃 おう＿＿＿ （ ）

10 閲覧 ＿＿＿らん （ ）

11 闘う ＿＿＿う （ ）

12 矢 ＿＿＿ （ ）

13 鉄砲 てっ＿＿＿ （ ）

14 挙げる ＿＿＿げる （ ）

15 庶民 ＿＿＿みん （ ）

16 遡る ＿＿＿る （ ）

17 世紀 せい＿＿＿ （ ）

18 感銘 かん＿＿＿ （ ）

19 顧みる ＿＿＿みる （ ）

20 寮 ＿＿＿ （ ）

21 姫 ＿＿＿ （ ）

22 暦 ＿＿＿ （ ）

23 把握 ＿＿＿あく （ ）

24 宰相 ＿＿＿しょう （ ）

25 排斥 はい＿＿＿ （ ）

26 刃 ＿＿＿ （ ）

27 滅びる ＿＿＿びる （ ）

28 襲う ＿＿＿う （ ）

29 石碑 せき＿＿＿ （ ）

30 博物館 ＿＿＿ぶつかん （ ）

31 鑑みる ＿＿＿みる （ ）

32 詔 ＿＿＿ （ ）

33 塚 ＿＿＿ （ ）

34 変遷 へん＿＿＿ （ ）

35 弓 ＿＿＿ （ ）

36 遠征 えん＿＿＿ （ ）

37 糧 ＿＿＿ （ ）

38 推奨 すい＿＿＿ （ ）

39 塾 ＿＿＿ （ ）

40 哲学 ＿＿＿がく （ ）

쉬어 마당

고급 한자 해커스 일본어 상용한자 2136

정답 01 りんり 윤리 02 すみ 먹 03 さとす 잘 타이르다, 깨우치다 04 いしずえ 초석, 주춧돌 05 はくしゃく 백작 06 かる 사냥하다 07 しん 심
08 さむらい 사무라이, 무사 09 おうひ 왕비 10 えつらん 열람 11 たたかう 싸우다, 맞서다 12 や 화살 13 てっぽう 총, 소총 14 あげる 들다, 올리다
15 しょみん 서민 16 さかのぼる 거슬러 올라가다 17 せいき 세기 18 かんめい 감명 19 かえりみる 돌아보다, 회고하다 20 りょう 기숙사 21 ひめ 공주
22 こよみ 달력 23 はあく 파악 24 さいしょう 재상, 수상 25 はいせき 배척 26 は 날 27 ほろびる 멸망하다 28 おそう 습격하다, 덮치다
29 せきひ 석비, 돌비석 30 はくぶつかん 박물관 31 かんがみる 거울삼다 32 みことのり 조칙 (임금의 명령서) 33 つか 봉분 34 へんせん 변천
35 ゆみ 활 36 えんせい 원정 37 かて 양식, 식량 38 すいしょう 추천 39 じゅく 학원 40 てつがく 철학

법률

★은 JLPT/JPT 기출 단어입니다.

2064 [N1] □□□

憲

훈	법	—			
음	헌	けん	**憲法** 헌법	**違憲** 위헌	**立憲** 입헌

16획 憲 憲 憲 憲 憲 憲 憲 憲 憲 憲 憲 憲 憲 憲 憲 憲

법 **헌**

日本最初の**憲法**はドイツの**憲法**を手本にして作られた。
일본 최초의 헌법은 독일의 헌법을 본보기로 하여 만들어졌다.

在外国民の投票を制限するのは**違憲**だと認められた。
재외 국민의 투표를 제한하는 것은 위헌이라고 인정되었다.

2065 [N1] □□□

裁

훈	결단할/마를	さば(く)	**裁く** 판가름하다, 시비를 가리다	**裁き** 심판, 재판
		た(つ)	**裁つ** 재단하다, (옷감 등을) 치수에 맞게 자르다	
음	재	さい	**裁判**★ 재판　**仲裁** 중재　**制裁** 제재　**裁縫** 재봉	

12획 裁 裁 裁 裁 裁 裁 裁 裁 裁 裁 裁 裁

결단할/마를 **재**

人は身分に関係なく公平に**裁かれる**べきだ。 사람은 신분에 관계없이 공평하게 판가름되어야 한다.

裁判で被告人は無罪を言い渡された。 재판에서 피고인은 무죄를 선고받았다.

2066 [N1] □□□

廷

훈	조정	—			
음	정	てい	**法廷** 법정	**出廷** 출정	**宮廷** 궁정

7획 廷 廷 廷 廷 廷 廷 廷

조정 **정**

今回**法廷**では子の親権をめぐる裁判が行われる。 이번 법정에서는 아이의 친권을 둘러싼 재판이 진행된다.

原告側の証人として裁判に**出廷**してください。 원고 측의 증인으로 재판에 출정해 주세요.

2067 [N1] ☐☐☐

訴

훈	호소할	うった(える)	訴える* 고소하다, 호소하다　訴え 소송
음	소	そ	起訴 기소　訴訟* 소송　告訴 고소　哀訴 애원

12획 訴 訴 訴 訴 訴 訴 訴 訴 訴 訴 訴

호소할 소

金銭をだまし取った元婚約者を結婚詐欺で訴えた。
금전을 편취한 전 약혼자를 결혼 사기로 고소했다.

放火の罪で起訴された被告人が裁判にかけられた。 방화 죄로 기소된 피고인이 재판에 회부되었다.

2068 [N1] ☐☐☐

訟

훈	송사할	—	
음	송	しょう	訴訟* 소송

11획 訟 訟 訟 訟 訟 訟 訟 訟 訟 訟

송사할 송

当事者同士が和解したとして訴訟は取り下げられた。 당사자끼리 화해했다고 해서 소송이 취하되었다.

2069 [N1] ☐☐☐

拠

훈	의거할	—	
음	거	きょ	根拠* 근거　拠点* 거점　占拠 점거
		こ	証拠* 증거

8획 拠 拠 拠 拠 拠 拠 拠 拠

의거할 거

客観的な根拠がない文句を広告に用いてはいけない。
객관적인 근거가 없는 문구를 광고에 사용해서는 안 된다.

決定的な証拠が見つかり事件の真相が明らかになった。
결정적인 증거가 발견되어 사건의 진상이 밝혀졌다.

2070 [N1] ☐☐☐

遵

훈	좇을	—	
음	준	じゅん	遵守 준수　遵法 준법

15획 遵 遵 遵 遵 遵 遵 遵 遵 遵 遵 遵 遵 遵 遵 遵

좇을 준

ドライバーは道路交通法を遵守しなければならない。 운전자는 도로 교통법을 준수하지 않으면 안 된다.

国民に遵法精神がなければ、国の秩序は乱れかねない。
국민에게 준법 정신이 없으면, 나라의 질서는 흐트러질 수 있다.

窃

훔칠 **절**

훈	훔칠	—	
음	절	せつ	**窃盗** 절도 **窃取** 절취, 도둑질

9획 窃 窃 窃 窃 窃 窃 窃 窃 窃

すりを働いた20代の男が**窃盗**の罪で逮捕された。
소매치기를 저지른 20대 남성이 절도죄로 체포되었다.

店の金を**窃取**した犯人は従業員の中にいた。 가게의 돈을 절취한 범인은 종업원 중에 있었다.

侵

침범할 **침**

훈	침범할	おか(す)	**侵す** 침해하다, 침범하다
음	침	しん	**侵入** 침입 **侵害** 침해 **不可侵** 불가침

9획 侵 侵 侵 侵 侵 侵 侵 侵 侵

他人のプライバシーを**侵して**はいけない。 타인의 프라이버시를 침해해서는 안 된다.
泥棒は窓から家の中に**侵入**したようだ。 도둑은 창문으로 집 안에 침입한 것 같다.

헷갈리는 단어 모아보기

동음이의어	侵す 침해하다, 침범하다	著作権を侵してはならない。 저작권을 침해해서는 안 된다.
	犯す 저지르다, 범하다	致命的なミスを犯した。 치명적인 실수를 저질렀다.

侵すと犯すは모두 おかす로 발음된다. 侵す는 남의 권리나 영역을 침해하거나 침범하다,
犯す는 실수나 잘못을 저지르다라는 뜻이다.

拉

끌 **랍(납)**

훈	끌	—	
음	랍(납)	ら	**拉致** 납치

8획 拉 拉 拉 拉 拉 拉 拉 拉

武装勢力に**拉致**された男性はまだ拘束されたままだ。
무장 세력에게 납치된 남성은 아직 구속된 채이다.

拐

속일 괴

훈	속일	—	
음	괴	かい	誘拐 유괴 (ゆうかい)

8획 拐 拐 拐 拐 拐 拐 拐 拐

この映画は実際にあった**誘拐**事件を基にしています。
(えい が) (じっさい) (ゆうかい じ けん) (もと)
이 영화는 실제로 있었던 유괴 사건을 기반으로 하고 있습니다.

搾

짤 착

훈	짤	しぼ(る)	搾る 짜다, 착취하다 (しぼ)
음	착	さく	搾取 착취 (さくしゅ) 圧搾 압착 (あっさく)

13획 搾 搾 搾 搾 搾 搾 搾 搾 搾 搾 搾 搾 搾

からあげにレモンを**搾って**食べるのが好きです。 닭튀김에 레몬을 짜서 먹는 것을 좋아합니다.
(しぼ) (た) (す)

不当に残業代を支払わないのは労働者の**搾取**である。
(ふ とう) (ざんぎょうだい) (し はら) (ろうどうしゃ) (さくしゅ)
부당하게 야근 수당을 지불하지 않는 것은 노동자 착취이다.

헷갈리는 단어 모아보기

유의어	搾る 짜다 (しぼ)	牧場で牛の乳を搾った。 목장에서 소젖을 짰다. (ぼくじょう) (うし) (ちち) (しぼ)
	絞る (쥐어)짜다 (しぼ)	濡れたスカートの裾を絞った。 젖은 치맛자락을 쥐어짰다. (ぬ) (すそ) (しぼ)

搾る와 絞る는 모두 '짜다'라는 뜻이다. 搾る는 단단히 죄어서 즙이나 젖, 기름 등의 액체 등을 빼낼 (しぼ) (しぼ) (しぼ)
때, 絞る는 비틀어 물기를 빼낼 때 사용한다. (しぼ)

謀

꾀할 모

훈	꾀할	はか(る)	謀る 꾀하다 (はか)
음	모	ぼう	無謀* 무모 (む ぼう) 陰謀 음모 (いんぼう) 謀略 모략 (ぼうりゃく)
		む	謀反 모반 (む ほん)

16획 謀 謀 謀 謀 謀 謀 謀 謀 謀 謀 謀 謀 謀 謀 謀 謀

詐欺を**謀った**として、30代の会社員の女が逮捕された。
(さ ぎ) (はか) (だい かいしゃいん) (おんな) (たい ほ)
사기를 꾀한 것으로, 30대 회사원 여성이 체포되었다.

そんな**無謀**な運転をしていたらいつか事故を起こすよ。
(む ぼう) (うんてん) (じ こ) (お)
그런 무모한 운전을 하다간 언젠가 사고를 낼 거야.

詐

훈	속일	—	
음	사	さ	詐称 さしょう 사칭

12획 詐 詐 詐 詐 詐 詐 詐 詐 詐 詐 詐

속일 **사**

その女優は過去に年齢を**詐称**して活動していた。
じょゆう かこ ねんれい さしょう かつどう
그 여배우는 과거에 나이를 사칭해서 활동하고 있었다.

欺

훈	속일	あざむ(く)	欺く あざむく 속이다
음	기	ぎ	詐欺 さぎ 사기

12획 欺 欺 欺 欺 欺 欺 欺 欺 欺 欺 欺 欺

속일 **기**

某社は誇張した広告で顧客を**欺き**、利益を上げていた。
ぼうしゃ こちょう こうこく こきゃく あざむ りえき あ
모 회사는 과장된 광고로 고객을 속여, 이익을 올리고 있었다.

電話で家族を装い現金を要求する**詐欺**が多発している。
でんわ かぞく よそお げんきん ようきゅう さぎ たはつ
전화로 가족을 가장해 현금을 요구하는 사기가 다발하고 있다.

毀

훈	헐	—		
음	훼	き	毀損 きそん 훼손	毀誉褒貶 きよほうへん 비방과 칭찬, 훼예포폄

13획 毀 毀 毀 毀 毀 毀 毀 毀 毀 毀 毀 毀 毀

헐 **훼**

SNSの書き込みも立派な名誉の**毀損**になりうる。 SNS에 쓴 글도 충분한 명예 훼손이 될 수 있다.
かこ りっぱ めいよ きそん

大胆な政策を打ち出す政府に対する**毀誉褒貶**が激しい。
だいたん せいさく う だ せいふ たい きよほうへん はげ
대담한 정책을 펴는 정부에 대한 비방과 칭찬이 격심하다.

賊

훈	도둑	—			
음	적	ぞく	海賊 かいぞく 해적	盗賊 とうぞく 도적	山賊 さんぞく 산적	賊軍 ぞくぐん 반란군

13획 賊 賊 賊 賊 賊 賊 賊 賊 賊 賊 賊 賊 賊

도둑 **적**

무기(戎)와 재물(貝)을 합쳐 무기로 위협하여 재물을 훔치는 사람을 나타낸 글자

船を襲い金銭を略奪する**海賊**は現在も存在する。
ふね おそ きんせん りゃくだつ かいぞく げんざい そんざい
배를 습격하여 금전을 약탈하는 해적은 현재도 존재한다.

商人は暗い夜道で**盗賊**に襲われ、荷物を全て奪われた。
しょうにん くら よみち とうぞく おそ にもつ すべ うば
상인은 어두운 밤길에서 도적에게 습격받아, 짐을 모두 빼앗겼다.

2081 [N1] ☐☐☐

賄

뇌물 회

훈	뇌물	まかな(う)	賄う 조달하다, (식사를) 마련하다 　賄い (식사를) 마련함
음	회	わい	収賄 뇌물을 받음, 수회 　贈賄 뇌물을 줌, 증회 　賄賂 뇌물

13획 賄 賄 賄 賄 賄 賄 賄 賄 賄 賄 賄 賄 賄

寄付でボランティアの活動費を賄っています。 기부로 자원봉사 활동비를 조달하고 있습니다.

A議員は500万円の収賄の罪で有罪判決を受けた。
A 의원은 500만 엔의 뇌물을 받은 죄로 유죄 판결을 받았다.

2082 [N1] ☐☐☐

賂

뇌물 뢰(뇌)

훈	뇌물	―	
음	뢰(뇌)	ろ	賄賂 뇌물

13획 賂 賂 賂 賂 賂 賂 賂 賂 賂 賂 賂 賂 賂

公務員が賄賂をもらうことは法律上禁止されている。 공무원이 뇌물을 받는 것은 법률상 금지되어 있다.

2083 [N1] ☐☐☐

賭

내기 도

훈	내기	か(ける)	賭ける (내기, 대가를) 걸다 　賭け 내기, 도박
음	도	と	賭博 도박 　賭場 도박장, 노름판

16획 賭 賭 賭 賭 賭 賭 賭 賭 賭 賭 賭 賭 賭 賭 賭 賭

今回の試合は2対1で日本の勝ちに賭けるよ。 이번 시합은 2대1로 일본의 승리에 걸게.

賭博にはまって、全財産を失ってしまった。 도박에 빠져서, 전 재산을 잃고 말았다.

2084 [N1] ☐☐☐

虐

모질 학

훈	모질	しいた(げる)	虐げる 괴롭히다, 학대하다
음	학	ぎゃく	虐待 학대 　虐殺 학살 　残虐 잔학

9획 虐 虐 虐 虐 虐 虐 虐 虐 虐

他人に虐げられていい人なんていない。 타인에게 괴롭힘당해도 좋은 사람 따위 없다.

この団体は児童を虐待から守る活動をしています。
이 단체는 아동을 학대로부터 지키는 활동을 하고 있습니다.

2085 [N1] □□□

脅

위협할 협

훈 위협할	おど(す)	**脅す** 위협하다, 협박하다	**脅し** 위협, 허수아비
	おど(かす)	**脅かす** 위협하다, 놀라게 하다	
	おびや(かす)	**脅かす** 위협하다, 위태롭게 하다	
음 협	きょう	**脅威** 위협	**脅迫** 협박

10획 脅 脅 脅 脅 脅 脅 脅 脅 脅 脅

スーパーの店員を**脅**して現金を要求するなんて。 슈퍼 점원을 위협해 현금을 요구하다니.

自然災害は私たち人間にとって大変**脅威**である。 자연 재해는 우리들 인간에게 있어 매우 위협이다.

2086 [N1] □□□

偵

염탐할 정

훈 염탐할	―	
음 정	てい	**探偵** 탐정 　**偵察** 정찰 　**内偵** 내탐, 염탐

11획 偵 偵 偵 偵 偵 偵 偵 偵 偵 偵 偵

探偵に子供のいじめの実態調査を依頼しました。
탐정에게 아이의 학교 폭력 실태 조사를 의뢰했습니다.

ライバルのラーメン店を**偵察**しに行く。 라이벌인 라멘 가게를 정찰하러 간다.

2087 [N1] □□□

逮

잡을 체

훈 잡을	―	
음 체	たい	**逮捕** 체포 　**逮夜** 장례 전날 밤

11획 逮 逮 逮 逮 逮 逮 逮 逮 逮 逮 逮

大学生がひき逃げされた事件で60代の男が**逮捕**された。
대학생이 뺑소니 당한 사건으로 60대 남성이 체포되었다.

逮夜に祖母の葬儀で読む弔辞を書いた。 장례 전날 밤에 할머니의 장례식에서 읽을 조의문을 썼다.

喚

부를 **환**

훈	부를	—
음	환	かん　　召喚 소환　喚起* 환기

12획 喚 喚 喚 喚 喚 喚 喚 喚 喚 喚 喚

事件の証人として裁判所から**召喚**された。　사건의 증인으로 재판소로부터 소환되었다.

警察がフィッシング詐欺への注意を**喚起**している。　경찰이 피싱 사기에의 주의를 환기하고 있다.

刑

형벌 **형**

훈	형벌	—
음	형	けい　　刑罰 형벌　刑事 형사　処刑 처형　刑法 형법

6획 刑 刑 刑 刑 刑 刑

罪を犯せば法律に従って**刑罰**が科される。　죄를 범하면 법률에 따라 형벌이 부과된다.

刑事は未だに解決していない事件を捜査している。
형사는 아직까지도 해결되지 않은 사건을 수사하고 있다.

罰

벌 **벌**

훈	벌	—
음	벌	ばつ　　罰金 벌금　処罰 처벌　天罰 천벌
		ばち　　罰当たり 천벌을 받음

14획 罰 罰 罰 罰 罰 罰 罰 罰 罰 罰 罰 罰 罰 罰

大型車の違法駐車は１万２千円の**罰金**が科されます。
대형 자동차의 위법 주차는 1만 2천 엔의 벌금이 부과됩니다.

お墓にごみを捨てるなんて**罰当たり**な行動だよ。　무덤에 쓰레기를 버리다니 천벌을 받을 행동이야.

囚

가둘 **수**

훈	가둘	—
음	수	しゅう　　囚人 죄수　死刑囚 사형수

5획 囚 囚 囚 囚 囚

この刑務所には３千人弱の**囚人**が収容されている。
이 형무소에는 약 3천 명의 죄수가 수용되어 있다.

本事件を起こした**死刑囚**の死刑が執行されました。　본 사건을 일으킨 사형수의 사형이 집행되었습니다.

2092 [N1] □□□

勾

올가미/굽을 **구**

훈	올가미/굽을	—	
음	구	こう	勾留 구류, 구금　勾配 경사, 비탈

4획 勾 勾 勾 勾

<ruby>詐<rt>さ</rt></ruby><ruby>欺<rt>ぎ</rt></ruby><ruby>事<rt>じ</rt></ruby><ruby>件<rt>けん</rt></ruby>への<ruby>関<rt>かん</rt></ruby><ruby>与<rt>よ</rt></ruby>が<ruby>疑<rt>うたが</rt></ruby>われた<ruby>男<rt>おとこ</rt></ruby>が<ruby>警<rt>けい</rt></ruby><ruby>察<rt>さつ</rt></ruby><ruby>署<rt>しょ</rt></ruby>に**勾留**された。
사기 사건에의 관여가 의심된 남성이 경찰서에 구류되었다.

ケーブルカーで<ruby>急<rt>きゅう</rt></ruby>な**勾配**を<ruby>登<rt>のぼ</rt></ruby>っていった。 케이블카로 가파른 경사를 올라갔다.

2093 [N1] □□□

拘

잡을 **구**

훈	잡을	—	
음	구	こう	拘束 구속　拘置 구치　拘置所 구치소　拘留 구류

8획 拘 拘 拘 拘 拘 拘 拘 拘

<ruby>逃<rt>とう</rt></ruby><ruby>走<rt>そう</rt></ruby><ruby>中<rt>ちゅう</rt></ruby>だった<ruby>犯<rt>はん</rt></ruby><ruby>人<rt>にん</rt></ruby>が<ruby>警<rt>けい</rt></ruby><ruby>察<rt>さつ</rt></ruby>に**拘束**されたということです。 도주 중이었던 범인이 경찰에 구속되었습니다.
<ruby>事<rt>じ</rt></ruby><ruby>件<rt>けん</rt></ruby>の<ruby>被<rt>ひ</rt></ruby><ruby>疑<rt>ぎ</rt></ruby><ruby>者<rt>しゃ</rt></ruby>は**拘置所**で<ruby>判<rt>はん</rt></ruby><ruby>決<rt>けつ</rt></ruby>が<ruby>出<rt>で</rt></ruby>るのを<ruby>待<rt>ま</rt></ruby>っている。
사건의 피의자는 구치소에서 판결이 나오는 것을 기다리고 있다.

2094 [N1] □□□

拷

칠 **고**

훈	칠	—	
음	고	ごう	拷問 고문

9획 拷 拷 拷 拷 拷 拷 拷 拷 拷

<ruby>警<rt>けい</rt></ruby><ruby>察<rt>さつ</rt></ruby>の<ruby>取<rt>と</rt></ruby>り<ruby>調<rt>しら</rt></ruby>べで<ruby>被<rt>ひ</rt></ruby><ruby>疑<rt>ぎ</rt></ruby><ruby>者<rt>しゃ</rt></ruby>への**拷問**があってはならない。
경찰 취조에서 피의자에게의 고문이 있어서는 안 된다.

2095 [N1] □□□

獄

옥 **옥**

훈	옥	—	
음	옥	ごく	地獄 지옥　牢獄 감옥　獄舎 옥사, 감옥

14획 獄 獄 獄 獄 獄 獄 獄 獄 獄 獄 獄 獄 獄 獄

<ruby>悪<rt>わる</rt></ruby>いことをしたら**地獄**に<ruby>落<rt>お</rt></ruby>ちると<ruby>信<rt>しん</rt></ruby>じている<ruby>人<rt>ひと</rt></ruby>もいる。
나쁜 짓을 하면 지옥에 떨어진다고 믿고 있는 사람도 있다.

牢獄から<ruby>逃<rt>に</rt></ruby>げ<ruby>出<rt>だ</rt></ruby>した<ruby>女<rt>おんな</rt></ruby>が10<ruby>日<rt>か</rt></ruby><ruby>後<rt>ご</rt></ruby>に<ruby>再<rt>さい</rt></ruby><ruby>逮<rt>たい</rt></ruby><ruby>捕<rt>ほ</rt></ruby>された。 감옥에서 도망친 여성이 10일 후에 다시 체포되었다.

2096 [N1] □□□

猶

훈 오히려 ―

음 유 ゆう 猶予 유예 (ゆうよ)

12획 猶 猶 猶 猶 猶 猶 猶 猶 猶 猶 猶 猶

오히려 **유**

納税が困難な場合は、申請すれば猶予が受けられる。
(のうぜい が こんなん な ばあい は、しんせい すれば ゆうよ が)
납세가 어려운 경우에는, 신청하면 유예를 받을 수 있다.

2097 [N1] □□□

錮

훈 막을 ―

음 고 こ 禁錮 금고, 금고형 (きんこ)

16획 錮 錮 錮 錮 錮 錮 錮 錮 錮 錮 錮 錮 錮 錮 錮 錮

막을 **고**

禁錮が言い渡されると、刑務所に身柄が拘束される。 금고가 선고되면, 형무소에 신병이 구속된다.
(きんこ が いい わた されると、けいむしょ に みがら が こうそく される)

2098 [N1] □□□

賠

훈 물어줄 ―

음 배 ばい 賠償 배상 (ばいしょう) 賠償金 배상금 (ばいしょうきん)

15획 賠 賠 賠 賠 賠 賠 賠 賠 賠 賠 賠 賠 賠 賠 賠

물어줄 **배**

事故によるけがの賠償として慰謝料をもらった。 사고에 의한 부상의 배상으로 위자료를 받았다.
(じこ によるけがの ばいしょう として いしゃりょう をもらった)
企業側は営業妨害をした客に賠償金を請求した。
(き ぎょうがわ は えいぎょうぼうがい をした きゃく に ばいしょうきん を せいきゅう した)
기업 측은 영업 방해를 한 손님에게 배상금을 청구했다.

2099 [N1] □□□

赦

훈 용서할 ―

음 사 しゃ 容赦 용서 (ようしゃ) 赦免 사면 (しゃめん) 恩赦 특별 사면 (おんしゃ) 大赦 일반 사면 (たいしゃ)

11획 赦 赦 赦 赦 赦 赦 赦 赦 赦 赦 赦

용서할 **사**

彼は新人だし、これくらいのミスは容赦してあげよう。 그는 신입이니까, 이 정도의 실수는 용서해 주자.
(かれ は しんじん だし、これくらいのミスは ようしゃ してあげよう)
容疑者は捜査の結果、無罪となり赦免された。 용의자는 수사 결과, 무죄가 되어 사면되었다.
(ようぎしゃ は そうさ の けっか、むざい となり しゃめん された)

2100 [N1] □□□

懲

징계할 **징**

훈	징계할	こ(りる)	**懲りる** 질리다, 넌더리나다	**性懲りもなく** 질리지도 않는지
		こ(らす)	**懲らす** 응징하다	
		こ(らしめる)	**懲らしめる** 징계하다, 응징하다	
음	징	ちょう	**懲役** 징역 **懲戒** 징계 **懲罰** 징벌	

18획 懲 懲 懲 懲 懲 懲 懲 懲 懲 懲 懲 懲 懲 懲 懲 懲 懲 懲

息子は怒られても**懲りず**にまたいたずらする。 아들은 혼나도 질리지 않고 또 장난친다.

加害者に傷害罪で**懲役**10年の判決が出た。 가해자에게 상해죄로 징역 10년의 판결이 나왔다.

사회

2101 [N1] □□□

秩

차례 **질**

훈	차례	—	
음	질	ちつ	**秩序**★ 질서

10획 秩 秩 秩 秩 秩 秩 秩 秩 秩 秩

法の役割は社会の**秩序**を維持することです。 법의 역할은 사회의 질서를 유지하는 것입니다.

2102 [N1] □□□

轄

다스릴 **할**

훈	다스릴	—	
음	할	かつ	**管轄** 관할 **直轄** 직할 **所轄** 소할, 관할

17획 轄 轄 轄 轄 轄 轄 轄 轄 轄 轄 轄 轄 轄 轄 轄 轄 轄

運転免許の更新は**管轄**の警察署でできます。 운전 면허 갱신은 관할 경찰서에서 할 수 있습니다.

この川は国**直轄**で堤防工事が行われることになった。
이 강은 국가 직할로 제방 공사가 시행되게 되었다.

2103 [N1] □□□

租

조세 **조**

훈	조세	—
음	조	そ	**租税** 조세 **公租公課** 공조 공과

10획 租 租 租 租 租 租 租 租 租 租

国の防衛費増額が決まり、**租税**は増える一方です。
국가의 방위비 증액이 정해지고, 조세는 늘기만 합니다.

公租公課には租税以外に、保険料なども含まれる。　공조 공과에는 조세 이외에, 보험료 등도 포함된다.

2104 [N1] □□□

策

꾀 **책**

훈	꾀	—
음	책	さく	**政策** 정책 **対策**★ 대책 **策略** 책략, 계략

12획 策 策 策 策 策 策 策 笧 笧 笧 策 策

政府は若者向けの住宅**政策**を打ち出した。　정부는 청년용 주택 정책을 내세웠다.

熱中症の**対策**に水分補給は欠かせません。　열사병 대책에 수분 보급은 빠트릴 수 없습니다.

2105 [N1] □□□

謄

베낄 **등**

훈	베낄	—
음	등	とう	**謄本** 등본, 호적 등본 **謄写** 등사, 복사

17획 謄 謄 謄 謄 謄 謄 謄 謄 謄 謄 謄 謄 謄 謄 謄

パスポートの申請には**謄本**が必要となります。　여권 신청에는 등본이 필요합니다.

株主は会社に株主名簿の**謄写**を請求することができる。
주주는 회사에게 주주 명부의 등사를 요구할 수 있다.

2106 [N1] □□□

抹

지울 **말**

훈	지울	—
음	말	まつ	**抹消** 말소 **抹茶** 말차 **一抹** 일말 **抹殺** 말살

8획 抹 抹 抹 抹 抹 抹 抹 抹

Ａ選手はけがで、出場選手登録を**抹消**された。　Ａ 선수는 부상으로, 출전 선수 등록을 말소당했다.

京都で飲んだ**抹茶**はコクがあってまろやかだった。　교토에서 마신 말차는 감칠맛이 있고 부드러웠다.

2107 [N1] ☐☐☐

施

베풀 시

훈	베풀	ほどこ(す)	施す★ 베풀다, (계획 등을) 세우다	施し 은혜를 베풂, 시혜		
음	시	し	施設★ 시설	実施★ 실시	施行 시행	施政 시정
		せ	施錠★ 자물쇠를 잠금	施主 시주		

9획 施 施 施 施 施 施 施 施 施

発展途上国で医療を**施す**ボランティア活動をしている。
발전 도상국에서 의료를 베푸는 봉사 활동을 하고 있다.
この体育館は市が運営している**施設**です。 이 체육관은 시가 운영하고 있는 시설입니다.

2108 [N1] ☐☐☐

審

살필 심

훈	살필	―				
음	심	しん	不審★ 미심쩍음	審査 심사	審議 심의	審判 심판

15획 審 審 審 審 審 審 審 審 審 審 審 審 審 審 審

不審なメールは開かずにすぐ削除したほうがいい。 미심쩍은 이메일은 열지 말고 바로 삭제하는 편이 좋다.
書類の**審査**に受かれば、次は面接です。 서류 심사에 붙으면, 다음은 면접입니다.

2109 [N1] ☐☐☐

盟

맹세 맹

훈	맹세	―			
음	맹	めい	同盟 동맹	加盟 가맹	連盟 연맹

13획 盟 盟 盟 盟 盟 盟 盟 盟 盟 盟 盟 盟 盟

両国は**同盟**を結び協力し合うことを宣言した。 양국은 동맹을 맺고 서로 협력할 것을 선언했다.
WHOに**加盟**している国は194か国に及ぶ。 WHO에 가맹한 나라는 194개국에 달한다.

2110 [N1] ☐☐☐

閣

집 각

훈	집	―			
음	각	かく	内閣 내각	閣僚 각료	閣議 내각 회의

14획 閣 閣 閣 閣 閣 門 門 門 門 閔 閣 閣 閣 閣

内閣から育児休業に関する法案が提出された。 내각에서 육아 휴직에 관한 법안이 제출되었다.
閣僚たちが首相官邸の階段で記念撮影を行った。 각료들이 수상 관저의 계단에서 기념 촬영을 했다.

2111 [N1] □□□

閥

문벌 **벌**

훈	문벌	—
음	벌	ばつ	**財閥** 재벌 **派閥** 파벌 **門閥** 문벌, 가문

14획 閥 閥 閥 閥 閥 閥 閥 門 門 門 閂 閥 閥 閥

あの**財閥**はとんでもない資産を所有している。
저 재벌은 엄청난 자산을 소유하고 있다.

党内にもより近い思想を持つ議員が集まる**派閥**がある。
당내에도 더 가까운 사상을 가진 의원이 모이는 파벌이 있다.

2112 [N1] □□□

覇

으뜸 **패**

훈	으뜸	—
음	패	は	**制覇** 제패 **覇権** 패권 **覇気** 패기 **連覇** 연패, 연승

19획 覇 覇 覇 覇 覇 覇 覇 覇 覇 覇 覇 覇 覇 覇 覇 覇 覇 覇 覇

去年全国を**制覇**したＡ高校が今大会の優勝候補だ。
작년 전국을 제패한 A고등학교가 이번 대회의 우승 후보다.

近年の中国は電気自動車産業で**覇権**を握る勢いだ。
근래의 중국은 전기 자동차 산업에서 패권을 쥘 기세다.

2113 [N1] □□□

璽

옥새 **새**

훈	옥새	—
음	새	じ	**国璽** 국새 **御璽** 옥새

19획 璽 璽 璽 璽 璽 璽 璽 璽 璽 璽 璽 璽 璽 璽 璽 璽 璽 璽 璽

首相から受け取った表彰状には、**国璽**が押されていた。
수상으로부터 받은 표창장에는, 국새가 찍혀 있었다.

国に**国璽**があるように天皇には**御璽**という印鑑がある。
국가에 국새가 있는 것처럼 일왕에게는 옥새라는 인감이 있다.

2114 [N1] □□□

劾

꾸짖을 **핵**

훈	꾸짖을	—
음	핵	がい	**弾劾** 탄핵

8획 劾 劾 劾 劾 劾 劾 劾 劾

その裁判官は職務上の違反をしたとして**弾劾**された。
그 재판관은 직무상의 위반을 했다고 하여 탄핵되었다.

措

훈 둘	—	
음 조	そ	措置★ 조치　挙措 행동거지

11획 措 措 措 措 措 措 措 措 措 措 措

事態が悪化する前に迅速な**措置**をとるべきです。　사태가 악화하기 전에 신속한 조치를 취해야 합니다.

社長令嬢である彼女の**挙措**からは気品が感じられる。
사장의 영애인 그녀의 행동거지에서는 기품이 느껴진다.

沙

훈 모래	—	
음 사	さ	沙汰 사태　無沙汰 격조, 소식을 전하지 않음

7획 沙 沙 沙 沙 沙 沙 沙

近所との騒音トラブルで警察**沙汰**になった。　이웃과의 소음 문제에 경찰이 관여하는 사태가 되었다.

ご**無沙汰**しておりますが、お変わりありませんか。　격조했습니다만, 별일 없으십니까?

汰

훈 일	—	
음 태	た	沙汰 사태　音沙汰 소식, 편지　表沙汰 표면화

7획 汰 汰 汰 汰 汰 汰 汰

留学生の友人は国に帰ったきり、何の**音沙汰**もない。
유학생 친구는 고국에 돌아간 후로, 어떤 소식도 없다.

某大手企業の不正会計が**表沙汰**になった。　모 대기업의 부정 회계가 표면화되었다.

遭

훈 만날	あ(う)	遭う★ 당하다, 겪다
음 조	そう	遭難 조난　遭遇 조우

14획 遭 遭 遭 遭 遭 遭 遭 遭 遭 遭 遭 遭 遭 遭

振り込め詐欺の被害に**遭う**人が後を絶ちません。　보이스 피싱 피해를 당하는 사람이 끊이지 않습니다.

山で**遭難**した50代の夫婦が無事救助された。　산에서 조난당한 50대 부부가 무사히 구조되었다.

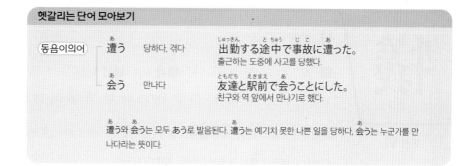

동음이의어

遭う 당하다, 겪다 　出勤する途中で事故に遭った。
しゅっきん　 と ちゅう　 じ こ　 あ
출근하는 도중에 사고를 당했다.

会う 만나다 　友達と駅前で会うことにした。
ともだち　 えきまえ　 あ
친구와 역 앞에서 만나기로 했다.

遭う와 会う는 모두 あう로 발음된다. 遭う는 예기치 못한 나쁜 일을 당하다, 会う는 누군가를 만나다라는 뜻이다.

2119 [N1] □□□

祥

상서 **상**

훈	상서	—			
음	상	しょう	**発祥** 발상	**不祥事** 불상사	**吉祥** 길조

10획 祥 祥 祥 祥 祥 祥 祥 祥 祥 祥

駅伝は日本で**発祥**したスポーツらしい。 에키덴은 일본에서 발상한 스포츠라고 한다.
えきでん　 にほん　 はっしょう

Ａ社は社内で起きた**不祥事**について会見で謝罪した。
しゃ　 しゃない　 お　 ふ しょう じ　 かいけん　 しゃざい
A사는 사내에서 일어난 불상사에 대해 회견에서 사죄했다.

2120 [N1] □□□

隊

무리 **대**

훈	무리	—			
음	대	たい	**部隊** 부대	**軍隊** 군대	**隊員** 대원

12획 隊 隊 隊 隊 隊 隊 隊 隊 隊 隊 隊 隊

紛争地域に**部隊**を投入することになった。 분쟁 지역에 부대를 투입하게 되었다.
ふんそう ち いき　 ぶ たい　 とうにゅう

アメリカは強力な**軍隊**を持っている国だ。 미국은 강력한 군대를 가지고 있는 나라이다.
きょうりょく　 ぐんたい　 も　 くに

2121 [N1] □□□

陣

진칠 **진**

훈	진칠	—			
음	진	じん	**報道陣** 보도진	**陣痛** 진통	**陣頭** 진두

10획 陣 陣 陣 陣 陣 陣 陣 陣 陣 陣

脱税が発覚した企業の本社前に**報道陣**が集まった。 탈세가 발각된 기업의 본사 앞에 보도진이 모였다.
だつぜい　 はっかく　 き ぎょう　 ほんしゃまえ　 ほうどうじん　 あつ

12時間の**陣痛**の末、元気な女の子を出産しました。
じ かん　 じんつう　 すえ げんき　 おんな こ　 しゅっさん
12시간의 진통 끝에, 건강한 여자아이를 출산했습니다.

犧

희생 희

훈	희생	—
음	희	ぎ

犧**牲** 희생　犧**打** 희생타

17획 犧 犧 犧 犧 犧 犧 犧 犧 犧 犧 犧 犧 犧 犧 犧 犧 犧

自然災害で毎年多くの命が犧牲になっている。 자연재해로 매년 많은 생명이 희생되고 있다.

打者は走者を二塁に進ませるため、犧打を打った。
타자는 주자를 2루로 나아가게 하기 위해, 희생타를 쳤다.

牲

희생 생

훈	희생	—
음	생	せい

犧**牲** 희생

9획 牲 牲 牲 牲 牲 牲 牲 牲 牲

戦争で犧牲になった人を追悼しました。 전쟁으로 희생된 사람들을 추도했습니다.

逸

달아날 일

가다(辶)와 토끼(兎)를
합쳐 토끼가 달아난 것
을 나타낸 글자

훈	달아날	—
음	일	いつ

逸**脱**★ 일탈, 벗어남　逸**材**★ 수재, 일재　逸**話** 일화

11획 逸 逸 逸 逸 逸 逸 逸 逸 逸 逸 逸

隣を走る車が急に車線を逸脱して衝突しそうになった。
옆을 달리는 차가 갑자기 차선을 일탈해서 충돌할 뻔했다.

田中選手は、未来の野球界を担う逸材だ。 다나카 선수는, 미래의 야구계를 짊어질 수재이다.

殉

따라 죽을 순

훈	따라 죽을	—
음	순	じゅん

殉**職** 순직　殉**死** 순사, 따라 죽음

10획 殉 殉 殉 殉 殉 殉 殉 殉 殉 殉

二人の警察官はあの事件に巻き込まれて殉職した。 두 명의 경찰관은 그 사건에 휘말려 순직했다.

昔は主君のあとを追って殉死する臣下がいた。 옛날에는 주군의 뒤를 따라 순사하는 신하가 있었다.

2126 [N1] □□□

崩

무너질 **붕**

훈	무너질	くず(す)	**崩す**[*] 무너뜨리다	**切り崩す**[*] 깎아내리다
		くず(れる)	**崩れる**[*] 무너지다	**山崩れ** 산사태
음	붕	ほう	**崩壊** 붕괴	

11획 崩 崩 崩 崩 崩 崩 崩 崩 崩 崩 崩

社交ダンスを踊る際は、基本姿勢を**崩して**はいけない。
사교 댄스를 출 때에는, 기본 자세를 무너뜨려서는 안 된다.

建設中の橋が**崩壊**し、作業員が重傷を負いました。
건설 중인 다리가 붕괴해, 작업원이 중상을 입었습니다.

2127 [N1] □□□

禍

재난 **화**

훈	재난	—			
음	화	か	**災禍** 재해	**禍根** 화근	**禍福** 화복, 재해와 복

13획 禍 禍 禍 禍 禍 禍 禍 禍 禍 禍 禍 禍 禍

この夏は各地で台風や豪雨などの**災禍**に見舞われた。
이번 여름은 각지에서 태풍이나 호우 등의 재해가 덮쳤다.

未来へ**禍根**を残さぬよう環境問題に真剣に向き合おう。
미래에 화근을 남기지 않도록 환경 문제에 진지하게 마주하자.

2128 [N1] □□□

踪

자취 **종**

훈	자취	—	
음	종	そう	**失踪** 실종

15획 踪 踪 踪 踪 踪 踪 踪 踪 踪 踪 踪 踪 踪 踪 踪

旅行中に**失踪**した観光客の情報提供を募っている。
여행 중에 실종된 관광객의 정보 제공을 모집하고 있다.

2129 [N1] ☐☐☐

勃

훈	우쩍 일어날	—		
음	발	ぼつ	勃発 발발	勃興 발흥, 부상, 대두

9획 勃 勃 勃 勃 勃 勃 勃 勃 勃

우쩍 일어날 **발**

首都近郊で政府軍と反政府組織による戦闘が**勃発**した。
수도 근교에서 정부군과 반정부 조직에 의한 전투가 발발했다.

新政党が**勃興**し、選挙の行方は分からなくなってきた。
새로운 정당이 발흥하여, 선거의 향방은 알 수 없게 되기 시작했다.

2130 [N1] ☐☐☐

飢

훈	주릴	う(える)	飢える 굶주리다	飢え 굶주림, 허기
음	기	き	飢餓 기아	

10획 飢 飢 飢 飢 飢 飢 飢 飢 飢 飢

주릴 **기**

その国では気候変動による干ばつで国民が**飢えて**いる。
그 나라에서는 기후 변화에 의한 가뭄으로 국민이 굶주리고 있다.

現在世界の約10人に1人が**飢餓**に陥っているそうだ。
현재 세계의 약 10명 중 1명이 기아에 허덕이고 있다고 한다.

2131 [N1] ☐☐☐

餓

훈	주릴	—		
음	아	が	餓死 아사, 굶어 죽음	飢餓 기아

15획 餓 餓 餓 餓 餓 餓 餓 餓 餓 餓 餓 餓 餓 餓 餓

주릴 **아**

人は食事をしなければ3週間で**餓死**に至るという。
사람은 식사를 하지 않으면 3주만에 아사에 이른다고 한다.

世界から**飢餓**に苦しむ人がいなくなってほしい。　세계에서 기아에 고통받는 사람이 없어졌으면 좋겠다.

紛

어지러울 분

훈	어지러울	まぎ(らわしい)	**紛らわしい*** 헷갈리기 쉽다, 혼동하기 쉽다
		まぎ(らす)	**紛らす** 얼버무리다, 숨기다, 달래다
		まぎ(らわす)	**紛らわす** 얼버무리다, 숨기다
		まぎ(れる)	**紛れる*** 헷갈리다, 뒤섞이다 **紛れ** 헷갈림
음	분	ふん	**紛失** 분실 **紛糾*** 분규 **紛争** 분쟁 **内紛** 내분

10획 紛 紛 紛 紛 紛 紛 紛 紛 紛 紛

この二つの漢字は形が似ていて**紛らわしい**。 이 두 한자는 모양이 닮아 있어서 헷갈리기 쉽다.

財布を**紛失**してしまい、警察に届けを出した。 지갑을 분실해 버려서, 경찰에 신고서를 냈다.

糾

얽힐 규

실(糸)과 얽히다(丩)를 합쳐 실타래가 얽힌 것을 나타낸 글자

훈	얽힐	—	
음	규	きゅう	**紛糾*** 분규 **糾弾** 규탄

9획 糾 糾 糾 糾 糾 糾 糾 糾 糾

市ではごみ処理場の建設をめぐって**紛糾**が続いている。
시에서는 쓰레기 처리장 건설을 둘러싸고 분규가 계속되고 있다.

物価高によって政府を**糾弾**する声が上がっている。
높은 물가로 인해 정부를 규탄하는 목소리가 높아지고 있다.

核

씨 핵

훈	씨	—	
음	핵	かく	**核** 핵 **核心** 핵심 **核家族** 핵가족 **結核** 결핵

10획 核 核 核 核 核 核 核 核 核 核

日本は法で**核**の保有、製造、持ち込みを禁止している。
일본은 법으로 핵의 보유, 제조, 반입을 금지하고 있다.

警察の調査により、事件の**核心**がついに明かされた。
경찰 조사에 의해, 사건의 핵심이 마침내 밝혀졌다.

衛

지킬 위

훈	지킬	—			
음	위	えい	衛生 위생	護衛 호위	防衛 방위, 방어

15획 衛 衛 衛 衛 衛 衛 衛 衛 衛 衛 衛 衛 衛 衛 衛

夏は特に食品の**衛生**を徹底的に管理しましょう。 여름에는 특히 식품 위생을 철저하게 관리합시다.

数人の警官が首相を**護衛**している。 여러 명의 경관이 수상을 호위하고 있다.

渇

목마를 갈

훈	목마를	かわ(く)	渇く (목이) 마르다	渇き 목마름, 갈증
음	갈	かつ	枯渇★ 고갈	渇望 갈망

11획 渇 渇 渇 渇 渇 渇 渇 渇 渇 渇 渇

喉が**渇い**たと感じる前に水分補給をしたほうがいい。
목이 말랐다고 느끼기 전에 수분 보급을 하는 편이 좋다.

ガスや石油などの化学燃料はいずれ**枯渇**する資源です。
가스나 석유 등의 화학 연료는 언젠가 고갈될 자원입니다.

헷갈리는 단어 모아보기

동음이의어			
かわ 渇く	(목이) 마르다	のど かわ 喉が渇いた。	목이 마르다.
かわ 乾く	마르다, 건조하다	せんたくもの かわ 洗濯物が乾いた。	세탁물이 말랐다.

渇くと 乾くは 모두 かわく로 발음된다. 渇くは 목이 마르다, 乾くは 물건의 습기가 없어져 마르다 라는 뜻이다.

색이 있는 한자의 발음을 밑줄에 쓴 다음, 괄호 안에 단어의 뜻을 써 보세요.

01 探偵	たん＿＿＿	( )	**21** 搾る	＿＿＿る	( )
02 侵す	＿＿＿す	( )	**22** 賭ける	＿＿＿ける	( )
03 虐げる	＿＿＿げる	( )	**23** 海賊	かい＿＿＿	( )
04 詐称	＿＿＿しょう	( )	**24** 脅す	＿＿＿す	( )
05 刑罰	＿＿＿ばつ	( )	**25** 拘束	＿＿＿そく	( )
06 財閥	ざい＿＿＿	( )	**26** 拉致	＿＿＿ち	( )
07 政策	せい＿＿＿	( )	**27** 賄う	＿＿＿う	( )
08 地獄	じ＿＿＿	( )	**28** 施す	＿＿＿す	( )
09 懲りる	＿＿＿りる	( )	**29** 憲法	＿＿＿ぽう	( )
10 犠牲	＿＿＿せい	( )	**30** 租税	＿＿＿ぜい	( )
11 発祥	はっ＿＿＿	( )	**31** 逸脱	＿＿＿だつ	( )
12 秩序	＿＿＿じょ	( )	**32** 飢える	＿＿＿える	( )
13 同盟	どう＿＿＿	( )	**33** 裁く	＿＿＿く	( )
14 根拠	こん＿＿＿	( )	**34** 謀る	＿＿＿る	( )
15 罰金	＿＿＿きん	( )	**35** 誘拐	ゆう＿＿＿	( )
16 訴える	＿＿＿える	( )	**36** 紛らわしい	＿＿＿らわしい	( )
17 囚人	＿＿＿じん	( )	**37** 賄賂	わい＿＿＿	( )
18 逮捕	＿＿＿ほ	( )	**38** 措置	＿＿＿ち	( )
19 渇く	＿＿＿く	( )	**39** 遭う	＿＿＿う	( )
20 欺く	＿＿＿く	( )	**40** 崩す	＿＿＿す	( )

정답
01 たんてい 탐정 02 おかす 침해하다, 침범하다 03 しいたげる 괴롭히다, 학대하다 04 さしょう 사칭 05 けいばつ 형벌 06 ざいばつ 재벌
07 せいさく 정책 08 じごく 지옥 09 こりる 질리다, 넌더리나다 10 ぎせい 희생 11 はっしょう 발상 12 ちつじょ 질서 13 どうめい 동맹
14 こんきょ 근거 15 ばっきん 벌금 16 うったえる 고소하다, 호소하다 17 しゅうじん 죄수 18 たいほ 체포 19 かわく (목이) 마르다
20 あざむく 속이다 21 しぼる 짜다, 착취하다 22 かける (내기, 대가를) 걸다 23 かいぞく 해적 24 おどす 위협하다, 협박하다 25 こうそく 구속
26 らち 납치 27 まかなう 조달하다, (식사를) 마련하다 28 ほどこす 베풀다, (계획 등을) 세우다 29 けんぽう 헌법 30 そぜい 조세
31 いつだつ 일탈, 벗어남 32 うえる 굶주리다 33 さばく 판가름하다, 시비를 가리다 34 はかる 꾀하다 35 ゆうかい 유괴
36 まぎらわしい 헷갈리기 쉽다, 혼동하기 쉽다 37 わいろ 뇌물 38 そち 조치 39 あう 당하다, 겪다 40 くずす 무너뜨리다

셋째 마당 마무리 문제

✅ 밑줄 친 단어의 읽는 법으로 가장 적절한 것을 하나 고르세요.

01 教師は保護者に課外活動の趣旨を説明した。

① しゅじ   ② しゅし   ③ しゅうじ   ④ しゅうし

02 長い間野球の練習を怠った結果、すっかり腕が鈍ってしまった。

① おこたった   ② ほうむった   ③ さえぎった   ④ とどこおった

03 法の役割は社会の秩序を維持することである。

① しつじょ   ② しつじょう   ③ ちつじょ   ④ ちつじょう

04 積極的にセミナーや交流会に参加し、人脈を広げている。

① じんめく   ② にんめく   ③ じんみゃく   ④ にんみゃく

05 観光産業が市の財政を潤すことを期待している。

① さらす   ② うながす   ③ ひたす   ④ うるおす

06 体育館の入り口の扉が施錠されていた。

① しじょう   ② せじょう   ③ しぞう   ③ せぞう

07 あそこの交差点では頻繁に交通事故が起きている。

① ひんぱん   ② ひんはん   ③ びんぱん   ④ びんはん

08 一度ゆっくり深呼吸してから企画発表に臨んだ。

① はげんだ   ② いどんだ   ③ およんだ   ④ のぞんだ

09 この絵は目の錯覚を利用し立体的に見えるようになっている。

① さっかく   ② しょっかく   ③ げんかく   ④ じかく

10 業務は最後まで責任を持って遂行しなければならない。

① ついこう   ② すいこう   ③ ついぎょう   ④ すいぎょう

✅ 밑줄 친 단어의 한자 표기로 가장 적절한 것을 하나 고르세요.

11 数十年後、資源は<u>こかつ</u>すると言われている。

① 枯割　　　② 故割　　　③ 枯渇　　　④ 故渇

12 着物は自分から見て左の<u>えり</u>が上になるように着る。

① 襟　　　② 裾　　　③ 袖　　　④ 袴

13 この推理小説には<u>こうみょう</u>なトリックが使われている。

① 考妙　　　② 巧妙　　　③ 考砂　　　④ 巧砂

14 困難に直面しても前向きな姿勢を<u>つらぬく</u>つもりだ。

① 貫く　　　② 實く　　　③ 報く　　　④ 執く

15 守備よりも<u>こうげき</u>に特化したチームを作りたい。

① 枚激　　　② 枚撃　　　③ 攻激　　　④ 攻撃

16 データを流出させた職員には法的な<u>そち</u>がとられた。

① 処置　　　② 措置　　　③ 処致　　　④ 措致

17 この二つの商品は名前が似ていて<u>まぎらわしい</u>。

① 紹らわしい　　② 継らわしい　　③ 紛らわしい　　④ 紳らわしい

18 深刻な大気汚染で空気中にほこりが<u>ただよって</u>いるのが分かる。

① 流って　　② 浮って　　③ 浪って　　④ 漂って

19 公共の場に７日間以上放置された自転車を<u>てっきょ</u>した。

① 撤去　　　② 撤拠　　　③ 徹去　　　④ 徹拠

20 常識から<u>いつだつ</u>したアイデアを出すのは難しいことだ。

① 免脱　　　② 逸脱　　　③ 免奪　　　④ 逸奪

정답 및 해설 p.662

마당 마무리 문제 정답 및 해석

첫째 마당   p.146

01 ②		**02** ④		**03** ①		**04** ③		**05** ②	
06 ②		**07** ①		**08** ④		**09** ①		**10** ③	
11 ②		**12** ③		**13** ①		**14** ④		**15** ③	
16 ②		**17** ①		**18** ③		**19** ①		**20** ④	

01 가족끼리 미국을 여행했습니다.

02 제가 좋아하는 계절은 겨울입니다.

03 오늘은 매우 즐거운 하루였습니다.

04 축구 시합은 금요일에 있습니다.

05 그 접시를 사 주세요.

06 복도를 달리는 학생에게 주의를 주었습니다.

07 여동생의 방은 제 방보다도 넓습니다.

08 호수에 물고기가 헤엄치고 있습니다.

09 그는 열심히 영어를 공부하고 있습니다.

10 이 문제를 가르쳐 주세요.

11 저의 아버지는 매우 상냥합니다.

12 이 공장에서는 신발을 만들고 있습니다.

13 신문을 읽는 사람이 점점 줄고 있습니다.

14 친구와 만날 장소를 정했습니다.

15 오늘은 쇠고기가 싸네요.

16 유학한 경험이 있습니까?

17 꽃병은 선반 왼쪽에 놔 주세요.

18 이메일의 답변을 기다리고 있었습니다.

19 근처 식당에서 아르바이트를 하고 있습니다.

20 파란 스웨터를 입고, 외출했습니다.

둘째 마당   p.400

01 ①		**02** ③		**03** ③		**04** ④		**05** ②	
06 ③		**07** ①		**08** ①		**09** ④		**10** ②	
11 ④		**12** ①		**13** ②		**14** ④		**15** ①	
16 ②		**17** ③		**18** ①		**19** ④		**20** ②	

01 삶은 콩을 샐러드에 넣었다.

02 급여에 따라 납부하는 세금이 다릅니다.

03 연수를 받기 위해, 본사에 출장을 간다.

04 라이벌인 상대 팀과 우승을 다투고 있다.

05 강연 의뢰를 받았지만, 이번에는 사퇴하기로 했다.

06 공기가 건조한 겨울은 화재가 발생하기 쉽다.

07 고등학교 시절 사진을 봤더니 그리운 기분이 들었다.

08 이 작품에 대해 솔직한 감상을 듣고 싶다.

09 읽은 책은 원래 장소에 돌려놔 주세요.

10 부하는 상사의 명령을 따랐다.

11 지진으로 인해 일부 지역에서 정전이 일어나고 있다.

12 신상품에 대해 복수의 문의가 있었다.

13 이탈리아에는 1주일 정도 체재할 예정입니다.

14 홍차를 사용해서 천을 갈색으로 물들였다.

15 배가 아파서 병원에 갔더니, 식중독이라고 진단받았다.

16 이 나라의 경제는 급격하게 성장하고 있다.

17 옆집 소음에 항상 곤란해하고 있다.

18 제품의 사용법을 자세히 설명해 주세요.

19 창문이 깨져, 유리 파편이 흩어져 있었다.

20 보험에 들지 않겠냐고 끈질기게 권유받았다.

01 ②	02 ①	03 ③	04 ③	05 ④
06 ②	07 ①	08 ④	09 ①	10 ②
11 ③	12 ①	13 ②	14 ①	15 ④
16 ②	17 ③	18 ④	19 ①	20 ②

01 교사는 보호자에게 과외 활동의 <u>취지</u>를 설명했다.

02 긴 시간 야구 연습을 <u>태만히</u> 한 결과, 완전히 팔이 둔해지고 말았다.

03 법의 역할은 사회의 <u>질서</u>를 유지하는 것이다.

04 적극적으로 세미나나 교류회에 참가해, <u>인맥</u>을 넓히고 있다.

05 관광 산업이 시의 재정을 <u>윤택하게</u> 할 것을 기대하고 있다.

06 체육관 입구의 문이 <u>자물쇠가</u> 채워져 있었다.

07 저 교차로에서는 <u>빈번하게</u> 교통사고가 일어나고 있다.

08 한번 천천히 심호흡하고 나서 기획 발표에 <u>임했다.</u>

09 이 그림은 눈의 <u>착각</u>을 이용해 입체적으로 보이도록 되어 있다.

10 업무는 마지막까지 책임을 가지고 <u>수행</u>하지 않으면 안 된다.

11 수십 년 후, 자원은 <u>고갈</u>할 것이라고 말해지고 있다.

12 기모노는 자신이 봤을 때 왼쪽 <u>옷깃</u>이 위가 되도록 입는다.

13 이 추리 소설에는 <u>교묘</u>한 트릭이 사용되고 있다.

14 어려움에 직면해도 적극적인 자세를 <u>관철</u>할 생각이다.

15 수비보다도 <u>공격</u>에 특화된 팀을 만들고 싶다.

16 데이터를 유출시킨 직원에게는 법적인 <u>조치</u>가 취해졌다.

17 이 두 상품은 이름이 비슷해서 <u>헷갈리기</u> 쉽다.

18 심각한 대기 오염으로 공기 중에 먼지가 <u>떠돌고</u> 있는 것을 알 수 있다.

19 공공장소에 7일 이상 방치된 자전거를 <u>철거</u>했다.

20 상식에서 <u>벗어난</u> 아이디어를 내는 것은 어려운 일이다.

일본어도 역시,
1위 해커스

japan.Hackers.com

가나다순으로 바로 찾는 상용한자 2136

일본어 상용한자 2136자를 우리말 음독 기준 가나다순으로
정렬한 색인입니다.

ㄱ~ㅎ

ㄱ

苛	가혹할	—	가	か	464
価	값	あたい	가	か	371
街	거리	まち	가	がい	334
仮	거짓	かり	가	か	176
暇	겨를	ひま	가	か	582
歌	노래	うた	가	か	134
加	더할	くわ(える)	가	か	224
架	시렁	か(かる)	가	か	518
嫁	시집갈	よめ	가	か	430
稼	심을	かせ(ぐ)	가	か	531
佳	아름다울	—	가	か	508
可	옳을	—	가	か	245
家	집	いえ	가	か	61
各	각각	おのおの	각	かく	151
覚	깨달을	さ(める)	각	かく	232
殻	껍질	から	각	かく	540
脚	다리	あし	각	きゃく	436
却	물리칠	—	각	きゃく	266
角	뿔	つの	각	かく	335
刻	새길	きざ(む)	각	こく	137
閣	집	—	각	かく	650
肝	간	きも	간	かん	438
簡	간략할	—	간	かん	132
墾	개간할	—	간	こん	530
看	볼	—	간	かん	448
間	사이	あいだ	간	かん	17
刊	새길	—	간	かん	344
懇	정성	ねんご(ろ)	간	こん	497
幹	줄기	みき	간	かん	615
褐	갈색	—	갈	かつ	501
喝	꾸짖을	—	갈	かつ	478
渇	목마를	かわ(く)	갈	かつ	658
葛	칡	くず	갈	かつ	612
紺	감색	—	감	こん	501
敢	감히	—	감	かん	491
鑑	거울	かんが(みる)	감	かん	622
堪	견딜	た(える)	감	かん	498
感	느낄	—	감	かん	234
甘	달	あま(い)	감	かん	233
減	덜	へ(る)	감	げん	378
監	살필	—	감	かん	448
憾	섭섭할	—	감	かん	459
勘	헤아릴	—	감	かん	232
甲	갑옷	—	갑	こう	408
岬	곶	みさき	갑	—	569
江	강	え	강	こう	567
講	강론할	—	강	こう	355
鋼	강철	はがね	강	こう	601
強	강할	つよ(い)	강	きょう	70
剛	굳셀	—	강	ごう	452
降	내릴	ふ(る)	강	こう	120
綱	벼리	つな	강	こう	549
岡	언덕	おか	강	—	560
康	편안할	—	강	こう	206
改	고칠	あらた(める)	개	かい	382
介	끼일	—	개	かい	223
個	낱	—	개	こ	155
箇	낱	—	개	か	407
皆	다	みな	개	かい	193
概	대개	—	개	がい	358
蓋	덮을	ふた	개	がい	541
慨	분개할	—	개	がい	459
開	열	ひら(く)	개	かい	74
客	손	—	객	きゃく	372
坑	구덩이	—	갱	こう	566
去	갈	さ(る)	거	きょ	23
挙	들	あ(げる)	거	きょ	620
距	떨어질	—	거	きょ	334
拒	막을	こば(む)	거	きょ	216
裾	옷자락	すそ	거	—	534
拠	의거할	—	거	きょ	639
据	의거할	す(える)	거	—	551
居	있을	い(る)	거	きょ	174
巨	클	—	거	きょ	286
干	마를	ほ(す)	건	かん	278
乾	마를	かわ(く)	건	かん	36
件	물건	—	건	けん	139
建	세울	た(てる)	건	けん	118
巾	수건	—	건	きん	547

ㄱ

한자	뜻·훈	음	음독	쪽	한자	뜻·훈	음	음독	쪽	한자	뜻·훈	음	음독	쪽	한자	뜻·훈	음	음독	쪽
鍵	열쇠 かぎ	건	けん	471	決	결단할 き(める)	결	けつ	96	耕	밭 갈 たがや(す)	경	こう	370	系	이어맬 ―	계	けい	301
健	튼튼할 すこ(やか)	건	けん	206	潔	깨끗할 いさぎよ(い)	결	けつ	259	景	볕 ―	경	けい	38	継	이을 つ(ぐ)	계	けい	175
傑	뛰어날 ―	걸	けつ	588	結	맺을 むす(ぶ)	결	けつ	65	京	서울 ―	경	きょう	116	界	지경 ―	계	かい	116
乞	빌 こ(う)	걸	―	465	欠	이지러질 か(ける)	결	けつ	184	頃	잠깐 ころ	경	―	160	告	고할 つ(げる)	고	こく	212
検	검사할 ―	검	けん	209	謙	겸손할 ―	겸	けん	493	茎	줄기 くき	경	けい	615	庫	곳집 ―	고	こ	279
倹	검소할 ―	검	けん	497	兼	겸할 か(ねる)	겸	けん	483	境	지경 さかい	경	きょう	326	固	굳을 かた(い)	고	こ	253
剣	칼 つるぎ	검	けん	398	鎌	낫 かま	겸	―	551	経	지날 へ(る)	경	けい	140	尻	꽁무니 しり	고	―	437
掲	걸 かか(げる)	게	けい	262	軽	가벼울 かる(い)	경	けい	43	径	지름길 ―	경	けい	505	股	넓적다리 また	고	こ	436
憩	쉴 いこ(い)	게	けい	583	鏡	거울 かがみ	경	きょう	548	戒	경계할 いまし(める)	계	かい	621	高	높을 たか(い)	고	こう	46
格	격식 ―	격	かく	371	慶	경사 ―	경	けい	455	季	계절 ―	계	き	318	顧	돌아볼 かえり(みる)	고	こ	622
激	격할 はげ(しい)	격	げき	181	鯨	고래 くじら	경	げい	605	械	기계 ―	계	かい	303	枯	마를 か(れる)	고	こ	296
隔	사이 뜰 へだ(てる)	격	かく	168	更	고칠 さら	경	こう	172	鶏	닭 にわとり	계	けい	606	錮	막을 ―	고	こ	647
撃	칠 う(つ)	격	げき	586	敬	공경 うやま(う)	경	けい	230	係	맬 かか(る)	계	けい	225	鼓	북 つづみ	고	こ	595
犬	개 いぬ	견	けん	40	硬	굳을 かた(い)	경	こう	185	契	맺을 ちぎ(る)	계	けい	226	考	생각할 かんが(える)	고	こう	90
繭	고치 まゆ	견	けん	536	傾	기울 かたむ(く)	경	けい	166	稽	상고할 ―	계	けい	452	苦	쓸 くる(しい)	고	く	93
堅	굳을 かた(い)	견	けん	419	警	깨우칠 ―	경	けい	384	階	섬돌 ―	계	かい	49	故	연고 ゆえ	고	こ	94
遣	보낼 つか(う)	견	けん	487	驚	놀랄 おどろ(く)	경	きょう	236	計	셀 はか(る)	계	けい	130	古	예 ふる(い)	고	こ	43
見	볼 み(る)	견	けん	66	競	다툴 きそ(う)	경	きょう	228	渓	시내 ―	계	けい	568	孤	외로울 ―	고	こ	460
絹	비단 きぬ	견	けん	535	憬	동경할 ―	경	けい	487	啓	열 ―	계	けい	623	稿	원고 ―	고	こう	588
肩	어깨 かた	견	けん	203	梗	막힐 ―	경	こう	445	届	이를 とど(く)	계	―	372	拷	칠 ―	고	ごう	646

雇	품 살 やと(う)	고 こ	360	菓	과자 —	과 か	309	括	묶을 —	괄 かつ	532	球	공 たま	구 きゅう	300
穀	곡식 —	곡 こく	539	課	과정 —	과 か	353	広	넓을 ひろ(い)	광 こう	84	欧	구라파 —	구 おう	326
谷	골 たに	곡 こく	327	鍋	노구솥 なべ	과 —	541	狂	미칠 くる(う)	광 きょう	421	区	구분할 —	구 く	116
曲	굽을 ま(がる)	곡 きょく	135	果	열매 は(たす)	과 か	366	光	빛 ひか(る)	광 こう	108	救	구원할 すく(う)	구 きゅう	393
困	곤할 こま(る)	곤 こん	236	誇	자랑할 ほこ(る)	과 こ	455	鉱	쇳돌 —	광 こう	323	求	구할 もと(める)	구 きゅう	215
昆	벌레 —	곤 こん	606	寡	적을 —	과 か	405	掛	걸 か(ける)	괘 —	267	勾	올가미 —	구 こう	646
骨	뼈 ほね	골 こつ	199	過	지날 す(ぎる)	과 か	161	怪	기이할 あや(しい)	괴 かい	242	句	글귀 —	구 く	344
功	공 —	공 こう	367	郭	둘레 —	곽 かく	556	塊	덩어리 かたまり	괴 かい	413	溝	도랑 みぞ	구 こう	472
恭	공손할 うやうや(しい)	공 きょう	490	冠	갓 かんむり	관 かん	476	壊	무너질 こわ(す)	괴 かい	54	惧	두려워할 —	구 ぐ	238
公	공평할 おおやけ	공 こう	387	関	관계할 かか(わる)	관 かん	225	拐	속일 —	괴 かい	641	殴	때릴 なぐ(る)	구 おう	515
孔	구멍 —	공 こう	434	貫	꿸 つらぬ(く)	관 かん	519	教	가르칠 おし(える)	교 きょう	126	駒	망아지 こま	구 —	584
控	당길 ひか(える)	공 こう	498	寛	너그러울 —	관 かん	492	較	견줄 —	교 かく	186	駆	몰 か(ける)	구 く	264
恐	두려울 おそ(ろしい)	공 きょう	237	棺	널 —	관 かん	474	巧	공교할 たく(み)	교 こう	591	購	살 —	구 こう	531
貢	바칠 みつ(ぐ)	공 こう	526	管	대롱 くだ	관 かん	312	橋	다리 はし	교 きょう	335	九	아홉 ここの	구 く	15
空	빌 そら	공 くう	34	缶	두레박 —	관 かん	311	絞	목맬 しぼ(る)	교 こう	386	丘	언덕 おか	구 きゅう	563
供	이바지할 そな(える)	공 きょう	342	官	벼슬 —	관 かん	384	矯	바로잡을 た(める)	교 きょう	589	構	얽을 かま(える)	구 こう	89
工	장인 —	공 こう	137	観	볼 —	관 かん	233	交	사귈 まじ(わる)	교 こう	88	究	연구할 きわ(める)	구 きゅう	133
攻	칠 せ(める)	공 こう	586	慣	익숙할 な(れる)	관 かん	140	郊	성 밖 —	교 こう	325	旧	옛 —	구 きゅう	159
共	함께 とも	공 きょう	225	館	집 やかた	관 かん	119	校	학교 —	교 こう	127	久	오랠 ひさ(しい)	구 きゅう	159
科	과목 —	과 か	353	款	항목 —	관 かん	479	具	갖출 —	구 ぐ	110	口	입 くち	구 く	67

한자	뜻·훈독	음독	번호	한자	뜻·훈독	음독	번호	한자	뜻·훈독	음독	번호	한자	뜻·훈독	음독	번호
拘	잡을 —	구 こう	646	圏	우리 —	권 けん	558	斤	근 —	근 きん	406	器	그릇 うつわ	기 き	206
臼	절구 うす	구 きゅう	540	拳	주먹 こぶし	권 けん	435	勤	부지런할 つと(める)	근 きん	362	旗	기 はた	기 き	551
菊	국화 —	국 きく	614	軌	길 —	궤 き	571	根	뿌리 ね	근 こん	295	記	기록할 しる(す)	기 き	100
国	나라 くに	국 こく	117	潰	무너질 つぶ(す)	궤 かい	421	謹	삼갈 つつし(む)	근 きん	498	期	기약할 —	기 き	162
局	판 —	국 きょく	330	机	책상 つくえ	궤 き	110	筋	힘줄 すじ	근 きん	440	気	기운 —	기 き	71
郡	고을 —	군 ぐん	559	亀	거북 かめ	귀 き	605	琴	거문고 こと	금 きん	594	奇	기이할 —	기 き	242
軍	군사 —	군 ぐん	395	鬼	귀신 おに	귀 き	580	禁	금할 —	금 きん	380	忌	꺼릴 い(む)	기 き	582
群	무리 む(れ)	군 ぐん	293	貴	귀할 とうと(い)	귀 き	248	錦	비단 にしき	금 きん	535	企	도모할 くわだ(てる)	기 き	364
君	임금 きみ	군 くん	192	帰	돌아갈 かえ(る)	귀 き	123	金	쇠 かね	금 きん	20	騎	말 탈 —	기 き	585
窟	굴 —	굴 くつ	566	規	법 —	규 き	381	襟	옷깃 えり	금 きん	534	幾	몇 いく	기 き	152
堀	굴 ほり	굴 —	557	叫	부르짖을 さけ(ぶ)	규 きょう	214	今	이제 いま	금 こん	24	己	몸 おのれ	기 こ	426
屈	굽힐 —	굴 くつ	175	糾	얽힐 —	규 きゅう	657	扱	거두어 가질 あつか(う)	급 —	262	汽	물 끓는 김 —	기 き	572
掘	팔 ほ(る)	굴 くつ	268	均	고를 —	균 きん	154	急	급할 いそ(ぐ)	급 きゅう	92	棋	바둑 —	기 き	583
窮	다할 きわ(める)	궁 きゅう	422	菌	버섯 —	균 きん	443	級	등급 —	급 きゅう	189	碁	바둑 —	기 ご	583
宮	집 みや	궁 きゅう	554	極	다할 きわ(まる)	극 きょく	190	及	미칠 およ(ぶ)	급 きゅう	189	棄	버릴 —	기 き	517
弓	활 ゆみ	궁 きゅう	633	劇	심할 —	극 げき	350	給	줄 —	급 きゅう	376	紀	벼리 —	기 き	625
権	권세 —	권 けん	389	克	이길 —	극 こく	499	肯	즐길 —	긍 こう	248	寄	부칠 よ(る)	기 き	336
勧	권할 すす(める)	권 かん	224	隙	틈 すき	극 げき	560	岐	갈림길 —	기 き	564	祈	빌 いの(る)	기 き	217
巻	말 ま(く)	권 かん	155	近	가까울 ちか(い)	근 きん	32	埼	갑 さい	기 —	561	肌	살 はだ	기 き	204
券	문서 —	권 けん	333	僅	겨우 わず(か)	근 きん	405	畿	경기 —	기 き	562	欺	속일 あざむ(く)	기 ぎ	642

既	이미 すで(に)	기 き	410	耐	견딜 た(える)	내 たい	497	溺	빠질 おぼ(れる)	닉 でき	393	胆	쓸개 ―	담 たん	438
起	일어날 お(きる)	기 き	85	内	안 うち	내 ない	29	匿	숨을 ―	닉 とく	423	曇	흐릴 くも(る)	담 どん	319
伎	재주 ―	기 き	595	匂	향내 にお(う)	내 ―	449					答	대답 こた(える)	답 とう	129

ㄷ

技	재주 わざ	기 ぎ	349	嬢	계집 ―	냥 じょう	427	多	많을 おお(い)	다 た	42	踏	밟을 ふ(む)	답 とう	515
飢	주릴 う(える)	기 き	656	女	여자 おんな	녀 じょ	59	茶	차 ―	다 ちゃ	112	唐	당나라 から	당 とう	563
基	터 もと	기 き	356	年	해 とし	년 ねん	25	断	끊을 た(つ)	단 だん	245	当	마땅할 あ(たる)	당 とう	49
機	틀 はた	기 き	302	捻	비틀 ―	념 ねん	444	端	끝 はし	단 たん	168	党	무리 ―	당 とう	391
崎	험할 さき	기 ―	564	念	생각 ―	념 ねん	91	但	다만 ただ(し)	단 ―	482	糖	엿 ―	당 とう	539
緊	긴할 ―	긴 きん	243	寧	편안할 ―	녕 ねい	55	壇	단 ―	단 だん	619	堂	집 ―	당 どう	118
吉	길할 ―	길 きち	343	怒	성낼 おこ(る)	노 ど	237	団	둥글 ―	단 だん	195	待	기다릴 ま(つ)	대 たい	89
喫	먹을 ―	끽 きつ	316	奴	종 ―	노 ど	628	丹	붉을 ―	단 たん	501	台	대 ―	대 だい	110

ㄴ

				努	힘쓸 つと(める)	노 ど	363	鍛	쇠 불릴 きた(える)	단 たん	585	代	대신할 か(わる)	대 だい	25
奈	어찌 ―	나 な	561	農	농사 ―	농 のう	368	旦	아침 ―	단 たん	158	対	대할 ―	대 たい	97
那	어찌 ―	나 な	411	濃	짙을 こ(い)	농 のう	288	短	짧을 みじか(い)	단 たん	185	帯	띠 おび	대 たい	305
諾	허락할 ―	낙 だく	466	悩	괴로워할 なや(む)	뇌 のう	246	段	층계 ―	단 だん	49	隊	무리 ―	대 たい	653
暖	따뜻할 あたた(か)	난 だん	319	脳	머리 ―	뇌 のう	205	単	홑 ―	단 たん	132	貸	빌릴 か(す)	대 たい	114
難	어려울 むずか(しい)	난 なん	133	尿	오줌 ―	뇨 にょう	437	達	통달할 ―	달 たつ	366	戴	일 ―	대 たい	484
南	남녘 みなみ	남 なん	30	能	능할 ―	능 のう	367	談	말씀 ―	담 だん	100	袋	자루 ふくろ	대 たい	305
男	사내 おとこ	남 だん	59	尼	여승 あま	니 に	578	担	멜 にな(う)	담 たん	363	大	클 おお	대 だい	41
納	들일 おさ(める)	납 のう	388	泥	진흙 どろ	니 でい	324	淡	묽을 あわ(い)	담 たん	503	徳	덕 ―	덕 とく	579

한자	뜻	훈독	음독	번호	한자	뜻	훈독	음독	번호	한자	뜻	훈독	음독	번호	한자	뜻	훈독	음독	번호
渡	건널	わた(る)	도 と	123	塗	칠할	ぬ(る)	도 と	348	動	움직일	うご(く)	동 どう	73	絡	얽을	から(まる)	락 らく	223
図	그림	はか(る)	도 ず	136	刀	칼	かたな	도 とう	397	同	한가지	おな(じ)	동 どう	104	楽	즐거울	たの(しい)	락 らく	93
道	길	みち	도 どう	110	篤	도타울	—	독 とく	445	斗	말	—	두 と	406	欄	난간	—	란 らん	480
途	길	—	도 と	122	毒	독	—	독 どく	207	頭	머리	あたま	두 ず	68	卵	알	たまご	란 らん	310
賭	내기	か(ける)	도 と	643	督	살펴볼	—	독 とく	591	痘	역질	—	두 とう	442	乱	어지러울	みだ(れる)	란 らん	396
倒	넘어질	たお(れる)	도 とう	241	読	읽을	よ(む)	독 どく	100	豆	콩	まめ	두 とう	308	辣	매울	—	랄 らつ	491
逃	달아날	に(げる)	도 とう	80	独	홀로	ひと(り)	독 どく	195	鈍	둔할	にぶ(る)	둔 どん	286	濫	넘칠	—	람 らん	421
盗	도둑	ぬす(む)	도 とう	383	豚	돼지	ぶた	돈 とん	605	屯	진칠	—	둔 とん	422	覧	볼	—	람 らん	448
都	도읍	みやこ	도 と	116	頓	조아릴	—	돈 とん	492	得	얻을	え(る)	득 とく	376	藍	쪽	あい	람 らん	502
挑	돋울	いど(む)	도 ちょう	584	突	갑자기	つ(く)	돌 とつ	271	等	등급	ひと(しい)	등 とう	155	嵐	폭풍우	あらし	람 —	598
跳	뛸	は(ねる)	도 ちょう	584	冬	겨울	ふゆ	동 とう	23	藤	등나무	ふじ	등 とう	612	拉	끌	—	랍 ら	640
徒	무리	—	도 と	352	銅	구리	—	동 どう	324	灯	등잔	ひ	등 とう	302	浪	물결	—	랑 ろう	525
度	법도	たび	도 ど	49	働	굼닐	はたら(く)	동 どう	139	謄	베낄	—	등 とう	649	朗	밝을	ほが(らか)	랑 ろう	492
稲	벼	いね	도 とう	311	瞳	눈동자	ひとみ	동 どう	431	登	오를	のぼ(る)	등 とう	259	郎	사내	—	랑 ろう	430
桃	복숭아	もも	도 とう	539	憧	그리워할	あこが(れる)	동 しょう	230	騰	오를	—	등 とう	273	廊	사랑채	—	랑 ろう	555
島	섬	しま	도 とう	327	東	동녘	ひがし	동 とう	29		ㄹ				娘	아가씨	むすめ	랑 —	194
悼	슬퍼할	いた(む)	도 とう	458	棟	마룻대	むね	동 とう	556	羅	그물	—	라 ら	550	滝	여울	たき	랑 —	568
到	이를	—	도 とう	337	胴	몸통	—	동 どう	434	裸	벗을	はだか	라 ら	434	来	올	く(る)	래 らい	77
導	인도할	みちび(く)	도 どう	356	童	아이	わらべ	동 どう	198	落	떨어질	お(ちる)	락 らく	129	冷	찰	つめ(たい)	랭 れい	45
陶	질그릇	—	도 とう	590	凍	얼	こお(る)	동 とう	320	酪	쇠젖	—	락 らく	528	略	간략할	—	략 りゃく	220

両	두 —	량 りょう	153	列	벌릴 —	렬 れつ	156	錄	기록할 —	록 ろく	351	累	묶을 —	루 るい	405
涼	서늘할 すず(しい)	량 りょう	320	烈	세찰 —	렬 れつ	453	鹿	사슴 しか	록 —	604	塁	보루 —	루 るい	586
糧	양식 かて	량 りょう	621	裂	찢을 さ(く)	렬 れつ	543	麓	산기슭 ふもと	록 ろく	567	漏	샐 も(れる)	루 ろう	272
良	어질 よ(い)	량 りょう	247	廉	청렴할 —	렴 れん	492	緑	초록빛 みどり	록 りょく	287	留	머무를 と(まる)	류 りゅう	132
量	헤아릴 はか(る)	량 りょう	154	猟	사냥 —	렵 りょう	631	論	논할 —	론 ろん	213	類	무리 たぐ(い)	류 るい	301
麗	고울 うるわ(しい)	려 れい	508	領	거느릴 —	령 りょう	390	籠	대바구니 かご	롱 ろう	549	柳	버들 やなぎ	류 りゅう	611
旅	나그네 たび	려 りょ	78	齢	나이 —	령 れい	197	弄	희롱할 もてあそ(ぶ)	롱 ろう	488	瑠	유리 —	류 る	596
呂	등뼈 —	려 ろ	470	零	떨어질 —	령 れい	321	賂	뇌물 —	뢰 ろ	643	硫	유황 —	류 りゅう	602
慮	생각할 —	려 りょ	461	鈴	방울 すず	령 りん	550	瀬	여울 せ	뢰 —	569	流	흐를 なが(れる)	류 りゅう	270
戻	어그러질 もど(す)	려 れい	336	霊	신령 たま	령 れい	580	雷	우레 かみなり	뢰 らい	598	陸	뭍 —	륙 りく	327
侶	짝 —	려 りょ	577	令	하여금 —	령 れい	212	頼	의뢰할 たの(む)	뢰 らい	219	輪	바퀴 わ	륜 りん	286
励	힘쓸 はげ(む)	려 れい	467	例	법식 たと(える)	례 れい	354	寮	동관 —	료 りょう	620	倫	인륜 —	륜 りん	621
歴	지낼 —	력 れき	391	礼	예절 —	례 れい	56	僚	동료 —	료 りょう	521	慄	떨릴 —	률 りつ	454
暦	책력 こよみ	력 れき	625	隷	종 —	례 れい	628	了	마칠 —	료 りょう	221	律	법칙 —	률 りつ	380
力	힘 ちから	력 りょく	69	路	길 じ	로 ろ	334	瞭	밝을 —	료 りょう	503	隆	클 —	륭 りゅう	526
恋	그리워할 こい	련 れん	229	老	늙을 ふ(ける)	로 ろう	198	療	병 고칠 —	료 りょう	209	陵	언덕 みささぎ	릉 りょう	565
錬	단련할 —	련 れん	585	虜	사로잡을 —	로 りょ	635	料	헤아릴 —	료 りょう	113	吏	관리 —	리 り	630
連	이을 つら(なる)	련 れん	223	露	이슬 つゆ	로 ろ	599	竜	용 たつ	룡 りゅう	605	理	다스릴 —	리 り	113
練	익힐 ね(る)	련 れん	314	労	일할 —	로 ろう	364	涙	눈물 なみだ	루 るい	201	厘	다스릴 —	리 りん	408
劣	못할 おと(る)	렬 れつ	184	炉	화로 —	로 ろ	548	楼	다락 —	루 ろう	556	離	떠날 はな(れる)	리 り	335

里	마을 さと	리 り	558	幕	장막 —	막 まく	596	梅	매화 うめ	매 ばい	614	皿	그릇 さら	명 —	311
梨	배나무 なし	리 —	538	慢	게으를 —	만 まん	254	埋	묻을 う(める)	매 まい	267	命	목숨 いのち	명 めい	210
痢	설사 —	리 —	442	晩	늦을 —	만 ばん	19	買	살 か(う)	매 ばい	143	明	밝을 あか(るい)	명 めい	107
裏	속 うら	리 り	165	湾	물굽이 —	만 わん	329	昧	어두울 —	매 まい	250	銘	새길 —	명 めい	622
履	신 は(く)	리 り	537	蛮	오랑캐 —	만 ばん	494	罵	욕할 ののし(る)	매 ば	468	冥	어두울 —	명 めい	577
璃	유리 —	리 り	596	万	일만 —	만 まん	16	媒	중매 —	매 ばい	552	鳴	울 な(く)	명 めい	292
利	이로울 き(く)	리 り	144	満	찰 み(たす)	만 まん	183	売	팔 う(る)	매 ばい	143	名	이름 な	명 めい	102
隣	이웃 となり	린 りん	167	漫	흩어질 —	만 まん	589	麦	보리 むぎ	맥 ばく	309	慕	그리워할 した(う)	모 ぼ	487
林	수풀 はやし	림 りん	37	末	끝 すえ	말 まつ	158	脈	줄기 —	맥 みゃく	565	謀	꾀할 はか(る)	모 ぼう	641
臨	임할 のぞ(む)	림 りん	499	抹	지울 —	말 まつ	649	盲	눈멀 —	맹 もう	443	貌	모양 —	모 ぼう	510
粒	낟알 つぶ	립 りゅう	298	網	그물 あみ	망 もう	550	盟	맹세 —	맹 めい	650	募	모을 つの(る)	모 ぼ	361
立	설 た(つ)	립 りつ	75	妄	망령될 —	망 もう	462	猛	사나울 —	맹 もう	453	帽	모자 —	모 ぼう	306
	ㅁ			亡	망할 な(い)	망 ぼう	180	面	낯 おも	면 めん	104	冒	무릅쓸 おか(す)	모 ぼう	499
磨	갈 みが(く)	마 ま	277	望	바랄 のぞ(む)	망 ぼう	216	免	면할 まぬか(れる)	면 めん	522	模	본뜰 —	모 も	282
魔	마귀 —	마 ま	342	忙	바쁠 いそが(しい)	망 ぼう	139	麺	밀가루 —	면 めん	540	某	아무 —	모 ぼう	481
馬	말 うま	마 ば	291	忘	잊을 わす(れる)	망 ぼう	94	綿	솜 わた	면 めん	304	母	어미 はは	모 ぼ	62
摩	문지를 —	마 ま	557	枚	낱 —	매 まい	156	眠	잘 ねむ(い)	면 みん	87	侮	업신여길 あなど(る)	모 ぶ	488
麻	삼 あさ	마 ま	613	妹	누이 いもうと	매 まい	63	勉	힘쓸 —	면 べん	131	暮	저물 く(らす)	모 ぼ	276
膜	꺼풀 —	막 まく	439	毎	매양 —	매 まい	47	滅	멸망할 ほろ(びる)	멸 めつ	636	耗	줄 —	모 もう	208
漠	사막 —	막 ばく	417	魅	매혹할 —	매 み	494	蔑	업신여길 さげす(む)	멸 べつ	488	矛	창 ほこ	모 む	398

漢字	訓	音	쪽	漢字	訓	音	쪽	漢字	訓	音	쪽	漢字	訓	音	쪽
毛	터럭 け	모 もう	201	墨	먹 すみ	묵 ぼく	618	民	백성 たみ	민 みん	387	畔	밭두둑 —	반 はん	569
木	나무 き	목 もく	20	黙	묵묵할 だま(る)	묵 もく	255	蜜	꿀 —	밀 みつ	540	盤	소반 —	반 ばん	567
目	눈 め	목 もく	66	文	글월 ふみ	문 ぶん	99	密	빽빽할 —	밀 みつ	183	斑	얼룩 —	반 はん	506
牧	칠 まき	목 ぼく	529	聞	들을 き(く)	문 ぶん	101			**ㅂ**			搬	옮길 —	반 はん	573
睦	화목할 —	목 ぼく	485	蚊	모기 か	문 —	607	博	넓을 —	박 はく	623	般	일반 —	반 はん	173
没	빠질 —	몰 ぼつ	420	紋	무늬 —	문 もん	506	迫	다그칠 せま(る)	박 はく	161	伴	짝 ともな(う)	반 はん	226
夢	꿈 ゆめ	몽 む	87	門	문 かど	문 もん	278	泊	머무를 と(まる)	박 はく	277	髪	머리 かみ	발 はつ	201
猫	고양이 ねこ	묘 びょう	41	問	물을 と(う)	문 もん	101	縛	묶을 しば(る)	박 ばく	514	鉢	바리때 —	발 はち	616
描	그릴 えが(く)	묘 びょう	589	物	물건 もの	물 ぶつ	109	舶	배 —	박 はく	572	抜	뽑을 ぬ(く)	발 ばつ	261
苗	모 なえ	묘 びょう	527	尾	꼬리 お	미 び	609	剝	벗길 は(がす)	박 はく	543	勃	우쩍 일어날 —	발 ぼつ	656
妙	묘할 —	묘 みょう	250	眉	눈썹 まゆ	미 び	432	朴	순박할 —	박 ぼく	496	発	필 —	발 はつ	141
墓	무덤 はか	묘 ぼ	474	弥	두루미칠 や	미 —	410	薄	엷을 うす(い)	박 はく	182	傍	곁 かたわ(ら)	방 ぼう	559
畝	이랑 うね	묘 —	528	味	맛 あじ	미 み	138	拍	칠 —	박 はく	594	肪	기름 —	방 ぼう	439
茂	무성할 しげ(る)	무 も	615	迷	미혹할 まよ(う)	미 めい	338	撲	칠 —	박 ぼく	516	芳	꽃다울 かんば(しい)	방 ぼう	450
貿	무역할 —	무 ぼう	372	謎	수수께끼 なぞ	미 —	220	班	나눌 —	반 はん	619	邦	나라 —	방 ぼう	560
霧	안개 きり	무 む	599	米	쌀 こめ	미 まい	308	頒	나눌 —	반 はん	552	放	놓을 はな(す)	방 ぼう	265
無	없을 な(い)	무 む	170	未	아닐 —	미 み	171	返	돌아올 かえ(す)	반 へん	266	坊	동네 —	방 ぼう	86
舞	춤출 まい	무 ぶ	351	美	아름다울 うつく(しい)	미 び	204	反	돌이킬 そ(る)	반 はん	97	防	막을 ふせ(ぐ)	방 ぼう	397
武	호반 —	무 ぶ	397	微	작을 —	미 び	504	半	반 なか(ば)	반 はん	47	方	모 かた	방 ぼう	30
務	힘쓸 つと(める)	무 む	362	敏	민첩할 —	민 びん	256	飯	밥 めし	반 はん	111	房	방 ふさ	방 ぼう	407

妨	방해할 さまた(げる)	방 ぼう	516	繁	번성할 —	번 はん	412	並	나란할 な(らぶ)	병 へい	32	伏	엎드릴 ふ(せる)	복 ふく	512
倣	본뜰 なら(う)	방 ほう	508	藩	울타리 —	번 はん	559	塀	담 —	병 へい	472	服	옷 —	복 ふく	82
紡	자을 つむ(ぐ)	방 ぼう	536	番	차례 —	번 ばん	151	餅	떡 もち	병 へい	311	僕	종 —	복 ぼく	426
訪	찾을 たず(ねる)	방 ほう	225	閥	문벌 —	벌 ばつ	651	病	병 やまい	병 びょう	72	復	회복할 —	복 ふく	208
倍	곱 —	배 ばい	153	罰	벌 —	벌 ばつ	645	瓶	병 —	병 びん	312	本	근본 もと	본 ほん	109
配	나눌 くば(る)	배 はい	124	伐	칠 —	벌 ばつ	529	兵	병사 —	병 へい	396	縫	꿰맬 ぬ(う)	봉 ほう	538
背	등 せ	배 はい	203	汎	넓을 —	범 はん	417	丙	셋째 천간 —	병 へい	409	俸	녹 —	봉 ほう	524
陪	모실 —	배 ばい	523	氾	넘칠 —	범 はん	420	併	아우를 あわ(せる)	병 へい	480	棒	막대 —	봉 ぼう	287
輩	무리 —	배 はい	428	帆	돛 ほ	범 はん	572	柄	자루 がら	병 へい	284	奉	받들 たてまつ(る)	봉 ほう	576
賠	물어줄 —	배 ばい	647	凡	무릇 —	범 ぼん	493	報	갚을 むく(いる)	보 ほう	102	蜂	벌 はち	봉 ほう	607
排	밀칠 —	배 はい	464	犯	범할 おか(す)	범 はん	382	歩	걸을 ある(く)	보 ほ	75	峰	봉우리 みね	봉 ほう	565
俳	배우 —	배 はい	351	範	법 —	범 はん	187	補	기울 おぎな(う)	보 ほ	388	封	봉할 —	봉 ふう	267
培	북돋울 つちか(う)	배 ばい	370	法	법 —	법 ほう	380	普	두루 —	보 ふ	181	釜	가마 かま	부 —	541
杯	잔 さかずき	배 はい	312	璧	구슬 —	벽 へき	424	宝	보배 たから	보 ほう	300	部	나눌 —	부 ぶ	361
拝	절 おが(む)	배 はい	222	癖	버릇 くせ	벽 へき	258	譜	족보 —	보 ふ	593	赴	나아갈 おもむ(く)	부 ふ	521
伯	맏 —	백 はく	429	壁	벽 かべ	벽 へき	281	保	지킬 たも(つ)	보 ほ	312	扶	도울 —	부 ふ	485
百	일백 —	백 ひゃく	15	辺	가 あた(り)	변 へん	165	複	겹칠 —	복 ふく	172	浮	뜰 う(く)	부 ふ	269
白	흰 しろ	백 はく	106	弁	말씀 —	변 べん	476	覆	다시 おお(う)	복 ふく	394	府	마을 —	부 ふ	325
翻	날 ひるがえ(す)	번 ほん	214	変	변할 か(わる)	변 へん	171	腹	배 はら	복 ふく	202	婦	며느리 —	부 ふ	194
煩	번거로울 わずら(わす)	번 はん	463	別	나눌 わか(れる)	별 べつ	89	福	복 —	복 ふく	342	副	버금 —	부 ふく	190

한자	뜻	음독	번호	한자	뜻	음독	번호
訃	부고 —	ふ	475	盆	동이 —	ぼん	616
賦	부세 —	ふ	531	奮	떨칠 ふる(う)	ふん	500
富	부유할 とみ	ふ	374	墳	무덤 —	ふん	626
符	부호 —	ふ	333	憤	분할 いきどお(る)	ふん	459
附	붙을 —	ふ	417	噴	뿜을 ふ(く)	ふん	414
付	붙일 つ(ける)	ふ	365	霧	안개 —	ふん	451
膚	살갗 —	ふ	203	紛	어지러울 まぎ(らわしい)	ふん	657
腐	썩을 くさ(る)	ふ	543	払	떨칠 はら(う)	ふつ	144
否	아닐 いな	ひ	246	不	아닐 —	ふ	95
父	아비 ちち	ふ	62	仏	부처 ほとけ	ぶつ	341
阜	언덕 —	ふ	561	崩	무너질 くず(す)	ほう	655
簿	장부 —	ぼ	480	棚	사다리 たな	—	470
夫	지아비 おっと	ふう	71	備	갖출 そな(える)	び	79
負	질 ま(ける)	ふ	52	比	견줄 くら(べる)	ひ	46
剖	쪼갤 —	ぼう	446	沸	끓을 わ(く)	ふつ	315
敷	펼 し(く)	ふ	552	飛	날 と(ぶ)	ひ	292
北	북녘 きた	ほく	30	卑	낮을 いや(しい)	ひ	257
粉	가루 こな	ふん	298	泌	분비할 —	ひつ	439
分	나눌 わ(ける)	ぶん	17	碑	비석 —	ひ	633
奔	달릴 —	ほん	515	批	비평할 —	ひ	249

한자	뜻	음독	번호	한자	뜻	음독	번호
扉	사립문 とびら	ひ	470	司	맡을 —	し	521
肥	살찔 こ(える)	ひ	507	砂	모래 すな	さ	323
秘	숨길 ひ(める)	ひ	422	沙	모래 —	さ	652
悲	슬플 かな(しい)	ひ	92	社	모일 やしろ	しゃ	87
費	쓸 つい(やす)	ひ	377	蛇	뱀 へび	じゃ	606
非	아닐 —	ひ	171	捨	버릴 す(てる)	しゃ	265
妃	왕비 —	ひ	628	写	베낄 うつ(す)	しゃ	136
鼻	코 はな	び	200	使	부릴 つか(う)	し	113
貧	가난할 まず(しい)	ひん	377	唆	부추길 そそのか(す)	さ	466
浜	물가 はま	ひん	570	斜	비낄 なな(め)	しゃ	505
賓	손 —	ひん	428	史	사기 —	し	392
頻	자주 —	ひん	412	謝	사례할 あやま(る)	しゃ	90
氷	얼음 こおり	ひょう	40	私	사사 わたし	し	58

ㅅ

한자	뜻	음독	번호	한자	뜻	음독	번호
邪	간사할 —	じゃ	247	思	생각 おも(う)	し	90
飼	기를 か(う)	し	610	士	선비 —	し	630
四	넉 よ	し	13	仕	섬길 つか(える)	し	138
似	닮을 に(る)	じ	285	詐	속일 —	さ	642
詞	말 —	し	221	師	스승 —	し	352
辞	말씀 や(める)	じ	345	糸	실 いと	し	83
				射	쏠 い(る)	しゃ	210

伺	엿볼 うかが(う)	사 し	222	森	수풀 もり	삼 しん	37	象	코끼리 —	상 ぞう	291	序	차례 —	서 じょ	408
赦	용서할 —	사 しゃ	647	挿	꽂을 さ(す)	삽 そう	513	床	평상 ゆか	상 しょう	279	徐	천천히 할 —	서 じょ	274
嗣	이을 —	사 し	431	渋	떫을 しぶ	삽 じゅう	234	常	항상 つね	상 じょう	160	叙	펼 —	서 じょ	479
事	일 こと	사 じ	138	傷	다칠 きず	상 しょう	208	状	형상 —	상 じょう	282	潟	개펄 かた	석 —	570
寺	절 てら	사 じ	342	償	갚을 つぐな(う)	상 しょう	486	璽	옥새 —	새 じ	651	石	돌 いし	석 せき	38
査	조사할 —	사 さ	210	峠	고개 とうげ	상 —	565	塞	막힐 ふさ(ぐ)	색 そく	184	惜	아낄 お(しい)	석 せき	239
死	죽을 し(ぬ)	사 し	65	像	모양 —	상 ぞう	347	色	빛 いろ	색 しょく	105	昔	예 むかし	석 せき	159
賜	줄 たまわ(る)	사 し	483	桑	뽕나무 くわ	상 そう	613	索	찾을 —	색 さく	623	席	자리 —	석 せき	334
舎	집 —	사 しゃ	554	祥	상서 —	상 しょう	653	生	날 う(まれる)	생 せい	64	夕	저녁 ゆう	석 せき	18
卸	풀 おろし	사 —	532	箱	상자 はこ	상 —	302	省	덜 はぶ(く)	생 せい	220	析	쪼갤 —	석 せき	357
削	깎을 けず(る)	삭 さく	377	賞	상줄 —	상 しょう	355	牲	희생 —	생 せい	654	釈	풀 —	석 しゃく	479
産	낳을 う(む)	산 さん	63	想	생각 —	상 そう	243	逝	갈 ゆ(く)	서 せい	475	選	가릴 えら(ぶ)	선 せん	80
山	메 やま	산 さん	37	相	서로 あい	상 そう	60	署	관청 —	서 しょ	330	鮮	고울 あざ(やか)	선 せん	289
算	셈할 —	산 さん	356	霜	서리 しも	상 そう	598	書	글 か(く)	서 しょ	100	繕	기울 つくろ(う)	선 ぜん	537
酸	실 す(い)	산 さん	451	爽	시원할 さわ(やか)	상 そう	456	暑	더울 あつ(い)	서 しょ	319	旋	돌 —	선 せん	594
傘	우산 かさ	산 さん	548	尚	오히려 —	상 しょう	451	誓	맹세할 ちか(う)	서 せい	468	先	먼저 さき	선 せん	24
散	흩을 ち(る)	산 さん	271	上	윗 うえ	상 じょう	27	婿	사위 むこ	서 せい	430	膳	반찬 —	선 ぜん	545
殺	죽일 ころ(す)	살 さつ	384	喪	잃을 も	상 そう	474	西	서녁 にし	서 せい	30	船	배 ふね	선 せん	121
杉	삼나무 すぎ	삼 —	611	詳	자세할 くわ(しい)	상 しょう	357	緒	실마리 お	서 しょ	306	宣	베풀 —	선 せん	213
三	석 み	삼 さん	13	商	장사 あきな(う)	상 しょう	372	庶	여러 —	서 しょ	630	羨	부러워할 うらや(む)	선 せん	456

扇	부채 おうぎ	선 せん	548	声	소리 こえ	성 せい	69	疎	성길 うと(い)	소 そ	485	訟	송사할 —	송 しょう	639
腺	샘 —	선 せん	439	成	이룰 な(る)	성 せい	366	掃	쓸 は(く)	소 そう	277	砕	부술 くだ(く)	쇄 さい	514
禅	선 —	선 ぜん	578	誠	정성 まこと	성 せい	488	笑	웃음 わら(う)	소 しょう	235	鎖	쇠사슬 くさり	쇄 さ	550
仙	신선 —	선 せん	581	細	가늘 ほそ(い)	세 さい	285	咲	필 さ(く)	소 —	296	刷	인쇄할 す(る)	쇄 さつ	347
線	줄 —	선 せん	283	税	세금 —	세 ぜい	387	紹	이을 —	소 しょう	222	衰	쇠할 おとろ(える)	쇠 すい	180
善	착할 よ(い)	선 ぜん	252	洗	씻을 あら(う)	세 せん	85	小	작을 ちい(さい)	소 しょう	42	囚	가둘 —	수 しゅう	645
雪	눈 ゆき	설 せつ	36	世	인간 よ	세 せ	115	少	적을 すく(ない)	소 しょう	42	酬	갚을 —	수 しゅう	524
説	말씀 と(く)	설 せつ	131	歳	해 —	세 さい	196	訴	호소할 うった(える)	소 そ	639	収	거둘 おさ(める)	수 しゅう	264
設	베풀 もう(ける)	설 せつ	389	勢	형세 いきお(い)	세 せい	180	塑	흙 빚을 —	소 そ	590	髄	골수 —	수 ずい	441
舌	혀 した	설 ぜつ	432	焼	불사를 や(く)	소 しょう	313	続	계속 つづ(く)	속 ぞく	175	愁	근심 うれ(い)	수 しゅう	458
繊	가늘 —	섬 せん	536	遡	거스를 さかのぼ(る)	소 そ	625	属	무리 —	속 ぞく	361	樹	나무 —	수 じゅ	610
渉	건널 —	섭 しょう	365	沼	늪 ぬま	소 しょう	568	束	묶을 たば	속 そく	111	誰	누구 だれ	수 —	193
摂	다스릴 —	섭 せつ	545	騒	떠들 さわ(ぐ)	소 そう	393	速	빠를 はや(い)	속 そく	44	殊	다를 こと	수 しゅ	173
醒	깰 —	성 せい	451	所	바 ところ	소 しょ	115	俗	풍속 —	속 ぞく	582	修	닦을 おさ(める)	수 しゅう	353
星	별 ほし	성 せい	322	昭	밝을 —	소 しょう	625	遜	겸손할 —	손 そん	493	遂	드디어 と(げる)	수 すい	525
城	성 しろ	성 じょう	331	宵	밤 よい	소 しょう	409	損	덜 そこ(なう)	손 そん	376	垂	드리울 た(らす)	수 すい	283
姓	성씨 —	성 せい	196	巣	보금자리 す	소 そう	609	孫	손자 まご	손 そん	193	随	따를 —	수 ずい	412
聖	성인 —	성 せい	578	素	본디 —	소 そ	258	率	거느릴 ひき(いる)	솔 そつ	154	首	머리 くび	수 しゅ	199
性	성품 —	성 せい	60	召	부를 め(す)	소 しょう	221	送	보낼 おく(る)	송 そう	124	須	모름지기 —	수 す	419
盛	성할 も(る)	성 せい	179	消	사라질 き(える)	소 しょう	52	松	소나무 まつ	송 しょう	611	寿	목숨 ことぶき	수 じゅ	475

漢字	訓	音	No.	漢字	訓	音	No.	漢字	訓	音	No.	漢字	訓	音	No.
水	물 みず	수 すい	20	淑	맑을 —	숙 しゅく	495	湿	젖을 しめ(る)	습 しつ	321	矢	화살 や	시 し	632
受	받을 う(ける)	수 じゅ	260	叔	아재비 —	숙 しゅく	429	拾	주울 ひろ(う)	습 しゅう	114	飾	꾸밀 かざ(る)	식 しょく	510
輸	보낼 —	수 ゆ	124	粛	엄숙할 —	숙 しゅく	453	升	되 ます	승 しょう	407	拭	닦을 ふ(く)	식 しょく	513
羞	부끄러울 —	수 しゅう	457	熟	익을 う(れる)	숙 じゅく	542	承	받들 うけたまわ(る)	승 しょう	221	食	먹을 た(べる)	식 しょく	83
秀	빼어날 ひい(でる)	수 しゅう	257	宿	잘 やど	숙 しゅく	128	縄	밧줄 なわ	승 じょう	549	殖	번성할 ふ(える)	식 しょく	615
狩	사냥할 か(る)	수 しゅ	631	瞬	눈깜박일 またた(く)	순 しゅん	411	昇	오를 のぼ(る)	승 しょう	268	式	법 —	식 しき	341
数	셀 かず	수 すう	130	循	돌 —	순 じゅん	520	勝	이길 か(つ)	승 しょう	178	息	쉴 いき	식 そく	200
袖	소매 そで	수 しゅう	534	巡	돌 めぐ(る)	순 じゅん	520	僧	중 —	승 そう	577	植	심을 う(える)	식 しょく	369
手	손 て	수 しゅ	68	殉	따라 죽을 —	순 じゅん	654	乗	탈 の(る)	승 じょう	120	識	알 —	식 しき	354
粋	순수할 いき	수 すい	509	盾	방패 たて	순 じゅん	398	柿	감나무 かき	시 —	538	薪	땔나무 たきぎ	신 しん	613
需	쓰일 —	수 じゅ	532	純	순수할 —	순 じゅん	259	時	때 とき	시 じ	16	紳	띠 —	신 しん	429
痩	여윌 や(せる)	수 そう	507	順	순할 —	순 じゅん	151	侍	모실 さむらい	시 じ	634	辛	매울 から(い)	신 しん	234
穂	이삭 ほ	수 すい	528	旬	열흘 —	순 しゅん	158	施	베풀 ほどこ(す)	시 し	650	身	몸 み	신 しん	199
帥	장수 —	수 すい	634	唇	입술 くちびる	순 しん	432	示	보일 しめ(す)	시 じ	349	信	믿을 —	신 しん	228
睡	졸음 —	수 すい	445	術	재주 —	술 じゅつ	343	視	볼 —	시 し	232	迅	빠를 —	신 じん	416
授	줄 さず(ける)	수 じゅ	131	述	펼 の(べる)	술 じゅつ	214	詩	시 —	시 し	587	慎	삼갈 つつし(む)	신 しん	254
守	지킬 まも(る)	수 しゅ	142	崇	높을 —	숭 すう	576	試	시험 ため(す)	시 し	128	新	새 あたら(しい)	신 しん	43
獣	짐승 けもの	수 じゅう	603	膝	무릎 ひざ	슬 —	436	是	옳을 —	시 ぜ	463	神	신 かみ	신 しん	340
捜	찾을 さが(す)	수 そう	385	襲	엄습할 おそ(う)	습 しゅう	635	市	저자 いち	시 し	324	臣	신하 —	신 じん	390
塾	글방 —	숙 じゅく	618	習	익힐 なら(う)	습 しゅう	126	始	처음 はじ(める)	시 し	31	娠	아이 밸 —	신 しん	473

漢字	訓	音	番
腎	콩팥 —	신 じん	440
申	펼 もう(す)	신 しん	212
伸	펼 の(びる)	신 しん	176
実	열매 み	실 じつ	309
失	잃을 うしな(う)	실 しつ	51
室	집 むろ	실 しつ	84
芯	골풀 —	심 しん	618
深	깊을 ふか(い)	심 しん	46
心	마음 こころ	심 しん	92
審	살필 —	심 しん	650
甚	심할 はなは(だ)	심 じん	464
尋	찾을 たず(ねる)	심 じん	385
十	열 とお	십 じゅう	15
双	쌍 ふた	쌍 そう	195
氏	성씨 うじ	씨 し	429
我	나 われ	아 が	192
雅	맑을 —	아 が	453
亜	버금 —	아 あ	558
芽	싹 め	아 が	612
児	아이 —	아 じ	197
牙	어금니 きば	아 が	608
餓	주릴 —	아 が	656
悪	악할 わる(い)	악 あく	97
握	쥘 にぎ(る)	악 あく	263
岳	큰 산 たけ	악 がく	564
顎	턱 あご	악 がく	433
眼	눈 まなこ	안 がん	431
岸	언덕 きし	안 がん	327
顔	얼굴 かお	안 がん	67
案	책상 —	안 あん	91
安	편안 やす(い)	안 あん	92
謁	뵐 —	알 えつ	515
岩	바위 いわ	암 がん	323
闇	어두운 모양 やみ	암 —	503
暗	어두울 くら(い)	암 あん	108
押	누를 お(す)	압 おう	73
圧	누를 —	압 あつ	241
央	가운데 —	앙 おう	163
仰	우러를 あお(ぐ)	앙 ぎょう	512
挨	두들길 —	애 あい	484
涯	물가 —	애 がい	476
崖	벼랑 がけ	애 がい	566
愛	사랑 —	애 あい	228
哀	슬플 あわ(れ)	애 あい	456
曖	희미할 —	애 あい	250
額	이마 ひたい	액 がく	200
厄	재앙 —	액 やく	581
液	진 —	액 えき	298
桜	앵두나무 さくら	앵 おう	614
野	들 の	야 や	37
夜	밤 よる	야 や	18
冶	풀무 —	야 や	530
躍	뛸 おど(る)	약 やく	273
約	맺을 —	약 やく	48
薬	약 くすり	약 やく	112
弱	약할 よわ(い)	약 じゃく	70
若	젊을 わか(い)	약 じゃく	198
養	기를 やしな(う)	양 よう	353
様	모양 さま	양 よう	282
陽	별 —	양 よう	322
醸	빚을 かも(す)	양 じょう	547
譲	사양할 ゆず(る)	양 じょう	218
羊	양 ひつじ	양 よう	603
揚	오를 あ(がる)	양 よう	519
瘍	종기 —	양 よう	442
洋	큰 바다 —	양 よう	39
壌	흙덩이 —	양 じょう	603
御	거느릴 おん	어 ご	222
漁	고기 잡을 —	어 ぎょ	371
語	말씀 かた(る)	어 ご	99
魚	물고기 さかな	어 ぎょ	40
臆	가슴 —	억 おく	253
抑	누를 おさ(える)	억 よく	497
憶	생각할 —	억 おく	230
億	억 —	억 おく	150
言	말씀 い(う)	언 げん	98
俺	나 おれ	엄 —	426
厳	엄할 きび(しい)	엄 げん	56
業	업 わざ	업 ぎょう	141

한자	뜻	음	쪽	한자	뜻	음	쪽	한자	뜻	음	쪽	한자	뜻	음	쪽
如	같을 —	여 じょ	419	悦	기쁠 —	열 えつ	455	予	미리 —	예 よ	131	擁	안을 —	옹 よう	464
余	남을 あま(る)	여 よ	153	熱	더울 あつ(い)	열 ねつ	45	刈	벨 か(る)	예 —	528	瓦	기와 かわら	와 が	472
与	줄 あた(える)	여 よ	264	閲	볼 —	열 えつ	624	詣	이를 もう(でる)	예 けい	578	渦	소용돌이 うず	와 か	600
逆	거스를 さか(らう)	역 ぎゃく	166	艶	고울 つや	염 えん	510	芸	재주 —	예 げい	343	緩	느릴 ゆる(やか)	완 かん	506
役	부릴 —	역 やく	362	染	물들 そ(める)	염 せん	503	傲	거만할 —	오 ごう	491	頑	완고할 —	완 がん	253
疫	전염병 —	역 えき	441	炎	불꽃 ほのお	염 えん	601	誤	그르칠 あやま(る)	오 ご	245	宛	완연할 あ(てる)	완 —	573
駅	정거장 —	역 えき	121	塩	소금 しお	염 えん	315	悟	깨달을 さと(る)	오 ご	462	完	완전할 —	완 かん	171
域	지경 —	역 いき	326	葉	잎 は	엽 よう	294	呉	나라 이름 —	오 ご	562	腕	팔 うで	완 わん	202
訳	통변할 わけ	역 やく	214	営	경영할 いとな(む)	영 えい	141	午	낮 —	오 ご	18	玩	희롱할 —	완 がん	552
縁	가선 ふち	연 えん	484	影	그림자 かげ	영 えい	290	五	다섯 いつ	오 ご	13	往	갈 —	왕 おう	571
研	갈 と(ぐ)	연 けん	133	永	길 なが(い)	영 えい	160	汚	더러울 きたな(い)	오 お	86	旺	왕성할 —	왕 おう	496
然	그럴 —	연 ぜん	244	英	뛰어날 —	영 えい	130	奥	속 おく	오 おう	164	王	임금 —	왕 おう	390
鉛	납 なまり	연 えん	601	迎	맞을 むか(える)	영 げい	228	娯	즐길 —	오 ご	582	畏	두려워할 おそ(れる)	외 い	454
延	늘일 の(ばす)	연 えん	162	映	비칠 うつ(る)	영 えい	135	玉	구슬 たま	옥 ぎょく	300	外	바깥 そと	외 がい	29
沿	따를 そ(う)	연 えん	329	栄	영화로울 さか(える)	영 えい	179	沃	기름질 —	옥 よく	416	窯	가마 かま	요 よう	541
煙	연기 けむり	연 えん	313	詠	읊을 よ(む)	영 えい	587	獄	옥 —	옥 ごく	646	謡	노래 うたい	요 よう	592
軟	연할 やわ(らか)	연 なん	186	泳	헤엄칠 およ(ぐ)	영 えい	77	屋	집 や	옥 おく	118	曜	빛날 —	요 よう	22
宴	잔치 —	연 えん	583	誉	기릴 ほま(れ)	예 よ	494	温	따뜻할 あたた(か)	온 おん	182	凹	오목할 —	요 おう	505
燃	탈 も(える)	연 ねん	273	鋭	날카로울 するど(い)	예 えい	285	穏	편안할 おだ(やか)	온 おん	252	要	요긴할 い(る)	요 よう	215
演	펼 —	연 えん	350	預	맡길 あず(ける)	예 よ	378	翁	늙은이 —	옹 おう	427	妖	요사할 あや(しい)	요 よう	579

漢字	訓	音	音2	쪽	漢字	訓	音	音2	쪽	漢字	訓	音	音2	쪽	漢字	訓	音	音2	쪽
腰	허리 こし	요	よう	202	友	벗 とも	우	ゆう	61	遠	멀 とお(い)	원	えん	32	慰	위로할 なぐさ(める)	위	い	90
揺	흔들릴 ゆ(れる)	요	よう	270	雨	비 あめ	우	う	35	原	언덕 はら	원	げん	328	威	위엄 —	위	い	500
辱	욕될 はずかし(める)	욕	じょく	468	牛	소 うし	우	ぎゅう	40	媛	여자 —	원	えん	427	危	위태할 あぶ(ない)	위	き	53
浴	목욕할 あ(びる)	욕	よく	276	愚	어리석을 おろ(か)	우	ぐ	258	怨	원망할 —	원	おん	457	位	자리 くらい	위	い	162
欲	하고자 할 ほ(しい)	욕	よく	216	右	오른쪽 みぎ	우	う	26	猿	원숭이 さる	원	えん	604	衛	지킬 —	위	えい	658
勇	날랠 いさ(む)	용	ゆう	252	郵	우편 —	우	ゆう	373	願	원할 ねが(う)	원	がん	216	為	할 —	위	い	512
溶	녹을 と(ける)	용	よう	274	宇	집 —	우	う	322	元	으뜸 もと	원	げん	70	幽	그윽할 —	유	ゆう	580
踊	뛸 おど(る)	용	よう	352	偶	짝 —	우	ぐう	195	員	인원 —	원	いん	139	油	기름 あぶら	유	ゆ	314
湧	샘솟을 わ(く)	용	ゆう	415	芋	토란 いも	우	—	308	院	집 —	원	いん	119	喩	깨우칠 —	유	ゆ	477
庸	쓸 —	용	よう	493	雲	구름 くも	운	うん	35	越	넘을 こ(える)	월	えつ	51	誘	꾈 さそ(う)	유	ゆう	224
用	쓸 もち(いる)	용	よう	113	運	옮길 はこ(ぶ)	운	うん	119	月	달 つき	월	げつ	19	遺	남길 —	유	い	626
冗	쓸데없을 —	용	じょう	220	韻	운 —	운	いん	588	偉	거룩할 えら(い)	위	い	248	裕	넉넉할 —	유	ゆう	423
容	얼굴 —	용	よう	204	鬱	답답할 —	울	うつ	458	偽	거짓 にせ	위	ぎ	477	遊	놀 あそ(ぶ)	유	ゆう	78
憂	근심 うれ(い)	우	ゆう	457	熊	곰 くま	웅	—	604	囲	둘레 かこ(む)	위	い	165	由	말미암을 よし	유	ゆ	95
虞	근심할 おそれ	우	—	456	雄	수컷 おす	웅	ゆう	608	委	맡길 ゆだ(ねる)	위	い	218	悠	멀 —	유	ゆう	454
羽	깃 はね	우	う	292	源	근원 みなもと	원	げん	328	緯	묶을 —	위	い	560	癒	병 나을 い(やす)	유	ゆ	443
又	또 また	우	—	482	垣	담 かき	원	—	471	胃	밥통 —	위	い	205	柔	부드러울 やわ(らかい)	유	じゅう	186
優	뛰어날 すぐ(れる)	우	ゆう	256	援	도울 —	원	えん	227	尉	벼슬 —	위	—	629	儒	선비 —	유	じゅ	577
遇	만날 —	우	ぐう	485	園	동산 その	원	えん	331	萎	시들 な(える)	위	—	499	幼	어릴 おさな(い)	유	よう	197
隅	모퉁이 すみ	우	ぐう	168	円	둥글 まる(い)	원	えん	108	違	어긋날 ちが(う)	위	い	244	唯	오직 —	유	ゆい	405

猶	오히려 —	유 ゆう	647	泣	울 な(く)	읍 きゅう	236	以	써 —	이 い	47	妊	아이 밸 —	임 にん	473
有	있을 あ(る)	유 ゆう	51	凝	엉길 こ(る)	응 ぎょう	415	移	옮길 うつ(す)	이 い	263	賃	품삯 —	임 ちん	375
乳	젖 ちち	유 にゅう	310	応	응할 こた(える)	응 おう	364	翼	날개 つばさ	익 よく	609	込	담을 こ(む)	입 —	123
愉	즐거울 —	유 ゆ	235	儀	거동 —	의 ぎ	341	翌	다음날 —	익 よく	157	入	들 はい(る)	입 にゅう	76
維	지탱할 —	유 い	422	意	뜻 —	의 い	91	益	더할 —	익 えき	374	剰	남을 —	잉 じょう	190
諭	타이를 さと(す)	유 ゆ	620	宜	마땅할 —	의 ぎ	481	引	당길 ひ(く)	인 いん	74			

ㅈ

肉	고기 —	육 にく	112	擬	비길 —	의 ぎ	509	印	도장 しるし	인 いん	346	茨	가시나무 いばら	자 —	613
育	기를 そだ(てる)	육 いく	127	義	옳을 —	의 ぎ	355	咽	목구멍 —	인 いん	433	字	글자 あざ	자 じ	99
六	여섯 む	육 ろく	14	衣	옷 ころも	의 い	303	人	사람 ひと	인 にん	58	者	놈 もの	자 しゃ	61
潤	젖을 うるお(う)	윤 じゅん	525	議	의논할 —	의 ぎ	213	認	알 みと(める)	인 にん	249	恣	마음대로 —	자 し	461
融	화할 —	융 ゆう	415	疑	의심할 うたが(う)	의 ぎ	247	仁	어질 —	인 じん	491	姿	모양 すがた	자 し	204
隠	숨을 かく(す)	은 いん	178	医	의원 —	의 い	72	因	인할 よ(る)	인 いん	219	諮	물을 はか(る)	자 し	523
銀	은 —	은 ぎん	107	椅	의자 —	의 い	111	忍	참을 しの(ばせる)	인 にん	496	滋	불을 —	자 じ	545
恩	은혜 —	은 おん	486	依	의지할 —	의 い	219	刃	칼날 は	인 じん	632	慈	사랑 いつく(しむ)	자 じ	490
乙	새 —	을 おつ	408	耳	귀 みみ	이 じ	66	姻	혼인 —	인 いん	196	煮	삶을 に(る)	자 しゃ	542
飲	마실 の(む)	음 いん	83	異	다를 こと	이 い	189	日	날 ひ	일 にち	21	姉	손윗누이 あね	자 し	63
音	소리 おと	음 おん	135	二	두 ふた	이 に	12	逸	달아날 —	일 いつ	654	自	스스로 みずか(ら)	자 じ	58
吟	읊을 —	음 ぎん	588	弐	두 —	이 に	404	一	한 ひと	일 いち	12	子	아들 こ	자 し	59
淫	음란할 みだ(ら)	음 いん	495	餌	미끼 えさ	이 じ	610	壱	한 —	일 いち	404	雌	암컷 めす	자 し	607
陰	응달 かげ	음 いん	504	易	쉬울 やさ(しい)	이 い	133	任	맡길 まか(せる)	임 にん	363	磁	자석 —	자 じ	602

한자	뜻·훈	음	쪽	한자	뜻·훈	음	쪽	한자	뜻·훈	음	쪽	한자	뜻·훈	음	쪽
紫	자줏빛 むらさき	자 し	502	障	막을 さわ(る)	장 しょう	142	宰	재상 —	재 さい	627	滴	물방울 しずく	적 てき	321
資	재물 —	자 し	375	張	베풀 は(る)	장 ちょう	254	災	재앙 わざわ(い)	재 さい	392	赤	붉을 あか	적 せき	105
刺	찌를 さ(す)	자 し	210	掌	손바닥 —	장 しょう	435	才	재주 —	재 さい	367	積	쌓을 つ(む)	적 せき	263
酌	따를 く(む)	작 しゃく	546	壮	씩씩할 —	장 そう	495	争	다툴 あらそ(う)	쟁 そう	395	跡	자취 あと	적 せき	332
爵	벼슬 —	작 しゃく	629	丈	어른 たけ	장 じょう	71	抵	거스를 —	저 てい	396	嫡	정실 —	적 ちゃく	430
昨	어제 —	작 さく	157	荘	엄숙할 —	장 そう	556	著	나타날 いちじる(しい)	저 ちょ	346	笛	피리 ふえ	적 てき	595
作	지을 つく(る)	작 さく	73	臓	오장 —	장 ぞう	205	低	낮을 ひく(い)	저 てい	185	転	구를 ころ(がる)	전 てん	120
残	남을 のこ(る)	잔 ざん	54	帳	장막 —	장 ちょう	619	底	밑 そこ	저 てい	164	箋	기록할 —	전 せん	480
桟	사다리 —	잔 さん	557	葬	장사 지낼 ほうむ(る)	장 そう	473	貯	쌓을 —	저 ちょ	144	煎	달일 い(る)	전 せん	542
蚕	누에 かいこ	잠 さん	535	匠	장인 —	장 しょう	591	狙	엿볼 ねら(う)	저 そ	516	殿	대궐 との	전 でん	332
潜	잠길 ひそ(む)	잠 せん	519	将	장차 —	장 しょう	25	箸	젓가락 はし	저 —	544	銭	돈 ぜに	전 せん	525
暫	잠깐 —	잠 ざん	411	腸	창자 —	장 ちょう	437	邸	집 —	저 てい	554	栓	마개 —	전 せん	549
雑	섞일 —	잡 ざつ	173	裁	결단할 さば(く)	재 さい	638	寂	고요할 さび	적 じゃく	243	塡	메울 —	전 てん	517
蔵	곳간 くら	장 ぞう	280	再	두 ふたた(び)	재 さい	153	的	과녁 まと	적 てき	302	田	밭 た	전 でん	117
奨	권면할 —	장 しょう	619	載	실을 の(る)	재 さい	481	績	길쌈할 —	적 せき	367	電	번개 —	전 でん	121
章	글 —	장 しょう	344	栽	심을 —	재 さい	370	敵	대적할 かたき	적 てき	486	典	법 —	전 てん	346
長	길 なが(い)	장 ちょう	104	在	있을 あ(る)	재 ざい	170	賊	도둑 —	적 ぞく	642	詮	설명할 —	전 せん	482
装	꾸밀 よそお(う)	장 そう	307	斎	재계할 —	재 さい	555	摘	딸 つ(む)	적 てき	369	戦	싸움 たたか(う)	전 せん	395
粧	단장할 —	장 しょう	510	材	재목 —	재 ざい	299	適	맞을 —	적 てき	187	前	앞 まえ	전 ぜん	26
場	마당 ば	장 じょう	115	財	재물 —	재 ざい	375	籍	문서 —	적 せき	346	専	오로지 もっぱ(ら)	전 せん	254

한자	뜻·훈독	음독	쪽	한자	뜻·훈독	음독	쪽	한자	뜻·훈독	음독	쪽	한자	뜻·훈독	음독	쪽
全	온전 まった(く)	전 ぜん	152	丁	고무래 —	정 ちょう	55	程	한도 ほど	정 てい	181	槽	구유 —	조 そう	609
伝	전할 つた(える)	전 でん	102	静	고요할 しず(か)	정 せい	242	斉	가지런할 —	제 せい	260	釣	낚을 つ(る)	조 ちょう	585
展	펼 —	전 てん	348	貞	곧을 —	정 てい	579	済	건널 す(む)	제 さい	140	助	도울 たす(ける)	조 じょ	393
畑	화전 はたけ	전 —	369	浄	깨끗할 —	정 じょう	600	提	끌 さ(げる)	제 てい	261	措	둘 —	조 そ	652
折	꺾을 お(る)	절 せつ	261	呈	드릴 —	정 てい	517	除	덜 のぞ(く)	제 じょ	179	燥	마를 —	조 そう	322
絶	끊을 た(える)	절 ぜつ	176	庭	뜰 にわ	정 てい	279	堤	둑 つつみ	제 てい	557	藻	마름 も	조 そう	614
切	끊을 き(る)	절 せつ	55	情	뜻 なさ(け)	정 じょう	235	諸	모두 —	제 しょ	152	阻	막힐 はば(む)	조 そ	516
節	마디 ふし	절 せつ	318	停	머무를 —	정 てい	336	弟	아우 おとうと	제 で	62	遭	만날 あ(う)	조 そう	652
窃	훔칠 —	절 せつ	640	訂	바로잡을 —	정 てい	345	剤	약제 —	제 ざい	446	曹	무리 —	조 そう	428
店	가게 みせ	점 てん	142	正	바를 ただ(しい)	정 せい	95	帝	임금 —	제 てい	627	潮	밀물 しお	조 ちょう	599
粘	붙을 ねば(る)	점 ねん	417	町	밭두둑 まち	정 ちょう	117	制	절제할 —	제 せい	381	眺	바라볼 なが(める)	조 ちょう	449
点	점 —	점 てん	283	偵	염탐할 —	정 てい	644	題	제목 —	제 だい	128	操	부릴 あやつ(る)	조 そう	529
占	점령할 し(める)	점 せん	188	井	우물 い	정 しょう	472	祭	제사 まつ(り)	제 さい	340	嘲	비웃을 あざけ(る)	조 ちょう	461
漸	점점 —	점 ぜん	413	丼	우물 どんぶり	정 —	544	際	즈음 きわ	제 さい	166	照	비칠 て(らす)	조 しょう	289
接	이을 つ(ぐ)	접 せつ	167	政	정사 まつりごと	정 せい	389	製	지을 —	제 せい	373	鳥	새 とり	조 ちょう	41
錠	덩이 —	정 じょう	471	頂	정수리 いただ(く)	정 ちょう	167	第	차례 —	제 だい	150	彫	새길 ほ(る)	조 ちょう	590
晶	밝을 —	정 しょう	601	亭	정자 —	정 てい	555	条	가지 —	조 じょう	381	爪	손톱 つめ	조 —	435
整	가지런할 ととの(える)	정 せい	278	定	정할 さだ(める)	정 てい	96	粗	거칠 あら(い)	조 そ	509	朝	아침 あさ	조 ちょう	17
征	갈 —	정 せい	634	精	정할 —	정 せい	173	調	고를 しら(べる)	조 ちょう	134	早	이를 はや(い)	조 そう	24
艇	거룻배 —	정 てい	573	廷	조정 —	정 てい	638	繰	고치 켤 く(る)	조 —	305	祖	조상 —	조 そ	193

漢	뜻	훈독	음	음독	#	漢	뜻	훈독	음	음독	#	漢	뜻	훈독	음	음독	#	漢	뜻	훈독	음	음독	#
弔	조상할	とむら(う)	조	ちょう	474	挫	꺾을	—	좌	ざ	444	奏	아뢸	かな(でる)	주	そう	350	贈	보낼	おく(る)	증	ぞう	268
詔	조서	みことのり	조	しょう	631	佐	도울	—	좌	さ	522	主	임금	ぬし	주	しゅ	50	曽	일찍	—	증	そう	410
租	조세	—	조	そ	649	左	왼	ひだり	좌	さ	26	酎	전국술	—	주	ちゅう	546	証	증거	—	증	しょう	386
兆	조짐	きざ(し)	조	ちょう	150	座	자리	すわ(る)	좌	ざ	333	週	주일	—	주	しゅう	21	症	증세	—	증	しょう	207
造	지을	つく(る)	조	ぞう	373	罪	허물	つみ	죄	ざい	382	宙	집	—	주	ちゅう	563	指	가리킬	さ(す)	지	し	69
組	짤	く(む)	조	そ	361	州	고을	す	주	しゅう	325	肘	팔꿈치	ひじ	주	—	434	枝	가지	えだ	지	し	295
族	겨레	—	족	ぞく	61	珠	구슬	—	주	しゅ	535	竹	대	たけ	죽	ちく	294	持	가질	も(つ)	지	じ	114
足	발	あし	족	そく	68	株	그루	かぶ	주	—	524	准	승인할	—	준	じゅん	409	止	그칠	と(まる)	지	し	75
尊	높을	とうと(い)	존	そん	229	柱	기둥	はしら	주	ちゅう	280	遵	좇을	—	준	じゅん	639	誌	기록할	—	지	し	344
存	있을	—	존	そん	170	昼	낮	ひる	주	ちゅう	18	俊	준수할	—	준	しゅん	496	脂	기름	あぶら	지	し	205
卒	마칠	—	졸	そつ	355	走	달릴	はし(る)	주	そう	76	準	준할	—	준	じゅん	79	遅	늦을	おく(れる)	지	ち	45
拙	못날	つたな(い)	졸	せつ	462	周	두루	まわ(り)	주	しゅう	165	中	가운데	なか	중	ちゅう	28	漬	담글	つ(ける)	지	—	315
宗	마루	—	종	しゅう	576	駐	머무를	—	주	ちゅう	337	重	무거울	おも(い)	중	じゅう	44	地	땅	—	지	ち	36
終	마칠	お(わる)	종	しゅう	31	舟	배	ふね	주	しゅう	332	衆	무리	—	중	しゅう	428	旨	뜻	むね	지	し	476
腫	부스럼	は(れる)	종	しゅ	444	注	부을	そそ(ぐ)	주	ちゅう	82	仲	버금	なか	중	ちゅう	226	志	뜻	こころざ(す)	지	し	244
縦	세로	たて	종	じゅう	529	朱	붉을	—	주	しゅ	501	即	곧	—	즉	そく	159	池	못	いけ	지	ち	39
種	씨	たね	종	しゅ	295	呪	빌	のろ(う)	주	じゅ	581	汁	즙	しる	즙	じゅう	538	祉	복	—	지	し	388
踪	자취	—	종	そう	655	住	살	す(む)	주	じゅう	82	蒸	찔	む(す)	증	じょう	316	知	알	し(る)	지	ち	127
鐘	종	かね	종	しょう	551	鋳	쇠 부어 만들	い(る)	주	ちゅう	530	増	더할	ふ(える)	증	ぞう	48	至	이를	いた(る)	지	し	161
従	좇을	したが(う)	종	じゅう	255	酒	술	さけ	주	しゅ	310	憎	미워할	にく(む)	증	ぞう	238	紙	종이	かみ	지	し	109

한자	훈	음	음독(日)	훈독(日)	번호
摯	지극할	지	し	—	500
芝	지초	지	—	しば	611
支	지탱할	지	し	ささ(える)	227
肢	팔다리	지	し	—	437
直	곧을	직	じき	なお(す)	284
職	직분	직	しょく	—	360
織	짤	직	しき	お(る)	305
進	나아갈	진	しん	すす(む)	79
津	나루	진	しん	つ	568
陳	늘어놓을	진	ちん	—	478
尽	다할	진	じん	つ(くす)	174
振	떨칠	진	しん	ふ(る)	262
震	벼락	진	しん	ふる(える)	272
珍	보배	진	ちん	めずら(しい)	98
鎮	진압할	진	ちん	しず(める)	446
診	진찰할	진	しん	み(る)	209
陣	진칠	진	じん	—	653
真	참	진	しん	ま	50
叱	꾸짖을	질	しつ	しか(る)	478
窒	막을	질	ちつ	—	445
嫉	미워할	질	しつ	—	460
質	바탕	질	しつ	—	143
迭	번갈아들	질	てつ	—	522
疾	병	질	しつ	—	442
秩	차례	질	ちつ	—	648
朕	나	짐	ちん	—	629
集	모을	집	しゅう	あつ(める)	88
執	잡을	집	しつ	と(る)	523
澄	맑을	징	ちょう	す(む)	600
徴	부를	징	ちょう	—	259
懲	징계할	징	ちょう	こ(りる)	648

ㅊ

한자	훈	음	음독(日)	훈독(日)	번호
差	다를	차	さ	さ(す)	189
且	또	차	—	か(つ)	483
遮	막을	차	しゃ	さえぎ(る)	518
次	버금	차	じ	つ(ぐ)	31
借	빌릴	차	しゃく	か(りる)	115
車	수레	차	しゃ	くるま	121
着	붙을	착	ちゃく	き(る)	85
錯	어긋날	착	さく	—	463
捉	잡을	착	そく	とら(える)	478
搾	짤	착	さく	しぼ(る)	641
串	꼬챙이	찬	—	くし	544
賛	도울	찬	さん	—	96
拶	다그칠	찰	さつ	—	484
擦	문지를	찰	さつ	す(る)	513
察	살필	찰	さつ	—	384
刹	절	찰	さつ	—	411
札	패	찰	さつ	ふだ	377
斬	벨	참	ざん	き(る)	418
参	참여할	참	さん	まい(る)	224
惨	참혹할	참	さん	みじ(め)	459
倉	곳집	창	そう	くら	555
彰	드러날	창	しょう	—	527
唱	부를	창	しょう	とな(える)	592
創	비롯할	창	そう	つく(る)	590
窓	창	창	そう	まど	84
菜	나물	채	さい	な	112
債	빚	채	さい	—	524
彩	채색	채	さい	いろど(る)	289
採	캘	채	さい	と(る)	369
采	캘	채	さい	—	594
策	꾀	책	さく	—	649
責	꾸짖을	책	せき	せ(める)	218
柵	울타리	책	さく	—	471
冊	책	책	さつ	—	155
処	곳	처	しょ	—	364
凄	쓸쓸할	처	せい	—	237
妻	아내	처	さい	つま	194
拓	넓힐	척	たく	—	530
脊	등골뼈	척	せき	—	440
斥	물리칠	척	せき	—	634
隻	외짝	척	せき	—	156
尺	자	척	しゃく	—	406
戚	친척	척	せき	—	194
捗	칠	척	ちょく	—	526
川	내	천	せん	かわ	38
践	밟을	천	せん	—	268
泉	샘	천	せん	いずみ	328
浅	얕을	천	せん	あさ(い)	183

漢	뜻/훈독	음/음독	No.	漢	뜻/훈독	음/음독	No.	漢	뜻/훈독	음/음독	No.	漢	뜻/훈독	음/음독	No.
遷	옮길 / —	천 / せん	631	締	맺을 / し(める)	체 / てい	307	寸	마디 / —	촌 / すん	406	築	쌓을 / きず(く)	축 / ちく	374
千	일천 / ち	천 / せん	16	休	몸 / からだ	체 / たい	65	村	마을 / むら	촌 / そん	117	縮	줄일 / ちぢ(む)	축 / しゅく	272
薦	천거할 / すす(める)	천 / せん	467	替	바꿀 / か(える)	체 / たい	177	総	거느릴 / —	총 / そう	152	逐	쫓을 / —	축 / ちく	409
天	하늘 / あま	천 / てん	34	諦	살필 / あきら(める)	체 / てい	255	塚	무덤 / つか	총 / —	626	蹴	찰 / け(る)	축 / しゅう	584
撤	거둘 / —	철 / てつ	517	逮	잡을 / —	체 / たい	644	銃	총 / —	총 / じゅう	633	春	봄 / はる	춘 / しゅん	22
哲	밝을 / —	철 / てつ	623	超	넘을 / こ(える)	초 / ちょう	188	撮	사진 찍을 / と(る)	촬 / さつ	349	出	날 / で(る)	출 / しゅつ	76
凸	볼록할 / —	철 / とつ	505	肖	닮을 / —	초 / しょう	589	最	가장 / もっと(も)	최 / さい	50	虫	벌레 / むし	충 / ちゅう	291
鉄	쇠 / —	철 / てつ	323	招	부를 / まね(く)	초 / しょう	89	催	재촉할 / もよお(し)	최 / さい	341	衷	속마음 / —	충 / ちゅう	462
徹	통할 / —	철 / てつ	414	秒	분초 / —	초 / びょう	156	秋	가을 / あき	추 / しゅう	23	衝	찌를 / —	충 / しょう	271
添	더할 / そ(える)	첨 / てん	365	抄	뽑을 / —	초 / しょう	624	椎	등골 / —	추 / つい	440	充	채울 / あ(てる)	충 / じゅう	188
畳	겹쳐질 / たたみ	첩 / じょう	281	礁	암초 / —	초 / しょう	602	墜	떨어질 / —	추 / つい	424	忠	충성 / —	충 / ちゅう	490
貼	붙을 / は(る)	첩 / ちょう	514	礎	주춧돌 / いしずえ	초 / そ	624	推	밀 / お(す)	추 / すい	467	沖	화할 / おき	충 / ちゅう	570
晴	갤 / は(れる)	청 / せい	320	初	처음 / はじ(め)	초 / しょ	157	抽	뽑을 / —	추 / ちゅう	347	取	가질 / と(る)	취 / しゅ	114
庁	관청 / —	청 / ちょう	330	酢	초 / す	초 / さく	539	枢	지도리 / —	추 / すう	413	臭	냄새 / くさ(い)	취 / しゅう	449
聴	들을 / き(く)	청 / ちょう	450	硝	초석 / —	초 / しょう	602	追	쫓을 / お(う)	추 / つい	385	趣	뜻 / おもむき	취 / しゅ	349
清	맑을 / きよ(い)	청 / せい	174	焦	탈 / こ(げる)	초 / しょう	313	醜	추할 / みにく(い)	추 / しゅう	508	吹	불 / ふ(く)	취 / すい	350
請	청할 / こ(う)	청 / せい	465	草	풀 / くさ	초 / そう	294	畜	가축 / —	축 / ちく	293	炊	불땔 / た(く)	취 / すい	542
青	푸를 / あお	청 / せい	106	触	닿을 / さわ(る)	촉 / しょく	234	軸	굴대 / —	축 / じく	567	就	이룰 / つ(く)	취 / しゅう	360
逓	갈릴 / —	체 / てい	574	嘱	부탁할 / —	촉 / しょく	466	祝	빌 / いわ(う)	축 / しゅく	217	酔	취할 / よ(う)	취 / すい	546
滞	막힐 / とどこお(る)	체 / たい	337	促	재촉할 / うなが(す)	촉 / そく	217	蓄	쌓을 / たくわ(える)	축 / ちく	378	側	곁 / がわ	측 / そく	166

漢字	훈	음	쪽	漢字	훈	음	쪽	漢字	훈	음	쪽	漢字	훈	음	쪽
測	헤아릴 はか(る)	측 そく	356	寢	잠잘 ね(る)	침 しん	86	弾	튀길 ひ(く)	탄 だん	593	土	흙 つち	토 ど	21
層	층 —	층 そう	331	侵	침범할 おか(す)	침 しん	640	脱	벗을 ぬ(ぐ)	탈 だつ	536	統	거느릴 す(べる)	통 とう	390
値	값 ね	치 ち	144	稱	일컬을 —	칭 しょう	477	奪	빼앗을 うば(う)	탈 だつ	383	洞	골 ほら	동 どう	566
治	다스릴 おさ(める)	치 ち	72		**ㅋ**			探	찾을 さが(す)	탐 たん	134	筒	대통 つつ	통 とう	301
置	둘 お(く)	치 ち	163	快	쾌할 こころよ(い)	쾌 かい	236	貪	탐할 むさぼ(る)	탐 どん	500	痛	아플 いた(い)	통 つう	207
恥	부끄러워할 はじ	치 ち	240		**ㅌ**			搭	탈 —	탑 とう	571	通	통할 とお(る)	통 つう	122
痴	어리석을 —	치 ち	258	惰	게으를 —	타 だ	495	塔	탑 —	탑 とう	331	退	물러날 しりぞ(く)	퇴 たい	266
稚	어릴 —	치 ち	197	他	다를 ほか	타 た	192	湯	끓일 ゆ	탕 とう	314	堆	쌓을 —	퇴 たい	603
齒	이 は	치 し	67	堕	떨어질 —	타 だ	423	怠	게으를 おこた(る)	태 たい	494	投	던질 な(げる)	투 とう	260
致	이를 いた(す)	치 ち	483	妥	온당할 —	타 だ	246	態	모습 —	태 たい	504	妬	샘낼 ねた(む)	투 と	460
緻	촘촘할 —	치 ち	418	打	칠 う(つ)	타 だ	260	胎	아이 밸 —	태 たい	473	闘	싸울 たたか(う)	투 とう	635
則	법칙 —	칙 そく	381	唾	침 つば	타 だ	432	汰	일 —	태 た	652	透	통할 す(ける)	투 とう	290
勅	조서 —	칙 ちょく	632	卓	높을 —	탁 たく	544	駄	짐 실을 —	태 だ	250	特	특별할 —	특 とく	98
親	친할 した(しい)	친 しん	54	託	부탁할 —	탁 たく	466	太	클 ふと(い)	태 たい	105		**ㅍ**		
漆	옻 うるし	칠 しつ	612	濯	씻을 —	탁 たく	277	泰	클 —	태 たい	504	派	갈래 —	파 は	391
七	일곱 なな	칠 しち	14	濁	흐릴 にご(る)	탁 だく	288	択	가릴 —	택 たく	354	罷	그만둘 —	파 ひ	522
針	바늘 はり	침 しん	304	誕	낳을 —	탄 たん	64	沢	못 さわ	택 たく	329	破	깨트릴 やぶ(る)	파 は	383
枕	베개 まくら	침 —	547	炭	숯 すみ	탄 たん	299	宅	집 —	택 たく	330	波	물결 なみ	파 は	329
沈	잠길 しず(む)	침 ちん	269	綻	옷 터질 ほころ(びる)	탄 たん	537	討	칠 う(つ)	토 とう	213	把	잡을 —	파 は	624
浸	잠길 ひた(す)	침 しん	520	嘆	탄식할 なげ(く)	탄 たん	460	吐	토할 は(く)	토 と	444	婆	할머니 —	파 ば	427

漢字	訓	音	쪽	漢字	訓	音	쪽	漢字	訓	音	쪽	漢字	訓	音	쪽
坂	고개 さか	판 はん	326	閉	닫을 し(める)	폐 へい	74	暴	사나울 あば(れる)	폭 ぼう	394	乏	모자랄 とぼ(しい)	핍 ぼう	376
板	널 いた	판 ばん	300	陛	대궐 섬돌	폐 へい	629	爆	터질	폭 ばく	395		**ㅎ**		
阪	언덕	판 はん	562	蔽	덮을	폐 へい	423	幅	폭 はば	폭 ふく	154	荷	멜 に	하 か	373
判	판단할	판 はん	245	弊	폐단	폐 へい	446	表	겉 おもて	표 ひょう	164	河	물 かわ	하 か	328
版	판목	판 はん	345	廃	폐할 すた(れる)	폐 はい	180	俵	나누어줄 たわら	표 ひょう	545	下	아래 した	하 か	28
販	팔	판 はん	371	肺	허파	폐 はい	438	漂	떠돌 ただよ(う)	표 ひょう	519	何	어찌 なに	하 か	94
八	여덟 や	팔 はち	14	幣	화폐	폐 へい	531	票	표	표 ひょう	391	夏	여름 なつ	하 か	22
覇	으뜸	패 は	651	舗	가게	포 ほ	532	標	표할	표 ひょう	368	嚇	으를	하 かく	608
貝	조개 かい	패 —	309	浦	개 うら	포 —	570	品	물건 しな	품 ひん	142	賀	하례할	하 が	487
唄	찬불노래 うた	패 —	592	泡	거품 あわ	포 ほう	299	風	바람 かぜ	풍 ふう	35	虐	모질 しいた(げる)	학 ぎゃく	643
敗	패할 やぶ(れる)	패 はい	53	褒	기릴 ほ(める)	포 ほう	468	豊	풍년 ゆた(か)	풍 ほう	368	学	배울 まな(ぶ)	학 がく	126
膨	부를 ふくらむ	팽 ぼう	416	包	꾸러미 つつ(む)	포 ほう	264	皮	가죽 かわ	피 ひ	203	鶴	학 つる	학 —	606
遍	두루	편 へん	416	砲	대포	포 ほう	633	被	입을 こうむ(る)	피 ひ	382	汗	땀 あせ	한 かん	201
編	엮을 あ(む)	편 へん	304	怖	두려워할 こわ(い)	포 ふ	237	彼	저 かれ	피 ひ	60	寒	찰 さむ(い)	한 かん	36
片	조각 かた	편 へん	111	哺	먹일	포 ほ	608	疲	피곤할 つか(れる)	피 ひ	206	閑	한가할	한 かん	452
偏	치우칠 かたよ(る)	편 へん	249	飽	배부를 あ(きる)	포 ほう	240	避	피할 さ(ける)	피 ひ	518	韓	한국	한 かん	562
便	편할 たよ(り)	편 べん	124	布	베 ぬの	포 ふ	303	披	헤칠	피 ひ	595	漢	한수	한 かん	99
平	평평할 たい(ら)	평 へい	240	胞	세포	포 ほう	438	必	반드시 かなら(ず)	필 ひつ	246	限	한할 かぎ(る)	한 げん	181
坪	평평할 つぼ	평 —	407	抱	안을 かか(える)	포 ほう	227	筆	붓 ふで	필 ひつ	301	恨	한할 うら(む)	한 こん	458
評	평할	평 ひょう	249	捕	잡을 つか(まる)	포 ほ	386	匹	짝 ひき	필 ひつ	293	轄	다스릴	할 かつ	648

한자	뜻/훈	음/음독	번호	한자	뜻/훈	음/음독	번호	한자	뜻/훈	음/음독	번호	한자	뜻/훈	음/음독	번호
割	벨 わ(る)	할 かつ	48	行	다닐 い(く)	행 こう	78	舷	뱃전 —	현 げん	572	護	도울 —	호 ご	209
含	머금을 ふく(む)	함 がん	187	幸	다행 さいわ(い)	행 こう	235	賢	어질 かしこ(い)	현 けん	257	虎	범 とら	호 こ	604
陷	빠질 おちい(る)	함 かん	394	享	누릴 —	향 きょう	475	弦	활시위 つる	현 げん	593	号	부르짖을 —	호 ごう	151
艦	큰 배 —	함 かん	573	鄕	시골 —	향 きょう	559	穴	구멍 あな	혈 けつ	537	呼	부를 よ(ぶ)	호 こ	102
合	합할 あ(う)	합 ごう	52	響	울릴 ひび(く)	향 きょう	351	血	피 ち	혈 けつ	199	互	서로 たが(い)	호 ご	226
抗	막을 —	항 こう	397	香	향기 かお(り)	향 こう	233	嫌	싫어할 いや	혐 けん	239	好	좋을 す(く)	호 こう	94
航	배 —	항 こう	333	向	향할 む(く)	향 こう	163	脇	겨드랑이 わき	협 —	435	戶	집 と	호 こ	279
桁	배다리 けた	항 —	404	虛	빌 —	허 きょ	454	峽	골짜기 —	협 きょう	569	豪	호걸 —	호 ごう	420
港	항구 みなと	항 こう	122	許	허락할 ゆる(す)	허 きょ	217	挾	낄 はさ(む)	협 きょう	265	湖	호수 みずうみ	호 こ	39
項	항목 —	항 こう	479	獻	드릴 —	헌 けん	526	頰	뺨 ほお	협 —	433	弧	활 —	호 こ	507
恒	항상 —	항 こう	412	憲	법 —	헌 けん	638	脅	위협할 おど(す)	협 きょう	644	酷	독할 —	혹 こく	465
該	갖출 —	해 がい	482	軒	처마 のき	헌 けん	280	狹	좁을 せま(い)	협 きょう	418	惑	미혹할 まど(う)	혹 わく	461
海	바다 うみ	해 かい	39	驗	시험할 —	험 けん	129	協	화합할 —	협 きょう	227	魂	넋 たましい	혼 こん	580
解	풀 と(く)	해 かい	357	險	험할 けわ(しい)	험 けん	53	形	모양 かたち	형 けい	281	混	섞을 ま(ぜる)	혼 こん	348
骸	해골 —	해 がい	441	革	가죽 かわ	혁 かく	304	型	모형 かた	형 けい	282	婚	혼인할 —	혼 こん	196
楷	해서 —	해 かい	587	玄	검을 —	현 げん	502	螢	반딧불 ほたる	형 けい	607	洪	넓을 —	홍 こう	599
害	해할 —	해 がい	383	縣	고을 —	현 けん	325	衡	저울대 —	형 こう	413	虹	무지개 にじ	홍 —	502
諧	화할 —	해 かい	587	現	나타날 あらわ(れる)	현 げん	160	兄	형 あに	형 きょう	62	紅	붉을 べに	홍 こう	287
劾	꾸짖을 —	핵 がい	651	顯	나타날 —	현 けん	414	刑	형벌 —	형 けい	645	靴	가죽신 くつ	화 か	307
核	씨 —	핵 かく	657	懸	매달 か(かる)	현 けん	256	惠	은혜 めぐ(む)	혜 けい	229	畵	그림 —	화 が	136

한자	훈	음	쪽	한자	훈	음	쪽	한자	훈	음	쪽	한자	훈	음	쪽
花	꽃 はな	화 か	38	滑	미끄러울 す(べる)	활 かつ	452	孝	효도 —	효 こう	486	黒	검을 くろ	흑 こく	106
化	될 ば(ける)	화 か	172	活	살 —	활 かつ	276	候	기후 そうろう	후 こう	318	痕	흉터 あと	흔 こん	443
話	말씀 はなし	화 わ	101	荒	거칠 あら(い)	황 こう	392	厚	두터울 あつ(い)	후 こう	182	吸	마실 す(う)	흡 きゅう	200
枠	벚나무 わく	화 —	547	黄	누를 き	황 おう	288	後	뒤 あと	후 ご	27	興	일 おこ(す)	흥 こう	137
火	불 ひ	화 か	19	況	상황 —	황 きょう	175	嗅	맡을 か(ぐ)	후 きゅう	449	喜	기쁠 よろこ(ぶ)	희 き	93
華	빛날 はな	화 か	420	慌	어리둥절할 あわ(てる)	황 こう	239	喉	목구멍 のど	후 こう	433	戯	놀 たわむ(れる)	희 ぎ	596
禍	재난 —	화 か	655	皇	임금 —	황 こう	626	朽	썩을 く(ちる)	후 きゅう	558	希	바랄 —	희 き	215
貨	재물 —	화 か	375	絵	그림 —	회 え	347	后	왕후 —	후 こう	627	姫	아씨 ひめ	희 —	628
和	화할 やわ(らぐ)	화 わ	241	賄	뇌물 まかな(う)	회 わい	643	侯	제후 —	후 こう	627	犠	희생 —	희 ぎ	654
穫	거둘 —	확 かく	370	悔	뉘우칠 く(や)しい	회 かい	238	訓	가르칠 —	훈 くん	354	詰	꾸짖을 つ(める)	힐 きつ	218
確	굳을 たし(か)	확 かく	247	回	돌아올 まわ(る)	회 かい	47	勲	공 —	훈 くん	527				
拡	넓힐 —	확 かく	187	会	모일 あ(う)	회 かい	87	薫	향초 かお(る)	훈 くん	450				
環	고리 —	환 かん	520	栃	상수리나무 とち	회 —	561	毀	헐 —	훼 き	642				
患	근심 わずら(う)	환 かん	207	灰	재 はい	회 かい	299	彙	모을 —	휘 い	477				
歓	기뻐할 —	환 かん	455	懐	품을 ふところ	회 かい	306	輝	빛날 かがや(く)	휘 き	290				
還	돌아올 —	환 かん	521	獲	얻을 え(る)	획 かく	514	揮	휘두를 —	휘 き	368				
丸	둥글 まる(い)	환 がん	284	横	가로 よこ	횡 おう	167	休	쉴 やす(む)	휴 きゅう	77				
換	바꿀 か(える)	환 かん	177	効	본받을 き(く)	효 こう	178	携	이끌 たずさ(わる)	휴 けい	523				
喚	부를 —	환 かん	645	酵	삭힐	효 こう	546	胸	가슴 むね	흉 きょう	202				
幻	헛보일 まぼろし	환 げん	579	暁	새벽 あかつき	효 ぎょう	410	凶	흉할 —	흉 きょう	581				

해커스
일본어
상용한자
2136

초판 3쇄 발행 2024년 9월 2일
초판 1쇄 발행 2023년 11월 23일

지은이	해커스 일본어연구소
펴낸곳	㈜해커스 어학연구소
펴낸이	해커스 어학연구소 출판팀

주소	서울특별시 서초구 강남대로61길 23 ㈜해커스 어학연구소
고객센터	02-537-5000
교재 관련 문의	publishing@hackers.com
	해커스일본어 사이트(japan.Hackers.com) 교재 Q&A 게시판
동영상강의	japan.Hackers.com

ISBN	978-89-6542-651-6 (13730)
Serial Number	01-03-01

일본어 교육 1위
해커스일본어(japan.Hackers.com)

해커스일본어

- 해커스 스타강사의 **일본어 인강**(교재 내 할인쿠폰 수록)
- QR코드를 통해 예시단어와 예문을 언제 어디서든 들을 수 있는 **교재 MP3**
- **일본어 문법/어휘 무료 동영상강의** 등 다양한 일본어 학습 콘텐츠

해커스일본어를 선택한 선배들의
일본어 실력 수직상승 비결!

해커스일본어와 함께라면
일본어 실력상승의 주인공은 바로 여러분 입니다.

"

답답한 마음을 마치 사이다같이 뚫어주는 꿀팁!

해커스일본어 수강생 이*희

해커스일본어를 통해 공부하기 시작하니 그동안 잃었던 방향을 찾고 꽉 막힌 미로 속에서 지도를 찾은 기분이었고, 덕분에 혼자 공부를 하면서도 아주 만족하면서 공부를 할 수 있었던 것 같습니다. 특히나 혼자 책으로 공부했다면 절대 몰랐을 여러 선생님들의 설명들이 답답한 마음을 마치 사이다같이 뚫어주셔서 꿀팁들이 나올 때마다 마음속으로 정말 환호를 질렀습니다.

해커스일본어수강생 오*혜

일본어 왕초보도 N3 자격증을 취득할 수 있었습니다.

한자의 뜻과 외우는 방법과 그 한자의 발음 등을 하나하나 자세하게 설명해 주셨고 그림과 함께 이해하기 쉽도록 강의를 진행해 주셨어요. 덕분에 한자가 들어간 단어를 보면 어느 정도 왜 이 단어가 만들어졌는지, 정확하겐 모르지만 대충 어떠한 단어겠거니 하는 유추가 가능해졌고 그게 JLPT의 시험에 많은 도움이 되었습니다.

한자를 보면 바로 나올 정도로 기억이 오래가요!

해커스일본어수강생 감*환

해커스일본어 강의 덕에 한자들을 단순 암기로 접근하는 것이 아닌 그림으로 연상시켜 외우게 되었습니다. 그 결과, 한자에 대한 부담과 스트레스는 줄어들었고 한 번 외운 한자가 단순 암기로 했을 때보다 기억에 훨씬 더 오래 남게 되었습니다.

해커스일본어수강생황*희

일본어 한자 걱정 따위는 하지 않게 되었습니다!

강사님이 꼭 알아두면 좋은 한자나 닮아서 헷갈릴 수 있는 한자 등 중요한 부분만 딱딱 짚어서, 가끔 재밌는 예시도 들어주시면서 쉽게 설명해 주셔서 외우기 어려운 한자들도 쏙쏙 잘 이해되더라구요! 강사님 덕분에 한자를 외우는데 점점 재미도 들리기 시작했고, 한자 때문에 막막하기만 하던 독해 실력도 늘어나서 일석이조 같다는 생각이 들었습니다.

"